Gita Mehta wurde in Indien geboren und erzogen. Nach dem Universitätsstudium in Cambridge drehte sie Dokumentarfilme für europäische und amerikanische Fernsehgesellschaften. Ihre Beiträge erscheinen in internationalen Zeitschriften und Sammelbänden. In ihrem Sachbuch »Karma Cola« setzte sie sich kritisch mit dem westlichen Bedürfnis nach indischen Heilslehren und dem Wettlauf der Inder um westliche Konsumgüter auseinander. Sie ist verheiratet und hat einen Sohn; ihr Domizil wechselt zwischen London, Indien und den Vereinigten Staaten.

Vollständige Taschenbuchausgabe August 1991
Droemersche Verlagsanstalt Th. Knaur Nachf., München
© 1989 für die deutschsprachige Ausgabe
Droemersche Verlagsanstalt Th. Knaur Nachf., München
Das Werk einschließlich aller seiner Teile ist urheberrechtlich geschützt.
Jede Verwertung außerhalb der engen Grenzen des Urheberrechts-
gesetzes ist ohne Zustimmung des Verlages unzulässig und strafbar.
Das gilt insbesondere für Vervielfältigungen, Übersetzungen,
Mikroverfilmungen und die Einspeicherung und Verarbeitung
in elektronischen Systemen.
Titel der amerikanischen Originalausgabe »Raj«
© 1989 Gita Mehta
Umschlaggestaltung Atelier Zero, München
Druck und Bindung brodard & taupin
Printed in France 10 9 8 7 6
ISBN 3-426-03178-7

Gita Mehta:
Die Maharani

Roman

Aus dem Amerikanischen von Margarete Längsfeld

Inhalt

Balmer
7

Sirpur
225

Die Frau des
Maharadschas
355

Die Regentin
445

Worterklärungen
584

Balmer

Als Jaya fünf Jahre alt war, bestand ihr Vater darauf, daß sie ihn an einem kalten Januarmorgen in den Dschungel begleitete. Die Maharani war dagegen.

Der Maharadscha wies ihre Einwendungen zurück: »Du verhätschelst die Kinder zu sehr. Tikkas Füße haben den Erdboden nicht berührt, bis er alt genug war, ein Pony zu reiten. Jetzt verfährst du mit dem Mädchen genauso.«

Die Maharani runzelte die verschleierte Stirn, sie kannte das Temperament ihrer Kinder.

Der Kronprinz von Balmer, allen als Tikka bekannt, war ein robuster Knabe von neun Jahren, der die helle Haut seiner Mutter und die ernsten dunklen Augen seines Vaters hatte. Er stand respektvoll vor seiner Mutter, als sie ihn wegen seiner Schießübungen zurechtwies, infolgederen die Festungswälle mit toten Tauben übersät waren. Wenige Minuten später hörte die Maharani abermals Gewehrschüsse und wandte sich halb wehmütig, halb stolz an ihr Gefolge: »Was soll ich mit diesem Knaben und seiner Waffenliebe tun? Das ist sein Rajput-Blut.«

Tikkas jüngere Schwester hingegen war ein zartbesaitetes Kind mit den grünen Augen der Maharani und der dunklen Haut des Vaters. Die Maharani fragte sich des öfteren, ob diese dunkle Haut Nachteile mit sich bringen werde, wenn die Zeit käme, Jaya zu verheiraten. Auch Jayas Gemütsart machte ihr Sorgen. Wenn sie des Abends das Bündel brüchiger Miniaturgemälde aufschnürte, um den Kindern ihre Ahnen zu zeigen, verlangte Tikka stets die

Schlachtszenen zu sehen. Er liebte die alten Rajput-Waffen, die großen Armbruste und tückischen Lanzen mit kurzer Klinge, welche sich im Leib eines Menschen wie Scherenblätter öffneten. Jaya hingegen starrte stumm auf die seltsamen, geradezu mystischen Bilder, auf denen ein Pferd aus Bäumen, Bergen und Königen zusammengesetzt war, und die Maharani konnte nicht ergründen, was hinter den weit aufgerissenen grünen Augen ihrer Tochter vorging.

Zwei Stunden vor Tagesanbruch hob Maharadscha Jai Singh seine aufgeregte Tochter schwungvoll auf sein Pferd. Er fluchte, als ihr langer Rock am Sattelknauf hängenblieb. Offiziere der Gardereiterei mit geschulterten Gewehren zügelten ihre ungebärdigen Pferde, die seltsame Schatten auf das Kopfsteinpflaster vor den Stallungen warfen. Jaya schmiegte sich in ihres Vaters Arme; der Halt war im Gegensatz zu dem ungewohnten Patronengürtel, der sich gegen ihr Rückgrat drückte, etwas Beruhigendes. Jemand legte ihr eine baumwollene Steppdecke um. Unter Hufeklappern, durch welches Jaya das Klimpern ihrer Fußspangen vernehmen konnte, wenn ihre kurzen Beine an die Flanke des Pferdes schlugen, ritten sie die Schwutzwälle des Forts Balmer hinab.
Die Stadt lag still, als die Reiter sich im Licht der an ihren Lanzen schwankenden Laternen den Weg durch die Dunkelheit bahnten. Der metallische Klang der Hufeisen auf den gepflasterten Straßen rief Hundegebell hervor, und aus dunklen Fenstern riefen zornige Stimmen die Hunde zur Ruhe. Dann gelangten die Reiter ins offene Gelände, Felder zu ihrer Linken, den glatten, schwarzen Jalsa-See zu ihrer Rechten. Wenige Lampen in den Tempeln am Seeufer zeigten, daß hie und da ein Priester wachte, doch der Verdunstungsnebel, der die Reiter umhüllte, hatte Jaya bereits eingelullt.
Als sie die Augen aufschlug, war der Himmel hell. Rauch

von Kuhfladenfeuern stieg über den Lehmmauern der Dörfer auf und verwehte grau in der rosafarbenen Morgendämmerung. Bauern gingen hinter schwarzen Büffeln, die hölzerne Pflüge zogen, auf ihre Felder. Eine Reihe Kamele näherte sich, ihre dick gepolsterten Fußsohlen machten auf der Straße kein Geräusch. Männer mit groben Umhängetüchern schwankten auf den Rücken der Tiere. Die dösenden Kamelhüter wurden von zwei *shikari*, königlichen Jägern, aufgeschreckt, die auf den Herrscher zugaloppierten.

»Was habt ihr für Neuigkeiten?« rief der Maharadscha.

»Ein Panther, *Hukam!* Sechs oder sieben Meilen von hier im Dschungel.«

Sie wendeten ihre Pferde hinter Jai Singh. »Es ist ein großes Tier, Herr. Nehmt die Prinzessin lieber nicht mit!«

Elefanten warteten bei einem Dorf am Rande des Dschungels. Von einer Gruppe Dorfweiber mit verhüllten Gesichtern beobachtet, stieg der Maharadscha Jai Singh ab.

»Kümmert euch um das Kind, Töchter! Ich lasse es später holen.«

Umringt von gurrenden Weibern, die sie in die Wangen knufften und über ihre grünen Augen staunten, bemerkte Jaya nicht, wie das Gefolge ihres Vaters auf die wartenden Elefanten kletterte. Sie starrte auf die schwarz tätowierten Handrücken der Frauen und ließ sich vom Klappern der Elfenbeinreifen, die ihre Arme vom Handgelenk bis zur Achselhöhle bedeckten, und den Halbkugeln der rundlichen Brüste, die unter den Leibchen sichtbar waren, faszinieren.

Als die Frauen sich zerstreuten, musterte ein Kreis von Dorfkindern Jaya aus kohlschwarz umrandeten Augen, abwartend, was nun mit dieser Prinzessin, dieser *bai-sa* vom Fort Balmer, geschehen würde. Ein Junge von vielleicht zehn Jahren brach das Schweigen. »*Bai-sa*, hast du schon mal Kuhmilch getrunken?«

»Natürlich. Alle Kinder trinken Kuhmilch.«

11

»Aber du mußt aus einem großen goldenen Glas trinken, *Bai-sa*.«

»Nein«, gab Jaya zurück. »Ich habe ein Glas aus England mit dem Bild von einem roten Soldaten.«

»Es ist trotzdem ein Glas. Willst du mal probieren, wie wir es machen?« Neben einem Baum kaute eine Kuh Zuckerrohr. Der Junge schlüpfte unter die Kuh und zog Jaya mit sich. Von einer Gruppe kichernder Kinder begafft, hockte sich Jaya folgsam hin; ihr Kopf stieß an den weichen Bauch der Kuh, als der Junge die vollen Euter drückte und einen Strahl warmer Milch in Jayas Haare und Augen spritzte. Die versammelten Kinder johlten vor Vergnügen. Die Dorfweiber durchbrachen das Spalier. Als sie Jaya mit Schmutz und Milch bedeckt sahen, faßten sie sich entrüstet an die Ohrläppchen.

»Was wird der Maharadscha sagen, wenn er seine Tochter sieht?« kreischten sie und gingen mit geballten Fäusten auf den Zehnjährigen los.

»Es war doch nur Spaß«, heulte der Junge. »Sie wollte es mal probieren.«

Die anderen Kinder begannen zu brüllen, und die Frauen droschen auf sie ein.

»Was wird der Maharadscha sagen?«

»Dschungelgeschmeiß, das seid ihr!«

Tikka durchschritt die Horde schreiender Kinder und kreischender Weiber. In der plötzlich eintretenden Stille versuchten die Frauen, Jaya mit ihren Schleiern zu säubern. Tikka blinzelte dem Zehnjährigen zu, bevor er sich förmlich vor den Frauen verbeugte.

»Hör auf zu weinen und steig auf den Elefanten«, zischte er seine Schwester an. »*Bappa* hat den Panther gefangen.«

Auf den Rücken des Elefanten war ein *howdah*, eine Art Jägerstand aus Segeltuch, geschnallt, dessen Seiten so hoch waren, daß ein erwachsener Mann aufrecht stehen und zielen konnte. Jaya und Tikka standen auf Schemeln, die *shikari* hielten sie um die Mitte. Ein *mahout* saß auf dem Nacken des Tieres und strich mit einem Stahlzinken über die Hinterseite des Elefantenohres. »Sachte, mein Liebster! Schreite so sanft wie ein Tänzer, mein Anmutiger!« Der Elefant verließ die Straße, dabei riß er mit dem Rüssel junge Pflanzen mitsamt Wurzeln aus und wirbelte sie gegen seine Knie, ehe er die knackenden Stengel in den weichen Schlund seines Maules beförderte. »Sanft, sanft, mein Liebster!« Der Elefant schlug beim Flüstern des *mahout* mit den großen Ohren, und als diese die Blätter streiften, war es wie das Geräusch von sich blähenden Segeln oder von Flügeln eines gewaltigen Vogels, der sich soeben in die Lüfte erhebt.

Der Nachttau war noch nicht verdunstet. Sonnenlicht glitzerte auf Spinnweben, die sich über Dornensträucher zogen. Es sah aus, als wäre ein diamantener Teppich über die Büsche gebreitet, hinter denen eine Herde Nilgauantilopen weidete. Jaya schrie vor Aufregung. Die Herde wandte sich eine Sekunde um und ergriff dann inmitten eines Sturms von Blättern und gebrochenen Zweigen die Flucht.

»Im Dschungel darf man nicht sprechen«, flüsterte Tikka. »Das verscheucht die Tiere. Und einen Tiger lockst du damit an.«

Jaya lehnte sich zitternd an die Segeltuchwand des *howdah*; Tikkas Geschichten beflügelten ihre Phantasie. Er hatte ihr oft von den Angriffen sterbender Tiger erzählt. »Noch wenn ihm eine Kugel im Hals steckt und er sterben muß, kann ein Tiger auf deinen Elefanten springen und dich mit einem einzigen Prankenhieb töten. Ein verwundeter Tiger wird zum Menschenfresser.«

In der Ferne brüllte ein Tier. Ein Wildeber quiekte und wälzte sich aus dem Weg des Elefanten, seine Hauer schimmerten weiß im schwarzborstigen Rüssel. Das Brüllen schwoll an, und der Elefant trompetete ängstlich. Jaya umfaßte die Fußgelenke ihres Bruders.

»Stell dich nicht so an! Das ist bloß ein Panther, den man an einen Baum gebunden hat.« Tikka zog an ihren Zöpfen. »Steh auf! Du kannst ihn sehen.«

Jaya klammerte sich störrisch an die Knöchel ihres Bruders, die Augen angstvoll geschlossen, während der unwillige Elefant unter dem beharrlichen Stahlzinkenkommando des *mahout* den Standort des Maharadschas erreichte.

Erst als ein *shikari* Jaya aufhob, öffnete sie die Augen aus Angst, sie könne aus dem *howdah* fallen, der hoch auf dem erregten Elefanten schwankte. Durchs Unterholz sah sie ihren Vater und seine Leute vor einem großen an einen Saulbaum gefesselten schwarzen Panther.

Der Panther sprang hilflos gegen seine Häscher an. Blut tropfte aus einer Wunde am Hals, wo er sich an den Kettengliedern scheuerte. Sein Wutgebrüll erfüllte den Dschungel, und Jaya klammerte sich an den *shikari*, die Augen fest zugekniffen. Sie fühlte, wie sie jemandem übergeben und näher und näher zu dem Geräusch hingetragen wurde.

Als sie die Augen zu öffnen wagte, stand sie nur einen Fuß von dem springenden Tier entfernt. Speichel- und Blutstropfen fielen auf ihren Rock. Sie wollte sich hinter den Beinen ihres Vaters verstecken, doch der Maharadscha verwehrte es ihr.

Ihr schien, daß sie stundenlang vor dem Saulbaum standen, ihr Vater, ihr Bruder und sie, fast in Reichweite der Pranken des wütenden Panthers. Nach einer langen Weile ließ Jayas Schreckensangst nach. Es war, als habe sie die Fähigkeit zur Furcht verloren und beobachte das Geschehen von einem fernen Aussichtspunkt aus, wo sie außer Gefahr war. Sie fragte sich sogar, ob der Saulbaum den Panther zu trösten versuchte, als er rote Blüten wie seidene Taschentücher auf den Rücken des gefangenen Tieres fallen ließ.

Der Maharadscha nahm ihre Hand. Die andere legte er auf

Tikkas Schulter, und so gingen sie zu den wartenden *shikari* zurück. »Herrscher sind Menschen, und Menschen haben immer Angst. Ein Mann kann nicht regieren, wenn er sich seiner Furcht nicht stellt.«

Jaya war zu jung, um zu verstehen, daß Maharadscha Jai Singh seine Kinder nach dem »*Rajniti*« unterwies, jener Fürstenphilosophie, wie sie Generationen von Prinzen im Hause Balmer gelehrt worden war. Erst später, als auch sie eine Herrscherin wurde, begriff sie, daß der Maharadscha im Zustand der Furcht seine Kinder die Tradition des Mutigseins gelehrt hatte.

Erstes Kapitel

Jayas und Tikkas Geburtsland lag jenseits der Wüste, die als Wohnstatt des Todes bekannt ist.

In jenem Jahr, drei Jahre vor Anbruch des zwanzigsten Jahrhunderts, gewahrte die kleine Schar Sänger, die in das Fürstentum Balmer zog, viele Vorboten des Todes. Teiche und Dorfbrunnen waren ausgetrocknet. Die künstlichen Seen, mit deren Hilfe die großen Wüstenreiche Jodhpur, Bikaner und Jaisalmer bewässert wurden, waren mit grünem Schlamm bedeckt, ihr Spiegel war so tief gesunken, daß die Fundamente der Wasserpaläste freistanden, umringt von braunschuppigen Krokodilen, die im seichten Wasser dösten.

Es gab wenig zu beißen für die Sänger, wenn sie bei Einbruch der Nacht auf den Dorfplätzen zusammenkamen, um gegen eine Ruhestatt ihre Strophen zu singen. In ganz Rajputana war bekannt, daß der Maharadscha von Balmer die Geburt seines ersten Kindes erwartete. Familien auf der Suche nach Erntearbeit, Märchenerzähler, wandernde Kesselflicker und Akrobaten riefen den Sängern zu: »Geht ihr zur Geburt nach Balmer?« Als ihnen dies bestätigt wurde, packten sie die schläfrigen Ochsen an ihren zinnoberrot angemalten Hörnern, riefen »Hott! Hott!« und drängten die Tiere auf die Straße. Einmal winkte eine Gruppe mit Asche bedeckter frommer Wanderasketen, die nackt in einem zerfallenen, einst von einem inzwischen vergessenen Fürsten erbauten Pavillon lagerten, mit ihren eisernen Dreizacken und kletterte auf einen überfüllten Kamelkarren.

Zuweilen wurden die Karren von den wappenverzierten Kutschen der Radschas beiseitegedrängt. Sie kamen aus den Festungen, die den baumlosen schwarzen Hügeln ihr Gepräge gaben. Wenn die Sonne am höchsten stand, schienen diese Festungen zu atmen, sich im Dunst auszudehnen und zusammenzuziehen, als wären die Hügel gewaltige, brütende Echsen aus der Zeit der Götter- und Heldensagen, und die Bewegungen der steinernen Zinnen glichen dem schwerfälligen Verschieben von Schuppen.

Manchmal schloß sich die Karawane dem Zug von Hofgesandten an, die mit Geheimbotschaften gegen die Gesetze Großbritanniens von ihrem Maharadscha zum Herrscher von Balmer unterwegs waren. Dann trottete ein Elefant voran, flankiert von Kavallerieeinheiten, welche Heroldsbanner trugen. Wenn der Zug seinen Weg wieder allein fortsetzte, bekam jedes Mitglied der Karawane eine Silbermünze mit einem eingeprägten Maharadscha-Symbol auf der einen und dem Konterfei der englischen Herrscherin auf der anderen Seite geschenkt, sogar die Kinder.

Das Dschungelgestrüpp wich Sanddünen. Bei Sonnenuntergang brachte die plötzliche Dunkelheit fiebrige Kälte in die leere Landschaft. Die Reisenden trieben ihre ausgemergelten Tiere an, damit sie den Schutz der immer weiter auseinanderliegenden Dörfer erreichten, bevor die Geisterfrauen, die bei der Niederkunft gestorben waren, auf der Suche nach Ersatz für die totgeborenen Kinder, die sie nie gesäugt hatten, durch die Nacht zogen.

Unterdessen war die Karawane so groß, daß kein Dorf sie beherbergen konnte. Die Reisenden schlugen ihre mitgeführten Zelte auf. Sie unterhielten sich die Nacht hindurch und tauschten Neuigkeiten aus den indischen Fürstentümern aus, während ihre Kinder in Stoffwiegen schliefen, die zwischen den Messingspeichen der Kamelkarren aufgehängt waren.

»Die Fürsten bereiten sich darauf vor, zum diamantenen

Jubiläum der Weißen Witwe, der Kaiserin Victoria, nach London zu reisen.«

»Die Geschenke und das Gefolge, das sie brauchen, um die Kaiserin zu beeindrucken, werden sie teuer zu stehen kommen.«

»Aber die Astrologen warnen die Maharadschas, daß es seit dem Aufstieg der britischen Macht alle zwanzig Jahre eine Hungersnot gegeben hat.«

»Und seit der letzten Hungersnot sind zwanzig Jahre vergangen.«

Die Sänger schüttelten den Kopf. Astrologie und Politik waren nichts gegen die Wirklichkeit, deren sie unterwegs ansichtig geworden waren. Sie hatten die Dorfbewohner um Regen beten sehen, denn die Bauern wußten es schon: Eine neue Hungersnot war ausgebrochen.

Zweites Kapitel

In früheren Jahrhunderten hatten nur wenige Europäer Balmer besucht. Diejenigen, welche die gefährliche Reise überlebten, hatten Balmer mit der Wüste verwechselt und »Land des Todes« getauft. Seit einem halben Jahrhundert, seit Balmer einen Vertrag mit dem Britischen Empire geschlossen hatte, waren mehr Europäer in das Fürstentum gekommen, und es lag erst zehn Jahre zurück, daß der Zarewitsch von Rußland, begleitet von zwei Großherzögen des russischen Hofes, vierzehn Tage beim Maharadscha von Balmer verbracht hatte. Zuvor hatte sich der Sohn des deutschen Kaisers in der Hauptstadt aufgehalten. Diese Besucher aus jüngerer Zeit hatten in Balmer nicht ein Land des Todes, sondern eines wohlhabender Bauern vorgefunden.

Sogar jetzt schien es, als habe die Dürre, welche das Umland bedrohte, an den Grenzen Balmers haltgemacht. Bunt gewürfelt erstreckten sich die Felder um die von hochragenden Seidenwollbäumen beschatteten Dörfer. Die breite Straße, die zur Hauptstadt führte, bot Platz genug für ein marschierendes Bataillon. Banyanbäume beschatteten Pavillons, auf deren Dächern Tauben nisteten, und die Sänger wußten, daß jeder Pavillon als Schrein für die Asche eines Edelmannes aus Balmer diente, der in der Schlacht gefallen war, sowie für die Überreste jener seiner Ehefrauen, die sich auf dem Scheiterhaufen verbrannt hatte.

Es war schon Abend geworden, als die Sänger endlich die Marmorkenotaphen der Maharadschas von Balmer erblickten, die sich wie eine Geisterstadt am Rande der Hauptstadt erstreckten. Die Karawane eilte durch die Elefantenbögen, die den Eingang zur Hauptstadt bewachten, und erreichte die im Schein von Petroleumlampen leuchtenden Basare.

Auf dem weiten achteckigen Platz saßen Ladenbesitzer mit gekreuzten Beinen in hölzernen Verkaufsbuden und boten Gold, Flickendecken, Arzneien oder wohlriechendes Sandelholz und Rosenöl feil. Staubige Spiegel hinter ihren Köpfen reflektierten gestikulierende Kunden. Hinter Bergen von Ringelblumengirlanden machten Straßenhändler Frauen auf sich aufmerksam, die zu den Tempeln am Ufer des Jalsa-Sees unterwegs waren.

Kinder kamen herbeigelaufen, um der Karawane den Weg zu weisen. »Maharadscha Jai Singh ließ für euch eine Zeltstadt errichten. Dort, wo die Elefanten beim *Dasra*-Fest kämpfen.«

Von schreienden Kindern angeführt, passierte die Karawane die reich geschmückten Häuser der Kaufleute und schleppte sich mühsam die steilen Festungswälle des Forts Balmer zum Elefantengehege hinauf. Zelte waren willkürlich um eine zentrale Kochstelle gruppiert, deren Gerüche den Gestank der auf dem angrenzenden Feld angebundenen Kamele, Pferde und Ochsen überdeckten. Vor den Zelten erhob sich drohend die senkrechte, achtzig Fuß hohe Mauer der inneren Festung.

Boten warteten schon, um die Sänger in die innere Festung zu geleiten. Die Niederkunft der Maharani stand kurz bevor. Es galt als ein gutes Zeichen, daß ihr Kind bei seinem Eintritt in die Welt die Geschichte seiner Ahnen zu hören bekommen sollte.

Durch die geschnitzten Wände des *zenana*, des Frauengemachs, verfolgte das Gefolge der Maharani, wie die Sänger bemalte Tücher entrollten, auf denen Episoden aus dem Leben der Rajput-Könige zu sehen waren, die die Erzählungen mit anschaulichen Bildern ergänzten.

Die Maharani lag auf einem gepolsterten Lager, eine Frau mit milchfarbener Haut und den grünen Augen des Bergreiches, aus dem sie stammte. Ihre Frauen kühlten ihr die Fußsohlen mit Henna, während draußen im Hof die Sänger deklamierten:

»Mögest du Söhne gebären, um die Söhne der Sonne zu vermehren.«

»Vor zweitausend Jahren war die große Königin Puschpawati alles, was von den Söhnen der Sonne geblieben war. Ihr Vater, ihre Brüder, ihr Gemahl, ihr ganzes großes Geschlecht lag hingemetzelt in der Stadt der hundert Tempel.«

»Ihre Schwestern und Töchter hatten sich verbrannt, sie liefen um die Wette, um sich den Flammen des Scheiterhaufens anheimzugeben.«

Die abgeschiedenen Zuhörerinnen lauschten mit einigem Entsetzen den Schilderungen von verlorenen Schlachten und verbrennenden Frauen, während die Illustrationen auf den bemalten Leinwänden abgerollt wurden.

»Warum blieb Königin Puschpawati als Witwe lebend zurück? Sie war die tapferste und ehrenwerteste der Rajput-Frauen. Ihre Pflicht und ihre Ehre hätten verlangt, daß sie als erste den Scheiterhaufen besteigt.«

Unter einem anschwellenden Trommelwirbel entrollte sich das Bild. Das Gefolge der Maharani betrachtete das Gemälde und bewunderte das überdeutliche Kunstwerk.

»Weil sie schwanger war. Ein ungeborenes Kind wartete in ihrem Leib darauf, die Ehre seiner Vorfahren zu rächen. Allein aus diesem Grunde ertrug Königin Puschpawati den Makel der Witwenschaft.«

Weitere Zuhörer, die im Fort Balmer lebten und arbeiteten, Elefantenjungen und Stallknechte, Angehörige der Palastwache, ja sogar die Verwaltungsschreiber, ließen sich im Hof nieder und lauschten den Sängern, welche die Geschichte der Sippe vortrugen:

»Königin Puschpawati.

Die größte Königin Indiens.

Berühmt für ihre Tapferkeit mit dem Schwert.

Die den Bogen fast so gut spannen konnte
wie ein Mann.

Die an der Seite ihres Gemahls ritt
und den Gepard jagte.

Königin Puschpawati war nun Witwe.«

Alle kannten diese Geschichte. Dennoch murrten sie über das demütigende Schicksal der Königin, als die Erzählung vom Begründer der Sippe berichtete: von seiner Geburt, seiner Kindheit, seinen kriegerischen Heldentaten als Jüngling, von der wachsenden Vermutung, daß er könglichen Geblüts war.

Als die Darstellung eines weißbeturbanten Königs mit einer Rose in der Hand entrollt wurde, wußten die Zuhörer, daß sich der Bericht seinem Ende zuneigte, noch ehe die Sänger einstimmig sangen:

»Somit gebar Königin Puschpawati den Sohn der Sonne.

Somit gingen aus dem Sohn der Sonne hundert Söhne hervor.

Somit wurde jeder Sohn ein König.

Und somit wurde unser Reich bekannt als Rajputana, das Reich der Söhne des Königs.«

In dieser Nacht, während die Sänger in der Zeltstadt schmausten, begann die Erde zu beben. Plötzlich durchdrang Licht die Dunkelheit und ließ Scharen erschrockener Vögel zum Himmel fliegen. Verängstigte Tiere kämpften gegen ihre Haltestricke, und kleine Kinder versteckten sich im Schoß ihrer Mutter. Sie konnten nicht verstehen, warum ihre Mütter lachten und sie in die Luft warfen. Neununddreißigmal donnerte das tiefe Dröhnen der Kanonen durch die Nacht, um die Geburt des neununddreißigsten Erben des Fürstentums Balmer zu verkünden. Die Erbfolge war gesichert. Maharadscha Jai Singh von Balmer war mit einem Sohn gesegnet.

Drittes Kapitel

Seit elf Jahrhunderten stand das Fort Balmer auf dem Hügel über dem Jalsa-See. Sein Inneres schmückten silberne Fontänen und mit Lapislazuli eingelegte Säulen. Gärten verbanden Innenhöfe, deren Mauern von meisterhaften, aus den Werkstätten von Delhi herbeigeholten Künstlern bemalt waren. Doch diese Zugeständnisse an die Sinnenfreude sahen wie nachträglich hinzugefügt aus. Die unterirdischen Gänge, die zum Jalsa-See führten, damit man sich in Zeiten der Belagerung mit Wasser versorgen konnte, die engen Korridore, deren Decken so niedrig waren, daß kein Verräter seinen Arm mit dem Schwert heben konnte, um einen nichtsahnenden Fürsten mit einem tödlichen Hieb niederzustrecken, sie machten das wahre Gesicht von Balmer aus.

Und nun gab im großen *Durbar*-Saal der Festung Balmer der Maharadscha Jai Singh eine Audienz und nahm die

Geschenke der Edelleute entgegen, welche die Fürsten von Indien repräsentierten. Jeden Tag nahm er auf dem *gaddi* Platz, dem breiten, mit karminrotem Brokat bezogenen Polster, dem traditionellen Thron der Rajput-Herrscher. Hinter ihm stand der *shattri*-Träger und hielt den königlichen Baldachin über das Haupt seines Herrschers, so wie er in Kriegszeiten dessen Banner trug.

Das Haupt des Maharadschas bedeckte der rote Festturban, dessen Schlichtheit dem schmalen Gesicht mit den ernsten Augen Würde verlieh, ohne besonders zu schmükken. Der strenge Mund war teilweise unter einem Bart versteckt, der, in der Mitte geteilt und beiseitegeschoben, wie zwei schwarze Schwingen auf den schlichten, nur von einem Gürtel aus Smaragden unterteilten Rock fiel.

Über die ganze Länge des Versammlungssaals erstreckten sich vor ihm die Stuhlreihen mit den Edelleuten. Sie hatten auf den Knien die Zeremonienschwerter, deren juwelenbesetzte Hefte mit goldener Gaze umschnürt waren zum Zeichen, daß ihre Träger in friedlicher Absicht gekommen waren. Tänzerinnen trennten mit bauschenden Röcken den Maharadscha von seinen Gästen, doch manche Edelleute rückten näher zum *gaddi*, um ein heimliches Wort an den Herrscher zu richten. England fürchtete eine Verschwörung der indischen Fürsten und gestattete ihnen deshalb nicht, sich außer in Gegenwart von Engländern zu versammeln.

»Du mußt nach London, Hoheit«, flüsterte ein Edelmann aus Udaipur. »Wir sind durch den Schwur gebunden, den wir vor hundert Jahren leisteten, daß wir uns fremden Herrschern niemals beugen würden. Aber dich schränkt nichts ein.«

Der Gesprächspartner beugte sich noch näher zum Maharadscha. »Hoheit, deine Ehre ist unbestritten. Sage der Kaiserin, daß bei uns eine Hungersnot herrscht. Sage Victoria, Englands Worte klingen wie Gold, doch seine Steuern sind grausamer als das Schwert der Mogulen.«

Ein anderer Edelmann aus einem anderen Fürstentum löste den ersten ab, seine gesenkte Stimme klang dringlich an Jai Singhs Ohr. »Maharadscha, sei vorsichtig! England stranguliert uns mit seiner Habgier. Die Hälfte von Indiens Geld dient dazu, England zu mästen. Die andere Hälfte wird für eine Armee ausgegeben, in welcher kein Inder Offizier werden kann. Immer mehr Eisenbahnen befördern statt englischer Lebensmittel nur noch mehr Ordnungskräfte. Die Briten weben ein Spinnennetz der Macht, aus dem wir uns niemals befreien werden.«

Eine Woche lang erfuhr Maharadscha Jai Singh auf diesem Weg die Botschaften, welche ihm die Repräsentanten anderer indischer Höfe übermittelten. Schließlich gaben die dringlichen Worte seiner Gemahlin den Ausschlag.

Die Maharani hob ihre Arme über die milchgeschwellten Brüste, damit ihr Gemahl den Erben des Sakraments segnen konnte, das die Fürsten von Balmer an die Götter band, in deren Namen sie regierten: »Gehen Sie nach London! Sie sind unser *durbar*, die Stimme der Volksversammlung. Victoria wird auf Sie hören. Die Kaiserin von Indien kann vor Indiens Leid nicht die Augen verschließen.«

Viertes Kapitel

Erst auf der Reise nach Bombay, wo er sich nach England einschiffen wollte, gewahrte Jai Singh das Ausmaß der Not, die über das Land gekommen war. Auf den Bahnhöfen drängten sich Familien auf der Flucht vor Hungersnot und Krankheiten. Verängstigte Passagiere sprachen von dem Aufruhr, der ausgebrochen war, als britische Beamte ganze Dörfer evakuierten und dann in Brand steckten, um die Ausbreitung von Seuchen zu verhindern.

Aus Bombay kommende Reisende erzählten Jai Singh,

daß die Häuser der englischen Einwohner und der reichen indischen Kaufleute, welche englische Interessen vertraten, mit einem Sperrgürtel geschützt worden seien. Die übrige Stadtbevölkerung plündere, um sich Nahrung zu verschaffen, oder gehe an der Cholera zugrunde. Getreide, gestohlen von Frachtschiffen, die indischen Weizen zu ausländischen Märkten exportierten, werde in den Basaren zu astronomischen Preisen verkauft, und hungernde Arbeiter verließen trotz der bewaffneten Aufseher die britischen Fabriken.

Schlangen von erschöpften Bauern taumelten neben den Eisenbahngeleisen einher, doch als Jai Singh in Bombay eintraf, wußte er nicht, ob er aus einem Alptraum erwachte oder in einen noch schlimmeren Traum eintauchte. In prächtigen Häusern unterhielten sich Inder wie Engländer erregt darüber, wie prachtvoll die indischen Herrscher aussehen würden, wenn sie Victoria in der Jubiläumsparade öffentlich ihre Reverenz erwiesen. Nicht ein einziges Mal hörte er eine Erwähnung der Hungersnot.

Am Kai nahmen vornehme Frauen hinter hohen, von bewaffneten Eunuchen gehaltenen seidenen Wandschirmen Abschied von ihren Maharadschas. Jai Singh stand an Deck und beobachtete, wie diese provisorischen *zenana* in dem Gedränge von Menschen und Pferden wie riesige Seidenballons hin und her schwankten. Als der Hafen von Bombay im gleißenden Licht entschwand, befielen Jai Singh düstere Vorahnungen. Es gelang ihm auch nicht, die Bedrückung abzuschütteln, als er sich den gesellschaftlichen Verpflichtungen der Überfahrt anheimgab. Am Tisch des Kapitäns oder auf dem Promenadendeck hörte Jai Singh eine Menge über die Jubiläumsfeierlichkeiten, sagte aber nichts von seiner Befürchtung, daß der Baldachin, welcher Indien beschirmte, fortgezogen würde, um als Teppich für Victorias Füße zu dienen, so daß Indien kein Schutz vor der unbarmherzigen Sonne blieb.

Die Fremdartigkeit seiner Londoner Umgebung brachte Jai Singh so aus dem Gleichgewicht, daß er für kurze Zeit die Hungersnot vergaß. In dem für ihn fremdartigen gemieteten Haus in Mayfair kreuzte und streckte er beim Versuch, sich an das Sitzen auf Stühlen zu gewöhnen, die Beine. Nachts warf er sich in dem Himmelbett hin und her, in dem sein Körper einsank wie in ein Grab und das so ganz anders war als das kurze harte Bett der Rajput, das an den Fußgelenken endete, damit ein Krieger stets aus dem leichten Schlaf aufspringen konnte.

Die Diener aus Balmer lenkten Jai Singhs Kutsche durch die mit Einspännern und Pferdeomnibussen verstopften Straßen, und der Maharadscha staunte über den Reichtum der Kolonialmacht. Wohin er auch kam, wurde er Zeuge von Vorbereitungen für den Festzug zu Ehren Victorias. Entlang des Weges, den die Parade nahm, wurden hölzerne Tribünen errichtet. Der Union Jack schmückte die Fassaden sämtlicher Gebäude, und Porträts der Herrscherin blickten von allen Hauswänden. Als seine Kutsche an der Königlichen Börse vorbeikam, las Jai Singh die in das Portal eingemeißelte Inschrift: DIE ERDE UND IHRE FRÜCHTE SIND DES HERRN, und plötzlich erinnerte er sich der Hungersnot in seinem Land, während er an jedem Tag seines Aufenthaltes in England mitansehen mußte, wie die Früchte der Erde den Appetit des Britischen Empire stillten.

Im Börsengebäude fühlte er sich sogleich zu Hause, so sehr glich die geordnete Konfusion einem indischen Basar. Männer schrieben mit Kreide Zahlen auf Tafeln, horchten auf Namen, die quer durch den rauchgeschwängerten Saal gerufen wurden, und wischten die Zahlen fort, um größere Summen zu notieren. Bald begann Jai Singh die aufgerufenen Namen zu unterscheiden, und seine Kehle schnürte sich zusammen, sooft er britische Firmen hörte, die indische Rohprodukte und die Früchte indischen Fleißes rund um die Welt verschifften.

Endlich wurde Jai Singh ins India Office bestellt, welches die Obliegenheiten der indischen Fürstentümer regelte. In Begleitung zweier junger Adjutanten und der beiden korpulenten Minister für Handel und auswärtige Angelegenheiten erklomm er die breiten Marmortreppen. Die schwarzen Gehröcke der drei britischen Beamten, die ihn in das geräumige Büro mit reichverzierter Decke führten, schienen zu den Brokatröcken seiner Delegation in vorwurfsvollem Kontrast zu stehen.

Jai Singh nahm auf dem Sofa Platz, ein junger, nervöser indischer Rechtsanwalt in englischem Anzug mit steifem Kragen setzte sich neben ihn, seine Minister ließen sich hinter ihnen auf Stühlen nieder.

Jai Singh legte dem Anwalt seine Hand auf den Arm. »Sagen Sie den Engländern, in Britisch-Indien herrscht eine Hungersnot. Unsere Handelsstraßen führen durch Britisch-Indien. Wir sind eingeschlossene Fürstentümer. Alles, was über unsere Grenzen kommt und geht, wird somit von Britisch-Indien zweimal mit Zoll belegt. Die Hungersnot in Britisch-Indien lähmt uns nun zusätzlich.«

Als der Anwalt diese Worte übersetzte, las Jai Singh in den Gesichtern der Engländer nur Gleichgültigkeit, und die bösen Ahnungen, die er auf dem Schiff gehabt hatte, kehrten wieder.

»Großbritannien ist sich der Situation bewußt. Der Lord Mayor von London hat schon einen Hungersnot-Hilfsfonds gegründet.«

»Sagen Sie den Engländern, der Hilfsfonds des Lord Mayor wird von geringem Nutzen sein, wenn die Zölle des Empire die Hungersnot vergrößern. Erklären Sie ihnen, wenn Britisch-Indien Hunger leidet, dann sterben auch die Fürstentümer Indiens.«

Ein magerer Engländer mit scharfen Gesichtszügen schlug der Balmer-Akte nach, wobei der Ausdruck der Geringschätzung in seinen Augen den lächelnden Mund Lügen strafte. »Fragen Sie Seine Hoheit«, sagte er, »wieviel von den Staatseinkünften für die Unterhaltung seines Harems aufgewendet wird und ob er nicht meint, daß eine Eisenbahn zum Wohlstand seines Landes beitragen und mehr Einkünfte für seine Vergnügungen schaffen würde.«

»Eine Eisenbahn wird mein Land nur mit billigen Erzeugnissen aus englischen Fabriken überschwemmen. Und wie sollte ich eine Eisenbahn bezahlen? Meine Einkünfte werden dank Großbritannien immer geringer.«

Der Engländer wurde rot. Mit sanfter Stimme, fast als wolle er Jai Singh ein Kompliment machen, sagte er: »Aber Seine Hoheit besitzt doch gewiß ein beträchtliches Vermögen. Schließlich unterhält Balmer keine Armee mehr. England muß für die Verteidigung des Fürstentums aufkommen, nachdem Balmer nun wehrlos ist.«

Die verhüllte Drohung hing wie Rauch in der Luft. Jai Singh fühlte die ohnmächtige Wut der anderen Delegationsmitglieder von Balmer wie ein Messer in seinem Rükken. Sie alle wußten, daß gerade jetzt die Engländer den Maharadscha von Manipur, der die Briten herausgefordert hatte, wie einen gemeinen Verbrecher hängen wollten. »Balmer ist dankbar für die Protektion des Britischen Empire«, sagte Jai Singh. »Wir geben ebenso viel Geld aus, um England unsere Reverenz zu erweisen, wie wir einst für unsere Heere aufgewendet haben.«

Überzeugt, bei den Männern, die Indien vom India Office aus regierten, kein mitfühlendes Gehör zu finden, wartete Jai Singh das Ende der Jubiläumsfeierlichkeiten ab, um dann um eine Privataudienz bei Victoria zu ersuchen. Er durchmaß die mit Möbeln vollgestopften Räume seines Hauses in Mayfair und starrte wütend auf die kostspieligen Gegenstände, die zuhauf auf allen Tischen standen. Er blickte auf die Herren in Gehröcken und die Damen mit kostspieligen Hüten, die unter ihm auf der Brook Street gingen, und er sehnte sich nach den Schutzwällen des

Forts Balmer, über denen Wüstenadler am leeren Himmel kreisten.

Abends besuchte er die Bälle, welche der Jubiläumsparade vorausgingen. Hier vernahm er Gerüchte über des Prinzen von Wales Schwäche für Schauspielerinnen und die Ehefrauen anderer Männer. Er hörte Skandalgeschichten von Victorias jüngerem Enkel, von dem es hieß, er besuche Homosexuellenbordelle, und er staunte, daß die Engländer sich so wenig vor Ansteckung fürchteten, obwohl eine Krankheit in Victorias Blut bereits die Erbmasse der gekrönten Häupter Europas, sogar des Zaren Nikolaus II. von Rußland, angegriffen hatte.

Zwei Tage vor dem eigentlichen Jubiläum erhielt Jai Singh die Nachricht, der Maharadscha von Dungra, ein alter Freund seines Vaters, sei in England eingetroffen und wünsche ihn zu sehen.

Der alte Herr wartete auf dem Gehsteig vor seinem Haus am Belgrave Square. Seine rundliche Gestalt war in einen dunkelblauen Rock gezwängt. Ein Dutzend Reihen Barockperlen baumelte um seinen Hals. Ein Mann mit tief in die Stirn gezogener Mütze stieß die neben ihm stehende Frau an. »Guck dir den ollen Sack an!« sagte er verächtlich. »Der trägt mehr Klunkerkram als ein Varietéflittchen.« Unter Hochrufen der Straßengaffer führte der Maharadscha Jai Singh durch eine schmiedeeiserne Pforte. Das Rascheln gestärkter Turbane entzückte die Londoner, als zwei Dungra-Wächter Habtachtstellung einnahmen und ihre Lanzen mit metronomischer Präzision schwenkten. Die Türflügel hinter den beiden gingen auf und ließen einen Halbkreis von barfüßigen, turbangeschmückten Gefolgsleuten erkennen.

Jai Singh folgte dem Älteren in einen Raum, aus welchem alles fremdländische Mobiliar entfernt worden war. Niedrige Silberdiwane waren um ein Podest mit dem karminroten *gaddi* des Herrschers gruppiert. In einer Ecke des Raumes stand eine mannshohe Silberurne, die ein Priester mit nacktem Oberkörper bewachte. Die Herrscher streckten ihre Hände aus, um sie mit dem reinigenden Wasser des heiligen Flusses Ganges von der fremdländischen Verunreinigung säubern zu lassen. Erst dann winkte der alte Maharadscha Jai Singh auf einen der silbernen Diwane.

»Sage mir, Jai«, bat der Alte, dessen Augen vor Neugier leuchteten, »was hältst du von unseren britischen Herrschern, nachdem du sie nun aus nächster Nähe erlebt hast?«

»Was spielt es für eine Rolle, was ich von ihnen halte, *Hukam?* Ich habe keine Armee, um meinen Ansichten Gewicht zu verleihen.«

Der Maharadscha von Dungra zog träge eine Augenbraue hoch. »Sei vorsichtig, Jai! Das war eine aufrührerische Bemerkung. Du befindest dich in England. Wegen so einer Aufwiegelung könntest du deinen Thron verlieren.«

»Aber es ist wahr. Die stolzesten Krieger der Welt sind zu Spielzeugsoldaten geworden, um englische Paraden zu schmücken. Bewaffnet mit Gewehren, mit denen wir nicht schießen können, weil Schlagbolzen und Munition in Britisch-Indien verwahrt werden. Wir schulden einer Regentin Treue, deren Wachen sogenannte Beefeater sind, Rindfleisch-Esser. Doch wir sind Rajput, und unzählige Rajput-Soldaten sind lieber in belagerten Festungen verdurstet, als daß sie Wasser aus Flüssen getrunken hätten, in welche feindliche Heere das Blut von geschlachteten Kühen geschüttet haben.«

Der Maharadscha von Dungra faltete die Hände über den Perlen, die auf seinem Bauch baumelten. »Ich denke oft, wir indischen Fürsten sind wie alte Kurtisanen, Jai. Schmücken uns mit Juwelen und Geschichten von unserer glorreichen Vergangenheit, weil wir die Gegenwart fürchten. Wir sprechen von unserem Kriegerblut. Aber seit drei Generationen hat es in Indien keinen Krieg mehr gegeben, kein Trompeten von gepanzerten Elefanten, keine Kavallerieattacke – nur die anmaßende Stille der englischen Pax Britannica.« Er schob ein *paan* aus mit Blattgold überzogenen Betelblättern in den Mund und fuhr fort: »Wir alle haben Schatzkammern geerbt, um Armeen aufzustellen. Nun, da wir keine Armeen haben, verschwenden einige den Reichtum für Vergnügungen. Andere, solche wie du, hoffen, sich eines Tages gegen das Britische Empire erheben zu können.« Er drohte mit seinem plumpen Finger. »Doch! Das tust du! Du bist jung, und alle jungen Männer träumen unmögliche Träume. Was mich betrifft, ich habe das Geld aus meiner Schatzkammer im reichen Westen investiert. Zwanzig Jahre lang haben meine Untertanen keine Steuern bezahlt, weil Ausländer für die Kosten meiner Regierung aufkommen. Du siehst, ich habe die Handlungsweise des Britischen Empire nachgeahmt.«

Jai Singh unterbrach den älteren Herrscher verärgert: »Schlägst du vor, daß die Krieger Indiens zu Geldverleihern werden sollen? Das verstößt gegen unser *dharma*, das sittliche Gebot, wie es in den alten Schriften überliefert ist.«

Der Alte ließ die lustige Clownsmaske für einen Moment fallen. »Du sprichst wie ein Kind, Jai. Die alten Schriften schreiben uns vor, nur sieben Prozent von unserem Reichtum für uns und unsere Regierungen auszugeben. Den Rest müssen wir für unser Volk mehren.« Er spie einen roten Strahl Betelsaft in einen silbernen Spucknapf. »Ach komm, Jai! Wir sollten nicht allzu ernst sein! Erzähle mir, wie du das Londoner Gesellschaftsleben findest!«

Jai Singh fragte sich, ob er den Beamten des Indian Office erwähnen sollte, der über die verbotenen Frauengemächer Indiens spottete, während die englischen Prinzen es riskierten, sich bei käuflichen Frauen und in Homosexuellenbordellen mit Krankheiten anzustecken.

»Ich glaube, *Hukam*«, sagte er, »ihr Begriff von Würde muß sich von unserem beträchtlich unterscheiden.«

Der Maharadscha von Dungra lachte schallend; seine dikken Lippen waren vom Betelsaft rotgefleckt. »Würde? Ein solches Wort hat seine Gültigkeit verloren. Heute wird die Welt mit Geld regiert.« Er klatschte in die Hände. Ein Diener mit einem in karmesinroten Musselin gewickelten Päckchen trat ein. »Du bist mit einem Erben gesegnet, Jai. Betrachte dieses Geschenk als eine Prophezeiung der Zeiten, in denen wir leben müssen, wenn wir unseren Söhnen ein Fürstentum und keinen Friedhof hinterlassen wollen.«

Am Abend vor der Jubiläumsparade wurden die Regenten Indiens zu einem Empfang in den Buckinghampalast geladen. Als Jai Singh dem rotberockten Wächter durch die Hallen folgte, die zu Victorias Salon führten, dachte er an die Worte des Maharadschas von Dungra. Er war gespannt, ob Victoria den Armreif aus makellosen Diamanten tragen würde, den der Maharadscha von Jaipur ihr geschickt hatte als Rechtfertigung dafür, daß er sein Ansehen nicht einbüßen mochte, indem er an derselben Tafel speiste wie die Unberührbare, die seine Kaiserin war. Der Armreif machte Victoria zu seiner Schwester, und ein Inder durfte nichts aus dem Hause einer Schwester annehmen, nicht einmal einen Schluck Wasser. Als sie von dem Gesetz erfuhr, hatte die Kaiserin die indischen Herrscher huldvoll von der Teilnahme an dem Staatsbankett, das dem Empfang vorausging, befreit.
Jai Singhs Name und Titel wurden verkündet. Einen bestürzenden Augenblick lang hatte er das Gefühl, ein Eindringling zu sein, der in die Schatzkammer des Britischen Empire gewandert war. Die menschlichen Repräsentanten der Macht Britanniens, das Kabinett in seiner Hoftracht aus Kniehosen und Seidenstrümpfen, die Gesandten und die gekrönten Häupter Europas, die durch Verträge und Heiraten mit dem Empire verbunden waren, standen in steifen Gruppen unter den Kronleuchtern. Auf

einem Podest saß auf einem roten Samtsessel das Zentrum dieser Macht: eine alte Frau in einem schwarzen, mit goldenen Sonnen und silbernen Monden bestickten Kleid, die Füße von dem juwelenverzierten Saum ihres langen Rockes bedeckt.

Während Jai Singh Victorias Fragen über seinen Aufenthalt in London beantwortete, sah er, daß sie den Armreif des Maharadschas von Jaipur trug. Er ging weiter, um einige Worte mit dem Prinzen von Wales und den Prinzen und Prinzessinnen zu wechseln, die neben ihrer Mutter auf dem Podest standen.

Im Raum waren noch weitere Kinder von Victoria: die Kaiserin von Preußen mit ihren beiden Söhnen, die Prinzessin von Neapel und die Herzogin von Teck. Die Großherzöge, die Zar Nikolaus II. vertraten, unterbrachen ihr Gespräch mit Erzherzog Ferdinand von Österreich-Ungarn, um ihren ehemaligen Gastgeber aus Balmer zu begrüßen. Neben ihnen starrte der Sohn des japanischen Kaisers, der Erbe des Chrysanthementhrons, den rechtmäßigen Erben von Siam ausdruckslos an.

Plötzlich entstand eine Pause in dem Gemurmel höflicher Konversation. Jai Singh wandte sich um. Ein untersetzter kleiner Mann in einer Art schmucklosen Tunika und Baumwollhosen schritt durch den Raum. Belustigung ergriff die Versammlung, als Pratap Singh, der regierende Fürst von Jodhpur, sich der Kaiserin näherte. Seine zerknitterten Gamaschen wurden längst von europäischen Reitern nachgeahmt, die sie *jodhpurs* nannten nach diesem exzentrischen Menschen, der in dem Rufe stand, der beste Reiter der Welt zu sein, und der als der Mann berühmt war, der den Prinzen von Wales wahrhaftig von seinem Pferd steigen ließ, das er mit zu harter Hand geritten hatte.

Ohne sich um das Aufsehen zu kümmern, erreichte Pratap das Podest und hob sein Schwert über Victorias Haupt. Der Versammlung entfuhren Laute des Erschrekkens, die schnell verstummten, als Pratap Victoria sein Schwert zu Füßen legte.

»Dieser blöde Inder!« zischte ein aufgebrachter britischer Beamter hinter Jai Singh. »Was um alles in der Welt bildet der sich eigentlich ein?«

Das Flüstern erstarb in Schrecken, als Pratap Victorias kleine Hände ergriff und auf seine Augen legte. Jai Singh wußte, Pratap befolgte den Rajput-Ehrenkodex, der verlangte, daß er das Schwert, das zu tragen er durch das britische Protokoll gezwungen war, Victoria zu Füßen legte. Wo andere Herrscher die Kaiserin mit erlesenen Juwelen beschenkt hatten, bot Pratap Victoria seine Augen dar, den kostbarsten Besitz eines Kriegers.

Prataps schlichte Geste rührte Jai Singh, und er sah sich im Salon nach weiteren Herrschern um, die das Geschenk verstünden. Die größten Namen Indiens waren an diesem Abend im Buckinghampalast vertreten. Sie verliehen Victorias Empfangssalon blendenden Glanz mit ihren Rökken aus Goldbrokat und mit Kopfbedeckungen, auf denen Edelsteine befestigt waren, die den Kohinoor in den Schatten stellten. Schnüre mit Perlen, Smaragden und Rubinen wogten unter den Bärten und über ihren Brustkästen, und in der linken Hand hielten sie juwelenbesetzte Schwerter, während sie mit der gewohnten Regungslosigkeit orientalischer Herrscher in der steif-förmlichen Versammlung standen.

Doch Jai Singh wußte, all dieser Glanz konnte die Ohnmacht von Fürsten, die keine Armeen hatten, nicht verbergen, von Fürsten, die man gezwungen hatte, Tausende von Meilen zu reisen, um einer doppelt unberührbaren Herrscherin, einer Witwe und Ausländerin, ihre Reverenz zu erweisen.

Als er an diesem Abend auf Kissen gestützt in dem ungewohnten Himmelbett saß, entfernte Jai Singh den Musselin vom Geschenk des Maharadschas von Dungra. Dokumente in einem Ordner informierten ihn, daß er, der Herrscher von Balmer, jetzt Anteile an der Kanadisch-Pazifischen Eisenbahn und einer Eisenbahn in Brasilien besaß, daß ihm ein Teil der American Fruit Company, kleine Anteile an der Bell-Telefongesellschaft, einer australischen Goldmine, Banken und einem Dutzend weiterer unbekannter ausländischer Unternehmen gehörten.

Am Morgen der Jubiläumsparade sah es bedrohlich nach Regen aus. Jai Singh dachte an die vielen Menschen, welche die Straße unter seinen Fenstern bevölkerten, während die Diener den achtzig Fuß langen Turban aus gestärktem Musselin um sein Haupt wickelten. Er ergriff das Prunkschwert von Balmer in seiner Scheide aus Gold und Email und ging die sechs Lanzenreiter von Balmer inspizieren, die in Victorias Ehrengarde reiten sollten.
Laute Hochrufe stiegen von der wartenden Menge auf, als der Maharadscha von Balmer und seine Lanzenreiter sich auf schwarzen Schlachtrössern zum Buckinghampalast begaben. Jai Singh spürte die geballte Erwartung in der Luft, und er wußte, daß alles, was die Langeweile der zwei Millionen Menschen zerstreute, die auf den Beginn der Jubiläumsparade warteten, spontanen Beifall auslösen würde.
Menschen harrten, an Baumästen hängend, aus, um der Pracht herrschaftlicher Macht ansichtig zu werden, und das in einem Ausmaß, wie es die Welt noch nicht gesehen hatte. Nahe Whitehall herrschte eine Vielfalt von Farben, als die Kolonialkavallerien ihre Pferde in Position brachten: Australier in gelben Röcken, Neuseeländer in breitkrempigen Schlapphüten mit schwungvollen bunten Federn, Sikhs mit leuchtendroten Turbanen. Den Reitern folgten die Kolonialinfanterien: Malaien mit kleinen runden Hüten, chinesische Truppen mit dreieckigen Strohhelmen, Soldaten aus Trinidad in makellos weißen Wikkelgamaschen und Maoris mit Schild und Speer.

Die Lanzenreiter von Balmer lenkten ihre Pferde durch die Tore des Buckinghampalastes, und Jai Singh, den diese stolzen jungen Männer, die das *dharma* des Kriegers nie erfüllen konnten, in der Seele dauerten, lenkte sein Reittier zu dem Halbkreis berittener Fürstlichkeiten, die den Platz vor dem Palast säumten. Herrscher aus allen Weltgegenden, deren Armeen vom großen Ozean der britischen Macht verschluckt worden waren, warteten mit ihren Hoheitszeichen, die von glorreicheren Zeiten kündeten.

Die Parade begann, und Jai Singh konnte auf dem Balkon des Buckinghampalastes die kleine Gestalt der Kaiserin von Indien sehen. Als Engländer auf nach besiegten Fürsten benannten tänzelnden Pferden vorritten, da wußte Jai Singh, daß der papierne Vertrag, in welchem er »Victorias Bruder« genannt wurde, angesichts solch stolzer Macht bedeutungslos war.

Sechs Schiffsgeschütze rollten auf ihren Lafetten unter Victorias Balkon vorüber und trennten die Truppen der Kolonien von den Truppen des Mutterlandes. Die Hochrufe schwollen an, als Gardetruppen, Dragoner, Bataillone über Bataillone von Husaren und Lanzenreitern, ihnen voran die berittenen Kapellen, über die breite Prachtstraße The Mall zogen.

Die Sonne brach durch die Wolken, während die indische kaiserliche Kavallerie vor Victoria paradierte, und brausender Beifall erhob sich von der dichtgedrängt stehenden Masse. Noch nie hatte die Sonne es unterlassen, für Victoria zu scheinen, und nun war sie wieder da: königliches Wetter für die Königin der Königinnen.

Vierzig indische Herrscher spornten mit unbewegten Gesichtern ihre Pferde an. Einzig Victorias junger Patensohn, der Maharadscha Victor von Sirpur, winkte der hochrufenden Menge mit lebhafter Begeisterung zu.

An den folgenden Tagen bemühte sich Jai Singh um eine Privataudienz bei der Kaiserin, aber es war wegen der euphorischen Jubelstimmung in Victorias Hofstaat unmöglich, bis zu ihr vorzudringen. England war trunken von seinem Glanz und wollte nichts von einer Hungersnot in Indien hören.

Die lange Rückreise von Bombay nach Balmer vermittelte Jai Singh ein trostloses Zeugnis vom Ausmaß der Hungersnot. Mittellose Bauern, unfähig, ihren Lebensunterhalt aus einem Boden zu scharren, der so unfruchtbar wie Felsgestein geworden war, zogen kreuz und quer durch Indien wie Scharen sterbender Vögel. Die Abgaben waren in Britisch-Indien nicht gesenkt worden, und just am Tag von Victorias Jubiläumsrede hatte man mehrere englische Offiziere totgeschlagen. An jedem Eisenbahnknotenpunkt konnte Jai Singh offen von Aufruhr gegen das Empire reden hören.

An der Grenze von Balmer empfing ihn eine Abordnung von besorgten Dorfältesten. Die Nachrichten waren schlimmer, als er befürchtet hatte. Die verarmte Landbevölkerung strömte hordenweise nach Balmer. Geldverleiher folgten im Kielwasser der Bauern und versuchten, Land zu Spottpreisen aufzukaufen in der Hoffnung, aus der von der Hungersnot hervorgerufenen Panik Kapital zu schlagen.

Ein altersgebeugter Greis stellte schließlich die Frage, die Jai Singh nicht beantworten konnte. »Wir haben noch unser Land, *Hukam*. Aber wenn der Regen wieder ausbleibt, was sollen wir tun?«

Fünftes Kapitel

Zu Beginn der Dürrezeit wußte die Maharani nicht, daß sie sich eines Tages an ihren Schleier klammern würde wie ein sterbender Soldat an sein Banner. Obgleich sie von früh bis spät mit dem Leid der Flüchtlinge konfrontiert war, stand die Maharani vor Tagesanbruch auf, um drei Stunden im Tempel der Maharanis von Balmer zu verbringen und dort in stiller Vereinigung mit den Geistern ihrer Vorgängerinnen zu sitzen. Das Wissen um Beständigkeit verlieh ihr in diesen dunklen Stunden, während das übrige *zenana* noch schlief, eine Gelassenheit, die ihr den Anblick der Entbehrungen ertragen half, der sich ihr täglich bot. Nach ihrer Rückkehr in die Frauengemächer stand sie hinter den Vorhängen und sah zu, wie ihr Gemahl sein Pferd bestieg, umringt von Boten, welche Tag für Tag mit Nachrichten aus den von der Dürre am schwersten heimgesuchten Gebieten des Fürstentums eintrafen.

Manchmal ritt der Maharadscha neben den meilenlangen Karawanen von Ochsenkarren, die mit Petroleumfässern voll Wasser beladen waren und Tag und Nacht über die staubigen Straßen des Landes zogen. Dann wieder begleitete er die Elefanten und Kamele, die das Fort Balmer mit Getreide aus den fürstlichen Kornkammern verließen.

Wenn ihr Gemahl durch das Land reiste, beaufsichtigte die Maharani die Notlager. Gelegentlich hielt sie für die Flüchtlingsfrauen eine Versammlung ab. Obwohl solche Zusammenkünfte nach Einbruch der Dunkelheit stattfanden, glühten die Steine des Frauenhofes noch von der Hitze des Tages. Fliegende Hunde zogen ihre Bahn so niedrig, daß die schwarzen Flügel die schwarzen Haare der Frauen streiften, und die Laternen, umschwirrt von summenden Insektenscharen, mußten in einiger Entfernung aufgestellt werden, damit ihre Wärme die unerträgliche Schwüle der Nacht nicht noch verstärkte.

Einmal fragte die Maharani, warum keines der Flüchtlingskinder lesen und schreiben könne. »Die Knaben von Balmer verbringen sechs Jahre unter Anleitung des *pandit*. Sogar die Mädchen erhalten drei Jahre Unterricht. Wie kommt es, daß Kinder aus Britisch-Indien, das dem Indien der Fürsten so weit voraus ist, unwissend sind?«

Die jüngeren Frauen bedeckten ihr Gesicht mit dem Zipfel ihres Saris und wandten sich beschämt ab. In der Stille hallte das wilde Gelächter von Hyänen und Schakalen aus dem Dunkel jenseits des Jalsa-Sees wider.

Schließlich antwortete eine alte Frau, das Gesicht von bitteren Furchen durchzogen. »Unsere Sterne stehen schlecht, *Hukam*. Früher gehörte uns unser Land, und unsere Kinder widmeten sich dem Lernen. Doch die Engländer erließen ein Gesetz, welches besagt, daß unser Land den Steuereintreibern gehört. Über Nacht haben uns die Engländer zu Bettlern gemacht.« Mit einem Ausdruck von Selbstverachtung zog die alte Frau den Sari herunter, der ihren Kopf bedeckt hatte, und faßte den Stoff an den Ecken, so daß er ein Behältnis bildete. Sie hielt der Maharani zornig ihren Bettelsack hin, die dünnen Arme in der uralten Bettlergeste ausgestreckt. »Die Geldverleiher gewähren uns keinen Aufschub, und die Grundbesitzer vertreiben uns von dem Land, das uns einst gehörte. Unsere Arme schmerzen, weil wir so durchs Leben gehen.«

Als sie in der folgenden Nacht neben ihrem Gemahl lag, fragte ihn die Maharani: »Haben die Engländer so etwas wirklich getan? Haben sie den Armen das Land genommen und es den Steuereintreibern gegeben?«

Jai Singh seufzte. »Ja. Cornwallis, ein braver, tugendhafter Mann, verabschiedete das Gesetz und nannte es Gerechtigkeit. Er glaubte zu wissen, was das Beste für Indien sei. Du siehst, das Britische Empire kann an sein Märchen von der Gerechtigkeit glauben, weil seine Seele fünftausend Meilen entfernt in London ist, zu weit fort, um den Preis dieser Gerechtigkeit zu erfahren.«

Im dritten Dürrejahr konnte die Maharani die Anzeichen,

daß das Gleichgewicht der Regierung von Balmer gestört war, nicht mehr übersehen. Die Hitze war wie eine Mauer, die das Fleisch einkerkerte. Die Wasserrinnsale aus den Reservoiren verdunsteten fast, bevor sie die Lehmkanäle befeuchten konnten, und die Dorfbrunnen waren vollständig versiegt. Der Maharadscha kam nach immer längerer Abwesenheit in die Gemächer seiner Gemahlin, das ernste Gesicht von tiefen Falten zerfurcht, den zweigeteilten Bart weißgesträhnt. Auf dem Balkon zusammengekauert, wetterte er gegen die Männer, deren Familien in Jahrhunderten des Kampfes standhaft ausgehalten hatten und die nun gegen ihn intrigierten, da er sie immer strenger besteuerte, um die Hungersnot zu bekämpfen.

Wenn die Ehefrauen der Edelleute, welche Jai Singhs Ministerrat bildeten, vorsprachen, waren ihre Gespräche voll versteckter Anspielungen auf schwindende Mitgiften für unverheiratete Töchter sowie auf Haushalte, die mit unmöglichen Etats geführt wurden, und der Maharani wurde angst um ihren Gemahl.

Jai Singhs Verzagtheit verschlimmerte ihre Befürchtungen. »Diese Habgier!« sagte er und schlug mit der geballten Faust gegen das geschnitzte Gitterwerk des Balkons. »Tote Rinder übersäen das Land, aber meine Minister wollen englischen Firmen Land verpachten, um Eisenbahnen und Fabriken zu bauen. Sie sagen, es sei für Balmers Fortschritt, doch sie machen sich zu Kumpanen von Engländern und gelangen durch das Elend von Balmers hungernden Bauern zu Wohlstand.« Er rieb sich die vom Staub gereizten blutunterlaufenen Augen. »Bei der letzten britischen Versammlung in Delhi erzählte mein Cousin, Radscha Man Singh, den Engländern, ich wolle keine britischen Fabriken in Balmer, weil ich dem Empire feindlich gegenüberstehe. Jetzt muß ich diesen Gerüchten begegnen, indem ich meine Lanzenreiter nach Peking schicke, damit sie in Englands Krieg gegen die Kaiserinwitwe in China kämpfen.«

Er fuhr mit der Hand über das üppige Schnitzwerk des Balkons, ohne zu merken, daß eine dicke Staubschicht seine Finger beschmutzte. Die Maharani griff nach seiner Hand. Als sie ihn sachte durch ihre Gemächer führte, fühlte sie die Schwielen in seinem Handteller. Jai Singh folgte ihr wie ein Schlafwandler, seine Worte waren schwer von Bedrückung. »Vielleicht hat der Maharadscha von Dungra recht. Vielleicht wird das neue Jahrhundert den Mysterien des Geldes geweiht, so wie Zauberer den Mysterien des Blutes geweiht sind.«

In dem kleinen, an die Gemächer der Maharani angrenzenden Innenhof erhellten Tonlampen eine mit erotischen Reliefs aus indischen Tempeln verzierte Mauer. Die Marmorfiguren schienen sich in dem flackernden Licht zu winden, als die Maharani ihren Gemahl von den staubigen Kleidern befreite und auf die Erde zog.

Sie hörte ihn brummen, er müsse die Pläne für das neue Amt begutachten, das am Ostufer des Jalsa-Sees errichtet werden sollte, um mehr Arbeitsplätze zu schaffen. Unterdessen massierte sie seinen Körper mit Sandelöl. Ihre Finger ertasteten die Spannungsknoten in dem muskulösen Leib unter ihr.

Halb schlafend stieg Jai Singh ins Badebassin. Die Maharani löste ihre Kleider. Die seidenen Gewänder glitten auf die Erde. Sie griff nach dem langen Zopf, der wie eine dicke schwarze Schlange auf ihren nackten elfenbeinfarbenen Rücken fiel. Sie wußte, daß Jai Singh ihr zusah, und wand den langen Zopf bedächtig um ihren Kopf. Sie wußte auch, daß ihr blasser Körper trotz der schweren Brüste, der konischen Beine und des rundlichen Bauchs mit den drei halbmondförmigen Linien unterhalb des Nabels ihren Gemahl nach wie vor ergötzte.

Im neuen Jahr zogen Balmers Lanzenreiter nach China. Gemäß dem christlichen Kalender war es das zweite Jahr eines neuen Jahrhunderts, und es regnete noch immer nicht. Bauern zogen in die Hauptstadt zu dem brackigen Trinkwasser, welches der Jalsa-See lieferte, und ließen ihr sterbendes Vieh an der rissigen Oberfläche der Felder, welche die grimmige Sonne hartgebrannt hatte wie Lehm, Salz lecken. Der Maharadscha schloß zögernd Balmers Grenzen für Flüchtlinge, blieb aber bei seinem unversöhnlichen Widerstand gegen die britische Präsenz im Lande. Eines Tages brachte er ein dickes Kuvert vom Vizekönig mit. Der schwarz umrandete Brief enthielt die Mitteilung, daß das Britische Empire seine Seele verloren hatte: Victoria, die Königin der Königinnen, war tot.

Die Ehefrauen der Edelleute gingen zum offenen Aufstand über. Angeführt von der Gattin des Premierministers, einer asketischen, von wöchentlich dreitägigem Fasten abgezehrten Frau, kam eine Abordnung zur Maharani. Was die Gattin des Premierministers vorzubringen hatte, war so saftlos wie die Reden ihres Mannes. »Der Maharadscha ist unvernünftig, *Hukam!* Er hat uns in den letzten vier Jahren nicht gestattet, Abgaben von den Bauern zu verlangen, doch wir mußten trotzdem unsere Steuern zahlen. Es war uns nicht erlaubt, Bewässerung und Saatgut in Rechnung zu stellen. Wir wurden gezwungen, unsere Kornkammern für hungernde Flüchtlinge zu öffnen.« Sie hüstelte zierlich hinter vorgehaltener Hand, indes die anderen Frauen durch heftiges Nicken ihre Zustimmung bekundeten. »Wovon sollen wir nach Meinung des Maharadschas leben, *Hukam?* Auch die Milch der besten Kuh versiegt, wenn sie nicht gefüttert wird.«

Die Maharani appellierte an das Pflichtgefühl: »Wenn du drei Tage in der Woche fastest, so kannst du doch gewiß das Prinzip des Opfers für das Gemeinwohl nicht vergessen haben?«

Die Ehefrau von Radscha Man Singh räusperte sich. Die Maharani lächelte der jungen Frau, deren Schwangerschaft deutlich zu erkennen war, aufmunternd zu, da sie sich ihrer Unterstützung sicher wähnte.

»Aber *Hukam*«, sagte die junge Rani schüchtern, »mein Mann sagt, die Engländer haben den Bauern die Steuern nicht erlassen. Sie besteuern sogar den Stoff, welchen die Bauern weben, um ihre Blößen zu bedecken. Er sagt, das Britische Empire wird nach der Dürre doppelt so stark, Balmer dagegen bankrott sein.«

Die Gattin des Premierministers tätschelte beifällig den Bauch der jungen Rani, und die Maharani erkannte, daß das Fundament der Regierung von Balmer bröckelte.

An dem Tag, als die Maharani sicher war, daß sich wieder ein Kind in ihrem Leibe regte, setzte sie sich auf ihren Balkon und wartete auf die Rückkehr ihres Gemahls. Ein Dürrejahr ums andere hatte sie mitansehen müssen, wie die geordnete Welt, die ihrem Dasein Sinn gab, auf den Kopf gestellt wurde. Sie hatte gesehen, wie die Sonne alle Feuchtigkeit aus den einst fruchtbaren Feldern sog, und war Zeugin der tiefen Verzweiflung ihres Gemahls geworden, als sein Land unwiderruflich zu einer Ödnis wurde, dazu bestimmt, von den Maschinen eines neuen Zeitalters ohne Sitten und Menschlichkeit ausgebeutet zu werden.

Die Vorhänge des inneren Gemachs wurden zur Seite geschoben. Jai Singh trat auf den Balkon. Er nahm ihr Gesicht stürmisch zwischen seine Hände. »Du mußt mit *purdah* brechen und den Schleier ablegen«, sagte er. Er sagte noch andere Dinge, aber die Maharani hörte nichts mehr. Wie gelähmt wartete sie, daß der Augenblick vorübergehen und ihr Gemahl den Befehl widerrufen würde, die Gelübde zu brechen, die seit tausend Jahren als unumstößlich galten.

Als Jai Singh seine Aufforderung nicht zurücknahm, zog sie sich den Schleier vom Kopf, faßte die zwei Ecken mit der ausgestreckten Hand und formte sie zu einem Bettelsack. »*Hukam*, verlangen Sie alles von mir, nur dies nicht!«

»Dies sind grausame Zeiten, sie erfordern grausame Maßnahmen.« Jai Singh riß ihr den Schleier aus den Händen und warf ihn auf die Erde. »Dein Opfer wird nicht einmalig sein. Die Tigerfürstin von Baroda hat den Schleier abgelegt und bereist ihr Land. Die Gattin des Regenten von Jodhpur ist aus dem Fort Jodhpur in eine Lehmhütte gezogen, um eigenhändig Essen für die Notküchen zu kochen. Was ist wichtiger: dein Schleier oder die Verzweiflung deines Volkes?«

Die Maharani hob den dünnen Stoff auf. Sie vermochte nicht zu erklären, weshalb ein Stück Stoff, so fein gewoben, daß sie hindurchsehen konnte wie durch eine staubige Glasscheibe, und das bei Wind an ihren zierlichen Gesichtszügen klebte, so daß es mehr preisgab als verbarg, weshalb dieses Stückchen Stoff die Membran war, die ein ehrbares Leben von fremdländischem Chaos trennte. Doch war sie überzeugt, daß das Kind, welches sie in sich trug, ein schweres Leben erwartete, wenn es der alten Traditionen beraubt war, wie der Schleier eine darstellte.

Bemüht, eine gewisse Beherrschung zu wahren, schickte sie nach der *baran*, ihrer rangältesten Dienerin, die alle ihre religiösen Pflichten übernahm, wenn sie ihre Regel hatte oder sonstwie indisponiert war.

Das schwere Klirren von goldenen Fußspangen, das die *baran*, die Stellvertreterin der Maharani im *zenana*, ankündigte, ertönte im Korridor, und eine große Frau mit nahezu maskulinen Zügen trat ein.

»Der Maharadscha wünscht, daß ich *purdah* breche«, sagte die Maharani matt. »Während meiner Abwesenheit wirst du dafür sorgen, daß die Haushaltsangelegenheiten nicht vernachlässigt werden ...«

Die *baran* stöhnte. »Das kannst du nicht tun, *Hukam!* Das darfst du nicht. Dein Fortgang wird dem *zenana* seine Stütze rauben.«

»Der Maharadscha wünscht es, *baran*. Richte Kuki-bai aus, ich möchte sie aufsuchen.«

Tränen stiegen in die Augen der *baran*, doch sie faltete die Hände. »Wie du befiehlst, *Hukam*.«

Die Haltung der Maharani war ungebeugt, als sie zu den Gemächern Kuki-bais schritt, der Lieblingskonkubine von Jai Singhs Großvater. Kein Zögern war in ihrer Stimme, als sie sich mit den Palastfrauen unterhielt, die mit Klagen über die Eunuchen vor ihren Gemächern warteten.

Erst als sie die füllige Gestalt Kuki-bais erblickte, die sich schwerfällig von dem an vier Silberketten aufgehängten Silberbett erhob, offenbarte sie ihre Qual. Sie lief zu ihr, um das Gesicht im Schoß der mütterlichen Freundin zu bergen, die sie als junge, einsame Braut, erst dreizehn Jahre alt, mit den Wirrnissen eines fremden Frauengemachs und den Gepflogenheiten eines fremden Hofes vertraut gemacht hatte.

Die Maharani hatte schon oft in Kuki-bais Schoß geweint. Als ihre Tränen die Gewänder der alten Frau näßten, tröstete sie wieder der vertraute Duft nach Nelken und Zimt. Kuki-bai strich ihr mit den kleinen, immer noch wohlgeformten Händen über das lange Haar. »Ach Kind, du bist zu starrsinnig. Du mußt lernen, dich mit den Zeiten zu biegen, sonst brichst du entzwei wie ein alter Zedrachzweig.«

»Er wünscht, daß ich *purdah* breche. Wenn ich gehorche, werde ich wie die Eunuchen: weder eine Frau im Schutze der Frauen noch ein Mann in der Welt der Männer.«

Kuki-bai schnalzte unwillig mit der Zunge. »Dein Gemahl muß vielleicht nach London zur Krönung eines neuen Herrschers, und er reist viel über Land. Auf Radscha Man Singh ist kein Verlaß mehr. Dein Gemahl erwartet, daß du während seiner Abwesenheit die Vorgänge im Staate im Auge behältst. Das kannst du nicht vom *zenana* aus.«

Am Abend, während der halben Stunde, da man die Unbarmherzigkeit der Tageshitze über der Pracht des Sonnenuntergangs vergaß, kam Jai Singh die Maharani abholen. Mit einer gänzlich ungewohnten Geste öffentlich geäußerter Zuneigung hielt er ihren Arm, als sie neben ihm durch den Korridor ging, der das *zenana* mit dem öffentlichen Hof verband.

Durch den dünnen Schleier starrte die Maharani auf die verschwommenen Gestalten im Hof. Sie sah das begierige Gesicht von Radscha Man Singh, dem Cousin ihres Gemahls, und das verkniffene Gesicht des Premierministers. Neben ihnen warteten weitere Minister, in ihren Mienen rangen Lüsternheit und Langeweile um die Oberhand. Im Hintergrund des Hofes traten die Männer von Balmer zu Hunderten verlegen von einem Fuß auf den anderen.

Die Maharani wich auf die Türschwelle zurück, wußte sie doch, daß die Entschleierung ihres Gesichtes ein so unwiderruflicher Akt der Schamlosigkeit war wie die Entblößung ihres Körpers. Sie konnte ihre Gliedmaßen nicht zwingen, die Marmorschwelle zu übertreten oder ihr Antlitz vor Männern zu entblößen, die weder ihr Vater noch ihr Bruder, Gemahl oder Sohn waren.

Jai Singh ergriff das Wort. Wie in einen Alptraum versunken, hörte die Maharani seine Worte nicht. »Frau, nennen mich nicht alle *Bappa*, Vater?« wiederholte er. »Nimm den Schleier von deinem Gesicht und segne die Brüder deines Sohnes!«

Die Maharani zwang ihre steifen Finger, den Schleier zu lüften. Einen Moment lang schirmte der zarte Stoff Jai Singh und sie vor den Blicken der Zuschauer ab. In diesem Augenblick bemerkte sie seine Scham darüber, daß ihr blasses Gesicht vor anderen Männern entblößt werden sollte. Sie schenkte ihm ein kleines zuversichtliches Lächeln, dann wandte sie dem Hof ihr bloßes Gesicht zu. Das Volk von Balmer senkte achtungsvoll die Augen. Nur der Rat der Minister starrte mit kaum verhüllter Neugier auf ihr nacktes Antlitz.

Am nächsten Tag verließ die Maharani das Fort Balmer und schlug ihr Quartier inmitten einer Ansammlung von

Lehmhütten am Ostufer des Jalsa-Sees auf, wo sich eine provisorische Siedlung aus Hütten und erbärmlichen Zelten über eine Fläche, die fast so groß wie die Hauptstadt selbst war, erstreckte. Von den Töchtern der Dorfältesten unterstützt, ging sie ihr neues Leben mit dem ihr eigenen Tatendrang an.

Doch trotz ihres vielfältigen Tagesablaufs, der alles enthielt, von der Feier der Geburt eines Kindes bis zur Verbrennung Verstorbener, nahm sie sich immer vor Sonnenaufgang die Zeit für eine dreistündige Andacht an einem kleinen Altar im Winkel ihrer Hütte, und sie schwor den Geistern ihrer Vorfahren, *purdah* wieder aufzunehmen, sobald der Regen fiel.

Zuweilen kam die Maharani von einer Klageversammlung und fand ihren Gemahl auf seinem staubigen Pferd, den sonnenverbrannten Tikka schlafend auf dem Vorderzwiesel seines Sattels. In dem Menschengewühl ergab sich für die Maharani nie Gelegenheit, ihrem Gemahl zu sagen, daß sie schwanger war.

Am Tage des Frühlingsfestes, an welchem die Bauern in besseren Zeiten gelbe Gewänder anzulegen pflegten, um das Ende der Frühjahrsernte zu feiern, das jedoch im fünften Jahr der Dürre nur eine weitere grausame Erinnerung daran war, was die Natur ihnen geraubt hatte, rief der Maharadscha die Maharani ins Fort Balmer zurück.

In der auf den Rücken eines Kamels geschnallten Doppelsänfte schaukelnd, freute sich die Maharani darauf, bald in den kleinen Tempel der Maharanis von Balmer zurückkehren zu können. Das Kamel ging auf den Vorderbeinen in die Knie, und die Maharani, die nicht darauf gefaßt war, fiel nach vorn und sah sich einem Augenpaar gegenüber. »Geh, besuche deine Frauen!« Jai Singh schlang seine Arme um ihre Taille und hob sie aus der Kamelsänfte. »Heute abend wirst du mit mir auf der Königsterrasse speisen.«

Die Maharani war dankbar für den Schatten der hohen Decken des *zenana* und den kühlen Marmorboden unter ihren Füßen. Sie war zu ermattet, um zu bemerken, daß die Dienerinnen nicht vorgetreten waren, sie zu begrüßen, sondern sich in einigem Abstand, das Hinterteil an die Wände der Korridore gedrückt, verneigten.

Vor den Gemächern der Maharani hielten vier Eunuchen neben der *baran* Wache, flankiert von Priestern. Die Maharani starrte auf das seltsame Empfangskomitee und fragte sich, ob ihr Hirn vor Erschöpfung zu träge geworden sei, um sich auf das vorgeschriebene Rückkehrzeremoniell zu besinnen. Als die Eunuchen vor ihrem schräg auf den Marmorboden fallenden Schatten zurückwichen, sah sie das dicke eiserne Vorhängeschloß an der mit Silber- und Goldintarsien geschmückten Türe.

Die *baran* faltete ergeben die Hände. »Du hast bei Töpfern und Straßenkehrern und anderen Unberührbaren gesessen. Die Priester sagen, du bist besudelt.«

Die Maharani starrte ihre Dienerin ungläubig an. »Du weißt, die Herrschenden waren immer über Kasten erhaben. Wir sind allen in Balmer Mutter und Vater, wir treten in jedes Heim und essen an jedem Tisch.«

»Der Maharadscha, ja. Er ist der Gesalbte der Götter, *Hukam*. Er kann nicht besudelt werden. Aber du bist nur seine Gemahlin. Die Priester sagen, du trägst Unreinheit an deinem Leibe.«

»Die Priester wissen, daß das Prinzip der ehelichen Einheit mich zur ebenbürtigen Hälfte meines Gemahls macht. Mich trifft der Vorwurf der Verunreinigung nicht.«

Der älteste Priester verneigte sich. Sein fetter Körper war fast nackt und das heilige Band verschwand in den Falten seines seidenen *dhoti*. Seine ehrerbietige Haltung war eine fein abgestimmte Mischung aus Konzilianz und priesterlicher Zurückhaltung. »Es ist ein Präzedenzfall, *Hukam*. In unserer elfhundertjährigen Geschichte hat keine Maharani je *purdah* gebrochen. Es bedarf nur der vorgeschriebenen Bäder und des rituellen Reinigungsfastens. Wir möchten uns vergewissern, daß du nicht – durch unsere Nachlässigkeit und pure Unwissenheit – das *zenana* besudelst.«

»Ich bitte dich, *Hukam*«, fiel die *baran* ein. »Wenn du die Gemächer ohne Reinigung betrittst, werden wir alle verunreinigt sein, sagen die Priester.«

Das Klirren von schwerem Schmuck hallte durch die Korridore. Kuki-bai eilte durch die sonnenbeschienenen Flure und verscheuchte mit dem Klatschen ihrer gefärbten Hände unwillig die Tauben.

Sie näherte sich den erschrockenen Priestern. Die Eunuchen lächelten sich verstohlen an. Sie freuten sich schon auf eine heftige Auseinandersetzung, welche die Langeweile im *zenana* unterbrechen würde.

»Im Lande herrscht Hungersnot«, sagte sie. »Wären diese Priester nicht so feist, könnten wir sagen, ihre gewaltige Inbrunst rühre vom Fasten für das Volk von Balmer. Aber sie haben ihr Amt an den Rat verkauft, und der Müßiggang ihres neu erlangten Wohlstandes führt sie in das *zenana*, wo sie schlichte Gemüter mit Reden von Verunreinigung verwirren.«

Die alte Konkubine entriß der *baran* die Schlüssel und schloß die mit Gold und Silber verzierte Türe auf. Ein Strom von Beschimpfungen ergoß sich aus ihrem Mund, während sich die Dienerinnen an die Wand drückten.

Die Eunuchen, die in ihrer Sensibilität sogleich die Verschiebung in der Balance der Macht spürten, kicherten hinter vorgehaltenen Händen.

Da wandte sich Kuki-bai ihnen zu. »Ihr Zwitter, die ihr euch an dem Mißgeschick eurer Schutzbefohlenen mästet! Sagt mir, ihr grotesken Geschöpfe, kann man für ein Smaragdhalsband immer noch ein *tola* Kokain kaufen? Wieviel Schmuck habt ihr den Frauen in den letzten Monaten für Opium abgenommen und für Schnaps? Und welche neuen Liebestränke habt ihr in jüngster Zeit für das *zenana* gebraut?«

Die erschrockenen Eunuchen warteten vor dem Gemach, bis die Maharani ein Bad genommen hatte. Dann führten sie sie durch die Flure des *zenana* zur Königsterrasse.

Dieser Terrassenturm war ursprünglich errichtet worden, um dem Herrscher einen guten Überblick über die Umgebung zu verschaffen und einem feindlichen Heer den Überraschungsvorteil zu verwehren. Neben den dreifach gewölbten Türöffnungen, die auf die Terrasse führten, hingen goldene, mit Wappen bestickte Banner.

Die Maharani betrat die Königsterrasse zum erstenmal in ihrem Leben, indes die Leibwachen, welche den Eingang flankierten, die Gewehre präsentierten.

Jai Singh saß auf einer mit Steinen eingelegten, gepolsterten Marmorbank. Hinter ihm vermischten sich die Lichter der Stadt mit denen der Sterne am schwarzen Himmel. Nach Monaten der Trennung endlich mit ihm allein, erzählte die Maharani ihrem Gemahl, daß sie ein zweites Kind erwarte.

Jai Singhs Arm umfaßte sie fester. »Ich bin bei der Geburt vielleicht nicht hier. Der Vizekönig hat mir endlich die Erlaubnis erteilt, zur Krönung des neuen Herrschers nach England zu reisen.«

»Seit wann müssen Sie den Vizekönig um Erlaubnis zum Reisen bitten?«

»Das ist eine neue Klausel in unseren Verträgen. Curzon, der neue Vizekönig, sieht zwar aus wie ein Bambusstock, aber er ist kein schlechter Mann. Er hat die Steuern in Britisch-Indien bereits eingefroren und das englische Parlament gebeten, die Salzsteuer des Empire aufzuheben – Erleichterungen zu gewähren, wie es anläßlich der Krönung eines neuen Herrschers üblich ist. Natürlich hat sich das Parlament strikt geweigert.«

»Wenn er so ein guter Mann ist, warum ändert er dann unsere Verträge?« fragte die Maharani.

Sie fühlte, wie sich der Brustkorb ihres Gemahls mit Luft füllte, und hörte den langen Seufzer. »Weil er glaubt, als eine Art Vater nach Indien geschickt worden zu sein. Zuerst hielten die Briten uns Maharadschas für zu primitiv, deshalb ermunterten sie uns, ins Ausland zu reisen. Jetzt, findet Curzon, verbringen wir zu viel Zeit damit, die Europäer nachzuahmen, und deshalb wünscht er, daß wir zu Hause bleiben.«

»Müssen Sie wirklich zur Krönung nach England?«

»Ich reise nicht wegen der Krönung. Es ist ein Vorwand, damit ich ohne Wissen des Britischen Empire dringend benötigtes Geld beim Zaren aufnehmen kann. Er ist mein einziger Freund in Europa.«

Ein Abgrund von Furcht öffnete sich wie eine Falltüre unter der Maharani: »Das können Sie nicht tun!« rief sie. »Wenn die Briten entdecken, daß Sie Ihren Vertrag mit dem Empire gebrochen haben und selbständig mit einer fremden Macht Geschäfte machen, zumal mit Rußland ...« Jai Singh hielt ihr den Mund zu, doch ihre gedämpften Worte setzten die Beschreibung der Konsequenzen dieses Tuns fort: »Die Briten werden Sie aus Balmer verbannen! Sie werden Ihnen Ihren Thron nehmen! Sie werden Tikka enterben! Sie wissen, sie können sich auf ihre furchtbare Doctrine of Lapse berufen.« Der Maharani fiel es schwer, diesen Begriff auszusprechen, mit Hilfe dessen die Briten die Abdankung eines indischen Herrschers erzwangen, seine Erben enterbten und ein indisches Fürstentum einfach dem großen Ozean des Britischen Empire einverleibten.

Der Maharadscha nahm das Gesicht seiner Gemahlin zwischen seine Hände und versuchte, ihr die politische Wirklichkeit zu erklären, die ihn in die Enge trieb wie ein in die Falle gelocktes Tier. »Wenn der Regen wieder ausbleibt, werde ich eine Eisenbahn bauen und zulassen müssen, daß in Balmer ausländische Fabriken errichtet werden. Ich muß Anleihen besorgen, damit die Bauern den englischen

Gesellschaften ihr Land zu vernünftigen Preisen verkaufen können. Das alles kostet Geld. Als der Zar noch Zarewitsch war, hat er den Balmer-Navratan bewundert. Ich gedenke ihn ihm zu verkaufen.«

»Warum wollen Sie den Navratan nicht über die Vermittlung der Briten verkaufen?«

»Die englische Verwaltung hält mich doch schon für antibritisch. Was habe ich davon, wenn ich der britischen Autorität den Verkauf des Balmer-Navratan anvertraue und er verschwindet?«

Die Maharani starrte ihren Gemahl an. »Das ist unmöglich.«

Jai Singh lachte zynisch. »Wurde der Kohinoor nicht unter Englands Schutz einem Kind gestohlen? Warum starren die Hälse der Frauen so vieler englischer Offiziere von Edelsteinen, die den Höfen Indiens entrissen wurden? Sogar Kaiserin Victoria hat diese Praktiken verurteilt.«

In großer Heimlichkeit half die Maharani Jai Singh bei seinen Reisevorbereitungen. Obwohl die Schatzkammer unter die Zuständigkeit des Maharadschas fiel, war ihr gesamtes Inventar bis ins kleinste Detail registriert. Die Schatzakte, welche das als Balmer-Navratan bekannte Halsband verzeichnete, mußte also abgeändert werden. Nacht für Nacht saß die Maharani mit ihrem Gemahl auf der Königsterrasse und schrieb die Akte eigenhändig neu, ohne den Balmer-Navratan zu erwähnen.

Am Tag vor seiner Abreise legte Jai Singh das schwere Halsband aus den neun Edelsteinen des indischen Glücks auf einen Tisch im Gemach der Maharani. Diese blickte ehrfürchtig auf die über Hunderte von Jahren wegen ihrer Perfektion und Glücksverheißung gesammelten Steine, von denen jeder hochkarätig und von unschätzbarem Wert war. Saphire, Rubine, Diamanten und Smaragde warfen riesige farbige Bögen an die kahlen Wände, als ihre Facetten das Licht der Nachmittagssonne einfingen.

Sie wickelte die Edelsteine, um sie zu schützen, in Flachs-seide und versteckte sie zögernd in einer Schärpe, die ihr Gemahl während der langen Reise tragen sollte, bis er zu seiner Verabredung mit den Abgesandten des Zaren in Paris eintraf.

Gegen Ende des fünften Dürrejahres, als der Regen im-mer noch nicht kam und ein verzweifeltes Volk aufgehört hatte zu fragen, warum die Götter in ihrem Zorn so streng waren, brachte die Maharani ihr Kind zur Welt. Diesmal waren keine Sänger an den Toren zur inneren Festung und es gab keine Festmähler. Doch die Geburt lieferte den von der endlosen Betrachtung der Verheerung erschöpf-ten Dörflern endlich ein anderes Thema als den Tod.
Es sei gut, sagten die Dörfler, daß das neugeborene Kind eine Tochter war. Der Staat hätte sich die Feierlichkeiten, die einem Sohn zustanden, nicht leisten können. Anson-sten erinnerten die Zeiten an die bei Tikkas Geburt, weilte doch der Maharadscha abermals in England, um an Feier-lichkeiten des Britischen Empire teilzunehmen. Jetzt aber saß ein Mann, keine Witwe, auf Englands Thron. Wer weiß? Vielleicht würde sich Indiens Schicksal endlich zum Besseren wenden.
Nach seiner Rückkehr aus Europa wirkte der Mahara-dscha entspannter, wenn er durch die Straßen der Haupt-stadt ritt. Die Dörfler vermerkten sein gelöstes Gebaren, als er anhielt, um die verwelkten Girlanden und die Glückwünsche zu dem neugeborenen Kind entgegenzu-nehmen. Auch der Maharani, die an den Nachwirkungen einer schweren Geburt krank darniederlag, fiel die Verän-derung im Verhalten ihres Gemahls auf.
Tikka kitzelte die Füße des neugeborenen Babys mit einer langen Pfauenfeder. Das Baby stieß ein anhaltendes Pro-testgebrüll aus.
Lachend beugte sich Jai Singh über die Wiege seiner Toch-ter. »So schreit kein Baby – das ist ein Schlachtruf! Wenn

der Name eine Verheißung sein soll, wollen wir sie Jaya nennen: Sieg.«

Die Maharani lächelte, als sie den leichten Ton in der Stimme ihres Gemahls hörte, und sie wußte, seine Verhandlungen mit Rußland waren gut verlaufen.

Sechstes Kapitel

Jaya war drei Jahre alt, als sie zum erstenmal Regen sah, aber sie hatte die Dienerinnen oft von ihm reden hören, so wie die Menschen von den Toten sprechen.

Sieben lange Jahre hatte der unbarmherzige Himmel sich wie eine unermeßliche Kupferschale von Horizont zu Horizont erstreckt und hatte die von der versengten Erde aufsteigende Hitze wieder auf diese zurückgeworfen, während hoffnungslose Bauern hinter den über ihren Feldern kreisenden Geiern nach Wolken Ausschau hielten. Zweimal war der Maharadscha mit seinen Elefanten und seiner Reiterei nach Delhi gezogen, um an den aufwendigen Versammlungen, den *durbar*, teilzunehmen, welche die britischen Vizekönige veranstalteten, um den Indern die Macht des Britischen Empire zu demonstrieren. Er wütete jedesmal über die Beanspruchung seiner schrumpfenden Schatzkammer, während die Maharani im stillen die verlorene Ehre betrauerte.

Von der Nacht, als der Regen kam, sprach das Volk von Balmer noch lange, nachdem es sich wieder an den normalen Ablauf der Jahreszeiten gewöhnt hatte. Die innere Festung wurde in dieser Nacht für ein Musikfest geöffnet. Blitze knisterten in der trockenen Luft und erhellten die schwarzen Wolken, die über dem Dschungel jenseits des Jalsa-Sees aufstiegen. Eine große Menschenmenge strömte in den weitläufigen Hof, in dem frühere Maharadschas ihre Reiter versammelt hatten, bevor sie in die Schlacht zogen, und in dem die Maharanis sich auf Scheiterhaufen verbrennen ließen, wenn ihre Gatten nicht zurückkehrten.

Beiderseits der Wälle erhoben sich zwei Marmorpavillons wie edelsteinbesetzte Schatullen. In dem offenen stützte sich Maharadscha Jai Singh auf ein karmesinrotes Polster, sein Schwert stieß leicht gegen den Oberschenkel seines aufgeregten siebenjährigen Sohnes.

Der andere Pavillon war über und über mit Schnitzereien verziert, so daß es aussah, als hingen zarte Spitzengardinen von seiner Kuppel herab. Die Schar königlicher Frauen, die sich dahinter verbarg, blieb auf diese Weise verdeckt. Jaya und die Maharani saßen mit unverhüllten Köpfen und bloßen Gesichtern auf der Treppe, die zu diesem Frauenpavillon führte.

Der *ustad*, der Musikguru von Balmer, saß auf einem erhöhten Podium, das an die Festungswälle angrenzte. Seinen langen weißen Bart verdeckte teilweise die fünfsaitige *tanpura* auf seiner linken Schulter. Die zarte Gestalt des *ustad* beugte sich vor, und das Stimmengewirr im Hof verstummte augenblicklich. Die Stimme des alten Mannes schwoll an, und der *raga agni* hallte durch die Nacht, der Gesang von Feuer und Hitze, dessen Macht so gewaltig war, daß man sagte, als der unsterbliche Sänger Tansen ihn vor dem Großmogul Akbar sang, seien die Flammen von tausend Tonlampen in die Luft gehüpft und die trockenen Blätter an den Bäumen zu Asche verbrannt. Es hieß, der Gesang habe Tansens Kehle entflammt, und er wäre von dem Brand, den seine eigene Stimme erzeugte, verzehrt worden, hätte seine Tochter nicht den Regengesang gesungen und den Himmel zu Tränen gerührt.

Jetzt ließ die Gewalt des Gesangs, welcher der Kehle des alten *ustad* entströmte, die schweigenden Zuhörer erstarren. Er gemahnte sie an die sieben Dürrejahre, die sie erlitten hatten, an ihr totes Vieh auf den vertrockneten Feldern, an die Mauern ihrer Häuser, die unter der sengenden Sonne so heiß waren, daß man sie nicht berühren konnte.

Jaya rieb sich die Wangen, während sie auf die wogende Menschenmenge starrte. Der heiße Wind, der über die Wälle wehte, prickelte auf ihrer Haut, und die Schweißtropfen auf ihrer Stirn trockneten beinahe schon, ehe sie sich gebildet hatten. Sie merkte kaum, daß die Maharani zu singen begonnen hatte, bis die klagenden Töne des Gesangs sie an den hohlen Schrei des Koyals erinnerten, den traurigen Laut, der die Dürre begleitet hatte, den Schrei des Regenkuckucks, den es nach Wasser dürstete. Die Musik wurde schwungvoller, und Jaya glaubte hören zu können, was sie noch nie gehört hatte: aufkommende Monsune, tanzende Pfauen, sich im strömenden Regen biegende Bäume. Das ungestüme Rasen des Feuergesangs und das melodische Flehen des Regengesangs erfüllten die Nacht. Der übervölkerte Hof wurde zwar vom Regen durchnäßt, aber der Wind, der über die Zinnen blies, schien Kühlung zu bringen.

Als die Gesänge endeten, bedeckte die Maharani ihr Haupt und zog die goldenen Fransen ihres Schleiers bis zur Taille hinab. Ein Regentropfen fiel auf Jayas Kopf. Sie beachtete ihn nicht. Ihr blieb rätselhaft, warum das vertraute Gesicht ihrer Mutter nun verhüllt war.

Die Maharani nahm Jayas Hand und führte sie die Stufen zum Frauenpavillon hinauf. Jaya wich furchtsam zurück. Schwarze Augen bewegten sich wie kleine Fledermäuse hinter den geschnitzten Schutzwänden. Ihre Mutter drängte sie weiter, aber Jaya begriff nicht, daß die Dürre nun vorbei war und die Maharani von Balmer den Schleier wieder anlegte und in die Frauengemächer zurückkehrte.

Von Anfang an hatte die Maharani gelobt, ihre Tochter nach der Art der Vorfahren zu erziehen, um sie vor der Welt außerhalb der Mauern des *zenana* zu schützen.

Vor Tagesanbruch weckten die Dienerinnen Jaya und scherzten mit dem reizbaren Kind während des Reinigungsbades, bevor sie sie zum Tempel der Maharanis von Balmer brachten. Eine Dienerin ging mit einer Laterne voraus, eine andere hielt Jayas Hand.

Jaya setzte sich, während die Maharani die Götter anrief, vor den Statuen auf die Erde und sah den Himmel sich purpurrot färben, als greife die Sonne nach ihm wie ein Tiger nach seiner Beute. Als der Himmel sich lichtete, wurde die Stimme der Maharani von Vogelgesang übertönt, denn vom Jalsa-See kamen Scharen von gefiederten Sängern zu ihrem Fütterungsritual vor dem Tempel der Maharanis von Balmer geflogen.

Indem sie das Kinn ihrer Tochter in ihre blasse Hand nahm, hieß die Maharani das Kind die Ahnenlitanei aufsagen: »Der großen *sati* gleich, der Königin Puschpawati, möge ich dem Rajput-Blut, welches in meinen Adern fließt, würdig sein und Söhne gebären, um die Söhne des Sohnes der Sonne zu mehren. Der großen *sati* gleich, der Königin Sita Dewi von Balmer, werde ich kein goldenes Tuch tragen, sondern alljährlich seinen Gegenwert sammeln, um in Zeiten der Hungersnot Nahrung für die Armen zu kaufen.«

Morgen für Morgen sagte Jaya die Namen der Königinnen von Balmer auf, die ihre Brautkleider angelegt hatten und hinter den Leichnamen ihrer Gatten schritten, um sich auf deren Scheiterhaufen zu opfern. Jeden Tag wurden sie an den letzten und bindenden Appell der königlichen *sati* an das Königreich erinnert, bevor sie bewußtlos in die Flammen sanken.

Jaya rutschte hin und her und fragte sich, warum es so viele *sati* und so viele Gelübde gab, während sie diese ungeduldig hersagte: daß die Frauen des Königshauses keinen Fisch äßen, bis ihr Wüstenland Wasser im Überfluß habe; daß während der Brutzeit der Tiere kein Fleisch gegessen werde; daß keine Singvögel in Käfigen gehalten würden, bis der fremde Ursurpator Indien verlassen habe.

Jaya war auf den Beinen, noch bevor sie das letzte Gelübde, das über die Singvögel, beendet hatte. Jetzt konnte sie nach draußen flitzen, um Körner auszustreuen und zuzusehen, wie die Vögel im Hof sie aufpickten, während sich das Sonnenlicht in ihrem glänzenden Gefieder brach.

Nach der Ahnenlitanei schlang Jaya auf dem Balkon vor den Gemächern ihrer Mutter das Morgenmahl hinunter und zog dann Reitkleidung an, um ihren Vater auf dem begehrten täglichen Ausflug in die Umgebung des Forts zu begleiten.

Tikka war bereits ein guter Reiter, dem es nicht schnell genug gehen konnte. Jai Singh hielt ihn jedoch zurück und gebot ihm, das Tempo seines Pferdes dem Schritt des Ponys seiner Schwester anzupassen. Begleitet von den Offizieren der Palastreiterei und dem Militäradjutanten des Maharadschas, Major Vir Singh, unternahmen sie ausgedehnte Morgenritte durch den dichten Dschungel jenseits des Jalsa-Sees.

Auf dem Weg zu einem überwucherten Tempel oder einem verfallenen Grabmal wurden die Kenntnisse der Kinder von verschiedenen Pflanzen- und Vogelarten geprüft, und man erklärte ihnen, welche Kräuter heilende Eigenschaften besaßen, oder wie man Erde von einem Ameisenhaufen als Umschlag gegen einen Schlangenbiß auflegte. Manchmal lauschten sie gebannt den Erzählungen ihres Vaters und seiner Offiziere über einen bösartigen, einzelgängerischen Elefanten oder die Verfolgung eines verwundeten Tigers.

Nach der Rückkehr begleitete Tikka seinen Vater zu den neuen Ämtern am Ostufer des Jalsa-Sees, wo er im Verwaltungswesen unterwiesen wurde. Einmal monatlich begaben sich Tikka und der Maharadscha auf eine Rundreise, und sie besuchten Gerichtssitzungen, die der Maharadscha regelmäßig im Schatten von Seidenwollbäumen abhielt, um über Fälle zu befinden, die von den kleineren Gerichten nicht entschieden werden konnten.

Jaya dagegen kannte als Mädchen keine solche Abwechslung vom Alltag auf dem Fort Balmer.

Siebentes Kapitel

Der Maharadscha hatte verfügt, daß seine Tochter nicht nach dem Gesetz des *purdah* aufwuchs, auch wenn die Maharani darauf bestand, daß Jaya in allen anderen Punkten der Tradition der Prinzessinnen von Balmer gemäß erzogen wurde. Als erstes erhielt sie Musikunterricht bei dem alten *ustad*, dessen Züge und Gehör mit zunehmendem Alter schärfer zu werden schienen. Jaya blickte sehnsüchtig zu den Drachen hinauf, die über den Stallungen schwebten, indes der nahezu blinde *ustad* sie wegen ihrer Unaufmerksamkeit schalt und sie die Tonleitern ohne Unterlaß wiederholen ließ.

Die *baran* holte sie aus dem Musikzimmer ab zur Unterweisung in *rangoli*. Inmitten von Lackkörben, die mit verschieden gefärbten Pulvern gefüllt waren, saß Jaya auf dem Fußboden der kühlen Veranda vor ihren Gemächern, während die *baran* zu ihren Häupten über die Ästhetik von Farbe und Muster dozierte.

»Das Mangomuster für das Frühlingsfest«, ordnete die *baran* an, und Jaya malte mit farbigem Pulver ein kunstvolles Muster auf den Marmorboden.

»Die Tonlampen für die *diwali-puja!*« Jaya wischte den Fußboden mit einem feuchten Tuch sauber und streute sorgsam die diversen Pulver auf, so daß auf dem Fußboden die für die Gebete am Fest der Lichter notwendigen Lampenbögen und Blumengirlanden entstanden.

Einmal wöchentlich begleitete Jaya die Maharani in die

Kammern unter dem *zenana*, um die Vorräte für die Festung zu verteilen. Von Freundinnen begleitet, folgte sie ihrer verschleierten Mutter die steilen Treppen hinab, wobei sie heftig in die Hände klatschte, um die fratzenschneidenden Affen auf den Balustraden zu erschrecken, während ihre weniger zurückhaltenden Freundinnen kicherten und kreischten, so daß ihre Stimmen in dem steinernen Treppenhaus widerhallten. Am Fuße der Treppe erstreckten sich Katakomben von Lagerräumen über die ganze Länge des *zenana*. Licht aus hohen Oberlichten fiel auf die Lehmböden, die so blankpoliert waren, daß sie wie karmesinroter Marmor aussahen.

Während die Maharani den Wochenbedarf von einer Liste ablas, die sie unter ihren Schleier hielt, saßen die kleinen Mädchen neben der schweren Eisenwaage auf der Erde und sahen zu, wie der Palastaufseher die Eisenschlösser aufschloß. Die Luft auf der Galerie nahm die vielfältigen Gerüche eines Basars an, wenn sich eine Türe nach der anderen in der langen Reihe der Lagerräume auftat. Palastdiener hievten staubige Jutesäcke, aus denen Getreide rann, auf die Waage, die sie mit Eisengewichten, beinahe so groß wie die wartenden Kinder, beschwerten. Ächzend vor Anstrengung schleppten sie knarzende Körbe voll Zwiebeln oder Kartoffeln aus den Lagerräumen und warfen händevoll Gemüse auf die Waage, während die Eunuchen, welche die Maharani begleiteten, tratschend in einer Ecke beisammenstanden.

Im Laufe des Morgens bedeckte sich der rote Fußboden mit einer dünnen Schicht Reisstaub, und die Mädchen vertrieben sich die Langeweile, indem sie Muster in den weißen Staub zeichneten. Die Maharani verwickelte indes die Palastdiener in scheinbar beiläufige Gespräche über die Ernte oder darüber, ob die Preise in den Basaren unverändert bleiben würden, und ohne sich dessen bewußt zu sein, erwarb Jaya eine Menge Kenntnisse über ihre Heimat.

Zwei Abschnitte in ihrem Tagesablauf hätte Jaya nicht um alles in der Welt mit einem Leben außerhalb des Forts Balmer getauscht: die Nachmittage in Kuki-bais Gemächern und die Abende mit Major Vir Singh auf dem Polofeld.

Nicht, daß Jaya die Püffe und scharfen Zurechtweisungen gefallen hätten, wenn sie beim Polo einen Schlag verpaßte, aber sie nahm der Geschichten des Majors halber gern solche Unannehmlichkeiten in Kauf.

Jaya und Tikka hatten so oft darüber gestritten, wer von beiden besser erzählen könne, Kuki-bai oder Major Vir Singh, daß Tikka schließlich vorschlug, die Sache ein für allemal durch ein Kinderschiedsgericht klären zu lassen.

Kuki-bai lachte und lachte, als Jaya ihr von dem Wettstreit berichtete; die Silberglöckchen an den Ketten, mit denen ihr Bett aufgehängt war, begleiteten ihr Vergnügen mit geräuschvollem Klingeln.

»Und was sagt deine Mutter dazu?«

Jaya machte aus Furcht runde Augen. »Oh, du darfst ihr nichts erzählen, sie würde es nicht erlauben. Wir müßten den ganzen Wettstreit absagen.«

Von der Maharani ging eine unbeugsame Gelassenheit aus, die Jaya ziemlich befangen machte. Die Maharani blickte nie über die Schulter, einerlei, um was für ein Ärgernis es sich handelte, sondern sie blieb stets still stehen, die Augen geradeaus gerichtet, und ließ sich von den Dienerinnen an ihrer Seite die Art der Störung erklären. Jaya bezweifelte, daß sie jemals eine solche erhabene, regungslose Würde erreichen könnte, mit deren Hilfe die Maharani die zahlreichen Frauen, die sie, wo immer sie im *zenana* ging, wie summende Fliegen umringten, zur Ordnung rief.

Kuki-bai drückte Jayas Unterkiefer hinunter und steckte dem Kind ein Stück Konfekt in den offenen Mund. »Wie sollen wir es vor Maharani-*Sahib* geheimhalten? Sie weiß alles, was in der Festung vorgeht.«

Jaya starrte Kuki-bai betroffen an. »Was sollen wir tun?

Tikka wird glauben, du hast Angst, dich mit dem Major zu messen.«

»Angst? Deines Vaters Großvater sagte, er liebe mich, weil ich außer ihm der einzige Mensch sei, der nicht wisse, was Angst bedeutet.«

Eine Dienerin betrat den Raum mit einer Silberschale, gefüllt mit Gelbwurzpaste und Weizenkörnern. Jaya zappelte, als die Dienerin ihr den seidenen Rock und die Weste auszog und ihren nackten Körper auf die Rohrmatte drückte, die den Fußboden bedeckte. Die Magd versetzte Jayas bloßem Gesäß einen kräftigen Klaps, und Jaya schlug ihre Zähne in den Unterarm des Mädchens. Doch diesmal gab Jaya schon nach einem einzigen Scheingefecht nach, aus Angst, Kuki-bai könne von dem Wettstreit zurücktreten wollen. Widerwillig ließ sie sich von der Dienerin ihre Gliedmaßen mit der Gelbwurzpaste abreiben und anschließend mit den Weizenkörnern massieren, so daß jedes einzelne Haar mit der Wurzel ausgezogen wurde.

Gespannt vor Aufregung lief Jaya, nachdem sie gebadet hatte, zum Schießstand, wo die Schiedskommission, drei Knaben und zwei Mädchen, wartend die Beine von den Festungswällen baumeln ließ und Major Vir Singh vor dem Patronenbehälter auf und ab schritt, eine hochgewachsene Gestalt in khakifarbenen *jodhpurs* und hohen Stiefeln; sein gestärkter grüner Turban thronte ausladend auf seinem Kopf, sein Schnauzbart stand borstig von seinen Backen ab.

»Los!« rief der Major. Jaya feuerte auf die durch die Luft wirbelnde Tontaube. Die Scheibe zerbarst. »Los!« Zwei neue Scheiben schossen in die Luft, nur für eine Sekunde sichtbar, bevor Tikka in rascher Folge aus beiden Läufen feuerte und berstende Tonscherben über das Feld flogen.

Die Schiedsrichter klatschten Beifall, als die Kinder die Läufe ihrer Flinten in einen Kupfereimer tauchten, sich neue Patronen griffen und die Stellung wechselten.

Am Ende der Schießübung bekundete Major Vir Singh sein Erstaunen über die Treffsicherheit der Geschwister. Tikka blinzelte Jaya verschwörerisch zu, als sie zu den ungesattelten Pferden gingen, die auf dem Polofeld warteten. Jaya schnitt ihren Freundinnen eine Grimasse. Sie war überzeugt, daß sie beim Springen schlecht abschneiden und der Major infolgedessen nicht mehr so gut gelaunt sein würde. Die anderen Kinder nickten ihr aufmunternd zu und machten es sich in einer Kutsche bequem.

Jaya näherte sich den Hindernissen und Wassergräben, die ihren Parcours markierten. Der Major reichte ihr zwei Geldstücke. Sie beugte sich über den ungesattelten Rücken ihres Ponys, um die Geldstücke zwischen ihre Knie und das warme Fell des Tieres zu schieben. Als das Pony zum ersten Hindernis galoppierte, betete sie, daß die Geldstücke nicht hinunterfallen mögen, obwohl Tikka ihr zwei Reservemünzen in die Jackentasche gesteckt hatte, falls sie die ursprünglichen verlieren sollte.

Die Göttin war an diesem Tage mit ihr. Sie verlor ihre Geldstücke nicht und verfehlte nicht einen Sprung. Major Vir Singh ritt herbei, um die Geldstücke wieder in Empfang zu nehmen, gefolgt von der Kutsche mit den hochrufenden Kindern. Doch vor dem plötzlichen Lärm scheute Jayas Pony. Es bäumte sich auf, und das Kind machte einen Salto rückwärts.

Als sie wieder zu sich kam, fand sie sich in die Arme des Majors geschmiegt. Sie lugte durch den imposanten Schnurrbart des Majors und sagte flüsternd zu ihrem Bruder: »Ich habe die Geldstücke nicht einmal fallen lassen, Tikka!«

Tikka war stolz auf seine Schwester, weil sie nicht weinte. Er wußte nicht, daß die Maharani jedesmal, wenn Jaya sich mit einer aufgeritzten Hand oder einem aufgeschürften Knie in den Schoß ihrer Mutter warf, sich ihr zwar mit unsentimentalem Mitgefühl widmete, ihr aber erklärte, eine Rajput-Prinzessin müsse lernen zu dulden. Jetzt riß

Jaya die Augen weit auf und fragte mit leicht zu durchschauender List: »Bitte, Major-*Sahib*, mein Kopf tut mir so weh. Darf ich noch ein Weilchen hier liegen bleiben?«

»Erzähl uns von dem China-Feldzug, Major-*Sahib*! Und wie ihr die europäische Gesandtschaft befreit habt!« bestürmte Tikka den Militäradjutanten, und die Schiedsrichter zogen verstohlen schmuddelige Zettel aus ihren Taschen.

Major Vir Singh räusperte sich. »Wie ihr wißt, erlauben uns die Briten seit dem Aufstand nicht, eigene Armeen zu unterhalten. Sie befürchten, daß wir uns abermals gegen sie erheben könnten. Aber England brauchte Soldaten für China, und die Streitkräfte des fürstlichen Indien sind die besten Krieger des Kontinents. Daher bat der Vizekönig den regierenden Herrscher von Jodhpur, Pratap Singh, ein eigenes Rajput-Kavalleriekorps aufzustellen.«

Er bemerkte nicht, wie die Augen der Kinder bei der Erläuterung des historischen Hintergrundes glasig wurden, oder wie sie aufleuchteten, als er von der Reise nach Shanghai sprach, von den Taifunen und den panisch erschrockenen Pferden.

»Die alte Kaiserin von China war opiumsüchtig. Man sagt, sie habe täglich einen Schuhvoll Opium genommen und nur noch ihren Eunuchen getraut. Es waren aber die Engländer, die China das Opium aufdrängten. Obwohl die Kaiserin süchtig war, kämpfte sie darum, die Engländer aus China zu vertreiben.«

»Und wie ging's weiter, Major-*Sahib*?« erkundigten sich die Kinder im Chor.

»Wie kann ich es beschreiben?« fragte Vir Singh, und seine Augen wurden feucht. »Welch eine Versammlung von Reitern vor den Mauern von Pekings Verbotener Stadt! Die Kosaken des alten Freundes eures Vaters, des Zaren von Rußland. Die preußischen Soldaten, vom deutschen Kaiser geschickt. Die Amerikaner. Die Elite der britisch-indischen Kavallerien: Hodsons Reiterei, Skinners

Reiterei, die Zentralindische Reiterei. Aber am allereindrucksvollsten waren wir: das Imperial Cavalry Corps, die Krieger der indischen Fürstentümer.«

Jaya sah die Heldenverehrung auf den Knabengesichtern und hoffte, die beiden Mädchen würden gelassener sein.

»Jeden Abend suchte Pratap Singh unsere Zelte auf, um uns zu erinnern, daß unser uralter Feind, die Maharatta-Kavallerie, angeführt von dem Maharadscha von Gwalior, stets eifersüchtig darüber wachte, wer die besseren Reiter seien, die Maharatta oder die Rajput.«

Major Vir Singh setzte zu der Geschichte des Angriffs an. Obgleich Jaya sie schon oft gehört hatte, schwoll sie vor Stolz, als er schilderte, wie die Balmer-Lanzenreiter auf ihren für Geschwindigkeit gezüchteten Marwar-Pferden hinter Pratap Singh galoppierten, sich den Flanken der Kosaken und der Preußen anschlossen und Kopf an Kopf mit den Maharatta-Reitern auf die schußbereiten Kanonen der Boxertruppen zuritten.

»Ihr hättet den Staub sehen sollen, als unsere Kavallerie durch den Donner der chinesischen Kanonen stürmte, und die hellen Funken, als die Hufe unserer galoppierenden Pferde auf den Pflastersteinen aufschlugen. Im vollen Galopp ritten wir mitten in den wartenden Feind, die Lanzen nach unten gerichtet. Jeder Mann blieb standhaft im Angesicht des Todes. Wir konnten die Gesichter der Boxertruppen schon sehen, und immer noch richtete kein Rajput oder Maharatta seine Lanze auf. Erst als wir den Schrei der Befehlshaber vernahmen: ›Hat der Gesalbte getötet? Hat der Maharadscha als erster jemanden blutig verletzt?‹«

Major Vir Singh zog am gestärkten Band seines Turbans. »Und als Pratap Singh seine blutige Lanze hob, da hättet ihr das Gebrüll hören sollen. Aus tausend Rajput-Kehlen drang der Schlachtruf: ›*Jai Mata ki!* Sieg der Göttin!‹«

Tikkas Gesicht hatte einen so gebannten Ausdruck angenommen, daß Jaya beinahe erschrak.

»Und die Maharatta-Reiter müssen sich darauf besonnen haben, daß ihr Schlachtruf Indien zweihundert Jahre lang in Bann geschlagen hat, denn selbst in der Hitze des Gefechts, als Maharadscha Gwalior seine blutbefleckte Lanze hob, um seiner Kavallerie zu zeigen, daß der Kampf aufgenommen worden war, gefror mir das Blut, als ich das Gebrüll der Maharatta vernahm: ›Har! Har! Mahadewa!‹«

Tikka konnte nicht länger an sich halten. Er raste die Steinstufen hinauf und brüllte: »Jai Mata ki!« Die anderen Knaben stürmten, blutrünstig »Har! Har! Mahadewa!« brüllend, hinterdrein. Jaya sah mit Erleichterung, daß die Mädchen die Ausgelassenheit ihrer Schiedsrichterkollegen mit mißbilligenden Blicken straften.

»Nachdem die Kaiserinwitwe um Frieden gebeten hatte, gab es ein großes Bankett. Alle Truppen nahmen teil, ausgenommen die Kosaken. Pratap Singh hatte nämlich einige Kosakenoffiziere, die Chinesinnen überfallen hatten, fast getötet.«

Die Kinder nickten verständig. Es war das *dharma* eines Kriegers, die Wehrlosen zu schützen.

»Bei dem Bankett hielten uns die britischen Offiziere vor, wir seien Dummköpfe, weil wir mit verkehrtherum gehaltenen Lanzen in die Schlacht ritten. Sie sagten, wenn die Feinde gute Schützen seien, sei die Hälfte der angreifenden Streitkräfte tot, bevor sie die feindlichen Linien erreichen. Ausländer verstehen nicht, daß der Krieg unserem *dharma* unterliegt. Unsere Herrscher reiten als erste in die Schlacht und beschützen die tausend Söhne ihrer Fürstentümer, die hinter ihnen reiten, denn nur ein gesalbter Herrscher kann mit dem Blut an seiner Lanze einen gerechten Krieg gewährleisten.«

Major Vir Singh sah auf seine Uhr. »Mein Fürst wird in einer halben Stunde Polo spielen, aber ich habe noch nicht nach den Polopferden gesehen.« Er tätschelte Jayas Kopf und lief zu seinem Pferd.

Die Schiedsrichter füllten ihre Listen aus. Sie weigerten sich jedoch strikt, Jaya oder Tikka den Punktestand zu zeigen. Der Himmel verfärbte sich schon, als die Kinder zu den Elefantenställen kamen. Es war Zeit für das abendliche Bad der Elefanten. Regenbögen brachen sich über dem Gehege, als die Tiere hohe Wasserfontänen in die Luft spritzten und ihre *mahout* und eine Reihe silberner und goldener Sänften naßmachten, die im Abendlicht glitzerten.

Kuki-bai saß auf dem Trittbrett einer Sänfte und sah zu, wie dem ältesten Elefanten, einem riesigen, fast neunzig Jahre alten Bullen mit vier Fuß langen Stoßzähnen, die Eisenfesseln vom Hinterbein genommen wurden.

»Komm, Liebling der Götter! Komm, Beschützer der Schwachen!« sagte sie in leisem Singsang. Der Elefant kam schwerfällig zu ihr und umfaßte ihren füllligen Leib mit seinem faltigen grauen Rüssel. Sie hielt sich mit ihren zierlichen, gefärbten Händen an den Stoßzähnen fest und nannte den Namen des Elefanten, als würde sie mit einem Geliebten reden: »Ah, Moti! Du schaffst es, daß ich mich wieder jung fühle. Komm, zeige diesen Kindern einer neuen Generation, was wir in unserer Jugend gemacht haben, um den Löwen von Balmer zu amüsieren!«

Der Elefant hob Kuki-bai sachte über seinen linken Stoßzahn und schwang sie auf seinen Hals. In einer Wolke sich bauschender Seide nahm sie hinter seinem massigen Kopf Platz.

Jaya registrierte mit Freuden, daß Tikka besorgt zu den Schiedsrichtern blickte, die zu Kuki-bais gefärbten Fußsohlen emporstarrten, welche sich leuchtendrot von der blaugrauen Haut des Elefanten abhoben.

»Wie er uns liebte, was, Moti? Der Löwe von Balmer«, säuselte Kuki-bai. »Erinnerst du dich an die Versammlung der fünf Fürsten in der verlassenen Festung von Chitor? Die großen Sippen der Rajput, die zur *puja* des Pferdes zusammenkamen? Hunderttausende waren an jenem Tage dort. Wir konnten ihre Turbane nicht auseinanderhalten. Wir wußten nicht, woher sie kamen oder in welchen Schlachten sie gekämpft hatten. Und die Pferde nahmen die ganze Ebene unterhalb der Festung ein, sie drängten sich neben den Kamellagern und den Basaren.«

Die Elefanten bespritzten sich immer noch gegenseitig mit Wasser, aber die *mahout* hatten ihre Schutzbefohlenen längst verlassen und sich unter die Kinder gemischt.

»Erinnerst du dich, wie die Edlen aus allen Fürstentümern Reiterfeste veranstalteten, Reiterfeste, wie wir sie niemals mehr sehen werden? Und die Polospiele am Abend, wenn die metallenen Bälle über das Feld blitzten, als wäre die schwarze Erde der Himmel und jeder angestrahlte Ball ein Blitz? Und dann, Moti, wenn beim Polospiel die Trompeten das Ende des letzten *chukker* bliesen – weißt du noch, wie wir uns mit einer dummen Geschichte von einem Weisen und einer Prophezeiung an den Wachen vorbeistahlen und in die Mitte des dunklen Feldes schlichen? Haben wir uns nicht gefürchtet, Moti, als wir die fünf Hoheiten in ihren Sänften sitzen sahen? Ihre Baldachinträger standen hinter ihnen, und die Juwelen strahlten in der Nacht. Auf dem Gurtbett, das auf deinen Rücken geschnallt war, saßen wir zitternd vor Angst, meine zwei kleinen Brüder und ich. Der eine hatte seine Trommel dabei, der andere seine Flöte. Ich flüsterte: ›Jetzt! Fangt an, schnell, bevor sie uns fortschicken!‹ Und Munna sagte: ›Ich kann nicht, Schwester. Mein Mund ist trocken. Ich habe keine Spucke, um das Mundstück meiner Flöte anzufeuchten.‹ Und Latu schlug die Trommel so laut, daß du dachtest, die Vorstellung habe begonnen.« Sie klopfte auf den breiten Rücken des Elefanten. »Hott! Moti, hott!«

Der Elefant wand seinen Rüssel wie einen ungeheuren Arm um Kuki-bais Taille und hob die kleine Frau in die Luft, hielt sie in der Schwebe, bis ihre zinnoberrot gefärbten Fußsohlen auf seinen Stoßzähnen Halt fanden.

Kuki-bai schloß die Augen, und Jaya hielt den Atem an,

weil sie überzeugt war, daß die alte Konkubine stürzen würde. Kuki-bai aber zog erst die eine Augenbraue hoch, dann die andere, als überspüle eine Welle schwarzen Wassers ihre Stirn. Die sich öffnenden Lider gaben den Blick auf schwarzumrandete Augen frei. Die gefärbten Finger öffneten sich, wie sich eine Lotosblume in der Sonne öffnet. Nun entrollte der Elefant sachte seinen Rüssel, bis Kuki-bai ohne Stütze auf seinen Stoßzähnen balancierte, die feinen Gesichtszüge eingerahmt von der leuchtenden Hennafarbe ihrer geöffneten Hände.

Die Kinder klatschten heftig Beifall, als Kuki-bai sich an Motis breite Stirn lehnte.

»In jener Nacht tanzte ich eine Stunde lang auf Motis Rüssel. Ich vollführte die Kriegerbewegungen, hob meine Hand wie die flache Klinge eines Schwertes, und die Fürsten warfen mir Geldstücke zu. Ich konnte die Goldmünzen im Schlamm glänzen sehen.« Kuki-bai rückte ihren Schleier zurecht und lachte. »Ach, Kinder, ihr glaubt, das sind Hirngespinste einer alten Frau, wie? Aber in jener Nacht haben vier Fürsten um mich gewürfelt. Euer Urgroßvater gewann. Er fragte mich, was für eine Gunst ich mir wünschte. Wir waren so arm, wir drei Kinder, seit unser Vater gestorben war. Ich erbat etwas Land für meine Brüder und ein Heim für Moti. Doch der Löwe von Balmer fragte, was ich mir für mich wünschte. Er war für seine Großzügigkeit gegenüber Frauen berühmt. In jener Zeit, als arme Leute sich nicht leisten konnten, ihre Töchter zu verheiraten, zogen sie es vor, die Babys, statt sie zu töten, vor das *zenana* einer Maharani zu bringen. Der Löwe von Balmer baute für diese Mädchen ein eigenes Heim, und wenn sie großjährig waren, konnten sie zwischen dem Frauenhaus und dem Leben draußen wählen.« Kuki-bai betrachtete ihre gefärbten Hände. »Doch selbst, wenn er der grausamste Herrscher auf der Welt gewesen wäre, als ich ihm in die Augen sah, war es um mich geschehen. Er schenkte mir ein Haus am Jalsa-See. Das *Chand Mahal*, den

Palast des Mondes. Am Seeufer stand ein Marmorpavillon, und wir ...« Sie schüttelte den Kopf, wie um die Erinnerung zu verscheuchen, und zeigte den Kindern ihre farbigen Handteller. »Um den Löwen zu trauern wäre eine Herabsetzung der glücklichen Jahre, die uns im *Chand Mahal* beschieden waren. Darum seht ihr mich mit Schmuck angetan und mit Henna an den Händen. Doch in den alten Zeiten saß der Löwe während der großen Prozessionen hier in der goldenen *howdah*, und ich habe hier getanzt.« Sie wies auf die gelben Steinplatten des Hofes. »Und das Volk von Balmer dachte, wir seien wie Götter, als wir uns zum Tempel begaben – der Löwe von Balmer, Moti und ich. Hott, Moti, hott!«

Die alte Konkubine ließ sich von dem Elefanten sanft auf den Boden setzen und verschwand im *zenana*.

Jaya mochte nicht glauben, daß Kuki-bai den Wettbewerb verlor. Die drei Knaben stimmten nämlich für Major Vir Singh. Doch als sie den Schiedsrichtern zuhörte, die sich heftig über ihre Punktzahlen stritten, merkte Jaya, daß etwas von dem Zauber der Geschichte Balmers die Phantasie der Kinder ergriffen hatte, und sie empfand ihre Einsamkeit nicht mehr so arg.

Achtes Kapitel

Alljährlich nach dem Monsunregen kamen die Freskenmaler, um die Wände der inneren Festung mit neuen Bildern zu schmücken. Gefolgt von einer Horde Kinder, balgten Jaya und Tikka durch die Höfe des *zenana* und bespritzten sich gegenseitig mit Pflanzenfarben aus riesigen Tonbottichen. Die Freskenmaler forderten sie von ihren hohen Bambusleitern aus auf, den Unsinn einzustellen. »Was wollt ihr mit der vielen Farbe?« spotteten die buntbeschmierten Kinder. »Ihr könnt ja nicht mal einen Ochsenkarren zeichnen. Die Räder sind doch viel größer!«

Die aufgebrachten Künstler riefen zurück: »Gott weiß, in was für einem Zeitalter ihr lebt. Könnt ihr den Unterschied zwischen einem Ochsenkarren und einer Eisenbahn nicht erkennen?«

»So malt man doch keine Eisenbahn!« schrien die Kinder, indem sie ihre Ahnungslosigkeit mit Entrüstung überspielten.

Sie hörten auf, sich gegenseitig mit Farbe zu bewerfen und setzten sich nieder, um zu sehen, wie die Wahrzeichen einer neuen Welt immer deutlicher und bunter auf den Mauern der uralten Festung erschienen.

Die leuchtenden Farben der Volkskunst erzählten Jaya von den Veränderungen im Fürstentum ihres Vaters. Lange bevor sie einen Engländer zu Gesicht bekam, wußte sie, daß eine Gruppe britischer Fabrikbesitzer und Ingenieure in eine neue Siedlung am Westufer des Jalsa-Sees gezogen war. In ihrem Kopf war eine Phantasiewelt entstanden, in der Engländer wie auf den Fresken orangefarbene Rolls-Royce-Automobile fuhren, in blauen Rauch speienden Eisenbahnzügen saßen oder sich auf ewig mit steifem Rücken in Mietskutschen chauffieren ließen.

Bald schon merkte Jaya, daß sie als einziges der unter den Bambusleitern umherflitzenden Kinder nicht imstande war, ihren Kommentar zu den eigentümlichen Maschinen zu erteilen, die an den Außenmauern des *zenana* auftauchten. Sie konnte nicht hingehen und die Eisenbahngeleise ansehen, die vor der Stadt gelegt wurden, oder zuschauen, wie die Orgelpfeifen in die Kirche eingepaßt wurden, die ihr Vater für die Engländer erbauen hatte lassen, und sie kam sich vor, als würde sie wie die anderen Bewohnerinnen des Frauengemachs im *purdah* leben.

Nur selten durfte Jaya die Festung verlassen, doch dann dünkte sie zuweilen die Wirklichkeit besser als die leuchtenden Bilder ihrer Phantasiewelt.

An dem Tag, an dem die Balmer-Staatsbahn in den nagel-
neuen Bahnhof vor der Hauptstadt dampfend einlief,
konnte Jaya nicht aufhören, die englischen Herren und
Damen zu betrachten, die unter einem bestickten Baldachin zur Linken ihres Vaters saßen. Sie fand, ihnen müsse
heiß sein in ihren langen Kleidern und schweren Röcken,
doch im großen und ganzen sahen sie recht freundlich
drein, mit Ausnahme des anläßlich der offiziellen Eröffnung der Balmer-Staatsbahn anwesenden britischen Re-
gierungsbeamten, der während des ganzen Vormittags
stocksteif dastand und auch nicht ein einziges Mal lächelte, als die Kanonen der Festung dreizehn Salutschüsse für ihn feuerten. Nach dem ermüdend langen
Zeremoniell durften die Kinder in die Waggons klettern.
Tikka rannte los, um sich die Lokomotive anzusehen. Jaya
hopste auf den Polsterbänken herum und knipste die
elektrischen Deckenlampen an und aus. Sie war überzeugt, sich in einer Traummaschine zu befinden, die auf
einem anderen, fernen Planeten erschaffen worden war.
Als die ersten Automobile eintrafen, kletterte Jaya auf das
Elefantentor, um zu sehen, wie die Palastelefanten vor
den Duesenberg und den Hispano Suiza gespannt wurden. Die Elefanten schleppten die glitzernden Gefährte
mühsam die steilen Wälle hinan. Doch als die Fahrzeuge
im Hof standen, fand Jaya sie recht nüchtern, ganz und
gar nicht wie die Triumphwagen der Gottheiten, welche
die Außenmauern des *zenana* schmückten. Jaya schmollte
und mochte sich nicht zu einer Fahrt überreden lassen.
Erst als ihre Cousine und Rivalin Sally auf das Trittbrett
stieg, knotete Jaya sich ihren Schleier um die Taille und
kletterte neben den Adjutanten, der am Lenkrad saß.
Jaya haßte Sallys Vater, Radscha Man Singh. Er war ein ergebener Freund der Engländer und hatte für seine Tochter
und seinen kleinen Sohn John, nach Tikka der nächste
Anwärter auf den Thron von Balmer, britische Hauslehrer
engagiert. Seine Kinder hörten auf englische Namen,

aßen mit Messer und Gabel und nannten ihre Eltern Mummy und Daddy. Jaya fand Sallys Affektiertheiten meistens albern, doch sie fühlte sich zurückgesetzt, weil ihre Cousine der betriebsamen, sich stetig verändernden Welt jenseits der Festungsmauern angehörte und sie nicht.

Das alles änderte sich an dem Tag, als Maharadscha Jai Singh die Gemächer seiner Gemahlin betrat und Jaya auf den Balkon schickte.

»Gibt es keine andere Möglichkeit?« fragte die leise Stimme der Maharani. Jaya hob den Zipfel des Vorhangs und sah ihre Eltern mitten im Raum stehen.

»Nein. Die Engländer haben einen Vertrag mit den Russen unterzeichnet. Es ist nur eine Frage der Zeit, bis meine Geschäfte mit dem Zaren ans Licht kommen.«

»Wenn die Engländer und die Russen ihre Streitigkeiten beigelegt haben, wieso soll Ihr Tun dann jetzt noch eine Rolle spielen?«

»Die Engländer mögen keine selbständig denkenden Herrscher. Sie sind gefährlich. Es ist ihnen lieber, wenn sie betrunken in ihren *zenana* verweilen und zu beschäftigt sind, um sich darum zu scheren, wie das Empire in ihre Rechte eingreift.«

»Und ein englischer Hauslehrer für Tikka wird das ändern?«

»Nein, aber es kann die Briten davon überzeugen, daß ich meinen Sohn zur Loyalität gegenüber den Idealen des Empire erziehe.« Jaya verstand die Unterhaltung nicht, doch sie erschrak, als sie sah, wie ihre sonst so zurückhaltende Mutter den Kopf an Jai Singhs Schulter barg.

Am Nachmittag quetschte sich Jaya zwischen ihre verschleierte Mutter und vier auf dem Boden kauernde Dienerinnen in den mit Vorhängen versehenen Duesenberg. Das Auto ließ die Festung, die Stadt und die Engländersiedlung hinter sich und fuhr zu Kuki-bais altem Palast, dem *Chand Mahal*.

Jaya sprang aus dem Wagen und lief zu der Schaukel, die an einem knorrigen Mangobaum hing. Die Maharani und die Dienerinnen besichtigten den Marmorpavillon am Seeufer und gingen dann über den grünen Rasen zu den überwölbten Balkonen des *Chand Mahal*, das gerade als Wohnstatt für den Engländer, der als Tikkas Hauslehrer engagiert worden war, neu eingerichtet wurde.

Jaya folgte, neugierig, wie so ein Engländer wohnen würde. Hinter den hohen braunen Türen fühlte sie sich fremd. Sofas mit prallgefüllten Kissen, ein Schreibtisch mit lederbezogener Platte und zahlreiche steife Stühle standen auf komischen Klauenfüßen, welche die quadratischen schwarz-weißen Marmorplatten auf dem Fußboden mit bösen Krallen zu packen schienen.

Sie hielt die Hand ihrer Mutter fest, während die verschleierten Frauen Schlafräume mit hohen Himmelbetten durchquerten und in die Badezimmer kamen, wo weiße Porzellanzuber ebenfalls von Klauenfüßen getragen wurden.

Jaya deutete auf eine Badewanne. »Ist das zum Wäschewaschen?«

Die Maharani lachte. »Nein, zum Waschen ihrer Körper.«

»Aber, wie wechseln sie das Wasser?« wollte Jaya wissen.

Die Maharani schob sie aus dem Badezimmer. »Die Wanne wird gefüllt, und dann waschen die Engländer sich.«

»Sie können nicht Füße und Gesicht in demselben Wasser reinigen! Wo waschen sie sich die Füße? In den anderen Dingern? Den weißen Sesseln ohne Armlehnen?«

»Genug der Neugier, Jaya!« sagte die Maharani und schob die Tochter eilends aus dem Haus.

Auf dem Rückweg zum Auto flüsterte ihr eine Dienerin kichernd etwas ins Ohr.

»Die sitzen auf Sesseln, um ihr Geschäft zu verrichten?«

fragte Jaya, die Augen vor Staunen weit aufgerissen. »Warum? Haben sie steife Beine oder so was?«

Darauf erklärte sie der Magd, sie bezweifle, daß Tikka von Leuten etwas lernen könne, die in schmutzigem Wasser badeten und steife Beine hätten.

Neuntes Kapitel

Der englische Hauslehrer erwies sich als guter Polospieler und ausgezeichneter Schütze. Seine sechs Fuß große Gestalt strahlte etwas Militärisches aus, das das Lachen in seinen blaugrauen Augen Lügen strafte, wenn er von den wilden Stammesangehörigen am Khyber-Paß fabulierte.

Mit Captain Osborne machte die dritte Generation seiner Familie eine beachtliche Karriere in der britisch-indischen Armee. Bei offiziellen Anlässen trug er seine zahlreichen Auszeichnungen, die Tikkas Bewunderung erregten: die Indienmedaille, die er für den Feldzug an der Nordwestgrenze erhalten hatte, die Tibetmedaille und, am allereindrucksvollsten, den Kriegsverdienstorden, der ihm für seine Tapferkeit gegen die Afghanen verliehen worden war.

Kuki-bais alter Palast wurde nun zum Mittelpunkt von Tikkas Welt. Sobald er mit der Unterrichtung im Amt fertig war, rief Tikka seine Freunde zusammen und eilte zum *Chand Mahal*, um Captain-*Sahib* zu einem Kricketspiel aufzufordern. Wenn das Spiel zu Ende war, schickte Mrs. Osborne die Diener mit Krügen voll kaltem Zitronenwasser hinaus. Da das Gras unter ihren Füßen vom Abendtau feucht wurde, setzten sich die Knaben auf Rohrstühle, während sie den Captain von der Untergrundbahn erzählen hörten, die unter der Stadt London verlief, von den Fabriken, die bereits mit der Herstellung von Flugzeugen und Automobilen begonnen hatten, und von den Forschern, die um die Wette zu den zwei Erdpolen strebten.

Tikka wußte nicht, wie es geschehen war, aber die Anwesenheit des Captains reduzierte Balmer zu einem in einer fernen, nicht gerade interessanten Vergangenheit erstarrten Kuriosum. Mit wachsender Distanz betrachtete er seinen Vater als einen Herrscher, der blind war für die Fortschritte der Welt außerhalb der Grenzen seines Landes. Er ging seiner Mutter aus dem Weg, weil es ihm peinlich war, daß er sie nun als eine vom Aberglauben des Harems befangene Frau sah. Er verachtete sich, weil er seine Eltern verachtete, und wünschte sich verzweifelt, der englische Lehrer möge erkennen, daß er nicht war wie sie.

In seinem Bestreben, den Engländer zu beeindrucken, widmete sich Tikka dem Unterricht mit einem Eifer, der seine Schwester in Erstaunen versetzte. Jaya fürchtete schon, Tikka werde selbst ein Engländer, da seine Zimmer sich mit englischen Zeitungen und Zeitschriften füllten. Die Dienstboten hatten strenge Anweisung, die Kataloge nicht anzurühren, die sich neben seinem Bett stapelten, und in denen die Waren markiert waren, die er beim Armee- und Marineversand in London bestellt hatte.

Oft kam Tikka vom *Chand Mahal* mit ganzen Armen voll Büchern zurück, und der Stapel, der schon auf seinem Schreibtisch lag, wuchs: Kipling, Burke, Baden-Powell, Macauley. Wenn Jaya müßig einen Band durchblätterte, entstieg den Seiten ein frischer Geruch, und sie dachte, dies müsse der Geruch Englands sein. England starrte ihr auch von Tikkas Wänden entgegen. Die Elfenbeinmalereien von einheimischen Gottheiten waren Schwarzweißphotographien von englischen Sportlern gewichen. Eine ganze Wand war mit Bildern von einem jungen indischen Maharadscha bedeckt, der ein Kricketschlagholz in Händen hielt. Auf den Messingtafeln unter den Bildern stand zu lesen: RANJI IN SUSSEX, RANJI IN LONDON, RANJI IN SURREY.

76

Im Schatten des runden Turms, in dem einst gefangene Edelleute eingekerkert waren, wurde ein Kricketpavillon errichtet, dessen glatte Holzkonstruktion zu den rauhen Steinen des Turms einen eigenartigen Kontrast bildete. Jetzt verbrachte Tikka seine ganze Freizeit damit, an den Netzen beim Pavillon zu trainieren, und wenn Jaya mit einer Botschaft der Maharani zu ihm kam, klärte er sie auf dem ganzen Weg zum *zenana* über das Kricketspielen auf. Jaya fürchtete zuweilen, wenn sie noch ein Wort über Maharadscha Ranjis berühmten *Leg-glance*-Schlag hörte, würde sie schreien.

»Du wirst ein Halbblut wie Sally und John! Stundenlang hab' ich die Schnüre deines Drachens in Diamentensplitter getaucht, und dann hat es dir nicht mal was ausgemacht, als dein Drachen zerstört wurde!« sagte sie vorwurfsvoll. »Du kannst bloß noch von England sprechen oder von deinem Idol Ranji.«

Tikka packte ihren Arm. »Die Engländer haben gesagt, kein Eingeborener – so nennen sie uns, weißt du, Eingeborene – könne anständig Kricket spielen. Und doch wurde ein Inder der beste Spieler der Welt. Man hat Ranji sogar aufgefordert, für England zu spielen!« Er schaute seiner Schwester grimmig in die Augen. »Und trotzdem wollen die *sahibs* in Bombay Ranji, der ein guter Freund ihres Königs ist, wegen seiner Hautfarbe nicht in den Kricket Club von Indien aufnehmen. Wir müssen dafür sorgen, daß sich das ändert.«

Jaya rieb sich den Arm; sie erkannte den Unterschied zwischen ihrem Bruder auf der einen und ihrem Cousin und ihrer Cousine auf der anderen Seite. Tikka wollte die Engländer nicht nachahmen, er wollte besser sein als sie und ihre Bewunderung erzwingen.

Sogar ihr Vater schien von dem Engländer angetan zu sein. Captain Osborne und Maharadscha Jai Singh hatten es sich zur Gewohnheit gemacht, sich nach dem Abendessen gemeinsam auf die Königsterrasse zurückzuziehen.

Auf dem Weg zum *zenana* spähte Jaya an der strammste-
henden Palastwache vorbei und sah den Hauslehrer in einem Sessel zurückgelehnt; die Spitze seiner Havanna-Zi-
garre glomm im Dunkeln, während ihr Vater an der Wasserpfeife zog, die neben seiner Marmorbank stand.

»Ausgezeichnet, daß Lord Curzon als eine seiner letzten
Amtshandlungen als Vizekönig den Maharadscha von
Rewa zur Abdankung gezwungen hat«, bemerkte der
Engländer mit seiner schneidenden Stimme. »Sich vorzu-
stellen, Menschen an eine Kutsche zu binden!«

»Diese Männer waren Geldverleiher, die während der
großen Hungersnot die Bauern ausgebeutet haben«, erklärte Jai Singh. »Der Maharadscha von Rewa hat sie als
abschreckendes Beispiel an seine Kutsche gebunden.«

»Er hätte sie vor Gericht stellen sollen, statt sie so barbarisch zu bestrafen. Lord Curzon hat sich beinahe umge-
bracht in seinem Bemühen, den Indern Gerechtigkeit bei-
zubringen.«

»Es ist wahr, daß Lord Curzon die Gerechtigkeit liebte
und die Barbarei haßte«, pflichtete der Maharadscha bei.
»Doch auf der großen Festversammlung sah ich Curzon
vor den britischen Offizieren des neunten Lanzenreiterre-
giments der indischen Armee salutieren, dabei wußte
ganz Indien, daß diese Offiziere ihre wehrlosen indischen
Bediensteten zum Spaß getötet haben, indem sie sie auf allen vieren kriechen ließen und mit ihren Lanzen durchbohrten, bis sie an ihren Wunden starben. Hätte ich es
nicht mit eigenen Augen gesehen, ich hätte nicht geglaubt, daß das britische Volk Mörder so laut hochleben
läßt.«

»Sie sind unfair, Hoheit. Despotische indische Herrscher
tun jeden Tag Schlimmeres.«

»Viele Inder finden, daß Curzon ein Despot war, Captain-
Sahib. Er ließ indische Zeitungen verbieten, er hinderte Inder am beruflichen Aufstieg, er teilte Bengalen mit einem
einzigen Strich seiner vizeköniglichen Feder und annek-

tierte halb Hyderabad mit einem weiteren, ohne sich um alte Verträge mit der britischen Krone zu kümmern.«
»Aber Sie leugnen doch gewiß nicht, daß Lord Curzon ein großer Vizekönig war?« fragte der Engländer fassungslos.
»Er hat unermüdlich gearbeitet, um diesen riesigen Kontinent zu einem regierbaren Land zu formen. Er hat die Straßen verbessert, die Eisenbahnen, die Telegraphen, die Bewässerungssysteme. Vielleicht hat er dabei hier und da einen Fehler gemacht, aber es geschah zum Wohle Indiens, und Indien sollte dankbar sein.«
Als sie einmal an der Königsterrasse vorbeilief, hörte Jaya den Namen ihres Bruders. »Warum schicken Sie Tikka nicht nach England zur Schule, Hoheit? Er ist ein aufgeweckter Knabe, der ehrgeizig darauf brennt, Fortschritte zu machen. Der Maharadscha von Kutch Behar sowie die beiden Prinzen von Sirpur, Maharadscha Victor und Prinz Pratap, sind alle Eton-Schüler. Die Erweiterung seines Horizontes wird Tikka zu einem noch tüchtigeren Herrscher machen.«
Jaya war über die schroffe Erwiderung ihres Vaters erstaunt. »Ein tüchtiger Herrscher, Captain, ist ein Mann, der die Bedürfnisse seines Volkes kennt. Es fällt mir schwer zu glauben, daß dergleichen in einer englischen Schule erworben werden kann, auch wenn sie einen noch so großen Sportplatz hat.«
Als Jaya am nächsten Tag mit ihrem Bruder am Tiergarten der Festung vorüberging, sagte Tikka verbittert: »Ich könnte genausogut ein Gefangener im runden Turm sein. Wenn es nach *bappas* Willen geht, werde ich diese alte Festung und die Wüste darum nie verlassen. Radscha Man Singh will John auf eine britische Schule in Ajmer schikken. Warum kann *bappa* nicht so modern sein wie sein Cousin?«
Jaya sah verlegen auf das waldige Tiergartengelände. Sie wußte nicht, wie sie ihren Bruder trösten sollte. Hirsche und Nilgauantilopen weideten nahe dem Bambusdik-

kicht. Pfauenschreie erfüllten den Nachmittag, und ein an einen Steinblock gedrückter gestreifter Hinterlauf zeigte an, daß die Tiger im eingefallenen Untergeschoß eines verlassenen Wachtturms schliefen.

»Ich will nicht in Balmer begraben sein! Die Briten werden denken, John sei viel besser zum Herrschen geeignet als ich. Was werde ich schließlich gesehen haben außer diesem Land, das in der Vergangenheit steckengeblieben ist?«

Jayas Gesicht brannte vor Scham über Tikkas unverhüllte Minderwertigkeitsgefühle. Nur wenige Tage vor der Ankunft des englischen Hauslehrers hatte Tikka den schwierigen Parcours geschafft, bei welchem die Reitkünste des Erben von Balmer auf die Probe gestellt wurden, und Jaya hatte die goldene Schale mit Rohrzucker getragen, um sein Pferd zu füttern. Sie erinnerte sich, wie sie da stand, der süße Duft des Zuckers wurde vom Geruch des schwitzenden Pferdes überlagert. Sie war so stolz auf ihren Bruder, daß sie ganz gerührt und ernst war, obwohl er ihr zuzwinkerte. Sie konnte nicht glauben, daß dieser zornige Jüngling, die schlanke Gestalt vor Wut gestrafft, derselbe Bruder war, der hoch über ihr in seinem Sattel gesessen hatte, während ihm die Lanzenreiter zujubelten.

»*Bappa* hat recht, daß er dich nicht fortschickt«, platzte sie heraus. »Du haßt Indien, und dieser Engländer ist schuld.«

»Das ist nicht wahr!« rief Tikka erbost. »Captain-*Sahib* liebt Indien. Du hast gehört, wie er von den indischen Soldaten sprach, die er befehligt hat. Hat er sie nicht uneingeschränkt gelobt?«

»Na und? Inder können trotzdem nicht Offiziere in der britisch-indischen Armee werden.«

»Ach, du bist doch bloß ein Mädchen«, sagte Tikka ungeduldig. »Wie willst du diese Dinge verstehen? Komm, wir laufen um die Wette zum Polofeld!«

Erleichtert über den Waffenstillstand, rannte Jaya ihrem

Bruder nach. Captain Osborne erzählte immerhin spannende Geschichten von seinen Abenteuern bei der britisch-indischen Armee. Jaya hatte sich oft zu der Runde junger Kricketspieler gesellt und den Berichten des Captains von Überlebensmärschen gelauscht, wobei er mit ausdrucksloser Miene schilderte, wie er etwa die Augäpfel toter Angehöriger des Afridi-Stammes gegessen hatte, als die Lebensmittel zu Ende waren.

»Wie schmecken Augäpfel, Captain-*Sahib?*«

»Etwas schleimig. Es ist fast, als äße man Weintrauben, wenn man sich erst einmal daran gewöhnt hat, wie sie einen anstarren, wenn man sie in den Mund steckt.« Die Knaben stöhnten im Chor, als sie merkten, daß der Captain sie zum Narren hielt.

Das Gesicht des Captains wurde immer sanft, wenn er von den indischen Soldaten sprach. »Fabelhafte Kämpfer«, sagte er dann, wobei er den Kricketball an seiner weißen Hose rieb und auf dem Baumwollstoff rote Streifen hinterließ. »Die Snobs in der britischen Armee blicken auf uns herab, weil wir Eingeborenentruppen befehligen. In England begreifen sie nicht, daß es nichts gibt, was ein indischer Soldat nicht für ein paar freundliche Worte seines Offiziers tun würde. Mein Bursche ist gefallen, als er uns im Wasiristan-Feldzug Deckungsfeuer gab. Auch wenn mir der Mann meine Schuhe geputzt hat, für mich war er ein Bruder.«

Eines Tages tauchte hinter der Kricketrunde Major Vir Singh mit nachdenklich gefurchter Stirn auf. Jaya blickte von den strengen, von dem hochgezwirbelten Schnurrbart und dem gestärkten Turban eingerahmten Gesichtszügen zu Captain Osbornes rotbraunen Haaren und blauen Augen, die ihre Farbe wechselten wie Glasmurmeln, und sie fragte sich, ob der Major wohl eifersüchtig war, weil Tikkas Zuneigung sich verlagert hatte.

Major Vir Singh wartete, bis der Captain fort war, ehe er Tikka beinahe zögernd ermahnte, nicht alles zu glauben, was der Engländer sage. »Ich heiße den Engländer nicht einen Lügner. Ich sage nur, Menschen sehen die Dinge gern so, daß sie ihre eigenen Taten rechtfertigen.«

Jaya verstand den Sinn von Major Vir Singhs Worten nicht, sowenig wie sie verstand, warum sie sich bei ihrem Bruder nicht mehr wohl fühlte. Innerhalb nur eines Jahres hatte der Engländer die Atmosphäre in der Festung verändert, wie er Kuki-bais ehemaligen Palast verändert hatte.

Sie wußte nicht, daß die Wirrungen im Fort Balmer die Veränderungen widerspiegelten, die Indien überfluteten. Indische Zeitungen, die endlich von Vizekönig Curzons Zensur befreit waren, forderten in einer Fülle von Leitartikeln die Selbstverwaltung für Britisch-Indien. Die Inder boykottierten englische Waren, um ihren Abscheu gegen die Ausbeutung der indischen Bodenschätze durch das Empire zu bekunden. Nationalistische Führer wurden ins Exil geschickt. Von Amerika, Europa, Afrika und Japan aus forderten die verbannten indischen Führer eine Vertretung in der Regierung, die über ihr Land herrschte. Als er erkannte, daß die mächtige nationalistische Welle nicht mehr aufzuhalten war, lud der Vizekönig die Inder ein, dem Imperial Council beizutreten, das Britisch-Indien regierte, und er berief die erste Konferenz ein, die je zwischen den Fürsten von Indien und dem Vertreter der britischen Krone abgehalten wurde.

Aber Jaya wußte nichts von diesen Dingen. Sie wußte nur, daß etwas Kostbares beschädigt worden war, wenn sie die Räume des *Chand Mahal* betrat, die ihr Kuki-bai an den langen Nachmittagen ihrer Kindheit so oft beschrieben hatte. Die alten Fresken waren weiß übertüncht, und in den Innenhöfen, in denen einst Musikanten die Nacht hindurch gesungen hatten, türmten sich schwere Möbel.

Jetzt hatte sie das Gefühl, daß sich dieser Wandel auch innerhalb der Festung vollzog. Zuweilen fühlte sie sich nur hinter den geschnitzten Wänden des *zenana* geborgen, und sie hatte Angst, daß sie, wenn sie aus der Frauenwelt heraustrat, fortgeweht würde von dem rastlosen Wind, der durch die alte Festung fuhr wie die heißen Böen, die einen Sandsturm ankündigen.

Zehntes Kapitel

Während des neuntägigen Fastens, das dem *Dasra*-Fest vorausging, kam sich Jaya vor wie in einer Zeitmaschine aus einem von Tikkas Geschichtenbüchern. Am Morgen bemühte sie sich beim monotonen Singsang der Priesterstimmen wachzubleiben, welche die heroische Schlacht zwischen dem Gott Rama und Ravanna, der vielköpfigen Gottheit der Finsternis, psalmodierten, während spukkende Tonlampen Schatten an die Mauer warfen. Halb im Schlaf folgte Jaya ihrer Mutter dann ins gleißende Sonnenlicht, wo die Symbole für die jeweilige *puja* des Tages im Vorhof des Tempels aufgestellt waren. Jedes Tagesgebet – die *puja* der Speisen, des Lernens, der Musik etwa – hatte sein besonderes Gedenkritual. Anläßlich der *puja* der Waffen blinkten Lanzen und blanke Schwerter wie riesige Glasscherben auf den Steinquadern. Ging der Vormittag zu Ende, waren sie unter den als Opfergaben aufgehäuften Kokosnüssen und Ringelblumengirlanden verschwunden.

Riesige, innen frisch versilberte Kochtöpfe wurden für die *puja* der Gefäße aus den Küchen der Festung herbeigeschleppt. Jaya goß heiliges Ganges-Wasser in die Gefäße, und als sie ihr Spiegelbild in den polierten Wölbungen auftauchen sah, wurde ihr wie so oft der Zusammenhang zwischen ihr und den Gegenständen ihres Lebens bewußt.

Das Gefühl von Beständigkeit schwand jedoch in dem Augenblick, als sie die Freskenmaler auf ihren Bambusleitern erblickte. In diesem Jahr hatten die begeisterten Künstler eine ganze Wand des *zenana* mit einem leuchtendrosa Zeppelin bedeckt und die Decks unter der geblähten Hülle mit steifen Figuren besetzt. Auf der angrenzenden Wand winkte über den erstarrten Wellen des Englischen Kanals der schutzbebrillte Louis Blériot aus seinem Eindecker unaufmerksamen Dienstmägden zu, die in der Sonne schwätzten. Jaya hätte gern über den Turban gelacht, den Blériot auf der Spitze seines Sturzhelmes balancierte, doch diesmal verspürte sie in Gegenwart der gemalten Fremden zum erstenmal Minderwertigkeitsgefühle.

Gegen deren knallbunte Maschinen wirkten die Utensilien zu den Tagesgebeten primitiv, und es schien, als sei der Preis der von den Fresken verheißenen Zukunft die Verbannung von allem, was Jaya vertraut war. Erst als sie die letzte Freskowand hinter sich ließ, fühlte sie sich frei von der Spannung zwischen der Bürde der Tradition auf der einen und den drohenden Veränderungen auf der anderen Seite.

Am Vorabend der Abreise des Maharadschas zur Konferenz des Vizekönigs ging Jaya zur Königsterrasse, um sich den Segen ihres Vaters zu holen. Der Herrscher war nicht allein. Eine schlanke Frau lehnte an der Brüstung. Aus einem unerfindlichen Grunde machte es Jaya befangen, daß ihr langer Rock mit Goldfäden bestickt war, und sie rieb sich die Nase in der Hoffnung, den Diamanten, der an ihrem linken Nasenflügel blinkte, vor dem kühl abschätzenden Blick der Fremden zu verbergen.

Der Maharadscha winkte Jaya an seine Seite. »Das ist meine Tochter, Mrs. Roy.« Die Fremde hob die aneinandergelegten Hände, verneigte sich jedoch nicht. »Mrs. Roys Mann wird Balmers Bewässerungssystem umgestalten und unsere Elektrizitätsversorgung erweitern. Während er in Balmer Wunder schafft, wird Mrs. Roy dein Englisch vervollkommnen, bis du es fließend beherrschst.«

Jaya war noch nie einer Inderin wie Mrs. Roy begegnet. Die Frau kleidete sich in schlichte, derb gewebte Saris, und der rauhe weiße Baumwollstoff war nur von einer bunten Borte am Saum belebt, zum Zeichen, daß die Trägerin nicht verwitwet war. Mrs. Roy war eine glühende Antiklerikale und weigerte sich, in Gegenwart von Priestern an den frommen Verrichtungen des Maharadschas teilzunehmen.

Jaya hatte auch noch nie eine Inderin reden gehört wie Mrs. Roy, deren sanfte Stimme einen starken Kontrast zu ihren giftigen Ansichten über die britische Oberhoheit bildete. Mrs. Roys Unterricht strotzte vor grauenhaften Schilderungen der Ungerechtigkeiten des Empire und war viel interessanter als Tikkas Bücher. Einmal erwähnte sie sogar einen Cousin, der von der britischen Polizei erschossen worden war.

Dem Stoffbeutel, der schwer über ihrer Schulter hing, so daß sich ihre schlanke Gestalt zur Seite neigte, entnahm Mrs. Roy einen scheinbar unerschöpflichen Vorrat an indischen Zeitungen, bis Jaya die vergilbten Blätter, deren Druckerschwärze ihre Finger färbten, fließend vorlesen konnte. Allmählich begann Jaya Major Vir Singhs Warnung an ihren Bruder zu verstehen. Es gab keine Ähnlichkeit zwischen Captain Osbornes Schilderung von Britisch-Indien und Mrs. Roys Auffassung.

Abends gesellte sich Jaya zu den Knaben, die sich auf den Lattenbänken des Kricketpavillons lümmelten, während der Captain von einem Indien sprach, zu dessen Gestaltung drei Generationen seiner Familie beigetragen hatten.

»Männer, wie mein Bursche einer war, das sind richtige Inder: tapfere, ehrbare, loyale Männer. Nicht diese Großstadtanwälte aus Bombay und Kalkutta, die britische Baumwolle auf der Straße verbrennen und sich die Stimme Indiens nennen.«

Am folgenden Nachmittag fuchtelte Mrs. Roy mit ihrem

Sari vor dem Gesicht des Kindes herum. »Soll ich dir sagen, warum ich den trage? Weil er in meiner Heimat gewebt und die Baumwolle nicht ungesponnen zu den Fabrikbesitzern in Manchester und Lancaster verschifft wurde. Jedesmal, wenn ich ein solches Kleidungsstück kaufe, stopfe ich Nahrung in indische Münder.«

Im Kricketpavillon indessen bekundeten Tikka und seine Freunde dem Captain nickend ihre Zustimmung. »Der Vizekönig sollte die Eingeborenenpresse wieder verbieten. Diese einheimischen Herausgeber rufen nur zum Aufruhr gegen die britische Oberhoheit auf.«

Tags darauf blickte Jaya in die hinter der randlosen Brille inbrünstig leuchtenden Augen von Mrs. Roy. »Die Briten haben Tilak, den großen Patrioten, ins Gefängnis geworfen, aber seine Worte sind schon in ganz Indien zur Parole geworden. ›Freiheit ist mein Geburtsrecht, und ich werde es bekommen!‹ Hunderttausend Menschen sangen den Spruch, als sie hörten, daß Tilak zu sechs Jahren Haft in einem britischen Gefängnis verurteilt worden ist.«

Wenige Tage später präsentierte Captain Osborne den im Pavillon sitzenden Knaben ein Exmplar der Londoner »Times«. Sein Gesicht war rot vor Zorn. »Hab' ich nicht gesagt, es ist gefährlich, diesen verdammten Großstadtanwälten zu gestatten, ihre unverschämten Schmierblätter zu veröffentlichen und zur Gewalt anzustacheln? Der Assistent dès Ministers für Indien ist in London erschossen worden; aus kürzester Entfernung, vor den Augen seiner Frau, als er an einem Empfang für die Freunde Indiens teilnahm. Der Mörder ist ein indischer Student, der sagt, er werde voll Stolz auf diesen gemeinen Mord zum Galgen gehen. Er nennt seine Tat ein Fanal für Indiens Freiheit.«

Jaya umfaßte ihre Knie, während Captain Osbornes Zorn in Wellen über seine erschrockenen Zuhörer hereinbrach. Hatte nicht Mrs. Roy am selben Tag gesagt: »Unsere Führer raten zur Mäßigung. Aber wie lange kann man den Zorn der jungen Leute drosseln, wenn sie überall im eige-

nen Land Schilder mit der Aufschrift FÜR HUNDE UND IN-
DER VERBOTEN sehen? Innerhalb von drei Monaten: ein britischer Richter in Kalkutta ermordet, ein Fabrikbesitzer in
Bombay bombardiert, und nun ein britischer Regierungs-
beamter mitten in London erschossen. Die britische Herrschaft erntet die Früchte ihrer Ungerechtigkeit.«

Jaya lauschte den gegensätzlichen Ansichten der zwei
Hauslehrer, wie sie den Sängern gelauscht hätte, wenn sie
leidenschaftliche Heldensagen von einer anderen Welt er-
sonnen hätten, der Welt Britisch-Indiens, wo weiße Männer wie gesalbte Könige herrschten, und wo Inder der
Macht ihrer Herren mit verschmierten Artikeln in schlecht
gesetzten Zeitungen Paroli boten.

Wenn Jaya Mrs. Roy zu Hause besuchte, war sie erstaunt,
keinerlei Anzeichen jener Heftigkeit zu finden, welche
Mrs. Roys Unterrichtsstunden prägte, und es schien ihr,
als sei der streitbare Nationalismus ihrer Lehrerin eine nur
vor der Außenwelt zur Schau getragene Waffe. Die karge
Strenge der Baumwollmatratzen auf dem Fußboden
wurde nur von Terrakottaschalen voll Ringelblumen aufgelockert, und die Stille selten von etwas Eindringliche-
rem als dem Schnalzen der gelben Eidechsen an den weißgetünchten Wänden unterbrochen, an denen ungeordnet
Schwarzweißphotographien hingen.

»Wer sind diese Männer, Mrs. Roy? Ihre Brüder?«

»Meine angeheirateten Cousins. Einer wurde von den
Engländern erschossen. Deswegen haben mein Mann
und ich Britisch-Indien verlassen.« Sie deutete auf eine
Photographie von zwei jungen Männern, die jemanden
hinter dem Photoapparat anlachten. »Der Ärmste! Er war
erst ein Jahr verheiratet, seine Frau erwartete ein Baby.
Als Curzon Bengalen teilte, gab es einen Aufruhr. Die Polizei schoß in die Menge, und er wurde getötet. Heute,
keine zehn Jahre später, haben die Briten Curzons Teilung
rückgängig gemacht. Schade, daß sie ihre Kugeln nicht
rückgängig machen können wie ihre Gesetze.«

»Und der andere?«

»Sein überlebender Bruder, Arun Roy. Ein Anwalt und ein sehr aktiver Nationalist in Kalkutta.«

»Ist er auch verheiratet?«

»Noch nicht. Er sollte es aber tun. Eine Frau könnte seine Wildheit zügeln.«

Mrs. Roys Stimme wurde zärtlich, als sie von ihren in Kalkutta lebenden Verwandten erzählte. Sie holte ein stoffgebundenes Photoalbum voller Bilder von Arun Roy.

»Siehst du?« Mrs. Roy zeigte auf ein Bild des Anwalts, der mit einem Kimono bekleidet zwischen zwei Damen mit langen Nadeln in ihren Haaren saß. »Wir mußten Arun nach Japan schicken, nachdem die Engländer seinen Bruder erschossen hatten. Wir fürchteten, er könnte etwas Unbesonnenes tun, wenn er in Indien blieb. Viele Inder reisten damals nach Japan, um dem japanischen Volk ihre Anerkennung für den Sieg im Krieg gegen Rußland zu zollen. Du mußt wissen, es war das erste Mal in der neuzeitlichen Geschichte, daß ein asiatisches Land ein europäisches besiegt hatte.«

Jaya sah das Album durch, fasziniert von der Fähigkeit des Anwalts, auf jeder Photographie eine andere Rolle anzunehmen, obwohl er stets freundlich lächelte und dem Betrachter in die Augen zu blicken schien.

Mrs. Roy öffnete einen von Hitze und Gebrauch rissigen Lackkorb und kramte in alten Briefen.

»Dies hat er aus Japan geschrieben: ›Es ist kaum zu glauben, daß Europa erst vor zehn Jahren China in die Knie gezwungen hat. Wären die Chinesen von jemandem wie Japans Kaiser Meidschi regiert worden, so wären sie niemals unterlegen. Wenn wir einen Kaiser Meidschi in Indien hätten, was könnten wir als Volk nicht alles erreichen! Vielleicht brauchen wir einen Krieg. Sieh nur, was der Krieg aus den Japanern gemacht hat! Aus Bauern wurden Giftgasproduzenten!‹« Sie sah Jaya über ihre randlose

Brille hinweg an. »Ich fürchte, Arun will Vergeltung, nicht Gerechtigkeit. Ich wünschte, er wäre wie dieser Anwalt in Südafrika, der Veränderung ohne Blutvergießen sucht. Dieser Gandhi ist vielleicht ein Phantast, aber er hält wenigstens Giftgas nicht für ein Zeichen des Fortschritts. Arun ist jung, und ich denke, für junge Männer ist der Krieg immer ein Spiel.«

Als sie Jayas Unaufmerksamkeit gewahrte, strich sie verstimmt den gebauschten Ärmel ihrer Bluse glatt. »Du mußt dich für die Außenwelt interessieren, *Bai-sa!* Hast du gewußt, daß dein Vater und die anderen Herrscher den Vizekönig gebeten haben, die britischen Offiziere davon abzuhalten, sich in die Angelegenheiten ihrer Fürstentümer zu mischen? Was noch wichtiger ist, sie haben gesagt, sie möchten, daß ihre Kinder als Inder aufwachsen und nicht zu von der britischen Herrschaft herumkommandierten *sahibs* werden.«

Jaya dachte an Captain Osbornes Einfluß auf Tikka, während Mrs. Roy erklärte: »Die Maharadschas haben ein Fürstenkabinett beantragt, um sich vor den Vertragsverletzungen durch die britische Herrschaft zu schützen. In ganz Indien verbünden sich die Menschen. Eines Tages wird das Empire aufwachen und sich in unserer Umarmung erdrückt finden.«

Elftes Kapitel

Als der Maharadscha von der Konferenz des Vizekönigs zurückkehrte, durfte niemand die Königsterrasse betreten. Jaya und Tikka wandten sich an die Palastwache und sahen den Mechanikern zu, die Löcher in die steinernen Mauern bohrten, um auf der Terrasse elektrische Leitungen zu legen, und sie beobachteten die Zimmerleute der

Festung, die mit Seilen ein *Purdah*-Zelt errichteten. Aber auch die Wächter wollten keine Erklärung zu dieser plötzlichen Geschäftigkeit abgeben.

Bei Sonnenuntergang füllte sich die Terrasse mit Kindern und Höflingen; ihre Stimmen waren schrill vor Spannung. Hinter seidenen Wandschirmen verborgen, begaben sich die Damen nacheinander in das *Purdah*-Zelt. Als Jai Singh seinen Platz auf der Marmorbank eingenommen hatte, wurden die Lichter gelöscht.

Nur eine einzelne Lampe beschien einen jungen Mann, der hinter einem schwarzen Kasten stand. Der Lichtschein, der auf das Gesicht des Mannes fiel, formte aus der Hakennase und den hohen Backenknochen eine unheimliche Maske, so daß er wie ein Zigeuner jener Truppen aussah, die Geschichten von der Schwarzen Magie erzählten.

»Eure Hoheiten, meine Damen und Herren«, ließ sich der Fremde vernehmen. »Wir sehen mit eigenen Augen Wunder, von denen wir in unseren heiligen Büchern gelesen und die wir als Träume der Weisen abgetan haben. Das Pferd ist durch das Automobil ersetzt worden, der Elefant durch die Eisenbahn, der Vogel durch das Flugzeug. Zauberei wird Tag für Tag Wirklichkeit, und die Zauberer sind keine Götter, sondern Menschen.«

Die langen Zähne des Fremden schnellten am Ende jeder Beschwörung herab wie die Hauer eines Ebers, und Jaya wich zurück und lehnte sich an Tikkas Schulter.

»Zwei solche Zauberer – die Brüder Lumière – kamen nach Bombay und lehrten einen genialen Menschen unseres Landes ihre Magie. Heute abend habe ich die Ehre, die Früchte dieser Begegnung zu zeigen: Dadasaheb Phalkes Meisterwerk!«

Mit einer theatralischen Gebärde stülpte er eine Metallhaube über die Lampe. Ein Surren wie das eindringliche Schlagen von Insektenflügeln erfüllte die Dunkelheit. Es gab ein ratterndes Geräusch, als die Zelluloidstreifen einrasteten. Dann erschienen flimmernde Bilder auf einer weißen Leinwand.

Jaya saß auf dem Teppich, außerstande zu begreifen, was da vor sich ging. Häuser, Bäume, Tiere dehnten sich und zogen sich zusammen wie Episoden in einem Traum. Das war etwas anderes als die Rollbilder auf Stoff, welche die Sänger benutzten. Richtige Menschen bevölkerten die Nacht, Gesichter, so groß wie Häuser, blähten sich auf der Leinwand.

»Der Held Krischna!« Die helle Stimme der Maharani drang durch die Musselinvorhänge des *Purdah*-Zeltes. »Seht, der Held Krischna als Kind!«

Anerkennendes Geflüster erfüllte die Terrasse. Jaya schoß das Blut in den Kopf, als die mächtige Kobra sich aus dem geteilten Fluß erhob und ihren Hut wie einen Baldachin über das lachende Baby breitete. Jaya schrie erleichtert auf, als der Fluß wie eine Flutwelle herabstürzte und den Helden Krischna von den ergrimmten Soldaten trennte, doch sie konnte ihre eigene Stimme wegen des lauten Gesangs aus dem *Purdah*-Zelt nicht hören. Die Maharani und ihre Damen rezitierten die Krischna-Hymnen, und ihre Stimmen schwollen an, als am Ende des Films das Kind Krischna über den erstaunten Menschen dem Pantheon der wartenden Götter entgegenflog.

Noch lange, nachdem die Bilder verblaßt waren, saßen die Zuschauer wie versteinert vor der weißen, matt in der Nacht schimmernden Leinwand, ohne sich losreißen zu können.

Hätte der Maharadscha nicht die Magie des Kinos in die Festung gebracht, wäre Jayas Aufmerksamkeit von anderen Dingen beansprucht gewesen. Captain Osborne und Mrs. Roy waren – aus verschiedenen Gründen – sehr erregt wegen der Bombe, die den Vizekönig in Ahmadabad beinahe getötet hatte. Radscha Man Singh hatte John wirklich nach Ajmer auf die britische Schule gebracht, und der King Emperor, Eduard VII., war gestorben, weshalb die Flaggen auf der Festung eine volle öffentliche Trauerwoche auf halbmast wehten.

Ein neuer Vizekönig, Lord Hardinge, kam nach Indien und brachte die erstaunliche Nachricht mit, der neue König von England, Georg V., wünsche in der Herrscherresidenz Delhi zum Kaiser von Indien gekrönt zu werden. Jai Singh begab sich nach Delhi, um sich an den Vorbereitungen für dieses bedeutsame Ereignis zu beteiligen. Osborne und seine Frau reisten mit ihm, denn ihr Sohn James war endlich aus England in Delhi angekommen. Aber Jaya war so damit beschäftigt, dem Filmvorführer nachzulaufen, ihn zu fragen, wie denn Menschen fliegen könnten und wo er die Bilder in seinem schwarzen Projektionsapparat aufbewahrte, daß sie den Sohn erst Tage nach seiner Ankunft in Balmer zu sehen bekam.

Kuki-bai zog Jaya an der Hand zu der geschnitzten Wand des *zenana*, als ein Automobil über die gelben Steinplatten des Hofes rumpelte. Die Turbanfeder des Chauffeurs wackelte von der Wucht des Bremsens, ehe er hinaussprang, um den Wagenschlag zu öffnen. Hinter ihrem Bruder sah Jaya einen jungen Mann, größer als Captain Osborne, mit einem dünnen Hals, der wegen des kurzen Schnitts der schwarzen Haare noch länger wirkte.

»Kein Wunder, daß die Mädchen im *zenana* aufgeregt sind«, seufzte Kuki-bai.

»Er sieht aus wie ein Kranich«, sagte Jaya vorwurfsvoll. »Warum sollte das die Damen im *zenana* aufregen?«

Kuki-bai lachte über die Enttäuschung in Jayas Stimme. »Warte nur! Du wirst deine Meinung ändern, wenn er ins Frauenhaus kommt!«

Jaya erschrak. »Ein Mann kommt ins *zenana*? Das ist unmöglich!«

»Nein, das ist es nicht. Der neue Vizekönig wünscht, daß dein Vater Tikka nach England zur Schule schickt, und wenn Tikka fortgeht ...«

»Du machst Witze, Kuki-bai! *Bappa* hat dem englischen Lehrer gesagt, daß Tikka niemals in England studieren darf.«

Kuki-bai schlug die Augen nieder, und Jaya sah das Adernnetz auf ihren faltigen Lidern. »Manchmal hat dein Vater keine Wahl. Vor Jahren, während einer schrecklichen Hungersnot, benötigte Balmer Geld, und dein Vater wandte sich an den Zaren von Rußland um Hilfe. Jetzt traut ihm die britische Herrschaft nicht mehr. Der neue Vizekönig sagt, wenn Tikka Erbe des Thrones von Balmer bleiben will, muß er nach England, und deswegen möchte die Maharani-*Sahib* den Engländer unbedingt sehen.«

Hinter sich hörte Jaya im Korridor die Eunuchen die Frauen necken: »Dieser Engländer ist immerhin ein Mann. Im besten Mannesalter, sechzehn Jahre alt.«

Obwohl sie von der allgemeinen Aufregung angesteckt war, hielt Jaya brav still, als die Dienerinnen ihr die langen Haare mit parfümiertem Öl glätteten und ihre grünen Augen mit einer schwungvollen schwarzen Umrandung betonten.

»Du wirst ja eine richtige Schönheit, Kind!« Kuki-bai ließ ihre Knöchel gegen ihre Schläfe knacken, um den bösen Blick zu bannen. »Dein Gatte wird dich hinter dem Schleier verbergen müssen, oder du wirst Herzen brechen, wenn du nur ein Zimmer durchquerst.«

Jaya betrachtete sich prüfend in Kuki-bais Spiegel und verspürte die prickelnde Erregung der Eitelkeit. Große Augen musterten sie über einer Nase, die so gerade war wie der Rücken der Klinge von ihres Vaters Schwert. Der Diamant an ihrem linken Nasenflügel glitzerte auf der dunklen Haut, die ihrer Mutter solchen Kummer bereitete. Sie schüttelte die langen Haare, die ihr bis zu den Knien reichten, und lachte, als die dichte schwarze Pracht über ihrem orangeroten Seidenrock wirbelte, und zum erstenmal sah sie sich als Frau und nicht als Kind.

Als Zeichen besonderer Gunst empfing die Maharani die Familie des Hauslehrers auf dem Balkon vor ihren Privatgemächern. Das milde Spätnachmittagslicht dämpfte die leuchtenden Malereien auf den hölzernen Fensterläden, die geöffnet waren, um den leichten Seewind einzulassen. Sperlinge schaukelten auf Bougainvillea-Ranken, deren abgefallene Blüten den Hof bedeckten.

Mit übertriebener Höflichkeit führten die Eunuchen die Engländer auf den Balkon. Die verschleierten Frauen ließen sich über den breitkrempigen Hut der Engländerin und das weiße Seidenkleid aus, das wie ein Hemd von ihren Schultern bis zu den Knöcheln fiel und nur einen Zollbreit weiße Strümpfe über hochhackigen Schuhen zeigte. Sie flüsterten einander zu, daß Mrs. Osbornes Füße für eine *memsahib* eigentlich recht klein seien.

Ein junger Mann folgte ihr unsicher. Die Gazeschleier klebten an den feuchten Lippen, als die *Purdah*-Damen ihm ihre Aufmerksamkeit zuwandten.

»Seht euch seine Augen an! Die Göttin muß eine besondere Farbe für die Augen dieses Knaben erschaffen haben.«

»Nein, nein. Das ist die Farbe der Monsunsee. Seht, wie sie von Blau zu Grün wechselt! Doch ich schwöre, keinem Sterblichen waren bisher solche Augen gegeben. Und seht euch die Wimpern an!«

»Ei, so dicht wie Elefantengras. Und so schwarz wie seine Haare. Meint ihr, in seinen Adern fließt das gleiche Blut wie in den unsern?«

»Na, na! Du brauchst diesen jungen Gott nicht gleich ein Halbblut schelten! Aber wäre er einer von uns, was für einen Ehemann würde er für die *Bai-sa* abgeben.«

»Wohl wahr. Setzt ihm einen Turban auf den Kopf, gebt ihm ein Schwert in die Hand, und mit all dem anderen, womit die Göttin ihn ausgestattet haben muß, könnte er gut unseren kleinen Panther zähmen.«

Sie lachten hinter vorgehaltener Hand, und ihre Dienerinnen kicherten.

Jaya fiel keine schlagfertige Erwiderung auf die Neckerei ein.

Ihre neue Befangenheit ließ sie die Scherze der Frauen als eine beängstigende Möglichkeit erwägen.

»Hütet eure bösen Zungen, meine Damen!« schalt Kuki-bai die lachenden Frauen. »Wenigstens wird unsere *bai-sa* von einem Mann genommen werden und es nicht nötig haben, ihr Jungfernhäutchen mit eingeschmuggeltem Gemüse zu durchstoßen.«

Jaya sah auf. Sie fürchtete, der Engländer könnte es verstanden haben, doch James Osborne blickte Kuki-bai unter den langen Wimpern hervor nur neugierig an. Jaya war sich bewußt, daß die alte Konkubine für einen Fremden eine seltsame Erscheinung sein mußte, in ihren leuchtenden Seidengewändern, mit Hennaspuren auf den kleinen Handtellern und dem reichlichen Schmuck, der einen solchen Gegensatz zu der runzligen Haut und den spärlichen Haaren, durch die die Kopfhaut schien, bildete.

»Hast du gewußt, daß du in Kuki-bais altem Haus wohnst?« fragte sie ihn und vergaß dabei, daß sie zum erstenmal in ihrem Leben einen Engländer direkt anredete.

Der Jüngling schüttelte den Kopf.

»Es ist aber so. Mein Urgroßvater hat das *Chand Mahal* für sie gebaut, weil sie seine Lieblingskonkubine war. Kuki-bai ist eine große Tänzerin. Sie hat früher beim *Dasrah*-Fest auf den Stoßzähnen des Elefanten Moti getanzt.«

Die Maharani und Mrs. Osborne, in ein belangloses Gespräch über die Schönheit des Jalsa-Sees verwickelt, bemerkten nicht, wie bei dem Wort Konkubine die Röte über James Osbornes weißem Kragen aufstieg.

Ohne zu ahnen, wieso sie den Engländer verlegen gemacht hatte, doch froh, daß Tikka einer Gerichtssitzung beiwohnte und sie nicht zurückhalten konnte, fuhr Jaya beharrlich fort: »Ja. An den Wänden des *Chand Mahal* waren wunderbare Liebesdarstellungen. Man mußte sie alle übertünchen, weil die Engländer so etwas nicht anschauen mögen.«

James Osborne wurde nun puterrot. Die *Purdah*-Damen hielten mit ihrem Geschwätz inne, wandten ihm ihre verschleierten Gesichter zu und starrten ihn an.

Die Maharani beugte sich vor. »Worüber sprichst du mit Tikkas Freund, Kind?«

»Ich habe gefragt, ob es stimmt, daß die Engländer in ihren Häusern keine Gemälde mögen.«

Die Maharani runzelte die Stirn, Mrs. Osborne aber sagte: »Bitte, Hoheit. Lassen Sie das Kind fragen! Doch, Prinzessin, wir haben viele Gemälde in unserem reizenden neuen Heim. Mein Lieblingsbild ist ein prachtvolles Ölgemälde von Clives Sieg über Sultan Tippu.«

»Sterbende Menschen?« fragte Jaya gedehnt. »Würden Sie die alten Bilder mit sich liebenden schönen Frauen und Königen, wie wir sie im *zenana* haben, nicht vorziehen?«

Mrs. Osborne lachte nicht mehr. »Du mußt ins *Chand Mahal* kommen und selbst urteilen«, sagte sie pikiert. »Wie wäre es nächste Woche, Prinzessin, während des Kricketwettspiels?«

Aufgebracht erteilte Tikka der Dienerin, welche Jaya zum *Chand Mahal* begleiten sollte, Anweisungen, daß seine Schwester mit den Engländern nicht sprechen dürfe und nur auf direkte Fragen mit Ja oder Nein antworten solle.

»Warum ist Tikka so böse mit mir?« fragte Jaya, als sie zum *Chand Mahal* fuhren.

Die Dienerin rümpfte die Nase. »Weil du keinen Anstand hast wie ein normales Mädchen.«

Jaya drückte der Dienerin ihr Knie in den Rücken. In ihrem Trotz klang Unsicherheit durch. »Das ist nicht wahr!«

Die Dienerin tätschelte das Knie ihrer jungen Schutzbefohlenen. »Du bist kein böses Kind, *Bai-sa*. Aber junge Mädchen fragen Wildfremde nicht, warum sie keine nackten Frauen, die mit Männern spielen, betrachten mögen. Die Bilder an den Wänden des *zenana* stellen Lustbarkeiten dar. Ausländer reden nicht über solche Sachen. Es heißt, die Engländer haben nicht einmal Freude an der Lust. Sie lieben nur die Macht.«

Der Wagen bog in die Auffahrt zum *Chand Mahal* ein und fuhr an dem Marmorpavillon am See vorbei. Der grüne Rasen vor der Schaukel war jetzt ein Kricketfeld und erinnerte an die Bilder in Tikkas englischen Zeitschriften. Rohrmatten waren zwischen Holzpfählen ausgebreitet, wo James Osborne zum Wurf auf ein Tor ansetzte. Jaya stieg aus dem Wagen. Hinter Mrs. Osbornes ausgestreckter Hand sah sie, wie ihr Bruder Ranjis *Leg-glance*-Schlag probierte, von dem Engländer jedoch ausgeschlagen wurde. Von der Fangpartei kamen Beifallsrufe. Captain Osborne erklärte gerade eine Runde für beendet, als Jaya behutsam Mrs. Osbornes kühle Hand ergriff.

Die englischen Damen saßen auf der Veranda. Dienstboten reichten Sandwiches herum. Jaya knabberte an den Broten und nickte stumm auf alle Fragen. Tikkas Anweisungen gemäß sprach sie nicht mit den Damen, höchstens mit dem Personal.

Eine Schar schwitzender Kricketspieler gesellte sich zu den Damen und bediente sich mit Sandwiches und dicken Kuchenstücken.

Die Dienerin stieß Jaya durch die Latten ihres Stuhles an. »Sprich nicht mit den Dienstboten, *Bai-sa!*«

»Warum nicht? Was sollen sie denken, wenn ich ihre Begrüßung nicht erwidere?«

»Siehst du nicht, daß die Engländer so tun, als ob die Dienstboten gar nicht da wären? Befolge die Sitte des Hauses, *Bai-sa!* Du bist ein Gast.«

Captain Osborne schlug mit einem Silberlöffel an seine Teetasse, um sich Gehör zu verschaffen. »Seine Hoheit hat uns freundlicherweise den Film geliehen, den er aus Bombay mitgebracht hat.«

Rufe wie »Wunderbar!« und »Das wird spaßig!« wurden laut, als die Gesellschaft durch die Salons zog. Ölgemälde hingen schräg an den Wänden, vor düsterem Hintergrund floß Blut über leuchtende Uniformen. Jaya vergaß nicht, »Ja, *Memsahib*« zu sagen, als Mrs. Osborne lächelnd fragte, ob ihr die Gemälde gefielen.

In einem Innenhof hatte man Mrs. Osbornes Klavier beiseite gerückt, um Platz für die Stuhlreihen zu schaffen. Jaya setzte sich zwischen Tikka und James Osborne; sie war neugierig, wie der Engländer auf den Film reagieren würde.

In den ersten zehn Minuten verhielt sich das englische Publikum wie die Zuschauer auf der Königsterrasse, so erstaunlich war die Macht der Bilder. Aber die Engländer kannten die Geschichte vom Helden Krischna im Unterschied zu den Knaben aus Balmer in ihrer weißen Kricketkleidung nicht. Sie hatten die Legende des Gottes weder von Dienerinnen erzählt bekommen noch ihre Mütter zu den Tempeln am Jalsa-See begleitet, um der Gottheit Früchte zu opfern. Dieselben Szenen, welche die Maharani und ihre Damen zu Gebeten bewegt hatten, führten bei den Engländern dazu, daß sie hinter vorgehaltener Hand ihr Lachen unterdrückten. Die Verwandlung Krischnas von einem Kind in einen Gott amüsierte die Europäer. Je herrlicher die Wunder wurden, desto ausgelassener waren die englischen Zuschauer.

Der Vorführer stand hinter den rotierenden Rollen des Projektionsapparates und verkniff den Mund vor Zorn. Tikka aber lachte mit den Engländern. Da wandte sich James Osborne an Jaya: »Achte nicht auf sie, Prinzessin! Sie verstehen nicht, was sie sehen.«

Jaya schämte sich für ihren Bruder. Verwundert fragte sie: »Weißt du etwas über den Helden Krischna?«

»Natürlich. Ich bin doch in Indien geboren, Prinzessin.«

»Hat deine Mutter es dir erzählt?«

»Meine *aja*. Wenn sie mich schalt, sagte mein Kindermädchen immer, ich sei noch ungezogener als das Kind Krischna.«

James Osborne nahm regelmäßig an den Reitausflügen des Maharadschas teil, und Jaya machte es sich zur Gewohnheit, neben ihm zu reiten. James galoppierte nicht plötzlich davon wie Tikka, bei dem häufig ihr Pferd scheute und an den Zügeln zerrte.

James schien sich für alles zu interessieren, was mit Balmer zusammenhing, und bald schon betätigte sich Jaya als seine Führerin durch die Festung. Sie besichtigten das Elefantengehege, und sie erzählte ihm, wie Kuki-bai und Moti nach Balmer gekommen waren. Sie wies den Engländer in den Stallungen auf die in die steinernen Bögen eingemeißelten Kriegsauszeichnungen hin und wiederholte Major Vir Singhs Bericht über Balmers Lanzenreiter vor Peking. Während James Osborne mit den Fingern über die in den Torweg der Festung eingemeißelten Hände fuhr, beschrieb Jaya, wie die *Sati*-Fürstinnen ihre gefärbten Handteller auf die Steine gelegt hatten, um auf dem Weg zum Scheiterhaufen ihres Gemahls die Festung zu segnen. Auf den mißbilligenden Blick des Engländers hin erklärte sie ihm, daß die *Sati*-Fürstinnen aufgrund ihres Opfers als Heilige galten. Seine Mißbilligung schien heftiger zu werden. Jaya sah in seine blaugrünen Augen und erinnerte sich an die Bemerkungen der verschleierten Frauen beim Anblick dieser intensiven, wechselnden Farbe, und aus einem unerfindlichen Grunde fühlte sie sich schwach, als würde sie gleich umfallen.

Während der Hautmassage an diesem Nachmittag in Kuki-bais Innenhof konnte sie sich nicht erklären, weshalb sie so wütend wurde, als die alte Konkubine sie fragte: »Findest du immer noch, daß Tikkas Freund wie ein Kranich aussieht?« Und sie wußte auch nicht, warum ihr so trostlos zumute war, als Kuki-bai ihr Gesicht betrachtete und sagte: »Zehn Jahre alt. Du bist schon eine halbe Frau, Kind. Es wird Zeit, dich zu verheiraten.«

Als sie auf dem Weg zum Polofeld zufällig den jungen Engländer traf, hielt Jaya den Blick fest auf den Boden gerichtet und murmelte undeutlich einen Gruß. Die Sanftheit des Europäers verwirrte sie, und als er fragte, ob er sie in irgendeiner Weise gekränkt habe, öffnete sie den Mund, konnte aber nicht antworten, weil ihre Zunge sich schwer anfühlte und ihr die Worte im Halse steckenblieben. Von Scham überwältigt, raste sie ins *zenana*. Die Dienerinnen fingen sie ein, als sie durch die Korridore lief, und brachten sie unter Schelten und Zerren auf den Balkon der Maharani.

»Du hast ein Geschenk erhalten, Kind. Ein Bildnis des jungen Mannes, den du möglicherweise eines Tages heiraten wirst.« Die majestätische Haltung der Maharani strafte die Aufregung in ihren Augen Lügen, als sie Jaya ein Päckchen in die Hände legte.

Jayas Niedergeschlagenheit über ihre Begegnung mit James Osborne wich einer neugierigen Spannung, bis sie die Elfenbeinminiatur wie glühende Kohle zwischen zwei Fingern hielt.

»Die Maharani-Witwe von Sirpur hat ein Bildnis von Prinz Pratap, dem jüngeren Bruder des Maharadschas von Sirpur, gesandt. Sie möchte wissen, ob dein Vater der Verbindung zustimmt.«

Übelkeit drückte Jaya auf den Magen. Ihr war, als würde ihre Kindheit wie nasser Sand durch die Finger gleiten, welche die Elfenbeinminiatur hielten.

»Hab keine Angst, Kind! Prinz Pratap ist einer der stattlichsten Männer Indiens. Und sein Bruder, Maharadscha Victor, herrscht über ein mächtiges Königreich. Solltest du nach Sirpur heiraten, würdest du wie eine Nachtigall in einem goldenen Käfig verwöhnt.«

Jaya zwang ihren Blick auf das runde Elfenbeinmedaillon. Sie schaute in das ovale Gesicht eines erwachsenen Mannes: schmale, schräge Augen über hohen Backenknochen, schwere Lider, wie aus Langeweile halb geschlossen, Lippen, zu einem nicht überzeugenden Lächeln hochgezogen. Jaya fand, er sah aus wie ein Tier, das sich an seine Beute heranschleicht.

Die *Purdah*-Damen liefen verstört davon, als Jai Singh auf den Balkon geschritten kam. »Warum zeigt man dem Kind das Bild? Eine Verbindung zwischen Sirpur und Balmer ist undenkbar. Die Sirpur sind die Schoßhunde des Britischen Empire. Der Herrscher ist Victorias Patensohn. Er brüstet sich sogar mit ihrem Namen: Maharadscha Victor nennt er sich.« Jai Singhs Augen funkelten vor Zorn. »Ist es nicht genug, daß mir die britische Herrschaft mit Konsequenzen droht, wenn ich Tikka nicht nach England schicke? Muß ich auch noch meine Tochter an einen Lakai der Engländer verlieren?«

So endete der Zwischenfall, doch das schmerzliche Gefühl, einen Verlust erlitten zu haben, machte Jaya bewußt, daß sie aufgehört hatte, ein Kind zu sein. In wenigen Jahren würde man sie in einer Sänfte zu einem Fremden schicken, dessen Züge sie nur auf ein Stück Elfenbein gemalt gesehen hatte. Von der Ungeheuerlichkeit dieser Erkenntnis überwältigt, empfand sie James Osborne nicht mehr als Bedrohung.

Zwölftes Kapitel

Schon Tage vor dem *Dasra*-Fest schritt der Elefantenwärter durch das Gehege und erteilte den Künstlern, welche die faltige Haut der Elefanten mit Ornamenten bemalten, Anweisungen. Motis graue Haut verschwand nach und nach unter den satten Tönen der Pflanzenfarben. Kobras schlängelten sich um seine Beine und unter seiner mächtigen Brust. Tiger sprangen über seine Schlappohren, und Hirsche setzten über seine Hinterbacken. Andere Künstler malten einen Dschungel auf Tikkas Elefant. Blumengirlanden bedeckten den Elefanten, der die zweistöckige hölzerne *Purdah*-Kutsche ziehen sollte, die der Maharani und ihren Damen vorbehalten war.

Am Morgen der *Dasra*-Prozession, bei der der Sieg des Guten über das Böse gefeiert wurde, kletterte Jaya in diese Kutsche. Von der oberen Etage des Gefährts aus hatte sie einen guten Blick auf Major Vir Singh, der, aufrecht auf seinem Schlachtroß sitzend, den Balmer-Lanzenreitern voranritt. In der silbernen Sänfte des rechtmäßigen Erben führte Tikka den Elefantenzug an, welcher die Ratsminister trug. Am Schluß der Prozession gewahrte Jaya die Speere und Schilde der Palastwache.

Die *Shattri*-Träger erschienen mit dem karmesinroten Staatsbaldachin. Der Elefantentreiber schlug mit einem Stahlzinken auf Motis Stirn, und das Tier erhob sich schwerfällig. Zwei Soldaten eilten herbei und stellten an der rechten Seite des alten Elefanten eine Holztreppe auf, als Maharadscha Jai Singh sich der wartenden Prozession anschloß. Seine Haltung trotzte dem Gewicht des Schmucks, der auf der Brust seines Rockes baumelte. Seine dunkle Haut bildete einen starken Kontrast zu dem weißen zweigeteilten Bart, der über seine straffen Schultern wallte.

Major Vir Singh zog sein Schwert aus der Scheide, und als Jai Singh seinen Fuß auf die erste Stufe setzte, sauste Vir Singhs Arm hinab, und die Festungskanonen feuerten Salut. Jai Singh betrat die nächste Stufe. Die Kanonen feuerten abermals. Siebenmal erschütterte der Kanonendonner die Festung, bis Maharadscha Jai Singh die goldene Sänfte bestieg.

In der Stille, die auf das Krachen der Kanonen folgte, gab Major Vir Singh seinem Pferd die Sporen, und die Balmer-Lanzenreiter trabten mit wehenden Bannern aus dem Hof.

Das Ächzen der schreitenden Elefanten ging in dem dumpfen Getöse der zwei *Nagara*-Trommeln unter, von denen jede selbst so groß wie ein Elefant war und die vor den äußeren Toren der Festung aufgestellt waren. Seit elf Jahrhunderten hatte ihr bedächtiger Schlag den Aufbruch des

Maharadschas und seiner Truppen aus der Festung verkündet. Jetzt hallte das Getöse der *nagara* von den Festungswällen wider, es dröhnte durch die engen Straßen
der Hauptstadt und deckte das Rumpeln der *Purdah*-Kut-
sche zu, die auf Holzrädern über die Steine polterte.

Als die Prozession die Stadt erreichte, verlor sich das
Dröhnen der *nagara* in dem Geschrei der Menschen, die
von geschnitzten Balkonen Ringelblumen und Rosen auf
den Maharadscha herabwarfen. Hochrufende Scharen
rempelten sich gegenseitig auf den Straßen an. Durch das
Gitterwerk der *Purdah*-Kutsche konnte Jaya farbige Streifen sehen, wo Motis von goldenen Fußspangen umschlossene Füße den Blütenregen zertrampelt hatten.

Jaya folgte ihrer Mutter in den Tempel. Durch den dünnen
Stoff des *Purdah*-Zeltes sah sie den am Opferaltar angebundenen Widder, dessen weißes Fell keinen Makel auf-
wies, welcher ihn hätte der Göttin unwürdig machen können. Als wäre die Menschenmenge gar nicht da, knabberte der Widder an den Früchten, die auf großen Haufen
von Reiskörnern aufgebaut waren.

Maharadscha Jai Singh stand vor dem Altar, indes die
Priester seine Ahnenreihe und seine Titel psalmodierend
rezitierten. Dann zog er das Balmer-Schwert und streckte
den Arm so hoch, daß die blitzende Klinge im ganzen
Tempel sichtbar war. Die Leute preßten die Hände zusammen. Das unablässige Trommeln der fernen *nagara* erfüllte
nun den stillen Tempel wie ein Herzschlag.

Plötzlich sauste Jai Singhs Arm herab. Blanker Stahl verschwand in Fleisch. Blut spritzte auf die Früchte und Bananenblätter. Ein Beifallsruf entstieg der Menge. Er
wurde rasch erstickt, da Jai Singh das Schwert nicht wieder hob. In diesem endlosen Augenblick schlug Jayas
Herz im Takt mit den *nagara*. Endlich hob der Maharadscha den Arm, und das abgetrennte Haupt des Widders
plumpste, die schwarze Zunge herausgestreckt, mit noch
angstvoll rollenden Augen auf den Reis.

Die Priester eilten hinzu und preßten ihre silbernen Schalen an die Schlagadern des Widders. »Sieg der Göttin! Heil dem Maharadscha!« hallte es durch die Luft.

Ein Priester kam mit einer Schale voll Blut hinter die Musselinvorhänge. Die Maharani bestrich zuerst ihre, dann Jayas Stirn mit dem warmen Lebenssaft. Jaya fühlte das Blut auf ihrer Haut gerinnen wie Schorf, indes sie beobachtete, wie man sich im Hof des Tempels um die Priester scharte. Überall spritzte es rot auf. Die Menschen stießen sich gegenseitig fast um, um ihre Hände in das Blut des Opfertiers zu tauchen.

»Es ist gut, Maharani-*Sahib*. Der Maharadscha hat das Schwert nicht zweimal erhoben«, flüsterte Kuki-bai.

»Die Opferung wurde aber nicht mit einem einzigen Streich vollzogen«, betonte die Maharani. »Das Opfer war unheilig.«

Jai Singh ging in den Tempel zurück. Von dem Schwert in seiner Rechten tropfte Blut auf die Steine. Noch nie hatte Jaya das Gesicht ihres Vaters so verzagt gesehen, und es machte ihr angst. Die Gewißheit, mit der ihre Mutter die folgenden Worte äußerte, verdoppelte ihre Befürchtungen: »Der Maharadscha weiß es. Unglück wird über das Haus kommen.«

Sobald die Prozession zur Festung zurückgekehrt war, lief Jaya zu Tikka, um ihm die Prophezeiung der Maharani mitzuteilen.

»Abergläubischer Unsinn«, sagte der gereizt. »Ich verstehe nicht, wieso *bappa* dieses Opfer immer noch vollzieht. Begreift er denn nicht, daß wir im zwanzigsten Jahrhundert leben?«

Bald nach dem *Dasra*-Fest leerte sich die Festung nach und nach. Der Hof zog nach Delhi, um an dem größten Schauspiel teilzuhaben, das je vom Britischen Empire in Indien in Szene gesetzt worden war, an den Krönungsfeierlichkeiten für Georg V. Endlich würden die Inder jene Person zu sehen bekommen, in deren Namen die Engländer in ihrem Lande herrschten, und zum erstenmal sollte ein britischer Monarch tatsächlich zum Kaiser von Indien gekrönt werden.

Der Vizekönig gab Unsummen für eine prunkhafte Zeltstadt aus, um die Gäste und Teilnehmer zu beherbergen. Vierzigtausend Zelte mit erlesenen Räumlichkeiten – Salons, Eßzimmer, Schlafkammern und Studierzimmer – hatte man in Delhi aufgeschlagen. Rosengärten und Polofelder waren angelegt und sechsunddreißig Eisenbahnverbindungen gebaut worden, um den Besucherstrom zu bewältigen. Jeder Herrscher in Indien machte sich auf nach Delhi, um der Krönung beizuwohnen und dem König, dem er durch Vertrag verpflichtet war, seine Loyalität zu bekunden.

Radscha Man Singh und der Premierminister verließen Balmer als erste per Automobil und Staatskarosse. Sodann brachen Major Vir Singh und die Balmer-Lanzenreiter auf; die Pferde wieherten und traten gegen die auf die Eisenbahnwaggons montierten Pferdeboxen.

Jaya war verstimmt, weil die Maharani ihr nicht erlaubt hatte, den Maharadscha und Tikka zu begleiten.

»Warum sind Sie nicht in Delhi, Mrs. Roy? Die Krönungsfeier ist der prachtvollste Anblick, den Indien jemals zu sehen bekommt.«

Die Lehrerin knallte die Teekanne aufs Tablett. »Alle fünf Jahre treibt die britische Herrschaft Indien mit solchen Prachtentfaltungen in den Bankrott. Zuerst Victorias diamantenes Jubiläum, dann Curzons Festversammlung. Und jetzt diese absolut überflüssige Krönungsfeier.«

»Aber Mrs. Roy, denken Sie nur, eine ganze Stadt aus Zelten!«

»Wann wirst du begreifen, daß das Leben kein Märchen ist, *Bai-sa*? In West-Indien herrscht zur Zeit Hungersnot. Die Menschen sterben wie die Fliegen, aber die gleichgültige Herrschaft hat eine Million indische Pfund für Zelte und noch einmal eine halbe Million für eine Kaiserkrone ausgegeben.«

»Der König wird zum Kaiser gekrönt. Dafür muß man eine Krone haben.«

Die Lehrerin seufzte, und ihr magerer Körper schauderte unter dem groben Baumwollsari. »Die Macht salbt Könige, *Bai-sa*, nichts sonst. Georg V. braucht keine Krone. Wer kann die Macht der britischen Herrschaft leugnen? Die Engländer haben beschlossen, ihre Hauptstadt von Kalkutta nach Delhi zu verlegen und eine neue Residenzstadt zu errichten, die mehrere Millionen Pfund kosten wird. Und du fragst, warum ich nicht in Delhi bin, um ihr wahnsinniges Spektakel der Eitelkeit zu bewundern!«

Mrs. Roys Zorn brachte Jaya zum Verstummen. Sie trank Tee aus ihrer Tontasse und war nun nicht mehr so neidisch, weil Tikka in Delhi sein durfte und sie nicht.

Während der Hof abwesend war, hatte Jaya den Schießplatz für sich allein. Sie unterwies die Stalljungen im Bedienen der Wurfmaschine und schoß jeden Nachmittag auf Tontauben, Flaschen und Blechdosen, die unversehens am Himmel erschienen. Sie war fest entschlossen, zu Beginn der Tigerjagdsaison gut genug zu sein, um mindestens ein Tier zur Strecke zu bringen und Tikkas Selbstgefälligkeit wegen der drei Tigerfelle, die an den Wänden seines Studierzimmers hingen, in die Schranken zu weisen.

Schließlich kehrte der Hof nach Balmer zurück. Das Staunen über Tikkas aufgeregte Schilderung der Krönungsfeier ließ Jaja Mrs. Roys Widerwillen rasch vergessen.

»Ranji fuhr in einer Kutsche aus massivem Silber! Und der Maharadscha von Patiala ist in seinem Turban fast sieben Fuß groß. Aber der König von England ist leider sehr klein. Als er seinen feierlichen Einzug in Delhi hielt, konnten wir ihn gar nicht sehen. Alle fanden, er hätte auf einem Elefanten kommen sollen, aber der König sagte, wenn ein Pferd für den König von England gut genug ist, dann ist es das für den Kaiser von Indien erst recht.«

»Und die Feier?«

»Da war ein riesiger goldener Baldachin. Die kaiserlichen Majestäten saßen auf zwei Thronen, ihre Schleppen fielen in langen Bahnen über die Stufen herab. Der Maharadscha von Baroda hatte keinerlei Schmuck angelegt, und dann machte er die Beleidigung noch schlimmer, indem er dem King Emperor vor den Augen von ganz Delhi den Rücken zukehrte.«

»Wird er dafür seinen Thron verlieren?«

»Das wird allgemein angenommen. Jeden Abend wurden Feste gefeiert. Jeder Herrscher hatte seine eigene Unterkunft, ganz wie ein Palast, mit Lanzenreitern, die vor den Zelten Wache hielten. Vor des Maharadschas von Bikaner Quartier war eine lange Reihe Kamele. Oh, und eines Nachts brach ein großes Feuer aus. Das ganze Feuerwerk für die Krönung ist abgebrannt. Jedenfalls, die schönsten Feste gab es bei den Sirpurs. Die Sirpur-Brüder hatten ein Ballzelt mit einem riesigen Kronleuchter und einer Fünfundzwanzigmannkapelle. Maharadscha Victor und Prinz Pratap sind große Sportsmänner. Die ausländischen Frauen sind ausnahmslos in sie verliebt: russische Gräfinnen, französische Marquisen und sogar Filmdivas, die bis aus Amerika gekommen waren.« Tikka lächelte seine Schwester verschmitzt an. »Wenn du nur älter wärst, Jaya! Du könntest einen Sirpur heiraten, und ich könnte euch besuchen kommen, und wir würden Kricket und Polo spielen und mit schönen Ausländerinnen tanzen.«

Während ihr Bruder weiterplapperte, fiel Jaya die Elfenbeinminiatur von dem gelangweilten Mann mit dem Raubtiergesicht ein, und ihre Hände wurden kalt.

Am nächsten Tag saß Jaya mit der Maharani auf dem *Purdah*-Balkon, von dem aus man die Versammlungshalle überblickte. Der Raum war voller Menschen, die darauf warteten, dem Maharadscha anläßlich seiner Rückkehr zu huldigen. Der britische Verwaltungsoffizier war der Ehrengast. In seinem strengen schwarzen Anzug saß er steif vor Würde neben dem Maharadscha.

Die Maharani wies auf Radscha Man Singh und den Premierminister, die miteinander flüsterten. »Sieh, wie sie sich freuen. Heute morgen hat dein Vater endlich zugestimmt, Tikka zum Studium nach England zu schicken. Wie hart sind doch die Engländer, daß sie einem Vater den Sohn rauben. Und das sogar in Friedenszeiten! Wenn wir mit England im Krieg lägen, wenn sie deinen Bruder als Geisel nach England brächten, ja, dann ...« Die Stimme der Maharani erstickte in Kummer.

Jaya reckte den Hals und sah Tikka lachend mit James Osborne sprechen. Sie fand nicht, daß ihr Bruder auch nur im mindesten bedrückt wirkte.

Der Vormittag zog sich endlos hin, und der Engländer wurde auf seinem Stuhl unruhig angesichts der Schlange von Besuchern, die immer noch warteten, um dem Herrscher Geschenke darzubringen. Tänzerinnen wirbelten in der Mitte der Versammlungshalle. Sie öffneten ihre Reihen, um jeweils den nächsten nach vorn eilenden Untertan durchzulassen, der sich dann mehrmals vor dem Maharadscha verneigte. Anschließend schlossen sich die Reihen wieder um ihn. Es war wie das langsame Öffnen und Schließen des Mauls eines sich sonnenden Krokodils.

Von der langwierigen Zeremonie schläfrig geworden, versuchte Jaya an die Flinte zu denken, die ihr Vater ihr aus Delhi mitgebracht hatte. Sie sah die gravierten Läufe vor sich und den Holzschaft mit der eingelegten Jagdszene, auf der eine Rajput-Prinzessin ihre Lanze in den Hals eines Tigers bohrt.

Und endlich begann die Tigerjagdsaison. An einem kühlen Morgen saß Jaya eine Stunde vor Sonnenaufgang zwischen ihrem Vater und Captain Osborne im Auto auf dem Weg in den Dschungel. Halb im Schlaf hörte sie Jai Singh fragen: »Wie lange können sich die Engländer in Indien halten, Captain-*Sahib?* Wäre es nicht besser, Indien in den Händen seiner eigenen Herrscher zu belassen?«

Der Engländer schnippte seine Zigarrenasche aus dem Fenster, so daß Funken durch das Dunkel stoben. »Würden die Völker Indiens sich ihren Herrschern wieder zuwenden, wenn wir gingen, Hoheit? Den meisten dieser Herrscher ist es doch nur um eitle Prunkentfaltung zu tun.«

»Und wie steht es um den Prunk der britischen Herrschaft, den wir jüngst in Delhi vor Augen geführt bekamen?«

»Das war ein symbolisches Ereignis. Zudem ist König Georg nur ein Herrschaftssymbol. Er hat keine absolute Macht wie die Herrscher Indiens. Selbst ein Heiliger hätte Schwierigkeiten, mit solch absoluter Macht zu regieren, und es gibt nur wenige Heilige unter den fünfhundert Maharadschas, die über das Indien der Fürsten herrschen.«

»Aber unter den zehntausend Engländern, die mit absoluter Macht in Britisch-Indien regieren, da gibt es schon Heilige?«

»Unsere Gesetze machen Heilige überflüssig. Deswegen wird Tikka von seinem Aufenthalt in England profitieren.«

»Wissen Sie, was das Schlimmste ist, was die britische Herrschaft angerichtet hat, Captain-*Sahib?* Wir, die Fürsten von Indien, müssen unsere Untertanen nicht mehr fürchten. Sie können uns nichts antun. Nur Ausländer besitzen jetzt diese Macht.«

Eine Gruppe Dörfler stand am Straßenrand. Jai Singh stieg aus, und Jaya wartete ungeduldig, daß ihr Vater seine Unterhaltung beende. Sie fürchtete, Tikka und James Osborne säßen längst auf einem Elefanten und seien unterwegs zu dem Tiger.

Jai Singh stieg wieder ins Auto. »Wenigstens sind Roys Bewässerungskanäle der diesjährigen Ernte zugute gekommen.« Er tätschelte Jayas Knie. »Nun, mein Kind, vielleicht schießt du heute einen Tiger. Sag mir doch, welches ist das gefährlichste Tier im Dschungel?«

Froh, daß das Gespräch sich endlich der Jagd zugewandt hatte, griff Jaya nach ihrer Flinte. »Das weiß doch jeder, *Bappa*. Ein verwundeter Tiger.«

»Warum?«

»Weil ein verwundeter Tiger seine natürliche Beute nicht jagen kann und deshalb zum Menschenfresser wird.«

Captain Osborne lachte, und Jai Singh wandte sich ihm zu: »Ich weiß, daß Sie mit Ihrer Flinte des öfteren in den Dschungel gerufen wurden, um die Dorfbewohner zu beschützen, Captain. Und Sie kennen die Aufregung, wenn ein Jäger sich an das verwundete Tier heranpirscht, welches ihn verfolgt.«

Captain Osborne zündete sich eine neue Zigarre an, indem er die Flamme mit der Hand schützte. »Und auch das Mitleid, Hoheit, wenn ich die zerfleischten Leiber der Opfer sah. Dann hatte ich nur den einen Wunsch, diesen Menschenfresser so schnell wie möglich zu vernichten.«

»Und was halten Sie von Leuten, die einen Menschenfresser erschaffen, indem sie einen Tiger verwunden, ohne ihn zu töten?«

Die Miene des Captains verfinsterte sich. »Das sind entweder Verbrecher oder Dilettanten, Hoheit. Um der Gerechtigkeit willen sollten sie aus dem Dschungel verbannt werden.«

Jai Singh schlug sich mit der Faust aufs Knie. »Gerechtigkeit! Wie ihr Engländer dieses Wort liebt! Wir hatten einst ein System, das auf Gerechtigkeit beruhte, Captain. Wir hatten Gesetze. Aber Ihr Empire hat unsere Armeen vereinnahmt, unsere Edelleute entmachtet, unsere Gelehrten verwirrt, unsere Priester herabgewürdigt. Man hat die Hüter unserer Gesetze abgesetzt und nur – wie sagt ihr

Engländer? – den orientalischen Despoten übriggelassen. Jedes Laster wurde von der britischen Herrschaft belächelt, ausgenommen das Laster der Unabhängigkeit. Heute wollt ihr aus meinem Sohn einen englischen Schüler machen, noch gestern hättet ihr aus ihm einen Opiumsüchtigen gemacht. Ihr streift so zuversichtlich durch die Dschungel Indiens. Aber was seid ihr, Captain-*Sahib*? Dilettanten oder Verbrecher? Warum habt ihr uns nicht getötet, statt uns nur zu verwunden?«

Trotz der geöffneten Fenster spürte Jaya, wie der Zorn ihres Vaters gleich der Hitze eines Scheiterhaufens den Wagen erfüllte, und als sie anhielten, fiel sie in ihrer Hast, von den beiden fortzukommen, über Captain Osbornes Knie.

Zu ihrer Erleichterung wurde Jaya nicht bei den Erwachsenen postiert. Der Maharadscha und Major Vir Singh kletterten in den *howdah* auf dem Leitelefanten, Tikka und Captain Osborne folgten auf dem zweiten Tier. Jaya stand neben James Osborne in dem Schießstand aus Zeltleinwand, der auf den Rücken des dritten Elefanten geschnallt war. Sie strich zärtlich über den matten Stahllauf ihrer Flinte und betete zu der Göttin, daß es heute ihr Name sein möge, den die *shikari* priesen, wenn sie den erschossenen Tiger maßen, ehe sie ihre langen Messer zogen, um das Fell von dem schweren Rumpf abzuziehen.

Vögel erhoben sich in lärmenden Scharen, als die Elefanten wie graue Pfeilspitzen das Dschungelgestrüpp durchquerten. Von Liane zu Liane schwingend, entfernten sich Affen, die das Klappern der Stöcke, mit denen auf Kupferschalen geschlagen wurde, vertrieb. Die Treiber rückten in weitem Bogen vom anderen Ende des Dschungels heran und riefen laut, um zu verhindern, daß der Tiger ihre Reihen durchbrach und in den Jalsa-See entkam.

Mit einem scharfen Pistolenknall kündeten die Treiber an, daß der Tiger sich auf die Schützen und ihre Flinten zubewegte. James Osborne entsicherte seine Waffe. Jayas Finger spannte sich um den Abzug ihrer Flinte. Schwarzgelbe Streifen tauchten plötzlich vor Tikkas Elefant im Unterholz auf. Tikka schoß in die Luft, und Jaya wurde gewahr, daß ihr Bruder ihr den laufenden Tiger zutrieb. Sie starrte ins Gebüsch, ihre Flinte hoch über den Turban des *mahout* erhoben. Da ertönte das scharfe Knacken brechender Zweige hinter ihr. Jaya drehte sich um. Der Tiger hatte sich dem Elefanten mit dem Wind genähert. Nur hundert Fuß entfernt kauerte er sprungbereit auf seinen mächtigen Hinterbeinen. Ohne sich dessen bewußt zu sein, drückte Jaya den Abzug. Der Einschlag der Kugel schleuderte den Tiger rückwärts. Für den Bruchteil einer Sekunde schloß Jaya die Augen. Als sie sie wieder aufmachte, setzte der Tiger abermals zum Sprung an.

Äste peitschten Jaya ins Gesicht, als der Elefant in Panik geriet und durchs Unterholz stürmte. Der Tiger setzte dem Elefanten nach, seine Verwundung minderte seine Schnelligkeit nicht. Scham und Furcht durchströmten Jaya, als sie den *mahout* den Treibern, die schutzlos durchs Gebüsch marschierten, zurufen hörte, daß sich ein verwundeter Tiger im Dschungel auf freiem Fuße befand.

James Osborne bemühte sich, an der Zeltwand des Schießstandes sein Gleichgewicht zu halten. Jaya ließ ihre Flinte fallen, warf sich gegen seinen Rücken und umfaßte seine Mitte, um ihn zu stützen. Mit mächtigem Gebrüll begann der Tiger seinen tödlichen Angriff. Er sprang hoch in die Luft, die Pranken schmutzverkrustet, den gewaltigen Kiefer vor Schmerzen und Wut vorgestreckt. James Osborne feuerte. Als die Kugel ein klaffendes Loch in seinen Hals riß, schien der Tiger einen Moment lang in der Luft zu hängen, dann fiel er, nur wenige Zoll vom Schwanz des Elefanten entfernt, auf die Erde, und mattes Rot sickerte in das Fell seiner gestreiften Brust.

Der *mahout* lenkte den trompetenden Elefanten herum. Einem kleinen Stoffbeutel, den er sich umgebunden hatte, entnahm er eine Handvoll Kieselsteine und bewarf mit ihnen den erlegten Tiger. Ein Stein nach dem anderen prallte von den blutbefleckten Streifen ab, und das Tier zuckte nicht. Nun erst stellte sich der *mahout* auf den Kopf des Elefanten, um den Tod des Tigers zu verkünden.

Jaya zitterte vor Angst wie im Fieber. James Osborne legte seine Arme um sie. Sie konnte den beißenden Geruch des Schießpulvers auf seiner Haut riechen. Der junge Engländer hielt sie einen langen Augenblick, bis das Zittern nachließ. Sie sah auf. Wieder einmal meinte sie in den blaugrünen Augen zu schwimmen, als er sanft sagte: »Dein erster Tiger, Prinzessin! Ich gratuliere.«

Dreizehntes Kapitel

James Osbornes Eltern blieben in Balmer, nachdem er mit Tikka nach England abgereist war. Der Maharadscha hatte den Captain gebeten, ihm beim Ausbau der Universität von Balmer zu helfen, und ein neues Wissenschaftskolleg wurde zum Hauptgesprächsthema bei den abendlichen Zusammenkünften auf der Königsterrasse.

In seinen Briefen aus England unterdrückte Tikka tapfer das Heimweh, doch nie erwähnte er irgendwelche Freunde. Und dem aufgeregten Brief, der den Maharadscha davon unterrichtete, daß sein Sohn im Kricketwettbewerb der Schule die höchste Anzahl Läufe erreicht hatte, folgte Tikkas knappe Mitteilung, daß er nicht in die Schulmannschaft aufgenommen worden war.

Nachdem sie an diesem Abend den Namen ihres Bruders aufgeschnappt hatte, drückte sich Jaya am Eingang zur Königsterrasse herum. »Sie haben meinem Sohn erzählt, Kricket veranschauliche das britische Ideal des *fair play*, Captain-*Sahib*. Warum ist mein Sohn nicht in der Schulmannschaft, wenn er ein besserer Kricketspieler ist als seine Mitschüler?«

»Könnten wir nur die Grausamkeit der Kinder aus der Welt schaffen, Hoheit ...«

»Leider erfolgte der Ausschluß meines Sohnes nicht durch kindliche Grausamkeit, sondern aufgrund von Schulregeln, die einem Nichteuropäer die gleichberechtigte Teilnahme an schulischen Veranstaltungen verbieten, Regeln also, die den Praktiken des Empire selbst gleichen, finden Sie nicht?«

Captain Osbornes Gesicht färbte sich rot, und Jaya wußte, daß dies nicht von der Glut seiner Zigarre kam. »Vielleicht wird Tikka aus der Erfahrung lernen und künftig besser auf eigenen Füßen stehen.«

Jai Singh trat an die Brüstung der Terrasse und blickte auf die Lichter der Stadt hinab. »Seltsam, wie sich die Ereignisse wiederholen, Captain-*Sahib*. Ich habe nicht begriffen, daß wir auf eigenen Füßen stehen müssen, wie Sie es so bewundernswert ausdrücken, bis ich Ihr Land besucht habe. Wenn England meinen Sohn lehrt, wie es mich gelehrt hat, Ungerechtigkeit bei den Mächtigen zu hassen, dann will ich zufrieden sein.«

Doch Jaya wußte, daß ihr Vater nicht zufrieden war. Aus ihr unerfindlichen Gründen unterwies sie der Maharadscha in den Texten des »*Rajniti*«, der klassischen Kunst des Regierens, die Tikka erlernt hätte, wenn er nicht in England gewesen wäre. Ihre Musikstunden bei dem alten *ustad*, ja auch der Unterricht bei Mrs. Roy wurden eingeschränkt, und sie verbrachte ihre meiste Zeit jetzt in der Festungsbibliothek, einem langgestreckten Raum, der über den alten Regierungsbüros lag, die seit der Errichtung der neuen Amtsgebäude verlassen waren. Malereien von Hunderten in Betrachtung versunkenen Figuren bedeckten die Decke der Bibliothek. Jaya kletterte oft auf die hohen Leitern, um das Bildnis des großen Astronomen Maharadscha Jai Singh von Jaipur oder des berühmten

Gelehrten Maharadscha Verma von Cochin näher in Augenschein zu nehmen. Es machte ihr Spaß, die Porträts zu betrachten und zu raten, welche Figuren den Gesetzgeber Manu, den Propheten Brighu und den Philosophen Shankarcharya darstellten. Manchmal verschmolz das Heer von Gelehrten – Mathematikern, Grammatikern, Dichtern, Philosophen, Naturwissenschaftlern – zu einem riesigen Tafelwerk menschlichen Denkens, und ihr wurde ganz schwindelig, während sie auf den oberen Leitersprossen balancierte.

Wenn Jaya einen Band herauszog, mußte sie die Buchdeckel festhalten, damit die Palmblattseiten mit den verzierten Rändern und der spinnwebartigen Sanskritschrift nicht herausfielen. Mitten im Raum stehend, las sie dann laut eine beliebige Stelle und staunte, wie gewaltig eine jede Silbe im Rhythmus der Zeile klang, als sei dies alles niedergeschrieben, um von hundert Gelehrten gleichzeitig gesungen zu werden.

Ein trockenes Husten unterbrach eines Tages den Widerhall ihrer Stimme, und sie drehte sich ängstlich um. Sie wußte, der *raj guru*, der Oberpriester von Balmer, war im Raum.

Jaya fürchtete sich ein wenig vor dem *raj guru*. Er stand um drei Uhr morgens auf, um seine Yogaübungen zu verrichten, bevor er im Festungstempel die tägliche offizielle *puja* leitete. Danach arbeitete er mehrere Stunden an seinem Kommentar zum »*Arthaschastra*«. Dennoch war nie eine Falte in seinem makellosen *dhoti* und seinem Schal, und Jaya hatte ihn nie auch nur ein Schlückchen Wasser trinken sehen, selbst wenn der Nachmittag noch so heiß war. Doch waren es nicht die Enthaltsamkeit oder Gelehrsamkeit des alten Oberpriesters, die Jaya Furcht einflößten, sondern das Wissen, daß dieser hehre Gelehrte jener Mann war, der die Herrscher von Balmer weihte.

Als daher die trockene Stimme, die wie knackendes Gras in einem sommerlichen Staubsturm klang, flüsterte:

»Nenne die vier Stützen der Fürstenwürde, *Bai-sa!*« fing Jaya in ihrem Eifer, ihn zufriedenzustellen, zu stottern an.

»Erstens: Ein Fürst muß seinem Volk dienen. Zweitens: Er muß für das Wohlergehen seines Volkes sorgen. Drittens: Er muß bei der Bestrafung von Ungerechtigkeit unerbittlich sein. Viertens: Er muß Verträge und Bündnisse zum Wohle des Fürstentums schließen.«

»Nenne die Pflichten eines Fürsten, *Bai-sa!*«

Jaya sagte, wie geheißen, die zahlreichen Pflichten eines Fürsten auf.

»Und wenn ein Fürst alle diese Pflichten erfüllt, *Bai-sa,* welches ist sein Lohn?«

»Die Menschen neigen in Anerkennung seines Verdienstes den Kopf vor ihm.«

»Und wenn ein Fürst kein Verdienst hat?«

»Dann büßt er das Recht zu herrschen ein.«

»Die Engländer haben über das von Gott hergeleitete Recht der Herrscher geschrieben. Halten wir uns an diesen Glauben?«

»Nein, *Hukam.* Verdienst, nicht Geburt ist das Kennzeichen der Herrschaft.«

»Und wie erlangt ein Herrscher das Wissen, was Verdienst ist?«

»Zuerst muß er die Texte des ›*Arthaschastra*‹ über die Kunst des Regierens studieren.«

»Sehr gut, *Bai-sa.* Jetzt wollen wir uns die Lehren des ›*Arthaschastra*‹ vornehmen.«

Im Laufe der Monate studierte Jaya die Lehren des »*Arthaschastra*« zur Rechtswissenschaft. Sie lernte, daß das fiskalische System von Britisch-Indien nach dem Vorbild des fiskalischen Systems von Chanakya aufgebaut war. Sie wurde über die verschiedenen Strafen belehrt, die für Verbrechen zuzumessen waren, und erfuhr zu ihrer Verwunderung, daß die härteste Strafe die Verbannung war, was sie unwillkürlich an Tikka erinnerte, der in das kalte Land der Engländer verbannt war.

Der Unterricht in der Festungsbibliothek verstärkte die Widersprüche, die sie zunehmend verwirrten. Wenn der *raj guru* mit seinem trockenen Flüstern über die Monarchie dozierte, glaubte Jaya, der alte Priester spreche von einer Welt, die niemals abgelöst werden könne. Doch dann, während des Englischunterrichts bei Mrs. Roy, dünkte sie die Stellung von Regenten so gefährdet, wie die von Menschen, die im Treibsand versanken.

»Bedenke, was in den letzten Jahren geschehen ist, *Bai-sa!* Der König von Portugal ermordet und Portugal zur Republik erklärt. Das Ende der Mandschu-Dynastie in China. Der König von Griechenland von Republikanern ermordet. Der Sultan des Osmanischen Reiches praktisch von Revolutionären entthront, die sich Jungtürken nennen. Der Ministerpräsident des Russischen Reiches ermordet und der Zar handlungsunfähig, während seine Gemahlin zuläßt, daß ein wahnsinniger Priester Rußland regiert. Und was das mächtige Britische Empire angeht – in Irland ist eine offene Rebellion gegen die Engländer ausgebrochen, und hier bei uns wurde eine Bombe auf den Vizekönig geworfen, als er seinen triumphalen Einzug in Delhi halten wollte.« Mrs. Roy lachte grimmig. »Ich sage dir, *Bai-sa*, das Britische Empire wird an den Wunden verbluten, die ihm diese zwei Lanzen zufügen: die Autonomie für Irland und die Autonomie für Indien.«

Zuweilen hatte Jaya das Gefühl, die Abende mit Major Vir Singh seien das einzig Beständige in ihrem Leben. Wenn er mit ihren Schießkünsten zufrieden war, nahm er sie mit zum Falkenkauf. Die Falkner warteten vor den Stallungen, und an ihren behandschuhten Händen krallten sich die mit Kapuzen bedeckten Vögel fest. Wenn sie seine besondere Anerkennung errungen hatte, durfte Jaya mit dem Major zu den Gepardenkäfigen reiten, wo die gefährlichen, für die Hirschjagd des Maharadschas gehaltenen Raubkatzen, die gelben Augen auf die Reiter geheftet, warmes Blut aus Holzschalen schlürften und warnend mit dem Schwanz zuckten.

Im Laufe des Jahres wurde mit dem Bau des neuen Wissenschaftskollegs begonnen, weshalb Mr. Roy und Captain Osborne oft auf der Baustelle zu tun hatten. Wenn der Maharadscha auf die beiden wartete, bat er Jaya manchmal, ihm im Billardzimmer Gesellschaft zu leisten. Geschmeichelt, weil der Vater eine Stunde Zeit für sie erübrigen konnte, kletterte Jaya auf den hohen Hocker an einem Ende des Billardtisches. Beschirmte Lampen beleuchteten das grüne Tuch, auf dem sich ein Heer von Tonfiguren tummelte: Fußsoldaten, gepanzerte Elefanten, Reiter und Miniaturpferde. Genau gegenüber konnte sie im Schatten außerhalb des Lampenscheins das Gesicht ihres Vaters erkennen.

Mit Hilfe eines mit einem Haken versehenen Silberqueues manövrierte Jaya ihre Streitkräfte über den Billardtisch und jubelte entzückt, wenn es ihrer Tonkavallerie gelungen war, mit einem Überraschungsangriff hinter einem Pappmachéberg hervor die Miniaturkanonen ihres Vaters zu erobern.

Als Jaya einmal die Truppen der britisch-indischen Armee aufstellte, fragte der Maharadscha: »Hat der *raj guru* dich schon die vier Stützen der Fürstenwürde gelehrt, *Bai-sa?*«

»Ach, *Bappa*, damit sind wir schon lange fertig.«

»Dann solltest du sie mir aufsagen können.«

Jaya richtete sich auf ihrem Hocker auf. In einer leidlich gelungenen Imitation des *raj guru* flüsterte sie: »Dies sind die vier Stützen der Fürstenwürde: Ein Fürst muß seinem Volk dienen. Er muß für dessen Wohlergehen sorgen. Er muß unerbittlich Gerechtigkeit walten lassen. Er muß mit anderen Mächten zum Wohle des Fürstentums verhandeln.«

Sie wartete auf anerkennende Worte ihres Vaters, doch als er endlich sprach, war es, als habe er vergessen, daß sie im Raum war.

»Erstens: Ich habe meinem Volk gedient, habe sein Überleben gegen die Eitelkeiten eines Empire durchgesetzt,

und man nannte mich aufwieglerisch. Zweitens: Ich habe
für das Wohlergehen des Staates gesorgt, und mein einziger Sohn wurde von den Engländern als Geisel genommen. Drittens: Wie soll ich gerecht sein, wenn ich denen
keine Zuflucht gewähren kann, welche die Ungerechtigkeit der britischen Herrschaft bekämpfen oder einen Mann
verurteilen, der das Vertrauen der Engländer besitzt? Was
bleibt denn dann noch von einer Monarchie? Nichts außer
viertens: verhandeln, schmeicheln, anpassen – die
schwächste Stütze der Fürstenwürde. Das bedeutet es, ein
indischer Fürst im Britischen Empire zu sein.«
Der Maharadscha griff nach seinem Queue. Dem Ausdruck in seinen Augen entnahm Jaya, daß die Tonsolda-
ten kein Spielzeug mehr waren und daß dies kein Spiel
mehr war. Seine Konzentration hatte plötzlich etwas Verzweifeltes, als besinne er sich auf eine entscheidende
Schlacht, auf einen bestimmten Augenblick der Unaufmerksamkeit, der zu der gegenwärtigen Machtlosigkeit
von Herrschern wie ihm geführt hatte.
Ein tönerner Elefant lag auf der Seite. Über seiner Sänfte
flatterte ein schlichtes rotes, mit dem Sonnenball verziertes Banner, das Sinnbild des stolzen Titels »Sonne der
Hindu«, den der Maharana von Udaipur führte. Jaya
hakte ihr Queue vorsichtig an der Sänfte ein und zog sie
zu sich heran. Da senkte sich das Queue des Maharadschas auf ihres.
»Vergiß Udaipur! Seine Tage sind gezählt. Heute morgen
haben die Briten ihm die Münzhoheit genommen. Jetzt
versuchen sie, seine Minen in ihren Besitz zu bringen. Der
Vertrag des Maharana von Udaipur hat ihn nicht vor Britanniens Habgier geschützt. Dem Maharadscha von Baroda wurde von den Briten bedeutet, wenn er weiterhin
Bücher des republikanischen Schriftstellers Mazzini bestellt, gefährdet er seinen Thron.« Er breitete vor seiner
verängstigten Tochter die Hände aus. »Sind wir Schulkinder, daß die englischen Herren uns, den Fürsten von In-

dien, zu sagen wagen, was wir lesen dürfen? Warum die Zeit mit Kriegsspielen verschwenden? Wir haben Verträge mit der britischen Oberhoheit. Sehen wir uns doch an, was ihre Lex Britannica uns beschert hat! Im Nordosten, Manipur gehängt. Im Zentrum, Rewa dahin. Indore ist tödlich bedroht. Auf dem Dekhan-Plateau ist das halbe Fürstentum Hyderabad auf eine Laune des Vizekönigs hin beseitigt.«

Die eigentümliche Dunkelheit des Billardzimmers verlieh Jai Singhs Zorn etwas Unheimliches, als er wieder und wieder mit der Hand auf eine Karte von Indien deutete.

»Im Westen Baroda bedroht, weil er bei der Krönung dem englischen Kaiser den Rücken kehrte und Bücher italienischer Schriftsteller liest. Unser stolzester Rajput-Fürst, der Maharana von Udaipur, bangt um seinen Thron, den ihm das Mogulreich im Krieg nicht entreißen konnte, den ihm aber die Briten im Frieden nehmen können. Im Süden wackeln Throne, weil ihre Herrscher fortschrittlicher zu sein wagen als die Engländer. Überall in Indien werden Herrscher verbannt oder zur Abdankung gezwungen, während Britannien seine Lakaien auf die uralten Throne setzt.«

Jaya blickte sich entsetzt auf dem Billardtisch um. Zerbrochene Elefanten und Pferde waren gegen die gepolsterten Banden zerstreut, Gliedmaßen staken in komischen Verrenkungen mit bloßgelegten Metallstiften in dem grünen Tuch. Sie hörte es kaum, als der Maharadscha fragte: »Haben wir zu viel oder zu wenig gekämpft? Werden unsere Völker uns diese unehrenhaften Verträge verzeihen?« Sie überlegte, ob sie Tikka von des Maharadschas Nöten berichten solle, verwarf aber den Gedanken schnell, um die Last unausgesprochenen Unglücks, die aus den Briefen ihres Bruders sprach, nicht noch zu vergrößern.

In den zwei Jahren, seit Tikka in England war, ließen seine Briefe nur dann etwas von seiner natürlichen Lebhaftigkeit erkennen, wenn er vom Zusammensein mit den Prinzen von Sirpur berichtete.

Als die Polomannschaft von Sirpur am Wettkampf um den Hurlingham Cup teilnahm, hatte Maharadscha Victor Tikka in sein Haus in Surrey eingeladen.

»Maharadscha Victor hat eine Schwäche für amerikanische Filmschauspielerinnen, Prinz Pratap dagegen liebt Französinnen. Ich habe Prinz Pratap gefragt, warum sie nie mit Inderinnen zusammen sind, und er sagte: ›Weil die nichts als eine Herde vollgefressener Büffel sind.‹«.

Ein andermal schrieb Tikka: »Prinz Pratap hat einen Spanier engagiert, der auch mir einen neuen Gesellschaftstanz beibringt. Der Tango ist in dieser Saison die große Mode. Prinz Pratap sagt, wer ihn nicht kann, ist ein Bauer, und wenn ich Tango tanzen lerne, will er mich mit einer Filmdiva zusammenbringen, und dann gehen wir zum Tanzen ins ›Ritz‹.«

Jaya bemühte sich, Tikka seine Vorliebe für die Prinzen von Sirpur nicht zu verübeln, aber sie hätte gern mehr über James Osborne erfahren. Der junge Engländer schrieb Jaya, seit er Balmer verlassen hatte, zweimal jährlich: eine Karte zum Geburtstag und einen Brief zu Weihnachten. Jede seiner Wohlwollensbekundungen verursachte ein Flattern in ihrem Magen, und sie schämte sich ihrer heftigen Reaktion.

Als sie eines Abends vom Polofeld zurückkam, fand sie einen Brief von Tikka auf ihrem Bett. Sie riß den Umschlag auf. Eine Photographie fiel heraus. Auf die Rückseite hatte Tikka gekritzelt: MEINE GEBURTSTAGSFEIER IM ›SAVOY‹! Jaya drehte das Bild um, und ihr Herz tat einen Sprung. Sofort erkannte sie James Osborne, der ihren Bruder ein Stück überragte. Der lange Hals war nicht mehr zart, sondern ragte aus dem steifen Kragen eines Frackhemdes wie eine Marmorsäule, und die jungenhaften Züge hatten sich zu männlichen verfestigt. Sein Mund aber zeigte noch immer dieses halb scheue, halb wissende Lächeln.

Vierzehntes Kapitel

Die Maharani war mit Jayas Ausbildung nicht einverstanden. »Wer will schon so ein überkluges Mädchen heiraten?« beklagte sie sich bei Kuki-bai und den Hofdamen. »Ihre Schwiegereltern werden es ihr verübeln. Ihr Ehemann wird gekränkt sein, wenn sie sich vor ihm mit all ihrem Wissen brüstet. Sie ist zwölf Jahre alt. In dem Alter war ich schon einem Mann versprochen. Ausgerechnet in der Phase, da sie zur Frau werden soll, versucht ihr Vater, einen Sohn aus ihr zu machen.«

Mit diesen Worten kündete die Maharani an, daß sie Jayas Erziehung selbst in die Hand nehmen wolle, um den von dem *raj guru* und dem Maharadscha angerichteten Schaden wiedergutzumachen.

Jaya konnte die heißen Sommernachmittage nun nicht mehr in Kuki-bais Gemach verbringen und den Geschichten der alten Konkubine lauschen, während die wassergetränkten Wandmatten aus Vetivergras den Raum mit den bemalten Wänden kühlten und die Glöckchen an den Ketten des Hängebettes klingelten. Statt dessen war sie nun umringt von eifrigen *Purdah*-Damen und Dienerinnen, die darin wetteiferten, sie in den »*Sola Shringar*«, den sechzehn Künsten des Frauseins, zu unterweisen.

Einige dieser Künste kannte Jaya schon. Ihr Körper war stets mit Gelbwurzpaste abgerieben worden, um den Teint aufzuhellen, und ihre Haut war immer mit Weizen massiert worden, um auch den zartesten Flaum zu entfernen. Jetzt brachten die *Purdah*-Damen zusätzlich Elfenbeingefäße und Glasschatullen mit Salben herbei. Jaya saß auf dem Balkon ihrer Mutter und drehte ihre langen Flechten um die Finger, während die Damen in der Hitze herunterleierten, welche Öle nach der Geburt eines Kindes stumpfem Haar wieder Leben gaben oder welche Düfte die natürlichen Körpergerüche verstärkten und als Aphrodisiakum auf die Sinne eines Geliebten wirkten.

Manchmal wurde sie nachmittags zu den Gemächern der *baran* gebracht. Die Frauen entfalteten Stapel mit Gewändern, aus denen die *Rita*-Blätter, welche die Kleider vor dem Modern bewahrten, wie graubraunes Konfetti auf die Erde flatterten. Jaya lernte, Schmuck auf die Kleider abzustimmen. Die Frauen kauerten um sie herum, erklärten, welche Edelsteine für welche Gelegenheiten geeignet seien, befestigten schwere Ohrgehänge an ihren kleinen Ohrläppchen und disputierten, welcher Nasenschmuck ihr hartes Profil milder erscheinen lasse. Sie schlossen mehrfach verschlungene Fußspangen um ihre schmalen Fesseln, hießen sie vorsichtig zwischen dem Zierat umhergehen und schimpften, wenn sie nicht langsam genug schritt.

Jaya fand das Getue der *Purdah*-Damen bedrückend und konnte es nicht erwarten, zum Reitgelände zu entkommen, wo eventuelle Demütigungen wenigstens ihrer Ungeschicklichkeit und nicht dem Umstand zuzuschreiben waren, daß ihre Nase zu scharf und ihre Haut zu dunkel war.

Major Vir Singhs Gleichgültigkeit gegenüber der Tatsache, daß sie ein Mädchen war, offenbarte sich am meisten beim *tent-pegging*. Zuweilen, wenn sie ihren Pflock an einem Nachmittag bis zu sieben- oder achtmal verfehlte, ließ der Major sie das Manöver vor allen Offizieren wiederholen. Es war ihr peinlich, daß sie vor den Augen der Männer, die in China als Kavalleristen gedient hatten und wenigstens an einem Tag in der Woche in den ausgetrockneten Wasserläufen jenseits des Jalsa-Sees mit der Lanze Wildeber jagten, über das Feld reiten mußte, und sie bat Major Vir Singh, für sich allein üben zu dürfen.

Er verweigerte es ihr strikt, und Jaya fragte sich, ob wohl etwas Wahres an der Behauptung der Maharani sei, der Maharadscha versuche, einen zweiten Sohn aus ihr zu machen. Doch auch die Nachmittage mit den *Purdah*-Damen gaben ihr nicht das Gefühl, eine Frau zu sein.

»Sieh dir nur all die alten, vertrockneten Pflaumen an, die mich in der Kunst des Weiblichen unterweisen wollen«, klagte sie ihrer Lieblingsdienerin. »Die würden doch jeden Mann verscheuchen!«

Die Dienerin, die seit fast sechs Monaten verheiratet war, versetzte hochmütig: »Was wissen die denn schon, *Bai-sa*, eingesperrt im *zenana*! Ich kann dich lehren, eine Frau zu sein. Eine Frau stellt eine Stimmung dar. Mein Name ist Chandni, Mondlicht, daher muß immer etwas Geheimnisvolles um mich sein wie das Licht des Mondes.«

Jaya schnaubte höhnisch. »Die Ehe hat deinen Verstand gerinnen lassen, Chandni. So einen Unsinn hast du früher nie geredet.«

»Und all das Reiten und Studieren hat dir den deinen verdreht, *Bai-sa*. Du vergißt, daß du aus einer großen Familie stammst und eine bedeutende Ehe eingehen mußt. Wenn du einen regierenden Maharadscha heiratest, wird er wahrscheinlich noch andere Frauen haben. Er hat bestimmt einen Harem. Wie willst du in so einer Umgebung überleben, wenn du die Kunst, eine Frau zu sein, nicht beherrschst?«

»Schweig still, Chandni! Du rätst mir, zu sein wie eine Konkubine. Wenn das meiner Mutter zu Ohren kommt, wirft sie dich aus dem Frauenhaus.«

»Die Konkubinen verstehen viel mehr von der Kunst, eine Frau zu sein, als die *Purdah*-Damen. Es würde dir nicht schaden, von ihnen zu lernen.«

Jaya schlug sich die Hände vor den Mund, und die Dienerin lachte über ihre bestürzte Miene.

»Wie ließe sich das bewerkstelligen, Chandni?« Jaya reizte die Vorstellung, den Frauen zu begegnen, deren Namen im *zenana* niemals erwähnt wurden, deren Gegenwart jedoch wie eine Last auf dem Leben der Maharanis lastete, da sie eine ständige Bedrohung darstellten, daß ein betörter Herrscher eine Lieblingskonkubine über seine eigenen Ehefrauen, ja sogar über seinen Erben erheben könne.

»Ich werde dich hinbringen.«

Jaya verließ der Mut. »Und wenn die Eunuchen mich sehen?«

»Diese korrupten Kreaturen?« Chandni rümpfte verächtlich die Nase. »Die liegen den ganzen Nachmittag auf ihren Betten und weiden sich an dem Schmuck, den sie den Konkubinen abgeluchst haben, und dabei denken sie sich neue Methoden der Erpressung aus. Von denen hast du nichts zu befürchten.«

Etwas bange wegen ihrer klimpernden Spangen stahl sich Jaya hinter Chandni die steile Treppe zur unteren Festung hinab. Ein langer Gang endete hinter den Vorratsgewölben nach vielen Windungen plötzlich vor einer riesigen Holztüre, die geräuschlos aufschwang.

Jaya hatte kaum Zeit, einer dunkelhäutigen Konkubine zuzulächeln, als Chandni sie an der Hand nahm und mit sich zog. Grauhaarige Frauen standen in den Türen und flüsterten hinter vorgehaltener Hand. Eine Alte streckte die Hände aus, als das Klirren der Fußspangen Jayas Kommen ankündete. Jaya sah die trüben Augen der Frau und stellte mit Entsetzen fest, daß diese blind war. Knochige Finger zerrten an ihren Kleidern. »Ist es wahr? Kommt eine Frau der Herrscherfamilie uns endlich besuchen?«

Jaya befreite sich sachte aus dem Griff, überrascht, wie gebrechlich die Finger der Alten waren.

»Geh mit Gott, *Bai-sa!* Geh mit Gott!« Der zitternde Segenswunsch folgte Jaya durch ein Labyrinth von leeren Höfen. Nur die Affen sprangen auf den geschnitzten Balkonen herum.

»Wo sind sie denn alle, Chandni? Warum sind nur alte Frauen im Harem?«

Chandni wies auf einen Durchgang. Jaya trat ins Dunkle und stolperte, blind von der unvermittelten Finsternis. Da nahm Chandni ihre Hand und führte sie auf ein flimmerndes Licht am Ende des Ganges zu.

Der Durchgang öffnete sich dort zu einem achteckigen Raum, der etwa halb so groß wie die Versammlungshalle war. Die Nachmittagssonne fiel durch durchbrochene Marmorfenster und warf geometrische Schattenornamente auf grüne Malachitterrassen, auf denen Dienerinnen mit Weihrauch gefüllte Weidenkörbe umsorgten.

Der Raum wurde von einem Marmorbecken in Form einer Lotosblume beherrscht. Frische Rosenblütenblätter schwammen auf dem Wasser. Unter den Blütenblättern sah Jaya, daß eine zweite Lotosblume aus blassestem rosa Marmor in den Boden eingelegt war. Aus silbernen Pfauen spritzte parfümiertes Wasser in das Becken.

Halbbekleidete junge Frauen ließen ihre Beine ins duftende Wasser baumeln, Rosenblütenblätter klebten an ihrer Haut.

Die Mädchen liefen Jaya entgegen und umringten sie. Alle sprachen auf einmal und versuchten, sie zum Becken zu ziehen.

»Es ist so heiß, *Bai-sa*. Lege deine Kleider ab!«

»Komm, bade mit uns, *Bai-sa!*«

Aus Furcht, sie zu kränken, stieg Jaya zögernd aus ihren Kleidern. Die Konkubinen schauten ihren nackten Leib mit unverhohlenem Interesse an. Jaya griff verlegen nach Chandnis Schleier, um sich zu bedecken, doch die Konkubinen lachten.

»Hier sind wir alles Frauen, *Bai-sa*.« Eine Frau strich über den Seidenschal, der ihre üppigen Brüste nur spärlich bedeckte. »Aber verglichen mit mir bist du so schlank und biegsam wie ein Lotosstengel.«

Eine andere Konkubine stieg aus ihrem dünnen Musselinhemd. »Sieh mich an, *Bai-sa!* Ich bin wie du. Ich habe auch kleine Brüste. Die *Purdah*-Damen unterweisen dich in den ›Sola Shringar‹, aber haben sie dir auch dies beigebracht?« Sie nahm eine Seidenquaste, tauchte sie in einen Topf mit rotem Puder und trug einen roten Schatten unter ihren Brüsten auf, um sie voller erscheinen zu lassen.

»Du bist ein schönes Mädchen, *Bai-sa*. Aber angenommen, dein Ehemann findet deine Brüste zu klein? Sie mit Schatten zu unterlegen, ist ja gut und schön, doch die Hände eines Mannes erfahren die Wahrheit von selbst.« Eine weitere Konkubine setzte ein grünes Chamäleon mit einem winzigen Goldkettchen um den Hals auf ihren Schoß. Das Tier verblaßte langsam, als verblute es auf der blassen Haut der Konkubine. Diese legte nun ein Stück scharlachrote Seide unter das Chamäleon, dessen Haut daraufhin einen roten Schimmer annahm.

»Angenommen, dein Ehemann schätzt deine dunkle Haut nicht. Oder er findet grüne Augen nicht schicklich für eine Frau. Wie willst du dir dann seine Zuneigung bewahren?«

Aus dem Augenwinkel sah Jaya Rosenblütenblätter langsam im Wasser kreisen. Der schwere Rosenduft erfüllte das Badegemach. Von dem Spiel der Konkubine gebannt, von der Unwirklichkeit des Schauplatzes betäubt, war Jaya kaum imstande, sich auf die Worte zu konzentrieren.

»Niemand weiß, wie die Anziehungskraft zwischen einem Mann und einer Frau geboren wird, *Bai-sa*. Schlimmer noch, niemand weiß, warum sie plötzlich stirbt. Wir armen Geschöpfe müssen uns aller möglichen Mittel bedienen, um uns die Zuneigung eines Mannes auf die Dauer zu bewahren. Nimm die goldene Kette vom Halse deines Gemahls und lege sie einem Chamäleon an. Dann wirst du stets imstande sein, deinen Mann zu beherrschen.«

Die anderen Konkubinen planschten mit den Füßen im Wasser, sie waren eifersüchtig, weil die Prinzessin mit Beschlag belegt wurde. Eine streichelte besitzergreifend Jayas Haare, eine zweite zog an Jayas Händen, so daß diese über den Beckenrand rutschte. Die Konkubinen planschten heftig um sie herum und tauchten unter, um Jayas Gliedmaßen zu packen. Schaum spritzte hoch in die

Luft, und das parfümierte Wasser sprühte aus lachenden Mündern unter von Blütenblättern verklebten Wimpern. Lange Haare strömten an glatten, hellbraunen Gliedmaßen hinab, hafteten an Brüsten und schlanken Taillen. Als sie sich nun ihres Körpers, wie sie ihn in den Frauen rings um sie widergespiegelt sah, so recht bewußt wurde, schwand Jayas Befangenheit.

Sie stieg aus dem Becken und ließ sich von Chandni das Haar trocknen. Die Konkubinen erzählten ihr indes von ihren Familien, von Armut und Ehrgeiz, die dazu geführt hatten, daß ihre Mütter sie vor den Mauern des *zenana* aussetzten. Sie berichteten ihr von der Bosheit und Macht der Eunuchen und den täglich notwendigen Bestechungen. Niedergeschlagen von der Einsamkeit dieser Frauen und der ihnen versagten Menschlichkeit, fühlt Jaya sich erleichtert, als Chandni sie endlich zur Tür zog.

Dort sah Jaya sich noch einmal um. Die Konkubinen lagen vor den mit Weihrauch gefüllten Körben, um ihre Haare zu trocknen. Ihre Köpfe verschwanden in den Rauchwolken, doch ihre nassen Leiber schimmerten wie bronzene Gestirne auf den grünen Malachitterrassen.

Fünfzehntes Kapitel

Während der Monate, als unter Anleitung der *Purdah*-Damen Jayas Verwandlung vom Mädchen zur Frau vonstatten ging, nahm sie die Geschehnisse in der Außenwelt kaum wahr. Sie wußte wohl, daß in Europa ernste Dinge vorgingen, denn oft sah sie Mr. Roy und Captain Osborne Knie an Knie mit ihrem Vater an dem großen Telegraphenempfänger auf der Königsterrasse sitzen und die Nachrichten aus London ablesen, und zuweilen hörte sie sie mit besorgter Stimme über Kaiser Wilhelm diskutieren.

»In Europa spitzt sich die Lage zu durch Bündnisse, die so gut wie sicher zum Krieg führen«, bemerkte der Maharadscha beunruhigt. »Mich beunruhigt der Gedanke, daß Tikka in diesen Zeiten in Europa weilt, aber der Vizekönig will den Knaben nicht nach Indien zurückkommen lassen.«

»In England kann Tikka nichts geschehen, Hoheit«, versicherte ihm Captain Osborne. »König Georg ist keiner von diesen nervenschwachen Europäern, die wie der Zar ihre Gemahlin schalten und walten lassen. Er wird verhindern, daß England in Schwierigkeiten gerät, selbst wenn das übrige Europa in einen Krieg verwickelt wird.«

Im Englischunterricht drückte Mrs. Roy Jaya eine Zeitung in die Hand. »Die Engländer hätten Indien 1857 beinahe verloren, weil sie Moslemsoldaten ihre Kugeln mit Schweinefett ölen ließen. Denk nur, wieviel schlimmer es wäre, den Krieg zu erklären und von indischen Moslems zu verlangen, gegen das Oberhaupt ihres Glaubens, den Sultan der Türkei, zu kämpfen.«

Die Zeitung vor sich ausgebreitet, sah Jaya Mrs. Roy zerstreut an. Die Lehrerin seufzte aufgebracht. »Bai-sa, du mußt aufpassen! Trotz deiner Tagträumerei muß dir doch zu Ohren gekommen sein, was für eine Figur die Engländer aus dem neuen Führer der indischen Moslems zu machen hoffen, falls England in den Krieg zieht. Ist dir nicht aufgefallen, daß dieser Aga Khan auf einmal bei jedem wichtigen Anlaß mit dem Vizekönig zusammen zu sehen ist?«

»Mrs. Roy, ist es wahr, daß man, wenn man in der Nacht vor einem großen religiösen Festtag bei seinem Manne liegt, einen Dämon zur Welt bringt?«

Mrs. Roy riß Jaya die Zeitung aus der Hand, hielt aber inne, als sie die Angst in den grünen Augen des Mädchens sah. »Wo um alles in der Welt hast du diesen Unsinn her, Bai-sa?«

»Von den Purdah-Damen. Sie sagen auch, wenn ich bei

Vollmond empfange, werde ich einen blinden Sohn gebären, und die Konkubinen haben mir geraten, mir ein Chamäleon mit einer goldenen Kette um den Hals zu halten, damit mein Mann mir treu bleibt, und ...«

Mrs. Roy zog den Baumwollsari um ihre schmale Taille straff. »Was wissen denn Konkubinen von ehelicher Treue? Sie werden als Sklavinnen zum Vergnügen eines einzigen Mannes gehalten. Sie erfinden diese Geschichten, um sich darüber hinwegzutrösten, daß sie keine Kinder haben dürfen.«

»Nein, Mrs. Roy. Sie verstehen das nicht. Dies ist die Weisheit des Harems, die über Generationen von Konkubine zu Konkubine weitergegeben wurde.«

»Es ist der faule Gestank der Unwissenheit«, versetzte Mrs. Roy streng. »Und wenn du den Unterricht nicht ernst nimmst, *Bai-sa*, wirst du so abergläubisch wie die Konkubinen. Wiederhole, was ich dir soeben über den Aga Khan gesagt habe!«

Eine Dienerin unterbrach den Unterricht mit der Nachricht, daß die Maharani Jaya zu sich befehle. Jaya tat, als bemerke sie Mrs. Roys Ärger nicht und folgte dem Mädchen schnell hinaus.

Auf dem *Zenana*-Balkon sichteten die Maharani und Kuki-bai Papiere, die auf dem Tisch zwischen ihnen lagen. Einige Damen hatten sich auf dem Teppich hinter Kuki-bai niedergelassen. Sie waren kaum imstande, ihre Erregung zu verbergen, als die Maharani Jayas Kinn zwischen ihre langen Finger nahm und schräg an das offene Fenster hielt. »Wie nennt man dieses Licht, Kind?«

Der Abendwind vom Jalsa-See kühlte Jayas Gesicht. »Die Stunde des Kuhstaubes, *Hukam*. Die Stunde, zu der die Bauern ihr Weidevieh nach Hause treiben.«

Die Maharani lächelte. »Im Osten unseres Landes sagt man, dieses Licht läßt eine Frau am allerschönsten erscheinen. Man spricht dort von der Stunde der Braut.«

Die *Purdah*-Damen bekundeten im Chor lautstark ihre Zustimmung: »Wohl wahr, Maharani-*Sahib*. Seht, wie die Haut der *bai-sa* in diesem Lichte schimmert!«

Die Maharani ließ das Kinn ihrer Tochter los. »Dein Vater ist endlich einverstanden, daß du dich verlobst. Du bist schließlich jetzt eine Frau, fast dreizehn Jahre alt. Du wirst dieses Jahr zum erstenmal an der *Manwar*-Feier teilnehmen.« Sie wies auf Photographien, die auf dem Tisch lagen. »Die sind von den Familien, deren Söhne für dich vorgeschlagen wurden.«

Jaya blickte auf die verstreuten Bilder. Fremde im Turban saßen auf schweren viktorianischen Stühlen, die Ellbogen auf Tische gestützt, die überladen waren mit signierten Bildnissen europäischer Monarchen. Andere Fremde lehnten an Polsterkissen und zogen an Wasserpfeifen. Einige Photographien waren koloriert; leuchtend grüne Pflanzen und unnatürlich rote Lippen stachen aus der Eintönigkeit all dieser Porträts.

Die Maharani hob eine kolorierte Photographie hoch. »Schau, Kuki-bai! Wäre das nicht ein guter Ehemann für die *bai-sa?*«

Die alte Konkubine hielt das Bild dicht vor ihre tränenden Augen. »Er ist kein Prinz. Mit solch kleinen Augen muß er ein Geldverleiher sein.«

»Aber der hier ist eindeutig ein Maharadscha. Einer, dem dreizehn Schuß zustehen.«

»Keine dreizehn Schuß Salut werden die Gewohnheiten dieser Familie ändern. Ganz Indien weiß, daß das Päderasten sind.«

Zu einem dritten Bild meinte Kuki-bai höhnisch: »Sollen das vielleicht Beine sein? Seine Füße berühren ja nicht einmal den Boden.«

Die anderen Damen kicherten über die spitzen Bemerkungen der alten Konkubine und griffen mit ihren hennagefärbten Fingern nach den Bildern.

Jaya hätte auch gerne gelacht, aber ihr Magen krampfte sich vor Schrecken zusammen, als sie die mißbilligende

Miene der Maharani sah. Mit bemühter Gleichgültigkeit prüfte die Maharani jedes Fach ihres Paan-Kästchens. Schließlich entschied sie sich für ein nasses Betelpfefferblatt und bestrich es mit Limonenpaste. Auch die *Purdah*-Damen verstummten angesichts des Verhaltens der Maharani und beobachteten sie gespannt, als sie das Blatt mit einer Prise reinen Tabaks bestäubte, die Enden mit einer Gewürznelke zusammensteckte und sich das *paan* seitlich in den Mund schob.

Sie kaute bedächtig und spie dann und wann einen langen Strahl roten Safts in einen neben ihr stehenden Spucknapf. Mit abwesender Stimme sagte sie: »Da du so wählerisch bist, Kuki-bai, vielleicht möchtest du so gut sein und einen Bräutigam für die *bai-sa* empfehlen?«

Die Konkubine nahm die Herausforderung an. »Wäre doch der englische Knabe, dieser Jam-iss, von unserem Blut, der wäre meine erste Wahl ...«

Jayas Gesicht lief puterrot an, und die Damen betrachteten sie besorgt.

»Da er nicht von unserem Blut ist, müssen wir *bai-sas* Zukunft nüchterner betrachten. Erstens: Sie wird in einer Welt leben, in der die Engländer die unangefochtene Macht besitzen. Sie sollte daher in ein Fürstentum heiraten, das der britischen Oberhoheit freundlich gesinnt ist, wie etwa das Reich Gwalior. Zweitens: Sie hat den Umgang mit Schußwaffen und dieses *tent-pegging* gelernt, daher muß sie unbedingt einen guten Sportsmann heiraten, den Maharadscha Ranji zum Beispiel oder den Maharadscha von Kutch Behar. Drittens: Sie ist überaus gebildet, daher muß ihr Gemahl ein belesener Mann sein, wie es die gegenwärtigen Herrscher von Mysore und Baroda sind.«

Sie ließ die Hände sinken. »Da alle diese Herrscher bereits vermählt sind, kann ich nur einen einzigen vorschlagen, der den Ansprüchen der *bai-sa* genügt: Prinz Pratap von Sirpur.« Jaya schüttelte heftig den Kopf, doch die alte

Konkubine beachtete sie nicht. »Es gibt noch mehr, was mir an dem Sirpur-Knaben zusagt ...«

Jaya konnte nicht mehr an sich halten. »Er ist kein Knabe, Kuki-bai! Er ist ein Mann!«

Die *Purdah*-Damen lachten schallend über Jayas Ausbruch: »Was würde dir denn ein Knabe in der Hochzeitsnacht nützen, *Bai-sa*? Du brauchst einen Mann, der dich zur Frau macht.«

Den Tränen nahe, rief Jaya: »Aber er haßt Inderinnen! Er sagt, sie seien vollgefressene Büffel.«

»Ein ausgezeichneter Vorschlag, Kuki-bai.« Die Maharani nickte beifällig. »Pratap ist ein moderner Prinz. Seine Großmutter, die Maharani-Witwe von Sirpur, hat sich schon über Jayas Bildung anerkennend ausgesprochen.«

Jaya starrte ihre Mutter an, als sei diese eine Kobra. Hatte der Maharadscha nicht jedwede eheliche Verbindung mit Sirpur ausdrücklich verboten?

Die Maharani sagte sanft: »Deines Vaters Ablehnung des Empire ist überall bekannt, daher kannst du nur irgendwohin heiraten, wo man sich nicht vor den Engländern fürchtet, *Bai-sa*. Die Sirpurs stehen den Briten nahe. Eine eheliche Verbindung mit Balmer würde sie nicht in Gefahr bringen.« Jaya schlug die Augen nieder, und die Maharani nahm ihre Hand. »Wenn du jedoch einen von den anderen Männern auf diesen Photographien vorziehst, werden wir den Vorschlag bedenken.«

An diesem Abend kam die *baran* mit einer Schachtel, welche die Photographien und Miniaturen enthielt, in Jayas Zimmer. Als Jaya die Bilder ins Licht der Lampe hielt, drückten ihr die Dienerinnen in stummem Mitgefühl die Füße, wußten sie doch, wie intensiv Jaya über jedem Bildnis grübelte, während sie in den fremden Gesichtszügen irgendeinen Aufschluß über ihre eigene Zukunft suchte.

Als die Mädchen gegangen waren, holte Jaya die Photographie ihres Bruders mit James Osborne hervor. Sie betrachtete sie einen langen qualvollen Augenblick. Der

Engländer hatte etwas so Reines und Frisches. Er war so unberührt von den starren Traditionen, welche die Gesichter der Männer prägten, deren Bildnisse sie geprüft hatte, während der Rest des *zenana* schlief. Sie beschloß, ihren Vater am nächsten Tag zu ersuchen, von ihrer Vermählung Abstand zu nehmen.

Als sie ins Billardzimmer kam, lag der Schutzbezug noch auf dem Tisch. Die Tonfiguren waren noch nicht aufgestellt, und die Silberqueues lagen noch nicht bereit. Jaya setzte sich auf die Ecke einer Bank und betrachtete den Tisch, der wie ein leerer Altar unter den beschirmten Lampen stand.

Endlich betrat der Maharadscha das Zimmer. Er hielt einen lederfarbenen Umschlag in der Hand. Aus Erfahrung wußte Jaya, daß es sich um eine Mitteilung der Engländer handeln mußte, doch sah sie die Augen des Maharadschas leuchten wie schon lange nicht mehr.

»Tikka kommt nach Hause!« verkündete er. Jaya stürzte sich mit einem Satz auf ihren Vater. Lachend fing Jai Singh sie in seinen Armen auf. »Er schifft sich nächsten Monat ein und wird Ende Juli in Balmer sein.«

»O *Bappa*, wir müssen ein großes Feuerwerk veranstalten! Du weißt, wie Tikka Feuerwerke liebt, und dann ...«

Der Maharadscha packte sie an den Schultern und schüttelte sie. »Tikka kehrt nach Balmer zurück, weil man in Europa fürchtet, daß es Krieg gibt.«

»Die Europäer kämpfen immer irgendwo. So, jetzt laß uns überlegen! Wir müssen in Bombay Schallplatten besorgen und natürlich ein Grammophon. Tikka kann all diese Gesellschaftstänze, sogar den Tango, und er muß sie mir beibringen.«

Die strenge Stimme des Maharadschas unterbrach ihre konfusen Pläne. »Wenn es Krieg gibt, muß Balmer Truppen entsenden. Wir können nicht die Rückkehr eines Sohnes feiern, wenn fünfhundert andere Söhne in den Krieg ziehen. Captain Osbornes Sohn James hat sich bereits zum Regiment seines Vaters gemeldet. Die Ereignisse scheinen sich so schnell zu entwickeln, daß James in England bleibt, um bald an der Front zu sein, falls England in den Krieg eintritt.« Ohne das Entsetzen in den Augen seiner Tochter wahrzunehmen, setzte er hinzu: »Schade, daß Tikka nicht rechtzeitig zur *Manwar*-Feier in Balmer sein kann.«

Sechzehntes Kapitel

Manwar hieß das ausgelassene Fest der Kriegerkaste. In der äußeren Festung wurden die *nagara* geschlagen, und die ganze Nacht hindurch feierten die Sänger den Ruhm vergangener Schlachten. Währenddessen ging im *zenana* in aller Heimlichkeit eine andere *Manwar*-Feier vonstatten, und Jaya hatte warten müssen, bis sie dreizehn Jahre alt war, ehe sie daran teilnehmen durfte.

Seit dem frühen Morgen saßen die Eunuchen im *Zenana*-Hof und lasen Schlafmohnkapseln aus, die so hart wie Arekanüsse sein mußten. Alle Kapseln, aus denen noch Harz sickerte, warfen sie weg. Als sich ein kleiner Berg schwarzer Kapseln auf dem Marmorboden angesammelt hatte, klemmten die Eunuchen Mörser zwischen ihre dikken Schenkel und zerstießen die Kapseln zu einer Paste, zu der sie, um sie flüssig zu machen, gelegentlich etwas Wasser hinzugaben.

Die Eunuchen wußten von Opiumverstecken in den Gemächern der Konkubinen, unter Elfenbeinbetten oder hinter bemalten Fenstern. Sie wußten sogar, daß waghalsige Dienerinnen zuweilen die Freudenhäuser in der Stadt aufsuchten, um ihren abgeschiedenen Herrinnen kostbares weißes Pulver aus Südamerika zu besorgen, das heiter machte. Aber diese Rauschmittel waren nicht von der

Qualität ihrer Droge und konnten die mächtigsten Frauen im Fürstentum leicht zu einer Unbesonnenheit verleiten.

Der Obereunuch stöhnte vor Anstrengung, als er mit seinem Stößel eine besonders harte Mohnkapsel zermalmte. »Das ist für die Gemahlin des Premierministers, diese vertrocknete alte Bambusstange!«

Schrilles Gelächter hallte im Hof wider, und die Eunuchen erzählten sich gegenseitig Geschichten von früheren Entgleisungen der Damen, während sie in ihren Mörsern die mit Wasser verdünnte Opiumpaste rieben.

Das Gelächter erstarb, als der Haushaltsaufseher erschien, um das flüssige Opium einzusammeln und im Palastkeller zu verwahren. Sogleich wurden die Eunuchen unterwürfig, und bald folgten sie ihm in den Korridor, der zur unteren Festung führte. Am Ende des Korridors schob der Aufseher den schweren Riegel der Türe zum Palastkeller beiseite und drehte die Flamme seiner Petroleumlampe hoch. Mit einemmal funkelte der Raum im Widerschein aufgereihter Flaschen, die das *asha* enthielten, den anregenden Trank der Rajput-Krieger.

Da gab es *asha* aus Saphiren, anderen Tränken hatten Amethyste, Türkise und Smaragde die Farbe verliehen. Ein Regal enthielt tiefrotes *asha*, ein Jahrhundert alt, zu welchem die Palastbrauer Taubenblutrubine aus Burma verwendet hatten, und auf einem anderen Brett stand das wertvolle *asha* aus schwarzen Perlen.

Oben in Jayas Gemächern hatten die Dienerinnen lange Röcke mit passenden Hemden auf dem Bett zurechtgelegt. Mit dreizehn Jahren war Jaya über ihr Aussehen mehr als nur etwas befangen, und gereizt vertauschte sie den orangeroten Rock mit dem bestickten gelben, indes sie versuchte zu vergessen, worüber sie mit Mrs. Roy am Vortag beim Unterricht gesprochen hatte.

Mrs. Roy hatte ihre Schülerin durch ihre randlose Brille scharf gemustert. »Morgen darfst du also euer Kriegerblut feiern, *Bai-sa*. Ihr Rajput seid ja so mächtig stolz auf euren Mut. Aber wie ich erfahren habe, besteht die Zeremonie darin, daß die Frauen sich besinnungslos betrinken, worauf sie die Namen jener Männer aussprechen, deren Kinder sie geboren haben.«

»Die Damen nehmen die richtigen Namen ihrer Ehemänner niemals in den Mund, Mrs. Roy. Das wäre respektlos.« Mrs. Roy hatte gewartet, ob Jaya ihrer schwachen Erklärung noch etwas hinzufügen würde, aber Jaya wußte, sie konnte Mrs. Roy nie begreiflich machen, weshalb diese Damen berauscht sein mußten, damit sie es wagten, die Kosenamen auszusprechen und somit eine lebenslange Zurückhaltung aufzugeben.

»Wenn du heiratest, *Bai-sa*«, hatte Mrs. Roy gesagt, als Jaya schwieg, »wirst du den Namen deines Gemahls in den Mund nehmen?« Jaya errötete. »Angenommen, dein Mann ist ein Tunichtgut. Wie willst du dich gegen ihn wehren, wenn du seinen Namen nicht auszusprechen wagst? Denke daran, *Bai-sa*, selbst kleine Kinder lehrt man, die Dinge beim richtigen Namen zu nennen! Das beugt späteren Verwirrungen vor.«

Die Dienerinnen schauten jetzt durch das Fenster auf die sich nach und nach mit Frauen bevölkernde Terrasse. Die *Purdah*-Damen trieben Jaya zur Eile an. Etwas entfernt von den zu Besuch gekommenen Ehefrauen saßen die Konkubinen auf Teppichen und sahen zu, wie die Eunuchen die Gläser der Gäste mit *asha* füllten. Die Konkubinen summten sich leise Kadenzen vor, aber das Gelächter der Besucherinnen übertönte bald ihren Gesang. Später, als die Gäste betrunken waren oder unter dem Einfluß des Opiums Halluzinationen bekamen, hörten die sanften Stimmen auf, die klassischen Weisen zu variieren.

Immer noch unzufrieden mit ihrem Aussehen, ließ Jaya sich neben der Maharani nieder. Sie nahm das kleine, ungleichmäßig geformte Glas entgegen, das so zart war, daß nur die farbige Flüssigkeit ihm Substanz zu verleihen schien, und führte rubinrotes *asha* an die Lippen.

Die Maharani zeigte auf die Gattin des Premierministers. »Es heißt, du bist die tapferste Frau in ganz Balmer. Dir soll die Ehre zuteil werden, mit der Zeremonie zu beginnen.«

»Wohlan, *Hukam*. Ich nenne meinen Ehemann ... das heißt, ich nenne den Vater meiner Kinder ... das heißt, den Menschen, welcher des Maharadschas Premierminister ist ... ah, ich nenne ihn ... hm ... Andatta.« Die Gattin des Premierministers lächelte vor Erleichterung, als sie das Wort ausgesprochen hatte.

»Das ist kein Name!« rief eine junge Frau mit dicken Bakken. »Andatta bedeutet Samengeber. Das ist doch eine Tätigkeit!« Sie stieß die Gattin des Premierministers in die knochige Hüfte. »Aber wir wissen alle, wie er dir den Samen gibt.«

Die Besuchsdamen kicherten hysterisch, als die Gattin des Premierministers scheu den Kopf in den Händen barg. Die Maharani gebot einer anderen Frau zu sprechen, die ihren Schleier herabzog, so daß er ihr Gesicht fast verdeckte und ihre Worte dämpfte.

»Ich nenne meinen Mann Praan, *Hukam*«, sagte sie schüchtern.

Vorwurfsvolles Kreischen hallte durch den Nachmittag. »Praan, Odem des Lebens!«

»Das ist kein Name. Das ist ein Titel!« sagte die Witzige mit den dicken Backen.

Jaya schwindelte schon. Sie hielt ihr Glas vorsichtig aus Furcht, ihre Finger würden es versehentlich zerbrechen wie eine Eierschale, während sie zusah, wie die Eunuchen Honig und flüssiges Opium vor die Damen hinstellten. Die Gäste kippten das Opium hinunter und tilgten den bitteren Nachgeschmack mit dem milden Honig. Tabletts mit gewürztem Fleisch und Safranreis sowie mit Kräutern bestreuten Gemüsen wurden herumgereicht. Der satte Essensgeruch vermischte sich mit dem Moschusduft der Damen, der wie Weihrauch über dem heißen Nachmittag schwebte. An einem gewöhnlichen Tag hätten die Frauen sich jetzt zur Mittagsruhe zurückgezogen. An diesem Nachmittag rollten sie sich jedoch, schläfrigen Katzen gleich, auf den Polsterkissen zusammen, die Gliedmaßen schwer von Speisen und Rauschmitteln; die Abwesenheit von Männern erregte ihr Begehren brennender, als wenn sich Männer zwischen sie gelagert hätten.

Angesichts der allgemeinen Trägheit sang eine helläugige Konkubine schelmisch:

>Seht, ihr Leib, er ist so heiß
Wie auf Kohlen erhitzt.
Armer Mann, er ist nur kalter Teig.
Doch wie frisches Brot wird er aufgehen
Zwischen ihren Schenkeln.«

Die Besuchsdamen protestierten in gespielter Empörung und fielen sich lachend in die Arme. Zwei Konkubinen griffen sich eine längliche Trommel und klemmten sie zwischen ihre Knie. Die Eunuchen umringten sie und klatschten zum immer schneller werdenden Rhythmus. Einer begann mit hoher Stimme zu singen:

>Oh, es lebt eine liebliche Frau
In einem Zaubergarten
Voll Honig und Früchten.
Doch leider liegt das Tor zu ihrem Zaubergarten
Zwischen ihren Schenkeln ...«

Er zog schalkhaft die Augenbrauen hoch, und ein anderer Eunuch setzte das Lied fort:

>Oh, es hat ein großer Krieger
Zwischen seinen Schenkeln
Einen dicken Knotenstock
So rund wie mein Arm ...
So lang wie mein Bein ...«

Die Konkubinen stöhnten in gespielter Wollust. Ihre Gesichter kokett mit einem Schleier bedeckend, sangen beide Eunuchen zusammen:

>So lange versuchte der große Krieger

Den Zaubergarten zu betreten,
Zu der Lieblichen von Liebe zu sprechen.
Sie aber läßt ihn nur
Klopf
Klopf
Klopfen
An ihr Tor.«

In immer schnellerem Tempo schlugen die zwei Konkubinen die längliche Trommel. Jetzt traten Konkubinen und Eunuchen in einen Wettstreit lüsterner Gesänge. Die vom Opium gelähmten Besuchsdamen heuchelten nun keine Empörung mehr. Sie lauschten Liedern von gierigen Brüsten und unruhigen Schenkeln, von Organen, die so groß wie eine Erdnuß, und Organen, die so groß wie ein Krokodil waren. Auch als es bereits dämmerte, verstummten die Lieder nicht, während der eindringliche Trommelrhythmus die Terrasse erfüllte und wie ein Phallus durch die hohen Stimmen stieß.

Tonlampen und Bronzeleuchter wurden auf die Terrasse gebracht. Fledermäuse huschten durch den Hof wie schwarze Drachen, die im Monsunwind herabstießen. Die Musik wurde immer melancholischer. Lieder von unerfüllter Begierde hingen schwer in der Luft.

Jaya war, als schwebe ihr Kopf mehrere Fuß über ihrem Hals. Sie konnte ihre Augen nicht von den Zwillingstürmen wenden, die sich an entgegengesetzten Enden des *zenana* erhoben, steinerne Verliese, von einem eifersüchtigen Herrscher errichtet, um zwei Konkubinen einzukerkern, die einander in Liebe zugetan waren. Jaya wußte, daß die eingemauerten Konkubinen im hohen Alter in ihren getrennten einsamen Verliesen gestorben waren, ohne jemals wieder ein menschliches Antlitz gesehen zu haben. Sie hatte die *Purdah*-Damen miteinander flüstern hören, daß es in den Türmen spuke, daß in Vollmondnächten die Mauern von den Tränen der getrennten Liebenden feucht würden.

Eine hübsche junge Konkubine lächelte einer anderen zu, die eine *sitar* an die Schulter hielt. Schlanke Finger bewegten sich schwerelos über die Saiten des Instrumentes, und eine süße Stimme erhob sich in die Nacht.

»Sie erfreut sich nicht an den Palasthöfen,
Sie meidet die Parks.
Sie kehrt ihren geschminkten Gefährtinnen den Rükken.
Ihr hauchdünner Schleier verbrennt ihre Finger
Von der Glut ihrer Begierde ...«

Jaya kannte das Lied. Es war das Gebet einer Frommen, das die Maharani oft im Tempel sang. Die Stimme der Konkubine streichelte die Dunkelheit und durchtränkte jedes Wort der Hymne mit erotischem Begehren. Beifälliges Gemurmel erhob sich von den Polstern und geschlechtliches Verlangen sickerte wie Feuchtigkeit in den marmornen Hof.

Die Sängerin wandte den Kopf. Ihre langen schrägen Augen waren geschlossen, als hätten sie die Worte ihres Gesanges in Trance versetzt.

»Ist er fort, setzt er meine Glieder in Brand,
Ist er da, weckt er meine Eifersucht.«

Jaya sah die Singende an und fragte sich, wie es wohl sein mochte, ein Leben lang der Lust eines Herrschers zu dienen, sich verführerisch zu schmücken, Nacht für Nacht auf den Schritt des Maharadschas vor dem Gemach zu warten und zu wissen, daß er vielleicht nie kommt.

Die lächelnde Konkubine hatte ihren Blick noch immer nicht von der Sängerin gewandt, deren Züge eine sanfte Traurigkeit beschattete. Dann öffnete die Sängerin die schmalen Augen, und über ihr Instrument hinweg berührte sie die Stirn der schönen Konkubine.

»Sehe ich ihn, stiehlt er mir mein Herz.
Ist er bei mir, übt er seine Macht auf mich aus ...«

Mit plötzlicher Heftigkeit erinnerte sich Jaya an zwei starke Arme um ihren Leib, an den Geruch von Salz und

Schießpulver auf der Haut und an blaugrüne Augen, die auf sie herablächelten und sie in sich hineinzogen wie der Sog des Jalsa-Sees, wenn er vom Monsunregen anschwoll.

Siebzehntes Kapitel

In der Sommerhitze schienen sich die endlosen Wochen bis zu Tikkas Rückkehr noch zu dehnen, und die *Purdah*-Damen, die auf Tikkas Ankunft warteten, konnten ihre Aufregung kaum verbergen.

»Sechzehn Jahre alt! Deine Eltern werden dich in Ruhe lassen, *Bai-sa*. Sie werden nach einer Braut für deinen Bruder Ausschau halten.«

»Und er war in England! Jetzt kommen nur die besten Familien in Betracht.«

Die Gesprächsthemen im *zenana* boten Jaya jedoch wenig Ablenkung von dem Gedanken an James Osborne auf dem Weg in den Krieg. Jeden Abend stand sie ängstlich in einer Ecke der Königsterrasse, wo elektrische Ventilatoren hinter Eisblöcken surrten, um den Raum zu kühlen. Insekten schwirrten wie schwarzer Staub durch die Luft, indes die Schreiber die Nachrichten von der neuesten Entwicklung in Europa vorlasen. Namen, an die sich Jaya halbwegs aus Mrs. Roys Unterricht erinnerte, gewannen eine bedrohliche Realität, und die sich anschließenden Gespräche verstärkten ihre Befürchtungen.

Das Thema Krieg trat kurze Zeit in den Hintergrund, als Tikka heimkehrte. Auf der Festung verkündeten Kanonenschüsse die Ankunft des Erben, und der Maharadscha hielt eine öffentliche Versammlung ab. Das Feuerwerk in der äußeren Festung mußte allerdings abrupt abgebrochen werden, da das erste Monsungewitter die Höfe mit

Wasser überschwemmte. Die Leute wrangen ihre Turbane aus und erzählten sich, Tikkas Rückkehr sei glückverheißend für das Land.

Sobald die Rückkehrfeierlichkeiten zu Ende waren, kam Tikka nicht mehr ins *zenana*. Auf dem Weg zur Bibliothek sah Jaya ihn Mr. Roy nachlaufen und fragen: »Ist es wahr, daß die Japaner Giftgas gegen die Russen eingesetzt haben? Glauben Sie, die Deutschen werden in Europa Gas einsetzen?«

Aus den Fenstern der Bibliothek drangen Tikkas eindringliche Fragen, gefolgt von den geduldigen Stimmen Major Vir Singhs oder des militärischen Befehlshabers, welche die Schußkapazität von Hotchkiss-Geschützen, Granatwerfern und Maschinengewehren erklärten. Abends war Tikka stets der erste in dem kleinen an die Königsterrasse angrenzenden Salon, wohin der Telegraph nach dem Einsetzen des Monsuns gebracht worden war, und er wartete gespannt auf die Nachricht, ob England mobilgemacht habe.

Als Jaya Tikka von dem Beschluß der Maharani erzählte, daß sie Prinz Pratap von Sirpur heiraten solle, beschwichtigte Tikka sie: »Du brauchst dir deswegen keine Sorgen zu machen. Prinz Pratap denkt nicht ans Heiraten. Er geht mit den Sirpur-Lanzenreitern nach Europa.« Und als sie sich schüchtern nach James Osborne erkundigte, verzog sich Tikkas Gesicht vor Neid. »Er ist schon in Captain Osbornes Regiment eingetreten. Ich wette, er steht eher im aktiven Dienst als ich.«

An einem stürmischen Augustabend lief Jaya durch die Pfützen vom *zenana* zur Königsterrasse, wo sich im Salon alles um den Telegraphen drängte. Das Klappern der Tasten ging unter im Lärm eines heftigen Regengusses, der gegen die Mauern schlug, während sie auf das Ende der langen Übermittlung warteten. Schließlich las der Maharadscha die Nachricht laut vor: »Gestern informierte Premierminister Asquith das Unterhaus, daß Deutschland ein

Ultimatum gestellt wurde, das um Mitternacht ausläuft. Der Speaker und die Mitglieder des Unterhauses erhoben sich, als der Premierminister den Mobilmachungsbefehl Seiner Majestät Georgs V., König von England und Kaiser von Indien, verlas. Um Mitternacht hat England Deutschland und Österreich den Krieg erklärt. Außerdem erging gestern Japans Kriegserklärung an die Russen und ...« Captain Osborne war auf den Beinen, ehe der Maharadscha zu Ende gelesen hatte. »Hoheit, ich muß sofort abreisen, um zu meinem Regiment zurückzukehren.«

Der Maharadscha gab den hinter seinem Sessel stehenden Adjutanten einen Wink, woraufhin sie Captain Osborne aus dem Zimmer folgten. Dann wandte sich der Maharadscha an Mr. Roy: »Sie und Ihre Frau werden unsere Truppen in den Grundzügen der englischen Sprache unterweisen. Die Männer müssen imstande sein, einfache Straßenschilder und -karten zu lesen, falls sie von ihren Regimentern abgeschnitten werden.« Er winkte Major Vir Singh zu sich. »Informieren Sie den militärischen Befehlshaber, daß alle Truppen ab morgen in Kampfbereitschaft zu halten sind. Mit dem Kampftraining muß augenblicklich begonnen werden.«

Major Vir Singh hob den Arm. »*Bal-Hukam!*« Jaya kauerte sich in ihren Sessel. Es war das erste Mal, daß sie den Schlachtruf von Balmer in Kriegszeiten ausgesprochen hörte.

Im stürmischen Monsunregen ritten Jaya und Tikka zum Kavalleriegelände, wo die Balmer-Lanzenreiter ausgebildet wurden. Der Befehlshaber, der *senapathy*, saß am Rande des Geländes auf seinem Pferd, während die zwei Kompanien Lanzenreiter, alles in allem dreihundert Reiter, unter dem Kommando von Major Vir Singh ihr Manöver abhielten.

Die Präzision ihrer Formationen, wenn sie auf dem durchweichten Gelände im Trab wendeten, oder der prachtvolle

Anblick, wenn alle dreihundert Lanzenreiter mit regenge-
peitschten Regimentsfahnen zum Angriff stürmten, ließ
den Krieg als brillantes Schauspiel des Ruhms erscheinen,
und Tikkas verzweifelter Wunsch, sich den Kavalleristen
anzuschließen, wurde von Mal zu Mal größer.

Ganz Indien schien vom Krieg berauscht zu sein. Jeden
Abend rasselten auf der Königsterrasse die Telegraphentasten und verkündeten, wie viele Männer sich an diesem
Tag freiwillig gemeldet hatten. »Sieh dir die Zeitungen
an!« Mrs. Roy warf einen Stoß gelblicher Blätter vor Jaya
hin. »Hunderttausende Inder haben sich schon freiwillig
zum Militär gemeldet. Glauben sie, das Britische Empire
wird es ihnen je danken?«

Tag für Tag beobachteten Jaya und Tikka die Reitermanö-
ver und Schießübungen. Nachmittags folgten sie Major
Vir Singh auf seiner Runde durch die Stallungen. Sie ach-
teten nicht auf den Regen, der ihre Kleider durchweichte,
während der Major Zaumzeug und Geschirre inspizierte
und die *sowar*, die Stallknechte, welche die Truppen nach
Europa begleiten sollten, schalt, wenn er auch nur einen
einzigen Rostfleck am Metall entdeckte. Abends saßen sie
in den Archivräumen, wo die erschöpften Soldaten sich
mühten, das englische Alphabet zu lernen, und sie blieben da, wenn der *senapathy* Landkarten von Europa
brachte, die mit schwarzen Pfeilen markiert waren. Dann
hörten sie ihm gespannt zu, während er die Truppenbewegungen von Rußland, Frankreich, Großbritannien,
Deutschland und Österreich erläuterte.

Der Maharadscha hielt ständig mit Pratap Singh, dem Regenten von Jodhpur, der die Balmer-Lanzenreiter in
China angeführt hatte, Verbindung. Trotz seiner sieben-
undsiebzig Jahre war Pratap abermals zum Oberbefehlshaber der Kavallerieregimenter der Fürstentümer Indiens
ernannt worden.

Eines Abends trat der Maharadscha mit einem Telegramm
in den Salon. »Pratap bricht morgen mit dem ersten Trup-

penkontingent nach Europa auf. Unsere Regimenter sollen mit dem zweiten Kontingent folgen.« Er sah mit grimmigem Lächeln auf das Telegramm. »Er hat mir die Zahlen der von den indischen Fürstentümern aufgestellten Truppen mitgeteilt. Fünfzehn Kavallerieregimenter. Dreizehn Infanteriebataillone. Drei Kamelcorps, die als Infanterie an der Westfront oder im Wüstenkrieg zur Verteidigung des Suezkanals eingesetzt werden. Zwei Gebirgsbataillone. Dazu Sanitäts- und Transporteinheiten. Ich brauche wohl kaum zu sagen, daß diese Beiträge die in unseren Verträgen festgelegten Kontingente bei weitem übersteigen.«

Ohne den Zorn in der Stimme seines Vaters bemerkt zu haben, sprang Tikka von seinem Stuhl. »Wenn unsere Lanzenreiter mit dem zweiten Kontingent reisen, könnte ich mich ihnen immer noch anschließen.«

»Sprich nicht solchen Unsinn, Tikka! Du bist erst sechzehn Jahre alt.«

»Pratap Singh nimmt den Maharadscha von Jodhpur mit. Der ist auch erst sechzehn. Und er nimmt seinen Sohn Hanut mit, der ist sogar jünger als ich, noch keine fünfzehn.«

»Das ist Prataps Sache. Ich lasse nicht zu, daß mein Sohn der britischen Oberhoheit zu Hilfe kommt.«

»Aber die Balmer-Lanzenreiter rücken ein. Es ist doch Ehrensache, daß einer von uns sie anführt!«

»Was für eine Ehre liegt darin, diejenigen zu stärken, die uns zu Untergebenen gemacht und uns gezwungen haben, zu erbitten, was uns gehört? Ich habe schon eine unerträgliche Erpressung hingenommen, um deine rechtmäßige Position als Erbe des Thrones von Balmer zu festigen.«

Der ganze Oktober zog sich in solch erbittertem Streit zwischen Vater und Sohn hin. Als die Sirpur-Lanzenreiter in Frankreich landeten, erhielt Tikka einen Brief von Prinz Pratap. »Sechs Rajput-Fürsten kämpfen in diesem Krieg. Dein Volk würde es dir nie verzeihen, wenn du nicht teilnimmst an dem, was die Menschen hier schon jetzt den Weltkrieg nennen.«

Tikka zerknüllte den Brief und warf ihn an die Wand. »Sechs Rajput-Fürsten! Warum schneidet sich *bappa* ins eigene Fleisch und setzt uns dem Vorwurf der Unehre aus? Unsere Truppen aufs Schlachtfeld zu schicken, ohne daß ein Mitglied des Herrscherhauses sie anführt!«

»Aber Tikka, kein Mitglied unserer Familie hat die Truppen in China angeführt!« gab Jaya zu bedenken.

»Damals war ich noch nicht alt genug.«

Pratap Singh schickte ein Telegramm aus London mit der Anweisung, daß sämtliche Mannschaften der indischen Kavallerieregimenter sich für den Fall, daß von ihnen verlangt würde, als Infanterie zu kämpfen, mit dem Bajonett vertraut machen müßten.

Die Balmer-Lanzenreiter meuterten, als sie auf dem Kavalleriegelände Strohpuppen und an ihren Gewehren befestigte Bajonette vorfanden. Sie weigerten sich, von ihren Pferden zu steigen, und verlangten, daß der *senapathy* den Maharadscha rufe. Jai Singh ritt aufs Kavalleriegelände und erklärte geduldig, weshalb das Exerzieren mit Bajonetten notwendig sei.

»Aber, *Hukam*, wir sind Kavalleristen. Wir reiten in die Schlacht, wir kriechen nicht mit Messern an unseren Gewehren auf dem Boden, um den Nichtsahnenden die Bäuche aufzuschlitzen.«

Der Maharadscha versuchte, ihnen die Situation klarzumachen. Als sie das nicht besänftigte, sagte Jai Singh barsch: »Ihr sprecht von Ehre, aber ihr vergeßt den Gehorsamsschwur, den ihr dem Oberhaupt von Balmer geleistet habt. Als euer Oberhaupt verlange ich diesen Gehorsam.«

Tikka zog zornig die Zügel seines Pferdes an. »Dies ist nur der Anfang von vielen seltsamen und unangenehmen Dingen, die sie im Ausland sehen werden. Es ist ungeschickt von *bappa*, mich nicht mitzuschicken, ich könnte ihre Ängste beschwichtigen.« Er wendete und hielt auf die Wälle hinter dem Kavalleriegelände zu. Jaya drückte ihrem Pferd die Knie in die Flanken und galoppierte hinterdrein. Am äußersten Ende der Festung löste der Turm eines kleinen Tempels die lange Reihe der Zinnen ab. Tikka stieg ab und warf sich an die Mauer, die den Tempel umschloß.

»Warum kann *bappa* das nicht einsehen? Wenn ich nach Frankreich gehe, werden seine sämtlichen Sünden mit einem Streich getilgt. Die Engländer verstehen unseren Stolz auf unser Krieger-*dharma* nicht. Unser Stolz und unser Ehrbegriff sind für sie barbarisch. Ich sage dir, wir können ihnen nur Respekt vor uns einflößen, wenn wir sie nach ihren eigenen Maßstäben beeindrucken.«

Jaya erinnerte sich an Tikkas Wut, als Radscha Man Singh seinen Sohn John aufs Prinzenkolleg geschickt und *bappa* sich geweigert hatte, Tikka auch gehen zu lassen. Jetzt war Tikka ein Mann. In weniger als einem Monat würde er siebzehn Jahre alt sein. In seiner Stimme war diesmal eine Entschlossenheit, die der ohnmächtigen Enttäuschung des Knaben gefehlt hatte.

Tikka zog seine Schwester an der Hand, und sie stolperte hinter ihm drein zu dem verfallenen Tempel. Eine im Laufe der Jahrhunderte unansehnlich gewordene Steinfigur der Göttin lehnte an einer zerbrochenen Säule. Die Stirn der Statue war rot bestrichen, um ihren Hals hing eine Girlande von Menschenschädeln, und frische Blumen zu ihren Füßen zeigten, daß immer noch jemand von der Festung hierherkam, um zu beten. »Vor der Göttin lege ich dieses Gelübde ab«, schwor Tikka. »Ich werde die Balmer-Lanzenreiter nach Frankreich führen. Mit oder ohne *bappas* Segen. Auch wenn ich mich mit Radscha Man Singh gegen ihn verbünden muß.«

Eine Woche bevor die Lanzenreiter sich nach Europa einschifften, fand eine Truppenparade in voller Rüstung statt. Tikka saß neben Jaya auf seinem Pferd und beobachtete mürrisch den *senapathy*, der den auf dem Gelände verteilten Reitern Anweisungen gab. Als Vorbote des Winters wehte ein kühler Wind durch die Zinnen der Festung. Die dreieckigen, mit bunten Bildern vergangener Schlachten bestickten Wimpel der Lanzenreiter flatterten über den *sowar*, die in Habtachtstellung standen und deren genagelte Stiefel mit den weißen Gamaschen einen lebhaften Kontrast zu den orangeroten Turbanen auf ihrem Kopf bildeten.

Major Vir Singh führte mit der Flagge von Balmer die Parade an. Das schwere karmesinrote Banner wurde kurz vom Wind angehoben und zeigte einen großen Vogel mit einem Fleischbrocken in der linken Kralle, das Wappen von Balmer: ein Raubvogel, der sich vom Aas gefallener Feinde nährt.

Dann kam langsam Jai Singhs Schimmel in Sicht. Der Maharadscha war in die Gewänder des Kriegers gekleidet. Auf dem Haupt trug er den roten Turban, der seine Macht versinnbildlichte. Das Sonnenlicht wurde in gleißenden Strahlen von den zwei riesengroßen, einen Rubin flankierenden Diamanten auf der Armbinde reflektiert, die er am rechten Oberarm trug. Die Diamanten verkörperten die Augen eines Kriegers, der Rubin die Energie der Sonne, und die Armbinde selbst versinnbildlichte die Kraft des rechten Armes eines Kriegers. Jai Singh hatte eine breite rote Schärpe umgeschlungen, und das Balmer-Schwert schlug gegen sein rechtes Bein, als er sein Pferd vor den bewegungslos auf ihren Pferden sitzenden Lanzenreitern zügelte.

Major Vir Singh senkte das Banner und stieß den Schlachtruf der Rajput aus. »*Jai Mata ki!* Sieg der Göttin!«

Fünfhundert Mann antworteten mit dem Schlachtruf des Landes: »*Bal-Hukam!* Balmer zu Befehl!«

Jai Singh hob die Stimme: »Vor vierzehn Jahren seid ihr den Engländern in Peking zu Hilfe gekommen. Heute sollt ihr ihnen in Frankreich zu Hilfe kommen. England hat zwar seine Verträge mit uns nicht respektiert, und niemand kann sagen, wir hätten Englands Gastfreundschaft genossen. Aber das Britische Empire befindet sich im Krieg, und unser Vertrag erfordert, daß wir Truppen zu seiner Hilfe entsenden. Wieder einmal seid ihr der Beweis für Balmers Ehre, und diesmal wird die Welt es bezeugen.«

»Bal-Hukam!« Der uralte Schwur der Ergebenheit hallte über das Kavalleriegelände.

»Ihr alle wißt, daß der Rajput-Herrscher, der Maharana von Udaipur, die Sonne der Hindus, die Teilnahme verweigert mit den Worten, der Krieg eines fremden Usurpators kann für einen Rajput kein ehrenhafter Krieg sein. Er hat das Britische Empire beleidigt, indem er den Briten Geld gab, um Söldner für ihren Krieg anzuheuern. Aufgrund dieser Beleidigung werden der Maharana von Udaipur und die Rajput-Krieger seines Fürstentums in den Kasinos der britisch-indischen Armee Feiglinge genannt – diese Armee von Söldnern, in der kein Inder, nicht einmal ein Krieger, den Rang eines Offiziers bekleiden darf.« Die Stimmung auf dem Kavalleriegelände schlug um, als die Stimme des Herrschers, streng vor verhaltenem Zorn, rief: »Ich frage die englischen Offiziere, die ihren Lohn vom Kriege beziehen, mit welchem Recht sie den Maharana von Udaipur einen Feigling nennen. Sie sollen die Geister von tausend Fürsten befragen, die im Kampf gefallen sind, von zehntausend Fürstinnen, die sich um der Ehre willen verbrannt haben, ehe sie es wagen, das Wort Feigling vor dem Sproß von Chitor und dem Geschlecht von Rana Pratap auszusprechen.« Zustimmendes Gebrüll erhob sich auf dem offenen Gelände.

»Niemals soll man sagen, daß die Balmer-Lanzenreiter für Geld kämpfen. Wir sind kshatriya, die Kriegerkaste, die dem dharma gemäß kämpft. Auf dem Schlachtfeld seid ihr die Bannerträger des Mutes der Rajput. Ihr verteidigt die Ehre des Maharanas von Udaipur und eines jeden Rajput-Kriegers, der nicht das Glück hat, an eurer Seite zu reiten.« Er zog ein Blatt Papier aus dem Rock. »Ich habe heute eine Mitteilung von Pratap Singh von Jodhpur erhalten. Das Britische Empire wollte, daß wir den Suezkanal bewachen. Pratap hat diesen Befehl mißachtet. Er hat unsere Truppen nach Frankreich, direkt in den Krieg geführt und dem Vizekönig folgende Erklärung telegraphiert: ›Uns *kshatriya* bietet sich selten die Möglichkeit, unser *dharma* zu erfüllen.‹« Jai Singh blickte in die Richtung, wo Jaya und Tikka auf ihren Pferden saßen. »Mein Sohn hat lange und erbittert um die Erlaubnis gebeten, sein *dharma* zu erfüllen. Nach Pratap Singhs Botschaft an den Vizekönig kann ich es vor meinem Herzen nicht länger verantworten, es ihm zu verweigern. Hiermit gebe ich kund, daß mein Sohn, der eines Tages unser Herrscher sein wird, auf dem Schlachtfeld meinen Platz an eurer Seite einnimmt.«

Tikkas Triumphgebrüll ging unter in den Schlachtrufen, die aus fünfhundert Kehlen drangen. »*Jai Mata ki!* Sieg der Göttin!« Die Beschwörung des Blutes hallte von den Festungswällen wider. Jaya vergegenwärtigte sich die steinerne Göttin im Festungstempel mit ihrer blutroten Stirn und der Schädelgirlande um den Hals, und plötzlich begriff sie, warum es von allen Gottheiten ausgerechnet die Göttin war, die in Kriegszeiten angerufen wurde.

Die Nachricht von Tikkas Abreise löste im *zenana* hektisches Treiben aus. Die *Purdah*-Damen bestanden darauf, Tikkas Uniformstücke eigenhändig zu nähen. Sie schnitten den dicken Stoff mit ihren schweren Scheren zu, und die Maharani rezitierte mit leiser Stimme Mantras zum Schutz für ihren Sohn.

Tikkas Diener tränkten ellenlange Bahnen orangeroten Musselin mit Stärke. Jaya stand im Zimmer ihres Bruders verloren in einer Ecke und sah den Dienern zu, die den nassen Stoff um Tikkas Kopf wanden, ehe sie die geformten Turbane auf die Fensterbank legten, um sie von der Sonne trocknen zu lassen.

Tikkas Gewehre lagen zerlegt auf dem Bett. Jaya rieb die Läufe seiner Doppelflinte mit einem Poliertuch blank, während Tikka sein Schrotgewehr einölte.

»Ich kann es kaum erwarten, was James für ein Gesicht macht, wenn wir uns in Frankreich treffen. Übrigens, ich hoffe, du gibst mir etwas für ihn mit.«

»Ich habe schon einen Schal eingepackt und einen Brief geschrieben. Wie soll ich ihn anreden? Ist ›Geschätzter James-*Sahib*‹ richtig?«

Tikka ließ beinahe die Waffe fallen. »Sei nicht albern, Jaya! Schreib doch: ›Mein lieber James‹!«

»Das ist zu vertraulich. Was würde er denken?«

»Er würde denken, daß du bei Mrs. Roy etwas mehr als nur *Babu*-Englisch gelernt hast.«

»Wenn wir jemandem Respekt erweisen, gilt das gleich als ungebildet.«

»Schon gut, schon gut. Was steht in deinem Brief?«

Jaya zog ein Blatt Papier aus ihrem Rockbund und las schüchtern vor: »Liebster Freund meines Bruders, geschätzter James-*Sahib*. Du bist seit drei Monaten auf dem Schlachtfeld. Seither haben wir im Tempel meiner Mutter jeden Tag ein Gebet für Dich gesprochen. Ich kann die Göttin im Lampenschein sehr gut sehen. Sei versichert, daß sie Dich beschützt. Jetzt schicken wir meinen Bruder und seine Lanzenreiter zu Deiner Unterstützung. Mit Hilfe von Tikka, Radscha von Balmer, und den Balmer-Lanzenreitern werdet ihr diesen Krieg ganz sicher gewinnen. Mit größter Hochachtung grüßt die Schwester Deines Freundes, Jaya von Balmer.«

Tikka sah Tränen in den grünen Augen und legte seinen Arm um Jayas Schultern. »Nicht, *Bai-sa!*« schalt er sie sanft. »Du weißt doch, Rajput-Prinzessinnen dürfen nicht weinen; schon gar nicht am Abend vor der Abreise eines Kriegers.«

»Zuerst schickten sie dich nach England. Jetzt gehst du nach Frankreich. Und wenn dir etwas zustößt ...«

Tikka umarmte seine Schwester und machte sich wieder ans Zusammensetzen seiner Waffen. »Mir wird nichts zustoßen. Ich werde die Deutschen mit glänzenden Kavallerieattacken schlagen und dann zurückkehren, um deinen Bräutigam mit Kriegsgeschichten zu unterhalten, daß ihm das Blut in den Adern gefriert.« Jaya zuckte zusammen, und er drohte ihr scherzhaft mit dem Finger. »Denke daran, was der *raj guru* sagt, Jaya! Pflicht ist Ehre. Diese Pflichten warten auf uns, *Bai-sa:* auf mich der Krieg, auf dich der Bräutigam.«

Am Abend vor Tikkas Abreise stellten sich die *Purdah*-Damen hintereinander an, um seine Stirn mit Zinnober zu bestreichen und seinen Turban mit Blütenblättern zu bestreuen, die der Göttin im Tempel der Balmer-Maharanis geopfert worden waren. Dann hob die Maharani einen Kelch mit *asha* in die Höhe und bot ihn als das Trankopfer einer Mutter für den Sohn, der in die Schlacht zieht, an. Tikka leerte den Kelch und beugte sich tief, um ihre Füße zu berühren. Einen langen Augenblick ruhten die blassen Hände der Maharani auf dem schwarzen Haar ihres Sohnes, dann verließ er abrupt den Balkon.

Die Beherrschtheit ihrer Mutter flößte Jaya Ehrfurcht ein. Die Maharani ließ sich den Schmerz nicht anmerken, den sie darüber empfinden mußte, daß der Sohn, von dem sie über drei Jahre getrennt gewesen war, sie abermals verließ, diesmal, um in den Krieg zu ziehen.

Die *baran* betrat den Balkon, die Arme hoch bepackt mit verschnürten Bündeln. Die Maharani sagte: »Stehe auf, Jaya! Die *baran* wird dich für die morgige *puja* einkleiden. Es darf keine Fehler geben. Jeder Irrtum einer Schwester bei der Verrichtung der *puja*, wenn ein Bruder in den Krieg zieht, wäre höchst unheilvoll.«

Die *baran* zog ein edelsteinbesetztes Schmuckstück in Gestalt einer großen Beere hervor und steckte es Jaya mitten über ihrer Stirn ins Haar.

»Vor tausend Jahren kamen wir als Krieger in diese Wüste«, sagte die Maharani. »Unsere einzige Nahrung waren die Früchte des *Bher*-Baumes. Zum Zeichen der Achtung tragen wir ein Schmuckstück in Gestalt seiner Früchte am höchsten Punkt unseres Leibes.« Die *Purdah*-Damen halfen, schwere, mit Juwelen besetzte Kragen um Jayas Hals zu befestigen. »Unsere Schatzkammern wurden in Edelsteine verwandelt«, fuhr die Maharani fort, »die leicht zu tragen waren, als wir von einem Schlachtfeld zum anderen zogen. Während unsere Männer in den Krieg ritten, bewachten unsere Frauen den Reichtum des Volkes. Dein Schmuck ist ein Sinnbild für diese Wacht.«

Die *baran* schnürte ein großes Bündel auf.

»Die Kleidung, die du während der *puja* tragen wirst, erinnert an die Farben der Göttin.«

Jaya zog den langen Rock und das Hemd an, die tiefrot gefärbt waren. Sie konnte nicht umhin, daran zu denken, daß dies auch die Farbe des Blutes war.

Dem letzten Bündel entnahm die *baran* einen Schleier und drapierte ihn über Jayas Kopf.

»In Kriegszeiten waren die königlichen Frauen mit der Sicherung der Festung betraut. Morgen wird dein Leib mit den Zinnen unserer Zitadelle verschleiert sein. Denke daran, die Unversehrtheit des Forts Balmer liegt in deiner Hand, wenn du deinem Bruder den *tilak*, den Punkt aus Blut auf die Stirn streichst ...« Die Stimme der Maharani brach zum erstenmal. Jaya brannten die Tränen in den Augen. Um nicht vor den *Purdah*-Damen zu weinen, starrte sie angestrengt auf die Festungswälle des Forts, die auf ihren Schleier gestickt waren.

Früh am nächsten Morgen legte Jaya die zeremoniellen Kleider an und nahm im Vorhof des Festungstempels ihren Platz neben dem *raj guru* und Maharadscha Jai Singh ein.

Vor ihnen nahmen sich die Teilnehmer an der *puja* wie die Tonfiguren aus Jai Singhs Kriegsspiel aus. Die Pferde der Lanzenreiter waren auf einer Seite des Tempels aufgestellt und rieben ihre Mäuler an den Schultern der *sowar*, die ihre Zügel hielten. Die andere Seite des Tempels wurde von dem alten Elefanten Moti beansprucht. Die *nagara* vom Tor der Festung, eine jede selbst riesengroß, waren auf Motis Rücken geschnallt, und der *mahout* hockte vorgebeugt auf dem Hals des Elefanten, um den Trommlern Platz zu machen.

Die dreihundert Lanzenreiter des Fürstentums Balmer in Paradeuniform, an ihrer Spitze Tikka und Major Vir Singh, saßen vor dem Tempel auf der Erde. Die blankpolierten Waffen – Lanzen, Gewehre, Bajonette, Schwerter – lagen in ordentlichen Reihen vor ihnen auf dem roten Teppich.

Eine Anzahl Priester rezitierte die Mantras, die der Kriegerkaste Glück verhießen. Ihre tiefen Stimmen dröhnten in Wellen über das freie Gelände und übertönten das Ächzen des alten Elefanten und das Wiehern der Pferde. Vor ihnen scharrte ein Widder und stieß mit dem Kopf gegen den Pflock, an dem er vor einem steinernen Graben festgebunden war.

Der *raj guru* zog Tikkas Schwert aus der Scheide. Jaya ergriff das rauhe Heft; sie wußte, aller Augen waren auf sie gerichtet. Sie richtete die blanke Klinge zwischen sich und ihrem Bruder auf und bekämpfte den Drang, Tikka in ihre Arme zu schließen und in einer stählernen Umklammerung festzuhalten, damit er nicht auf ein fernes, elendes Schlachtfeld entkommen konnte. Die Waffe war schwer in ihrer Hand, als sie geschwind die weiche Hautschicht ihres Daumens ritzte. Blut rann in dünnem Strahl in ihre Armbeuge. Während sie sich des Klimperns der Glasreifen an ihrem Handgelenk bewußt wurde, zeichnete sie ungelenk mit dem Daumen ein Blutmal auf Tikkas Stirn.

Nun ergriff Tikka das Schwert. Als er sich dem Widder näherte, sah Jaya, daß er nur einen Finger gegen die Klinge gedrückt hielt. Da wurde ihr klar, daß er das Opfer mit dem schwierigsten Schwertstreich zu vollbringen gedachte. Jaya versuchte sich auf ein Mantra zu besinnen, das dem Schwertarm Kraft verlieh, als Tikka plötzlich rief: »*Jai Mata ki!*« Das Schwert sauste herab. Der sauber abgetrennte Kopf des Widders plumpste in den Graben, Blut spritzte wie eine zinnoberrote Fontäne aus dem Hals des Tieres.

Die Priester eilten hinzu und hielten Kelche an die klaffende Wunde. Die *nagara* schlugen dumpf. Nun traten die Lanzenreiter herbei, um sich von den Priestern die Stirn mit dem Blut des Opfers salben zu lassen. *Jai-Mata-ki*-Rufe durchbrachen den steten Singsang der Priester. Die Trommelschläge wurden schneller. Der *raj guru* besprengte die glänzenden Waffen mit Blut und bestrich sodann die Köpfe der sich sträubenden Pferde. Jaya sah Motis mit Blut überzogene Stoßzähne, als die Lanzenreiter das letzte *Puja*-Ritual, das *manwar*, vollzogen, indem sie *asha* aus Tonbechern tranken und die geleerten Becher in dem Graben zerschmetterten, bis der Kopf des Widders unter Tonscherben verschwand.

Moti entfernte sich vom Tempel, die Trommeln schwankten an seinen Seiten. Die Lanzenreiter stellten sich hintereinander an, um die Füße des Maharadschas zu berühren. Unter *Bal-Hukam*-Rufen machten sie kehrt und marschierten zu ihren Pferden. Als Major Vir Singh sich beugte, richtete der Maharadscha ihn auf und hielt ihn umarmt. »Möge die Göttin deinen Arm in der Schlacht stärken, mein Freund«, flüsterte er, und Jayas Kehle schnürte sich zu.

Dann war Tikka zu Füßen seines Vaters. Lange Zeit blieb er vor Jai Singh gebeugt, ohne daß der Maharadscha ihm seine Hand auf die Schulter legte. Jaya schaute erschreckt ihren Vater an; sie wollte nicht glauben, daß sein Zorn auf das Empire ihn davon abhielt, dem Sohn, der in den Krieg zog, seinen Segen zu erteilen. Jai Singh löste langsam die Binde von seinem rechten Ärmel und legte sie um Tikkas kräftigen Oberarm. Die Lanzenreiter verfolgten die Geste von ihren Pferden aus. Im Lärm der Hochrufe hörte nur Jaya, wie brüchig die Stimme ihres Vaters klang: »Heute nimmt das Empire mir meinen teuersten Teil. Dies ist die Armbinde der Staatsgewalt – das Symbol meiner Augen und meiner Kraft. Möge ihr Schutz dich vor Unbill bewahren, bis du sie als deines Landes Herrscher trägst!«

Tikkas Kragen schwoll, als er den Arm hob, um vor dem Maharadscha zu salutieren. »*Bal-Hukam!*« rief er grimmig, dann drehte er sich um und ging zu seinem Pferd.

Jaya lief aus dem Tempel. Die Lanzenreiter gruppierten sich in Viererreihen hinter Moti. Ein Autokonvoi fuhr vor. Die *sowar* quetschten sich auf die Sitze, indes Jai Singh sein Pferd bestieg und die Prozession zum ersten Tor der Festung führte. Unter dem hohen Bogen zügelte der Maharadscha sein Pferd. Major Vir Singh zog sein Schwert aus der Scheide, und die Festungskanonen begannen zu schießen. Das dumpfe Salvenfeuer krachte in das Dröhnen der *nagara*, während die Lanzenreiter in Formation an dem Maharadscha vorbei die Festungswälle hinabtrabten. Vor ihnen schwankte der alte Elefant, der die den Krieg verkündenden Trommeln trug. Die Menschen drängten sich auf den Zinnen, um Ringelblumengirlanden vor die Pferde zu werfen. Der Kanonendonner, das Trommeln der *nagara* und das harte Klappern der Hufe auf Stein erschütterten das uralte Festungswerk. Jaya reckte den Hals, um die fächerförmigen Federn von Tikkas Turban unter dem Torbogen der äußeren Festung verschwinden zu sehen.

Noch lange, nachdem das Schrillen der Zugpfeife die Abfahrt der Truppen verkündet hatte, wurden vor den Toren des Elefantengeheges die *nagara* geschlagen, und sie verkündeten dem Fort und dem ganzen Land, daß die Balmer-Lanzenreiter in den Krieg gezogen waren.

Achtzehntes Kapitel

Bis zum März 1915 hatte Indien ein Heer von einer Million Mann zur Verteidigung des Britischen Empire bereitgestellt. Im Oberhaus erkannte Lord Curzon, der unbeugsame Vizekönig, der die indischen Fürsten einst wie aufsässige Kinder behandelt hatte, Englands Ehrenschuld gegenüber seiner stolzesten Kolonie an, doch schon zuvor machten Tikkas Briefe eine menschliche Dimension dieser Anerkennung deutlich:

»25. November 1914. Gestern legten wir in Liverpool an. Die Straßen waren voll von Engländern, die den ankommenden indischen Truppen zujubelten. Frauen eilten herbei, um Blumen in die Turbane der *sikhs* zu stecken, und die Pferde tänzelten und paradierten vor der Menge.«

»10. Dezember 1914. Wir haben in London das Lazarett für verwundete indische Soldaten in der Victoria Street besucht. Das Baluch-Regiment hat 500 von 560 Mann verloren, das Brahmin-Regiment sogar noch mehr. Die Engländer denken daran, auch indischen Soldaten endlich das Victoria-Kreuz zu verleihen. Wie bedauerlich, daß so viele Männer sterben mußten, bevor die Engländer unsere Tapferkeit anerkennen.«

»30. Dezember 1914. Endlich in Frankreich. Aber dies ist kein Krieg für den Kavalleriesturm. Die Soldaten leben in Schützengräben, die im winterlich harten Schmutz ausgehoben wurden, und suchen wie Ratten Schutz vor den feindlichen Kanonen. Die Artillerie ist so nahe, daß man sehen kann, wie die feindlichen Kanoniere ihre Geschütze laden. Und unsere edlen Pferde werden dazu benutzt, um Verpflegungswagen zu ziehen!«

Der Krieg nahm in den Räumen unterhalb der Palastbibliothek des Forts Balmer allmählich ein Eigenleben an. Die Wände eines Raumes waren mit Landkarten von den Hauptschauplätzen des Krieges in Europa bedeckt. In einem anderen Raum markierte der *senapathy* auf großen Schaubildern die wachsenden Kontingente der indischen Fürstentümer, während Schreiber telegraphische Nachrichten aus Delhi in Berichten für Jai Singh sammelten, die er bei der Rückkehr von den Amtsgeschäften las. Im größten Raum führten der Maharadscha und der *senapathy* ihre abendlichen Diskussionen, bevor sie eine Zusammenfassung der Tagesereignisse diktierten, die Jaya dann im *zenana* vorlas.

Ihre Mutter reagierte auf den Krieg, indem sie den ganzen Tag im Tempel der Maharanis von Balmer Gebete für das Wohlergehen der Balmer-Lanzenreiter verrichtete. Je schlimmer die Situation in Europa wurde, um so anhaltender und inbrünstiger wurden die Andachtsübungen der Maharani.

Oft mußte Jaya in den Gemächern auf ihre Mutter warten, umringt von *Purdah*-Damen, die die Eintönigkeit ihres Lebens gern mit der Schilderung der Grausamkeiten des europäischen Feldzuges auflockerten. Kaum verhüllte Erregung trat in ihre Gesichter, wenn sie hörten, welch schreckliche Opfer der Krieg forderte.

Und wieder schrieb Tikka: »Februar 1915. Die armen Pferde! Sie hassen diesen Schlamm und Schnee genauso wie wir. Gestern fand eine Galaparade der Truppen der indischen Fürstentümer statt. Die Männer waren begeistert, als Feldmarschall Sir John French ein paar Worte in Hindustani an sie richtete. Sie sind sehr stolz, daß der Oberbefehlshaber der englischen Streitkräfte einst die britisch-indische Armee befehligte.«

»März 1915. Endlich geht es an die Front! Kann nicht mehr

schreiben – muß den Männern beim Aufbruch nach Ypern helfen.«

Nach diesem Brief kam lange Zeit keine Post mehr von Tikka. Sein Schweigen war um so schlimmer, als die telegraphischen Nachrichten eine neue, schreckliche Ausdehnung des Krieges meldeten. Flugzeuge wurden eingesetzt, um die Truppen aus der Luft zu bombardieren. Die Deutschen hatten Panzer und Granatwerfer, und ihr neues Geschütz – die Dicke Berta – übertraf bei weitem alles, was die Engländer zur Verfügung hatten.

Da die Waffen immer unvorstellbarer wurden, suchte die Maharani Trost in den dunklen Regionen des Tantra. Ein Strohsack wurde in den Tempel gebracht, so daß sie die Nächte in einsamer Andacht verbringen konnte. Jaya wußte, daß ihre Mutter hinter den verriegelten Tempeltüren der Göttin geöffnete Kokosnüsse darbrachte, das Symbol menschlicher Opferung, um Tikka die Kräfte zu verleihen, welche den Tod bannten.

Als sich die Nachricht vom Zustand der Maharani verbreitete, erschienen Bettelmönche und heilige Männer vor den Mauern des *zenana*. Jaya sah die *Purdah*-Damen vor der ausgezehrten Gestalt ihrer verschleierten Mutter zurückschrecken, wenn sie durch die Korridore eilte, um sich durch die steinernen Gitter der Haremswände mit nackten, mit Asche bedeckten Asketen zu beraten.

Als im Mai immer noch keine Nachricht von Tikka gekommen war und der Sommerdunst wie die Hitze eines Scheiterhaufens über der Festung lag, trat die *baran* in Jayas Zimmer. »Mache dich bereit, deine Mutter zu begleiten, *Bai-sa*. Sie möchte sich Rat bei einer Frau holen, die in einer Höhle am Rande der Wüste lebt.«

»Warum schickt meine Mutter nicht nach ihr?«

»Deine Mutter hat viele Male nach ihr geschickt, aber die Frau weigert sich zu kommen. Sie wird *sati mata* genannt. Man sagt, sie ist von fürstlichem Geblüt und sie ist Asketin geworden, als sie daran gehindert wurde, sich auf dem

Scheiterhaufen ihres Gemahls zu verbrennen.« Die *baran* sah sich ängstlich um, um sich zu vergewissern, daß niemand lauschte. »Sie hat zwanzig Jahre in Benares gelebt, gleich neben den Totenverbrennungsplätzen und den Leichen. Man sagt, sie hat Fleisch von toten Kindern gegessen.«

»Warum müssen wir zu ihr?«

»Weil sie große Kräfte hat, *Bai-sa*, und die Maharani-*Sahib* ...« Die Stimme der *baran* verlor sich unsicher.

»Sprich weiter, *Baran!*«

»Ich sollte es nicht sagen, *Bai-sa*, aber deine Mutter befaßt sich zu sehr mit Prophezeiungen und unnatürlichen Mächten. Und sie fastet zu streng. Ich fürchte um ihren Verstand ...«

Die Maharani wartete in dem mit Vorhängen versehenen Rolls-Royce. In ihren heiteren grünen Augen war kein Wahnsinn zu erkennen. Das blasse Gesicht war etwas abgespannt vom Fasten, aber die langen Finger wendeten die Perlen ihrer *mala*, wie sie es stets getan, und die tiefe Stimme hatte nach wie vor einen leichten Befehlston. Hinter der gläsernen Trennwand saß der Obereunuch neben dem Chauffeur. Er hielt den aufgerollten Wandschirm, welcher die Maharani beim Aussteigen vor fremden Blicken schützen sollte.

Das Auto wand sich durch die engen Straßen der Stadt und rollte an den marmornen Kenotaphen der Herrscher vorüber in die eintönige Ebene. Säulengeschmückte Pavillons warfen Schatten auf die Wassergräben, welche in der Sommerhitze zu endlosen Bändern aus rissigem Schlamm eingetrocknet waren. Die schwarzen Äste sterbender Bäume ragten gezackt wie Blitze in den glasblauen Himmel. Gelegentlich sah Jaya eine mit Reliefs von Händen bedeckte Steintafel, welche die Stelle bezeichnete, wo eine Witwe sich verbrannt hatte. Andere Tafeln erinnerten an den Ort, wo ein Krieger und sein Streitroß in der Schlacht gefallen waren, und Jaya mußte an Tikka denken, der in einem Schützengraben kauerte, während sein Pferd vor Verpflegungswagen gespannt war.

An der Südgrenze des Fürstentums erstreckten sich Befestigungsanlagen über den Kamm der Arravalli-Berge und umschlossen verlassene Festungen und Tempel. Als der Chauffeur den schweren Rolls-Royce einen Hang hinauflenkte, streifte der Wagen einen Feuerbaum, und flammendrote Blüten fielen im Staub herab, deren Grellheit in den Augen schmerzte. Auf halber Höhe des Hügels klopfte die Maharani an die Trennwand. Der Wagen hielt an. Der Obereunuch sprang heraus und entfaltete seinen Wandschirm, so daß die Maharani aussteigen konnte, ohne von dem Chauffeur gesehen zu werden. Der Eunuch stolperte hinter der Maharani einen steilen Pfad hinan und bemühte sich, den Korb mit Früchten und Blumen, der an seinem Arm hing, im Gleichgewicht zu halten.

Vor einem Haufen schwarzer Steine nahm die Maharani dem Eunuchen den schweren Korb ab und bedeutete ihm zu warten. Die Blumen waren in der Hitze schon welk geworden. Forsch erklomm sie den steilen Hang, wobei sie leichthin die Heuschrecken fortscheuchte, die über ihrem Kopf schwirrten. Jaya blieb stehen, weil ihr Schleier sich in einem Dornbusch verfangen hatte, die Maharani aber schien die Dornen und die sengende Sonne gar nicht zu bemerken, während sie bergan stieg.

Als sie oben auf dem Hügel ankamen, schwindelte Jaya von der Hitze, und als sie aus dem Schatten eines Befestigungswalles hinabblickte, sah sie die ausgedörrten Felder im Dunst förmlich wehen wie den Schal eines Bettlers.

Die Maharani stieg zu der Ruine eines Kenotaphs. Hände waren in den gelben Marmor gemeißelt, das Zeichen der *sati*. Grüne Tauben flogen in den bröckelnden Kuppeln ein und aus, und Affen schnatterten laut auf der breiten Terrasse. Die Maharani zog ihre Schuhe aus und erklomm die verfallene Treppe, deren lose Marmorplatten unter ihren bloßen Füßen wackelten.

Jaya folgte ihrer Mutter in das feuchtklamme Grabmal. Dankbar genoß sie den Schatten nach dem gleißenden Sonnenlicht, bis ihre Augen sich an das Dunkel gewöhnt hatten und sie die Fledermäuse sah, die wie modernde Früchte an der zerbrochenen Kuppel hingen, und die Exkremente, welche die zarten Wandgemälde überzogen. Die Maharani schob ein staubiges Antilopenfell zur Seite, das vor einem schmalen Türeingang hing. Das Fell fiel zurück, und Jaya war allein in dem Grabmal mit den Fledermäusen und den Affen. Etwas Nasses glitt über ihre Füße. Mit einem Schrei schlüpfte sie durch das Fell und lief eine zerbrochene Marmortreppe hinab. Unten angekommen, fiel sie einer Frau, die am Fuße eines Mangobaumes auf einem Tigerfell saß, beinahe in den Schoß.

Die Frau lachte, ein tiefes, kehliges Geräusch, das aus ihrem Bauch aufzusteigen schien. Ihr Körper war notdürftig mit einem rauhen Tuch von der Farbe getrockneten Blutes bedeckt, und auf den bloßen, zum Lotossitz gekreuzten Schienbeinen spiegelte sich das Licht. Ihre schwarzen Haare fielen bis auf das Tigerfell; aus einer Kokosnußschale sickerte eine weiße Flüssigkeit auf die gelb-schwarzen Streifen. Ein eiserner Dreizack steckte neben der Frau in der Erde.

Da glitt eine Kobra auf das Tigerfell und leckte an der Flüssigkeit, die aus der Kokosnußschale rann. Jaya unterdrückte hinter vorgehaltener Faust einen Schrei und suchte an der nackten braunen Schulter der Frau Zuflucht.

»Ach Kind, wenn die Angst vor einer harmlosen hungrigen Schlange der Gipfel der Furcht ist, die du in deinem Leben erfahren wirst ...« Die Frau strich ihr mit trockenen, heißen Fingerspitzen über die Wangen. Sie legte Jayas Hand neben die Schlange. Die Kobra glitt auf Jayas Unterarm und ringelte sich um ihr Handgelenk. Die gespaltene Zunge schoß hervor und schlug gegen Jayas gläserne Armreifen. Schwarzglühende Augen in dem glatten

Gesicht der Asketin zwangen Jaya, ihrem Blick standzuhalten. »Gehe auf das zu, was du fürchtest, Kind! Nur dann kannst du den Mut finden, das Leben zu ertragen, das sich vor dir erstreckt, wenn du verbannt sein wirst von deinem Geschlecht.«

»Ich habe ihren Vater gewarnt!« ereiferte sich die Maharani erbittert. »Ich habe ihm gesagt, daß er seine Tochter dazu erzieht, ein Mann zu sein.«

Die Asketin beachtete den Ausbruch der Maharani nicht. »Nur wenige werden den hohen Preis für deine Tapferkeit erkennen, die Verarmung deiner Seele. Aber du mußt den Mut finden, mit deiner Unfruchtbarkeit zu leben.«

»Unfruchtbar?« Die Maharani schrie es beinahe. »Ist meine Tochter unfruchtbar?«

»Beunruhige dich nicht, Maharani-*Sahib!* Deine Tochter wird sich vermählen und einen Sohn gebären.«

»Ich habe auch nicht gedacht, daß die Göttin so grausam ist. Wer wird das Mädchen heiraten?«

»Ein großes Schwert.«

»Ein regierender Fürst?«

»Ein großes, altes Schwert, Maharani-*Sahib*.«

Die Maharani war abermals besorgt. »Soll das Mädchen die dritte oder vierte Frau eines alternden Maharadschas werden? Ihr Vater würde eine solche Verbindung niemals erlauben.«

Die *sati mata* schüttelte über die dringliche Frage nachsichtig den Kopf. »Deine Bestrebungen sind so kurzlebig, Frau. Heirat, Jugend und Macht sind Träume, die forttreiben wie Staub vor der Unvermeidlichkeit des Todes. Zwanzig Jahre saß ich in Benares an den Ufern des heiligen Flusses. Ich sah Söhne die Schädel ihrer Väter aufbrechen. Ich sah Frauen kämpfen, um sich in die Bestattungsflammen ihrer Gatten zu werfen. Ich hörte Priester um den Preis der Trauer feilschen und sah heilige Männer Fleisch von halbverkohlten Leichnamen reißen und verzehren, in dem Glauben, es würde ihnen Kräfte verleihen.«

»Aber dein Name«, sagte die Maharani zögernd. »Wirst du nicht *sati mata* genannt, weil du versucht hast, dich auf dem Scheiterhaufen deines Mannes zu verbrennen?«

Die Asketin warf lachend den Kopf zurück, und das rauhe Tuch entblößte fast ihre vollen Brüste. Jaya blickte auf die rosa Zunge, die zwischen den vollen Lippen hervortrat, und fragte sich, ob die Frau nicht eine alte Tempeltänzerin sei, die nach Balmer gekommen war, um sich an der Schwäche der Maharani zu bereichern.

Die *sati mata* zog das Gewand über ihren Brüsten stramm. »Der Titel *sati* sollte nicht einer Frau gegeben werden, die sich verbrennt, sondern einer Frau von Tugend. Und die größte Tugend ist Ausdauer. Ich werde *sati mata* genannt, weil meine Gurus die fünf *sati* sind, die fünf tugendhaften Frauen, die sich weigerten, sich auf den Scheiterhaufen ihrer Ehemänner zu verbrennen. Die wahre *sati* hat den Willen weiterzuleben, wenn die vertraute Welt um sie zusammenbricht.« Die Asketin hielt inne. »Auch du wirst eine *sati mata*, Maharani-*Sahib*, wenn die *nagara* des Forts Balmer vor deinen Augen zertrümmert werden.«

»Die Trommeln können nur zerstört werden, wenn das Fort Balmer erobert wird. Du sprichst in Rätseln, die ich nicht verstehe. Doch wenn es böse Einflüsse gibt, die wir durch törichtes Handeln bewirkt haben, so zeige mir einen Weg, um es wiedergutzumachen.« Die Maharani warf sich auf das Tigerfell und berührte mit der Stirn den Fuß der Asketin, ohne auf die Kobra zu achten, die ihr ihre Aufmerksamkeit zuwendete. »Unsere Beweggründe waren stets vom Wohle des Landes geleitet. Die Göttin wird uns gewiß vergeben. Gib mir ein Mantra, *sati mata*, um den Zorn der Göttin zu besänftigen!«

Jaya war entsetzt über die Selbsterniedrigung ihrer Mutter, doch die zusammengerollte Kobra, das verfallene Todesmonument und die flimmernde Hitze verliehen dem Augenblick etwas Eindringliches, als seien sie in einer anderen Welt, in der die Gegenwart ein Trugbild und nur die Zukunft konkret ist.

»Bist du ein Kind, Maharani-*Sahib*, daß du an Göttinnen und Mantras glaubst?« Die Asketin schob die blassen Finger der Maharani von dem Tigerfell.

Die Maharani hockte sich auf ihre Fersen und senkte den Kopf. »Nur wer die Loslösung erreicht hat, darf solche Worte ohne Lästerung sprechen. Ich aber bin eine gewöhnliche Sterbliche. Mein Sohn kämpft im Krieg einer anderen Nation. Mein Gemahl steht in seiner eigenen Zitadelle unter Belagerung seines Ministerrats. Du sagst, die *nagara* werden vor unseren Augen zertrümmert werden. Deine Worte sind voll des Todes.« Jaya sah Tränen auf die Hände ihrer Mutter fallen. »Wir brauchen Hilfe, *sati mata!* Ich bitte dich, gib mir ein Mantra, um unser Haus vor der drohenden Zerstörung zu bewahren!«

Die *sati mata* seufzte und hob segnend die Hand. »Du hast ein Mantra verlangt, und ich muß dir eines geben.« Jaya glaubte eine Halluzination zu haben, als sie den Handteller der Asketin von einem roten Schein umhüllt sah. »Dies wird dein Talisman gegen die Angst sein: *Ram nam sat Hai.* Der Name Gottes ist Wahrheit.«

»Das Mantra des Todes!« flüsterte die Maharani.

Die tiefe Stimme wiederholte: »*Ram nam sat Hai.*«

Die Maharani erhob sich und stellte sich vor die Asketin. »Wenn die Grundfesten unseres Hauses zittern, so sei es. Aber ich werde kein Mantra sprechen, das nur von den Lippen einer Witwe kommen sollte, die ihrem Mann auf den Scheiterhaufen folgt. Ich bin die Gemahlin von Jai Singh. Ich werde niemals seine Witwe sein.« Jaya konnte nicht glauben, daß sie ihre Mutter den Namen ihres Vaters hatte aussprechen hören. »Ich bin eine Maharani von Balmer. Wie meine großen Vorgängerinnen werde ich eine *sati*, ehe ich dein Mantra spreche.«

Die strenge Stimme der Asketin schnitt in den Zorn der Maharani. »Du hast um ein Mantra gegen den Tod gebeten wie ein Kind um ein Spielzeug. Wiederhole dein Mantra, bis du seinen Sinn verstanden hast!«

Sie schloß die Augen und schien in Trance zu verfallen. Die Kobra rollte sich auf dem nackten Knie der Asketin zusammen und starrte sie mit glitzernden Augen an. Lange Zeit herrschte Schweigen.

Dann ertönte in der Stille eine Stimme, die aus dem Bauch der *sati mata* aufzusteigen schien: »*Ram nam sat Hai.* Der Name Gottes ist Wahrheit. *Shanti! Shanti! Shanti!*«

Die Audienz war vorüber, doch die tiefe Stimme hallte noch durch das Kenotaph, als Jaya der Maharani ins grelle Sonnenlicht folgte: »Der Name Gottes ist Wahrheit. Es möge Frieden und Frieden und Frieden sein!«

Neunzehntes Kapitel

Zehn Jahre nach dem Krieg hatte König Georg V. die erste Rundfunkansprache für das Britische Empire gehalten. Die Rede des King Emperor schrieb Rudyard Kipling, dieser Träumer, der einst geglaubt hatte, die loyalen eingeborenen Soldaten und schneidigen britischen Offiziere seiner geliebten britisch-indischen Armee würden die zivilisierte Welt für ein zivilisiertes Empire mobilisieren.

Kiplings Text nahm keinen Bezug auf die Metzelei, welche seine zivilisierte Welt in den ersten drei Monaten des Krieges zu einem Leichenhaus degradierte und nach der die halbe britische Armee tot im Schlamm von Flandern zurückblieb.

Kein Wort von der Viertelmillion Türken von Enver Paschas Armee, die bei dem Versuch fielen, Rußlands Ölfelder zu besetzen, bevor sie durch Afghanistan marschierten, um Indien zu erobern. Nichts von den australischen und neuseeländischen Truppen, die stolz in der Anzac-Bucht gelandet waren und dann von Maschinengewehrfeuern niedergemäht wurden, die ersten Gefallenen von einer halben Million Männer, die bei Gallipoli ihr Leben ließen. Keine Erwähnung der Million deutscher Soldaten, die bei Verdun gefallen waren, oder der Millionen Toten an der russischen Ostfront oder der 60000 britischen Soldaten, die an einem einzigen Morgen an der Somme erschossen wurden. Kein Wort auch von Kut-al-Amara, wo eine Armee, die zu weit und zu schnell vorgerückt war, eingeschlossen wurde, worauf 15000 indische Soldaten verhungerten.

Vielleicht konnte Kipling keine passenden Worte finden für eine Welt, die eine ganze Generation ausgelöscht hatte, bevor sie großjährig wurde, und Leichname abwarf wie eine alte Haut.

Selbst Lord Kitchener, der große Soldat, der mit Lord Curzon um den Einfluß auf Kiplings geliebte britisch-indische Armee stritt, konnte in den Massakern keinen Sinn sehen. Wie Maharadscha Jai Singh und all die anderen Männer, die noch an den Kavalleriesturm glaubten, war er verzweifelt, als er die in ihren Schützengräben erfrorenen Soldaten sah. Er hatte das schreckliche Schweigen wahrgenommen, welches das Krachen der Granatwerfer unterstrich, und gesagt: »Ich weiß nicht, was man tun soll. Dies ist kein Krieg mehr.«

Als Jaya später hörte, wie sich der Kaiser von Indien an »die Männer und Frauen« wandte, »die von Schnee, Wüste oder vom Meer abgeschnitten sind, so daß nur eine Stimme aus der Luft sie erreichen kann«, besann sie sich darauf, daß der Telegraph ihr einst wie eine Stimme aus der Luft erschienen war. Die klappernden Telegraphentasten fielen ihr ein, welche die Feldzüge bei Ypern, an der Aisne, bei Gallipoli, Kut-al-Amara, Cambrai gleich weltumspannenden *nagara* heruntergedröhnt hatten, und sie mußte an die verspäteten Briefe denken, die einem Sterben Aktualität verliehen hatten, das schon sechs Monate zurücklag.

»Die Deutschen setzen Giftgas gegen uns ein«, schrieb

Tikka aus Ypern. »Aber wir haben keine Gasmasken und müssen uns mit Urin getränkte Taschentücher vors Gesicht halten. Die Männer beklagen sich, daß, wenn der Wind das Gas zu uns herüberträgt und sie versuchen, den stampfenden Pferden Schutzhauben über die Köpfe zu ziehen, ihre Blasen austrocknen. Sie wollen als Kavallerie kämpfen. Sie sagen, vor einem Kavalleriesturm ist immer leicht Wasser lassen.«

»Weißt Du noch, wie wütend Du warst, als das Empire nicht erlaubte, die Balmer-Lanzenreiter an richtigen Waffen auszubilden?« rief Tikka dem Maharadscha in einem anderen Brief in Erinnerung. »Jetzt herrscht ein solcher Mangel an Waffen, daß wir Handgranaten aus Marmeladegläsern machen und Benzinkanister mit Schleudern in feindliche Schützengräben schießen. Wir stopfen Dynamit in kurze Stahlrohre, um den Stacheldraht zu sprengen; die britischen Soldaten nennen diese Sprengkörper Bangalore-Torpedos. Manchmal packen wir den Sprengstoff in Baumstämme und hoffen, die Deutschen lassen sich täuschen und denken, wir haben eine Kanone.«

Die Hände des Maharadschas umklammerten das dünne Papier. »Warum nehmen die Briten nicht diese Geschütze?« Er wies zornig auf die Wälle, welche die Festung umschlossen. Alle zehn Fuß bohrte sich das Rohr einer Kanone durch den gelben Stein, bereit, die sich darunter erstreckende Stadt im Falle einer Belagerung zu zerstören. »Wir dürfen sie nicht mehr benutzen, außer wenn wir wie Schauspieler in einem Dorfdrama zum Dröhnen feuernder Geschütze auftreten.«

Als sei er nicht gewillt, seine Machtlosigkeit hinzunehmen, verbrachte Jai Singh Stunden in der Palastbibliothek mit dem theoretischen Studium der Feldzüge der europäischen Mächte. Am anderen Ende des langgestreckten Raumes versuchte Jaya sich auf den Unterricht des *raj guru* zu konzentrieren, aber ihre Augen schweiften ständig zu ihrem Vater, der, über einen Tisch gebeugt, an seinem weißen Bart zupfte, bis dieser wie ein Vogel mit gebrochenem Flügel auf ein aufgeschlagenes Buch fiel.

Tikkas Briefe verdeutlichten, daß weder Kanonen noch Theorie den Krieg beenden würden: »James Osbornes Regiment ist in Neuville zu uns gestoßen. Welch ein Wiedersehen! Die Männer sterben in solcher Zahl, daß es einem einen Schock versetzt, Menschen noch am Leben zu finden. Wir sind jetzt alle alte Hasen im Stellungskrieg, sogar die Pferde. Wenn es nebelig ist, wissen wir, daß die Deutschen uns mit Gas oder Bomben bewerfen, und verziehen uns sofort in den nächsten Graben.«

Im Oktober 1915 schrieb er: »Captain Osborne, James und ich waren losgeritten, um unsere Flugzeuge zu besichtigen, als dreißig deutsche Fokker einen Angriff flogen. Captain Osbornes Pferd bäumte sich auf, warf ihn ab und zog ihn hinter sich her. Die deutschen Flugzeuge warfen rings um uns 120-Pfund-Bomben ab, und wir konnten durch den Rauch nichts sehen. Als wir sein Pferd eingeholt hatten, blutete Captain-*Sahib* schlimm. Ein Schrapnellsplitter hatte ein Loch in seinen Hals gerissen. Die Ärzte im Feldlazarett konnten nichts mehr tun.«

Der Maharadscha ordnete einen Tag öffentliche Trauer für Captain Osborne an, und Jaya schrieb einen steifen, unbeholfenen Beileidsbrief an seinen Sohn.

Im Winter von 1915 auf 1916 war der Krieg achtzehn Monate alt. In den Archiven unter der Festungsbibliothek hatten die Schreiber ihre eigene Bilderschrift für die Veränderungen, die über die Welt hinwegfegten, erfunden. Rußland war ein blutendes Ei in der Hand eines schwarzgewandeten Priesters. Afrika war ein nackter Krieger, von zwei Speeren durchbohrt, an denen die Flaggen von England und Deutschland flatterten. Die Türkei war ein zerrissenes Buch, dessen Seiten ins Wasser fielen. Auf ein Blatt war ein einäugiger arabischer Beduine gezeichnet, der neue König eines neuen mit dem Britischen Empire verbündeten Landes: König Ibn Saud von Arabien. Hinter

den Symbolen einer zerfallenden Welt hatten die Hofkünstler heitere Dschungelszenen mit grasenden Hir-
schen und tanzenden Pfauen erstehen lassen, wie um die
Schrecken der Gegenwart zu leugnen.

Oft unterbrach Jai Singh Jayas Unterricht, um dem alten
raj guru Major Vir Singhs Berichte vorzulesen.

»Wohin man sieht, nichts als Bombenkrater, und alle
Bäume sind gefällt worden, um Feuer für die Männer zu
machen, die in den unter Wasser stehenden Schützengräben erfrieren. Wir haben Glück. Wir haben nur vier Mann
verloren. Doch zum ersten Mal fürchten sich die Lanzenreiter vor dem Sterben. Es gibt kein Brennholz für einen
Scheiterhaufen.«

Der alte Oberpriester schwieg lange, dann flüsterte er:
»Nur Handeln befreit uns aus dem Räderwerk des Han-
delns. Dieses sind die Worte der ›*Gita*‹: ›Laßt jeden seine
Pflicht tun!‹«

»Aber wir kennen unsere Pflichten nicht mehr!« rief Jai
Singh verzagt. »Wenn der Tod vom Himmel fällt, was ist
dann die Pflicht eines Kriegers? Wenn Bomben und Minen Felder zerstören, was ist dann die Aufgabe des Bauern? Wenn Fabriken Tod erzeugen, was ist dann der Auftrag des Kaufmanns?«

Er nahm ein schweres Buch und fuhr mit ihm vor dem *raj
guru* herum. »Ein polnischer Adeliger hat vor siebzehn
Jahren dieses Buch ›Ist ein weiterer Krieg möglich?‹ geschrieben. Höre auf seine Worte: ›Es wird ein ständig zu-
nehmendes Gemetzel in so fürchterlichem Ausmaß geben, daß es unmöglich sein wird, mit den Truppen eine
Entscheidung des Krieges herbeizuführen ... Der Soldat
hat die Mechanismen des Abschlachtens so vervollkomm-
net, daß er praktisch seine eigene Auslöschung gewährlei-
stet.‹ Das ist es, was Major Vir Singh meint. Dies ist kein
Krieg für Männer. Es ist ein Krieg zwischen Mechanismen
des Abschlachtens. Vielleicht wird es nie wieder einen
Krieg für die *kshatriya* oder die Rajput geben.«

Jaya preßte die Hände zusammen und versuchte, sich die heiteren Hintergründe ins Gedächtnis zu rufen, mit denen die Hofkünstler zum Ausdruck brachten, daß der Krieg in ihren Augen vorübergehen werde. Und sie begann, ihre Mutter zu beneiden, die sich mehr und mehr in Wolken von brennendem Kampher und einer ständig wechselnden Schar von Asketen verlor.

Erst zu Beginn des Jahre 1917 schien es, als habe die Göttin beschlossen, auf die Gebete und das Fasten der Maharani zu antworten. Tikka war bei Cambrai dem Tod entkommen, aber verwundet worden.

Aus seinem Lazarett in Paris schrieb er: »Als wir bei Cullecourt Niemandsland betraten, waren Schlamm und Matsch so übel, daß wir absitzen und die Pferde führen mußten; denn die Bombenkrater sind tief, und ein Pferd kann leicht in ihnen ertrinken. Plötzlich wurde aus einer Gruppe zerstörter Panzer Maschinengewehrfeuer eröffnet. Zu spät merkten wir, daß die Deutschen die Panzer als Bunker benutzten. Wir waren vom Kreuzfeuer völlig in die Enge getrieben und wären alle getötet worden, wenn nicht ein heftiger Schneesturm gewesen wäre. Wir haben uns geschworen, den Schnee nie wieder zu verfluchen. Einem Offizier des Kavallerieregiments Jacob wurde für unsere Aktion das Militärverdienstkreuz verliehen. Ich finde, Prinz Pratap hätte auch eins verdient. Er kroch unter dem feindlichen Maschendraht hindurch, um mich zu retten, und trug mich zu unserer Linie zurück. Jedesmal, wenn ich zu mir kam, hörte ich ihn über die Sirpur-Gefolgsleute fluchen, die betrunken in irgendeinem Dorf lagen, als er ein einziges Mal ihre Hilfe brauchte. Unsere Lanzenreiter behandeln Prinz Pratap jetzt natürlich wie einen Gott!«

Als die Maharani Tikkas Brief gelesen hatte, machte sie ihn sich sogleich zunutze: »Was wir den Sirpur schulden, können wir niemals vergelten. Prinz Pratap hat Tikka das

Leben gerettet! Sie können diese Heirat nicht länger aufschieben!«

»Muß das Leben deines Sohnes mit dem deiner Tochter erkauft werden?« fragte Jai Singh.

»Aber Jaya wird in Sirpur glücklich sein! Die Maharani-Witwe wünscht eine Verbindung. Sie wird das Mädchen unterrichten und beschützen.«

»Wer kann eine Frau vor ihrem Mann beschützen?«

»Sie reden, als ob Prinz Pratap ein Ungeheuer wäre. Vergessen Sie nicht, daß er Ihrem Sohn das Leben gerettet hat!«

»Für Männer wie Prinz Pratap ist die Gefahr ein Rauschmittel. Er ist nur mutig, weil er ein Abenteurer ist.«

»Sinnlose Theorien! Er und sein Bruder, Maharadscha Victor, waren immer gut zu Tikka. Jetzt verdankt Tikka ihnen sein Leben. Welchen Beweis brauchen Sie noch, daß sie gut zu Jaya sein werden?«

»Warum verlangt dann Sirpur eine so große Mitgift für Jaya?«

»Das ist der Preis für Ihre eigene Torheit, weil Sie das Britische Empire gegen sich aufgebracht haben. Tikka hat bereits mit Jahren seines Lebens dafür bezahlt. Es ist ein Glück für uns, daß der Preis für Jaya nur in irdischen Gütern liegt.«

Der Maharadscha zuckte mit den Achseln. Er hatte den Kopf auf die Brust gesenkt, als wolle er in seine eigene Seele blicken. Jaya, die in einer Ecke saß, erkannte die Hilflosigkeit ihres Vaters. Als er sagte: »Ich habe nie gewollt, daß die Kinder für meine Überzeugung bezahlen müssen. Tu, was du für das Beste hältst«, da pochte das Blut in ihren Ohren wie das warnende Trommeln der *nagara*.

Der Beschluß, Jaya zu vermählen, schien den Maharadscha, aber auch die Maharani aus der Isolation zu befreien.

Der Maharadscha reiste gleich darauf ab, um an einer Geheimversammlung indischer Fürsten und nationalistischer Führer teilzunehmen, dem ersten heimlichen Treffen dieser Art in Indien, das im *Sikh*-Fürstentum Patiala stattfand.

Im *zenana* nahmen die einsamen Andachten der Maharani für das Wohlergehen ihres Sohnes ab, und sie tauschte statt dessen Familienhoroskope mit der Maharani-Witwe von Sirpur aus. Sie schickte ihr sogar Abschriften von den Briefen ihres Sohnes aus Paris.

Prinz Pratap und der genesende Tikka hielten sich in einer Stadt auf, die überquoll von Flüchtlingen aus der zerfallenden Donaumonarchie und solchen, die vor dem Chaos in Rußland flohen, nachdem die Deutschen den Bolschewikenführer Lenin heimlich in einen Zug nach Petersburg verfrachtet hatten.

Aus Tikkas Briefen wurde ersichtlich, warum Prinz Pratap die Schatzkammer von Sirpur so schwer belastete. Jeden Abend veranstaltete der Prinz ein Essen für fünfzig Personen, und es hatte jedesmal den Anschein, als habe er zu einem ausgelassenen Kostümfest eingeladen. Tikka schwelgte in der Gesellschaft elegant-exzentrischer Weißrussen, bohemehafter Schriftsteller und Künstler vom Montparnasse sowie verwöhnter französischer Kokotten, die offenbar Prinz Prataps vertrauten Kreis bildeten. Tikkas Berichte aus Paris spiegelten die blendenden Vergnügungen eines jungen Mannes, der vor dem Tod in einen Strudel von Lustbarkeiten geflohen war.

In Prinz Prataps Gesellschaft lernte Tikka die üppig ausgestatteten Pariser Bordelle kennen. »Die Franzosen sind besonders stolz auf das ›Hotel Chabannais‹. Stellt Euch vor, sie bringen sogar auswärtige Staatsoberhäupter dorthin. Eduard VII. benannte Königin Victoria zu Ehren eine Suite das Hindu-Zimmer, allerdings wäre die alte Kaiserin von Indien wohl entsetzt gewesen, wenn sie einige der Einrichtungen dort gesehen hätte! Prinz Pratap besteht natürlich immer darauf, das Hindu-Zimmer zu bekommen.«

Jaya hatte den Eindruck, ihr Bruder lebe in einer Phantasiewelt – als halte er die Schrecknisse der Gegenwart mit der Schreibfeder in Schach. Und den Antworten der Maharani-Witwe entnahm sie, daß Sirpur auf ihre Mitgift baute, um den Staat von der Last zu befreien, die Prinz Prataps Ausschweifungen ihm aufbürdeten.

An dem Tag, als Jayas Ehevereinbarungen abgeschlossen wurden, schickte die *sati mata* eine Ringelblumengirlande als Zeichen ihres Segens, und sie wiederholte ihre Prophezeiung, daß Jaya einen regierenden Fürsten heiraten werde. Die Aufregung über die Girlande half der Maharani, die Niedergeschlagenheit über Tikkas Brief zu überwinden, in dem er schrieb, daß er zu seinem Regiment nach Cambrai zurückkehren werde.

Es dauerte nicht lange, bis nach und nach die Verlobungsgeschenke aus Sirpur eintrafen. Schwere, in glückverheißendem Karmesin bemalte Eisentruhen wurden vor dem *zenana* abgeladen. Die Eunuchen ächzten unter dem Gewicht, als sie die Truhen hineintrugen, und schimpften die *Purdah*-Damen aus, die ihnen, lauthals Mutmaßungen über den Inhalt anstellend, im Weg standen.

Jaya saß niedergeschlagen auf dem Balkon ihrer Mutter, während die Damen das Goldgewicht in den Säumen der übersandten Saris prüften. Sie hielten zarte, mit kostbaren Steinen besetzte Filigranhalsbänder ins Licht, um nach Makeln in den Steinen zu suchen, und fragten die Maharani, wann die geizige alte Witwe die berühmten Sirpur-Smaragde statt dieses albernen Tands schicken würde.

Die Verlobungsgeschenke änderten nichts an der Tatsache, daß Jayas Unterricht beim *raj guru* weiterging. Eines Nachmittags, nachdem der Maharadscha drei Wochen abwesend gewesen war, hörte Jaya ein Auto in den Hof unterhalb der Bibliothek fahren. Bald darauf betraten ihr Vater und Mr. Roy, noch staubig von der Reise, den Raum. Der Maharadscha hatte ein fiebriges Leuchten in den Augen, als er sich Wasser aus dem Tonkrug einschenkte.

»Guru, ich habe gründlich darüber nachgedacht, was mit kleinen Mächten wie der unseren geschieht, wenn die europäischen Reiche untergehen.«

Aus einem Auge sah Jaya Mr. Roy in der Bibliothek herumgehen, den Kopf zurückgelegt, um die Fresken an der Decke zu betrachten.

»Vor vielen Jahren hat der Maharadscha von Dungra in London mich zu warnen versucht. Die Welt, meinte er, die wir kennen, sei bereits am Ende, und ich müsse mich auf ein neues Zeitalter einstellen. Ich wollte nicht auf ihn hören. Ich habe mich dagegen gewehrt, daß die Engländer ihre Fabriken und Eisenbahnen nach Balmer brachten. Wie der Maharana von Udaipur führte ich ins Feld, wenn wir erst die Maschinen und Einrichtungen der Engländer übernähmen, würden wir auch ihre Eigenheiten übernehmen und infolgedessen unsere Seele verlieren. Auf dieser Geheimkonferenz in Patiala traf ich die Abgeordneten zahlreicher indischer Herrscher, die mit der Einführung einer parlamentarischen Vertretung experimentiert haben: Bikaner, Baroda, Travancore, Mysore. Ich bin auch vielen nationalistischen Führern begegnet. Mir wurde klar, daß wir als unabhängige Länder nur überleben können, wenn wir englische Gepflogenheiten nachahmen und das Volk an der Staatsführung beteiligen.«

Er seufzte, wie von der Lösung einer schwierigen mathematischen Gleichung erschöpft.

»Lange habe ich mich der Einsicht verschlossen, daß unser *dharma* als Krieger zu Ende ist. Was hätte ich auch anderes tun sollen? Steht nicht in den Gesetzen von Manu geschrieben, daß ein Mann ohne *dharma* sich nicht anmaßen darf zu herrschen?«

Der *raj guru* hatte dem Maharadscha mit distanziertem Interesse zugehört. »Warum machst du die Engländer für die Veränderungen verantwortlich, *Hukam*? Lies die Schriften! In unserer langen Geschichte gibt es kein gesellschaftliches System, das wir nicht ausprobiert haben.

Große Republiken, von Gelehrten regierte Länder, von heiligen Orden regierte Reiche. Unsere Regierungen wurden stets vom Rat des Volkes geführt. Wie sonst könnten die Beschlüsse von fünf Dorfältesten die von einem Fürsten erlassenen Gesetze umstoßen?«

»Das ist vorbei, Guru! Das Britische Empire hat solche Traditionen für immer verändert. Das Empire kann die Beschlüsse der Dorfältesten umstoßen. England glaubt nur an das, was geschrieben steht.«

»*Dharma*, Maharadscha-*Sahib*, heißt rechtschaffen handeln.«

Mr. Roy hielt, von der eindringlichen trockenen Flüsterstimme des *raj guru* gebannt, in seinem Rundgang inne.

»Wenn du diese Monate, während der das Empire mit seinem Überleben beschäftigt ist, dazu nutzen kannst zu erreichen, daß das Volk von Balmer einen angemessenen Preis für seine Opfer erhält, so hast du nicht gegen dein *dharma* verstoßen.«

Jai Singh lächelte den Guru dankbar an. »Der Maharadscha von Dungra ist seit Jahren ein konstitutioneller Monarch. Er hat sich bereit erklärt, nach Balmer zu kommen und mich zu beraten. Und Mr. Roys Cousin, der Rechtsanwalt Arun Roy, kommt ebenfalls nach Balmer. Ich hoffe, er ist imstande, eine Verfassung zu entwerfen, die das Britische Empire nicht zu seinen Gunsten auslegen kann.«

Im darauffolgenden Monat riß der Maharadscha sich nur ein einziges Mal von seinen umfangreichen Plänen, das Regierungssystem von Balmer zu ändern, los: Fast unwillig wohnte er der kurzen Zeremonie zur Besiegelung von Jayas Verlobung mit Prinz Pratap von Sirpur bei.

Drei Priester aus Sirpur hatten die lange Reise quer durch Indien auf sich genommen, um goldene Schalen mit Süßigkeiten zu überbringen, welche in der Küche des Palastes von Sirpur hergestellt worden waren. In Rot und Gold gekleidet, den Kopf mit einem Schleier bedeckt, wurde Jaya von den *Purdah*-Damen in den Hof geleitet und auf einen niedrigen Elfenbeinthron gesetzt. Der Oberpriester von Sirpur brach in Vertretung der Maharani-Witwe ein Stück kandierte Kokosnuß entzwei und bot Jaya ein Stück an. Lange Zeit griff Jaya nicht zu; ihre Hände waren feuchtkalt vor Angst. Hatte eine Süßigkeit aus dem Hause Sirpur erst ihren Mund berührt, so gab es kein Zurück mehr. Da hob die Maharani den Zipfel von Jayas Schleier. Der strenge Kokosnußgeruch drang ihr in die Nase, und sie öffnete gehorsam den Mund.

Als aber die Priester von Sirpur ein großes Porträt von Prinz Pratap enthüllten, und Jaya abermals die Augen mit den schweren Lidern und das gelangweilte Lächeln sah, zog sich ihr Magen zusammen, und das Nußstück kam ihr gallenbitter wieder hoch.

Prinz Prataps Porträt erhielt in Jayas Gemächern auf Geheiß der Maharani einen Ehrenplatz. Es schien den Raum, in dem es hing, auszukühlen, als vermöchten die dicken Mauern, die sogar den Wüstenfrost abhielten, diese kalten Gesichtszüge nicht zu wärmen. Jeden Morgen brachte die *baran* eine frische Blumengirlande für das Bild und blieb neben Jaya stehen, während diese steif die Gebete für das Wohlergehen ihres zukünftigen Gemahls aufsagte.

Wenn sie allein war, versuchte Jaya, das Porträt nicht anzusehen. Doch als die Wochen verstrichen und die Dezemberkühle in Januarkälte überging, schien das Gesicht des Fremden ihre Augen anzuziehen; nachts schauderte sie wie im Fieber, und sie ließ sich noch mehr Zudecken für ihr Bett bringen.

Zwanzigstes Kapitel

Der Jubel der Maharani über Jayas Verlobung vermischte sich mit Jai Singhs Freude über die Nachricht, daß der Anwalt Arun Roy und der alte Maharadscha von Dungra auf dem Weg nach Balmer seien.

Auch Tikkas nächster Brief stimmte beide Elternteile zufrieden.

»Wir wußten alle, daß Feldmarschall Haig bei Cambrai den ersten Kavalleriesturmangriff des Krieges beginnen würde. Die Deutschen haben alle Städte und Dörfer zerstört und damit einen idealen Boden für die Kavallerie geschaffen. Am frühen Morgen des 20. November startete die Offensive bei Cambrai. Zusammen mit der fünften indischen Kavalleriedivision standen wir unter dem Kommando von Sir Pratap Singh von Jodhpur. Ich muß sagen, der alte Herr scheint sich seiner zweiundsiebzig Jahre nicht im mindesten bewußt zu sein. Er war kaum zu halten, als die deutschen Panzer langsam gegen uns vorrückten. Ich schämte mich fast unserer altmodischen Lanzen und Banner, als ich sah, wie die Sonne von den Tanks der Deutschen reflektiert wurde und ihre Geschütztürme von einer Seite zur anderen schwenkten. Aber dann wurde ihr Angriff von einem Kanal aufgehalten. Nur noch eine alte Holzbrücke trennte die Panzer vom Feind. Doch die Konstruktion war zu schwach für die schweren Tanks. Wir wären vor Lachen fast aus dem Sattel gefallen, als wir sahen, wie die Panzerkommandeure mit den Fäusten auf ihre mit einem Mal nutzlosen Fahrzeuge einschlugen. Bei unserer Mobilität wäre es uns ein leichtes gewesen, hinter die deutschen Linien zu gelangen. Aber die Kavallerie wurde auf ihre Posten zurückbeordert. Wir waren entrüstet. Was wie eine Kavalleriebegegnung begonnen hatte, entwickelte sich zur Panzerschlacht. Die nächsten zehn Tage saßen wir in den Schützengräben von Cambrai. Am Morgen des 30. November starteten die Deutschen einen

Überraschungsangriff. Wir erhielten Befehl zu einem berittenen Angriff, um den Beschuß der Deutschen abzulenken. Obgleich das Gelände von den Deutschen abgeriegelt wurde, fand eine unserer Schwadronen eine Lücke und galoppierte hindurch. Darauf griffen der Rest der Brigade, das Achte Husarenregiment, Hodsons Reiterei und wir an. Wir stürmten trotz der explodierenden Granaten in perfekter Rautenposition; die Erde spritzte vor uns auf, und die Dreckklumpen machten unsere Pferde praktisch blind. Die Lanzenreiter hielten einen gleichmäßigen Trab, Banner und Lanzen ragten in die Höhe wie Zinnen. Die verbündeten Truppen brachen bei unserem Vorstoß in Hochrufe aus. Inmitten dieses schmutzigen Krieges und angesichts der über das ganze Feld verstreuten Leichen und ausgebrannten Panzer war unser Angriff wie eine Erinnerung an das, was einst ein anständiger Krieg genannt wurde. Als wir uns neu gruppierten, bot sich uns ein entsetzlicher Anblick. Die Mhow- und die Sialkot-Brigade saßen in Schußweite der deutschen Geschütze auf ihren Pferden. Irgendein Idiot von einem britischen Kommandanten muß ihnen befohlen haben, ihre Position zu halten, obwohl ihre dichtgeschlossene Formation ein perfektes Ziel für die feindliche Artillerie abgab. Nun wurden sie von Granaten niedergemäht. Abgerissene Gliedmaßen und zerfetztes Pferdefleisch flogen überall umher, doch die beiden Brigaden rührten sich das ganze Massaker hindurch nicht von der Stelle. Aus Verzweiflung über die Metzelei griff das Zweite Lanzenreiterregiment der indischen Kavallerie die deutschen Geschütze an. Wir jubelten wie wild, als eine Gruppe Lanzenreiter einen Zaun im Galopp nahm und den Deutschen mit Lanzen nachsetzte. Wir hielten die vorderste Linie, als die Deutschen unsere Stellungen in Wellen angriffen. Nach drei Tagen ununterbrochenen Kampfes wurden wir endlich von der britischen Kavallerie abgelöst. Die indische Reiterei hat sich gut geschlagen. Wir haben den Vorstoß der Deutschen

aufgehalten, unsere Lanzenreiter haben einen Kavalleriesturm durchgeführt, und mehr noch, wir haben an der ersten Panzerschlacht der Geschichte teilgenommen. Übrigens, wir verlassen demnächst Europa, um zu General
Allenbys Armee in Palästina zu stoßen.«

Schnell wußte ganz Balmer, daß Tikka und seine Lanzenreiter Indien bald tausend Meilen näher sein würden. Und
mit der Ankunft der Gäste des Maharadschas wurde die
Festung wieder so belebt, wie sie es vor der Abreise der
Lanzenreiter nach Europa gewesen war.

An dem Tag, als Jai Singh den Maharadscha von Dungra
mit einem offiziellen *durbar* empfing, begaben sich Jaya
und die *Purdah*-Damen schon zeitig auf den abgeschirm-
ten Balkon der Versammlungshalle.

Zur ebenen Erde vertrieben kleine Wärmepfannen die
Morgenkälte aus der Halle, und der Duft nach brennendem Sandelholz erfüllte die Luft. Die Rauchwölkchen zogen entlang der verspiegelten Säulen, die den Saal säumten, vor dessen öffentlichen Eingängen sich schon in
warme Decken gehüllte Untertanen drängten.

Venezianische Spiegel, die vor einem Jahrhundert in Auftrag gegeben worden waren, schmückten die Wände des
Damenbalkons. Ihre verzierten Rahmen blätterten schon
ab, das Glas war vom Alter trübe geworden. In einem
Spiegel konnte Jaya die Kuppeldächer sehen, unter denen
die Handwerker arbeiteten. Sie stellte sich lebhaft die We-
ber vor, die die Schiffchen über die Webstühle flitzen ließen, um die Kleidungsstücke für ihre Brautausstattung zu
weben, und die Goldschmiede, die, über Wachstafeln gebeugt, ihren Brautschmuck entwarfen.

»Eine stattliche Erscheinung für einen Mann aus dem
Osten«, flüsterte eine *Purdah*-Dame. Jaya blickte hinunter.
Mrs. und Mr. Roy sowie dessen Cousin, der Rechtsanwalt
aus Kalkutta, betraten den Saal. Arun Roy trug ein langes
Hemd und einen weißen *dhoti*, der in eleganten Falten auf

den Fußboden fiel. Ein brauner Schal lag auf seinen breiten Schultern.

»Er ist durchaus eine edle Erscheinung«, bemerkte die Maharani anerkennend. Als sie dieses Lob vernahmen, drückten sich die übrigen Damen an die durchbrochenen Mauern, bis aus jeder Öffnung Augen spähten. Der Anwalt nahm neben einer Wärmepfanne Platz. Er zog eine Wasserpfeife zu sich heran und steckte sich das Mundstück zwischen die Zähne, die weiß unter dem bleistiftdünnen Schnurrbart aufblitzten. Jaya hörte die Frau neben sich laut schlucken.

Mr. Roy reichte seinem Cousin ein Blatt Papier. Der Anwalt zog eine Brille unter seinem Schal hervor. Als er sie auf seine Nase setzte, stöhnten die *Purdah*-Damen laut auf.

»Die Götter sind so grausam!«

»Daß sie einen so stattlichen Mann blind machen!«

Metallisch klirrten Lanzen auf dem Marmorboden. Radscha Man Singh trat mit dem Symbol monarchischer Macht, einem von einem goldenen Kegel wallenden weißen Pferdeschweif, in die Versammlungshalle. Der *senapathy* folgte mit dem Symbol des Krieges, einem Strauß Pfauenfedern. Hinter ihm kamen die Ratsminister mit Silberstäben, die mit den Insignien des Wohlstands gekrönt waren – dem Kopf des Tigers, dem Kopf des Elefanten, dem Kopf des Krokodils. Der Premierminister von Balmer trug das Signum der Verwaltung, eine rote Hand, vor sich her.

Das Klirren der Lanzen auf dem Marmorboden hallte abermals durch den Korridor. »Habt acht! Habt acht!« riefen die Herolde. »Hier naht der Spender des Korns, der Beschützer des Volkes, der Sitz der Gerechtigkeit, die Quelle der Mildtätigkeit: Maharadscha Jai Singh-ji, Verteidiger der Göttin, Herrscher von Balmer!«

Jai Singh nahm auf seinem *gaddi* Platz. Die gefächerten Federn seines Turbans streiften den karmesinroten Staatsbaldachin, seine aufrechte Gestalt war von den Symbolen der Monarchie umringt.

Die *Purdah*-Damen wiesen auf einen Torbogen, durch welchen der Maharadscha von Dungra in den Saal geführt wurde.

»Er sieht aus wie eine fette schwarze Ente.«

»Warum trägt er so viele Perlen?«

Hinter dem Vater trat der Sohn des Maharadschas von Dungra ein. Den Finger durch das Gitterwerk stoßend, prustete eine Dame in ihren Schleier: »Sie mögen zwar von Perlen triefen, aber seht euch nur ihre großen Hinterteile an! Wie ein Paar schwarze Büffel!«

»Jedenfalls gibt es keinen Zweifel, wer der Vater dieses Sohnes ist.«

»Und der wird Federchen gerufen! Kaum zu glauben!«

Wie auf ein Stichwort warf der Sohn den Kopf auf den Fleischringen, die aus seinem engen Rockkragen und den Perlenreihen quollen, zurück.

»Da seht ihr, was ihr angerichtet habt! Unser Gast hat euch gehört«, flüsterte die Maharani.

»Aber *Hukam*, wie kann so ein fetter Mann Federchen heißen?« Jaya brachte die Worte kaum hervor, und die *Purdah*-Damen bemühten sich, nicht in kreischendes Gelächter auszubrechen.

»Sei still, Jaya, sonst mußt du gehen«, befahl die Maharani. »Seine Hoheit der Maharadscha von Dungra wird sagen, die Frauen von Balmer machen bei Versammlungen wie Tänzerinnen auf sich aufmerksam.«

Verlegen bemühte sich Jaya, sich zu beherrschen, als die Schlange der Edelleute herantrat, um vor dem Angesicht ihres Vaters Goldmünzen abzulegen. Auch vor dem Maharadscha von Dungra und seinem Sohn wurden Geschenke postiert. Den Anwalt Arun Roy schien die Zeremonie zu amüsieren, er machte sich gelegentlich Notizen.

Dann stand der *raj guru* vor Jai Singh, um den *Aashirvad* zu erteilen, den Segen, mit dem ein *durbar* beendet wurde. Die Menschenmenge, die durch die Bögen spähte, erhob sich, und es herrschte Stille, als die brüchige Stimme des alten Priesters die weite Halle mit den uralten Sanskritworten erfüllte.

Am Abend wurde den Gästen allerlei Unterhaltung geboten. Stelzentänzer gaben auf dem Kopfsteinpflaster vor der Königsterrasse eine Vorstellung, eine Knabengruppe führte den Balmer-Schwertertanz auf. Der Maharadscha von Dungra dankte ihnen mit Goldmünzen. Dann zogen sich die Gäste in den kleinen Salon hinter der Königsterrasse zurück. Wasserpfeifen standen neben den Diwanen, und im Kamin brannte ein Holzfeuer. Der Maharadscha von Dungra bestand darauf, daß Jaya sich zu ihm setzte. Sie sank tief, weil die Sprungfedern vom Gewicht des Maharadschas niedergedrückt wurden, und atmete den starken Rosenwasserduft ein, der aus seinen Kleidern stieg. Sie bemühte sich, nicht auf seine dicken, von Betelsaft rotgefärbten Lippen zu starren, als er sprach.

»Der Staatssekretär für Indien war letzten Monat in Dungra. Ich denke, seine Resolution im britischen Parlament läßt darauf schließen, daß die Engländer sich allmählich mit dem Gedanken an eine indische Selbstverwaltung vertraut machen. Es steht so gut wie fest, daß England nach dem Krieg den hiesigen Herrschern eine Chamber of Princes und in Britisch-Indien Versammlungen genehmigt.«

Arun Roy lächelte den alten Herrscher an. »Seit Jahren verspricht England, Indien zu einem Dominion wie Kanada und Australien zu machen. Warten wir ab, ob es sein Versprechen endlich wahrmacht! Schließlich sind eine und eine Viertel Million Inder 1915 eingerückt, um die britischen Territorien zu verteidigen, und 100 Millionen Pfund aus indischen Staatskassen wurden England regelrecht zum Geschenk gemacht. Seitdem hat Indien Jahr für Jahr weitere 30 Millionen Pfund an England gezahlt.«

Mr. Roy unterbrach ihn. »Und just zu dem Zeitpunkt, als der irische Aufstand 1915 seinen Höhepunkt erreichte, beendeten wir Inder jedwede Agitation gegen die Engländer – keine Bombenanschläge mehr, keine Mordversuche. Wenn die Engländer uns nach dem Krieg keine Selbstverwaltung gewähren, werden sie die Situation nicht mehr kontrollieren können. Wir sind nicht Englands Nachbar wie Irland. Unsere Verbitterung werden britische Truppen nicht unterdrücken können.«

»Alle Konzessionen, die man uns nach dem Krieg gewähren wird, haben einen bedrohlichen Aspekt.« Mrs. Roy betrachtete die Versammlung durch ihre randlose Brille. »England bringt Hindus, *sikhs* und Moslems gegeneinander auf. Die indischen Fürstentümer gegen Britisch-Indien. Wir dürfen nicht zulassen, daß das so weitergeht.«

Der jüngere Dungra schüttelte abwehrend den Kopf. »Die Moslems haben schon Verbindung mit den *sikhs* aufgenommen, und beide Gruppen schließen sich Gandhi an, dem Führer des Indischen Nationalkongresses.«

»Erzählt mir von diesem Gandhi!« sagte Jai Singh.

Ohne seinen feisten Leib vorzubeugen, spie der Maharadscha von Dungra in den Spucknapf am Fuße des Diwans. »Er hat jahrelang in Südafrika gelebt, wo er sich gegen die Paßgesetze auflehnte. Er möchte, daß wir seine dortige Methode – das System des gewaltlosen Widerstands – übernehmen, um die Selbstverwaltung für Indien zu erreichen.« Der Maharadscha von Dungra faltete die Hände über seinem Bauch, und Jayas Aufmerksamkeit wurde vorübergehend von seinen prächtigen Fingerringen abgelenkt. »Aber Gandhi ist für meinen Geschmack etwas zu asketisch.«

»Mit seiner Askese wird Gandhi die indischen Massen aufrütteln, um das Joch der britischen Oberhoheit abzuschütteln.« Arun Roy war mit einemmal ganz ernst. »Er appelliert an unsere zahlenmäßige Stärke und ruft zu passivem Widerstand auf. Er kleidet sich wie das Volk. Er lebt wie die gewöhnlichen Leute. Glaubt mir, er wird ihre Furcht in Mut verwandeln.«

Der Maharadscha von Dungra fing zu lachen an, so daß der Diwan unter seinem Gewicht erbebte. »Erst einmal müssen wir, die indischen Herrscher, Mut beweisen. Erzähle uns von deinen geheimen Treffen mit den indischen nationalistischen Führern in Patiala, Jai!«

»Wir sind übereingekommen zusammenzuarbeiten, um die Autorität des Empire über unsere Angelegenheiten zu beschneiden.«

Der Anwalt sah Jai Singh mit neuem Interesse an. »Aber die Herrscher unterstützen doch England?«

»Wir müssen den Anschein erwecken, als würden wir England unterstützen, oder wir verlieren unseren Thron, Mr. Roy«, erwiderte Jai Singh kühl. »Aber wenn wir in der Chamber of Princes ein Gremium bekommen, werden unsere wahren Ansichten vielleicht endlich publik.«

Der Maharadscha von Dungra tätschelte Jayas Knie. »Wir müssen dich verwirrt haben, mein Kind. Wovon wirst du heute nacht träumen, nach unserem ganzen Gerede von Gandhi und der Chamber of Princes?«

Jaya schenkte ihm ein scheues Lächeln. »Ich werde wohl von Schiffen träumen, *Hukam*. In diesem Augenblick sind nämlich mein Bruder und die Balmer-Lanzenreiter nach Palästina unterwegs.«

Am nächsten Tag verließ ein Autokonvoi die Festung. Maharadscha Jai Singh und seine Gäste begaben sich auf eine ausgedehnte Rundfahrt durch Balmer. In den Wochen ihrer Abwesenheit wurde der *raj guru* gelegentlich herbeigerufen, um einer Dorfversammlung etwas zu erklären, oder die *shikari* luden die Jagdgeparden in einen Wagen, weil sich die Gesellschaft des Maharadschas einen Tag bei der Hirschhetze erholen wollte. Als Jaya eines Morgens die vier Palastwächter, in deren dicke Lederhandschuhe sich mit Kapuzen bedeckte Vögel krallten, die Festungswälle hinabreiten sah, da wußte sie, daß ihr Vater die Südgrenze des Landes erreicht hatte und in der Wüste auf Falkenjagd ging.

Immer, wenn jemand, dem sie vertrauen konnte, aufbrach, um sich dem Maharadscha anzuschließen, schickte die Maharani ihrem Gemahl Berichte von den Ratsversammlungen und von Radscha Man Singhs Maßnahmen mit. Jaya brachte dem Boten die versiegelten Umschläge und fügte manchmal einen eigenen Brief bei.

Sie war gerade im Begriff, eine Abschrift von Feldmarschall Haigs Achtungsbezeugung für die indische Kavallerie beizulegen, als sie den Ruf erhielt, sich selbst zu ihrem Vater zu begeben.

Im grellen Nachmittagslicht fuhren Jaya und der *senapathy* auf dem Weg zum Maharadscha durch die Basare der Stadt, vorbei an den Teeverkäufern, die Eisenkessel auf Öfen erhitzten, und den Schlächtern, die Ziegenkeulen von ihren Karren hievten.

Schließlich bog das Auto in einen gewundenen Lehmweg ein, der in den Dschungel führte. Der Chauffeur bremste nahe einem verlassenen Fort. Steinblöcke hatten sich aus den Befestigungen gelöst, und ein Banyanbaum breitete wie ein Säulenpavillon seine Äste vor dem Tor zu dem Fort aus und spendete den dort wartenden Pferden Schatten.

Der *senapathy* reichte Jaya einen Speer. »Es kann zwar keine Rede davon sein, daß du selbst ein Wildschwein aufspießt, *Bai-sa*, aber dein Vater wünscht, daß du Erfahrung im Speerreiten sammelst. Falls du abgeworfen wirst, nimm diese Pistole, um die Tiere zu verscheuchen.« Jaya vernahm den mißbilligenden Unterton der knappen Anweisung des Befehlshabers. Dann hatte er sich schon in seinen Sattel geschwungen.

Nach einer Stunde strammen Reitens gelangten sie an ein steiniges ausgetrocknetes Flußbett; in einer Schlucht warteten die anderen Speerreiter. Arun Roy schob die Lederschlaufe seines Speers über sein Handgelenk. Federchen Dungra stand neben ihm. Jaya war überrascht, den Thronerben von Dungra hier anzutreffen, und fragte sich, ob er überhaupt reiten konnte. Doch er schwang sich mit erstaunlicher Behendigkeit in den Sattel und folgte Arun Roy das Flußbett entlang zu den Zuckerrohrfeldern. Die Rufe der Treiber ertönten schwach in der Ferne, indes die beiden Reiter durchs Unterholz galoppierten und Schwärme von leuchtendblauen Eisvögeln und scharlachroten Mennigvögeln in den blanken Himmel scheuchten.

Jaya ritt im Schrittempo näher an einen mit Lotosblättern bedeckten See heran. Krokodile sonnten sich im Schlamm. Am Ufer pickte eine Schar Pfauhennen an roten Blumen, die so groß wie Melonen waren. Dann stolzierte ein Pfau ins Blickfeld, seine leuchtenden Schwanzfedern streiften über die Erde. Einmal hallte ein rauhes Husten vom gegenüberliegenden Ufer herüber, der Laut eines Tigers, der sein Weibchen warnt. Jaya hielt ihren Speer fester und lauschte auf Anzeichen eines Wildschweins, aber aus dem Gebüsch kam kein Laut. Das einzige, was zu hören war, war das Knallen einzelner Lotosknospen, die sich an ihren schwankenden Stengeln öffneten.

Plötzlich flitzte ein stumpfschwarzer Streifen durch das Gras; gefährlich aussehende Hauer krümmten sich über einem Rüssel. Jai Singhs Pferd preschte an Jaya vorbei. Die Hand des Maharadschas senkte sich und hielt einen Dolch parallel zum Kopf seines Pferdes, als er sich dem Keiler geschwind näherte. Stolz wallte in Jaya auf. Sie wußte nur von drei Männern auf der Welt, die es wagten, Wildschweine mit Dolchen statt Speeren zu jagen: der Maharadscha von Alwar, Sir Pratap Singh und ihr Vater. Eine Herde Nilgauantilopen rannte in die entgegengesetzte Richtung. Der Keiler verschwand in der Herde, verfolgt von dem Maharadscha. Unfähig, mit den Antilopen Schritt zu halten, fiel der Wildeber zurück. Der Maharadscha holte auf, sein Dolch war nur noch wenige Zoll vom Kopf des Keilers entfernt.

Da wich das Schwein plötzlich aus und raste auf das steinige Flußbett zu. Arun Roy galoppierte den Hang hinab, Steine lösten sich und verursachten einen kleinen Erdrutsch. Der Keiler schlug abermals einen Haken und suchte Schutz in den Zuckerrohrfeldern. Der junge Dungra tauchte aus dem schwankenden Zuckerrohr auf, den Speer erhoben wie einen Wurfspieß. Der Wildeber blieb plötzlich stehen. Jaya suchte ihre Pistole und stellte fest, daß sie sie verloren hatte. Indessen drehte sich der Keiler blitzschnell herum. Arun Roys Speer war zum Stoß erhoben. Jaya hörte die Spitze deutlich auf Knochen treffen, ehe der Eber einen Satz machte, unter dessen Wucht der Speer zerbrach.

Der verwundete Keiler hielt auf den See zu, der abgebrochene Speer ragte aus einer Schulter heraus. Blut färbte das staubige Fell noch dunkler. Er bewegte sich nun direkt auf Jayas Pferd zu. Sie wußte, wenn das Wildschwein zwischen die Beine ihres Pferdes geriet, würde es ihm mit seinen Hauern den Bauch aufschlitzen. Jaya erinnerte sich an Major Singhs Anweisungen beim *tent-pegging* und grub ihrem Pferd die Fersen in die Flanken, um es anzutreiben, damit ihr Hieb durch das Tempo größere Stoßkraft erhielt. Die kleinen schwarzen Augen des Keilers waren auf sie gerichtet, der häßliche Rüssel war vor Schmerz und Wut zurückgekrümmt. Fest umgriff sie den Speer; sie nahm die anderen Reiter kaum wahr, die das verwundete Wildschwein mit lautem Geschrei abzulenken suchten.

Der Eber war fast unter dem Pferd. Jaya ließ den Arm herabsausen. Ihre Speerspitze verschwand im Nacken des Tieres. Sie stemmte sich mit ihrer ganzen Kraft dahinter, und die Klinge durchschlitzte Borsten und Fleisch. Ein ohrenbetäubendes Quieken erschütterte die Stille des Dschungels. Der Keiler sank zu Boden, der Holzschaft splitterte unter seinem Gewicht.

Arun Roy war als erster bei Jaya. »Gut gemacht, *Bai-sa*! Das war ein perfekter Stoß. Du hast mich beschämt!«

Eine Gruppe Treiber erschien auf dem Kamm. Der Maharadscha deutete auf Jaya und gab den *shikari* ein Zeichen, daß seine Tochter das Tier erlegt hatte. Laute Hochrufe brandeten das steinige Flußbett entlang bis zum See, wo die aufgestörten Krokodile gereizt mit ihren riesigen Schwänzen den Schlamm peitschten.

Der Rest des Jagdtages verlief ohne besondere Vorfälle. Gelegentlich lenkte Arun Roy sein Pferd neben das Jayas. Obwohl er nichts von Bedeutung sprach, errötete sie, wenn er das Wort an sie richtete. Sein zwangloses Auftreten und seine unbekümmerten Komplimente verwirrten sie. Am Abend betrug die Strecke insgesamt neun Keiler. Die untergehende Sonne färbte den Himmel rot und verwandelte das leuchtende Gefieder der Dschungelvögel in schwarze Silhouetten.

Lachend sprachen Arun Roy und Federchen Dungra über Rezepte für die Zubereitung von Wildschwein, als sie zu den Zelten am Rand eines Dorfes zurückritten. Ihre Begeisterung schallte durch die stillen Zuckerrohrfelder, die im spärlichen Licht des Neumondes kaum zu sehen waren.

Jaya wusch sich rasch und zog sich um. Unterdessen warteten die *shikari* mit Petroleumlampen in der kalten Nachtluft, um den schlammigen Pfad zu beleuchten.

Hinter den Zelten loderte in einer großen Grube ein Holzfeuer. Arun Roy und der junge Dungra saßen zurückgelehnt auf Segeltuchstühlen, Trinkgläser in der Hand, die Beine zum wärmenden Feuer hingestreckt. Neben ihnen baumelte an einer langen Eisenstange der Rumpf eines Keilers; Dampf stieg aus den Pfannen mit kochendem Wasser, mit dem er begossen wurde.

Jaya setzte sich zu den Männern, aber sie beachteten sie kaum. Ihre Aufmerksamkeit wurde von einem alten Mann mit einem prächtigen weißen Schnurrbart gefesselt.

Der wies mit krummem Finger auf den halb abgebalgten Eber an seiner Eisenstange. »Die Schweinsperle, *Hukam!* Deine Leute haben vergessen, nach der Schweinsperle zu sehen.«

Federchen Dungra beugte sich gespannt nach vorn, so daß sein Stuhl beinahe umkippte. »Was ist das, eine Schweinsperle?«

»Der Eber der *bai-sa* war alt genug, um eine Perle im Kopf zu haben, *Hukam,* wie man sie zuweilen auch im Kopf eines alten Elefanten findet. Keine Perle aus dem Meer kann sich mit einer Schweinsperle messen, *Hukam.*«

»Wie sieht sie denn aus?«

»Sie schimmert wie das Mondlicht. Sie hat magische Eigenschaften. *Bai-sas* Eber muß eine im Kopf haben.«

»Du meinst, wenn wir eine Schweinsperle finden, dann gehört sie der *bai-sa?*« Enttäuschung sprach deutlich aus Federchens Stimme. Jaya kicherte, als ihr die Bemerkungen der *Purdah*-Damen beim Anblick der Perlen um des jungen Dungras Hals einfielen. Arun Roy warf seinen Arm über die Rückenlehne von Jayas Stuhl und lachte mit ihr, und Jaya hatte mit einem Mal das Gefühl, als würde sie den Anwalt ihr Leben lang kennen.

Der *senapathy* kam, um die Gäste in das Versammlungszelt des Maharadschas zu führen. Dorfbewohner saßen mit gekreuzten Beinen auf den Teppichen. Die Dorfältesten mit weißen Turbanen, die kurzen Jacken unter ihren Schals verborgen, warteten, daß Jai Singh das Wort ergriff.

Der Maharadscha beugte sich auf seinem *gaddi* vor. »Die fünf Ältesten eines jeden Dorfes in diesem Gebiet sind anwesend. Gemäß unseren alten Gesetzen kann ein von fünf Dörfern gefaßter Beschluß die von einem Herrscher erlassenen Gesetze umstürzen. Heute abend habe ich euch hierhergerufen, um euch zu sagen, daß ich befürchte, eure Beschlüsse werden in Zukunft kein Gewicht mehr haben. Unsere Minister geben jetzt Regierungsformen den Vorzug, die uns fremd sind.«

Schweigend nahmen die Dörfler den Sinn der Worte des Maharadschas in sich auf. Ein imposanter Mann mit aufwärts gezwirbeltem Bart fragte: »Wie können wir das verhindern, *Hukam?*«

»Wenn ihr euren Worten Gehör verschaffen wollt, müßt ihr die neue Sprache der Regierung erlernen.«

»Wir bestellen unsere Felder und hüten unsere Herden. Wir haben keine Zeit, die Sprache der Engländer zu lernen.« Die anderen Dorfbewohner bekräftigten lautstark die Ausführungen des Sprechenden.

»Ich rede nicht von der Sprache der Engländer. Ich rede von einer neuen Sprache der Macht. Jedes Dorf muß einen Mann zur Vertretung seiner Interessen wählen, der dem Rat beiwohnen und die Verwaltung auf diese neue Weise durchführen kann. Wenn es zwischen euch und den Edelleuten zum Interessenkonflikt kommt, und dazu kommt es bestimmt, so werdet ihr imstande sein, euren Sorgen wirksam Ausdruck zu verleihen, ja sie sogar dem Britischen Empire vorzutragen. Sobald der Krieg aus ist, werden wir für eure Söhne eine Verwaltungsschule gründen und den Verwaltungsrat von Balmer durch Abstimmung wählen. Ihr werdet die gleiche Macht haben wie die Edelleute.«

Die Männer berieten sich miteinander. Die Besorgnis war ihren Gesichtern anzusehen, als sie die Vorschläge des Maharadschas besprachen. Ein junger Mann hob seine gefalteten Hände, und der Maharadscha nickte ihm zu. »Die Edelleute werden das ablehnen, *Hukam.* Sie werden ihre ererbte Macht nicht mit uns teilen wollen.«

»Niemand hat ererbte Macht, es gibt nur ererbte Pflichten. Es ist meine Aufgabe, das Volk gegen die Willkür der Edelleute zu verteidigen, denkt daran! Dieser Krieg hat das Gleichgewicht unserer Welt verändert. Wir können nie wieder dorthin zurück, wo wir vorher waren. Wenn wir nicht bereit sind, uns diesen Veränderungen zu stellen, werden wir zugrunde gehen.«

In die Festung zurückgekehrt, machten sich die Gäste des Maharadschas an die Arbeit; sie wollten unbedingt die neue Verfassung vervollständigen, ehe sie zum *Diwali*-Fest, welches das neue Hindu-Jahr einleitete, nach Hause zurückkehrten.

Jaya bekam die Gäste selten zu Gesicht. Nur einmal wurde sie zu ihrem Vater und dem alten Maharadscha von Dungra in Jai Singhs Büro befohlen. Der Tisch vor den zwei Herrschern war mit grünen Papieren bedeckt. »Dies sind Aktienzertifikate, *Bai-sa*. Ich überschreibe sie auf deinen Namen. Du darfst niemandem davon erzählen, auch nicht deiner Mutter, nicht einmal deinem Ehemann.«

Jaya starrte auf die geprägte Schrift der Papiere. Der verschwörerische Tonfall ihres Vaters machte sie frösteln.

»Jede gute Hausfrau hat ein geheimes Geldversteck für schwere Zeiten, *Bai-sa*«, versicherte ihr der Maharadscha von Dungra. »Du bringst eine gewaltige Mitgift nach Sirpur, aber es könnte eine Zeit kommen, da du etwas für dich selbst benötigst. Bis dahin werden mein Sohn und ich dieses Vermögen in Dungra sicher für dich verwalten.«

»Sind diese Papiere ein Vermögen, *Hukam?*«

Der Maharadscha von Dungra lachte. »Eine neue Vermögensform, *Bai-sa*. Ich habe die Papiere 1898 in London für deinen Vater gekauft. Heute, 1918, hat sich ihr Wert bereits vervielfacht.«

Die Erinnerung an ihre bevorstehende Heirat verdrängte die Unbeschwertheit, welche die Gäste bei Jaya hervorgerufen hatten, und sie dachte bedrückt an ihre Zukunft.

Sie konnte kaum lächeln, als Arun Roy ihr Lebewohl sagen kam und ein kleines Päckchen überreichte. Unter dem Schnurrbart formten sich Arun Roys Lippen zu einem Lächeln. »Ich glaube, die gehört dir, *Bai-sa*.«

Jaya entfernte die Umhüllung. Auf Samt gebettet lag eine große Perle, die wie ein mißgebildetes Ei aussah.

»Die Schweinsperle!«

»Nächstesmal finden wir zusammen eine Elefanten-

perle«, scherzte der Anwalt. Jaya errötete, und Arun Roy
entfernte sich. Sein *dhoti* schleifte über den Steinboden.

· *Einundzwanzigstes Kapitel*

Die Freskenmaler kamen und gingen wieder. Es war Zeit,
sich für die *Diwali*-Nacht vorzubereiten, in der jedes Haus
im Lande mit Tonlampen erhellt wurde, um die Göttin des
Wohlstands gnädig zu stimmen.
»Während Ihr Euch auf das *Diwali*-Fest vorbereitet, haben
wir das Jordan-Tal bewacht und die Männer an Malaria
und Ruhr zugrunde gehen sehen«, schrieb Tikka aus Palästina. »Sir Pratap Singh ist hier schon zur Legende geworden. Er bestand darauf, bei seinen Pferden im Stall zu
schlafen, um sich zu vergewissern, daß sie die Seekrank-
heit überwunden hatten. Obwohl die Temperatur 45 Grad
im Schatten beträgt – welch ein Unterschied zu den
Schneestürmen in Frankreich –, hat er die fürstlichen
Truppen in Schwung gehalten, indem er jeweils 400 Mann
zu Fuß auf das Polofeld schickte und jeden Stein entfernen
ließ, so daß wir spielen konnten, ohne unsere Pferde zu
gefährden. Lord Allenby hat Sir Pratap zu bewegen versucht, in einem Hotel in Jerusalem Quartier zu nehmen.
Aber der alte Herr wollte nichts davon wissen, sehr zum
Pech seines Sohnes Hanut Singh, der um fünf Uhr morgens aufstehen und mit dem Pferd seines Vaters zwei
Stunden lang über ein fünf Fuß hohes Hindernis springen
muß, während sein Vater die Truppen inspiziert. Der
arme alte Sir Pratap bekam am Abend des 13. Juli Fieber
und verpaßte den Angriff der Türken. Eine Schwadron
Jodhpur-Lanzenreiter wagte sich zu weit vor, und alle
Männer wurden getötet. Pratap behauptet nun, ein Bluts-

verwandter jedes einzelnen Gefallenen zu sein. Er platzt fast vor Stolz, weil einem seiner Offiziere, Major Dalpat Singh, das Militärverdienstkreuz verliehen wurde. Er war auf ein feindliches Maschinengewehr zugaloppiert und hatte die Schützen getötet, das Maschinengewehr erobert und den türkischen Kommandeur mit bloßen Händen gefangengenommen. Sir Pratap hat sich früher so oft die Beine gebrochen, daß ihm jetzt das Auf- und Absitzen schwerfällt. Trotz der Schmerzen und seiner dreiundsiebzig Jahre bleibt er wie wir dreißig Stunden an einem Stück im Sattel. Wir verehren ihn als die wahre Verkörperung des *Rajput*-Kriegers.«

Jaya wünschte, Tikka könnte zum *Diwali*-Fest in Balmer sein, statt in einem fremden Land dreißig Stunden im Sattel sitzen zu müssen. Sie beobachtete die schreienden Töpfer, die ihre Eselchen die Festungswälle hinanpeitschten, während Stapel von Tonlampen gefährlich auf ihren überladenen Karren wankten.

Im *Zenana*-Hof entrollten die Eunuchen das Zelt, worin die Damen den Beginn des neuen Jahres feiern würden, indem sie für den Herrscher tanzten. Die Dienerinnen holten Silberbecher hervor, um am Ende der langen *Diwali*-Nacht den Lampenruß, der sich in Streifen auf dem Silber absetzte, zu sammeln und zu Kayal für die *Purdah*-Damen zu verarbeiten, die sich damit die Augen umrandeten. Die Damen unterhielten sich einstweilen auf ihren Balkonen mit Würfel- und Kartenspielen. Sie lachten, als sie sahen, wie die Eunuchen sich abmühten, das Zelt mit seinen Stangen aufzustellen.

Dann brach die *Diwali*-Nacht an. Über der Stadt ragte die erleuchtete Festung aus der Dunkelheit. Auf ihren Zinnen flackerten Tausende von Tonlampen. Feuerwerkskörper knallten wie Kanonenschüsse durch die schmalen Straßen der Hauptstadt, und Raketen schossen von Dachterrassen und Basarecken in den Nachthimmel.

Im *Zenana*-Hof nahm der Maharadscha den Damen gegenüber auf einem Polster Platz. Warme Brisen vom Jalsa-See trugen das Gelächter aus der Stadt herauf. Die Maharani erhob sich, um für ihren Gemahl zu tanzen. Eine Weile tanzte sie allein, gläserne Armreifen glitzerten an ihren zierlichen Handgelenken. Eine nach der anderen gesellten sich dann die *Purdah*-Damen zu ihr, sie drehten sich in ihren Röcken, die so reich mit Edelsteinen verziert waren, daß die Dienerinnen ihnen am nächsten Morgen die blutenden Handgelenke verbinden mußten. Jetzt aber wirbelten die Damen im Pfauentanz. Der Stirnschmuck, mit dem die Schleier befestigt waren, warf bunte Muster auf den goldenen Baldachin des Zeltes. Jaya, die sich unentwegt drehte, wobei sich ihr Rock gegen die anderen blähte, sah die Feuerwerkskörper einen Moment hell am Himmel erstrahlen und gleich darauf zu bunter Asche zerstieben, und sie stellte sich Balmer als ein großes Feuerrad vor, das zur Freude der Göttin durch die Nacht kreiste.

Zwei Tage später war es, als sei das *Diwali*-Fest wiedergekehrt. Maharadscha Jai Singh schob seiner überraschten Gemahlin ein Bonbon in den Mund. »Du hast einem Löwen das Leben geschenkt.«

Hinter ihm hielt der Obereunuch ein Bündel Telegramme. Jai Singh nahm eins heraus. »Dies ist von General Allenby, dem Vorgesetzten deines Sohnes. ›Gratuliere zu der großartigen Heldentat Ihrer Männer, die Haifa im Sturm nahmen, viele Türken in den Straßen der Stadt mit der Lanze töteten und 700 Gefangene machten.‹« Er blätterte die Telegramme durch. »Und dies ist vom Vizekönig: ›Eine glänzende Kampfleistung!‹«

Jai Singh nahm sich dann Major Vir Singhs Report vor. »›Kampfhandlung fürstlicher Lanzenreiter gegen schwer befestigte türkische Stellung führte zur Gefangennahme von zwei deutschen Offizieren, 23 türkischen Offizieren und 700 Soldaten sowie zur Eroberung von zwei Schiffsgeschützen, zehn Feldgeschützen, zehn Maschinengewehren und einer großen Menge Munition; ohne

Zweifel ein Beweis für die nach wie vor wichtige Rolle der Kavallerie im Krieg.‹«

Es blieb wenig Zeit, sich an Tikkas Ruhm zu erfreuen. Obwohl es inzwischen November und die Monsunzeit längst vorüber war, regnete es noch stark, was die Befürchtung vermehrte, daß die Grippeepidemie, die wie eine Pest in Indien wütete, Balmer jeden Moment erreichen könne. Zwar waren in der Stadt bereits mehrere Krankheitsfälle gemeldet, aber noch hatte kein Toter die entsetzliche Anzahl von drei Millionen Todesopfern, die im übrigen Indien zu beklagen waren, erhöht.

Kuki-bai bekam hohes Fieber, das weder auf die Kräutertränke ansprach, welche die *Ayurveda*-Ärzte schickten, noch auf die Medikamente, welche die in der Medizin des Westens ausgebildeten Ärzte verschrieben. Jaya saß an dem silbernen Bett der alten Konkubine und lauschte ihrem unzusammenhängenden Gestammel über das *Chand Mahal*. Eine einzelne, von schweren Windböen gerüttelte Lampe warf seltsame Schatten auf die bemalten Wände, und die Dienerinnen brachten brennenden Kampfer, um die Luft zu desinfizieren.

An dem Abend, als Kuki-bais Fieber ausbrach, wurde Jaya auf den Balkon der Maharani gerufen. Sie rieb sich mit einem Desinfektionsmittel ab, ehe sie sich zu ihren Eltern gesellte, die sich besorgt über die Grippeepidemie unterhielten. Die Beunruhigung war der Stimme der Maharani deutlich anzuhören. »Die Monsunregen sind im übrigen Indien heuer ausgeblieben, nur hier ist es, als suche die Göttin das Land zu ertränken. Und mit jedem Unwetter steigt die Zahl der Grippekranken.«

Der Maharadscha schüttelte betrübt den Kopf. »Die Lage ist überall bedenklich, sogar in Damaskus. Tikkas Division ist auf ganze 1200 Mann reduziert. 400 Soldaten sind schon an Grippe gestorben.« Er entfaltete dünne Papierbögen und las den letzten Brief seines Sohnes vor.

»Kein Wunder, daß die Männer von der Grippe umfallen wie die Fliegen. In den letzten zwei Wochen haben wir fast 300 Meilen zu Pferde zurückgelegt, und während der ganzen Zeit haben die Leute sich nur von Tee, Biskuits und Marmelade ernährt. Wir getrauen uns die Konservennahrung nicht anzurühren aus Furcht, daß sie Rindfleisch enthält. Wir haben türkische Kolonnen angegriffen und unentwegt Gefangene gemacht. Auf der Straße nach Damaskus sah eine von unseren Schwadronen eine Gruppe Araber und griff an. Die Leute sind getürmt und ließen einen einzigen Araber in einem Wagen zurück. Risaldar Major Hamir Singh beschuldigte ihn sogleich, ein türkischer Spion zu sein. Als der Gefangene die britischen Offiziere unserer Einheit schließlich überzeugte, daß er kein anderer war als der legendäre Lawrence von Arabien, glaubte ich, Prinz Pratap von Sirpur würde sich totlachen. Nun fürchte ich, Oberst Lawrence wird der indischen Armee nie vergeben. Dann zogen wir in Damaskus ein, und man bereitete uns einen stürmischen Empfang. Doch Allenby wünscht, daß alle Truppen, die gut genug in Form sind, sofort nach Aleppo vorrücken. Alle hoffen, es wird die letzte schwere Schlacht an dieser Front. Die Männer sind vollkommen erschöpft und wollen nach Hause. Ich auch.«

Hinter den bemalten Holzfenstern sah man Lichter im Tempel der Maharanis von Balmer. Die *Purdah*-Damen verrichteten ihre abendliche *puja*.

Der Maharadscha legte einen Arm um seine Gemahlin. »Es wird bald vorüber sein. Denk nur, dein Sohn ist vielleicht nächstes Jahr hier, um mit dir *diwali* zu feiern!«

Die Maharani weinte in den Armen ihres Gemahls. »Nach all den Jahren, die er in der Schule und im Krieg war!«

Jaya verließ den Balkon. Der Gefühlsausbruch ihrer Mutter machte sie verlegen. Die *baran* vertrat ihr den Weg und drückte ihr ein Papier in die Hand. »Die Telegraphenschreiber sagen, der Herr muß dies unbedingt lesen.«

Jaya kehrte zögernd auf den Balkon zurück. Den Arm noch um seine weinende Gemahlin gelegt, nahm Jai Singh die Nachricht entgegen. Das Papier entglitt seinen Fingern. Jaya trat vor, um es aufzuheben, indes Jai Singh die Maharani von sich stieß.

»Nein!« schrie er. Er zog den Dolch aus seinem *dhoti* und stieß ihn bis zum Heft in die bemalten Fenster. »Alles, nur das nicht!« Frauen tauchten unten im Hof auf und starrten bestürzt auf den Herrscher, während sie ihre Gesichter vor den herabfallenden Splittern schützten. »Das nicht!« brüllte der Maharadscha wie ein verwundetes Tier und stieß den Dolch wieder und wieder in die Fenster.

Jaya las die Nachricht: »Ihr tapferer Sohn fiel heldenhaft als Anführer seiner Balmer-Lanzenreiter beim Angriff auf feindliche Truppen in Aleppo. Er wurde mit allen militärischen Ehren verbrannt. Allenby.«

»Die Lampen, *Bai-sa!*« Als sie das blutleere Gesicht ihrer Mutter sah, wußte Jaya, daß diese den Inhalt des Schreibens erraten hatte. »Sage den Frauen, sie sollen augenblicklich die *puja* abbrechen und die Lichter im *zenana* löschen!« Mit leiser, aber fester Stimme erteilte die Maharani ihre Anweisungen, und Jaya fragte sich verwundert, warum sie jetzt nicht weinte, da ihr Sohn tot war, wo sie doch bei dem Gedanken an seine Heimkehr geweint hatte. »Sage den *Purdah*-Damen, sie müssen jetzt schweigen!«

Jaya raste die Treppe hinunter. Die *baran* lief hinter ihr her. »Ist es Tikka-Maharadsch, *Bai-sah*? Ist Tikka-*Sahib* etwas zugestoßen?«

»Wir müssen die Lampen löschen, *Baran!*«

Die alte Bedienstete zog sich den Schleier vom Kopf und rief den Frauen, die sich in den Korridoren versammelten, weinend zu: »Der Tikka-Radscha ist tot! Die Engländer haben den Tikka-Radscha getötet!«

Bei den Worten der *baran* entblößten die Frauen das Haupt. Jaya lief an ihnen vorbei, ihre Füße verfingen sich in den Schleiern, welche den Marmorboden bedeckten. Die Frauen, die kaum sehen konnten, weil ihnen die Haare in die Augen fielen, fingen sie gerade noch auf.

Im Tempel der Maharanis von Balmer saßen die Damen vor dem steinernen Abbild der Göttin im Gebet. Jaya zündete eine Lampe an der Tonlampe an, die vor der Göttin brannte, und brachte sie zum Festungstor. Während dieser Verrichtung senkte sich eine unheimliche Stille auf das in Dunkelheit getauchte *zenana*.

Jaya hörte das Krachen von zerbrechendem Ton, als sie am Balkon ihrer Mutter vorbeistolperte. Die Eunuchen zerschmetterten die Kochgefäße in der *Zenana*-Küche. Dreizehn Tage lang durfte im Palast kein Essen gekocht werden. Die aus dem Tempel herbeigebrachte Flamme sollte dem ganzen Land verkünden, daß der Thronerbe von Balmer tot war. Jaya wurde auf der Treppe zum Festungstor fast übel. Endlich züngelte die unheilverkündende Flamme hoch über das Haupttor empor.

Die folgenden dreizehn Tage hielt der Maharadscha, einen weißen Trauerturban auf dem Haupt, öffentlich Versammlung ab. Die Teppiche in der *Durbar*-Halle waren mit weißen Tüchern bedeckt. Angeführt vom *raj guru* psalmodierten die Festungspriester während der langen Trauertage und -nächte ununterbrochen die Texte der Schriften, indes das Volk des Landes herbeiströmte, um bei seinem Herrscher zu wachen.

Am fünften Trauertag unterrichtete Maharadscha Jai Singh die Versammelten, daß der Krieg im Vorderen Orient vorüber sei, und der türkische Herrscher eine bedingungslose Kapitulation akzeptiert habe. Jai Singhs Stimme war so schwach, daß ihn nur wenige verstanden, und die Leute flüsterten einander zu, der Herrscher sehe sehr krank aus.

Zweiundzwanzigstes Kapitel

Das langsame Trommeln der *nagara* ertönte oberhalb der Elefantentore. Jai Singh stützte sich auf den alten *raj guru*, als die Balmer-Lanzenreiter sich näherten.

Jaya stand mit ihrer Mutter und der noch kränklichen Kuki-bai an der Wand des *zenana* und beobachtete die barhäuptigen Lanzenreiter, die mit nach unten geneigten Lanzen die Festungswälle heraufritten. Ihnen voraus trabte Tikkas reiterloses Pferd; ein schlichtes Baumwolltuch bedeckte das schwarze, muskulöse Reittier. Am Ende des Zuges trug Major Vir Singh die Urne mit Tikkas Asche.

Beim Anblick der Asche ihres Sohnes durchbrach der Gram endlich die Selbstbeherrschung der Maharani. »Dein Vater und seine sinnlose, hoffnungslose Rebellion gegen die Engländer!« schrie sie und hieb mit den Fäusten auf Jayas Schultern. »Er hat meinen Sohn getötet! Dein Vater hat meinen Sohn getötet!«

Kuki-bai zog die Maharani in ihre Arme, so daß die laute Stimme gedämpft wurde. »Schicke nach der *sati mata*, *Bai-sa!*« befahl Kuki-bai flüsternd. »Deine Mutter ist ihrer Sinne nicht mächtig. Sie könnte jetzt alles mögliche sagen.«

Während sie auf die *sati mata* warteten, brachte Kuki-bai die Maharani bei sich unter. Die *baran* erklärte den neugierigen Damen, die Maharani verrichte besondere Andachten für ihren Sohn, und Jaya wurde zu ihrem Vater geschickt, um ihn von dem Zustand der Maharani zu unterrichten.

Der *senapathy* und der *raj guru* besprachen sich besorgt vor dem Schlafgemach des Maharadschas. »Die Ärzte sind bei deinem Vater, *Bai-sa*«, sagte der *raj guru*. »Du kannst jetzt nicht zu ihm.«

Jaya kehrte in Kuki-bais Gemächer zurück. Ihre verstörte Mutter umkrampfte die Armbinde, die Jai Singh seinem

Sohn gegeben hatte, als er in den Krieg zog. Von den beiden Diamanten fielen Lichtstrahlen auf die *sati mata*, die unbeweglich auf dem Fußboden saß, die zusammengeringelte Schlange im Schoß.

»Damit hat er seinen Sohn beschützen wollen«, sagte die Maharani verbittert. »Wie kann er jemanden beschützen? Er hat einer verwitweten Kaiserin gehuldigt, einem unheiligen Geschöpf! Er hat seine eigene Gemahlin gezwungen, *purdah* zu brechen! Seine *Dasra*-Opfer an die Göttin waren unrein! Er hat mit seiner Ruchlosigkeit einen Fluch über unser Haus gebracht!«

Die *sati mata* hob die Hand. Die Maharani verstummte und setzte sich schwerfällig auf Kuki-bais Bett, so daß die Silberglöckchen erklangen.

»Hast du es deinem Vater gesagt, *Bai-sa*? Was, meint er, sollen wir tun?« flüsterte Kuki-bai.

»Sie wollen mich nicht zu ihm lassen. Er ist krank.«

»Ist es die Grippe?« fragte Kuki-bai scharf. Als Jaya den Kopf schüttelte, sackte Kuki-bai in sich zusammen, als könne sie die Last ihres Verdachtes nicht mehr ertragen. »Lauf, Kind! Sag deinem Vater, er darf keine Speisen aus Radscha Man Singhs Haus zu sich nehmen!«

Verängstigt raste Jaya durch die Korridore, um Kuki-bais Botschaft zu überbringen. Die Palastwachen versperrten mit gekreuzten Lanzen die Tür zu den Gemächern ihres Vaters. Hinter den Lanzen sah Jaya das Wappen von Balmer, den Geier, der ein Stück Fleisch in den Klauen hielt.

»Der Herr tagt mit seinem Rat, *Bai-sa*. Sie dürfen nicht gestört werden.«

Sie setzte sich, um zu warten, und betrachtete gedankenverloren die vor der Tür aufgereihten Pantoffeln der Minister. Nach einer langen Weile ging die Tür auf. Radscha Man Singh kam mit wutverzerrtem Gesicht heraus. Als er Jayas ansichtig wurde, setzte er eine kummervolle Miene auf. »Dies sind furchtbare, furchtbare Zeichen, *Bai-sa*. Wir müssen beten, daß bald alles gut wird.«

Der *raj guru* winkte ihr auf der Schwelle. Jaya lief an Radscha Man Singh vorbei in das verdunkelte Schlafgemach ihres Vaters. Der *senapathy* stand am Bett des Herrschers. Am linken Fuß des Maharadschas, der am Ende des kurzen Bettes hervorschaute, fehlte das schwere Goldkettchen, das Zeichen der höchsten Staatsgewalt.

Als Jayas Augen sich an die Dunkelheit gewöhnt hatten, sah sie, daß ihr Vater die Kette in den Händen hielt. Sie kniete neben ihm nieder.

Jai Singh hob mühsam den Kopf. »Ich habe dem Rat mitgeteilt, daß du die Herrscherin von Balmer werden sollst, *Bai-sa.*« Er überreichte ihr die Goldkette. »Radscha Man Singh soll als Regent herrschen, bis du großjährig bist, aber danach ...« Mit einem Seufzer der Erschöpfung sank er auf sein Kissen zurück. »Wache über die Ehre des Volkes, *Bai-sa!* Vollende die Reformen, die ich begonnen habe!«

Jaya beugte sich vor. »*Hukam*, du darfst keine Speisen aus Radscha Man Singhs Haus zu dir nehmen!« Sie sah ihre Tränen auf das Kissen fallen, das fleckig war vom Schweiß des Vaters. Aber seine Augen waren geschlossen, und er hatte nichts gehört. »*Bappa*, hörst du! Rühre nichts an, was aus Radscha Man Singhs Haus kommt!«

Der *raj guru* tippte Jaya auf die Schulter. Sie stand weinend auf und folgte ihm hinaus. »*Bappa* darf keine Speisen essen, die in Radscha Man Singhs Haus gekocht wurden!« flüsterte sie hysterisch.

Die Palastwache sah überrascht zu, als der alte Oberpriester Jaya in seine Arme nahm. »Halte nicht nach einer Verschwörung Ausschau, wo keine ist, *Bai-sa!* Du weißt, wie viele Tote es in den letzten Wochen gegeben hat.« Er sah ihr ernst in die Augen. »Dein Vater stirbt, weil seine Zeit gekommen ist. Rufe deine Mutter!«

Jaya wußte nicht, wo ihre Mutter die Willenskraft fand, sich gelassen zu geben, als sie am Sterbebett des Maharadschas saß. Es war, als habe die *sati mata* der Maharani ihre eigene Kraft eingeflößt, und als die Ärzte Maharadscha Jai Singhs Tod verkündeten, sagte die Maharani nur: »*Hai ram!*«, als habe sie sich seit langem auf die Witwenschaft vorbereitet.

Sie kniete nieder, nahm ihre diamantenen Fußkettchen ab und warf sie unters Bett. Sie flocht ihren langen, dicken Zopf auf und löste den edelsteinbesetzten Kragen, der als Zeichen des Ehestandes ihren Hals umschlossen hatte, seit sie mit dreizehn Jahren vermählt worden war. Jaya sah die weißen Stellen am Hals ihrer Mutter, wo der Kragen die Haut vor der Sonne geschützt hatte. Langsam, aber entschlossen entfernte ihre Mutter den roten *tilak* der Verheirateten von ihrer Stirn.

Aller Zeichen des Ehestandes entblößt, hockte sich die Maharani neben dem Bett ihres Gemahls auf den Fußboden, während die Priester den Leichnam des Maharadschas für die Verbrennung herrichteten. Einmal bat sie mit stummer Geste um eine Schere. Als Jaya sie ihr brachte, nahm die Maharani Händevoll von ihren dicken Flechten und schnitt sie dicht über der Kopfhaut ab, bis der Boden rings um sie mit einem Haarteppich bedeckt war.

Die Priester kleideten den Leichnam des Maharadschas in Festgewänder und legten ihn auf eine mit Blumen bestreute Bahre. Draußen im Hof wartete ein Elefant, um Jai Singhs Leichnam durch die Straßen der Hauptstadt zum Verbrennungsplatz zu tragen.

Die Maharani folgte der Bahre bis an die Schwelle der Gemächer des Maharadschas. In den Korridoren drängten sich die Männer. Als sie das unverschleierte Haupt der Maharani mit den abgeschnittenen Haaren sahen, stießen und schubsten sie sich gegenseitig hinweg, um dem Gift, das eine Witwe ausströmte, zu entgehen.

Im *zenana* war es, als hätten sich sämtliche alten Weiber des Landes in den Marmorfluren versammelt, um die Maharani zu beschimpfen.

»Unglückliche! Dein Leben ist zu Ende!«

»Witwe! Du bist unrein! Witwe!«

Eine rauhe Steinplatte wurde der Maharani in den Weg geschoben. Farbe war in die Risse eingedrungen und zeigte an, wo Gewürze zum Kochen zerstoßen worden waren. Die Maharani kniete sich auf den Boden. Jaya schob sich durch die kreischenden Weiber und sah ihre Mutter beide Hände heben und auf den Stein schmettern. Zerbrochene Glasreifen zersplitterten auf der rauhen Fläche. Die alten Weiber rangen miteinander um einen Stößel und zermalmten die Armreifen der Maharani zu Glasstaub. Jaya schlug blindlings auf die alten Weiber ein. Für einen Augenblick ließen ihre dreschenden Fäuste die obszöne Litanei verstummen. Dann wurden die kreischenden Beschimpfungen mit doppelter Lautstärke fortgesetzt.

»Witwe!«

»Unreine!«

»Unheilige!«

Ohne ihre hoheitsvolle Haltung zu ändern, schritt die Maharani durch die Reihen der fluchenden Weiber entlang der Mauer, welche die Konkubinen vom übrigen *zenana* trennte. Glasscherben fielen ihr auf den Kopf. Die Konkubinen warfen ihre zerbrochenen Armreifen über die Mauer, ihre schrillen Stimmen ergingen sich in unaufhörlichem, wortlosem Wehklagen. Jaya fragte sich, ob auch sie ihre langen Flechten abgeschnitten hatten, und ob die Eunuchen die Haare aufkehrten, um sie im Basar zu verkaufen.

Vor dem *Zenana*-Tempel sagte die Maharani leise: »Die Totenfeier deines Vaters wird jeden Augenblick beginnen. Ich möchte allein sein, wenn die Kanonen das Ende verkünden.«

Sie ging in den Tempel und verriegelte die hölzernen Tore hinter sich. Jaya stand verloren auf dem Weg und sah die Fische, die in den Ziergräben schwammen. Das plötzliche Krachen von Kanonenschüssen ließ die hölzernen Tempeltore erzittern und verkündete der Stadt, daß der Scheiterhaufen des Maharadschas angezündet worden war. Jaya wußte, daß an Tikkas Stelle John den Schädel ihres Vaters zerbrach, um seine Seele zu befreien. Sie blickte zum Haupttor und sah, daß die Flamme, die Tikkas Tod verkündete, noch neben den *Nagara*-Trommeln brannte.

Jaya mußte an den Zorn ihres Vaters denken, weil die Engländer seine Kanonen nicht für ihren Krieg benützt hatten, und sie verfluchte laut den Umstand, daß sie als Mädchen von der Totenfeier ausgeschlossen war.

Kuki-bai und die *sati mata* kamen auf dem Weg zwischen den Gräben herbeigelaufen. »Was schimpfst du, Kind? Wo ist deine Mutter?« Jaya fragte sich, wo die Asketin ihre Schlange gelassen hatte. Ob die Kobra wohl zwischen den alten Weibern über den Fußboden des *zenana* glitt?

Kuki-bai hämmerte an das verriegelte Tempeltor und rief den Namen der Maharani. Die *sati mata* zog das rote Tuch um ihre Brüste straff, als mache sie sich für einen Kampf bereit. Da flog das Tempeltor auf. Die Maharani stand im Eingang, Rauchschwaden hüllten ihre schmale Gestalt ein, die Hände hielt sie hinter dem Rücken versteckt. Ihre grünen Augen tränten vom Rauch.

»Was hast du getan, Weib?« Kuki-bais zornige Stimme war fast unhörbar. Die Maharani sah sie ruhig an. Einen langen Augenblick standen sich die beiden Frauen stumm gegenüber, während die Kanonenschüsse krachten. Dann streckte die Maharani ihre Hände vor und hielt sie vor das Gesicht der alten Konkubine. Jaya mußte sich in den Graben zu ihren Füßen übergeben. Die Hände ihrer Mutter waren in brennende Lumpen gehüllt.

»Ich bin jetzt eine *sati!*« sagte die Maharani mit grimmigem Stolz. Sie preßte die brennenden Hände gegen ihren langen Rock, der sogleich Feuer fing. Die Maharani begann nun zu singen: »*Ram, ram*«, als säße sie auf dem Scheiterhaufen und wiege den Kopf ihres toten Gemahls in ihrem Schoß.

Die *sati mata* schob Kuki-bai zur Seite. Sie hob die brennende Maharani auf und warf sie unsanft in den nächsten Wassergraben. Jaya sah den geschorenen Kopf ihrer Mutter einmal untergehen, dann noch einmal, aber sie war wie gelähmt, unfähig, ihre Gliedmaßen zu bewegen und ihrer Mutter zu Hilfe zu eilen.

Die *sati mata* packte die Maharani bei den Armen und zerrte sie auf den Weg. Kuki-bai kauerte sich neben der Maharani nieder und untersuchte vorsichtig die verbrannten Hände. »Der Löwe von Balmer hat diesen Brauch ein für allemal verboten«, sagte sie angewidert.

Die Asketin wandte sich an Jaya. »Hole Balsam für die Verbrennungen deiner Mutter! Der *raj guru* wird bald nach ihr schicken. Sage der *baran*, sie soll saubere Kleider bringen!« Doch Jaya stand wie angewurzelt auf dem Weg und starrte ihre Mutter an. »Dein Vater wünschte, daß du über ein ganzes Fürstentum herrschest. Du kannst nicht herumstehen und ein erschrockenes Gesicht machen!« Die kalte, gefühllose Stimme rüttelte Jaya aus ihrer Lähmung, und sie eilte ins *zenana*.

Von der Asketin gedrängt, zog die *baran* der Maharani frische weiße Kleider an und verband ihre blasigen Hände. Eine verängstigte *Purdah*-Dame überbrachte einen dringenden Ruf des Oberpriesters von Balmer, und Jaya fragte sich, ob die *sati mata* wirklich in die Zukunft blicken konnte.

Der *raj guru* schritt im *Zenana*-Hof auf und ab. Als er die verbundenen Hände der Maharani sah, glänzten Tränen in seinen ernsten Augen. »Die Seele des Maharadschas ist befreit, *Hukam*. Ich brauche deine Anwesenheit bei einer letzten Zeremonie.«

Wie eine Schlafwandlerin ließ sich die Maharani von Kuki-bai und der *sati mata* aus dem *zenana* führen. Eine Trauerversammlung füllte die äußeren Höfe. Im Vordergrund standen die Minister und die Edelleute, das Haupt mit dem weißen Turban der Trauer bedeckt.

Das rauhe Flüstern des *raj guru* durchbrach das gedämpfte Weinen. »Es ist die heilige Pflicht des *raj guru*, den Herrscher zu führen, auf daß seine Regierungszeit gekennzeichnet ist von Großmut, Weisheit und Demut. Als Hüter der Ehre des Thrones von Balmer kann ich sagen, daß Maharadscha Jai Singh in allem, was er tat, unsere Lehren erfüllt hat.«

Der Ruf »Maharadscha Jai Singh *amar rahe!* Maharadscha Jai Singhs Seele ist unsterblich!« erhob sich über die Festungswälle, und in Radscha Man Singhs Miene flammte Zorn auf.

»Unser größter Segen war die ununterbrochene Folge unserer Herrscher. Seit neununddreißig Generationen hat der gesalbte Sohn den Thron des gesalbten Vaters übernommen, und wir haben nie unter grausamen Erbfolgekriegen gelitten. Aber der Priester, dem das Unglück widerfährt, *raj guru* von Balmer zu sein, wenn die direkte Erbfolge unterbrochen ist, muß den Ernst der Lage anzeigen, indem er die *Nagara*-Trommeln des Forts Balmer zerstört.«

Durch die Menge wankte Moti. Die riesigen *nagara*, die an seine Seiten geschnallt waren, fegten die weißen Turbane von den Köpfen. Angst breitete sich in den überfüllten Höfen aus.

Da rief Radscha Man Singh zornig: »Die *nagara* dürfen nur zerstört werden, wenn wir unsere Zitadelle verlieren. Ich bin der Regent von Balmer. Ich werde diesen Wahnsinn nicht dulden.«

Doch der *raj guru* achtete nicht auf diesen Ausbruch. Der Elefant ging in die Knie. Vor den Augen der gespannt schweigenden Menge banden die Trommler die *nagara* los und schleppten sie vor den Priester. Das Heft des Balmer-Schwertes mit beiden Händen haltend, ließ der *raj guru* die Stahlklinge wieder und wieder auf das straff über die Trommeln gespannte Fell sausen. Bei jedem Hieb zuckte die Menge zusammen.

Die Maharani wandte sich abrupt dem *zenana* zu, und Jaya hörte ihre Mutter sanft intonieren: »*Ram nam sat Hai*. Der Name Gottes ist Wahrheit. *Shanti, shanti, shanti*. Es sei Frieden und Frieden und Frieden!«

Wochenlang saß Jaya mit ihrer Mutter und der *sati mata* im Tempel der Maharanis von Balmer und betete für die Seele des Maharadschas. Sie merkte nichts von den Unruhen in der Festung, außer die wenigen Male, wenn sie in ihre Gemächer ging und die *baran* ihr von den Gerüchten berichtete, die im Lande kursierten.

»Alle sagen, dein Vater wurde von Radscha Man Singh vergiftet, *Bai-sa*. Und jetzt ist Radscha Man Singh nach Delhi gegangen, um den Vizekönig zu überreden, daß er die Verfügung deines Vaters aufhebt und seinen Sohn John die Thronfolge von Balmer antreten läßt.«

Nach seiner Rückkehr aus Delhi befahl Radscha Man Singh die Maharani in den öffentlichen Hof vor die Königsterrasse. Die Maharani hatte zuletzt in diesem Hof gestanden, um auf Maharadscha Jai Singhs Geheiß *purdah* zu brechen, doch nun war sie nicht mehr als Fürstin gekleidet. Sie trug Gewänder aus rauher weißer Baumwolle, und um ihre Schultern hing ein weißes Tuch, das mit dem Gebet bedruckt war, das sie bis zu ihrem Tode für ihren toten Gemahl wiederholen würde. Wieder sah Jaya die weißen Male am Hals ihrer Mutter, wo der Kragen des Ehestandes gewesen war. Die abgeschnittenen Haare standen in grauen Büscheln über dem schmerzverzerrten bleichen Gesicht. Jaya biß die Zähne zusammen aus Abscheu gegen die Sitten, die ihre vornehme Mutter dermaßen der Würde berauben konnten, daß Mitleid und Mißfallen aus jedem Gesicht im Hof abzulesen waren.

»Die Verbindung dieser Frau mit dem Hause Balmer ist beendet«, rief Radscha Man Singh. »Sie hat weder Ehemann noch Sohn, um sie im Alter zu ernähren. Was sollen wir der Witwe geben?«

Die Frage hallte im Hof wider. Jaya starrte auf die Menschenmenge; sie wollte nicht glauben, daß die Leute eine solche Demütigung ihrer Maharani zulassen würden.

»Was sollen wir der Witwe geben?« rief Radscha Man Singh wieder und weidete sich an seinem Triumph. »In unseren alten Schriften steht geschrieben, daß wir der Witwe nichts schulden, nicht die Speisen aus unseren Kochgefäßen noch das Wasser aus unseren Brunnen. Was sollen wir der Witwe geben?«

Unter den Turbanen senkten sich die Köpfe, und die Leute scharrten verlegen mit den Füßen, doch keiner getraute sich, den Edelmann herauszufordern.

Da wandte sich der *raj guru* an die Menge. Seine schmächtige Gestalt zitterte vor Zorn. »Grausames, herzloses Volk, ihr habt diese Frau Mutter genannt. Es ist eure Pflicht, ihr beizustehen.« Er hob die Hände über den Kopf, und Gold glitzerte zwischen seinen Fingern. »Zum Glück ist die Maharani von Balmer nicht auf die Barmherzigkeit derer angewiesen, die sie als ihre Söhne behandelt hat. Der Maharadscha von Dungra schickt dies als brüderliches Zeichen.«

Er hielt die Hände so, daß jedermann die Goldreifen in ihnen sehen konnte. »Ein Fremder öffnet eurer Maharani sein Haus. Ein Fremder legt ihr seinen Reichtum wie ein Bruder zu Füßen. Morgen werde ich Radscha Man Singhs Sohn zum Maharadscha von Balmer salben. In den alten Schriften, in denen das Geschick dieses Landes aufgezeichnet ist, steht geschrieben, daß es so sein soll. Aber ich will das Schweigen des *raj guru* brechen, um euch dies zu sagen: Es steht auch geschrieben, daß der Mann, der es nicht erwarten kann, den Thron von Balmer zu besteigen, nachdem die *nagara* zerstört wurden, unser letzter Fürst sein wird.«

Dreiundzwanzigstes Kapitel

Georg V., von Gottes Gnaden König des Vereinten Königreiches Großbritannien und Irland sowie der britischen Dominions in Übersee, Verteidiger des Glaubens, Kaiser von Indien.

An meinen Vizekönig und Generalgouverneur, an die Herrscher der indischen Staaten sowie alle meine indischen Untertanen jedweder Rasse und jedweden Glaubens ergeht mein Gruß.

Von Anbeginn, seit uns das Wohlergehen Indiens anvertraut wurde, war dieses unserem königlichen Hause und Geschlecht eine heilige Pflicht.

Es war unser Bestreben, dem indischen Volke die mannigfachen Segnungen zuteil werden zu lassen, welche die Vorsehung uns selbst zuteil werden ließ. Aber eines bleibt noch zu vergeben, ohne welches der Fortschritt eines Landes nicht vonstatten gehen kann – das Recht seines Volkes auf Regelung seiner Angelegenheiten.

Der Akt, welcher nunmehr Gesetz wurde, betraut die gewählten Vertreter des Volkes mit einer begrenzten Beteiligung an der Regierung. Die Last ist zu schwer, um voll und ganz getragen zu werden, bis Zeit und Erfahrung die erforderliche Stärke erbracht haben, doch wird nun Gelegenheit gegeben, um Erfahrung zu sammeln.

Gleichzeitig habe ich freudig meine Zustimmung zur Einrichtung einer Chamber of Princes gegeben. Ich vertraue darauf, daß ihre Bevollmächtigten dauerhaft zum Wohle der Herrscher und Staaten wirken und dem Empire insgesamt Nutzen bringen.

Im Jahre 1919 wurde Jaya durch Ferntrauung mit dem in Europa weilenden Prinzen Pratap von Sirpur vermählt, und Georg V. erließ eine königliche Proklamation, die Indien eine begrenzte Selbstverwaltung versprach.
Aber die Ereignisse dieses Jahres hatten die Beziehung zwischen den Indern und ihren britischen Herren drastisch verändert. Die Veröffentlichung der Einzelheiten der in der Proklamation des King Emperor verheißenen Reformen hatte die britische Gemeinde in Indien entsetzt,

und ihre Zeitungen brachten eine fortlaufende Kampagne gegen die Idee, daß Eingeborene fähig seien, sich selbst zu regieren.

Die Lage wurde durch internationalen Druck noch verschärft. Die sechzig Millionen Moslems in Indien glaubten, daß britische Truppen während des Krieges die heiligen Städte Mekka und Medina entweiht hätten und nun den türkischen Herrscher, den Beherrscher der Gläubigen, demütigten. An der Nordgrenze Indiens riefen die Afghanen die indischen Moslems auf, sich zum Sturz des ungläubigen Empires mit ihnen zu vereinen.

Die wirtschaftliche Situation war ebenso prekär. Der Grippeepidemie, die fünf Millionen Menschenleben gefordert hatte, folgte nun ein verheerender Monsun. Trotz des großen Mangels an Nahrungsmitteln exportierte das Empire weiterhin indisches Getreide und weigerte sich schlichtweg, die Grundsteuern für die hungernden Bauern zu senken. Gandhi stand an der Spitze der Bewegung der indischen Bauern und ermunterte sie, die Steuern zurückzuhalten, bis das Empire den Ernst ihrer Misere erkannte.

Die spürbare Herzlosigkeit des Britischen Empire führte dazu, daß viele Inder sich den Lehren von Marx und Lenin zuwandten, aktiv unterstützt von der ein Jahr alten bolschewistischen Regierung Rußlands. Andere Inder ließen sich von dem amerikanischen Präsidenten Wilson beeinflussen, dem leidenschaftlichen Verfechter der Selbstbestimmung, den viele für den mächtigsten Mann der Welt hielten.

Der Funke, der das Pulverfaß entzündete, war der Erlaß eines neuen Gesetzes. Anstatt die versprochenen Reformen zu verwirklichen – gerade zu der Zeit, als die Inder glaubten, sich mit ihren im Krieg gebrachten Opfern solche Reformen verdient zu haben –, erließ die britische Regierung den Rowlatt-Act, nach welcher Inder ohne das Recht, Beschwerde einzulegen, vor britische Sondergerichte gestellt werden konnten. Jeder, der verdächtigt wurde, eine Bedrohung für den Frieden darzustellen, kam ins Gefängnis oder in die gefürchtete Strafkolonie auf den Andaman-Inseln, wo Gefangene oft für die gesamte Dauer ihrer zehn- oder fünfzehnjährigen Haft in Ketten gehalten wurden. Inder, die Material veröffentlichten oder verbreiteten, welches die Engländer für aufwieglerisch hielten, konnten auf unbegrenzte Zeit eingesperrt werden.

Die Moslemführer riefen alle Gläubigen auf, nicht mehr für das Britische Empire zu arbeiten, und Gandhi setzte eine landesweite Bewegung des passiven Widerstands in Gang, um das Mißfallen der Inder an der sogenannten Schwarzen Akte der britischen Oberhoheit zu bekunden. Das Empire reagierte, indem es eine Versammlung von mehr als fünf Personen in Britisch-Indien für ungesetzlich erklärte. Die Inder beriefen augenblicklich Massenprotestkundgebungen ein. Tausende wurden inhaftiert.

Hitzige Reden steigerten allenthalben die hitzige Stimmung. Zwei prominente Führer wurden gewaltsam aus der Stadt Amritsar geschafft. Ihre erzürnten Anhänger brannten Banken und öffentliche Gebäude nieder, töteten fünf Engländer und verprügelten eine Missionarin. Wenngleich viele Inder Engländer vor dem Pöbel schützten, verbot der Kriegsrechtsverwalter des Punjab, General Dyer, Indern, aufrecht durch jene Straßen Amritsars zu gehen, in denen die Verbrechen geschehen waren. Während der Morgen- und Abenddämmerung wurden Trommeln geschlagen, um die Inder zu ermahnen, auf allen vieren durch diese Straßen zu kriechen.

In Amritsar fand eine Massenversammlung statt, um gegen General Dyers Verfügung zu protestieren. Truppen umzingelten den ummauerten Park, in dem die Versammlung abgehalten wurde, und die Menge wurde durch keine Aufforderung, sich zu zerstreuen, gewarnt. Auf Befehl von General Dyer feuerten die Truppen direkt auf unbewaffnete Männer, Frauen und Kinder. Anschließend wurde den Verletzten keine Hilfe zuteil.

Eine totale Nachrichtensperre schnitt den Punjab vom übrigen Indien ab, und die anderen Inder konnten nur mutmaßen, was sich dort abspielte. Als sich aber Gerüchte von General Dyers Massaker verbreiteten, wurde die Abneigung der Inder gegen das Britische Empire kritisch. Der indische Dichter und Nobelpreisträger Rabindranath Tagore gab den Briten seinen Ritterorden zurück. Dreißig weitere Inder folgten seinem Beispiel und weigerten sich, die Auszeichnungen zu tragen, die ihnen ein ungerechtes Empire verliehen hatte.

Daraufhin wurde im Punjab das Kriegsrecht noch verschärft und durch öffentliche Auspeitschungen und weitere Kriechbefehle ergänzt. Eine neue Verfügung verlangte, daß alle Inder sich vor jeder Person mit weißer Hautfarbe verbeugten.

Im Punjab, das dem Empire viele Truppen für den Krieg zur Verfügung gestellt hatte, erhob sich ein Dorf nach dem anderen gegen die Engländer. Als Vergeltungsmaßnahme bombardierten die Briten die Dörfer aus der Luft.

Nach sechs Monaten Unruhen beraumte das Empire schließlich eine Untersuchung des Massakers von Amritsar an, um die explosive Situation zu entschärfen. General Dyer, der den Schießbefehl gegeben hatte, verteidigte sein Handeln mit diesen Worten: »Ich habe moralische Gewalt angewendet. Hätte ich nicht befohlen zu schießen, dann hätten die Eingeborenen mich ausgelacht.«

Indische politische Führer und sieben indische Maharadschas reisten nach London, um den verängstigten Briten zu versichern, daß keine rachedurstigen Inder im Begriff seien, jeden Engländer in seinem Bett zu ermorden.

Der Maharadscha von Alwar bemerkte ironisch, es sei das erste Mal, daß der britische Premierminister sich herabgelassen habe, eine Delegation von indischen Herrschern zu empfangen, nachdem indische Fürsten unzählige Male darum ersucht hatten, den Premierminister zu sprechen, um die schwierige Lage der imperialen Politik zu erörtern, die ja schließlich die Inder betreffe.

Für die meisten Inder war König Georgs Proklamation durch die Ereignisse von 1919 unerheblich geworden. Und am Tage von Jayas Vermählung beantworteten in Amritsar, wo General Dyer auf eine unbewaffnete Menge hatte schießen lassen, die Führer des Indischen Nationalkongresses die Proklamation des King Emperor mit einer Resolution:

Diese Konferenz ist der Meinung, daß die Reformen unzureichend, unbefriedigend und enttäuschend sind.

Diese Konferenz wiederholt ihre Erklärung, daß Indien in der Lage ist, die volle Regierungsverantwortung zu übernehmen, und weist alle Äußerungen, die das Gegenteil behaupten, zurück.

Nur wenige Stunden, nachdem der Indische Nationalkongreß seine Resolution verabschiedet hatte, stieg Jaya in ihr Badebassin. Sie erstickte beinahe an dem schweren Duft von Rosenöl.

Sieben Tage lang war ihr Körper mit Lehm überkrustet worden, bis sie überall, wo sie im *zenana* ging, eine weiße Pulverspur hinterließ. Jeden Morgen hatten die Dienerinnen den weißen Lehm mit Mandelöl von Jayas Gliedmaßen entfernt, und die Bemerkungen über die Glätte ihrer Haut wurden von den Hochzeitsrohrflöten übertönt, die von den Mauern der äußeren Festung herüberschallten. Nun, am Nachmittag ihres Vermählungstages, tauchte sie dankbar in den schwülstigen Duft, den der Ölfilm auf der klaren Wasseroberfläche verströmte. Während das Wasser ihren Körper umspülte, sann sie über die Ereignisse nach, die zu ihrer Vermählung geführt hatten.

Ein Jahr lang war sie buchstäblich wie eine Gefangene im *zenana* gehalten worden, dieweil im Fürstentum Gerüchte über den beunruhigend plötzlichen Tod ihres Vaters umgingen. Inzwischen war Radscha Man Singhs Sohn John mit Unterstützung des Britischen Empire zum Maharadscha von Balmer gekrönt worden.

Die neue Herrscherfamilie hatte ihre Position im Lande skrupellos gefestigt und die Maharani mit Demütigungen überhäuft, bis die Witwe aus Balmer geflohen war, um bei dem Maharadscha von Dungra Zuflucht zu suchen.

Dann wurden die Roys aus Balmer ausgewiesen, nachdem ihre nationalistische Haltung öffentlich als aufwieglerisch gebrandmarkt worden war. Und Rani Man Singh hatte die lautstark ihre Kritik verbreitende Kuki-bai in den Konkubinenquartieren einsperren lassen, wo die alte Frau der launischen Boshaftigkeit der Eunuchen und der Eifersucht der anderen Konkubinen ausgeliefert war.

Jaya stieg aus dem Bassin und ging in ihren Altarraum, um ihre letzte *puja* als unverheiratetes Mädchen zu vollziehen. Während die *baran* Gebete sprach, umkreiste Jaya den elefantenköpfigen Gott des Schutzes und Wohlergehens mit Weihrauchstäbchen und lächelte das Abbild des Gottes verbittert an. Ein Jahr lang hatte die *baran* Rani Man Singhs Anweisungen, Jaya im *zenana* abzusondern, gewissenhaft befolgt. Die anderen *Purdah*-Damen hatten es im Bewußtsein der Macht, welche die Rani über ihr Leben besaß, der *baran* gleichgetan. Jaya dachte daran, wie sie den Spott der Eunuchen in den einsamen Monaten ertragen hatte, als sie mit keinem Menschen außer mit Chandni gesprochen hatte. Heute abend würde Rani Man Singh bei den Hochzeitszeremonien ihre Mutter vertreten, Radscha Man Singh würde die Riten ihres Vaters vollziehen, und John, der sich des Thrones von Balmer bemächtigt hatte, würde als ihr Bruder handeln.

Hochrufe unterhalb der Festung verkündeten das Nahen der Abgesandten des Bräutigams. Die Brautgeschenke, die berühmten Sirpur-Smaragde und ein Elefant mit langen Stoßzähnen, waren schon eingetroffen. Jetzt wurde der Reichtum von Sirpur öffentlich zur Schau gestellt: bemalte Elefanten, trabende Pferde, in deren Mähnen Edelsteine eingeflochten waren, Rinder mit vergoldeten Hörnern und goldenen Tüchern über dem Rücken, Pferdekutschen, mehrere elegante Rolls-Royces und der Elefant, der die *Nagara*-Trommeln von Sirpur trug.

Jaya schmückte das Porträt des Prinzen Pratap von Sirpur mit Girlanden. Im Laufe des Jahres hatte sie das Gesicht des Bräutigams, der sie aus der Gefangenschaft befreien würde, so oft betrachtet, daß sie fast vergessen hatte, wie andere Männer aussahen. Selbst als Chandni mit der Nachricht aus dem Basar kam, daß der afghanische Krieg, in dem James Osborne mit seinem Regiment kämpfte, für das Britische Empire nicht günstig verlief, hatte sie nur ein entferntes Bedauern verspürt, als erfahre sie vom Mißgeschick eines Fremden.

Die Sirpur-*nagara* überdröhnten das Geschrei der Gassenjungen. Jaya stockte der Atem, als sie hinter dem Elefanten mit den Trommeln noch einen Elefanten in der Prozession aus Sirpur erblickte: Prinz Prataps Schwert wankte unter einem goldenen Baldachin, an dem die Banner und die Flagge des Hauses Sirpur flatterten.

Ein krachendes Feuerwerk erhellte die *Zenana*-Wände. Als Jaya sah, wie die vertrauten Gemächer sich mit hastenden Frauen füllten, vergaß sie die Bedrängnis des letzten Jahres und verspürte nur einen ungeheuren, lähmenden Unwillen, alles, was sie je gekannt, zu verlassen und in ein ungewisses Leben in einer neuen Welt aufzubrechen.

Die Festungskanonen feuerten Salut, als die Sirpur-Prozession sich den Zinnen näherte. Jaya sah im Dunkeln den Pulverblitz, während die Frauen die Konturen ihres Gesichtes sorgsam mit Sandelpunkten betonten, ihr in den schweren, mit Diamanten besetzten karmesinroten Rock halfen und die Quasten ihres Seidenhemdes auf ihrem nackten Rücken zusammenbanden.

Ohne sich um Behutsamkeit zu bemühen, zwängte Rani Man Singh Dutzende von Elfenbeinreifen über Jayas Hände, bis beide Arme vom Handgelenk bis zur Achselhöhle von klimpernden Reifen umringt waren. Jaya hielt ihr Gesicht abgewandt aus Furcht, die Rani könne den Haß in ihren Augen sehen, und als die *Purdah*-Damen den goldenen Gazeschleier in ihrem Haar befestigten, wandten auch sie die Gesichter ab aus Verlegenheit über die unziemliche Art und Weise, wie Jaya einem Schwert vermählt wurde.

Die *baran* kam ins Gemach gelaufen. »Die Sirpur-Gesandtschaft zieht die Wälle herauf, *Hukam!* Du mußt dich sputen!«

Rani Man Singh eilte durch den Korridor, um eine Tonlampe an der Flamme zu entzünden, die vor Jayas Altar brannte. Sie stellte die Lampe auf ein Tablett, auf dem die Symbole des Wohlstands arrangiert waren: Milch, Wasser, Honig, Reis und eine Kokosnuß.

In der Aufregung über die nahende Prozession stellten die *Purdah*-Damen sich ungeschickt an, als sie Jaya den Schmuck anlegten. Ein goldener Nasenring verdeckte Teile ihrer unteren Gesichtshälfte und war den Damen im Weg, die sich abmühten, ihr den Hochzeitskragen mit den glückbringenden Edelsteinen um den schlanken Hals zu legen. Unter dem Kragen befestigten sie das Rubinhalsband, das einstmals einer Königin von Frankreich gehört hatte. Jaya glaubte zu ersticken, als die Frauen sie mit juwelenbesetzten Handschuhen und schweren Fußketten ausstaffierten. Eine der Damen band ihr noch die mit Sittichen, den Vögeln der Leidenschaft, bestickte Perlenlarve vor den Schleier, während die anderen sich an die Gitterwände drängten, um die Ankunft der Gesandtschaft des Bräutigams zu beobachten.

Jaya hob unter der schweren Larve mühsam den Kopf und schritt langsam zum Gitter. Scharen von Sirpur-Tänzerinnen wirbelten in den Hochzeitshof und schütteten tän-

zelnd einen Regen von Geldstücken auf die gelben Steinplatten. Im Licht der Bronzefackeln, welche die Wälle
säumten, warfen die nahenden Elefanten riesige Schatten
auf die Zinnen der Festung.

Mit langhalsigen Rosenwassersprengern in Pfauengestalt
warteten im Hochzeitshof die Balmer-Tänzerinnen; sie
schwenkten Lotosblüten und Mohnblumen. Tausende
Tonlampen flackerten im Hof und spiegelten sich in den
fallenden Geldstücken und silbernen Sprengern, so daß
die wogende Menschenmenge wie durch ein Feuerwerk
schritt, als sie sich dem mit drei Vorhängen aus duftenden
Blumen verhüllten Hochzeitspavillon näherte.

Der Premierminister von Sirpur betrat nun den Hof. Die
Balmer-Tänzerinnen scharten sich um ihn und bespritzten seinen Rock aus Goldbrokat und den riesigen Diamanten in der Agraffe an seinem Turban mit Rosenwasser.

»Sieh, *Bai-sa!* Die Tiere von Sirpur stellen sich zu beiden
Seiten der Wälle zum Empfang auf. Das Schwert muß im
Anzug sein.«

Ein Elefant mit einer Schabracke aus Goldbrokat beschloß
die Sirpur-Prozession. Das Lampenlicht beschien die
schweren Goldreifen um seine Beine. In seiner Sänfte saßen der Sirpur-Älteste, der Prinz Pratap vertreten, und
der *raj guru* von Sirpur, der mit dem Oberpriester von Balmer das Hochzeitsritual vollziehen sollte. Vor den beiden
Männern lag, von dem königlichen Baldachin von Sirpur
beschattet, auf einem goldenen Kissen Prinz Prataps
Schwert.

Der Elefant schritt unter dem Bogen hindurch, an dem
eine mit Puffreis gefüllte Tonkugel an Bändern hing. Der
Sirpur-Älteste hob Prinz Prataps Schwert und zerschlug
das Gefäß. Puffreis ergoß sich über die Sänfte, und der
Elefant hob den Rüssel und tastete blindlings nach den
Körnern, indes Rani Man Singh die zeremoniellen Worte
sprach:

»Warum bist du nach Balmer gekommen?«

»Ich bin gekommen, um eure Tochter zu heiraten.«

»Unsere Tochter bedeutet uns mehr als Gold. Sie ist die Göttin des Reichtums und des Glücks, die Göttin Laksmi.«

»Ich will sie als eine Göttin achten. Ich grüße sie im Namen der Götter.«

Der Sirpur-Älteste stieg ab und betrat, Prinz Prataps Schwert mit beiden Händen vor sich haltend, den für den Bräutigam geweihten Kreidekreis. Hundert Muschelhörner, die auf den Wällen geblasen wurden, tönten unheimlich durch die Festung, während Rani Man Singh mit der Tonlampe, welche an der Flamme von Jayas Altar entzündet worden war, Prinz Prataps Schwert siebenmal umrundete.

Radscha Man Singh trat mit einer Handvoll Goldmünzen vor. Sie fielen wie ein glitzernder Regen auf das Schwert, um das Auge des Bösen von dem Symbol des Bräutigams zu bannen.

Jaya sah in den Hof hinunter. Die Blumenvorhänge umschlossen den Hochzeitspavillon und wehten sachte in der Zugluft, welche die Menschenmenge erzeugte. Rauch vom heiligen Feuer waberte um den roten Stoffbaldachin über dem Pavillon. Sie sah die sieben Stufen, die vom Heiratspodest auf die Erde führten, die sieben Stufen, die ihr erlaubten, es sich anders zu überlegen, noch nachdem die Trauungszeremonie vollzogen war, und der Gedanke, daß sie die Vermählung verweigern könnte, ließ Hoffnung in ihr aufkeimen. Doch dieses Gefühl erstarb schnell, als Rani Man Singh den Sirpur-Ältesten zum Hochzeitspavillon geleitete, wo der alte *raj guru* von Balmer wartete.

Von der *baran* geführt, schritt Jaya schwerfällig ein letztes Mal durch die Korridore des *zenana*. Sie hörte die Stimmen der beiden Oberpriester, welche die Ahnenreihen ihrer jeweiligen Fürsten und Kasten psalmodierten. Selbst aus dieser Entfernung konnte sie die Verachtung in der

Stimme des *raj guru* von Sirpur hören. Balmer war zwar ein altes Fürstentum, zwölfhundert Jahre alt, aber das Reich Sirpur war so alt, daß sein Ursprung sich in Mythen verlor, und dieses Bewußtsein der Überlegenheit teilte sich der ganzen Versammlung durch die gelangweilte Stimme des Priesters von Sirpur mit, der den dreitausend Jahre alten Stammbaum seiner Herrscher rezitierte.

Als sie sich dem Hochzeitspavillon näherte, erflehten die Stimmen der Priester den Segen von Indiens mächtigstem Fluß, dem einzigen Fluß, der wie ein Mensch heißt, Brahmaputra, Sohn des Schöpfers. Jayas Augen füllten sich mit Tränen, als sie daran dachte, daß sie Balmers öde Wüstenlandschaft verlassen sollte, um in das uralte fremde Fürstentum zu ziehen, das sich entlang des Brahmaputra erstreckte.

Die zwei Oberpriester setzten Jaya neben das Schwert. Sie wanden ein rotes Tuch um das Heft des Schwertes und verknüpften das Ende des Tuches mit Jayas Schleier. Der Sirpur-Älteste stand teilnahmslos hinter dem Schwert, während die Priester die alten Sanskritgebete von Ehe und Pflicht aufsagten. Jaya bemühte sich, den Kopf aufrecht zu halten, als sich Reis und Blumen auf ihren Schleier und auf den Lehmboden ergossen. Heiße Tränen fielen auf ihre juwelenbesetzten Handschuhe, und sie zwang sich, sich nicht an den Wangen zu kratzen, wo die Tränen die Sandelpunkte befeuchtet hatten.

Sieben verheiratete Frauen aus Balmer traten auf das Podium, um mit den Symbolen der Fruchtbarkeit und des Wohlstands die einzelnen Rituale zu vollziehen, welche Jaya mit dem Hause Sirpur vermählten. Eine Frau strich Öl auf Jayas Kopf. Eine andere zog mit Augenwasser einen langen Strich unter ihre Augen. Als sie ihren Schleier hochhoben, sah Jaya die feierlichen Gesichter, und sie erinnerte sich, wie sie bei der *Manwar*-Feier auf Polstern hingegossen gelegen und über die obszönen Verse der Eunuchen gelacht hatten. Die letzte verheiratete Frau drückte

sachte auf Jayas Unterkiefer, um ihr Dickmilch und Zuk-
ker in den Mund zu löffeln. Jayas Tränen strömten über
die Hände der Frau. Die Frau schlüpfte unter Jayas
Schleier, vom dichten Stoff abgeschirmt umfaßte sie Jayas
bebende Schultern, als könnten ihre Hände Jayas Trostlosigkeit vertreiben, aber der *raj guru* von Sirpur zupfte an
dem Schleier, und die Frau trat zurück.
Der Sirpur-Älteste legte Prinz Prataps Schwert in Jayas
Hände. Sie erhob sich, um das heilige Feuer, den Zerstö-
rer und Schöpfer des Universums, zum Zeugen ihrer Vermählung anzurufen. Das Schwert in den Händen, schritt
sie um das Feuer, indes der Sirpur-Älteste im Namen des
Bräutigams sprach: »Ich will dich in die vier Himmelsrich-
tungen des Universums führen.«
»Ich will dich durch die drei Welten führen«, erwiderte sie
flüsternd, »die grobe, die feine, die erhabene.«
Das schwere Schwert vor sich hinhaltend, stellte sie sich
vor die sieben Stufen, die vom Hochzeitspavillon hinabführten. Unter dem Elefantenbogen wartete das Brautgefährt, das mit Spiegeln bedeckt war, um das Auge des Bösen von Jaya abzulenken, wenn sie das Fort Balmer verließ
und der Prozession ihres Bräutigams folgte. Es dämmerte
schon, als Jaya die erste Stufe hinabstieg und flüsterte:
»Wenn ich Unrecht tue, rufe ich den Morgenstern an, auf
daß er nie mehr scheinen möge.«
Sie blieb auf der nächsten Stufe stehen. »Wenn ich Unrecht tue, rufe ich die aufgehende Sonne an, auf daß sie
den Himmel nie mehr erhellen möge.«
Auf der dritten Stufe war sie von der Wut in ihrer Stimme
überrascht, als sie laut forderte: »Wenn ich Unrecht tue,
rufe ich den Mond an, auf daß er das Licht der Sonne nie
mehr zurückwerfen möge.«
Sie sah den Morgenstern links von dem verblassenden
Neumond und den rosigen Schimmer der aufgehenden
Sonne. »Wenn ich Unrecht tue, rufe ich die Planeten an,
auf daß sie ihren Lauf um die Sonne einstellen.«

Das traurige Klagen der Muschelhörner hallte in dem Dämmerlicht, und nun war es nicht mehr Wut, sondern Furcht, die ihre Stimme anschwellen ließ, als sie die nächste Stufe hinabstieg. »Wenn den sieben Müttern der Welt etwas bekannt ist, weshalb ich diesen Schritt nicht tun soll, so rufe ich sie an, mich zurückzuhalten.«

Sie hielt vor der letzten Stufe an und weinte.

»Die Asketen!« flüsterte der *raj guru* von Balmer. Jaya begann zu sprechen, aber unter den Erschütterungen ihrer Schluchzer versagte ihr die Stimme. »Sage es, *Bai sa!*« drängte der alte Oberpriester. »Wenn du jetzt nicht sprichst, werden die Leute von Sirpur sagen, du bringst ihrem Hause Unglück.«

Jaya holte tief Luft, und keuchend stieß sie hervor: »Wenn den sieben großen Asketen etwas bekannt ist, weshalb ich diese Verbindung nicht eingehen soll, so rufe ich sie an, mich zurückzuhalten.«

Jetzt war sie unten angekommen. Bis zu diesem Augenblick war ihre Eheschließung nicht endgültig vollzogen. Sie umklammerte Prinz Prataps Schwert und bemühte sich, das Schluchzen zu unterdrücken. Aber ihr Kummer schien eigenmächtig geworden zu sein, und sie erkannte ihre eigene Stimme nicht, als sie sprach: »Erde, du bist unser aller Mutter. Du kennst die Zukunft und die Vergangenheit. Verschlinge mich, wenn dir etwas bekannt ist, weshalb ich diesen achtbaren Schritt nicht tun soll.«

Jaya wartete eine lange Weile und hoffte, daß ein übernatürliches Ereignis sie vor dem Gefährt retten würde, dessen Spiegel jetzt grell im Sonnenlicht blinkten. Die Höflinge von Sirpur murmelten ungeduldig, und sie kniete nieder, um das Schwert auf die unversöhnliche Erde zu legen. Von dem Gewicht ihrer Kleider niedergedrückt, preßte sie die Stirn auf das Heft von Prinz Prataps Schwert, wie sie den Kopf auf Prinz Prataps Füße gepreßt haben würde, wenn er anwesend gewesen wäre.

Sirpur

Vierundzwanzigstes Kapitel

Das Volk von Sirpur mußte sich nicht durch die Geschichte bestätigen lassen. Von allen Dynastien, die dem Wagen Krischnas in die Schlacht gefolgt waren, hatten nur zwei überlebt: Tripura und das Haus Sirpur.

In den Teestuben an den Ufern des Brahmaputra unterbrachen die alten Männer zuweilen ihr Schachspiel, um sich mit knochigen Händen auf die Knie zu schlagen und über den Augenblick der Panik vor dreitausend Jahren zu lachen, als die Schreiber aus Angst vor der Vergänglichkeit Sirpurs begannen, schriftliche Aufzeichnungen zu machen, Zeugnisse, die nun stapelweise in den steinernen Kammern des Kamini-Tempels verstaubten. Wenn dieser kurze Anfall von Übermut abgeebbt war, blickten die alten Männer wieder still zufrieden auf das silbrige Wasser des Flusses. Sie konnten gewiß sein, daß in Sirpur die Geschichte jünger als die Mythologie war.

Das Zentrum Sirpurs, von dem aus sich das Land in wogenden smaragdgrünen Reisfeldern bis zum Himalaya und nach China erstreckte, war die alte Hauptstadt, die sich am linken Ufer des Sohnes des Schöpfers, des mächtigen Brahmaputra, ausbreitete. Das Volk von Sirpur hatte allen Grund, diesen Sohn des Schöpfers zu fürchten, wenn seine schwellenden Wasser über die Gebirgsausläufer an der Nordgrenze von Sirpur hereinbrachen und zuerst die Bambusdörfer der Stämme, dann die Reisfelder und die Hauptstadt überschwemmten.

Alle zehn Jahre trat der Fluß über die Ufer und zwang die

Hauptstadt, sich aus ihren Ruinen neu zu erheben. Ein steinerner Türsturz eines zweitausend Jahre alten Tempels, der den Eingang einer Teestube zierte, die jüngst aus beim letztjährigen Monsunregen angeschwemmtem Holz errichtet worden war, oder das Blechdach einer Lackfabrik im Landesinneren, das nun die Werkstatt eines Rikschamechanikers schützte, waren in der Stadt Sirpur ein gewohnter Anblick. Während ein Jahrhundert in das andere überging und die Geschichtsaufzeichnungen im Kamini-Tempel ungeöffnet zwischen den karmesinroten Deckeln ihr Dasein fristeten, lieferten die in den engen Straßen aneinandergequetschten Gebäude den gleichgültigen Bewohnern des Fürstentums einen kunterbunten Bericht über die Vergangenheit.

Als hätte der endlose Kreislauf von Zerstörung und Aufbau ihnen besondere Duldsamkeit geschenkt, betrachteten die Leute von Sirpur die halbnackten Stämme, die in den Gebirgsausläufern lebten, mit demselben Gleichmut, mit dem sie die Praktiken im *Purdah*-Palast der Maharani-Witwe betrachteten, wo, wie es hieß, viele Frauen die sich über drei Meilen erstreckenden Anlagen des Stadtpalastes noch nie von außen gesehen hatten. Und die Haremsdamen, die trotz Maharadscha Victors wiederholtem Angebot, sie freizulassen, auf ihrem Eingesperrtsein beharrten, stellten Vermutungen über das zügellose Benehmen der in den Räumen des Stadtpalastes wohnenden europäischen Gäste an, wenn sie die *memsahib*, die in warmen Frühlingsnächten auf mitternächtlicher Schnitzeljagd mit Fahrrädern durch das Bambusdickicht fuhren, nach Champagner rufen hörten.

In den Jahren zwischen den Überschwemmungen nährte der Brahmaputra die Reisfelder mit reichem Schlamm, bis die Bauern, die Taschen mit Geldstücken gefüllt, die Geschäfte in den betriebsamen Basaren von Sirpur leerkauften, und die Kähne mit dem Reichtum aus Sirpurs Teeplantagen und Smaragdminen nach Kalkutta gestakt wurden. In diesen Jahren sicherten die Bewohner von Sirpur das Überleben ihres Königreiches, indem sie dem Kamini-Tempel die Ehre erwiesen.

Jeden Morgen psalmodierten sie die Entstehung des Tempels, als der Gott Schiwa, die Göttin in seinen Armen, im Tanz der kosmischen Zerstörung durch die Gestirne gestürmt war. Im Singsang schilderten sie, wie der zarte Leib der Göttin dem Ansturm des tanzenden Gottes nicht standhalten konnte und in tausend Stücke zersprang, und wie tausend Tempel an den Stellen errichtet wurden, wo die zersplitterte Göttin hingefallen war.

Der Schoß der Göttin war hier in Sirpur herabgefallen. Niemand wußte, wann die ersten Bögen des Kamini-Tempels um die schwarze steinerne Vulva errichtet worden waren, oder warum das klare Wasser, das ihren Lippen entströmte, alljährlich sieben Tage lang rot und klebrig wurde. Wenn die Göttin menstruierte, strömten Pilger aus ganz Indien, und zwar so viele, daß sie sich in den Korridoren gegenseitig auf die Füße traten, zum Kamini-Tempel, um sich zu salben und um eines der Wunder zu beten, welche, wie man sagte, die Göttin dem Fürstentum Sirpur manchmal bescherte.

Das Schwert ihres Gemahls auf den Knien, blickte Jaya aus dem girlandengeschmückten Fenster ihres Brautgefährts. Sie staunte, daß die strengen Bestimmungen, die im Britischen Empire Rasse von Rasse, Religion von Religion trennten, in diesem alten Land keine Gültigkeit hatten. In den engen Straßen der Altstadt sah sie chinesische Uhrmacher unter ihren mit Schriftzeichen bemalten Fahnen mit englischen Advokaten in glänzenden schwarzen Anzügen und mit barbrüstigen Stammesweibern beisammensitzen, die sich lange Zigarrenstumpen in das verfilzte Haar gesteckt hatten. In den breiten Straßen der Neustadt plauderten europäische *memsahib* in offenen Palastwagen angeregt mit den Adjutanten, die hoch zu Roß neben ihnen ritten.

Der geschmückte Wagen fuhr am Gerichtshof und an der Universität von Sirpur vorüber und näherte sich dem Stadtpalast, Residenz des Maharadschas und Verwaltungszentrum des Fürstentums Sirpur. In der Ferne sonnten sich Gestalten vor weißgetünchten Mauern und beobachteten träge die Fischerboote mit schmutzigen Musselinsegeln, die gemächlich über den Fluß glitten, um die Fische und Krabben zu fangen, für die Sirpur im Osten berühmt war. Am anderen Flußufer boten die Gartenhäuser reicher Kaufleute angenehme Erholung; sie öffneten sich auf Terrassengärten und langgestreckte Veranden, von denen aus die Familien zu jeder Jahreszeit auf den großen Fluß schauen konnten.

Der Wagen rollte durch das Tor, vorbei an einer Reihe sich verbeugender Wächter, und kam zu dem Bambusdikkicht, das den *Purdah*-Palast von den vielen anderen Bauwerken trennte, die alle zum Stadtpalast gehörten.

Vor dem Eisentor des *Purdah*-Palastes warteten abessinische Eunuchen, um Jaya zur Maharani-Witwe zu führen. Jaya folgte ihnen durch hohe Räume mit Teakbetten, die zum Schutz vor der ständigen Schlangengefahr in Wasserbehältern standen, bis sie im Empfangssalon der Maharani-Witwe stand.

Eine alte, von Arthritis gekrümmte Frau erhob sich mühsam von ihrem *gaddi*. Ihre harten Knöchel knackten gegen Jayas Schläfen, um das Auge des Bösen zu bannen, dann drückte sie Jaya schwere Eisenschlüssel in die Hände. »Dies sind die Schlüssel zu den Vorratslagern deines Gemahls, und dies sind die Schlüssel zu meinen.«

Jaya saß neben der Maharani-Witwe, während diese von ihren Enkelsöhnen erzählte. »Der arme Victor. Er war erst sieben Jahr alt, als er Maharadscha wurde. Trotz seiner Jugend zwang der britische Resident, Sir Henry Conroy, ihn und Pratap, unverzüglich nach England zu reisen, um dort die Schule zu besuchen.« Die alte Frau lächelte Jaya grimmig an. »Aber jedesmal, wenn die Knaben nach Sirpur zurückkehrten, wies ich die jüngeren Konkubinen an, sie an ihre heimatlichen Bräuche zu erinnern.«

Jaya starrte in stummem Schrecken auf den *Purdah*-Garten, während die krächzende Stimme der Maharani-Witwe schilderte, wie sie in den Ferien ein zartgliedriges Haremsmädchen nach dem anderen zu den unbeholfenen Schulknaben geschickt hatte, um sie zu verführen, in der Hoffnung, die Seelen ihrer Enkelsöhne über den Umweg ihrer Lenden von England zurückzuerobern.

Schließlich führten Dienerinnen Jaya die breite Marmortreppe zum Wales-Palast, ihrem neuen Heim, hinauf. Er war ursprünglich als Unterkunft für König Eduard VII. errichtet worden, als dieser – damals noch Prinz von Wales – Sirpur besucht hatte. Der indo-sarazenische Stil stellte eine Mischung aus victorianischer Eisenbahnarchitektur und indischer Pracht dar, wie sie die indischen Fürsten wegen der angeblichen Beliebtheit bei den britischen Herrschern bevorzugten.

Wie um die unnachgiebige Härte des Britischen Empire mit Sirpurs Anpassungsfähigkeit zu bezwingen, hatte Prinz Pratap Spiegel mit eingeätzten langen, schmalen Frauenkörpern an die Wände gehängt. Und als die Diener unter Verbeugungen die Türen zu den Räumen mit Kronleuchtern, Fußböden aus erlesenem italienischem Marmor und weißen Schonbezügen über europäischen Möbeln öffneten, fühlte Jaya sich eingeschüchtert. Sie trat auf den Balkon vor ihren Gemächern und blickte sehnsüchtig auf die Kuppeln und den Dreizack des Kamini-Tempels, der sich hinter dem Stadtpalast erhob.

Am Abend wurde Jaya offiziell in der gewaltigen *Durbar*-Halle des Stadtpalastes vom Herrscher empfangen. Durch ihren Schleier betrachtete sie staunend die berühmten Wände mit den vergoldeten Fresken, die Kunsthistoriker aus aller Welt angezogen hatten. Während die Minister ihr Geschenke darbrachten, lächelte Maharadscha Victor auf seinem *gaddi* ihr mitfühlend zu, als wisse er um ihre

Einsamkeit, und sie bemerkte die Güte in seinen müden Augen.

Nach dem Zeremoniell erbot er sich, sie zum Andenken an diesen Tag zu photographieren. Sie folgte ihm in ein Atelier mit bequemen Ledersesseln und Photographien von siegreichen Rennpferden an den Wänden.

»Ich bin ganz verrückt nach Filmen«, verkündete Maharadscha Victor mit gedämpfter Stimme unter seinem Photographentuch hervor. »Magst du auch das Kino so gern, Prinzessin?«

»O ja, *Hukam*. Mein Vater hat einen Film nach Balmer mitgebracht. Über den Helden Krischna. Wir haben ihn uns oft angesehen.«

Der hübsche Kopf des Maharadschas tauchte hinter dem braunen Tuch auf, und die schrägen Augen Victors blickten sie verwundert an. »Ich meine richtige Filme, mit Filmschauspielern wie Mary Pickford und Douglas Fairbanks. Oder Cora Hart.« Der Kopf verschwand wieder unter dem Tuch. Ein Blitz, und beißender Rauch erfüllte den Raum. Zufrieden zog der Maharadscha die Platte aus dem Photoapparat. »Du mußt sehr einsam sein ohne Pratap. Laß deinen Schleier hier! Komm mit und sieh dir in meinem Privatkino einen Film an!«

Er ging voraus in einen Vorführraum voller Europäer. In ihren Brautgewändern kam Jaya sich lächerlich und unförmig vor. Sie setzte sich in eine Ecke und wagte die Hände nicht zu bewegen, damit die Elfenbeinreifen nicht zu laut klapperten, während die Europäer sich mit dem Maharadscha in leichtem Ton über Polowettspiele und Gesellschaften, die sie in Europa besucht hatten, ergingen.

Eine *memsahib*, der die dünnen Träger ihres Abendkleides ins weiße Fleisch schnitten, bemühte sich tapfer, Jaya in ein Gespräch zu verwickeln. Sie hielt ein mit Edelsteinen verziertes Pferd in die Höhe. »Ist das nicht hübsch, Prinzessin? Sie kennen sich natürlich mit solchen Arbeiten aus. Es war zu amüsant, wie der Nizam von Haiderabad den Künstler Fabergé bat, einen Palast zu entwerfen, und dann befand, Fabergé sei für Haiderabad zu vulgär.«

Die kleinen Löckchen der Frau bebten vor Lachen. Jaya lächelte schief. Es widerstrebte ihr zuzugeben, daß sie nicht wußte, wovon die *memsahib* sprach. Deshalb war sie dankbar, als der Raum in Dunkel getaucht wurde.

Bilder flackerten auf der Leinwand, und die Europäer stöhnten laut.

»Was bist du doch für ein Romantiker, Victor! Keiner sieht sich heute noch solche Filme an.«

»Und schon wieder Cora Hart! Das hätten wir uns denken können.«

»Sie ist wirklich die schlechteste Schauspielerin der Welt.«

Der Maharadscha achtete nicht auf die Einwände. Jedesmal, wenn die hübschen Gesichtszüge der Schauspielerin in Großaufnahme auf der Leinwand erschienen, beugte er sich vor. Im Dunkeln betrachtete Jaya sein gütiges, müdes Gesicht. Die Sehnsucht des Maharadschas glich dem Verlangen, das sie auf den Gesichtern der Konkubinen von Balmer gesehen hatte, denen es verboten war, einander zu berühren, und die die Macht der Eunuchen fürchteten. Der Maharadscha bemerkte Jayas forschenden Blick und lächelte, als wären sie Verschwörer.

Fünfundzwanzigstes Kapitel

Um in dem seltsamen Schwebezustand, zwar vermählt, aber keine Ehefrau zu sein, nicht den Verstand zu verlieren, hielt Jaya die Ereignisse ihres Lebens in einem Album fest, auf dessen schwarzen Blättern sie die spärlichen Photographien von Prinz Pratap wie einen Schatz hütete.

Prinz Prataps seltene Briefe aus Frankreich, wo er als Adjutant des Maharadschas von Bikaner bei der Unterzeichnung des Versailler Vertrages zugegen war, mit dem der große Krieg zu Ende ging, oder aus Kalifornien, wo er, wiederum als Bikaners Adjutant, an den Eröffnungsfeierlichkeiten des Völkerbundes teilnahm, wirkten wie an eine jüngere Schwester gerichtet. Zwischen den heiteren Anekdoten suchte Jaya stets nach einer Bestätigung ihrer Heirat, fand aber keine.

Ihre Tage waren mit den offiziellen Pflichten einer verheirateten Frau angefüllt. An einem Tag wurde sie im Beisein des Premierministers und des britischen Residenten mit Silber aufgewogen. Sie saß kreuzbeinig auf einer schweren Eisenwaage, indes die Palastschreiber mit Silbermünzen gefüllte Jutesäcke in die andere Waagschale warfen, um das Geld sodann an die Armen zu verteilen.

Sir Akbar, der Premierminister, stützte sich während der Zeremonie auf einen Stock mit goldenem Knauf. Seine aristokratischen Züge paßten gut zu dem schlichten Fez, ein perfekt geschneiderter Rock bekleidete seine magere Gestalt. Sir Akbars Zurückhaltung und Verbindlichkeit zeugten von der Vornehmheit seiner Abstammung aus Haiderabad, dem Fürstentum, das die Gelehrsamkeit und Weltabgewandtheit des untergehenden Mogulnreiches geerbt hatte. Die schimmernde Glatze und der rundliche Leib des britischen Residenten Sir Henry Conroy neben ihm kündeten von einer Fröhlichkeit, die augenblicklich von den kühl beobachtenden bleigrauen Augen Lügen gestraft wurde. Jaya konnte sich gut vorstellen, wie der britische Resident zwei halbwüchsige Knaben um die halbe Welt schickte, ohne je an der Korrektheit seines Entschlusses zu zweifeln, und sie ahnte, daß dieser Mann unempfänglich war für ihre Tränen.

Ein paar Tage darauf empfing sie die Aristokratinnen von Sirpur im Weißen Salon des Wales-Palastes. Ihre Gespräche brachten sie beinahe zum Weinen.

»Schließlich ist der Tempel nach Kama genannt, *Hukam*, dem Gott der Liebe!«

»Und dein Gemahl ist ein Prinz des Hauses Sirpur, *Hukam*. Er ist ein Hüter der Bestimmung des Tempels.«

Jaya starrte unglücklich auf den Teppich. Sie schämte sich, daß sie im Verhältnis zu den sinnlichen Frauen im Fürstentum ihres Mannes mit ihren modischen Bubiköpfen und den Pailletten, die so verheißend auf ihren Chiffonsaris glitzerten, so weltfremd erscheinen mußte.

»Das Liebesspiel ist seine *puja*.«

»Viele Ehemänner haben allen Grund, Prinz Prataps Tüchtigkeit unter dem Moskitonetz zu hassen, wenn ihre liebeskranken Frauen sich vom Ehebett abwenden.«

Ohne zu merken, daß ihre Neckereien Jayas Gemüt mit unartikuliertem Begehren entflammten, fuchtelten die Damen mit elfenbeinernen Zigarettenspitzen über ihren Weingläsern in der Luft und versicherten Jaya, ihr nie gesehener Gemahl sei alles andere als ein gewöhnlicher Mann.

Seitdem hatte Jaya die Legende vom Kamini-Tempel so oft gehört, daß deren Eindeutigkeit sie nicht mehr abschreckte. Sie betrachtete so oft den eisernen Dreizack des Tempels, der sich auf dem Hügel hinter dem Stadtpalast in den Himmel bohrte, daß sie sich in den geheimsten Winkeln ihres Gemüts sogar danach sehnte, von ihrem Gemahl in die leichtfertigen Freuden von Sirpur eingeführt zu werden. Wenn sie abends auf ihrem Balkon stand und die wechselnden Farben des Brahmaputra betrachtete, war ihr zuweilen, als höhle der große Fluß ihr Gemüt aus, wie stetes Wasser einen Stein aushöhlt, und sie fürchtete, ihre von der Beständigkeit der Wüste ihrer Heimat geprägte Identität könne der ungenierten Fruchtbarkeit und den leichtfertigen Sitten von Sirpur nicht standhalten.

Während aus Wochen Monate wurden und Prinz Pratap immer noch nicht nach Indien zurückkehrte, dokumentierte Jaya ihr Leben sorgsam in ihrem Album. Maharadscha Victor forderte sie oft auf, ihn auf das Polofeld zu begleiten. Wenn sie frühmorgens über das Gelände galoppierten, sprach er zuweilen von dem Schmerz über das Fernsein geliebter Menschen. Seine distanzierte Sanftheit ihr gegenüber, sein fast zärtlicher Umgang mit den Pferden, seine gleichbleibende Höflichkeit zu den Stallknechten und den Kindern, die am Feldrand zusahen, führten dazu, daß Jaya den Herrscher idealisierte, und jedesmal, wenn sie merkte, daß er allzu rasch einer Anweisung der Maharani-Witwe oder Sir Henry Conroys zustimmte, wertete sie seine offensichtliche Schwäche als weiteren Beweis seiner Fähigkeit mitzufühlen.

Fast ein Jahr war seit Jayas Ankunft in Sirpur vergangen. Die Bewohner hatten die Überschwemmungszeit überstanden und die von einem mäßigen Monsun zerstörten Teile der Stadt wieder aufgebaut. Die Göttin erfuhr gerade ihre mysteriöse Verwandlung, und die Basare waren fast unpassierbar infolge des Ansturms von Pilgern, die Tonlampen und Blumen kauften, um sie in den vielen kleineren Tempeln zu opfern, die sich auf dem Hügel bis hinauf zum Kamini-Tempel ausbreiteten.

Das tiefe Tuten einer Hupe durchschnitt gebieterisch das Geklapper der Rikschas und Fahrräder, die in dem Menschengewühl auf der Straße vorwärts zu kommen versuchten. Der eigens für die Maharani-Witwe in Auftrag gegebene Rolls-Royce drängte die Massen aus dem Weg. Die Fahne hing schlaff an der Kühlerhaube des Wagens. Hinter der Windschutzscheibe konnte man die blauschwarzen unbehaarten Brustkästen der abessinischen Eunuchen der Maharani-Witwe sehen, die mit ihren Krummsäbeln auf den Knien teilnahmslos neben dem Chauffeur saßen. In dem sechsrädrigen Automobil, das sich hinter der Vorderachse zu einer geräumigen Sänfte auf vier weißen Reifen ausweitete, lag die alte Maharani-Witwe neben Jaya auf ihrer Chaiselongue und schimpfte erbost, während das Auto den Hügel zum Kamini-Tempel hinaufrumpelte.

Am Tempel halfen die Eunuchen ihrer Herrin aus dem Rolls-Royce in eine mit Vorhängen versehene Tragesänfte. Kahlrasierte Frauen hoben die langen Stangen der Sänfte auf ihre Schultern, und Jaya folgte ihnen die von Generationen von Pilgern abgetretenen Steinstufen hinauf.

Gemeißelte Säulen säumten die düsteren Korridore des Tempels. Jaya mußte den Blick von den sich windenden Gestalten abwenden; sie war außerstande, eine Verbindung zwischen dieser Fruchtbarkeitsfeier und den unbekümmerten Briefen ihres Mannes aus Amerika herzustellen.

Die nackten Füße patschten auf die Stufen, als die Frauen die schmale Treppe hinabstiegen, die zum inneren Heiligtum des Tempels führte, einer Höhle, in deren Mauernischen Tonlampen flackerten.

Feuchtigkeit sickerte aus den schwarzen Steinen und gemahnte Jaya an den dünnen Schweißfilm, der auf den nackten Oberkörpern der abessinischen Eunuchen der Witwe glänzte. In der Mitte der Höhle war ein großer schwarzer Stein, glattgeschliffen von dem Wasser, das aus einer unergründlichen Quelle unterhalb der Höhle kam. Die Maharani-Witwe stieg schwerfällig aus ihrer Sänfte und humpelte zu dem Stein.

Erst als Jaya nähertrat, sah sie, daß der Stein wie eine riesige Vulva geformt war, deren dicke Lippen von der täglichen Salbung mit Kokosnußöl schimmerten wie schwarzes Glas. Die Maharani-Witwe schob ihre Hand zwischen diese Lippen. Eine rote Flüssigkeit glänzte auf ihren steifen Fingern, als sie Jayas Wangen und Stirn beschmierte und dabei sang: »Mögest du unser Haus mit Söhnen bereichern, und möge deine Huldigung an die Göttin deinem Leib Früchte bringen.«

Jaya bückte sich zögernd und berührte die dicken Lippen

mit der Stirn. Die transparente Flüssigkeit, die aus dem glatten Spalt zwischen den Steinlippen hervorquoll, färbte sich rot. Jaya fühlte sich beschmutzt, sie dachte an ihre Mutter, die während ihrer Monatsblutung den Tempel nicht betreten hatte. Sie versuchte, die Erinnerung an die Maharani von Balmer wachzurufen, aber das Bild entglitt ihr, und ihr war, als stürbe damit auch ihre vertraute Kindheit.

Die Tempeldienerinnen reichten der Maharani-Witwe eine große Photographie in einem Silberrahmen. Die krächzende Stimme der alten Frau hob zu einer neuen Anrufung der Göttin an. Als Jaya die Bosheit in den Beschwörungen der alten Frau vernahm, spähte sie neugierig über deren Schulter und erblickte auf dem Bild einen Schmollmund, der an eine Rosenknospe erinnerte, unter geschminkten blauen Augen, die die Alte mit unschuldiger Gier ansahen. Große schnörkelige Schriftzüge bedeckten die bloßen Schultern unter dem hübschen Gesicht. »Meinem liebsten Victor von Deiner Dich liebenden Cora.«

Mit einem wilden Fluch zerschlug die Maharani-Witwe die Photographie auf den schwarzen Steinlippen. Das Geräusch des zersplitternden Glases hallte in der Höhle wider; die dicke Flüssigkeit ergoß sich über die Steinlippen und die Photographie und färbte die blauen Augen rot.

Die schrillen Stimmen der Tempeldienerinnen erhoben sich zu einer obszönen Litanei. Jaya erinnerte sich an die Sehnsucht in den müden Augen des Maharadschas, wenn das Gesicht von Cora Hart in einer Großaufnahme auf der Leinwand erschien, und sie wußte, daß es nicht die Wollust war, die in dieser Felsenhöhle so rüde ausgetrieben wurde. Sie wandte sich von der steinernen Vulva ab und fragte sich, ob sie in diesem fremden Land mit seinen unverständlichen Bräuchen wohl den Verstand verlieren und den Mann, mit dem sie vermählt war, nie erblicken würde.

Als die Nachricht eintraf, daß Prinz Pratap endlich auf dem Weg nach Sirpur sei, waren seit Jayas Vermählung fast zwei Jahre vergangen. Die Zeitungen von Sirpur waren voll von Artikeln über die Reformen, welche der King Emperor Indien in dem Jahr, als Jaya verheiratet wurde, versprochen hatte.

Wochenlang waren Vermutungen angestellt worden, ob der forsche junge Prinz von Wales wohl zur feierlichen Eröffnung der vom King Emperor zugesagten Versammlungen nach Indien kommen würde. Dann merkte die britische Oberhoheit jedoch, daß sie die Demonstrationen von Indern nicht in den Griff bekommen würde, die darüber erzürnt waren, daß die hochgelobten Reformen des King Emperor Indien nur den Anschein der Macht, aber nicht die Macht selbst verliehen, da die Bewohner Britisch-Indiens nur auf eine Teilrepräsentation in Versammlungen beschränkt waren, wo sie immer noch der Vizekönig überstimmen konnte, und die indischen Fürsten sich mit einer Chamber of Princes begnügen mußten, in welcher der Inhalt ihrer Reden von britischen Beamten überwacht wurde.

Der »Sirpur Herald« äußerte in seinen Leitartikeln auch Zorn darüber, daß das Empire die Presseverfügung, die den Zeitungen in Britisch-Indien Berichte über die indischen Fürstentümer verbot, aufgehoben hatte und den britisch-indischen Zeitungen die Verbreitung von obszönen Geschichten über das Privatleben der indischen Herrscher gestattete.

Jetzt erwartete Indien die Ankunft des Onkels des Kaisers von Indien, des Herzogs von Connaught, der die Versammlungen und die Chamber of Princes eröffnen sollte, jener Institutionen also, dank derer die Fürsten und das Volk von Indien ihrem kaiserlichen Herrscher gegenüber bloße Bittsteller bleiben sollten.

Während sich der Zug ihres Mannes Sirpur näherte, kleidete sich Jaya abermals in ihren Brautstaat, um ihren Bräutigam zu empfangen. Als die Dienerinnen schließlich einen Besucher im Weißen Salon meldeten, rannte Jaya beinahe die breite Marmortreppe hinab, doch dann stand sie nur vor dem verlegenen Premierminister.

»Prinz Pratap wurde im Stadtpalast aufgehalten, *Hukam*. Er wird morgen mittag mit dir essen.«

Jaya riß sich die Blumen aus dem Haar und zertrampelte sie, dann floh sie in ihre Gemächer. Dort schrubbte sie sich die Sandelverzierungen aus dem Gesicht. Ihr wutentbranntes Abbild wurde tausendmal in den pastellgetönten Spiegeln des Badezimmers vervielfältigt.

Den ganzen Tag schloß sie sich in ihrem Schlafgemach ein, und sie weinte unaufhörlich, weil Prinz Pratap es vorgezogen hatte, seine erste Nacht im Stadtpalast bei Maharadscha Victor und dessen Gästen statt mit seiner jungen Frau zu verbringen.

Sie lag auf dem Himmelbett und blätterte das Album durch, mit dessen Hilfe sie sich ein Bild von ihrem abwesenden Mann gemacht hatte. Sie hielt bei einer Photographie inne, auf der Prinz Pratap aus einer Flugzeugkanzel winkte. Die Fliegerhaube war auf seinem Kopf zurückgeschoben, die große Schutzbrille baumelte unter seinem lachenden Gesicht. Aus seinen länglichen Augen sprach eine Erregung, die auf den anderen Photographien fehlte, und Jaya fürchtete plötzlich, er könnte den Vollzug der Ehe ablehnen.

Dienerinnen klopften an die Tür. Als sie mit den Speisen eintraten, die sie den ganzen Tag nicht angerührt hatte, schickte sie sie hinaus. Sie trat auf ihren Balkon und beobachtete, wie die Dämmerung in Dunkelheit überging. Das gegenüberliegende Flußufer war zu dieser Stunde nicht zu sehen. Die Fröhlichkeit der Laternen, die an den undeutlich wahrnehmbaren Rümpfen der flußabwärts ziehenden Kähne befestigt waren, stand im Gegensatz zu den traurigen Flötenklängen der Flußschiffer, die ihr Gefährt durch die Nacht steuerten.

Die Flöten waren wie ein Echo von Jayas Verzagtheit, die sie beim Anblick der Kutscherlaternen befiel, welche die Tore des Stadtpalastes erhellten. Der Premierminister hatte ihr erzählt, daß ein gutaussehender Angehöriger der *sikhs*, der einzige Inder, der im Weltkrieg mit der Royal Air Force geflogen war, den Prinzen nach Sirpur begleitet hatte, zusammen mit zwei Europäern, die der neuen Spezies von Abenteurern angehörten, die man Piloten nannte. Er hatte die schönen Frauen unerwähnt gelassen, die sich der Gruppe angeschlossen haben mußten, aber Jaya wußte, sie waren dabei.

Der Stadtpalast war stets voll von ausländischen Gästen. Jaya hatte die eleganten Frauen gesehen, die es auf Einladungen nach Sirpur abgesehen hatten, bevor die Saison in Kalkutta begann, in der Hoffnung, unter den spendablen Lebemännern, die Maharadscha Victors engeren Freundeskreis bildeten, einen Beschützer zu finden. Sie war auch den reichen, müßiggängerischen Männern begegnet, die für eine Jagdsaison eingeladen, dann aber ein Jahr geblieben waren, um sich fern von den Verfallserscheinungen im Nachkriegseuropa oder den Prohibitionsgesetzen Amerikas von der berühmten Gastfreundschaft Sirpurs verwöhnen zu lassen.

Sie fragte sich, ob die Prozession von Ausländerinnen, die zuweilen in Tennisröcken den Rasen des *Purdah*-Palastes überquerten, um bei der alten Maharani-Witwe steif Tee zu trinken, ihre stattlichen Sirpur-Begleiter schon gegen Maharadscha Victors jüngeren Bruder eingetauscht hatten.

Ein Auto hupte im Säulenhof der Gemächer des Maharadschas. Lautes Gelächter hallte über den Lotos-See. Jaya befreite unwillig eine Haarsträhne, die sich in einer Bougainvillearanke verfangen hatte. Sie war überzeugt, daß ihr Mann eine weiße Frau mit nackten Schultern und halb entblößten Brüsten in den Palast geleitete und sich über die Ehefrau lustig machte, die er nie gesehen hatte.

Sie konnte nicht einschlafen. Unter dem Moskitonetz malte sie sich halb träumend, halb phantasierend die Begegnung mit ihrem Mann aus. Sie konnte sich nicht mehr an die Verwandlung erinnern, die das Gesicht, das sie einst gehaßt, zum Mittelpunkt ihres vielfältigen Begehrens gemacht hatte. Als ihr erschöpftes Gemüt sich schließlich unartikulierten Sehnsüchten überließ, träumte sie, sie schlafe in den Armen ihres Mannes, und seine Hände liebkosten ihr nacktes Fleisch.

Am nächsten Morgen kamen die Dienerinnen, um sie erneut als Braut anzukleiden. Sie tauchten Silberstäbchen in frisch zubereitetes Henna und färbten ihre Handteller und Füße rot, ehe sie ihr den schimmernden Schleier über den Kopf warfen.

Dann reichte ihr Chandni, die ihr nach Sirpur gefolgt war, ein kleines viereckiges Säckchen aus roter Seide. Zwei Jahre hatte es anklagend vor Prinz Prataps Porträt gelegen, denn es enthielt das Goldstück, das Jaya ihrem Mann nun endlich zu Füßen legen sollte.

Die Dienerinnen geleiteten Jaya an den Ölgemälden der Herrscher von Sirpur vorbei in den Weißen Salon, wo sie erst gestern den Premierminister des Fürstentums hatte stehenlassen. Der Spiegel über dem Kamin reflektierte ihre Prunkgewänder, die farbenprächtig von den weißen Seidenvorhängen abstachen. Sie drehte sich nervös um, als die Tür aufgerissen wurde.

Eine hochgewachsene Gestalt in gutsitzenden Reithosen und Polohemd stand auf der Schwelle und erteilte einem Diener Anweisungen. Hellbraune Haut spannte sich glatt über hohe, fast mongolische Backenknochen. Die länglichen Augen waren halb geschlossen wegen des Rauchs, der von einer Zigarette aufstieg. In den auf Hochglanz polierten Reitstiefeln spiegelte sich die Zigarettendose, die er in der Hand hielt. Hinter seinen Beinen knurrte ein Schäferhund. Die Zigarettendose fuhr dem Hund hart an den Kopf, und das Tier ließ sich auf den Boden fallen.

Die Tür schlug zu. Das Blut dröhnte Jaya in den Ohren, als Prinz Pratap auf sie zuging. Aber mitten im Raum blieb er stehen und schnippte die Asche seiner Zigarette unbekümmert auf den grünen Teppich. Jaya starrte auf die Asche, die auch auf seine glänzenden Reitstiefel fiel. Als er sich nicht rührte, raffte Jaya sich auf, die weite Fläche zwischen ihnen zu überqueren.

Ihre Elfenbeinreifen und schweren Fußketten klirrten in dem heiteren Salon. Sie nahm das Goldstück aus dem zerknüllten, unterdessen schweißdurchtränkten Seidensäckchen und bückte sich unbeholfen, um die Münze vor die polierten Stiefel zu legen.

Nackte Unterarme kamen an den Rändern ihres Schleiers in Sicht. Jaya hielt den Atem an, sie konnte ihre Blicke nicht von den gleitenden Händen wenden und fragte sich, ob die Ehe hier auf dem hellgrünen chinesischen Teppich vollzogen werden sollte, während die Brise vom Fluß über ihre verschlungenen Gliedmaßen wehte. Lange Finger, die fast zu elegant waren für die Hände dieses kräftigen Polospielers, bewegten sich zu ihrer Taille hin und griffen nach dem Zipfel ihres Schleiers. Ein schwacher Geruch nach Schweiß und Kölnisch Wasser stieg ihr in die Nase, als die muskulösen Arme den Schleier über ihre Schultern zurückschlugen.

Sie hob den Kopf, damit ihr Mann den langen Hals sehen konnte, von dem Kuki-bai so oft gesagt hatte, er sei schön. Und wie zur Bestätigung ihrer stummen Zurschaustellung ging Prinz Pratap langsam um sie herum. Sie schluckte, als seine Blicke auf ihren Brüsten verhielten.

Eine schläfrige Stimme brach das Schweigen. »Unmöglich, Prinzessin, leider ganz unmöglich.«

»Hukam?«

»Wasch dir den Unsinn von deinen Händen und Füßen! Und leg diesen Weihnachtsschmuck ab!«

Auf der Rückseite der Dose klopfte er den Tabak einer Zigarette fest, ehe er sie sich zwischen die Lippen steckte. »Beim Mittagessen, hoffe ich, sieht das alles etwas anders aus.« An der Tür sprang der wartende Schäferhund auf und rieb sich an Prinz Prataps Beinen, als dieser aus dem Salon schlenderte.

Vom emsigen Schrubben ihrer Hände mit Zitronensaft aufgehalten, verspätete sich Jaya zur ersten Mahlzeit mit ihrem Mann. Als sie in dem Speisezimmer anlangte, das während Prinz Prataps Abwesenheit unbenutzt geblieben war, sah sie, daß der Schonbezug von dem verspiegelten Lalique-Eßtisch entfernt worden war. In seiner Oberfläche spiegelte sich ein von Pfauenfedern und Blumen eingerahmter silberner Tafelaufsatz. Prinz Pratap lümmelte auf seinem Stuhl. Hinter ihm stand ein feister Europäer im Frack. Jaya zog hastig den Schleier über ihr ungeschminktes Gesicht.

»Leg den Schleier ab, Prinzessin! Michel ist mein Leibdiener. Bitte, behandle ihn genauso, wie du einen Eunuchen meiner Großmutter behandeln würdest.«

Zögernd schob Jaya den Schleier zurück und gewahrte den gequälten Ausdruck in dem glänzenden Gesicht des Franzosen.

»Deine Kleider sind schon viel besser. Aber in Sirpur tragen die Frauen den Sari. Sei so gut, und mach es genauso! Kannst du mit Messer und Gabel essen?«

Jaya nickte, und zufrieden lächelnd deutete er auf die Weingläser und das vergoldete Besteck, die rings um die Teller angeordnet waren. Angesichts der langen, anmutigen Finger mit den manikürten Nägeln versteckte Jaya ihre Hände in den Falten ihres langen Rockes, des hellsten, den sie in ihrer Aussteuer hatte finden können.

Behandschuhte Diener traten mit Suppenschüsseln ein. Jaya starrte zweifelnd auf die Fleischstückchen, die in der klaren braunen Brühe schwammen.

»Wir sind das älteste Hindureich in Indien, Prinzessin.

Dreitausendelf Jahre alt, um genau zu sein. Ist es da wahrscheinlich, daß wir dir Rindfleisch vorsetzen?«

Er wartete, bis die Diener das Zimmer verlassen hatten, dann beugte er sich über die verspiegelte Tischplatte. »Als ich übrigens an der Universität in England zum erstenmal Rindfleisch probierte, ist mir übel geworden.« Er lachte über ihre entsetzte Miene. »Ich sehe, ich habe deine Kastengefühle verletzt, Prinzessin. Wenn ich heute abend in deine Gemächer käme und mein Gattenrecht beanspruchte, würdest du vergiftet. Welch ein Dilemma!«

Jaya konnte nichts gegen die tiefe Röte unternehmen, die ihr Gesicht überzog. Prinz Pratap hob spöttisch eine Augenbraue. »Sei versichert, daß ich mich dir niemals nähern werde, ohne mich der notwendigen Waschungen im Kamini-Tempel zu unterziehen, Prinzessin. Das heißt, in dem unwahrscheinlichen Fall, daß ich mich dir überhaupt nähern sollte.«

Erschrocken wagte Jaya, ihn zum erstenmal anzusehen. Er erwiderte ausdruckslos ihren Blick. »Unsere Ehe ist eine reine Vernunftehe, Jaya Devi. Sollte sich jemals Bedarf nach Kindern ergeben, bin ich überzeugt, daß wir beide unserer Pflicht nachkommen können, doch...«

Ein Diener trat mit einer goldenen Platte voll Wachteln ein. Kalt vor Schreck, mühte sich Jaya, die winzigen Vögel nicht auf den Teppich fallen zu lassen. Mit der Präzision eines Chirurgen tranchierte Prinz Pratap das kleine Knochengerüst mit der Spitze seines Messers, als sei der zarte Vogel an seinem Porzellanteller festgeklebt. Als aber Jaya versuchte, ihre Wachtel zu zerteilen, kratzte ihr Besteck vernehmlich auf dem wappenverzierten Teller. Der Prinz sah ihr Unbehagen gleichgültig mit an.

»Übrigens, welche Sprachen sprichst du?«

Die Diener ersetzten die Porzellanteller durch Platten mit indischen Gerichten.

»Französisch?« drängte die gelangweilte Stimme. »Italienisch? Spanisch?«

Jaya verging der Appetit. Mrs. Roy hatte gesagt, ihr Englisch sei ausgezeichnet. Sie konnte vier indische Sprachen lesen und schreiben, einschließlich des klassischen Sanskrit. In der Hoffnung, ihren Mann zu überraschen, hatte sie außerdem die Sprache Sirpurs gelernt und beherrschte sie nun fast so fließend wie die Einheimischen. Aber dieser Fremde war an ihren Leistungen nicht interessiert. Sie senkte den Kopf, und Tränen der Wut und Scham fielen auf ihre rauhen, geschrubbten Hände.

Prinz Pratap seufzte. »Es geht hier nicht nur um weltgewandte Manieren, Prinzessin, sondern vor allem um Politik. Trotz meines Bruders nahezu selbstmörderischer Unterwerfung unter das Britische Empire sind die englischen Beamten überzeugt, daß Victor leichtsinnig ist und die Einkünfte des Fürstentums an Filmschauspielerinnen verschwendet.«

Er tauchte seine langen Finger in eines der vielen Gefäße auf der Platte und zog einen kleinen Flußfisch heraus. Er schob sich den ganzen Fisch auf einmal in den Mund, dann fügte er hinzu: »Wenn dem Britischen Empire schon der loyale Maharadscha von Sirpur mißfällt, dann mißfällt ihm der jüngere Bruder dieses Maharadschas, den die Zeitungen von Britisch-Indien so unliebenswürdig als unverantwortlichen Lebemann bezeichnen, leider erst recht. Das Empire hat mir befohlen, in Indien zu bleiben. Sollte mir wieder erlaubt werden, ins Ausland zu reisen, muß ich von meiner Frau begleitet werden. Deswegen habe ich in unsere Heirat eingewilligt. Und hier sind wir nun, Jaya Devi. Du weißt nicht, wie man Wachteln ißt oder einen Sari trägt. Du sprichst keine Fremdsprachen. Doch mit deiner Hilfe muß ich das Empire überlisten, das mich zu dieser Heirat gezwungen hat.«

Er schob seinen Stuhl zurück, und Jaya folgte ihm auf die nach Osten gehende Veranda. Von der Balustrade führte ein mit Oleandersträuchern gesäumter Weg zum Fluß. Als der Franzose seinem Herrn an der dort installierten

Bar einen großen Cognac einschenkte, öffnete Jaya das emaillierte *Paan*-Kästchen. Sie war überzeugt, daß ihr Mann wenigstens an dieser traditionellen Zeremonie nichts auszusetzen hatte. Sie bestrich ein feuchtes Blatt mit Limonenpaste. Prinz Pratap beobachtete sie über den Rand seines Cognacglases. Als sie im Begriff war, das *paan* in den Mund zu stecken, sagte er: »Wenn der Prinz von Wales Ende des Jahres nach Sirpur kommt, wirst du seine offizielle Gastgeberin sein. Ich glaube kaum, daß es für seine Königliche Hoheit ein Genuß ist, beim Essen neben einer Frau mit betelgefleckten Zähnen zu sitzen.«

Gehorsam legte Jaya das feuchte Blatt in das Kästchen zurück; ihre Unterwürfigkeit täuschte über ihre Wut hinweg.

»Victor und ich reisen zur feierlichen Eröffnung der Chamber of Princes nach Delhi, aber du kannst nicht mitkommen. Du bist ein noch ungeschliffener Diamant, Prinzessin. Trotzdem, wenn du dir große Mühe gibst, könntest du, bis der Prinz von Wales nächstes Jahr kommt, einigermaßen präsentabel sein.«

Jaya vermochte die Aufsässigkeit nicht aus ihrer Stimme herauszuhalten. »Wir haben den letzten Prinzen von Wales in Balmer empfangen, *Hukam*. Und den Sohn des Kaisers von Deutschland. Und den Zarewitsch von Rußland.«

Ihr erster Anflug von Weltläufigkeit rief bei Prinz Pratap ein halbes Lächeln hervor. »Das war vor deiner Geburt, Prinzessin. Aber keine Sorge, ich kenne eine hochachtbare Inderin aus Bombay, sie ist genau die richtige, um dich in die Feinheiten der westlichen Etikette einzuführen. Ich werde sie einladen, damit sie dir Gesellschaft leistet, während Maharadscha Victor und ich der Eröffnung der Chamber of Princes beiwohnen.«

Ein schwarzer Pekinese mit Seidenschleifen im langen Fell und ein Barsoi mit einem Diamanthalsband, das, wie die französische Zofe später erklärte, eine Nachbildung von Königin Alexandras Juwelenkollier war, liefen Lady Modi voraus, als diese in Jayas Leben trat. Die Hunde sprangen mit einem Satz über die weißen Trittbretter aus dem roten Rolls-Royce und flitzten, die Dienerinnen anbellend, die sich hinter Jaya auf der Veranda des Wales-Palastes aufgestellt hatten, die Marmortreppe hinauf.

»Chantal, kümmere dich um die verdammten Köter!« ertönte eine gereizte, heisere Stimme aus dem Auto.

Ein Zwerg von einem Mädchen mit unordentlichen, abstehenden Zöpfen hüpfte aus dem Wagen. Der Barsoi schnappte sich den Schleier einer Dienerin und sauste, gefolgt von dem kläffenden Pekinesen, in die Blumenbeete am Rasenrand. Die Französin rannte ihnen nach und rief: »Ali! *Viens ici!* Scott-Ward! Ali, Scott-Ward, *attention!*«

Ein Fuß in einem hochhackigen Schuh erschien auf dem Trittbrett, gefolgt von einem wohlgeformten Bein in weißen Seidenstrümpfen. Darüber, gehalten wie ein horizontaler Speer, tauchte die längste Zigarettenspitze auf, die Jaya je gesehen hatte. Fast drei Sekunden vergingen, bevor sich der zu der Zigarettenspitze gehörende Körper zeigte. Ein rundes Knie, ein kurzer, beigefarbener Seidenrock und eine Kaskade von wogenden Perlen kamen langsam in Sicht. Dann trat Lady Modi in voller Größe in Erscheinung.

Jaya musterte das elfengleiche Geschöpf, das ins helle Sonnenlicht blinzelte. Die cremeweiße Haut und das glänzende kastanienbraune Haar, das wie ein polierter Helm flach an dem zart geformten Gesicht anlag, ließen daran zweifeln, daß diese puppenhafte Frau jene indische Freundin sein solle, die Jayas Mann nach Sirpur eingeladen hatte. Ein Spitzenschirm wurde aufgespannt, und die

heisere Stimme bedachte die Hunde, welche die Blumenbeete verwüsteten, mit einer Reihe hindustanischer Gas-
senflüche.

Den Sonnenschirm mit einer behandschuhten Hand haltend, stieg Lady Modi zierlich die Marmortreppe hinauf.
»Kind, Darling, verzeih meinen garstigen Hunden! Sie
schnappen jedesmal über, wenn sie zu lange eingesperrt
waren.« In Andeutung eines Kusses legte sie eine glatte
weiße Wange an Jayas Gesicht. »Ist die Bar wie immer auf
der Ostveranda aufgebaut?«

Ohne eine Antwort abzuwarten, schritt Lady Modi an den
sich verneigenden Dienerinnen vorbei und durchmaß die
Korridore, die sie am Büro des Adjutanten, am Weißen Salon, dem Billardzimmer und dem Arbeitszimmer vorbeiführten. Auf der geräumigen Veranda angelangt, ließ sie
sich in die dicken Kissen eines Korbsofas fallen.

Durchscheinende Lider schlossen sich über den braunen
Augen. »Deine erste Lektion in internationalem Auftreten, Prinzessin: wie man einen Martini mixt.« Sie wies auf
das Getränketablett, das auf einem japanischen Tischchen
stand. Die zitternden Oleanderblüten hinter der Veranda
warfen Schatten auf ihre weißen Handschuhe. »Gieße etwas Wermut in ein Glas und schwenke es!« Sie kuschelte
sich in die Sofakissen. »Und jetzt schüttest du ihn in die
Rosen!« Gehorsam goß Jaya den Wermut über die Mar-
morbalustrade in das Blumenbeet darunter. »Fülle das
Glas aus der Flasche, auf der Gordon's Gin steht! Gib ein
paar Eiswürfel hinein, und bring es mir!«

Lady Modi nippte anerkennend an dem Drink. »Keine
Frage, Darling. Du hast eindeutig Gespür.«

Die Muskeln an Lady Modis zartem Hals bewegten sich
beim Schlucken auf und ab. Sie leerte den Martini in einem Zug. »Noch einen, Darling!« Jaya ging wieder zu
dem Getränketablett und wurde scharf zurechtgewiesen,
als sie vergaß, den Wermut ins Blumenbeet zu schütten.

»Grüne Augen, Darling. Wo hast du die nur her? Keine

Geheimnisse unterm Moskitonetz deiner Familie, will ich hoffen.«

»Ihre Hoheit, meine Mutter, war eine Prinzessin aus dem Himalaya«, erwiderte Jaya kühl und entsetzt über die Geschmacklosigkeit ihres Gastes.

»Verschwende deinen Zorn nicht an mich, Darling! Ich werde die Freundin sein, die du so nötig brauchst, falls du beabsichtigst, bei diesem Schurken Pratap zu bleiben. Mach mir noch einen Martini, und dann komm her!«

Sie deutete mit ihrem Glas auf einen Korbstuhl. Jaya setzte sich und blickte auf ihre Hände, während Lady Modi ihr Gesicht betrachtete. »Verzeih mir meine Offenheit, Darling, aber du bist ziemlich behaart. Pratap haßt das. Ich habe ihn oft sagen hören, indische Frauen erinnern ihn an Keiler mit stachligen schwarzen Borsten.«

Jaya fuhr unsicher mit ihren Fingern über ihre glatten Arme, und Gelächter perlte über Lady Modis Glas. »Darling, wenn du Haare am Körper hättest, wärest du auf der Stelle in den Palast der Maharani-Witwe verbannt worden. Nein, es sind deine Augenbrauen. Sie sind zu indisch, diese schwarzen Liebesbögen. Ich laß sie dir von Chantal zupfen. Und sie muß dir natürlich die Haare abschneiden.«

»Meine Haare ... abschneiden?« Jaya war entsetzt.

»Aber Darling, Pratap möchte dich elegant und modisch. Du mußt das Haar kurz tragen.«

Jaya schüttelte eigensinnig den Kopf. »Lange Haare sind bei einer Frau das Zeichen des Ehestandes. Ich will sie nicht abschneiden. Das würde meinem Mann Unglück bringen.«

Jede weitere Diskussion wurde durch das Erscheinen der winzigen französischen Zofe mit den japsenden Hunden beendet. Beim Anblick ihres Frauchens sprangen die Hunde los und zerrten der Französin die Lederleinen aus den Händen. Sie tollten um Lady Modi herum und leckten ihr die Beine. Ihr kleiner Fuß trat furchtlos nach ihnen.

»Fort mit euch! Chantal, halt die verdammten Hunde fest!«

Die Zofe rührte sich nicht. *»Je suis une bonne de femme pas une bonne de chiens. Je ne peux rien faire!«*

Der Barsoi rieb sein Diamanthalsband an den schlanken Beinen, und die Seidenstrümpfe bekamen eine Laufmasche. Schlagartig zum Handeln gezwungen, schnappte sich Lady Modi die Leinen. Die Hunde winselten, als unsanft an ihrem Hals gezerrt wurde und die heisere Stimme ihnen wiederholt befahl, sich hinzusetzen.

Von der Anstrengung verausgabt, lehnte sich Lady Modi auf dem Korbsofa zurück. Nach einer Weile öffnete sie die Augen und sagte mit ausgesuchter Förmlichkeit: »Prinzessin, darf ich meine Hunde vorstellen? Dies ist Scott-Ward.« Der Barsoi erhob sich sogleich auf seine dünnen Hinterbeine und begann kläglich zu winseln. »Er heißt nach meinem ersten Mann, Rupert Scott-Ward. Ein Langweiler, ein Geizhals, aber immerhin ein englischer Baronet. Der Hund hat einen Wesenszug mit Sir Rupert gemeinsam – keiner von beiden hat jemals auch nur einen Funken Stolz gezeigt.« Sie zog den anderen Hund nach vorn. Der Pekinese wehrte sich und wurde mit einem scharfen Klaps bestraft. »Diese Absurdität heißt Ali, zu Ehren meines zweiten Mannes, des Nawabs Muammar Ali von Lucknow. Ein unwahrscheinlich schöner Mann, aber viel zu degeneriert, Darling, sogar für meinen Geschmack.« Sie trat wieder nach dem Pekinesen. Der Hund jaulte über den unprovozierten Überfall. »Ich hatte keine Lust, vor den unzähligen britischen Beamten als Alis Ehrbarkeitsstempel zu dienen. Wäre ich bei ihm geblieben, wäre ich bestimmt bei Morphium und Knaben gelandet.«

Seufzend ließ sie den Pekinesen los. »Und jetzt bin ich mit einem älteren Rechtsanwalt von hohem Ansehen und großem Reichtum verheiratet, der mich hoffnungslos verwöhnt und die Politik haßt. Ich bin glücklicher dran als meine gute Freundin Ruttie Jinnah, deren Asthma bloß immer schlimmer wird, je tiefer sich ihr ergebener älterer Gatte, der Rechtsanwalt Jinnah, in die Politik verstrickt.«

Sie erhob sich von dem Sofa und strich ihren Rock glatt. »Darling, würde es dich sehr stören, wenn wir in meinen Räumen zu Mittag äßen? Ich kann den Gedanken nicht ertragen, mein zerknittertes altes Gesicht in Prataps Eßtisch gespiegelt zu sehen.«

Sie stöckelte davon, gefolgt von ihrer Zofe und den zwei Hunden, die an den Leinen zerrten.

Als Jaya Lady Modis Wohnzimmer betrat, blieb sie an der Tür stehen und atmete den ungewohnten Duft von französischem Parfüm ein. Ihren Gast konnte sie nicht sehen. Alles war mit Kleidungsstücken bedeckt. Die tiefen Sessel waren unsichtbar unter Seiden, Federn, Samt- und Chiffonstoffen. Capes und Kaschmirschals hingen auf gepolsterten Bügeln an der Holztür, die ins Schlafzimmer führte. Saris ergossen sich über das reich verzierte Bett bis auf den Teppich. Chantal schob sich mit einem Parfümflacon aus geschliffenem Glas ins Zimmer und drückte heftig auf den Gummizerstäuber, als wolle sie einen unangenehmen Geruch aus den Kleiderhaufen entfernen.

»Hör sofort auf, Chantal! Sonst denkt die Prinzessin, sie ist in einem Bordell.«

Lady Modis Kopf erhob sich von einer Chaiselongue. Ihr zarter Leib war in ein rosa Negligé gehüllt. Um die Schultern hatte sie einen rosa Seidenumhang, der mit gefärbten Straußenfedern besetzt war. Die Federn, die den Kopf des Pekinesen in ihrem Schoß verdeckten, raschelten leise, wenn sie sprach.

Lady Modi wandte sich achselzuckend an Jaya. »Ausländer besprühen alles mit Parfüm, um zu vertuschen, daß sie nie baden.« Sie beugte sich über die Rückenlehne der Chaiselongue, wo eine geöffnete Champagnerflasche in einem silbernen Eiskübel stand, und füllte ihr Glas. Sie fluchte, als die Flüssigkeit über ihre Hand perlte. »Da wir gerade beim Thema sind, darf ich dir vielleicht raten, etwas weniger Rosenöl zu nehmen, Darling. Ich war ganz überwältigt, als wir uns vorhin geküßt haben. Ich weiß, euch traditionell erzogenen Mädchen wird beigebracht, es sei ein Aphrodisiakum, aber auf einen weltoffenen Mann wie deinen Gatten hat es genau die gegenteilige Wirkung.«

Mit einem Wink ihrer kleinen Hand entließ sie die Zofe. »Und jetzt, Darling, muß ich dich näher in Augenschein nehmen. Zieh dich ganz aus! Hier, der Champagner wird dir helfen, deine Schüchternheit zu überwinden.«

Jaya fühlte sich machtlos, als habe das kleine Geschöpf, das sie mit runden braunen Augen musterte, sie in ihren Bann geschlagen. Sie nahm das Glas an seinem langen Stiel und goß das sprudelnde Zeug hinunter. Etwas besäuselt, so als hätte sie bei der *Manwar*-Feier in Balmer *asha* getrunken, stieg sie zögernd aus ihren Kleidern.

»Aber Darling, du bist schön! Worüber um alles in der Welt beklagt sich Pratap eigentlich?«

»Hält mein Mann mich für sehr abstoßend, Lady Modi?« Jaya konnte die Angst nicht aus ihrer Stimme heraushalten.

Lady Modi leerte die Champagnerflasche in ihr Glas. »Ich meine, wenn du schon nackt vor mir herumlatschst, Darling, solltest du mich Bapsy nennen. Die Wahrheit ist, er findet alle Inderinnen abstoßend.«

»Liegt es an unserer Haut, an unserer Haarfarbe? Sind weiße Frauen so viel schöner als wir?«

»Natürlich nicht, Darling. Bloß, du verkörperst alles, was das Britische Empire Pratap und Victor zu verachten gelehrt hat. Hast du das Buch von dieser Engländerin nicht gelesen, ›Mutter Indien‹? Die Verfasserin ist eindeutig verrückt, aber die Engländer glauben ihr jedes Wort. So, mach deinen Zopf auf! Vielleicht können wir aus deinen langen Haaren etwas machen.«

253

Jaya flocht den dicken Zopf auf und schüttelte den Kopf. Schwarze Wellen fielen wie ein dichter Vorhang über ihre vollen Brüste bis unter ihre Hüften.

»Ich möchte dich nicht schockieren, Darling, aber in diesem gräßlichen Buch steht, eine Menge indischer Frauen sind den ganzen Tag in den Tempeln und bringen Menschenopfer dar oder kopulieren mit den Priestern.«

»Das glauben die *sahib* von uns. Dabei lernen wir, lieber zu sterben, als Entehrung zu ertragen.« Jaya zitterte, als sie an die *Sati*-Gebete dachte, die sie jeden Morgen im Tempel ihrer Mutter verrichtet hatte.

»Darling, gerade weil ihr im *purdah* aufgewachsen seid, sind solche Geschichten für die Engländer glaubhaft. Sogar Rudyard Kipling hat geschrieben, daß Frauen aus den Fürstenhäusern des Himalaja in die Prostitution verkauft werden. Die Engländer bekommen euch nie zu sehen. Das Empire hat keinen Zugang zu euch und keine Macht über euer Leben.«

»Aber das Empire hat meinen Mann zu dieser Heirat gezwungen.«

»So einfach ist das nicht, Darling. Seit die Zensur für Nachrichten aus den indischen Fürstentümern aufgehoben wurde, lesen in Britisch-Indien alle wie gebannt die Zeitungen, und Victors und Prataps Ruf hat schwer gelitten. In manchen Zeitungen wurde sogar vermutet, daß Victor erwägt, Cora Hart zu heiraten. Der Vizekönig würde sich einer solchen Heirat natürlich nach Kräften widersetzen und vorschlagen, daß Victor zugunsten von Pratap abdankt. Pratap braucht dich, um seinen Ruf zu verbessern.«

»Ich bin mit ihm verheiratet, Lady Modi. Was kann ich sonst noch tun?«

»Schick werden natürlich, Darling. Elegant. Weltgewandt. Im Augenblick beleidigst du Prataps Eitelkeit mit deinem Mangel an Weltklugheit. Wenn du für deinen Mann anziehend sein willst, Prinzessin, mußt du die Engländer dazu bringen, daß sie Pratap beneiden, statt ihn von oben herab zu behandeln. Du mußt eine Frau aus dir machen, die für weiße Männer begehrenswert ist.«

Die Holzflügel der Deckenventilatoren sandten warme Luftströme durch den Raum. Jaya zog einen roten Morgenrock eng um sich; ihr war plötzlich kalt geworden, als sie über die Bedeutung von Lady Modis Worten nachdachte. »Muß ich mich vor den *sahib* zur Schau stellen wie eine Konkubine, um den Beifall meines Mannes zu gewinnen?«

Lady Modi schlug sich die kleinen Hände vor den Mund, die rotlackierten Fingernägel hoben sich vor der weißen Haut ab. »Nur das nicht, Darling! Pratap haßt Konkubinen. Ich weiß nicht, was sich die Maharani-Witwe dabei gedacht hat, als sie die Haremsmädchen zu den Knaben schickte, während ihre englischen Lehrer sich bemühten, stramme Christen aus ihnen zu machen. Aber was kann man schon von der Witwe erwarten mit ihrem ewigen Hokuspokus von der Macht der Göttin.«

Jaya dachte an die Frauen, die in dem parfümierten Bassin im *zenana* von Balmer schwammen, und sie wußte, daß sich ihr Mann angewidert von ihren mit Henna gefärbten Händen und den durch ihre langen Haare strömenden Weihrauchwolken abgewandt hätte.

»Wünscht mein Mann, daß ich eine *memsahib* werde?« fragte sie kläglich und gedachte dabei der heißen Nachmittage, als sie die sechzehn Künste des Frauseins gelernt hatte und in der Hitze bei den leiernden Stimmen der *Purdah*-Damen fast eingeschlafen war.

»Keineswegs, Darling. Eher so wie die Maharani von Kutch-Behar. Ganz Europa liegt ihr zu Füßen, dabei ist sie Inderin durch und durch.« Lady Modi steckte eine neue Zigarette in ihre Zigarettenspitze. Der Pekinese jaulte, als sich das Elfenbeinmundstück in sein Fell bohrte.

»Sogar ihr Vater, der Maharadscha von Baroda, spricht

nicht mehr mit ihr, seit sie in einem einteiligen Kleid in einem Londoner Standesamt geheiratet hat.«

Jaya versagten die Nerven. »Muß ich einteilige Kleider tragen?«

»Sei nicht albern, Darling! Indira hatte eins an, weil sie mit des Maharadschas von Kutch-Behar jüngerem Bruder durchgebrannt ist, eine Woche, bevor sie den Erben des Maharadschas von Gwalior heiraten sollte. Du kannst dir den Skandal vorstellen. Der Maharadscha von Gwalior ist der Herrscher von Indiens ältestem Fürstentum und mit dem King Emperor dick befreundet.«

Lady Modis Augen weiteten sich vor Eifer. »Denk nur an die hohen Kosten einer Vermählung zwischen Baroda und Gwalior, zwei der größten Reiche Indiens! Jeder Herrscher und jeder wichtige Beamte in Britisch-Indien war eingeladen. Die Hochzeitsbögen waren aufgebaut, einige Gäste waren schon eingetroffen. Dann suchte Indira das Weite. Sie sagte, sie könne den Gedanken an den Körper des Erben von Gwalior zwischen ihren Leinenlaken nicht ertragen. Ganz Indien hat wochenlang von nichts anderem gesprochen.«

Jaya fiel ein, wie Maharadscha Baroda dem Kaiser von Indien in Delhi den Rücken zugekehrt hatte und dachte, die Tochter des Maharadschas von Baroda müsse die Gesinnung ihres Vaters geerbt haben.

»Und jetzt ist sie die Maharani von Kutch-Behar?«

»Noch so eine romantische Geschichte. Der verstorbene Maharadscha von Kutch-Behar war in eine amerikanische Filmschauspielerin verliebt. Als die Engländer die Heirat verboten, hat er sich im Hotel ›Ritz‹ in Paris mit Champagner zu Tode gesoffen. Schick, nicht? Nach seinem Tod wurde Indiras Mann der neue Maharadscha von Kutch-Behar.«

Lady Modi wies mit einem langen Fingernagel zum Schlafzimmer hinüber. »Und jetzt, Darling, gehen wir wieder an die Arbeit.«

Gehorsam folgte Jaya dem schleifenden Negligé und setzte sich an Lady Modis Frisierkommode, wo sie ihre Hände ziellos über die kostbaren Tiegel und Flaschen gleiten ließ, die zuhauf vor dem Spiegel standen.

Lady Modi schob die Chiffon- und Seidenstoffe beiseite und ließ sich aufs Bett fallen. »Auf Prataps Anweisung habe ich Hunderte von Saris für dich gekauft. Such dir was aus!«

Jaya wühlte scheu in dem Berg aus Stoffen. Sie hielt prüfend einen purpurroten Sari in die Höhe und verschwand im Badezimmer. Als sie wieder erschien, klatschte Lady Modi entzückt in die Hände. »Absolut vollkommen, Prinzessin!« Jaya betrachtete sich im Spiegel. Die Konturen ihres schlanken Körpers waren unter den Seidenfalten zu sehen, die sich an ihre vollen Brüste und ihre schmale Taille schmiegten.

»Die Maharani von Kutch-Behar hat mit ihren pastellfarbenen französischen Chiffons Mode gemacht, aber ich finde, kräftige Farben passen besser zu deiner dunklen Haut. Und trage so viel Grün, wie du kannst, Darling, um die Farbe deiner Augen zu betonen. Und jetzt zu den Handschuhen und der Handtasche!«

»Handschuhe?«

»Unbedingt, Darling. Das ist Hofetikette, *de rigueur*, wenn du dem Prinzen von Wales vorgestellt wirst.«

»Aber wozu soll eine Handtasche gut sein?«

Lady Modi war über einen Sessel gebeugt, auf dem perlen- und edelsteinbestickte Handtaschen unordentlich herumlagen. Bei Jayas Frage richtete sie sich auf. »Das kann nicht dein Ernst sein, Darling! Für dein Taschentuch natürlich, für deine persönlichen Dinge.«

»Die Dienerschaft trägt alles, was ich brauche.«

Lady Modi schüttelte aufgebracht den Kopf. Der kastanienbraune Haarhelm schimmerte im Sonnenlicht. »Darling, deine Dienerinnen werden bei den Rennen in Kalkutta nicht dabei sein – oder wenn du in London vorgestellt wirst.«

»Werden die Adjutanten meines Mannes sie vertreten?«
fragte Jaya mit dünner Stimme. Sie wußte nicht, womit sie
ihre Beraterin erzürnt hatte.

»Niemand wird sie vertreten, Prinzessin«, erwiderte Lady
Modi mit Nachdruck. »Fürstenhäuser sind von Beamten
eingezwängt, die Tradition und Macht repräsentieren.
Aber die Gesellschaft befaßt sich ausschließlich mit
Mode.« Die lange Zigarettenspitze fuhr durch die Luft wie
der Zeigestock einer Lehrerin. »Schließlich, Darling, ist
die Gesellschaft zum Vergnügen da. Das weiß sogar der
Prinz von Wales.«

Achtundzwanzigstes Kapitel

Unter Anleitung von Lady Modi verlor Jaya rasch ihre Befangenheit, aber wenn die Lehrmeisterin ihre Taille umfaßte und ihren steifen Körper Tangoschritte vollführen
ließ, beneidete Jaya die Dienerinnen auf der Schaukel, die
an einem Seil an dem riesigen Banyanbaum hing; genauso
hatte sie einst sehnsüchtig den über den Stallungen des
Forts Balmer fliegenden Drachen nachgeschaut.

Sie arrangierte Blumen in schlanken Kristallvasen so unwillig, wie sie einst gefärbtes Pulver auf die kühlen Mar-
morböden im Harem von Balmer gestreut hatte, und an-
stelle der nationalistischen Ereignisse, die Mrs. Roy ihr
einst aus den Zeitungen in ihrem Stoffbeutel vorgelesen
hatte, waren nun Lady Modis Artikel über die Skandale
der indischen Fürsten getreten.

»In Britisch-Indien macht es nicht halb soviel Spaß, diesen
Quatsch zu lesen«, pflegte Lady Modi zu sagen, wenn sie
ihre neuesten Zeitungsausschnitte ausbreitete. »Aber
man kann nicht umhin, in Dingen zu schwelgen, die verboten sind, findest du nicht auch, Darling?«

Mit entzückten Schreien reichte sie Jaya die Artikel. »Wenn die fetten alten Herrscher früher so viele Tänzerinnen, hübsche Knaben, Drogen oder Orgien gehabt hätten, Darling, wäre ihnen das Herz stehengeblieben.«

»Warum bringen die Herrscher die Zeitungen nicht vor Gericht?«

»Die Fürsten Indiens sind viel zu erhaben, um vor Gericht zu gehen. Regierende Monarchen können nicht in den Zeugenstand treten. Deswegen haben sie sich ja so aufgeregt, als das Britische Empire seine Presseverfügung aufhob. Komm jetzt, Darling, laß mal sehen, ob du schon besser tanzt als gestern!«

Nachdem der Frühling gekommen war und der Lärm nistender Vögel den Klang von Bapsys Tanzplatten übertönte, brachte der Premierminister eines Tages ein Gemälde, auf dem der Maharadscha von Sirpur steif zwischen den hundert anderen indischen Fürsten saß, die bei der Eröffnung der Chamber of Princes anwesend waren.

Sir Akbar hatte kaum das Zimmer verlassen, da kreischte Lady Modi: »Darling, bei welchem Schneider läßt er arbeiten? Dieser Rock sitzt einfach traumhaft! Er kann sich seine Sachen unmöglich noch in Haiderabad machen lassen. Dort ahmen alle die augenblickliche Leidenschaft des Nizam für die Saville Row nach. Weißt du, daß der Nizam sich ein meilenlanges Ankleidezimmer für seine europäischen Anzüge bauen ließ? Mit Aufzügen, welche die Klamotten herauf- und herunterbringen?« Sie fixierte Jaya mit vorwurfsvollem Blick, Fassungslosigkeit sprach aus ihren zierlichen Gesichtszügen. »Eine Meile lang, Darling! Das ist die volle Länge der kaiserlichen Straße, welche die Engländer zur Zeit in Neu-Delhi für den Vizekönig bauen.«

Mehrmals verließ Lady Modi Sirpur und kehrte jedesmal in einem Wirbel von Hunden und mit einer neuen Person im Schlepptau zurück. Jaya wartete dann auf der Marmortreppe des Wales-Palastes auf das Erscheinen der Zigarettenspitze über dem Trittbrett des Rolls-Royce und versuchte zu raten, wer ihren Haushalt wohl diesmal ergänzen würde.

So hatte sie sich bereits einen weißrussischen Flüchtling zugelegt, die Gräfin Skorkow, die sie in Französisch unterrichtete und bei Lady Modis Abwesenheit als ihre Tanzlehrerin einsprang; Jaya beharrte allerdings standhaft darauf, sie werde niemals zulassen, daß ein fremder Mann, und sei es der King Emperor persönlich, seinen Arm um sie lege.

Der Gräfin Skorkow gesellte sich alsbald eine französische Zofe namens Annie zu, die in Jayas Ankleidezimmer mit mürrischem Gesicht die Tanzplatten auf dem Grammophon wechselte. Nur, wenn Jaya vor den Badezimmerspiegeln französisch übte, lachte sie.

Aus Wut darüber, daß eine unberührbare Ausländerin sich ihrer Rolle bemächtigt hatte, drohte Chandni, nach Balmer zurückzukehren. Es bedurfte einer ganzen Woche des Überredens, bis Chandni schließlich einlenkte. Sie bestand jedoch darauf, die Holztüre von Jayas *Puja*-Raum gründlich abzuwaschen, weil sie gesehen hatte, daß die unberührbare Ausländerin sich daran gelehnt und Jayas Altar betrachtet hatte.

Trotzdem mußte Jaya Chandni jedesmal aus dem Zimmer verbannen, wenn Annie ihre Augenbrauen auf Lady Modis Anordnung zu einer schmalen Linie zupfte oder ihre Fingernägel lang und spitz zufeilte, wie es in Europa modern war. Sie konnte die ewig gleichen Kränkungen nicht ertragen, die Chandni über die Französin mit den scharfen Gesichtszügen ergoß. Aus dem Nebenzimmer hörte sie dann Chandni über die Handtaschen, die hochhackigen Schuhe und die französischen Parfüms schimpfen, mit deren Hilfe Jaya in eine gottlose Fremde verwandelt wurde. Annie legte, gleichgültig gegenüber Chandnis Eifersucht, eine neue Tanzplatte auf. Sie grinste Jaya über die Pinzette hinweg ins Gesicht, wenn die erzürnte Dienerin aus Balmer die Fäuste schüttelte, bis ihre klimpernden Elfenbeinreifen die Musik übertönten. Abends konnte Jaya kaum ihre Zimmer betreten vor lauter Rauch von den brennenden Weihrauchstäbchen, mit denen Chandni die französischen Düfte zu überdecken suchte, die Annie auf Jayas sämtliche Kleider sprühte.

Einmal kehrte Lady Modi triumphierend mit einem italienischen Konditormeister zurück, den sie »Flury's Teesalon« in Kalkutta ausgespannt hatte. Als Jaya sich nach seiner Aufgabe erkundigte, fuchtelte Lady Modi mit den Händen in der Luft. »Dich über Speisen aufklären, Darling. Außerdem sagt Marco, er könne Tennis spielen. Er kostet ein Vermögen. Also bemühe dich bitte, etwas zu lernen!«

Der Frühling ging in den Sommer über, und Prinz Pratap kehrte aus Delhi zurück. Er hob anerkennend eine Augenbraue, als Jaya den Weißen Salon betrat. Die Schleppe ihres weichdrapierten roten Saris fegte hinter ihren hohen Absätzen, in der ungefärbten Hand hielt sie eine Handtasche. Sie sah die widerwillige Bewunderung in seinen Augen, als sie Lady Modi und ihm so mühelos wie eine *memsahib* Drinks einschenkte. Aber es war Bapsy, der er mit einem Kuß gratulierte, und Jaya wäre angesichts seiner Zurückweisung beinahe die Zitronenscheibe aus der Silberzange gefallen.

Um Prinz Pratap vom Schmerz seiner Frau abzulenken, fragte Lady Modi: »Nennen die Zeitungen in Britisch-Indien den Nizam von Haiderabad wirklich ›der kleine Zar‹, Goldschatz?«

Prinz Pratap streichelte mit seinen langen Fingern den Schäferhund zu seinen Füßen. »Ja, und den Maharadscha von Alwar nennen sie einen Sadisten.«

»Aber Alwar und Haiderabad finanzieren die Universitäten, aus denen die indischen Nationalisten hervorgehen«, platzte Jaya unversehens heraus. »In ihren Fürstentümern haben viele Nationalisten Zuflucht vor dem Britischen Empire gesucht. Warum schreiben die nationalistischen Zeitungen nichts darüber?«

Das Gesicht ihres Mannes zeigte Überraschung über ihre Kühnheit. »Weil viele Fürsten ihre Kritiker ins Gefängnis werfen.«

Lady Modi lachte ausgelassen. »Er macht nur Spaß, Darling. Die Royalisten und die Nationalisten sind seit Delhi dicke Freunde.«

»Meine liebe Bapsy, die Nationalisten glauben jedes Wort von dem absurden Klatsch, der in der britisch-indischen Presse über uns gedruckt wird. Einige Fürsten machen sich bereits auf eine Revolution gefaßt.« Endlich richtete er das Wort an Jaya. »Dein Cousin, Maharadscha John, hat die halbe Bevölkerung von Balmer eingesperrt und das Wissenschaftskolleg geschlossen, das dein Vater gegründet hat. Er sagt, es sei ein Bolschewikennest.«

»O Goldschatz, das ist einfach absurd! Ausgerechnet Bolschewiken. Er muß verrückt sein.«

»Wenn er verrückt ist, Bapsy, dann ist es das Empire erst recht. Alle sprachen in Delhi von irgendeiner Art von Revolution.« Michel öffnete die Tür, und Prinz Pratap half Lady Modi auf. »Der Vizekönig hat sämtliche indischen Herrscher öffentlich aufgefordert, alle verdächtigen bolschewistischen Agenten festzunehmen und der britischen Polizei zu übergeben.«

Als sie in das Speisezimmer traten, lenkte Lady Modi Prinz Prataps Aufmerksamkeit wie nebenbei auf die Blumenarrangements, und Jaya war froh, daß sie Stunden damit verbracht hatte, die voll aufgeblühten Teerosen und Gladiolen in Vasen anzuordnen. Während Lady Modi und Prinz Pratap Mutmaßungen über die Möglichkeiten einer Revolution anstellten, behielt Jaya nervös die Diener im Auge, die das Mittagessen auftrugen, und entspannte sich erst, als Prinz Pratap sich erfreut über Marcos Kochkunst äußerte.

»Übrigens, Prinzessin, ich habe in Delhi mit einem englischen Major Polo gespielt, der behauptet, ein Freund von dir zu sein. Kein schlechter Spieler, und offenbar ein Kenner der Bolschewiken, nachdem er mehrere Jahre an der Nordwestgrenze verbracht hat.«

»*Hukam?*« Jaya sah von dem Teller auf, auf dem sie ihren geräucherten Fisch gekonnt entgrätet hatte.

»Er war ein Held im afghanischen Krieg, aber er hat soeben seinen Abschied vom Militär genommen und ist in die Politik eingetreten. Victor hat ihn gebeten, nach Sirpur zu kommen und bei uns die Roten aufzuspüren.«

Er leerte sein Weinglas und winkte dem Franzosen, es nachzufüllen.

»Ich glaube, sein Vater war Tikkas Hauslehrer, aber ich glaube nicht, daß Major James Osborne dich wiedererkennen würde.«

Die verspiegelte Tischplatte fing die gezupften Brauen ein, die sich über Jayas grünen Augen wölbten, und die lackierten Nägel, die über die schmalen, ungefärbten Fingerkuppen ragten. Die ersten freundlichen Worte, die Prinz Pratap an Jaya gerichtet hatte, mißfielen ihr plötzlich. Er hatte recht: Der Engländer würde das Kind, das er in Balmer gekannt hatte, nicht wiedererkennen.

Neunundzwanzigstes Kapitel

Sir Henry Conroy drohte, seine Macht als britischer Resident geltend zu machen und den Besuch des Prinzen von Wales in Sirpur abzusagen, wenn Maharadscha Victor für diesen Besuch extra Geld in die Errichtung eines neuen Palastes investiere. Daraufhin wurde beschlossen, den Erben des Britischen Empire im Wales-Palast unterzubringen. Von der drastischen Veränderung ihres Aussehens angetan, forderte Prinz Pratap Jaya auf, die an seine Gemächer angrenzenden Räume im Stadtpalast zu beziehen.

Lady Modi half Jaya noch beim Umzug in den Stadtpalast, bevor sie für den Sommer nach Kaschmir abreiste. Obwohl sie Lady Modi beim Abschied dazu angehalten hatte, blieb Jaya oft den abendlichen Lustbarkeiten in Maharadscha Victors prachtvollen Gemächern fern. Ihre Eifersucht war ihr selbst unerträglich, wenn sie zu erraten versuchte, welche von den *memsahib,* die lachend die Kristallfontänen umstanden, mit ihrem Mann intim war.

Sie bemühte sich, Prinz Pratap seine grausame Diskretion nicht zu verübeln, wenn er anderswo in den zahlreichen Gebäuden des Stadtpalastes in seinen nächtlichen Abenteuern schwelgte, aber sie konnte nichts dagegen tun, daß sie schlaflos auf seine Rückkehr lauschte, obwohl sie wußte, daß sie ihn nicht hören würde, bevor sie bei ihrer morgendlichen *puja* saß.

Tagsüber war Prinz Pratap ein charmanter, aufmerksamer Gesellschafter. Er redete ihr scherzhaft zu, den roten Bugatti steuern zu lernen, der in der Auffahrt geparkt war, und ermunterte sie, sich an den Vorbereitungen für den Besuch des Prinzen von Wales zu beteiligen.

Oft begleitete sie ihn bei den Inspektionen der Stallungen und Elefantengehege. Einmal lud er sie in den Tierpark des Stadtpalastes ein. Er lachte, als er ihr Erstaunen über die Ziegelsteine bemerkte, die an den Schwänzen von drei riesigen bengalischen Tigern befestigt waren.

»Das ist ein alter Trick. Man bindet einem Tiger Gewichte an den Schwanz, damit das Fell länger ist, wenn er im Dschungel ausgesetzt und von unserem königlichen Gast erschossen wird.«

Sogar in den Bootswerften des Palastes wurden Vorbereitungen für den königlichen Besuch getroffen. Jaya stand oft am offenen Fenster, durch das die heiße Brise vom Fluß wehte und die sommerliche Schwüle noch steigerte, und sie lauschte auf das tiefe Tuten der Kähne, die das Holz zu den Schuppen brachten.

Prinz Pratap hatte für die Geschäftigkeit in den Bootswerften nichts übrig. »Einst hat Sirpur seine Flotte bis nach China geschickt. Aber das war vor tausend Jahren. Jetzt will Victor dem Prinzen von Wales, dem Erben der größten Seemacht der Welt, Sirpurs alte Flußflotte vorführen. Das ist einfach peinlich.«

Nach wiederholten Bitten erklärte sich Prinz Pratap bereit, seine neugierige Frau zu den Bootswerften zu fahren. »Aber ich warne dich, Prinzessin. Seiner Hoheit Maharaj Dhiraj Sir Vikramji Bahadur, Raj Pandava, Dost-Alam, Raj Pahra, Großkomtur des Sterns von Indien, Komtur des indischen Reiches, Maharadscha von Sirpur, besser bekannt als Victor, der Patensohn der einstigen Kaiserin von Indien, ist seine Filmleidenschaft zu Kopf gestiegen. Er ist jetzt ein Hollywood-Maharadscha.«

Jaya stieg auf ihren hohen Absätzen vorsichtig über die Holzplanken, die auf der Erde herumlagen, und folgte Prinz Pratap zu den Werften. Hinter den massigen hölzernen Schiffsrümpfen hobelten Zimmerleute eifrig frische Balken für Masttopps. In der feuchten Sommerluft näßten ihre Schweißtropfen die Hobelspäne, die sich um ihre nackten Füße ringelten. In einem Schuppen saßen Schneider im Kreis, deren Nadeln behende durch weiße Seidensegel schlüpften. Im fernsten Schuppen verschärfte der Geruch von kochendem Teer die angesichts der offenen Feuerstellen stickige Luft.

Prinz Pratap winkte gelangweilt mit der Hand. »Gott weiß, was das alles kostet. Mein Großvater hat eine Brücke über den Brahmaputra gebaut und sie vom damaligen Prinzen von Wales einweihen lassen, damit ganz Indien von dieser Leistung erfuhr. Und damals hat das Empire den Herrschern nicht einmal erlaubt, außerhalb ihres Fürstentums Geld aufzunehmen. Wenn Victor schon Geld verschwenden will, dann sollte er lieber ein paar

Flugzeuge anschaffen, statt eine Flotte aus dem 10. Jahrhundert im 20. Jahrhundert vorzuführen.«

Der Monsun brach mit gewohnter Heftigkeit über die Hauptstadt herein. In Maharadscha Victors Salon machten die Europäer, die sich gelangweilt zum Spiel in den Tennishallen verabredeten, armenischen und jüdischen Bankiers aus Kalkutta Platz, da der Maharadscha Darlehen aufnehmen mußte, um die Hauptstadt instandzusetzen und seine Flotte aufzumöbeln. Um seinen jüngeren Bruder zu besänftigen, beschloß der Maharadscha schließlich, als Zeichen für Sirpurs Fortschrittlichkeit drei Flugzeuge der Marke Sopwith Camel zu erwerben.

Als der Tag des hohen Besuches näherrückte, wurden zwischen dem Wales-Palast und dem Stadtpalast Telefonleitungen gelegt. Die Palastangestellten eilten umher und überwachten die Überholung der Eisenbahnhaltestellen, der Rolls-Royce-Flotte und der Staatskarossen. In den Bootswerften waren die alten Schiffe fast vollzählig wiederhergestellt, und Prinz Prataps Flugzeuge waren von London unterwegs. Angesichts der allgemeinen fieberhaften Betriebsamkeit fragte sich Jaya, ob Bewegung das einzige sei, was das Britische Empire beeindruckte.

Als die drei Flugzeuge eintrafen, wurde das Gelände hinter den Gartenhäusern der Kaufleute für eine Landebahn eingeebnet. Für Hangars nagelte man Wellblechplatten auf Bambusgerüste, und Prinz Pratap verbrachte seine Tage in diesen Hangars, wo er, von neugierigen Kindern beobachtet, unter der Aufsicht John MacGregors, eines schottischen Ingenieurs mit rotbraunen Haaren, der als Begleiter der Holzkisten aus London gekommen war, die Flugzeuge auspackte.

In den Teestuben am Fluß disputierten Stammesangehörige im ledernen Lendenschurz und hochmütige britische Beamte in schwarzen dreiteiligen Anzügen erregt darüber, ob die Götter gewöhnlichen Sterblichen erlauben würden zu fliegen.

Als die Flugzeuge endlich zusammenmontiert waren, versammelte sich die gesamte Bevölkerung der Hauptstadt entlang dem hastig angelegten Startstreifen, um MacGregor und Prinz Pratap die Maschinen testen zu sehen. Einige Jungen kletterten, um besser sehen zu können, auf die Stange mit dem Windsack. Prinz Pratap raste über das Feld und schimpfte sie aus, ging aber dann lachend zu seinem Flugzeug. Er lachte noch, als er mit aufwärts gerichteten Daumen die Palastdiener kommandierte, die nervös die Kurbel an der Nase seiner Maschine drehten. Der Motor sprang an. Die würdevollen Bediensteten fuhren aufgeregt zurück, und die Menge applaudierte schadenfroh, als sie täppisch hinter ihren safrangelben Turbanen herliefen, die von den rotierenden Propellern übers Feld geweht wurden.

Das leichte Flugzeug rollte über die Graspiste. Als es sich in die Luft erhob, rannten die Leute schreiend ins Gebüsch. Jaya hielt sich die Ohren zu und beherrschte sich, nicht in die dröhnenden Hochrufe einzustimmen, als die wackelnde Maschine am wolkenlosen Himmel ihre Schleifen zog.

John MacGregor schrie wegen ihrer auf die Ohren gedrückten Hände: »Ich teste das nächste Flugzeug. Möchten Sie als Passagier mitkommen, Prinzessin?«

Die Menge beobachtete, wie der englische Pilot ihr über die Streben in das Flugzeug half. Jaya war sich bewußt, daß ihre Körperformen sich im Wind unter dem dünnen Sari deutlich abdrückten und daß ihr dichtes Haar zerzaust unter der ledernen Fliegerhaube hervorschaute.

Ihre Befangenheit löste sich in Heiterkeit auf, sobald die kleine Maschine vom Boden abhob und ruhig über den Fluß glitt, der silbern in der hellen Mittagssonne glänzte. Sie konnte die kleinen grünen Reisfelder sehen, die sich, von winzigen Kokosnußhainen unterteilt, bis zu den Gebirgsausläufern erstreckten.

Der Schotte rief etwas in das Gummisprachrohr. Jaya löste

die Lasche ihrer Haube, um ihn besser zu verstehen, und die offenen Haare peitschten ihr Gesicht. »Nehmen Sie das Steuer, Prinzessin!« McGregor wies auf den Holzknüppel vor ihr.

Jaya zog. Das Flugzeug stieg steil nach oben und warf sie in ihren Sitz zurück.

»Nicht so feste, Prinzessin!«

Jaya wartete, bis der Lehrmeister das Flugzeug wieder unter Kontrolle hatte, dann versuchte sie es noch einmal. Bald lachte sie vor Erregung darüber, daß sie das Flugzeug steuerte. Sie fühlte sich so selbstsicher, daß sie sich sogar seitlich hinauslehnte, um den applaudierenden Pünktchen unten zuzuwinken.

Als das Flugzeug ausrollte, kletterte sie von der Maschine herunter und lief zu Prinz Pratap. »Mr. MacGregor hat mich steuern lassen, *Hukam*. Hast du mich fliegen sehen?«

»Gut gemacht, Prinzessin.« Langeweile sprach aus seiner Stimme, und Jaya starrte auf die Fliegerhaube, die sie angesichts der Gleichgültigkeit ihres Mannes in ihrer Hand zerknüllte.

Bis zum Winteranfang waren alle Bambusgerüste, welche die Gebäude der Hauptstadt wochenlang verdeckt hatten, entfernt, und die Häuser erstrahlten in ihrem frischen Anstrich. Dahlien und Canna säumten die Straßen, und weiße Balkone schwebten über leuchtenden Bougainvilleen, die zu den Wappentieren von Sirpur, dem Elefanten des Krieges und der Schlange der Reinheit, zurechtgestutzt waren.

Lady Modi war von dem eleganten Erscheinungsbild der Stadt entzückt, als der Wagen über die frisch geteerten Straßen rollte. »Darling, der Prinz von Wales wird sehr beeindruckt sein. Er braucht weiß Gott etwas Abwechslung nach dem rüden Empfang, den man ihm in Britisch-Indien bereitet. Ist es nicht erstaunlich, wie schnell sich alles verändert? Erst vor zehn Jahren waren alle so begeistert, als sein Vater zum Kaiser von Indien gekrönt wurde. Und heute wird der schmucke Prinz von Wales von schweigenden Massen mit schwarzen Armbinden und Gandhi-Mützen empfangen. Die Engländer sind so wütend über die Demonstrationen, daß sie sogar eine Stange mit einem Eisenhaken erfunden haben, um die Gandhi-Mützen herunterzuziehen.«

Lady Modi schlüpfte aus ihren Schuhen und lehnte sich neben Jaya tiefer in die Polster.

»Wie dem auch sei, der Vizekönig bemüht sich trotzdem, Seiner Königlichen Hoheit ein kaiserliches Schauspiel zu bieten. Entlang der Eisenbahnlinie sind alle dreihundert Fuß Bauern mit riesigen Fackeln aufgestellt, um die Nacht zum Tag zu machen, falls Seine Königliche Hoheit zufällig aus dem Fenster guckt. Ziemlich romantisch, findest du nicht, Darling?«

Jaya versuchte sich auszurechnen, wie viele tausend Fackelträger vonnöten sein würden, um das Gespenst der indischen Auflehnung gegen die britische Oberhoheit zu bannen.

»Das Problem ist, die Inder haben keine Ehrfurcht mehr vor dem Britischen Empire«, bemerkte Lady Modi. »Sie sind von Gandhis Lendenschurz gefesselt. Schließlich, was ist schon der bloße Erbe eines Empire, verglichen mit einem Mahatma, einer Großen Seele? Ich wünschte nur, die Nationalisten wären nicht so ernst. Die Imperialisten haben anscheinend alles Amüsement für sich allein gepachtet.«

Wie ein Echo auf Lady Modis Ansichten versicherte Prinz Pratap nach Kräften, der Prinz von Wales werde sich in Sirpur bestimmt amüsieren. Stammesälteste kamen zu ihm, um die Vorkehrungen für die Elefantenjagd zu besprechen, bei welcher der Prinz von Wales sehen sollte, wie wilde Elefanten im mannshohen Gras verfolgt und mit dem Lasso eingefangen wurden.

Er nahm Lady Modi mit, um ihr die mit Drogen beruhigten Bengaltiger zu zeigen, die mit den Ziegelsteinen an ihren Schwänzen in ihren Käfigen dösten. Auf dem Polofeld wies Prinz Pratap auf den neu angelegten Rasen hin. »Dickie Mountbatten hat vorigen Monat Polo spielen gelernt, als die königliche Gesellschaft Jodhpur besuchte. Jetzt ist er von dem Spiel berauscht. Ich nehme an, wir müssen ein Schauturnier mit ihm austragen.«

»Natürlich, Goldschatz. Du und Victor habt doch die höchsten Polo-Handicaps in Indien.«

»Ein hohes Handicap hilft nichts, wenn man vom Pferd fällt.« Prinz Pratap runzelte die Stirn. »Ich hoffe nur, Victor schafft es, während des königlichen Besuches nüchtern zu bleiben. Hast du gemerkt, wieviel er trinkt? Ich sage ihm andauernd, Cora Hart ist genau wie alle seine anderen Revuemädchen, aber er will nicht auf mich hören.«

Im Stadtpalast machte man sich Sorgen, daß Maharadscha Victor sich während der königlichen Visite verraten könne. Seine Augen waren blutunterlaufen und verquollen, als habe er die ganze Nacht über getrunken, während der Rest von Sirpur schlief, und Jaya fragte sich, ob Maharadscha Victor es leid sei, mit seinen Loyalitätsbekundungen den Beifall des Britischen Empire zu erringen, und lieber beim Alkohol und vor der Leinwand mit ihren harmlosen Bildern Zuflucht suchte, den offensichtlich begehrenswertesten jener Unwirklichkeiten, die täglich auf ihn einstürmten.

Abends saß Jaya im Garten des *Purdah*-Hauses und bemühte sich, ihre Langeweile zu unterdrücken, während Lady Modi und die Maharani-Witwe sich mit der Aufzählung der Aufwendungen, welche die indischen Fürsten für den Prinzen von Wales verschwendeten, gegenseitig zu übertreffen suchten.

»Nun, *Ma-Sahib*, was hältst du von Udaiphurs Anstrengungen, Jaipurs Elefantenkämpfe zu überbieten, indem er zur Unterhaltung des Prinzen von Wales dreihundert Leoparden zum Kampf gegen dreihundert Keiler antreten läßt?«

»Das ist noch gar nichts. Als der Großvater dieses Knaben als Prinz von Wales nach Indien kam, stellte ihm der Maharadscha von Nepal eine Garde aus zehntausend Soldaten, zweitausend Elefanten und dreihundert Kavalleristen zur Verfügung. Und in Sirpur hat der Prinz von Wales an einem Tag sechs Tiger geschossen.«

»So, und in Bikaner hat die königliche Gesellschaft an einem Tag elftausend Waldhühner geschossen. Die Engländer sagen, der Maharadscha von Bikaner ist nur Herrscher von Waldhuhns Gnaden.«

»Du magst das alles für einen Witz halten, Bapsy. Aber als der Großvater dieses Knaben nach Indien kam, pflegten Engländer Inder totzuprügeln, nur weil sie es wagten, ihre Räume mit Schuhen zu betreten.« Die Maharani-Witwe rümpfte empört die Nase. »So benehmen sich Leute, die nicht einmal wissen, daß die linke Hand unrein ist. Der Prinz von Wales hat selbst an Kaiserin Victoria geschrieben, daß die britischen Residenten ganze Vermögen an Edelsteinen von den Indern erpreßten und die einheimischen Herrscher schikanierten.«

Die Maharani-Witwe zog an der Wasserpfeife, die neben ihrem Diwan stand, und schilderte dann, wie der frühere Prinz von Wales den Fürsten das Versprechen abnahm zu verhindern, daß ihre Gemahlinnen *sati* begingen. »Zeitverschwendung! Die Fürsten versprachen es zwar, aber ihre Maharanis nicht. Als der Maharadscha von Nepal starb, verbrannten sich seine drei Gemahlinnen auf seinem Scheiterhaufen, nachdem sie an Victoria geschrieben hatten, daß ihre Ehre es verlange.«

»Das war 1876, *Ma-Sahib*! Heute ist das anders.«

Die Maharani-Witwe überhörte die Widerrede. »Mein Leben ist die Ehrengabe meines Mannes an die britische Oberhoheit. Ich habe nicht *sati* begangen, und darum mußte ich die Schande mitansehen, daß mir meine Enkelsöhne entführt und selbst zu Engländern gemacht wurden. Sie träumen nur von weißen Frauen.«

Lady Modi versuchte, den Strom bitterer Erinnerungen aufzuhalten. »*Ma-Sahib*, Darling, gräme dich nicht mehr, sonst erzähle ich dir keine Klatschgeschichten von dem Valentinsball, den der Vizekönig in Delhi für den Prinzen von Wales gibt.«

»Ist es wahr, daß meine Enkelsöhne auch an dem Ball teilnehmen?«

Lady Modi nickte, und die alte Frau legte ihre krummen Finger auf Lady Modis Knie. »Sieh zu, daß sie sich nicht in Gegenwart des Vizekönigs wegen irgendeiner weißen Frau lächerlich machen, Bapsy!«

Jaya betrachtete verbittert die elfenbeinfarbenen Jasminblüten, welche die warme Luft mit ihrem schweren Duft erfüllten. Sogar die Maharani-Witwe wußte, daß Prinz Pratap immer noch *memsahib* seiner Frau vorzog. Jaya gelobte sich, sobald die Sirpur-Prinzen und Lady Modi nach Delhi abreisten, ins *Purdah*-Haus zu ziehen und ihre Handtaschen, ihre hochhackigen Schuhe und ihr ausländisches Gefolge zurückzulassen.

Dreißigstes Kapitel

Nur ein Bambushain trennte den *Purdah*-Palast von den übrigen Gebäuden des Stadtpalastes, aber die hektischen Vorbereitungen für den Besuch des Prinzen von Wales schienen von der weitläufigen, zum Fluß hin offenen Veranda des Frauengebäudes Jahrhunderte entfernt zu sein.

Bei Einbruch der Dunkelheit, wenn Vogelscharen kreischend in den Bäumen jenseits der Haremsmauern Nachtquartier bezogen, wanden sich die *Purdah*-Frauen Girlanden aus frischen Jasminknospen um die Handgelenke und tauschten Klatschgeschichten über die kleinen Ereignisse des Tages aus, bis aus den Gemächern der Maharani-Witwe die schwere eiserne Glocke ertönte. Die Frauen gingen hintereinander in den *Puja*-Raum, wo sie das Bildnis der Göttin mit Lichtern umschritten, indes die Witwe den Fluch der Göttin auf die Schauspielerin herabbeschwor, die dem Maharadscha mit dieser neuen Hexenkunst, die ihr Bild in Sirpur erscheinen ließ, während sie sich am anderen Ende der Welt befand, den Verstand raubte.

Jaya überließ sich dankbar dem vertrauten Ablauf des zurückgezogenen Lebens. Sie saß bei den Frauen und schnitzte aus Gemüsen jene köstlichen Tiere, für welche die Küche von Sirpur berühmt war. Auf frische Bananenblätter gesetzt, wurden die winzigen Menagerien von Dienerinnen in die Küche gebracht.

Manchmal wurde im Empfangsraum der Maharani-Witwe ein Wandschirm aus Brokat aufgestellt. Die *Purdah*-Damen huschten hin und her und sorgten dafür, daß die Silberkaraffe mit gekühltem Granatapfelsaft, dem Lieblingsgetränk des Premierministers, gefüllt war und die Kohlen in seiner Wasserpfeife angezündet waren. Die Rufe der abessinischen Eunuchen hallten durch die Korridore. »Habt acht! Habt acht! Der Premierminister von Sirpur naht!« Die Frauen verschwanden unter dem Geklirr von Fußkettchen und gläsernen Armreifen und schlugen die Türen ihrer Gemächer zu, indes Sir Akbar, ehe er die Schwelle überschritt, seine Schuhe auszog.

Durch den Wandschirm getrennt, zogen die Maharani-Witwe und der Premierminister an ihren Wasserpfeifen und besprachen die Angelegenheiten des Fürstentums. Ihre Gespräche verliefen mit langen Pausen, als könne das gemeinsame Schweigen ihre Gedanken besser vermitteln als Worte.

Eingelullt vom sanften Einerlei des Haremslebens, vergaß Jaya beinahe, daß sie selbst gar nicht zum *Purdah*-Palast gehörte, bis der Premierminister nach ihr schickte. Unter den Augen der mitfühlenden *Purdah*-Damen löste sie ihr Haar wieder und lackierte sich die Fingernägel rot. Anstatt sich mit Bapsys Parfüm zu besprühen, wand sie sich trotzig eine schmale Girlande aus Jasminknospen ums Handgelenk.

Der Empfangssalon war schon mit Gästen gefüllt. Jaya schritt durch die Menge, die den Premierminister umgab, und legte grüßend die Hände aneinander, als Sir Akbar sich verbeugte. »Bitte, kehre in deine Gemächer zurück, *Hukam*. Der Maharadscha benötigt deinen Beistand bei den letzten Vorbereitungen für die königliche Visite.«

Jaya senkte die Hände, da rutschte ihr die Samttasche aus der Ellenbeuge. Ehe sie sich bücken konnte, schloß sich eine große weiße Hand um das Täschchen.

»Die Ehe bekommt dir offenbar gut, *Bai-sa*.« Jaya errötete verwirrt, als sie die Handtasche von dem Fremden in der Khakiuniform mit den Orden auf der breiten Brust entgegennahm. Die Stimme kam ihr entfernt bekannt vor, als hätte sie sie schon einmal in einer höheren Klangfarbe gehört. »Habe ich mich so sehr verändert, *Bai-sa?*«

Die Anredeform aus ihrer Kindheit weckte Jayas Erinnerung. Sie blickte hoch. Dichte schwarze Wimpern umrahmten die blaugrünen Augen, die Lippen waren zu einem halb verlegenen Lächeln gekräuselt. Major James Osborne schüttelte ihr die Hand, und die Tasche fiel abermals auf die Erde. Er stürzte beinahe, als er nach ihr griff.

Jaya unterdrückte ein Lächeln über seine gemurmelte Entschuldigung. »Bist du schon lange in Sirpur, James-*Sahib?*«

»Fast zwei Wochen. Ich war im Norden, um zu sehen, ob dort die Stämme aufgewiegelt werden. Als ich hörte, daß du im Harem lebst, fürchtete ich schon, ich bekäme dich gar nicht zu sehen, *Bai-sa*. Morgen muß ich nach Delhi, um den Maharadscha und den Prinzen von Wales auf der Fahrt nach Sirpur zu begleiten.«

Jaya schlug die Augen nieder. »Ich höre, du bist hier, weil du ein Spezialist für Bolschewiken bist, James-*Sahib*. Gibt es viele in Indien?«

Er lachte über die Frage. »Alle machen die Bolschewiken für Indiens Schwierigkeiten verantwortlich. Dabei sind sie, mit ihrem Bürgerkrieg und der Hungersnot in Rußland, kaum in der Lage, hier eine Revolution anzuzetteln, *Bai-sa*.«

Da bewegte sich die rundliche Gestalt des britischen Residenten auf sie zu. »Es würde mich nicht wundern, wenn Gandhi ein Bolschewik wäre.« Sir Henry Conroys bleigraue Augen blickten kalt aus den Falten seines glänzenden Gesichts. »Wie erklären Sie sich sonst die Gewalttaten anläßlich des Aufenthalts des Prinzen von Wales in Bombay? *Thugs* haben jeden zusammengeschlagen, der keine schwarze Armbinde trug, der Pöbel hat Geschäfte angezündet und geplündert und britische Fahnen in Brand gesteckt.«

»Gandhis Leute haben versucht, die Gewalttaten zu verhindern, Sir.«

»Unsinn, Osborne! Der Mann ist ein Anarchist und setzt gefährliche Leidenschaften frei, die diesen ganzen Kontinent in ein Blutmeer verwandeln werden. Nur wir Engländer können in Indien für Ordnung sorgen, das müssen diese Nationalisten doch begreifen.«

James Osborne blickte peinlich berührt weg. Unterdessen gingen die Türen zum Bankettsaal auf. Der britische Resident stöhnte verärgert. »Nun, wenigstens hatte Maharadscha Victor so viel Verstand, Sie für die Visite des Prinzen von Wales hierher einzuladen. Ich bin jedenfalls erleichtert, einen Bolschewikenkenner in Sirpur zu wissen, während seine Königliche Hoheit hier ist.«

James Osborne bot Jaya seinen Arm, den Mund hatte er wieder zu diesem halb schüchternen Lächeln verzogen. Dankbar für Lady Modis Benimmunterricht, legte Jaya ihre Hand auf den Khaki-Ärmel.

»Bist du inzwischen auch verheiratet, James-*Sahib*?« fragte sie, als sie den Bankettsaal betraten.

»Ich bin eben erst beim Militär ausgeschieden, *Bai-sa*. Ich muß schon britischer Resident in einem großen Fürstentum wie Sirpur werden, ehe ich mir eine Frau leisten kann.«

Mit James Osborne an ihrer Seite war Jaya nicht imstande, sich auf die Gespräche über die königliche Visite zu konzentrieren. Ohne ihn anzusehen, nahm sie die Veränderungen, die mit dem Engländer vorgegangen waren, wahr. Der schmale Körper des Jungen hatte sich zu einer männlichen Figur ausgewachsen, und doch war unter der militärischen Haltung noch etwas von seiner alten Verletzlichkeit zu erkennen. Tiefe Falten hatten sich an seinen Mundwinkeln eingegraben, und Jaya vermutete, daß er die letzten Jahre meist im Kampf an irgendeiner Front zugebracht hatte.

Er berührte ihre Hand, und sie fühlte seinen Atem auf ihrer Haut. »Tikka wäre sehr stolz auf dich, wenn er dich jetzt sehen könnte, *Bai-sa*.« Besorgt, ein Höfling könnte seine Geste gesehen haben, rückte Jaya von ihm ab. Er beugte sich wieder vor und griff nach ihrem Handgelenk, wobei seine Finger die Jasminknospen zerdrückten.

Erleichtert, daß James Osborne Sirpur wieder verlassen hatte, nahm Jaya am nächsten Morgen mit Sir Akbar eine Besichtigung der öffentlichen Räumlichkeiten vor, um sich zu vergewissern, daß alles in Ordnung war, bevor Lady Modi und Prinz Pratap an diesem Nachmittag in der Hauptstadt ankamen.

Sir Akbar beobachtete mit hochgezogener Augenbraue die Männer, die sich mit einem Flaschenzug abmühten, um den polierten Kronleuchter an die Decke der *Durbar*-Halle zu hieven. »Ich kann diese ganzen Aufwendungen und Aufregungen nicht verstehen. Schließlich ist das Haus Sirpur zweitausend Jahre älter als der englische Thron.«

Im Ballsaal probte Mr. Sengupta, der kürzlich von der Kalkutta-Oper eingetroffen war, mit dem Orchester von Sirpur. Ein pockennarbiger Geigenspieler fuchtelte mit seinem Instrument in der Luft. Mr. Sengupta klopfte mit seinem Taktstock aufs Pult, um dem Geigenspieler Einhalt zu gebieten, und schalt dann die anderen Musiker, weil sie den Tango nicht leidenschaftlich genug spielten.

Der Premierminister fuhr sich diskret mit der Hand über die Ohren. »Ich habe immer geglaubt, zum Tanzen gibt es Tänzerinnen, und der Rest von uns soll zuschauen.« Seine blasse Hand entfernte einen nicht vorhandenen Flusen von dem streng geschnittenen indischen Gehrock, als tue er die gesamte Gegenwart als eine Geschmacksverirrung ab. »Und gedenkst du mit seiner Königlichen Hoheit zu tanzen, *Hukam?*«

»Wenn mein Gemahl darauf besteht, bleibt mir nichts anderes übrig.«

Der Stock des Premierministers hallte auf dem Parkettboden des Ballsaals, als sie ihre Schritte wieder zu Jayas Gemächern lenkten. »Wie ich höre, kennst du dich im ›*Rajniti*‹ aus, Prinzessin. Vielleicht fällt es dir leichter, deine Hand auf den Arm eines Engländers zu legen, wenn du dich auf eine der Hauptregeln besinnst. ›Wenn du deinen Feind nicht mit Waffengewalt besiegen kannst, besiege ihn durch Freundschaft.‹«

»Ich habe eine andere Lesart gelernt, Sir Akbar. ›Wenn du deinen Feind nicht mit deinem Schwert töten kannst, so lege ihm freundschaftlich den Arm um die Schulter und töte ihn mit deinem Dolch.‹«

»So ist es, *Hukam.*« Verwundert sah Jaya der aufrechten Gestalt nach, die durch den Garten davonschritt. Die Pfauen wichen bei seinem Näherkommen zur Seite, als seien sie sich seiner Autorität bewußt.

Lady Modi wartete in Jayas Gemächern. »Darling, bitte mach mir einen Drink! Ich kann dir gar nicht sagen, was für ein Ereignis der Valentinsball gewesen ist. Amor hat Überstunden gemacht. Der Vizekönig hatte das reichste von diesen strahlenden jungen Dingern bei sich – du weißt schon, diese hochgeborenen Engländerinnen, die in den Bars herumhängen und sich an dunkelhäutige Männer heranmachen, Darling. Und weißt du, was passiert ist?«

Dank ihrer Fähigkeit, alles wie die Zwischentitel in Maharadscha Victors Filmen klingen zu lassen, konnte Lady Modi Jaya mit ihrer Begeisterung anstecken. »Dickie Mountbatten hat ihr einen Heiratsantrag gemacht, mitten auf dem Valentinsball. Der Prinz von Wales soll Trauzeuge sein. Alles ist noch ein schreckliches Geheimnis.« Sie trank ihren Martini aus und hielt Jaya ihr Glas hin, um es wieder füllen zu lassen. »Unglücklicherweise schickte Cora Hart am selben Tag Victor ein Telegramm, daß sie bereit sei, ihn zu heiraten, wenn sie rechtmäßig Maharani von Sirpur wird.«

»Aber das geht doch nicht, Bapsy!« Jaya blickte erschrocken auf. »Das Britische Empire verbietet dergleichen strikt.«

Lady Modi beugte sich vor und drückte ihre Zigarette im Aschenbecher aus. »Jedermann weiß das, Darling. Aber bei all der Romantik, die auf dem Valentinsball in der Luft lag, hat Victor einfach den Kopf verloren. Sobald er von Mountbattens Verlobung erfuhr, ging Victor geradewegs zum Prinzen von Wales und sagte ihm, daß er Cora Hart heiraten werde.«

Jaya sah erschrocken in Lady Modis große Augen. »Wenn das der Vizekönig erfährt, kann es den Maharadscha den Thron kosten.«

»Reg dich nur nicht auf, Darling! Zum Glück betrachtet der Prinz von Wales Victor als seinen Freund. Seine Königliche Hoheit hat Victor einen langen Vortrag über seine Pflichten gehalten und darüber, daß persönliche Wünsche der öffentlichen Verantwortung nicht im Weg sein dürfen. Er hat Victor gesagt, es sei höchst unschicklich, fast so, als würde er eine Geschiedene oder eine Römisch-Katholische heiraten. Aber wir werden ein Auge auf Victor haben müssen. Wenn er sich während der Visite seiner Königlichen Hoheit besäuft, kann alles mögliche passieren.«

Prinz Pratap erschien in der Tür. »Kommt, meine Damen! Wir machen eine kleine Fahrt. Seine Königliche Hoheit spricht dich vielleicht auf diverse Einrichtungen an, Prinzessin. Wenn du sie nicht kennst, bringst du genausowenig ein Wort heraus wie alle die anderen königlichen Damen, denen er in den letzten Monaten begegnet ist.«

Die Straßen waren schon voll mit Menschen in Festtagsstimmung. Die Sirpur-Lanzenreiter ritten in Sechserreihen über die Hauptstraße der Neustadt, die Hufe ihrer Pferde klapperten auf dem Pflaster, ihre Banner flatterten im Wind. Im Park übte eine Blaskapelle in weißen Uniformen und goldbetreßten Mützen »*God Save the King*«. Eine Gruppe barbrüstiger Stammesweiber sah ihnen zu. Sie saßen im Gras und lachten heiser, während sie ein Fäßchen mit Palmwein herumgehen ließen.

Aufgeregte Gassenjungen bewarfen den Rolls-Royce mit Blumen, als Prinz Pratap die Fahrräder, Wagen und Karren anhupte, die, alle mit Sirpur-Flagge und dem *Union Jack* geschmückt, die Straßen bevölkerten.

»Seht mal da!«

Lady Modi und Jaya reckten die Hälse, um seinem ausgestreckten Finger zu folgen. Mit reich verzierter Schrift bestickte Spruchbänder waren vor dem Eingang zum überfüllten Basar gespannt: GRÜSSE MUMMY VON UNS. ALLES GUTE FÜR MUMMY. DEINE MUMMY IST UNSERE MUTTER.

Lady Modi ließ sich auf ihren Sitz zurückfallen. »Goldschatz, ich hatte keine Ahnung, daß eure Untertanen so an Königin Mary hängen.«

»Das sind Überbleibsel von der letzten Königsvisite – als der damalige Prinz von Wales 1876 in Sirpur war. Besagte

Mummy ist die Patin meines Bruders, die Kaiserin Victoria.«

Auf dem Fluß schimmerte die historische Flotte von Sirpur im Abendlicht. Blattgold glitzerte an den Masten der alten Schiffe. Prinz Pratap schlug mit der Faust aufs Armaturenbrett. »Gott weiß, was seine Königliche Hoheit sich dabei denken wird. Das ist ja wie ein hiesiges Henley. Filmschauspielerinnen und Boote – wirklich, Victor hat nicht das geringste Gespür!«

Jaya stellte sich Maharadscha Victors gütiges Gesicht und die geröteten Augen vor, wenn er sich gleich einem unsicheren Schauspieler durch die überladene Ausstattung seiner eigenen Geschichte bewegte, und sie betete, er möge während der Visite des Prinzen von Wales nichts tun, womit er seinen Thron gefährden könne.

Einunddreißigstes Kapitel

»Wie sehe ich aus, Darling?« Eine große Diamantbrosche hielt die malvenfarbenen Chiffonfalten auf Lady Modis Schulter zusammen. Der Stoff bauschte sich unelegant über einer Bluse mit Spitzenkragen, und das ganze Gewand war zu hoch über Lady Modis schmaler Taille gewickelt, so daß es eher einem schlechtsitzenden viktorianischen Kleid ähnelte als einem Sari. Chantal war noch damit beschäftigt, die Spitzen des glänzenden Haarhelms zu Löckchen zu drehen.

Im Spiegel kontrollierte Jaya ihren Sari, der in anmutigen Falten über ihre Füße fiel; dazu trug sie eine klassisch geschnittene, schlichte Bluse. Als sie zusah, wie Lady Modis widerspenstige kastanienbraune Haare zu Locken gedreht wurden, während ihr eigenes Haar wie ein schwarzer Vorhang fast bis zu ihren Knien wallte, da begriff Jaya plötzlich, daß alles, was sie in Balmer mit solchem Unwillen gelernt hatte – die *Rangoli*stunden, die ihr die Ästhetik von Farbe und Form vermittelten, der Unterricht bei den *Purdah*-Damen –, Teil einer von ihrer Beständigkeit überzeugten Zivilisation war. Sie zog entschlossen ihre Handschuhe aus.

»Verlier sie nicht, Darling!« warnte sie Lady Modi hinter Chantals Brennschere hervor.

»Ich brauche sie nicht, Bapsy.«

Lady Modi stieß einen leisen Entsetzensschrei aus. »Du kannst den Prinzen von Wales unmöglich ohne Handschuhe empfangen!«

»Er ist unser Gast, Bapsy. Unsere Traditionen werden ihm bestimmt besser gefallen als seine eigenen.«

»Aber die Briten halten ihre Traditionen für die einzig wahren. Sie machen die Gesetze. Schließlich ist es ihr Empire, Darling!«

Ehe sie weitere Einwände vorbringen konnte, verbeugte sich ein Adjutant an der Tür. »Wir müssen uns unverzüglich zum Wales-Palast begeben, *Hukam*. Der Zug des Herrschers ist angekommen.«

Neben dem Wales-Palast war hinter dem Oleanderpfad ein Kuppelbau aus Marmor errichtet worden. Diener im Turban wedelten mit Tüchern, damit die kreisenden Vögel den roten Teppich nicht beschmutzten, der sich vom Kuppelbau bis ans Ende des Landungssteges erstreckte. Im Schatten farbenfroher Markisen verbeugten sich die Edelleute von Sirpur und ihre Gattinnen, als Jaya mit Lady Modi unter die Kuppel schritt.

Eine Kapelle spielte in dem neuen Musikpavillon, dessen weißer Anstrich in der Sonne leuchtete. Ein Regiment Sirpur-Lanzenreiter marschierte den Pfad entlang, Oleanderblüten fielen auf ihre gestärkten Turbane. Sie nahmen neben dem Landungssteg Aufstellung und schulterten ihre schweren Lanzen, als Kanonendonner die Marmorkuppel erschütterte.

Den Salutschüssen folgte der hohle Klang der Muschelhörner: Die Priester des Kamini-Tempels verrichteten eine *puja*, auf daß die Visite dem Maharadscha Glück bringe. Am jenseitigen Flußufer wehten die Flaggen im Wind. Sie zeigten das Emblem von Sirpur und die Federn des Wappens des Prinzen von Wales. Darunter stießen Lastkähne, Stammeskanus und Motorboote in dem schlammigen Wasser aneinander, es war, als warte jeder, der ein Boot besaß, darauf, sich der Prozession des Maharadschas anzuschließen.

Jaya warf einen Blick in das Programm, das auf ihrem Schoß lag. Jede Zeremonie stand im Kontrast zur vorangegangenen: Den Muschelhörnern der Priester folgte ein Defiliermarsch der Sirpur-Infanterie. Durch ihr Fernglas konnte Jaya den Prinzen von Wales neben dem Maharadscha in einem offenen Rolls-Royce sitzen sehen. Sie verschwanden aus ihrem Blickfeld, und das Programm unterrichtete sie, daß sie nun auf Elefanten umstiegen, um mit großem Zeremoniell durch die Altstadt zu reiten.

Hochrufe erschallten endlich an den Ufern. Die Edelleute und ihre Gattinnen unter den Markisen reckten aufgeregt ihre Hälse. In der Flußbiegung erschienen drei Katamarane. Ihre hölzernen Schwimmkörper schienen fast zu schmal für die riesigen, mit dem Elefanten und der Schlange von Sirpur verzierten Seidensegel, die sich an ihren vergoldeten Masten blähten. Dahinter folgte eine Flotte bemalter Holzschiffe in Formation, die Rümpfe tief im Wasser, die Seidensegel im Wind gebauscht.

Die königliche Barke kam in Sicht, eine Dreideckgaleone, die von unsichtbaren Ruderern bewegt wurde, so daß es aussah, als würden goldene Kämme durch das träge fließende Wasser pflügen. Am Bug ringelte sich eine gemalte Schlange um einen hölzernen Elefanten, der über das Wasser trompetete. Als die königliche Barke näher kam, drängten sich Hunderte von Booten in ihrem Kielwasser, und große Schlammwellen spülten an die Flußufer.

Lady Modi hielt ein Opernglas vor die Augen. »Darling, es ist einfach großartig! Der Prinz von Wales und Victor sitzen auf roten Thronen und ... Oh, sieh mal! Da ist Dikkie Mountbatten mit dem Residenten.«

Dröhnende Motoren übertönten auf einmal die Musik aus dem Pavillon. Jaya blickte auf. Drei Flugzeuge nahmen Richtung zum Fluß. Sie bewegten sich in Spiralen auf die königliche Barke zu; die Flügelstreben erzitterten von der Gewalt ihrer engen Schleifen. Mit grauem Rauch malten die Flugzeuge die Wappenfedern des Prinzen von Wales an den kobaltblauen Himmel. Feuerwerkskörper explodierten entlang der Flußufer. Schiffshörner, Trommeln, Flöten, alles, was Geräusche hervorbringen konnte, bildete eine Lärmwolke über dem Fluß. Jaya konnte Lady Modi kaum verstehen, die über die Hochrufe der Zuschauer hinweg schrie: »Darling, du mußt zugeben, die Sirpur-Brüder wissen wirklich, wie man ein Spektakel auf die Beine stellt! Ich wette, so etwas hat seine Königliche Hoheit noch nie gesehen.«

Die antike Flotte, die langsam auf dem Fluß glitt, die königliche Barke, deren Blattgold die Sonne reflektierte wie ein Spiegel, bildeten einen seltsamen Kontrast zu den europäischen Tanzmelodien, die nun aus dem Pavillon erklangen. Am Ufer schwankten die Elefanten mit ihren Sänften zum Stadtpalast. Lady Modi fragte unruhig, ob noch Zeit für einen Drink sei, verzichtete aber darauf, als sie sah, daß sich die Edelleute erhoben.

Prinz Pratap kam zwischen den Oleandersträuchern den Pfad entlang; die Fliegerhaube hatte er inzwischen mit einem Turban vertauscht. Er dankte winkend für den Beifall und nahm unter der Kuppel Platz, indes die königliche Barke den Landesteg ansteuerte.

Maharadscha Victor und der Prinz von Wales waren auf ihren roten Thronen zu sehen. »Wie die vermaledeite Kleopatra!« Prinz Pratap schnaubte verächtlich, als die Kapelle »*God Save the King*« anstimmte.

Der Prinz von Wales betrat den roten Teppich, und die Sirpur-Lanzenreiter präsentierten die Waffen. Jaya war erstaunt, wie klein der englische Thronfolger neben der schlanken Gestalt des Maharadschas wirkte. Sein Kopf reichte Victor nur bis an die Schulter. Da fiel ihr Tikkas Schilderung ein, wie der Vater des Prinzen, der King Emperor, zu seiner Krönung geritten war: so klein, daß keiner ihn richtig hatte sehen können.

»Komm mit, Prinzessin!« Jaya folgte Prinz Pratap zum Landungssteg, wo der Prinz von Wales die Lanzenreiter inspizierte, die mit den Orden geschmückt waren, die sie sich in dem großen Krieg verdient hatten.

Die Lanzenreiter marschierten davon, und Jaya legte nervös ihre bloßen Hände vor dem Gesicht aneinander. Zu ihrer Überraschung erwiderte der Prinz die traditionelle Willkommensgeste. »Victor hat mir Ihre Künste als Reiterin und Pilotin geschildert, Prinzessin.«

»Ich bin mit einem Flugzeug in der Luft gewesen, Sir. Aber selber fliegen kann ich nicht.«

»Ich habe mir sagen lassen, das sei nur eine Frage der Zeit. Und ich weiß, daß Ihr Vater ein großer Polospieler war. Vielleicht können Sie meinem Cousin ein paar Ratschläge geben.«

Ein großer junger Mann trat vor: Dickie Mountbatten. Hinter seiner Schulter konnte Jaya die englischen Adjutanten mit dem Prinzen reden sehen. Sie war überrascht von James Osbornes serviler Haltung und dem kriecherischen Gebaren des sonst so kühlen, arroganten britischen Residenten. Und zum erstenmal verstand Jaya Ghandis Begabung, dieses fremdländische Britische Empire mit eben jenen Faktoren herauszufordern, die den Engländern angst machten: Armut statt Macht, Bescheidenheit statt Exklusivität.

Überzeugt, eine Erkenntnis gewonnen zu haben, die den anderen verborgen geblieben war, überstand Jaya die Willkommenszeremonie und das anschließende Mittagsmahl mit heiterer Gelassenheit, so als spiele sie eine Rolle, die bereits der Vergangenheit angehörte.

Auf der Rückfahrt zum Stadtpalast beglückwünschte Prinz Pratap Lady Modi. »Die Prinzessin macht großen Eindruck, Bapsy. Ich habe sogar Mountbatten zu Metcalfe sagen hören, es sei schade, daß die Prinzessin nicht mit den Männern Polo spielen kann.«

»Ich würde lieber mit den Engländern Polo spielen als mit ihnen tanzen, *Hukam*«, sagte Jaya spitz.

Prinz Pratap lachte.

Ungehalten über die Gönnerhaftigkeit ihres Mannes, fügte sie hinzu: »Ich spiele bestimmt so gut wie sie. Beim Mittagessen hat mir der Prinz von Wales erzählt, daß Mountbatten, als er mit der Jodhpur-Mannschaft spielte, im Verlauf der ersten drei *chukker* kein einziges Mal den Ball getroffen hat.«

Prinz Pratap zog sie am Arm näher zu sich. »Mein Großvater mußte den Großvater des Prinzen beeindrucken, indem er schwor, daß meine Großmutter nicht *sati* begehen würde. Wenn du nun mit uns Polo spielen würdest, könnte dann das Empire noch an Sirpurs Fortschrittlichkeit zweifeln?«

Jaya entzog ihm ihren Arm. »Dafür wirst du mich bei dem Ball entschuldigen, *Hukam*.«

Prinz Pratap öffnete die Wagentür. »Kommt nicht in Frage. Du bist die Gastgeberin an Victors Seite.«

»Dann laß mich sagen, daß ich nicht tanze.« Jaya sah seine Augen kampfbereit glitzern, als ob ihre Couragiertheit die Barriere zwischen ihnen beseitigte.

»Abgemacht, Prinzessin. Du spielst Polo und brauchst nicht zu tanzen.«

»Endlich! Die Runde geht an dich, Darling«, flüsterte Lady Modi beim Aussteigen. »Ich hoffe nur, daß du weißt, wie man dieses alberne Spiel spielt.«

Jaya flehte stumm den elefantenköpfigen Gott Ganesch an, sie vor ihrem eigenen Mut in Schutz zu nehmen. Sie hatte nur drei Tage Zeit zum Üben, während die königliche Gesellschaft unterwegs war, um die betäubten Tiger zu schießen.

Ein feiner Nebel aus Spinnweben bedeckte die Sträucher, wenn Jaya morgens auf das Polofeld ritt. Trotz der frühen Stunde mähten Gärtner mit Sensen das Gras. Über dem Königspavillon waren die Flaggen des Prinzen von Wales und des Maharadschas schon an den Fahnenstangen aufgezogen.

Den ganzen Tag schlug sie dann mit ihrem Schläger den Poloball und gewöhnte sich an, den Ball seitlich zu schlagen statt von vorn wie beim *tent-pegging*. Am Ende des Spielfeldes besorgten Angestellte der Hausverwaltung die Reinigung der Holzbänke, die den Königspavillon flankierten, und vor den Erfrischungszelten wurden Baumwollteppiche ausgerollt.

Am dritten Morgen warf die Sonne den Schatten eines galoppierenden Pferdes und seines Reiters auf die glitzernden Spinnweben. James Osborne brachte sein Pferd neben das von Jaya. Er langte in den Lederbeutel, der gegen seinen Stiefel schlug, und warf einen weißen Ball auf die Erde.

»Los, *Bai-sa!* Der Prinz von Wales hat zwei Tiger geschossen und bei der Lassojagd auf Elefanten zugesehen. Jetzt ist er gespannt, wie du morgen spielst.«

Osborne ritt über das Polofeld und korrigierte sie jedesmal, wenn sie einen Ball nicht ganz korrekt schlug.

»Schlag ihn unterhalb vom Hals deines Pferdes, *Bai-sa!* Wie die Amerikaner. Leg dein ganzes Gewicht in den Schlag.«

Der Schweiß rann Jaya übers Gesicht und durchnäßte ihre Kleidung, so daß das dünne Leinenhemd an ihrem Körper klebte. Jedesmal, wenn sie ihr Pferd zum Galopp anspornte, fielen die dicken Haare, die sie immer wieder hoch auf den Kopf band, wie eine Decke von hinten über ihre Schultern. In ihrem Eifer, gut zu spielen, merkte sie nicht, wie Osbornes Blicke auf ihr ruhten, wenn sie die Haare von den Brüsten schob, die sich unter ihrem schweißdurchtränkten Hemd wölbten.

Als sie vom Polofeld zurückkehrte, ruhte Lady Modi vor einem Tablett mit einem Eiskübel und einer Flasche Gin. Ein silberner Spucknapf voll weggeschüttetem Wermut stand auf der Erde. »Na so was, Darling! Direkt vom *purdah* zu einem Polospiel vor dem Prinzen von Wales! Übrigens, der arme englische Offizier, der sich da draußen einen Sonnenstich holt . . .«

Jaya wand sich die langen Haare um ihren schmerzenden Unterarm und schüttelte den Schweiß ab, als sie ins Badezimmer ging. Chandni wusch ihren nackten Körper. »Denk nur, was die Leute sagen werden beim Anblick einer Prinzessin, die sich vor den Engländern produziert«, zischte Chandni. »Du wirst einen Skandal verursachen. Die Maharani-Witwe wird diesen Unsinn bestimmt verhindern.«

Aber als die Abessinier Jaya zu der alten Frau führten, entließ die Maharani-Witwe die Diener mit einem Wink ihrer gichtigen Hand. »Da hast du recht, mein Kind. Alles, was wir tun können, um den Prinzen von Wales zu zerstreuen, ist wichtig. Ich werde dir morgen zuschauen. Victor spielt nicht mit, aber er wird es nicht wagen, die Sache mit dieser amerikanischen Schauspielerin zur Sprache zu bringen, wenn ich bei dem Spiel zugegen bin.« In plötzlicher Erregung schleuderte die alte Frau das Mundstück ihrer Wasserpfeife von sich, daß es laut klirrend gegen den Metallfuß prallte. »Du bist jung, mein Kind. Du gehörst zu einer Welt, die ich nicht mehr verstehe. Sag mir, welche magischen Kräfte diese Ausländer besitzen! Womit haben sie die Seele meines Enkels so verdorben, daß er bereit ist, eine weiße Hure auf den ältesten Thron Indiens zu setzen?«

Die Frage der Witwe lag wie ein Schatten auf Jayas Gemüt,

als sie im Sattel nervös auf den Beginn des Polospiels wartete. Die Gäste drängten sich auf den Tribünen neben dem Königspavillon. Die Teppiche rund um das Polofeld waren unter den Menschenmassen verschwunden. Wächter schoben Kinder schimpfend vom Rasen, damit sie nicht von den galoppierenden Pferden niedergetrampelt wurden.

Eine Kompanie Lanzenreiter trabte über das Feld. Hinter ihnen winkten Maharadscha Victor und der Prinz von Wales aus einer offenen Staatskarosse. Unter den Fanfarenstößen der Trompeter stiegen der Herrscher und der Prinz von Wales aus. Die Hochrufe verstummten einen Moment, als Maharadscha Victor dem Prinzen von Wales die unter Wogen von weißen Schleiern verborgene Maharani-Witwe vorstellte.

Prinz Pratap galoppierte aufs Polofeld und rief über die Schulter: »Komm, Prinzessin, der Spaß geht los!«

Die Trompete verkündete den Beginn des ersten *chukker*. Der Oberstallmeister warf einen weißen Ball zwischen das Pferdegewimmel. Das laute Klirren der Poloschläger war zu hören, dann jagten die Spieler dem Ball nach, der zur Feldmitte rollte. Jaya hielt sich auf einer Seite, sie gewahrte, daß die Menge auf sie zeigte, als Prinz Pratap die anderen Reiter auf den Ball zupreschen ließ, bevor er seinem Pferd die Sporen gab und sie mühelos überholte; er schlug den Ball zwischen die weißen Torpfosten, so selbstsicher, daß er nicht einmal zurückblickte, um zu sehen, ob die rote Flagge aufgezogen war, die ein Tor anzeigte.

Unvermittelt holte er zu einer Rückhand aus und schlug den Ball blitzschnell zu Jaya hin. Sie gab ihrem Tier, dem schnellsten Polopferd aus Sirpurs Stallungen, die Sporen. Das Tempo ihres Pferdes ließ sie laut aufjuchzen, als sie dem springenden Ball nachsetzte. Sie sah James Osborne und Mountbatten auf sich zupreschen, und ihre Heiterkeit artete in einen nie gekannten grimmigen Konkurrenzkampf aus. Sie umgriff den Poloschläger fester, beugte sich über den Kopf ihres Pferdes und flüsterte Anfeuerungen in die flach angelegten Ohren. Der Ball war nur wenige Meter vor ihr, doch die Hufschläge der anderen Pferde waren so nahe, daß Jaya ihr Donnern lauter hörte als das der Hufe ihres eigenen Pferdes, und sie schrie auf ihr Tier ein, als könnten alle Demütigungen, die den Familien ihres Vaters und ihres Mannes angetan worden waren, mit einem einzigen Tor weggewischt werden. Der weiße Ball sprang vor ihr her. Sie lehnte sich über den Hals ihres Pferdes und schmetterte den Ball ins Tor. James Osborne galoppierte auf sie zu. Sie rempelte mit voller Wucht die Schulter seines Pferdes. »Das ist ein Foul, *Bai-sa!*« schimpfte Osborne. Die rote Flagge wehte vor der Toröffnung, und die applaudierenden Zuschauer wichen vor Jayas schäumendem Pferd zurück.

Noch zweimal gelang es Jaya in diesem *chukker*, Ballberührung zu bekommen. Einmal schaffte sie sogar ein Opening für ihren Mann. Er brüllte ihr seinen Dank zu, während er James Osborne im Galopp vom Ball wegjagte und ein Tor erzielte. Als sie die Pferde wechselten, umfaßte Prinz Pratap ihre Taille und hob sie in den Sattel. Er zog am Ende ihres Zopfes, auf das sie sich aus Versehen gesetzt hatte. »Macht's Spaß, Prinzessin?«

Jaya sah den Prinzen von Wales klatschen und winkte ihm fröhlich zu, als habe sie Prataps flüchtige Geste der Vertraulichkeit die Jahre des Schmerzes vergessen lassen.

Ein Trompetensignal verkündete das Ende des Spiels. Zwei Lanzenreiter stellten einen Tisch mit einem großen Pokal und acht silbernen Bechern vor dem Königspavillon auf. Der Prinz von Wales begleitete Maharadscha Victor auf das Polofeld, wo Jaya, halb von ihrem Mann verdeckt, unter den anderen Spielern stand.

»Mein Cousin ist bestimmt dankbar für dieses neue Beispiel Ihrer wunderbaren Gastfreundschaft, Pratap, obwohl ich es ein bißchen zu auffällig fand.«

»Ich verstehe Sie nicht, Sir.«

»Sie haben die Prinzessin aus Rücksicht auf den Ehrgeiz meines Cousins deutlich zurückgehalten.« Der Prinz von Wales streckte seine Hand aus. »Ich gratuliere, Prinzessin! Ihr Tor war zweifelsohne das beste Tor des Spiels.«

Beim Bankett gratulierten Jaya so viele Gäste zu ihrem Erfolg beim Polospiel, daß sie das Gefühl hatte, sie und der Prinz von Wales seien die einzigen sichtbaren Menschen in dem riesigen Speisesaal. Sie war froh, als die Türen des Saals aufschwangen und Mr. Senguptas Orchester unter dem Kronleuchter, der über dem mit Kerzen erhellten, blumenüberfluteten Ballsaal leuchtete, schwungvoll einen Foxtrott anstimmte.

Prinz Pratap zog Jayas Stuhl zurück und flüsterte: »Da du nicht tanzt, bleib in Victors Nähe! Paß auf, daß er nicht so viel trinkt, daß er etwas Indiskretes sagt.«

Jaya setzte sich gehorsam zu Maharadscha Victor auf die Couch. Sie sah den *memsahib* zu, die mit ihren Fächern wedelten und versuchten, die Aufmerksamkeit der königlichen Gesellschaft auf sich zu ziehen. Die Gefolgsleute des Prinzen von Wales liebäugelten mit den Damen von Sirpur, wußten aber nicht, was sie mit ihren Händen anfangen sollten, wenn sie die Damen zum Tanz führten und diese ihre Saris so verschoben, daß sie den Engländern die entblößten Taillen zur Umarmung darboten.

Maharadscha Victor stand auf, um sich dem Prinzen von Wales zuzugesellen, und James Osborne verbeugte sich vor Jaya, um neben ihr Platz zu nehmen. Sie betrachtete die geflochtenen Epauletten auf seinen Schultern und wurde von Heimweh übermannt. Als der Engländer und ihr Bruder im Fort Balmer Freunde waren, unterhalb des Festungsturms Kricket gespielt und sich erregt über die Krönung des King Emperor in Delhi unterhalten hatten, da war sie zum letzten Mal unbekümmert gewesen.

»Dein Mann hat uns heute wahrhaftig vor dem Prinzen

von Wales zum Narren gemacht, *Bai-sa.*« Osborne ging das Polospiel noch einmal durch, und Jaya erkannte etwas, das sie bislang noch nie gesehen hatte, diese Wut zwischen den Rassen, die einst seinen Vater beherrscht hatte und nun ihn zu beherrschen schien, als verüble er ihrem Mann seine Leistung noch mehr als seine Schwächen. In nur zehn Jahren hatten James und sie sich stark verändert, so als spiegelten sie die Veränderungen einer Welt wider, die einst so beständig schien.

Seine Hand umschloß ihr Handgelenk. Sie hörte unter seinem weißen Handschuh einen ihrer Glasreifen zerbrechen.

»Was ist mit dir, *Bai-sa?*« Der Zorn war aus seinem Gesicht gewichen. Sie fühlte sich von den blaugrünen Augen aufgesogen, die sie besorgt ansahen.

»Wir haben nicht von Balmer gesprochen, James-*Sahib.* Du reist heute abend ab. Wir haben vielleicht nie wieder Gelegenheit, von alten Zeiten zu reden.«

»Ich bin jetzt im Staatsdienst, *Bai-sa.* Wer weiß, vielleicht werde ich eines Tages als britischer Resident nach Sirpur geschickt.«

Mr. Senguptas Orchester kündete den Aufbruch des Prinzen von Wales an. James Osborne erhob sich hastig, als der Prinz vor Jaya stehenblieb. »Es hat uns in Sirpur sehr gefallen, Prinzessin. Ich habe Ihrem Gatten gesagt, daß er und Sie uns in England besuchen müssen.«

Eine Rolls-Royce-Flotte parkte in der Auffahrt. Die weißen Reifen schimmerten in der Dunkelheit. Chauffeure im Turban standen neben den offenen Türen, und eine Motorradeskorte wartete, bis der Maharadscha sich verabschiedet hatte, bevor die Fahrer ihre Maschinen anließen.

»Siehst du, wie einfach es ist, Prinzessin?« flüsterte Prinz Pratap, als der Maharadscha und der Prinz von Wales sich voneinander verabschiedeten. »Vor einem Jahr hat man mir verboten, ins Ausland zu reisen. Jetzt besteht der

Prinz von Wales persönlich darauf, daß ich nach England komme. Er hätte mich nicht eingeladen, wenn du dich, mit Henna beschmiert, im *Purdah*-Palast versteckt gehalten hättest.«

Autotüren wurden zugeschlagen, und die Motorräder heulten vor den abfahrenden Rolls-Royce auf.

»Da du das Wohlgefallen seiner Hoheit gewonnen zu haben scheinst«, fuhr Prinz Pratap fort, »nehme ich an, daß du dich ohne weiteres in Kalkutta sehen lassen kannst. Aber wenn du mich jetzt entschuldigen möchtest, ich gehe mich nun endlich amüsieren.«

Der Premierminister verbeugte sich vor Jaya. »Soll ich dich in deine Gemächer begleiten, *Hukam?*« Sie nickte unglücklich. Die traurigen Flötenmelodien von den Kähnen schwebten durch die Nachtluft, lauter als die nachlassenden Klänge der Tanzmusik.

Ein Ziegenmelker flog kreischend im Gebüsch auf. Als habe diese Störung ihn an etwas erinnert, blieb Sir Akbar stehen. »Ein Poloschläger kann zuweilen nützlicher sein als ein Dolch. Du hast das *Rajniti* studiert, Prinz Pratap aber nicht. Ein solches Wissen kann einer Frau große Macht über ihren Mann verleihen, wenn sie es klug einsetzt, *Hukam*.«

Zweiunddreißigstes Kapitel

Der Zug fuhr in den Howrah-Bahnhof von Kalkutta ein. Als Jaya die Verkäufer sah, die sich an die Gitter der unverglasten Fenster des noch rollenden Zuges klammerten und Holzspielzeug in Körben feilboten, da wußte sie, daß sie in der Metropole angekommen waren, die als die zweite Hauptstadt des Britischen Empire bekannt war. Auf den Bahnsteigen versuchten die Passagiere mit den rotberockten Gepäckträgern Schritt zu halten, die sich durch die Menge drängten. Hoheitsvolle *memsahib* riefen den Trägern, die sich mühten, schwere Koffer auf den Kopf zu hieven, in unverständlichem Hindustani Befehle zu.

Ein anglo-indischer Bahnsteigschaffner in abgewetztem schwarzem Anzug und Tropenhelm ließ sich von einer verwirrten Familie mit schreienden Babys die Fahrkarten zeigen. Hinter ihm trennte ein Gestell mit leuchtenden Windrädchen Jaya von Lady Modi, die auf ihren hohen Absätzen entschlossen hinter den Gepäckträgern dreinstöckelte. Als Jaya bei dem glänzenden schwarzen Daimler anlangte, hatte sich Lady Modi schon an der Bar bedient, die in die Holzverkleidung hinter dem Fahrersitz eingelassen war, und sich einen Martini gemixt.

Der Daimler fuhr über die Brücke, die den Hugli überspannte. »Dagegen sieht die Sirpur-Brücke wie ein Spielzeug aus, was, Darling?«

An den Gebäuden am Dalhousie Square blinkten Messingschilder im Sonnenlicht. »Das sind die Kontore der Reichen der britischen Oberhoheit. Und das da ist Writer's Building, wo indische Angestellte das Geld des Britischen Empire zählen.«

Der Wagen bog in die Esplanade ein. Adrette Blumenbeete säumten die Straße, und inmitten der Kreisverkehrsinseln wiesen die Bronzestatuen von britischen Staatsmännern mit den Zeigefingern gebieterisch auf den Verkehr, der um sie brandete.

Eine Straßenbahn rumpelte langsam an den weiten grünen Flächen des Maidan-Parks und an einer Reihe Rikschas vorüber, in denen dunkelhäutige Frauen in europäischer Kleidung saßen. »Anglo-Inderinnen, Darling. Ihre Väter sind Engländer, die auf den Teeplantagen im Norden arbeiten. In Kalkutta benehmen sich diese Engländer natürlich diskreter. Nachts besuchen sie die Bordelle auf der Cryer Street, und tagsüber ...«, die Zigarettenspitze zeigte auf eine weiße, stuckverzierte Häuserzeile mit Säulengängen, »... trinken sie im ›Bengal Club‹ oder im ›Calcutta Club‹ – zwei von den vielen Clubs in Kalkutta mit dem Schild: FÜR HUNDE UND INDER VERBOTEN.«

Die hohen grauen Bögen einer Kathedrale erhoben sich über den Bäumen. Dann glitzerte eine weiße Marmorkuppel in der Nachmittagssonne. »Das Victoria-Denkmal, Darling. Zum Gedenken an Victors Patin errichtet. Die Jungs haben natürlich kräftig gespendet.«

»Glaubst du, das Britische Empire hat irgend etwas in Indien nicht der Macht, sondern der Liebe wegen erbaut, Bapsy?«

Lady Modi sah Jaya verwundert an. »Komische Frage, Darling. Natürlich nicht.« Sie deutete auf einen flachen Graben, der den grünen Rasen um ein weißgetünchtes Gebäude begrenzte. »Und dort ist der Ursprung ihrer Macht, Fort William.«

Kleine Bronzegeschütze lockerten die strenge Symmetrie der niedrigen Ziegelmauern auf. Über einer großen Veranda flatterte der *Union Jack* im Wind. Jaya fand, es sei die am wenigsten eindrucksvolle Festung, die sie je gesehen hatte. Der Daimler überquerte die Brücke zum Aliporepark und hielt auf den Zoologischen Garten und die imponierenden Rasenflächen des Regierungsgebäudes zu, wo der Vizekönig wohnte, wenn er Kalkutta besuchte.

Dann bogen sie in die Einfahrt des Hauses Sirpur ein, einen zweigeschossigen Marmorbungalow, überragt von aus England importierten Eichen, die der Einfahrt Schatten spendeten. Bald darauf betrat Jaya die schwarze Marmorhalle der Kalkutta-Residenz der Herrscher von Sirpur. Einen Augenblick lang glaubte sie, in ein Museum geraten zu sein. Ausgestopfte Tiger und Panther spähten aus roten Glasaugen unter einer geschwungenen Treppe hervor. Die Wände waren mit Tigerfellen und Geweihen bedeckt. Diese Zurschaustellung des Tötens war nur von Porträts König Georgs V. und Königin Marys unterbrochen. Zu beiden Seiten der Treppe spiegelten sich Büsten von Kaiserin Victoria und König Eduard VII. matt in dem schwarzen Marmorboden. Tuberosen ergossen sich aus riesigen Vasen; ihr schwerer Duft verstärkte die drükkende Atmosphäre.

Lady Modi lachte über Jayas Miene. »Dies dient nur dazu, die Engländer mit Victors Loyalität und seiner Vertrautheit mit dem Dschungel zu beeindrucken. Das ist alles, was sie wirklich über ihn wissen wollen. So, Darling, halt dich nicht ewig mit deinen *puja* auf. Wir werden im ›Flury‹ zum Tee erwartet.«

Sie führte Jaya die Treppe hinauf, und Jayas Stimmung besserte sich, als sie die für sie bestimmten, in Weiß und Gold gehaltenen Gemächer sah. Das Sonnenlicht flutete durch Fenstertüren auf die Glasvitrinen und machte die Düsternis der schwarzen Halle mit ihren Mahnungen an den Tod vergessen.

In »Flury's Teesalon« ließ die eisige Begrüßung durch die Besitzer erkennen, daß sie Lady Modi die Entführung ihres Konditormeisters Marco, der Jaya das Tennisspielen beibringen sollte, noch immer nicht verziehen hatten. Lady Modi rauschte an ihnen vorbei, schlängelte sich zwischen den Tischchen hindurch zu einer Polsterbank, auf der zwei perlenbehängte Inderinnen, angetan mit seidenen Hemdkleidern und Glockenhüten, saßen. Hinter ihrem Rücken konnte man durch die Glasscheibe auf die Park Street hinaussehen.

Lady Modi hatte die Vorstellung der Damen kaum beendet, da wies ihre Zigarettenspitze auf eine elegante Rothaarige, die einen Kuchenwagen inspizierte. »Zu deiner Rechten, Darling, Anita Delgado, die spanische Maharani. Sie war Flamencotänzerin, bis sie den Maharadscha von Kapurthala heiratete.«

Jaya musterte die cremefarbene Haut und die dunklen Augen der Spanierin, die einen Sari trug.

Lady Modi flüsterte: »Sie hat soeben ein lebensgroßes Aktbild von sich in Auftrag gegeben. Es soll im Palast aufgehängt werden, damit sich die ganze Bevölkerung von Kapurthala daran weiden kann.«

»So ein Unsinn, Bapsy!« Jaya wußte nicht, ob sie über Lady Modis absurde Idee lachen oder wütend sein sollte.

»Aber es stimmt vermutlich, Darling. Solche Dinge kommen andauernd vor, wenn Ost und West sich begegnen. Nur gut, daß Ehen zwischen indischen Herrschern und Ausländerinnen nicht standesgemäß sind und die Kinder aus solchen Verbindungen nicht auf einem indischen Thron sitzen können. Trink deinen Kakao und rate mal, was die Begleiterin der spanischen Maharani war, bevor auch sie eine Maharani wurde!«

Jaya spähte über ihre Tasse. Die Flamencotänzerin unterhielt sich mit einer hübschen fülligen Frau. Dünne blonde Haarsträhnen hatten sich aus ihrer Frisur gelöst und fielen ihr auf die rotgeschminkten Wangen.

»Heißluftballonfahrerin!« verkündete Lady Modi fröhlich. »Sie hat aus einem Gasballon Blumen in die Menge geworfen. Der Maharadscha von Jind blickte nach oben und hat sich wahnsinnig in sie verliebt. Jetzt ist sie seine Maharani. Ich weiß gar nicht, wieso die Engländer uns für rückständig halten. Jede von diesen Armenierinnen da drüben könnte zum Beispiel eine zweite Maharani von Nepal sein.«

Drei dunkelhaarige Frauen mit schulterfreien Chiffonkleidern kicherten miteinander und wechselten keinen einzigen Blick mit ihren Begleitern.

»Der Maharadscha von Nepal hat mit allen dreien schlafen wollen. Wegen seiner Annäherungsversuche sprechen ihre Ehemänner nicht mehr mit ihnen. Der mittleren hat er als Kompliment an ihre Schönheit einen ganzen Korb voll Rubine geschickt.«

Lady Modis Bekannte erklärten, daß Kalkutta als zweite Hauptstadt des Empire fast so viele Flüchtlinge anziehe wie London. Weißrussen, Armenier, die vor den Pogromen des türkischen Reiches geflohen waren, polnische und ungarische Adelige, die nach dem Zusammenbruch des habsburgischen Reiches nicht wußten, wohin. Während die Damen weiterplauderten, ließ Jaya ihre Blicke über die Kuchenvitrinen durch das Lokal schweifen, und sie dachte an die indischen Ehefrauen, die in ihren *Purdah*-Gemächern warteten und nicht einmal die Namen jener Ehemänner auszusprechen wagten, die dann Tänzerinnen und Akrobatinnen aus Europa heirateten.

Lady Modi stieß einen leisen Schrei aus, und Jaya fuhr hoch. »Meine Güte, Darling, der Silberschwan!« Jaya sah aus dem Fenster. Draußen stand ein Rolls-Royce, noch seltsamer geformt als der Wagen der Maharani-Witwe. Silberne Federn fielen über seinen Kofferraum. Ein langer silberner Hals reckte sich über der Windschutzscheibe.

»Ein verrückter armenischer Flüchtling, der ein Vermögen gemacht hat, feierte seinen Reichtum prompt, indem er sich dieses Modell bestellte. Er legt ein riesengroßes goldenes Ei.«

Die anderen Damen versicherten Jaya, daß dies wahr sei. »Beim erstenmal gab es einen Aufruhr, als der Wagen auf der Straße sein goldenes Ei legte. Alle wollten es erwischen. Jetzt hat die Polizei dem Besitzer auferlegt, sich beim Eierlegen seines Fahrzeugs auf seine eigene Auffahrt zu beschränken.«

Jaya hatte allmählich das Gefühl, sich in einer Traumwelt zu befinden, in der Autos Eier legten und Inderinnen sich wie Europäerinnen kleideten, während die Europäerinnen sich nicht nur wie Inderinnen kleideten, sondern sogar Maharanis waren.

Mrs. Roy wartete im Haus Sirpur. Jaya lief die Marmortreppe hinauf, sie konnte es kaum erwarten, sich von der sanften Stimme und dem ungeduldigen Intellekt ihrer alten Lehrerin in die Wirklichkeit zurückholen zu lassen.

Mrs. Roy trat einen Schritt zurück und betrachtete Jaya lange durch ihre randlose Brille. Sie öffnete ein *Paan*-Kästchen, wählte die Zutaten, von denen sie wußte, daß Jaya sie gerne mochte, und reichte ihrer Schülerin den Betelbissen.

Jaya schüttelte den Kopf. »Mein Mann hat mir verboten, Betel zu kauen. Es macht meine Zähne rot, und er sagt, ich sehe dann wie eine Bäuerin aus.«

Der alte Zorn blitzte in Mrs. Roys Augen auf. »Weiße Zähne machen deine Haut nicht weiß, *Bai-sa*; auch nicht französische Parfüms und europäisch gezupfte Augenbrauen. Die Engländer haben deinen Mann gelehrt, sich selbst zu hassen. Werde nur nicht wie er, sonst weißt du nicht mehr, wo du hingehörst!«

Jaya wandte den Blick ab. »Ich will nicht werden wie er, Mrs. Roy. Ich will nur, daß er mich als Ehefrau behandelt.«

»Ich habe dich gewarnt, *Bai-sa*. Es erfordert Mut, für seine Rechte zu kämpfen. Lies die Worte unseres großen Dichters Tagore. ›Wo der Verstand ohne Furcht ist und der Kopf hochgetragen wird, zu diesem Traum von Freiheit laß mein Volk erwachen.‹ Jeder Inder sollte diese Zeilen auswendig lernen.«

Jaya unterdrückte ein Lächeln über Mrs. Roys unverminderten Nationalismus. Lady Modi erschien in der Tür, und die beiden Frauen musterten sich mit offenkundiger Feindseligkeit.

Als sei diese flüchtige Begegnung eine stumme Herausforderung gewesen, entwickelte sich in der Folgezeit ein Duell zwischen Jayas zwei Beraterinnen, und sie wetteiferten miteinander, ihr jeweils ein Kalkutta zu zeigen, das sich von dem der anderen so sehr unterschied wie Mrs. Roys strenge, hausgesponnene Saris von Lady Modis Zigarettenspitze und Perlen.

Wenn Lady Modi an einem Abend mit Jaya ausging, um Esme Moore zu sehen, die Anglo-Inderin, die augenblickliche Attraktion von Kalkutta, die, kaum mit mehr als einer Federboa bekleidet, ihre langen Beine schmiß, dann ging Mrs. Roy am nächsten Abend mit Jaya in ein indisches Theater, um klassische Schauspieler hinter ihren bemalten Masken lange Sanskrit-Texte über den moralischen Krieg sprechen zu hören. Wenn Jaya am Vortag mit Lady Modi auf dem New Market französischen Chiffon gekauft hatte, fuhr Mrs. Roy mit ihr zu den Schulen in den Außenbezirken der Stadt, wo junge Nationalisten an hölzernen Spinnrädern saßen und rohe Baumwolle zu Garn für ihre Gandhimützen versponnen. Wenn Mrs. Roy sie in schlecht gelüftete Restaurants führte, wo einheimische Kost serviert wurde, ging Lady Modi anderntags mit Jaya in Kalkuttas weitläufiges Chinesenviertel, um mit Stäbchen zu essen und die auf ihren Holzbänken schlafenden alten Männer zu betrachten, denen die langen Opiumpfeifen aus dem Mund gefallen waren.

Jaya glaubte allmählich, es seien zwei Städte, die durch die weißen, stuckverzierten Clubs und säulenbestandenen Kontore des Britischen Empire voneinander getrennt waren. Jeden Abend, wenn sie zum Haus Sirpur zurückfuhr, betrachtete sie die nichtssagenden Mauern des Forts William und fragte sich, wie die Engländer mit ihren *Union Jacks* und ihrem Rassenhochmut das Chaos dieser quirligen Stadt bewältigten.

Dreiunddreißigstes Kapitel

Erschöpft von der widerstreitenden Beanspruchung durch Mrs. Roy und Lady Modi, hörte Jaya erleichtert, daß Prinz Pratap und Maharadscha Victor auf dem Weg nach Kalkutta waren, um dem Derby beizuwohnen. Das Kalkutta Derby gehörte zu den wichtigsten Rennereignissen Indiens. Die Stadt begann sich bereits mit Fürsten zu füllen, die für ihre Rennställe bekannt waren: der Aga Khan, die Maharadschas von Bikaner, Rajpipla, Gwalior, Mysore, Kutch-Behar und Dungra.

Der Vizekönig war aus Delhi eingetroffen und residierte im Regierungsgebäude, das nur wenige Häuser vom Haus Sirpur entfernt lag. Jeden Abend spielten Kapellen vor der Residenz des Vizekönigs Weihnachtslieder, und wenn es dunkelte, bettelten Scharen von zerlumpten indischen Nikoläusen vor den schmiedeeisernen Toren. Sie husteten in ihre schmutzigweißen Wattebärte, wenn der Nebel dichter wurde. Spät in der Nacht hörte Jaya Autos hupen, und sie wußte, daß nun die englischen Gäste die Feste und Weihnachtsspiele des Vizekönigs verließen.

Als die Sirpur-Brüder dann endlich in Kalkutta eintrafen, bekam Jaya sie nur selten zu sehen. Sie verschwanden morgens mit den für die Pferde von Sirpur zuständigen Trainern und Jockeys im »Royal Calcutta Turf Club« und kehrten spätabends betrunken zurück, so daß ihnen die wartenden Diener die Marmortreppe hinaufhelfen mußten.

Lady Modi erzählte Jaya, daß Prinz Pratap wenigstens ein dutzendmal im Theater war, um die Tänzerin Esme Moore zu sehen. »Ich glaube, Hari Singh von Kaschmir und Pratap wetteifern heftig um ihre Gunst.«

Während Jaya sich noch bemühte, ihre Verbitterung über Lady Modis Eröffnung zu verbergen, sprang diese auf. »Sieh nur, wie spät es schon ist, Darling! Federchen von Dungra sitzt bestimmt bei ›Firpo‹ und fragt sich, wo wir bleiben.«

Im Wagen erklärte Lady Modi, daß »Firpo« das älteste europäische Restaurant in Asien sei und zur selben Zeit erbaut worden war wie der Suezkanal. »Es ist unser ›Maxim‹, Darling. Und die ›Venetian Bar‹ des ›Firpo‹ ist nach der ›Long Bar‹ in Schanghai die zweitlängste Bar der Welt. Fast alle essen mittags bei ›Firpo‹, obwohl heutzutage niemand mehr damit rechnet, daß ihm dort wie einst Post aus England ausgehändigt wird.«

Auf der Treppe drängte sich eine Gruppe von Gästen. Lady Modi eilte, Küßchen tauschend, hindurch, indes Jaya regungslos im kleinen Foyer stehenblieb. Sie merkte nicht, daß ihre Haltung einschüchternd wirkte, so wie die Haltung der Maharani einst auf sie gewirkt hatte. Die Leute auf der Treppe wichen schließlich zurück, damit sie Lady Modi in die ›Venetian Bar‹ folgen konnte.

»Wie geht es der furchtlosen Prinzessin?« Jaya lächelte, als Federchen von Dungras plumpe Gestalt sich schwerfällig hinter dem Tisch erhob. Sie mußte an das Gelächter der *Purdah*-Damen in Balmer denken, als sie ihn in Maharadscha Jai Singhs Versammlungshalle treten sahen.

»Ich war nicht im mindesten erstaunt, als ich von deinem Polospiel hörte. Pratap konnte die Frauen schon immer zu den gewagtesten Dingen bewegen.« Der Sohn des Maharadschas von Dungra sank auf den kleinen vergoldeten Stuhl neben Jaya, indes Lady Modi in einer Schar von Freunden untertauchte. Hinter ihm war ein Wandgemälde mit venezianischen Gondeln auf einem blauen Kanal, das Jaya an die Fresken an den Außenmauern des *zenana* in Balmer erinnerte.

»Wie geht es meiner Mutter, *Hukam?*«

Statt des von Jaya erwarteten Mitleids zeigte Federchen von Dungras Miene Hochachtung. »Mein Vater hat ihr etwas Land geschenkt. Sie hat ihren Schmuck verkauft und von dem Erlös eine Schule, ein Hospital und einen Aschram für die Bedürftigen gegründet. In Dungra gilt sie als eine Heilige. Wir nennen sie die *sati mata*.« Jaya dachte an die Kobra, die sich um den eisernen Dreizack ringelte, und an die tiefe Stimme der Asketin, welche die Maharani vor ihrem Schicksal gewarnt hatte.

Die beiden wurden von einem Tumult am Eingang der Bar abgelenkt. Jaya überlief es heiß, als sie Esme Moore, die Tänzerin, in der Tür stehen sah. Die Herren an der Bar reckten die Hälse über ihre Begleiter hinweg, um das langbeinige Mädchen in einem enganliegenden rosaseidenen Hemdkleid, das ihre dunkle Haut schimmern machte, durch den überfüllten Raum stolzieren zu sehen. Von dem Hut, der ihre schwarzen Löckchen bedeckte, fiel ein Schleier über ihre großen Augen und ließ sie auch noch sittsam erscheinen, als sie die Grüße der Männer, die sich an allen Tischen erhoben, erwiderte.

Federchen von Dungra beugte sich vor. »Du weißt, daß ich jetzt deine Wertpapiere verwalte, *Bai-sa*. Ich hatte gehofft, Pratap würde mehr aus eurer Ehe machen. Da er es nicht getan hat, darf ich dich daran erinnern, daß er aus deiner Balmer-Mitgift eine ansehnliche jährliche Apanage erhält. Erzähle ihm unter keinen Umständen etwas von deinem Privatvermögen, sonst verjubelt er es für irgendein Weibsbild! Und dann kommen deine finanziellen Angelegenheiten in die Geheimakten des British Political Office.«

»Führen die Engländer eine Geheimakte über Sirpur, *Hukam?*« fragte Jaya erschrocken. Ob das Empire wohl wußte, daß Prinz Pratap seine Nächte nicht mit ihr verbrachte?

»Natürlich. So funktionieren Regierungen nun einmal. Wir bestechen ihre Leute, sie bestechen unsere, und jeder bleibt jedem auf der Spur. Und da die Sirpur-Brüder so indiskret sind, weiß die Öffentlichkeit sowieso über ihr Leben Bescheid.«

Lady Modi winkte am Eingang zum Restaurant. Federchen von Dungra führte Jaya in einen hohen Raum, dessen Dimensionen durch die vierzehn Fuß hohen Spiegel an den Wänden vervielfältigt wurden. Ein weißbefracktes Orchester spielte Tanzmelodien, die Jaya von Lady Modis Plattensammlung kannte. Von einem Weihnachtsbaum fielen bunte Lichter auf die Tanzfläche. Inder und Engländer steckten ungezwungen ihre Köpfe zusammen, um sich trotz der lauten Musik verständlich zu machen. Jaya konnte nicht glauben, daß nur wenige hundert Schritte entfernt an englischen Clubs Schilder angebracht waren, auf denen Für Hunde und Inder verboten stand.

»So viele Leute schauen auf dich, Darling! Bestimmt reden sie über den Besuch des Prinzen von Wales in Sirpur.« Jaya machte ein finsteres Gesicht, worauf Lady Modi ärgerlich auf zwei sittsame Bengalinnen in traditionellen Saris wies. »Kopf hoch, Darling! Du bist nicht die einzige wagemutige Frau in Indien. Siehst du die Mädchen da? Die eine spielt mit ihrer eigenen Frauenmannschaft öffentlich Polo. Und die dir gegenübersitzt, war der erste Mensch aus Indien, der je in einem Flugzeug in die Lüfte gestiegen ist.«

Jaya sah sich in dem verspiegelten Restaurant um. Da saß der Maharadscha von Kapurthala mit seiner spanischen Maharani, der Flamencotänzerin. An einem anderen Tisch erklärte der Maharadscha von Jind der blonden Heißluftballonfahrerin die Speisekarte. In der Tür unterhielt sich die Tänzerin Esme Moore lachend mit einem jovialen Herrn.

Lady Modi beugte sich zu Federchen von Dungra hinüber. »Schau nur, wie Esme Moore mit dem Thronerben von Kaschmir flirtet. Bestimmt hofft sie, die nächste Maharani von Kaschmir zu werden. Armer Pratap. Er wird wütend sein, wenn es ihr gelingt.«

Jaya schlug die Augen nieder und ließ ihre Wut an der weißen Tischdecke aus, über die sie mit ihrem leuchtendroten Fingernagel schrappte.

Im Haus Sirpur lag ein mit Mrs. Roys Schriftzügen beschriebener Umschlag auf Jayas Frisierkommode. Jaya riß ihn auf und fand einen Zeitungsausschnitt mit einem angehefteten Zettel. »Meine liebe *Bai-sa*, dieser Brief erschien gestern im ›Bombay Chronicle‹. Ich dachte, er dürfte Dich interessieren.« Druckerschwärze beschmutzte Jayas Fingerspitzen, als sie den Ausschnitt auseinanderfaltete.

Der Status der indischen Frauen:
Eine leidvolle Geschichte von einer von ihnen.

Es mag seltsam erscheinen, daß eine Person meines Standes die Öffentlichkeit um Beistand ersucht, und das mit Hilfe einer Tageszeitung; aber es gibt Grenzen für die Geduld und das Leiden eines Menschen. Das Sprichwort sagt, auch der Wurm krümmt sich, wenn er getreten wird, und wir, die Ehefrauen der herrschenden Fürsten von Indien, sind gewiß empfindsamer als der sprichwörtliche Wurm.

Seit Generationen haben wir unsägliches, unglaubliches Unrecht still erduldet. Unsere Großmütter haben sich brav mit Kränkungen und Demütigungen abgefunden. Sie ließen sich wie Schoßhunde behandeln. Unsere Mütter weinten und brachten sich um, wenn die Qual unerträglich war. Aber die neue Generation hat begonnen zu protestieren. Warum sollen wir nicht protestieren? Wir sind auch Menschen. Auch wir wagen zu träumen.

Frauen meines Standes werden sehr jung verheiratet. Ich wußte nichts von der Ehe, außer daß ich in Zukunft unter Fremden leben müßte. Aber ich war alt genug, um zu begreifen, daß der Prinz, der mich heiratete, einem großen Hause angehörte, und ich träumte von Glanz und Herrlichkeit.

Eines Tages erfuhr ich, daß es andere Frauen gab, mit denen der Prinz wochenlang zusammen war. Ich war von Scham überwältigt und wagte nicht, meinen Dienerinnen ins Gesicht zu sehen. Wenn der Prinz zu mir kam, war er ausgesprochen brutal. Er sagte Sachen zu mir, die ich einfach nicht glauben wollte.

Gott allein weiß, was mit unseren indischen Fürsten geschehen ist. Warum laufen so viele von ihnen hinter Babygesichtern her? Warum gehen sie mit ihrem Namen und ihrem Ruf so ungemein leichtfertig um?

Es ist offensichtlich, daß einige von ihnen nach Europa gehen, um sich hemmungslos ins Vergnügen zu stürzen. Sie vernachlässigen ihre Staatsgeschäfte. Die Untertanen der Fürsten erheben klagend ihre Stimmen, aber wie sollen unsere Mißstände behoben werden?

Man behandelt uns wie Leibeigene. Man lehrt uns, Sklavinnen

zu sein. Unsere Pflicht ist es einzig und allein, die Launen unserer Herren zu befriedigen. Wir sind unserer Selbstachtung beraubt, unser Dasein ist ein Nichts. Wir sind das Spielzeug unseres Herrn. Er mag uns bekleiden oder uns unsere Kleider herunterreißen.

Ich bin dazu geschaffen, Kränkungen hinzunehmen, und es heißt, Selbstachtung sei etwas, das man im Palast nicht kennt. Ich möchte, daß mein Status richtig definiert wird. Ich möchte für die vielen sprachlosen mißhandelten Frauen kämpfen.

Ihr politisch denkenden Männer werdet sagen, mein Bericht sei eine morbide Übertreibung ... Wollt ihr den tragischen Appell eurer indischen Schwestern denn nicht hören?

Wir haben keine Rechte.

Ich will aber meine Rechte.

Jaya sah auf ihre lackierten Fingernägel hinunter. Die hilflose Selbstverachtung in dem Brief war ihr nicht entgangen. Sie nahm sich den Zeitungsausschnitt wieder vor.

Anmerkung des Herausgebers: Es wird allgemein angenommen, daß die Schreiberin eine Maharani ist, die Gemahlin eines höchstrangigen Fürsten, der einst als sehr verständig und progressiv galt, aber sich in letzter Zeit sehr viel in Europa aufhält.

Vierunddreißigstes Kapitel

Mrs. Roy fixierte Jaya mit scharfem Blick. »Ich möchte, daß du die nationalistischen Führer kennenlernst, die versuchen, solchen Frauen wie jener Maharani, die an die ›Bombay Chronicle‹ schrieb, zu helfen. Vor allem möchte ich, daß du Tagore kennenlernst, Indiens größten Dichter. Weißt du etwas über ihn?«

In Mrs. Roys Frage war dieselbe Ungeduld wie einst, als sie das Kind Jaya ausgefragt hatte. Als Jaya nun trotzig den Kopf schüttelte, runzelte Mrs. Roy die Stirn. »Aber Tagore ist der einzige Inder, der den Nobelpreis für Literatur bekommen hat, *Bai-sa!* Er ist auch vom Britischen Empire geadelt worden. Nach dem Massaker im Punjab hat er auf seinen Ritterstand verzichtet. Jetzt hat er eine Universität gegründet, wo Inder sich mit den Fortschritten dieses Jahrhunderts vertraut machen können, ohne dabei ihr Erbe zu vergessen. Es ist derselbe Traum, den dein Vater für das Wissenschaftskolleg hegte, das Maharadscha John geschlossen hat, und den du zu vergessen scheinst.«

Der Vorwurf in Mrs. Roys Belehrung machte Jaya verlegen, hastig nahm sie deswegen eine Einladung zu einem musikalischen Abend in Mrs. Roys Haus am Stadtrand an.

Beim Ankleiden entdeckte Jaya die Schweinsperle, die Arun Roy ihr vor Jahren geschenkt hatte, zuunterst in ihrem Schmuckkästchen. In einer plötzlichen Anwandlung von Heimweh legte sie sich den Schmuck um den Hals, und sie dachte daran, wie das Geschenk des Rechtsanwalts in ihr das Gefühl hervorgerufen hatte, sie teilten ein schuldbeladenes Geheimnis: die Erkenntnis, daß sie kein Mädchen mehr war, sondern eine Frau.

Ein Chauffeur mit einer baumwollenen Gandhi-Mütze auf den geölten Haaren fuhr Jaya von den breiten kolonialen Prachtstraßen in die schmalen, von schwachen Laternen beleuchteten Straßen des indischen Teils von Kalkutta. Sie verließen die Außenbezirke der Stadt, und jetzt war nur noch das schwarze Wasser des Flusses hinter den dunklen Reisfeldern sichtbar.

Der Wagen fuhr durch eine Allee mit Kokospalmen und bremste vor den hohen Säulen eines roten Ziegelhauses. Mrs. Roy kam die Stufen herabgelaufen. Dann führte sie Jaya durch einen mit schweren Schränken möblierten Korridor. In den Schränken hingen Filzhüte, aufgerollte Regenschirme und dreiteilige Anzüge. »Hier legen unsere Ehemänner die europäische Kleidung ab. In Britisch-Indien dürfen Inder die Regierungsbüros nicht in den traditionellen Kleidern betreten, aber unsere älteren Damen lassen die Männer nicht ins Haus, bevor sie die Uniform der Sklaverei ausgezogen haben.«

Jaya fragte sich, ob sie die gestrengen Damen wohl kennenlernen würde, und der Umstand, daß sie einen Sari aus französischem Chiffon trug, war ihr mit einem Male peinlich. Gelächter erklang unterhalb der Balustrade. Zwei barfüßige Knaben mühten sich ab, einen zerrissenen Drachen aus den Dachtraufen über der Veranda zu befreien. Jaya erinnerte sich an die Photoalben, an Mrs. Roys sanfte Stimme, wenn sie von ihrer Familie erzählte, und sie begriff, was es ihrer Lehrerin damals bedeutet haben mußte, aus dieser geschäftigen Welt in ein stilles, leeres Haus in einem Wüstenreich verbannt zu sein.

Der Veranda schloß sich eine eingefriedete Rasenfläche an. Dort saß eine Gruppe von Leuten auf Korbstühlen. In dem Glauben, daß sämtliche Nationalisten in ihrem Freiheitsbestreben so streng waren wie ihre Lehrerin, staunte Jaya jetzt über das Gelächter und die Ungezwungenheit, mit der die Männer mit den Baumwollmützen und die Frauen in ihren hausgesponnenen Saris miteinander umgingen.

»Tagore!« flüsterte Mrs. Roy. Jaya hörte die Ehrfurcht in der Stimme ihrer Lehrerin. Ein Mann mit einem weißen Bart und den gütigsten Augen, die Jaya je gesehen hatte, kam zwischen den schulterhohen Bronzekandelabern auf sie zu.

Jemand rief seinen Namen. Der Dichter winkte und wandte sich dann an Jaya. »Das ist Motilal Nehru. Er war früher sehr europäisch, bis Gandhi ihn überredete, Inder zu werden. Darauf warf er seine Weinkaraffen, seine Savile-Row-Anzüge und französischen Hemden auf einen riesigen Scheiterhaufen. Was hältst du davon, Prinzessin?«

Jaya zog ihren Chiffon-Sari strammer über den Kopf. Der weißbärtige Dichter lachte.

»Nein, mein Kind, ich glaube nicht an Scheiterhaufen.

Heute werfen wir Karaffen in die Flammen, morgen verbrennen wir Bücher, irgendwann vielleicht sogar Menschen. Nachahmung und Zerstörung entstammen der Furcht, ein kolonialisiertes Volk aber muß seine Furcht verlieren. Kennst du Indiens Nachtigall, Sarojini Naidu? Sie ist furchtlos.«

Er führte sie zu einer fülligen Frau in einem leuchtendroten Sari, die von einer Gruppe lachender Männer und einer Engländerin umringt war. Mrs. Naidu nahm Jayas Hand und bewunderte lauthals Jayas Schönheit.

Ein Mann mit einer Adlernase stellte sich als Rechtsanwalt Sapru vor. »Ich habe deinen Vater vor Jahren in Patiala kennengelernt, Prinzessin, bei jenem ersten Geheimtreffen zwischen den Fürsten und uns, wo wir darüber diskutierten, wie der Macht des Britischen Empire über Indien ein Ende bereitet werden könne.«

Jaya suchte ihre Besorgnis über die Anwesenheit der Engländerin zu verbergen, während der Anwalt von den in Patiala verabschiedeten Resolutionen sprach. Als Mrs. Naidu Jayas Unbehagen sah, schüttelte sie sich vor Lachen. »Keine Sorge, Prinzessin! Annie Besant ist eine Stütze der nationalistischen Bewegung.«

»Eine Engländerin Nationalistin?« platzte Jaya unversehens heraus.

Mrs. Naidu zog Jaya näher zu sich heran. »Ideen haben keine Nationalität, mein Kind. Annie Besant gehört zu einer ganzen Reihe Engländer, die immer gesagt haben, daß die Inder sich selbst regieren müssen. Wie können wir da die Engländer hassen? Wir wollen uns nur aus der Sklaverei befreien und die Selbstbestimmung erlangen wie Kanada und Australien.« Sie lachte wieder. »Aber dies ist ein zu schöner Abend, um über Politik zu diskutieren. Komm, setzen wir uns ins Musikzimmer und hören uns eine Abend-*Raga* an! Mrs. Besant wird zwischen uns sitzen und uns einen Abend lang helfen, die Ungerechtigkeiten des Britischen Empire zu vergessen.«

Im Musikzimmer stimmten die Musiker schon ihre Sitars. Jaya hielt sich im Hintergrund, sie war eingeschüchtert von den Schriftstellern, Malern und Rechtsanwälten, die in den Raum drängten. Als sie sich entspannt auf den Teppichen niederließen, war ihnen nicht anzumerken, daß sie teilweise schon Monate in britischen Gefängnissen verbracht hatten. Langsam verstummten die lebhaften Gespräche, und die indischen Melodien und der zum Musikpodium aufsteigende Weihrauch erfüllten den Raum.

Jaya sah Mrs. Naidu an ein Polster gelehnt und mit geschlossenen Augen der »*Raga Durbari*« lauschen, der Abend-*Raga* des Fürsten. Neben ihr fuhr sich Tagore mit den Fingern durch den weißen Bart und lächelte der Engländerin zu.

Plötzlich fühlte sich Jaya von den Nationalisten beengt; das Unglück der anonymen Prinzessin, die sich veranlaßt sah, an die Zeitung zu schreiben, oder ihre eigenen Erlebnisse schienen auf das Indien der Fürsten beschränkt zu sein. Sie ging nach draußen und pumpte die Nachtluft mit dem schweren Jasminduft in ihre Lungen, als wäre sie unter Wasser gewesen.

Vom Fluß zog Nebel herüber und verhüllte die Köpfe der Steinstatuen am Rande des Rasens. Jaya fand, die bleichen kopflosen Gestalten wirkten verwirrt, als seien sie gleich ihr in einer unbekannten Gegenwart erstarrt.

Ein großer Mann mit einem über die Schultern geworfenen beigefarbenen Schal kam durch den Nebel gegangen. Die Falten seines *dhoti* öffneten sich wie ein Fächer, als er über das Gras schritt. Er legte eine Hand auf ihre Schulter. Jaya bewegte sich, leistete aber dem Druck seiner Finger keinen Widerstand.

Das Licht aus dem Musikzimmer blendete sie, so daß die große Gestalt vor ihr ein unerkennbarer Schatten blieb. »Warum bist du hier draußen? Gefällt dir die Musik nicht? Du trägst ja mein Geschenk, *Bai-sa!*«

Als Jaya Arun Roys lachende Stimme vernahm, fuhr ihre

Hand hoch, um die Schweinsperle an der goldenen Kette zu verdecken. Sie wußte nicht, wie sie ihm erklären sollte, daß diese Perle ein Talisman aus ihrer Kindheit war, als die Zukunft noch faßbar schien.

»Eine verheiratete Frau, und noch scheu wie ein Mädchen, *Bai-sa*.« Die Stimme wurde ernst. »Ist alles in Ordnung mit dir, *Bai-sa*? Ist dein Mann gut zu dir?«

Die Heiterkeit ihres Kalkutta-Aufenthalts begann rings um Jaya zu zittern und drohte zu zerplatzen wie eine Seifenblase. Sie durfte sich von Arun Roys verführerischer Besorgnis nicht rühren lassen. Das Bild von der *Manwar*-Zeremonie stieg in ihrer Erinnerung auf, als sie die Konkubinen angestarrt und sich gefragt hatte, wie das sein mochte, sich Abend für Abend für einen Mann zu schmücken und dabei zu wissen, daß er vielleicht nie kommen würde. Jetzt war sie vertraut mit der bitteren Niederlage, die es bedeutete, sich für jede Nacht bereitzumachen, als sei es die Hochzeitsnacht, während der Mann sein Vergnügen in den Armen von Frauen wie Esme Moore fand.

Jaya trat rückwärts an eine Statue. Der Anwalt kam näher und umschloß ihren starren Körper mit den Falten seines Schals. Sie kam sich vor wie ein durch blendende Scheinwerfer gelähmtes Reh. Ihr war, als sehe Arun Roy jede in ihrer Seele verborgene Demütigung, als wisse er von ihrer Verlassenheit, wenn sie ohne Hoffnung auf ihren Mann wartete, indes die Duftkerzen in ihren Gemächern in Tümpeln aus geschmolzenem Wachs verzischten und Chandni, das Gesicht von der Verzweiflung ihrer Herrin abgewandt, die verwelkten Blumen entfernte.

»Ich habe dich gefragt: Ist dein Mann gut zu dir, *Bai-sa*?«

Nun konnte Jaya die Tränen nicht mehr zurückhalten. Sie kämpfte gegen den Wunsch an, sich in den beigefarbenen Schal zu werfen und dem Anwalt zu erzählen, wie sie sich jeden Abend für die Liebe schmückte und jede Nacht verschmäht wurde.

Arun Roy lächelte. Er beugte sich vor und drückte seine Lippen leicht auf Jayas Mund. Sie erstarrte an der Statue, als sein Schnurrbart ihre Haut streifte, und der Klang einer Sitar tönte unnatürlich laut in ihren Ohren.

Noch lange, nachdem der Anwalt seine Schuhe ausgezogen hatte und in das Musikzimmer getreten war, stand Jaya an die Statue gedrückt und fühlte sich schuldig, eine Ehe gebrochen zu haben, die noch nicht vollzogen war.

Fünfunddreißigstes Kapitel

Prinz Pratap stand am Fuße der Treppe, seine Hand lag auf Kaiserin Victorias Marmorhaupt, als Jaya herabstieg. Sie war für das Kalkutta Derby so gekleidet, wie er es verlangt hatte. Ihr in Rot und Indigoblau gehaltener Sari spiegelte sich in den Glasaugen der wie sprungbereit geduckten Tiger.

Vor den Toren des »Royal Calcutta Turf Club« stauten sich die Autos. Rennprogrammverkäufer wichen den Clubwächtern aus, die sich ihnen mit erhobenen Schlagstökken näherten. Menschenmassen drängten sich auf den breiten Prachtstraßen in Richtung der Lattenzäune rings um die Rennbahn, wo Buchmacher auf Holzkisten standen; ihre Finger bewegten sich mit blitzartiger Geschwindigkeit, während sie Wetten annahmen und die wechselnden Chancen ausriefen.

Jungen schlugen an die Scheiben des Rolls-Royce und fuchtelten mit gelben Programmheften vor Prinz Prataps unbewegtem Gesicht herum, und aufgebrachte Chauffeure mühten sich, die Wagentüren aufzubekommen, um Fahrgäste in breiten Strohhüten und Straßenanzügen oder in Saris und Turbanen aussteigen zu lassen.

Nachdem auch sie den Rolls-Royce verlassen hatten, bugsierte Prinz Pratap Jaya durch das Eisentor, und der Lärm verminderte sich zu geziertem Gelächter. Ein gutgebauter älterer Herr mit ausladendem weißen Schnurrbart und einem blitzenden Diamanten in der Agraffe seines Turbans winkte ihnen zu. »Entschuldige mich, Prinzessin! Das ist der Maharadscha von Bikaner. Ich muß ihn begrüßen. Ich war in Europa und Amerika sein Adjutant.«

Prinz Pratap und der Maharadscha von Bikaner folgten einem französischen Jockey zur Koppel und sprachen begeistert auf französisch mit ihm über die Pferde von Sirpur, indes Lady Modi zu Jaya trat.

»Darling, du siehst einfach atemberaubend aus! Aber wie bist du auf Rot und Indigo gekommen?«

»Mein Mann wünscht, daß ich heute die Farben von Sirpur trage, Bapsy.«

»Aber Darling, du bist doch kein Jockey! Frauen sollten nur Farben tragen, die ihnen schmeicheln. Pratap gibt sich doch sonst nicht so traditionsbewußt.«

»Und nach dem Derby hat Maharadscha Victor die drei Vorsitzenden der Chamber of Princes zum Essen ins Haus Sirpur eingeladen: Bikaner, Alwar und Patiala.«

Lady Modis Augen weiteten sich. »Bikaner ist der interessanteste. Da, das ist er, der mit Pratap in der Koppel. Er vertrat Indien am Kriegsende bei der Unterzeichnung des Versailler Vertrages und dann bei der Eröffnungsfeier des Völkerbundes. Was Alwar betrifft, ihn haben sowohl die Engländer als auch Gandhi als den intelligentesten Herrscher Indiens bezeichnet, aber ich glaube, er ist verrückt geworden. Man hat mir erzählt, im Augenblick hält er sich für die Inkarnation des Helden Krischna.« Sie kniff schelmisch die braunen Augen zusammen. »Aber vor dem Maharadscha von Patiala mußt du dich in acht nehmen.« Sie tätschelte Jayas Hand. »Laß Maharadscha Patiala bloß nie, niemals wissen, daß du ihn attraktiv findest, Darling, sonst entführt er dich, wie er es mit der Tochter des Vizekönigs gemacht hat.«

Als Jaya ungläubig das Gesicht verzog, setzte Lady Modi energisch hinzu: »Es ist absolut wahr, Darling. Patiala hat die Tochter des Vizekönigs entführt und sie eine ganze Nacht in seinem Harem behalten. Natürlich hat er sie nicht angerührt, aber denk nur an den köstlichen Skandal! Und dann dieses skandalöse Kricketspiel. Patiala ist einer der besten Kricketspieler im ganzen Britischen Empire. Du kannst dir denken, wie großartig er in seiner weißen Kricketmontur aussieht, ein majestätischer, mit einem edelsteinbesetzten Turban gekrönter Riese von sechs Fuß, der einen winzigen Schläger in seinen riesigen Händen hält. Aber als er diesen Sommer den britischen Gouverneur zu einem Kricketspiel in seinem Sommerpalast einlud, trugen Patiala und alle seine Spieler lange viktorianische Gewänder, um die Engländer zu foppen. Regelrechte Damenkleider, Darling. Stell dir nur die bärtigen *sikhs* vor, wie sie über den Rasen des Chahil-Palastes von Simla rennen und ihre Säume heben wie eine Schar gezierter Engländerinnen! Bizarr, Darling. Das ist das einzig richtige Wort für ihn.«

»Aber der Maharadscha von Patiala ist in der Chamber of Princes eine führende Persönlichkeit. Mein Vater war bei den Geheimgesprächen zugegen, die er vor Jahren mit den Nationalisten in Patiala organisiert hat.«

»Aber natürlich! Man merkt es an seinem Auftreten, daß er keine Angst vor dem Empire hat. Aber nimm dich in acht! Er hat über fünfhundert Frauen in seinem Harem und die größte Pornographiesammlung der Welt. Nicht umsonst wird er Bhupinder der Prächtige genannt.«

Jaya folgte Lady Modi zur Sirpur-Tribüne. Auf den Bänken unter den Tribünenplätzen der indischen Fürsten saßen die britischen Kolonialbeamten steif und sich ihrer gegenseitigen Bedeutung bewußt, als hielten sie es für unerläßlich, die gemessene Würde des Britischen Empire vor den chaotischen Indern, die dem Kalkutta Derby zusahen, zur Schau zu stellen.

Hinter dem Areal für Mitglieder blätterten anglo-indische Männer in abgetragenen Anzügen in den Rennprogrammen. Die Kleider ihrer Frauen waren etwas zu farbenfroh und die Hüte etwas zu groß, um als Nachahmung ihrer imperialistischen Gebieter jenseits des Zaunes, der die Turf-Club-Mitglieder von dem öffentlichen Publikum trennte, gelten zu können.

Die Diener stellten einen silbernen Eiskübel mit einer Flasche Champagner vor Lady Modi hin. Jaya blickte über seine Schulter und sah eine Schar eleganter Anglo-Inderinnen sich einen Weg zum Zaun bahnen. Sie schüttelten sich vor Lachen und winkten zur Mitgliedertribüne hinauf. Zwei Engländerinnen, deren steife Haltung und mißbilligende Miene ihr hochmütiges Gehabe noch verschärften, rückten vom Zaun ab.

»Die Mädchen aus dem Bordell, Darling. Dies ist ihre allwöchentliche Unterhaltung. Mit Vorliebe machen sie ihre aufgeblasenen englischen Kunden in Gegenwart von deren feinen Gattinnen verlegen.«

Jaya griff nervös nach Lady Modis Arm. Prinz Pratap war auf dem Rasen von hübschen jungen Engländerinnen umringt.

»Das ist bloß die englische Fischereiflotte, Darling. Debütantinnen, denen es während der Londoner Saison nicht gelungen ist, sich einen Mann zu angeln, und die in der Wintersaison nach Kalkutta kommen, um sich einen Teeplantagenbesitzer oder einen schneidigen Offizier, der der jüngere Sohn einer angesehenen englischen Familie ist, zu schnappen. Die armen Schätzchen, sie sind dazu verdammt, *memsahibs* zu werden und sich als Ersatz für ihre Lederhaut und ihr enttäuschendes Leben rassisch überlegen zu fühlen. Sieh mal, da unten!«

Lady Modi wies diskret auf eine Frau, die auf die Tribünen zuging. Ihre schlanke Figur drückte sich deutlich unter dem cremefarbenen Chiffon ab, der bei jedem Schritt ihre Gliedmaßen umspielte.

»Das ist die Maharani von Kutch Behar – die vor ihrer Hochzeit ausgerissen ist.«

Jemand rief den Namen der Maharani, und diese drehte sich um. Große, von schweren Lidern beschattete Augen blickten träge um sich. Der kleine Mund schürzte sich leicht zum Gruß, dann war sie von Menschen umringt.

Prinz Pratap und Maharadscha Victor betraten die Tribüne. Maharadscha Victor setzte sich neben Jaya. »Die Sirpur-Farben passen gut zu dir, Prinzessin. Ich denke oft, du bist die einzige von uns, die weiß, wer sie ist.«

»Aber du bist der Maharadscha, *Hukam*. Du bist Sirpur.«

Er sah sie an. Jaya erschrak über das Unglück, das aus seinen Augen sprach. »Nur durch Geburt und die Duldung der englischen Krone, nicht weil ich glaube, daß ich ein Fürst bin. Ich spiele Theater, und Schauspieler sollten Schauspielerinnen heiraten dürfen.«

Die Pferde, die am Derby teilnahmen, sammelten sich auf der Bahn zum Start. Hinter der Rennbahn glitzerte die weiße Marmorkuppel des Victoria-Denkmals in der Nachmittagssonne. Die Lanzenreiter des Vizekönigs trabten in Viererreihen die Rennbahn entlang. Ihre scharlachroten Uniformen mit den goldenen Brustharnischen und goldroten Turbanen hoben sich leuchtend vor dem weißen Marmordenkmal der Königin Victoria ab. Die Menge wogte zu den Absperrungen, um die Ankunft des Vizekönigs von Indien zu sehen. Aus einer offenen Kutsche winkte der Repräsentant des King Emperor von Indien den Millionen Untertanen zu, die teilweise auf die Zäune geklettert waren, um besser sehen zu können.

Der Vizekönig schritt über den roten Teppich. Er blieb einen Moment stehen, um mit einem riesenhaften Mann und dessen Frau zu sprechen. »Der Aga Khan, Darling«, flüsterte Lady Modi. »Die Kinder seiner europäischen Frau dürfen den Titel erben. Aber ich nehme nicht an, daß der Aga Khan für das Britische Empire überhaupt zählt, er hat ja nicht einmal ein Land.«

Die Zigarettenspitze zeigte auf einen Mann in einem langen Mantel und mit einem steifen Hut auf dem Kopf. »Der Mann da, der Sohn des Maharadscha von Haiderabad, heiratet demnächst die Tochter des osmanischen Herrschers. Aber der arme alte Türke hat den Krieg verloren und sitzt jetzt in Südfrankreich, während der Aga Khan alle Aufmerksamkeit auf sich zieht.«

In der Ferne krachte der Startschuß. Ein Gebrüll erhob sich von den Leuten, die sich an die weißen Zäune drückten, als die Pferde Staub aufwirbelnd an ihnen vorbei galoppierten. Jaya hob ihr Fernglas an die Augen. Das Pferd des Aga Khan, das des Maharadschas von Rajpipla und das des Maharadschas von Gwalior liefen Kopf an Kopf, als sie in die Kurve gingen. Eine Länge hinter den Spitzenreitern sah Jaya die rot-blauen Karos Sirpurs. Der französische Jockey hieb mit der flachen Hand auf sein Pferd ein, getreu dem Verbot des Maharadschas, bei den Sirpur-Pferden die Peitsche zu benutzen. Dreihundert Fuß vor der Ziellinie holte das Pferd von Sirpur auf. Jaya hielt den Atem an, als das Pferd vorpreschte. Sie betete, die Göttin möge ihm die Kraft zum Sieg verleihen und ihren Mann überzeugen, daß sie seiner Familie Glück bringe. Nur wenige Fuß vor dem Ziel setzte sich das Sirpur-Pferd um eine Nasenlänge vor die anderen, und so donnerten sie am Zielpfosten vorbei.

Die Nummern der Siegerpferde erschienen auf dem schwarzweißen Totalisator hinter dem Zielpfosten. Die Buchmacher konnten sich vor Wettscheinen kaum noch retten. Die Leute rannten die Tribüne hinauf, um den Sirpur-Brüdern zu gratulieren. Prinz Pratap erhob sich träge. »Komm, Prinzessin! Victor möchte, daß du das Pferd zur Ehrenrunde führst. Er denkt, wir haben es geschafft, weil du die Farben von Sirpur trägst.«

Maharadscha Victor reichte Jaya einen Zügel des Siegerpferdes. Beifall brandete auf den Bänken auf, als sie es über den Kiesweg führte. Der Wind drückte ihre Haare wie eine schwarze Welle gegen das schweißglänzende Pferd. »Du wirkst Wunder für unseren lädierten Ruf, Prinzessin«, bemerkte Prinz Pratap.

Im Turf-Club-Restaurant hatte das Personal von Sirpur schon die Champagnerkühler auf den reservierten Tisch gestellt. Lady Modi lief die Treppe hinauf. »Darling, Indira Kutch-Behar sagt, du seist das schönste Wesen, das sie je gesehen hat. Stell dir vor, Pratap, sie hätte auf dich gehört und sich die wundervollen Haare abschneiden lassen!«

Immer mehr Leute kamen an ihren Tisch. Prinz Prataps Stimmung besserte sich, je öfter ihm Glückwünsche zu seiner schönen Frau ins Ohr geflüstert wurden. Er ließ seine Hand auf ihrem Arm und schien jeden ihrer Gedanken zu lesen, so daß auf einen winzigen Wink von ihm ein Diener eilends weglief, um Jayas Schal zu holen, oder ein mit einem Kummerbund angetaner Clubdiener ihr Glas wieder füllte. Prataps laszive Fürsorglichkeit ließ Jaya dahinschmelzen, und sie schöpfte Hoffnung, daß der Scheinzustand, der ihre Ehe bestimmt hatte, nun enden würde.

Die Hoffnung steigerte sich, als er besitzergreifend einen Arm um ihre Schultern gelegt hielt, während sie bei der Pferdeauktion auf der Koppel standen. Sie wurde fast zur Gewißheit, als er sie zum Bieten ermunterte. Aber als Jaya ihm dankte, sah sie die schrägen Augen, die wegen des aus seiner Zigarette aufsteigenden Rauchs halb geschlossen waren, jemanden hinter ihr betrachten.

Jaya blickte über die Schulter. Die anglo-indische Tänzerin Esme Moore winkte ihrem Mann zu. Prinz Pratap hatte immer noch seinen Arm um Jayas Schulter gelegt. Sie biß die Zähne zusammen, so sehr mußte sie sich anstrengen, sich ihm nicht zu entziehen.

Während sie wartete, daß Chandni ihr Bad bereitete, durchlebte Jaya ihre jüngste Demütigung noch einmal, die schlimmer war als alle anderen, weil sie sich hatte zu dem Glauben verleiten lassen, Prinz Pratap wolle sie endlich als seine Frau anerkennen.

Sie holte den Zeitungsausschnitt von Mrs. Roy hervor und las noch einmal den qualvollen Brief der anonymen Prinzessin. Sie dachte an die hohen Mitgiftzahlungen, die ihr Mann verlangt hatte, ehe er sich bereitfand, sie zu heiraten, an seine Kränkungen bei ihrer ersten Begegnung, an die aufreibenden Monate, in denen sie sich verwandelt hatte, um seine Gunst zu gewinnen, nur um ihre Bemühungen durch eine Parade von Frauen, deren Gesellschaft er der ihren vorzog, verhöhnt zu sehen.

Sir Akbar hatte angedeutet, welche Macht sie besitzen könnte. Zunächst hatte sie die Andeutung des Premierministers von Sirpur, daß ihre traditionelle Heirat ein Machtbündnis war, nicht verstanden. Nachdem sie gebadet und sich geschworen hatte, sich auf irgendeine Weise für die ihr angetane Schmach an ihrem Mann zu rächen, betrat sie die *Durbar*-Halle, um Maharadscha Victors fürstliche Gäste zu begrüßen.

Ein schlanker Mann betrat den Saal mit der Lässigkeit eines Sportlers, eine Nachbildung der Krone des Helden Krischna auf seinem Turban. Jaya verneigte sich vor dem Maharadscha von Alwar, dessen Hände in weißen Handschuhen steckten. Hinter ihm füllte ein gewaltiger *sikh* die ganze Türöffnung, so daß aus dem Flur dahinter fast kein Licht mehr hereinfiel. Noch bevor der Adjutant die Verlesung seiner Titel beendet hatte, wußte Jaya, daß dies der Maharadscha von Patiala war. Diesem folgte Maharadscha Ganga Singh von Bikaner.

Als Jaya die Füße des Rajput-Fürsten von Patiala berührte, der die Herrscher Indiens am Ende des Weltkrieges in Versailles vertreten hatte, sah sie Prinz Pratap den Erben des Thrones von Kaschmir, den rundlichen Hari Singh, umarmen. Federchen von Dungra stand bei ihnen. Jaya verbeugte sich vor den versammelten Herrschern und zog sich auf die Veranda zurück. Durch die geöffneten Glastüren hörte sie die Herrscher Trinksprüche auf den Sieger des Kalkutta Derby ausbringen.

Maharadscha Victor verneigte sich. »Es ist eine große Ehre, das Derby zu gewinnen. Aber noch eine größere Ehre ist es, die Häupter der Chamber of Princes in meinem Hause zu haben.«

»Ich frage mich, wie lange die Chamber uns erhalten bleibt, wenn wir das Britische Empire weiterhin so provozieren.« Der *Sikh*-Maharadscha überragte die Heldenkrone auf dem Turban des Maharadschas von Alwar. »Ist es klug, den King Emperor zu beleidigen, indem man Handschuhe trägt, wenn man mit ihm zusammentrifft?«

»Klüger, als die Tochter des Vizekönigs zu entführen«, versetzte Alwar. Der bärtige Hüne lachte, ein volles, warmes Lachen, das aus seinem massigen Leib emporschwoll und durch den gezwirbelten Bart gluckste, indes der Maharadscha von Alwar seine Handschuhe straffzog. »Nun ja, was macht das schon? Sie sind schließlich beide Unberührbare. König Georg hat Verständnis für meine Abneigung, ihn anzufassen. Er läßt sogar Ledermöbel aus dem Zimmer entfernen, wenn er mich im Buckingham-Palast empfängt, weil er weiß, daß Hindu-Herrschern Rinderhäute verhaßt sind.«

Der Maharadscha von Bikaner strich mit langen Fingern seinen ausladenden weißen Schnurrbart. »Ob die Engländer Unberührbare sind oder nicht, ist von geringer Bedeutung. Aber die Macht des Britischen Empire ist von überragender Wichtigkeit. Daran werden Handschuhe und entführte Mädchen nichts ändern.«

Jaya erkannte, daß diese Herrscher genauso hilflos waren wie sie, nur daß deren Selbstachtung statt an einen Ehemann an ein Empire verpfändet war.

»Es liegt an uns, die Chamber of Princes, jene Bestechung des Britischen Empire, in eine Waffe zum Schutz unserer Interessen zu verwandeln«, erwiderte der Maharadscha von Patiala. »Und wir müssen uns enger mit den Nationalisten verbinden. Wir sind schließlich Inder und keine Engländer.«

»Wir sind weder noch, *Hukam*. Wir sind regierende Fürsten. Warum sollen wir unsere Abhängigkeit vom Britischen Empire gegen die Abhängigkeit von den Nationalisten eintauschen, wenn sie uns in ihren Zeitungen verunglimpfen, ohne die finanzielle und moralische Unterstützung zu erwähnen, die wir ihnen gewährt und mit der wir unsere Herrschaft einer großen Gefahr ausgesetzt haben?«

Maharadscha Victor unterbrach sanft des Maharadschas von Alwar leidenschaftlichen Ausbruch. »Und selbst wenn wir uns innerhalb der Chamber of Princes rechtfertigen, kann das restliche Indien uns nicht hören, weil das Empire darauf besteht, daß unsere Beratungen geheim bleiben.«

Die Tür ging auf. Eine Gruppe Männer stand in dem Lichtkegel, der vom Kronleuchter in den marmornen Flur fiel. Der Maharadscha von Bikaner führte den erstaunten Maharadscha Victor zu ihnen. »Ich habe einige nationalistische Führer zu uns gebeten, Victor. Ich bin überzeugt, daß dich interessieren wird, was sie zu sagen haben.«

Als die Leute näher kamen, stellte Jaya überrascht fest, daß sie die meisten Leute schon bei Mrs. Roy gesehen hatte. Der Dichter Tagore lächelte unter seinem weißen Bart dem adlernasigen Rechtsanwalt Sapru zu. Dahinter stand Arun Roy und rückte den beigefarbenen Schal auf seinen Schultern zurecht. Sie errötete auf der dunklen Veranda, als sie daran dachte, wie seine Lippen die ihren berührt hatten.

Der Maharadscha von Alwar gesellte sich zu ihnen. »Meine Herren, wie wir hören, seid ihr im Begriff, eine Resolution zur Unterstützung der Revolution in den indischen Fürstentümern zu verabschieden?«

Sapru, der aristokratische Anwalt, begegnete des Maharadschas von Anwar Zorn. »Wir haben euch gewarnt, als wir uns vor sieben Jahren heimlich in Patiala trafen, daß wir für die Verbesserung der Lebensbedingungen aller Inder kämpfen, nicht nur für die Befreiung von der britischen Oberhoheit. Wir haben euch damals gesagt, daß wir eine parlamentarische Regierung haben müssen. Eure persönlichen Ausgaben müssen kontrolliert werden. Eure Gerichte und eure Zeitungen müssen von jeder Einmischung frei sein. Euer Volk hat jetzt begonnen, diese Grundrechte zu fordern, ihr aber werft die Leute ins Gefängnis oder konfisziert ihren Besitz.«

»Handelt ihr Nationalisten überlegter als wir, meine Herren?« fragte der hochgewachsene Maharadscha von Patiala zynisch, indem er Sapru von oben ansah. »Eure ach so gewaltlosen Massen haben diejenigen, die den Prinzen von Wales in Bombay nicht boykottierten, angegriffen und sogar manche getötet.«

Tagore, der sanfte Intellektuelle, der das Gewissen des indischen Nationalismus war, bewegte sich nun auf den Kreis der heftig streitenden Männer zu. »Kommt, Hoheiten! Wir könnten das Britische Empire in die Knie zwingen, wenn unsere Versammlungen und eure Chamber of Princes in einer Interessenföderation vereint wären. Anstatt einander zu bekämpfen, sollten wir eine Föderation gründen, die uns von der Fremdherrschaft befreit.«

Der Maharadscha von Bikaner warf ihm einen dankbaren Blick zu. »Das versuchen wir ja. Aber es gibt mehr als fünfhundert vom Britischen Empire anerkannte Fürstentümer. Einige leben immer noch wie im zehnten Jahrhundert und werden sich allen Reformvorschlägen widersetzen. Ihr müßt Geduld mit uns haben und eure Demagogen mäßigen, so wie wir uns bemühen wollen, uns zu mäßigen.«

Der Mund unter des Maharadschas von Bikaner ausladendem weißen Schnurrbart formte sich zu einem müden Lächeln. Der Dichter seufzte unter seinem Bart, der ebenso weiß war wie der des Maharadschas. »Zwei Dinge schüren die Demagogie in Indien, Hoheiten: die Religionen und ein schlechtverdauter Idealismus. Laßt uns auf den Rat der Vernunft bauen, sonst gehen wir alle zugrunde!«

Die breiten Türen an der Seite des Saales gingen auf, und die Sirpur-Bediensteten verneigten sich so tief, daß ihre Hände fast den Boden berührten. Unter Beachtung der Rangordnung, die ihnen die Anzahl der Salutschüsse des Britischen Empire zudiktierte, schritten die Fürsten an den Dienern vorbei in den Bankettsaal. Die Nationalisten folgten ihnen höflich.

Prinz Pratap wandte sich an die Erben von Kaschmir und Dungra, als die Herrscher und die Nationalisten durch die Türen verschwunden waren. »Das ganze Gerede führt zu nichts. Was wirklich zählt ist Geld. Wenn ihr genug Geld habt, könnt ihr beide zufriedenstellen, das Britische Empire und die Nationalisten.«

Hari Singh von Kaschmir klopfte ihm zustimmend auf die Schulter. »Und zudem die Bedürfnisse auch der anspruchsvollsten Freundinnen befriedigen.«

Auf der Veranda wurde Jaya zornesrot, als sie daran dachte, mit welchen Summen Prinz Pratap die anglo-indische Tänzerin überschüttet haben mußte.

Sechsunddreißigstes Kapitel

Der Premierminister und der britische Resident warteten im Stadtpalast, um dem Maharadscha den Staatsetat für das neue Jahr vorzulegen. Sir Akbar und Sir Henry Conroy waren unerbittlich: Die Mittel reichten für eine Auslandsreise von Prinz Pratap nicht aus. Der Etat hatte ergeben, daß die Visite des Prinzen von Wales die Schatzkammer von Sirpur in gefährlichem Maße geschröpft hatte.

Prinz Pratap mußte also wütend zusehen, wie Maharadscha Victor sich eines Tages allein nach Europa einschiffte. Die ständigen Vorhaltungen des Premierministers über den desolaten Zustand der Schatzkammer führten dazu, daß Prinz Pratap, sooft er konnte, nach Kalkutta entfloh. Jaya fragte sich, ob sie ihm trotz Federchen von Dungras Warnung von ihrem Privatvermögen erzählen sollte. Ihre großmütige Anwandlung verging jedoch, als sie erfuhr, daß ihr Mann die Tänzerin Esme Moore besuchte.

Bis zum Winter war Prinz Prataps Kredit bei den Banken von Kalkutta erschöpft. Als er schließlich nach Sirpur zurückkehrte, wies er Jaya an, sich auf eine Reise vorzubereiten. »Diese verdammten Esel von Bankiers verlangen, ich soll Schmuck verkaufen wie ein gewöhnlicher Krämer. Mir bleibt nichts anderes übrig, als nach dem faden alten Balmer zu fahren und Maharadscha John um einen Vorschuß auf deine Mitgiftzahlung zu bitten.«

Jaya stand am Fenstergitter, als der Zug in die große Wüste hineinfuhr, die Wohnstatt des Todes. Glimmer glitzerte wie Glassplitter im Sand. Steppengras wogte vor zerbröckelnden Marmorkuppeln, in der Ferne zog eine Kamelkarawane vorüber. Jaya gedachte der harten Strafen, die ihrem Volk durch die Wüste auferlegt wurden, und sie sagte sich, daß sie aus diesem Grund zu einer Ausdauer erzogen worden war, die ihren Mann noch immer besiegen konnte.

Dann rumpelte der Rolls-Royce die Festungswälle hinan, die zum *zenana* führten. Die *baran* und die *Purdah*-Damen warteten hinter den durchbrochenen Mauern. Jaya beantwortete ihre sich überstürzenden Fragen und verzieh ihnen die Furcht, die dazu geführt hatte, daß sie sie nach dem Tod ihres Vaters in Balmer fast wie eine Gefangene behandelt hatten. Von dem Augenblick an, als sie Balmer im verspiegelten Brautgefährt verlassen hatte, hatte sie selbst die hilflose Abhängigkeit erlebt, die das Dasein dieser Frauen beherrschte.

Im Tempel der Maharanis von Balmer umkreisten die Frauen Jayas Kopf mit Opfergaben für die Göttin und intonierten glückbringende Mantras, indes Rani Man Singh ihr Süßigkeiten in den Mund schob. Jaya wandte die Augen ab. Sie versuchte, nicht daran zu denken, wie unsanft Rani Man Singh ihr bei ihrer Vermählung die Elfenbeinreifen über die Handgelenke geschoben hatte.

Sobald die *puja* verrichtet war, eröffnete Jaya Rani Man Singh, daß sie in die Konkubinenunterkunft gehen wolle, um die alte Kuki-bai zu besuchen.

»Das kommt nicht in Frage, *Bai-sa!* Es wäre eine Beleidigung des Maharadschas.«

Ohne sich umzuwenden, ging Jaya den Weg entlang. Die erschrockenen *Purdáh*-Damen machten Platz, damit Chandni ihr folgen konnte. »Manchmal bist du schon genau wie deine Mutter, *Bai-sa.*« Chandnis Stimme hallte auf der Steintreppe, die zur unteren Festung führte. Jaya wurde von Sehnsucht nach der Maharani durchdrungen, als sie den Duft von Getreide und Gemüse einatmete, der aus den verriegelten Vorratskammern drang.

Die hohen Holztüren des Harems schwangen auf und gaben den Blick auf die gewölbten Türöffnungen frei, in denen sich weißhaarige Frauen drängten. Jaya erwiderte ihre Grüße. Sie war nicht sicher, ob das flackernde Licht der Öllampen die Frauen dünner und schmutziger erscheinen ließ als damals. Dann streichelten Kuki-bais gefärbte Hände ihr Gesicht, und sie war von den vertrauten, nach Nelken duftenden Kleidern umhüllt.

Sie folgte Kuki-bai durch die verlassenen bemalten Höfe. Als sie vor dem achteckigen Raum ankamen, in dem die jungen Konkubinen im parfümierten Wasser geplanscht und sich die Haare auf den Malachitterrassen getrocknet hatten, drang ein muffiger Geruch durch die offene Tür. Eine dicke Staubschicht bedeckte die grünen Terrassen, aus dem Bassin war das Wasser abgelassen, und auf dem Beckenboden lagen zerbrochene Kacheln.

»Maharadscha John hat die Konkubinen freigelassen. Er befahl ihnen, ihren ganzen Schmuck und Besitz zurückzugeben und nach Hause zu gehen. Die meisten von ihnen waren während der Hungersnot als Babys vor dem *zenana* ausgesetzt worden und hatten gar keine Familie.« Kuki-bais Stimme hallte in dem verlassenen Raum. »Sie haben ihn angefleht, bleiben zu dürfen. Er hat sie trotzdem hinausgeworfen. Jetzt verkaufen sie sich in den Basaren an Betrunkene, die mit der Frau eines Fürsten schlafen wollen.«

Kuki-bai führte Jaya in eine kleine Kammer mit einer hölzernen Bettstatt in einer Ecke. »Hier wohne ich.« Jaya lehnte sich an die feuchte Mauer und dachte an Kuki-bais bemalte Gemächer im *zenana*, an das silberne Bett mit den Glöckchen, die klingelten, wenn der Wind durch die Vetivergraswände wehte. Kuki-bai ließ sich schwerfällig auf der Bettstatt nieder und zog ihre kleinen gefärbten Füße unter sich. »Wenigstens konnte der *rai guru* Maharadscha John überreden, aus Furcht vor dem Zorn des Volkes die älteren Konkubinen hier zu dulden. Aber wir sind jetzt nur ein Haufen lästige alte Weiber, *Bai-sa*, die auf den Tod warten, damit unser fortschrittlicher Maharadscha den Vorhang vor die Geschichte ziehen kann.«

Jaya nahm die Hände der alten Konkubine und wandte die Augen von der Kopfhaut, die unter den spärlichen weißen Haaren sichtbar war. Kuki-bai entzog ihr unwillig die Hände und lehnte sich an ihr ramponiertes Polster. »Denkst du, diese Thronräuber können mich bezwingen? Mich, die ich auf den Stoßzähnen eines Elefanten getanzt habe, der den Löwen von Balmer trug? Und jetzt sag mir, Kind, läßt dein Mann ein so schönes Mädchen jemals in Frieden?«

Jaya starrte die Wände an und tat, als habe sie Kuki-bai nicht gehört. Aber die alte Konkubine ließ sich nicht täuschen. Sie beugte sich besorgt vor. »Ist dein Mann zu anspruchsvoll, Kind?«

»Er rührt mich nicht an.« Als Kuki-bai nichts erwiderte, schrie Jaya: »Verstehst du? Ich bin ihm zuwider. Er rührt mich nicht an.« Die Demütigungen der letzten fünf Jahre explodierten in ihr, als sie ihre Pein in den parfümierten Rock hineinschluchzte.

Kuki-bai sagte nichts, bis Jayas leidenschaftlicher Ausbruch sich erschöpft hatte. Dann trocknete sie mit ihrem Schleier sachte die Tränen der jungen Frau. »Dein Mann wird zu dir kommen. Du wirst ihm einen Sohn gebären. So steht es in deinem Geburtshoroskop geschrieben.« Sie fuhr mit den Fingern durch die langen Haare, die wirr um Jayas Schultern hingen. »Vielleicht sehen wir uns nie wieder, mein Kind, also denk an meine Worte!«

Jaya schämte sich, daß sie die Beherrschung verloren hatte. Sie nahm die kleine Frau zärtlich in die Arme, als umfasse sie einen seltenen Schatz. »Natürlich sehen wir uns wieder.«

Kuki-bai schüttelte den Kopf. »Ich glaube nicht, daß es der Wille der Göttin ist. Aber wenn dein Mut dich zu verlassen droht, Kind, dann denk daran, daß das Blut des Löwen von Balmer in deinen Adern fließt. Und jetzt geh, bevor Rani Man Singh das *zenana* ihre Eifersucht spüren läßt.«

Jaya betrachtete beim Verlassen der Kammer die verwelkte alte Konkubine, und sie sah Kuki-bai vor sich, wie sie einst auf Motis Stoßzähnen balancierte und vor den entzückten Kindern mit ihren bemalten Händen magisch die Kriegerbewegungen vollführte.

Aus Furcht, die schwierigen Verhandlungen ihres Mannes durch ihre Anwesenheit zu gefährden, verbrachte Jaya den Tag damit, daß sie alleine über das Festungsgelände ritt. Die *mahout* begrüßten sie überschwenglich, und als sie Moti aus der Hand mit Rohrzucker fütterte, wand der alte Elefant seinen Rüssel um sie und hob sie empor. Hoch in der Luft schwebend sah sie, daß Tikkas hölzerner Kricketpavillon noch unterhalb des runden Turmes stand.

Am Tiergarten der Festung stieg sie ab und lehnte sich an den Zaun. Sie hörte die Schreie der Pfauen, als ein Tiger hinter einem Busch hervorkam, um sich auf einem Findling zu sonnen. Das plötzliche Geklapper von Pferdehufen beunruhigte die Raubkatze, und sie verzog sich. Ein Lanzenreiter galoppierte herbei und bedeutete ihr zu folgen. Erstaunt über sein verschwörerisches Verhalten ritt Jaya hinter ihm her zum Festungstempel.

Der *rai guru* kam aus dem Tempel, sein schmuckloses Gewand war flecken- und faltenlos, sein schmales Gesicht verriet beinahe Freude. Er ging mit ihr in den inneren Tempel, wo sie einst mit Tikkas Schwert in den zitternden Händen gestanden hatte. Major Vir Singh saß kreuzbeinig auf dem Steinboden. Sein gewichster Schnurrbart zitterte vor Vergnügen. »Wie wir hören, bist du unter die Polospieler gegangen, *Bai-sa*. Hoffentlich blamierst du mich nicht vor deinem Mann.«

Jaya blickte verlegen zu Boden. »Du verstehst nicht, Major-*Sahib*. Es war eine schwierige Situation, es war ...«

»›Rajniti‹, *Bai-sa*?« fragte der *rai guru* in seinem heiseren Flüsterton.

Jaya sah überrascht auf. »Das hat der Premierminister von Sirpur auch gemeint.«

»Das ›Rajniti‹ beherrscht unser aller Denken in diesen Tagen. Hast du gewußt, daß Major Vir Singh wenige Tage, nachdem du Balmer als Braut verlassen hast, als Kommandeur der Balmer-Lanzenreiter entlassen wurde? Und daß ich unter ständiger Beobachtung stehe?«

»Aber das ist unmöglich! Du bist der Lehrer der Fürsten von Balmer. Du bist die höchste Autorität in Balmer.«

»Du hast deine erste Lektion vergessen, *Bai-sa*. Das Volk ist die höchste Autorität im Lande, und ihm muß der Fürst dienen. Ein von fünf Dorfältesten gefaßter Beschluß kann die von einem Fürsten erlassenen Gesetze überstimmen.

So ist es immer gewesen, bis die Fürsten sich ihrer Macht beim Britischen Empire versicherten statt bei ihrem Volk.«

Major Vir Singh zupfte an seinem Schnurrbart. Die gewachsten Haare schnellten auf seine Wange zurück. »Erinnerst du dich, wie dein Vater eine Versammlung für die Dorfältesten abhielt und sie bedrängte, Abgeordnete zu entsenden? Jetzt sind diese Versammlungen abgeschafft. Das Wissenschaftskolleg deines Vaters ist geschlossen, Balmers Zeitungen sind verboten. Maharadscha John unterdrückt das Volk. Jede Stimme, die sich zum Protest erhebt, wird mit Gefängnis und Beschlagnahme des Besitzes zum Schweigen gebracht.«

»Der Maharadscha hat sein *dharma* als Diener des Volkes entheiligt. Deshalb muß das Volk sein *dharma* selbst erfüllen. Es muß sich selbst dienen.«

Major Vir Singh unterbrach das zornige Flüstern des *raj guru*. »In allen indischen Fürstentümern bilden unzufriedene Untertanen Volksräte. Der *raj guru* und ich sind die Führer des Volksrates in Balmer.«

»Die Volksräte müssen jetzt die vier Stützen der Fürstenwürde übernehmen. Sag, *Bai-sa*, kannst du sie noch aufsagen?« fragte der *raj guru*.

»Erstens: Ein Fürst muß seinem Volk dienen. Zweitens: Er muß für das Wohlergehen seines Volkes sorgen. Drittens: Er muß in der Bestrafung von Ungerechtigkeit unerbittlich sein. Viertens: Er muß Verträge und Bündnisse zum Wohle des Fürstentums schließen.«

»Hoffen wir, daß die Volksräte, die sich in ganz Indien bilden, sich nicht durch Skandale und Intrigen von der Wahrnehmung ihrer Aufgaben ablenken lassen«, sagte der *raj guru*.

Major Vir Singh erhob sich. »Wir haben die *bai-sa* zu lange aufgehalten. Der Abendempfang beim Maharadscha beginnt jeden Augenblick, und ihr Fehlen wird auffallen.«

Jaya berührte die Füße des *raj guru* und folgte Major Vir

Singh ins Freie. Dieser verschränkte die Hände, um Jaya in den Sattel zu helfen. »Übrigens, Tikkas Freund, der Engländer, ißt jedesmal bei mir zu Hause, wenn er in Balmer zu tun hat.«

»Ist James Osborne ein guter Offizier, Major-*Sahib*?«

Major Vir Singh lächelte. »Er ist ein ausgezeichneter Reiter und ein ehrenhafter Mann. Wenn man ihm einen Turban aufsetzte und ein Schwert in die Hand gäbe, könnte er fast als ein Rajput durchgehen.«

»Das haben die *Purdah*-Damen auch immer gesagt, Major-*Sahib*, aber sie dachten, es liege an der Farbe seiner Wimpern.«

Im äußeren Hof des Forts Balmer hatten sich die Leute schon zur abendlichen Unterhaltung niedergelassen. Prinz Pratap schenkte Jaya ein triumphierendes Lächeln, als sie sich neben ihn setzte. »Wir haben es geschafft, Prinzessin. Im Sommer werden wir in London sein.«

An derselben Stelle, wo Jayas Hochzeitspavillon gestanden hatte, saß nun Maharadscha John statt auf dem schlichten, traditionellen *gaddi* auf einem reichverzierten silbernen Sessel mit rotem Samtpolster. Den Fuß hatte er wie ein Europäer auf einen gepolsterten Schemel gelegt. Keine Teppiche waren auf den gelben Steinplatten im Hof ausgebreitet. Die Edelleute von Balmer saßen auf vergoldeten Stühlen.

Die Außenmauern des *zenana* glitzerten im Licht der neuen Gaslampen, aber es fehlten die bunten Wandgemälde der Volkskünstler, die Jaya über die Veränderungen im Fürstentum unterrichtet hätten können, seit sie vor fünf Jahren fortgegangen war. Die Mauern waren jetzt mit einer glänzenden grünen Farbe gestrichen, die das Licht auf die Schutzwälle zurückwarf, und die zischenden Gasflammen in den Zylindern gaben dem alten Hof das Gepräge eines verlassenen städtischen Basars. Jaya taten die Veränderungen in der Festung ihres Vaters in der Seele weh, und sie wünschte, sie wäre nicht nach Balmer zurückgekehrt. Sie hätte dann nicht mitansehen müssen, wie die Welt ihrer Kindheit zerstört worden war und wie die Säulen der Regierung ihres Vaters nun das Volk gegen seinen Herrscher anführten.

Jaya sah den Sängern zu, die behende einen Bambusrahmen für ihre Stoffgemälde aufstellten. Sie fürchtete, daß Mrs. Roys Warnung zu spät gekommen war und sie schon nicht mehr genau wußte, wer sie war oder wohin sie gehörte.

Eine Schar Musikanten tänzelte durch das Tor; ihr Silberschmuck glitzerte im Licht der Gaslampen. Ein alter Mann, den weißen Bart über die schmalen Schultern nach hinten geworfen, im weit offenstehenden Rock, der den Dolch sehen ließ, den er sich umgebunden hatte, trat vor und deklamierte:

>>Königin Puschpawati.
Die größte Königin Indiens.
Berühmt für ihre Tapferkeit mit dem Schwert.
Die den Bogen fast so gut spannen konnte
wie ein Mann.
Die an der Seite ihres Gemahls ritt
und den Gepard jagte.<<

Im Lichte der Gaslampen wechselten die Rollbilder. Jaya schloß die Augen und stellte sich vor, sie sitze mit Tikka vor Maharadscha Jai Singh und der Maharani auf einem Teppich.

>>Somit gebar Königin Puschpawati den Sohn der Sonne.<<

Trommelschläge ertönten, als der Alte im Verein mit anderen Sängern die Kindheit des Königskindes vortrug. Und Jaya fragte sich, ob Kuki-bai recht hatte, ob sie je ein Kind von dem Mann haben würde, der neben ihr döste.

Siebenunddreißigstes Kapitel

Als die Abreise nach London näher rückte, fürchtete Jaya, eine dämonische Macht könne diejenigen vernichten, die sich zu eng mit dem Westen verbanden. Sie fastete deshalb und verrichtete ihre ausgedehnten *puja* mit neuer Inbrunst in der Hoffnung, daß Frömmigkeit sie vor den Schrecknissen der Überquerung der finsteren Wasser beschützen würde.

Lady Modi erschrak über Jayas Aussehen. »Darling, niemand hat mir telegraphiert, daß du krank warst. Oder erwartest du ein Kind?«

Jaya umarmte das Gewirr von Perlen und springenden Hunden und versicherte Lady Modi, sie sei kerngesund.

Lady Modi zog Jaya auf ein Sofa. »Also Darling, ich will ja nicht grausam sein, aber du siehst einfach zum Fürchten aus. Alles fährt in dieser Saison nach London zur großen Empire Exhibition. Weißt du eigentlich, daß du den Ruf zu verteidigen hast, eine schöne Frau zu sein?«

Wütend schüttete Jaya den Wermut für Lady Modis Cocktail in die Rosensträucher. »Gesellschaften, Eindruck machen. Das ist anscheinend alles, was dich und meinen Mann interessiert, Bapsy.«

»Du möchtest wohl am liebsten mit einer Lanze in der Hand in die Schlacht reiten? Laß den sentimentalen Quatsch und sieh den Tatsachen ins Gesicht, Darling! Die Ära der Kriegerfürsten ist vor einem halben Jahrhundert zu Ende gegangen. Hast du dich nie gefragt, warum die meisten Führer der Nationalisten Rechtsanwälte sind? Wir leben im Zeitalter der Verhandlungen, nicht des Heldentums, Darling.«

Lady Modi steckte eine Zigarette in ihre Spitze, und die Luft füllte sich mit würzigem Qualm von türkischem Tabak. »Ich wette, du hast es versäumt, dir etwas Besonderes für deine Vorstellung bei Kaiser Georg und Königin Mary machen zu lassen.«

Bekümmert folgte Jaya der zierlichen Frau von einem Schrank zum anderen; Lady Modi verwarf die zahlreichen Saris als ungeeignet. Schließlich hielt sie einen gold und grün durchwirkten Stoff in die Höhe. »Ich denke, in Verbindung mit den Sirpur-Diamanten macht sich das gut. So, und welche Farbe sollten deine Handschuhe haben?« Sie sah Jaya streng an. »Du kannst nicht umhin, bei der Vorstellung bei Hofe Handschuhe zu tragen, Darling. Und Gräfin Skorkov soll dir den Hofknicks beibringen. Ich muß mich unbedingt erkundigen, ob du ein Diadem tragen mußt, und falls ja, eins bei Cartier in Auftrag geben, damit es fertig wird, bevor ihr ankommt.«

»Warum muß ich ein Diadem tragen und knicksen? Bei unseren Versammlungen werden sogar Stammesleute in Tierfellen mit Respekt behandelt.«

»Ach, Darling!« Lady Modi ließ sich in die sich bauschenden Saris fallen, und die Dienerinnen, die von alldem nichts verstanden, stimmten in ihr angestrengtes Gelächter ein. »Ich kann mir nicht vorstellen, was Kaiser Georg und Königin Mary tun würden, wenn sie sich jemandem im Lendenschurz gegenübersähen. Auf der Stelle tot umfallen, nehme ich an.«

Auch nachdem Lady Modi abgereist war, wurde Jaya in Form von Briefchen auf parfümiertem Papier mit Ratschlägen überschüttet, die Anweisungen in letzter Minute enthielten.

Chandni zeigte sich über die Vorbereitungen erstaunt. »So viel Aufwand für diese Unberührbaren, *Hukam?*«

»Benütz nicht immer dieses Wort, Chandni! In London könnte jemand verstehen, was du sagst.«

Chandni schrie auf und zog sich den Schleier übers Gesicht. »Ich bitte dich, nimm mich nicht mit nach London, *Hukam!* Die Engländer werden mich vergiften. Wenn Maharadschas durch die Berührung der Engländer unrein werden können, wie soll es dann mir, einer armen Dienerin, im Land dieser Schamlosen ergehen?«

Am Ende ließ sich Chandni überreden, ihre Herrin zu begleiten, sofern sie eine ausreichende Menge Ganges-Wasser mitführten. Annie packte Tanzplatten zwischen dicke Pappdeckel, damit Jaya auf dem Schiff weiter Tango üben könne, während Chandni sich geweihtes Garn gegen den bösen Blick der Ausländer ums Handgelenk winden wollte. So bestiegen, jede in ihre eigenen aufgewühlten Gedanken vertieft, Jaya und ihr Gefolge den Zug nach Bombay.

Die feuchte Meeresbrise trug den Passagieren, die Papierbänder von den Decks flattern ließen, den Geruch von Pflanzen und Abwässern zu. Am Kai starrten Chandni und die anderen Dienerinnen ehrfürchtig auf das Linienschiff der P. & O.-Schiffahrtsgesellschaft, das über ihnen aufragte, bis Prinz Pratap in die Hände klatschte und sie gemeinsam an Deck gingen. Dort stellten sie sich hastig hinter den Adjutanten an die Reling, von wo aus sie ebenso erstaunt auf die Menschenmenge herabblickten, wie sie zuvor zu dem Schiff emporgesehen hatten.
Eine Schiffskapelle in weißen Uniformen spielte bekannte Tanzmelodien. Jaya klopfte mit den lackierten Fingernägeln im Takt auf die Reling, während sie eine kleine Frau beobachtete, die, den ellenlangen Sari zwischen die Beine geklemmt, entschlossen auf das Wasser zu schritt; eine Reihe kahlgeschorener Priester folgte ihr.
Prinz Pratap stöhnte, als er die kleine Gestalt Ringelblumengirlanden ins Meer werfen sah. »Das ist die verrückte Tigerfürstin von Baroda, Königin Marys beste Freundin in Indien. Jetzt wird sie ihre *puja* verrichten, und der Kapitän muß mit dem Ankerlichten mindestens noch eine Stunde warten. O Gott, und da ist die Begum von Bhopal.«
Eine plumpe Frau, der Adjutanten vorangingen, stieg die Gangway hinauf. Sie war in einen schweren weißen Umhang gehüllt, der Gesichtsschleier aus Spitze schwang im Rhythmus ihrer Bewegungen.

»Ist das nicht Hari Singh von Kaschmir? So ein Glück! Ich wußte nicht, daß er mit demselben Schiff fährt.«

Während der ersten Hälfte der Reise hatte Jaya das Gefühl, ins *zenana* zurückgekehrt zu sein, so streng unterschied sich der Tagesablauf der Männer von dem der Frauen. Wenn sie im Morgengrauen ihre *puja* verrichtete, hörte sie nebenan Glockenklang und Gesang und wußte, daß auch die anderen fürstlichen Frauen bei ihrem Morgengebet waren. Den ganzen mit dicken Teppichen ausgelegten Gang entlang drang Weihrauch unter den Kabinentüren hervor.

Quer über das Oberdeck war ein Vorhang gespannt. Trotz ihrer Befreiung vom Schleier versammelten sich die vornehmen Frauen nach ihren Gebeten hinter diesem Vorhang, wo sie, die Dienerinnen neben sich, auf ihren wappenverzierten Deckstühlen saßen und auf das unendliche blaue Wasser starrten. Jaya lehnte den Kopf an die gestickte Schlange von Sirpur und hörte den Damen zu, die Pläne machten, sich in Deauville zu treffen, oder Reservierungen verglichen, um festzustellen, ob sie zur selben Zeit in Baden-Baden kurten.

Manchmal entstand Bewegung am Vorhang. Dann traten die Dienerinnen an einen Spalt und kamen mit einer Botschaft zurück, daß der eine oder andere Herrscher seine Ehefrau zu sich befahl. Gelegentlich wurde Jaya aufgefordert, Prinz Pratap beim Decktennis mit Engländern in weißen Hosen und Blazern zuzusehen, die ihre Haut mit Strohhüten vor der grellen Sonne schützten. Abends an der Tafel des Kapitäns saßen die in ihrer Abgeschiedenheit hinter dem Vorhang so geschwätzigen Damen stocksteif beim Essen, während ihre Ehemänner mit Europäerinnen flirteten und tanzten.

Nur die Tigerfürstin von Baroda legte täglich zu exakt demselben Zeitpunkt ihr Buch weg, bis alle Damen wußten, wann sie ihrem Gemahl bei seinen Akten helfen mußte und wann sie auf den Decks promenierte.

»Ich habe deinen Mann am Hof von Kaiserin Victoria gesehen, Prinzessin«, sagte die kleine, doch imposante Tigerfürstin, und hob den Blick von ihrem Buch. »Als die Kaiserin sich nach dem Baroda-Erben erkundigte, haben meine Söhne meine fünfjährige Tochter nach vorne geschoben. Pratap hat so laut gelacht, daß ich dachte, er würde überschnappen. Zum Glück war die Kaiserin nicht beleidigt.«

Zwei Schwestern, die beide mit demselben Maharadscha eines mächtigen Fürstentums im Himalaja vermählt waren, hörten das Gespräch mit an. Die jüngere Maharani blickte auf. Sie hatte strahlendblaue Augen. »Ein Kaiser ist nie über seine Beamten beleidigt, *Hukam*. Schau, meine Schwester und ich sind mit demselben Mann verheiratet. Unser Vater war betrunken, als unser Ehemann um die Hand einer seiner Töcher anhielt, und da sagte er: ›Warum eine? Nimm sie doch beide!‹ Wir waren noch Babys, als die Verlobung vonstatten ging, aber die englischen Beamten geben uns noch heute das Gefühl, als hätten wir etwas Unrechtes getan. Nur König Georg und Königin Mary macht es nichts aus.«

Die andere Schwester rückte ihren Stuhl vor und stammelte enthusiastisch: »Ja, in London, bei einem Ball im Buckinghampalast, hat mich der King Emperor zum Tanzen aufgefordert, *Hukam*. Ich habe ihm erklärt, daß es bei uns nicht Sitte ist, von anderen Männern als unseren Ehemännern berührt zu werden. Der König war gar nicht böse. Er hat meine Situation akzeptiert.«

Die jüngere Maharani unterbrach ihre Schwester: »Nur unser Ehemann akzeptiert unsere Situation nicht. Er wünscht, daß wir in Europa Lippenstift auflegen und zu Hause dann wieder den Schleier tragen.«

Die Begum von Bhopal saß mit dem Gesicht zum Meer, den Kopf vom Fürsten-*shattri* beschattet. Sie drehte sich schwerfällig auf ihrem Deckstuhl um, und die anderen Frauen, die nur Herrschergattinnen waren, verstummten aus Ehrerbietung für die einzige anwesende regierende Fürstin.

»Ich habe den Schleier immer für eine überaus nützliche Einrichtung gehalten.« Die tiefe Stimme der Begum durchbrach das respektvolle Schweigen. »Sicher, meine Großmutter zog sich bei der Krönung den Schleier vom Gesicht, damit das Volk seiner Herrscherin in die Augen sehen konnte. Und sie entblößte ihr Gesicht, als sie an der Spitze ihrer Truppen ritt, um während des Aufstandes die belagerten englischen Familien zu befreien. Aber das waren außergewöhnliche Zeiten. Heutzutage verleiht mir der Schleier den nötigen Abstand zu den Außenstehenden, die sich überall einmischen.«

Die Damen nickten beifällig. Sie wußten, daß mit den sich einmischenden Außenstehenden die Beamten des Britischen Empire gemeint waren.

Als der Ozeandampfer im Hafen von Marseille einlief, hasteten fürstliche Bedienstete mit Krügen voll Ganges-Wasser für die Hindu-Herrscher über die Planken, und der Diener der Begum von Bhopal hielt den Koran, eingehüllt in ein mit den 99 Namen Allahs besticktes Tuch, hoch über seinem Kopf, damit er nicht im Gedränge der Sonnenschirme entweiht wurde.

Eine Reihe bulliger schwarzer Renaults erwartete Prinz Prataps Gefolge hinter den Docks. Die Autos rollten durch die weitläufige Stadt und hielten mit quietschenden Reifen vor dem Bahnhof. Als Jaya ausstieg, sah sie ihre Dienerinnen, deren Schleier im sanften europäischen Licht allzu leuchtend wirkten, sich wie verängstigte Kinder an Annie, ihre französische Zofe, klammern.

Nach Stunden hielt der Zug an einer winzigen Bahnstation mit einem einzigen Gleis. Prinz Pratap trat in Jayas Abteil. »Nimm alles mit, was du für eine *puja* brauchst.« Jaya folgte ihm und blieb nur kurz stehen, um die verängstigten Dienerinnen zu beruhigen, die zu Annies Füßen auf dem Bahnsteig hockten.

Ein schwarzer Wagen fuhr vom Bahnhof in eine ländliche Gegend mit Äckern und niedrigen Bauernhütten. Am Fuße eines Hügels ging die Straße in einen schmutzigen Lehmweg über, der durch eine baumlose Landschaft mit tiefen Gräben führte. Gelegentlich verliehen Grasflecken und Gänseblümchen der nackten Erde etwas Leben.

Der Adjutant neben Prinz Pratap bugsierte den Wagen durch einen Graben, so daß Jaya auf dem Rücksitz nach vorne flog. Sie klammerte sich an die Schulter ihres Mannes. Er drehte sich um. Jaya setzte sich rasch zurück. Der Ausdruck in seinen schrägen Augen machte ihr angst. Prinz Pratap zeigte auf die großen Erdlöcher draußen. »Dies hier sind Bombenkrater. Der einzige richtige Kavalleriesturm des ganzen Krieges hat sich hier abgespielt, aber für uns war es zu spät. Unsere armen Pferde nahmen sich vor den Panzern wie Spielzeug aus.« Dann gebot er dem Fahrer anzuhalten.

Ein kleiner indischer Marmorpavillon, der überhaupt nicht in diese Gegend paßte, stand mitten in der zernarbten Landschaft. Jaya stieg hinter ihrem Mann zu dem Pavillon hinauf. In den Marmor war eine Skulptur eingelassen, die wie das Bildnis der Göttin im Kamini-Tempel aussah. Eine Inschrift nannte die Namen und Dienstgrade jener Sirpur-Lanzenreiter, die in der Schlacht gefallen waren.

»In der Schlacht von Cambrai sind acht Balmer-Lanzenreiter gefallen, Prinzessin. Dein Cousin ließ ihnen kein Denkmal errichten. Vielleicht möchtest du deine *puja* hier verrichten.«

Jaya rieb *sindoor* auf das Bildnis der Göttin. Der Wind blies das rote Pulver auf die in den weißen Marmor eingravierten Namen, und Jaya mußte an das Blut denken, das ihr in die Ellenbeuge gelaufen war, als sie vor Tikka stand und die *nagara* an den Elefantentoren des Forts Balmer dröhnten, während die Balmer-Lanzenreiter die Festungswälle hinabritten; Ringelblumengirlanden hatten sich an ihren

Sattelknäufen verfangen, und die Banner flatterten stolz an ihren Lanzen.

Die Sonne war hinter den Hügel gezogen und warf Schatten auf die zerklüfteten Felder. Plötzlich zog Prinz Pratap Jaya in seine Arme. »Es war ein furchtbares Gemetzel. Die Soldatenfriedhöfe erstrecken sich meilenweit. Aber für viele von uns, auch für Tikka, war es das einzige Mal in unserem Leben, daß wir Männer sein durften. Ein Leben ohne Stolz ist keine erfreuliche Sache, Prinzessin.«

»Eine unerwünschte Ehefrau macht die gleiche Erfahrung, *Hukam*.«

Die Finger um ihre Schultern lockerten sich. Jaya biß sich auf die Zunge und wünschte, sie hätte geschwiegen. Ihr Mann kräuselte die Lippen wieder zu diesem spöttischen Lächeln. »Nun denn, wir haben unserer Pflicht Genüge getan. Kehren wir in die Zivilisation zurück.«

In Paris schien es, als wollte Prinz Pratap so viel Distanz wie möglich zwischen sich und seine Frau bringen. Jaya blieb in der Suite des »Ritz« und betrachtete vom Fenster aus die Automobile, denen elegant gekleidete Leute entstiegen. Sie lächelten in die Blitzlichter der bereitstehenden Photographen, bevor livrierte Portiers sie durch die Türen des Hotels geleiteten. Hin und wieder saß sie still an einem voll besetzten Restauranttisch, während Prinz Pratap mit seinen Gästen plauderte und lachte.

Manchmal, wenn sie die Stufen zu einem Lokal hinaufstieg, die Falten ihres Saris mit einer schlanken Hand angehoben, den Körper von ihren dunklen Haaren umwallt, blitzten die Photoapparate vor ihren Augen auf. Aber erst, als Prinz Pratap sie zum Mittagessen ins »Maxim« führte, wurde Jaya bewußt, daß in den Zeitungen über sie geschrieben wurde.

Die Maharani von Kutch-Behar erwiderte Jayas Verbeugung. »Endlich begegne ich der schwarzen Lotosblume. Warum hast du sie vor uns versteckt, Pratap? Trotzdem, du bist mir natürlich schon letztes Jahr bei den Rennen in Kalkutta aufgefallen, meine Liebe.«

»Ich dachte, ich warte auf Königin Marys Anerkennung.« Prinz Pratap hob die Hand der Maharani von Kutch-Behar an die Lippen. »Sag mal, Indira, wer ist denn der arme Tropf da drüben?«

Ein kleiner Inder in einem Anzug mit Stehkragen saß allein an einem Tisch und sah unglücklich zu dem Weinkellner hinauf. Die Maharani von Kutch-Behar hob die Hand, worauf er traurig nickte und sich von dem Sommelier Wein einschenken ließ.

»Mein Koch, Bester. Ich bin dabei, seinen Gaumen zu schulen. Wie soll er die französische Küche nachahmen, wenn er nichts von Wein versteht?«

»Er wird von deiner Extravaganz nur Verdauungsstörungen bekommen.«

»Ich bin durchaus nicht extravagant, Bester. Laufe ich etwa mit einem Paar Geparden herum wie dieses absurde Weib in Sussex? Ich habe nur dies zu meiner Belustigung.« Sie griff in ihre Handtasche und setzte ein kleines Tier auf die weiße Damastdecke.

Prinz Pratap starrte ungläubig auf die schrumpeligen Beine, die über ein silbernes Messer stolperten. »Sind das Smaragde auf dem Rücken der Schildkröte, Indira?«

»Sie hat mir im Spielkasino so viel Glück gebracht, daß ich dachte, sie hat sich ein paar Steinchen verdient.« Die Augen mit den schweren Lidern weiteten sich unschuldig. »Das ist nur gerecht, findest du nicht, Prinzessin?« Jaya kicherte, und die Maharani von Kutch-Behar tätschelte ihr die Hand. »Endlich hat jemand die schwarze Lotosblume zum Lächeln gebracht. Die Zeitungen behaupten, daß die schwarze Lotosblume niemals lächelt, Prinzessin. Dabei hast du ein reizendes Lächeln.«

Sie wandte sich wieder Prinz Pratap zu. »Ich nehme an, ihr seid mit Hari Singh von Kaschmir nach Frankreich gekommen. Was hat er jetzt vor, Pratap?«

»Wie meinst du das, Indira?«

»Stell dich nicht dumm! Wir wissen alle, daß er von einem französischen Ehepaar erpreßt wird, weil er eine Liaison mit der Frau hat.«

Prinz Pratap zuckte mit den Achseln. »Wenn diese Angelegenheit nicht zufriedenstellend gelöst wird, werden die Engländer Kaschmir wohl zwingen, sich nach einem anderen Thronerben umzusehen.«

Die Rubine am Armband der Maharani klimperten gegen das Glas, als sie ihren Weinkelch hob. »Auf die britische Gerechtigkeit! Der Prinz von Wales hat nur mit verheirateten Frauen Affären. Aber die Erben indischer Fürstentümer müssen wegen derselben Vorliebe auf ihren Thron verzichten.«

Achtunddreißigstes Kapitel

Während der Überfahrt über den Kanal stand Jaya an Deck und hielt Ausschau nach den weißen Felsen, die das Herz des Britischen Empire bewachten. Fast konnte sie durch den salzigen Wind Tikkas Bücher riechen und die Abbildungen von *sahibs* und *memsahibs* in blühenden, stets von mildem Sonnenschein beleuchteten Gärten sehen.

Das London ihrer Vorstellung stand in krassem Widerspruch zur wirklichen Stadt. Nachdem sie Lady Modi umarmt hatte, und während die Dienerinnen aufgeregt über die hohen Gebäude und die doppelstöckigen Busse plapperten, sah Jaya durch das Wagenfenster Männer mit amputierten Gliedmaßen auf dem Gehsteig sitzen. In die Pappschachteln vor ihnen warfen Passanten hin und wieder eine Münze.

»Darling, was hast du erwartet? Der Krieg ist erst fünf Jahre vorbei. Die Hälfte der Fabriken und Bergwerke ist geschlossen, und es gibt kaum Arbeit. Alle haben Angst, daß die Kommunisten an die Macht kommen, wenn sich die Zustände nicht bald bessern. Deswegen haben die Sozialisten die Wahlen gewonnen, und, Darling, die seltsamsten Leute sind Sozialisten geworden; auch des jetzigen Lordpräsidenten Curzon Tochter, die Gräfin Warwick, und eine Menge anderer strahlender junger Dinger, weil sie meinen, es sei modern. Sogar der letzte Vizekönig von Indien ist Mitglied des sozialistischen Kabinetts. Seine Gattin, Lady Chelmsford, wird dich übrigens bei Hofe vorstellen. Hast du auch wirklich daran gedacht, alles einzupacken, was ich dir gesagt habe, Darling?«

An dem Tag, an dem Jaya vorgestellt werden sollte, erschien Lady Modi mit einem französischen Coiffeur, um die Frisur ihres Schützlings gestalten zu lassen. Unter Lady Modis strengem Blick experimentierte der Figaro mit Jayas Haaren. Er tauchte die Spitzen in eine Lösung, die das glänzende schwarze Haar knallrot färbte.
Chandni riß ihm die Haare aus der Hand und fuhr mit ihnen zornig vor Jayas Augen herum. »Warum erlaubst du einem fremden Mann, dich so zu berühren, *Hukam*?«
Lady Modi verbannte Chandni aus dem Zimmer, indes der Coiffeur die rotgefärbten Spitzen abschnitt. Die protestierende Dienerin lauerte an der Tür und verfolgte jede Bewegung des Franzosen voll Mißtrauen. Er besprühte Jayas dichtes Haar mit Bier, ehe er es mit Goldpuder bestäubte. Die Frisur war schließlich so schwer und unbequem, daß Jaya den Kopf kaum bewegen konnte.
»Du mußt es ertragen, Darling! Wenn Pratap und Victor nach dem Souper im Buckingham-Palast mit dir ins ›Claridge‹ gehen, werden dich die Gesellschaftskolumnisten erwarten. Denen fällt auch der kleinste Makel auf.«
Jaya war nervös, als die Dienerinnen sie für den Abend im Buckingham-Palast ankleideten. Chandni zog die Falten ihres Saris wieder glatt. »Du wirst noch den Stoff zerrei-

ßen, wenn du nicht stillstehst, *Hukam*. Und hoffentlich verrutscht nicht alles, wenn du wie eine Dienerin vor dem König der Unberührbaren knickst.«

Jaya starrte irritiert auf ihr Spiegelbild: eine schlanke, dunkelhäutige Frau, die in eine tiefschwarze, mit Goldpuder bestäubte Masse von Haaren eingehüllt war. Ein Diamant glitzerte am wohlgeformten Nasenflügel, die grünen Augen blickten ängstlich. Den dunkelgetönten Hals umgaben Smaragde von jenem satten Grün, das die Farbe des Begehrens genannt wurde.

Jaya nahm ihre Handtasche und ging die Treppe hinunter, um Maharadscha Victor und Prinz Pratap zu treffen. Von der Eleganz der Sirpur-Brüder überwältigt, blieb sie wie gebannt stehen. In den langen Röcken aus Goldbrokat wirkten sie noch größer. Gazeschärpen betonten ihre schlanken Taillen. Enge Seidenbeinkleider umschlossen die Waden und stauchten sich wie Fußreife über den edelsteinbesetzten Pantoffeln. Maharadscha Victor trug den karmesinroten Turban der Fürsten von Sirpur. Eine um einen riesigen Diamanten geschlungene Schlange aus Rubinen hielt den Federschmuck des Turbans fest. In der behandschuhten Hand hielt der Maharadscha das Zeremonienschwert. Prinz Prataps Turban war an seinen Schläfen so eng geschlungen, daß er die länglichen Augen schräg nach oben zog, so daß er eher mongolisch als indisch aussah. Auch er hielt in den Händen ein Schwert, und zwar jenes, das Jaya bei ihrer Vermählung getragen hatte.

Maharadscha Victor verbeugte sich. »Du siehst wunderbar aus, Prinzessin. Aber laß die Handschuhe hier!«

»Bapsy sagt, ich muß sie anziehen, *Hukam!* Und ich habe solche Angst, daß mein Fuß sich im Sari verfängt, wenn ich den Hofknicks mache.«

Maharadscha Victor machte ein mißbilligendes Gesicht. »Du wirst nicht vor den Majestäten knicksen.«

»Was soll ich sonst tun?« Jaya befürchtete, daß Maharadscha Victor sich mit seiner Verachtung für die höfische Etikette Probleme schaffen könne.

»Du wirst dich verhalten, wie es einer Prinzessin von Sirpur ansteht und unseren traditionellen Gruß entbieten, wie du es getan hast, als der Prinz von Wales in Indien war. Ich bin erstaunt, daß du an etwas anderes auch nur denken konntest. Kannst du dir vorstellen, daß meine Großmutter, die Maharani-Witwe, vor jemandem einen Knicks macht?«

Eine neugierige Menschenmenge säumte die Straßen vor dem Buckingham-Palast, und laute Stimmen verkündeten, wer die Insassen der Automobile waren. Jemand rief: »Die Polospieler!« als der Sirpur-Rolls-Royce, an dem Maharadscha Victors Stander flatterte, die Palasttore passierte.

Jaya blickte auf das Gewoge von Hüten und Schirmen hinter ihnen zurück. »Woher wissen sie, wer du bist, *Hukam?*«

»Aus der Zeitung, meine Liebe. Sie haben vielleicht nie ein Polospiel gesehen, aber sie wissen alles über unsere Handicaps.«

Der Wagen hielt vor dem besonderen Eingang, den die indischen Fürsten immer benutzten, wenn sie vom King Emperor empfangen wurden. Die Sirpur-Brüder stiegen aus. Jaya verkroch sich in die Wildlederpolster, von panischer Angst ergriffen, im Zentrum des Empire alleingelassen zu werden. Der Rolls-Royce hielt vor einem anderen Eingang. Als sie eine andere Inderin sah, die, ihren Sari anhebend, die Treppe hinaufging, faßte Jaya wieder Mut.

Die fürstlichen Damen, die bei Hofe vorgestellt werden sollten, warteten in einem Vorzimmer. Lady Chelmsford machte Jaya mit der Herzogin von Devonshire, der ersten Kammerfrau der Königin, bekannt. Die junge Inderin, die vor Jaya die Treppe hochgestiegen war, mühte sich, ihre Handschuhe in ihr Handtäschchen zu stopfen.

Die Herzogin von Devonshire sagte freundlich: »Sie können leider keine Handtasche tragen, wenn Sie vorgestellt werden, Prinzessin.« Die junge Frau sah sie erschrocken an und versuchte, den Verschluß über den zerknüllten Handschuhen zuzubekommen. Die Herzogin wiederholte ihre Bemerkung langsamer. Die Inderin stopfte die Handschuhe nervös noch tiefer in die Tasche, und die Herzogin sagte, jede Silbe überdeutlich aussprechend: »Na, na, na, na!«

Fast weinend wandte sich die Inderin an Jaya und bat um eine Erklärung. Als sie endlich begriff, was die Herzogin wollte, zog sie die Handschuhe wieder hervor und flüsterte: »Ich dachte, sie wollte tanzen.«

Die Herolde verkündeten die Ankunft des Kaisers von Indien und der Königin. Jaya folgte Lady Chelmsford zum Eingang des Thronsaales. Ihre Hände waren schweißnaß, und sie wischte sie heimlich an ihrem Sari ab. Unter den Kronleuchtern hatten sich Damen in edelsteinbesetzten Roben aufgereiht, begleitet von Diplomaten und Offizieren, an deren Brust die Orden funkelten.

Der King Emperor stand auf dem Podest, ein kleiner Mann mit kurzgestutztem, dichtem Bart. Dieser Mann, dessen Namen sie ängstlich hatte nennen hören, seit sie ein kleines Kind war, erinnerte Jaya an einen traurigen Hund. Seine Gemahlin konnte sie sich schon eher bei einem kaiserlichen *durbar* in Delhi vorstellen. Königin Mary trug eine silberne Robe. Diamanten glitzerten in ihren Haaren, an ihrem Hals und an den Handgelenken. Der Prinz von Wales und seine jüngeren Brüder flankierten den König von England und seine Gemahlin. Hinter ihnen sah Jaya zu ihrer Erleichterung Maharadscha Victor und die Maharadschas von Alwar und Patiala auf dem königlichen Podest.

Schließlich legte Lady Chelmsford eine Karte auf das Tablett, das ihr ein Lakai hinhielt. Die Karte wurde von einem Bediensteten in Kniehosen und Hoftracht zum anderen gereicht, bis sie am Fuße des Podests ankam, wo der Haushofmeister Jayas diverse Titel laut vorlas.

Jaya wußte, wie viele Blicke sie beobachteten, als sie Lady Chelmsford durch den Thronsaal folgte, um dem Kaiser von Indien vorgestellt zu werden. Ein Lächeln erhellte sein trauriges Gesicht. Sie faltete ihre Hände zum traditionellen indischen Gruß. Königin Marys Blick wanderte an Jayas Haaren und ihrem Sari hinauf und hinab. Es war ganz still im Saal. Jaya kam es vor, als würden alle Anwesenden den Atem anhalten, so wie sie es unter dem prüfenden Blick tat. Dann lächelte die Königin. Der Prinz von Wales nickte Jaya zu, und die Vorstellung war vorüber.

Jaya ließ sich durch die Menschenreihen führen. Sie wurde fast ohnmächtig vor Erleichterung, als sie Prinz Pratap hinter ihrem Stuhl stehen sah.

Drei Stunden lang wurde ein Defilee von Frauen an das Podest geführt, wo der Haushofmeister ihre Namen verkündete, ehe sie vor dem königlichen Paar in den Hofknicks sanken. Während Jaya dem langwierigen Zeremoniell zusah, fragte sie sich, ob die Kriegsversehrten und die blassen, notleidenden Witwen, die sie auf den Straßen der englischen Hauptstadt gesehen hatte, je hoffen konnten, in diesen vergoldeten Saal eingelassen zu werden.

Endlich machte Königin Mary einen Knicks, und der King Emperor schritt, gefolgt von den indischen Monarchen, durch eine Tür hinter dem Podest. Im Thronsaal fingen alle gleichzeitig zu reden an; die Stimmen wirkten nach der stillen Vorstellungszeremonie besonders laut. Die Leute warteten, um diejenigen, die im Buckingham-Palast soupierten, durch ihre Mitte zu lassen. Jaya hielt sich dicht an Prinz Pratap. Die deutlich vernehmlichen Bemerkungen über ihre Schönheit machten sie verlegen, während sie durch den glitzernden Menschenkorridor schritt.

»Hoffentlich hat Alwar seine Handschuhe ausgezogen, bevor er König Georg die Hand gab«, bemerkte Prinz Pratap leise, als ein Lakai sie in den Speiseraum führte.

»Schließlich ist er einer der Sprecher der Chamber of Princes. Und gebe Gott, daß der Prinz von Wales dem König nichts von Victors Absicht erzählt hat, Cora Hart zu heiraten.«

Während des Essens stocherte Jaya nachdenklich in den Speisen auf ihrem Teller. Sie konnte das unheimliche Gespenst der Abdankungen nicht vertreiben, das über den strahlend erhellten Tischen mit den zahlreichen Gästen schwebte. Als aber Maharadscha Victor, der in unmittelbarer Nähe des Königs und der Königin soupiert hatte, sich zu ihnen gesellte, wirkte er unbeschwerter, als Jaya ihn je erlebt hatte.

»Königin Mary hat sehr huldvoll von dir gesprochen, Jaya Devi. Sogar seine Hoheit Alwar bemerkte, welch ein Gewinn für das Bild, das man sich von den indischen Frauen macht, du seist.«

»Hat er seine Handschuhe ausgezogen, bevor er den King Emperor begrüßte, *Hukam?*«

Maharadscha Victor schüttelte den Kopf. »Aber er hat sich wenigstens seine beleidigenden Bemerkungen über die anwesenden Beefeater verkniffen.«

Vor dem Hotel »Claridge« explodierte eine Batterie von Blitzlichtern vor Jayas Augen. Reporter umringten sie, fragten sie nach ihren Eindrücken bei der Vorstellung und kritzelten ihre förmlichen, einsilbigen Antworten auf ihre Notizblöcke.

Prinz Pratap befreite Jaya aus der Bedrängnis und führte sie verärgert durch die gläserne Drehtüre des Hotels ins Restaurant. Dort beugte sich Maharadscha Victor zu einer Frau in einem tief ausgeschnittenen Satinkleid hinunter. Der Stoff schmiegte sich an ihre kleinen Brüste, die deutlich hervortraten, als sie ihre Arme um den Maharadscha schlang. Der Schmollmund kam Jaya bekannt vor, aber für einen Moment wußte sie nichts mit dem schmalen Gesicht unter den blonden Löckchen anzufangen.

Maharadscha Victor stellte Cora Hart vor, die Jaya ihre kleine Hand mit schlaff herabhängenden Fingern entgegenstreckte. Immer mehr Leute kamen an den Tisch. Zwischen unruhigen Zigarettenspitzen füllten die Kellner Champagnergläser und entfernten Teller. Ein Lächeln der Bewunderung im Gesicht, bestellte Maharadscha Victor gutgelaunt eine Reihe Gerichte, die Cora Hart probieren wollte. Als sie unvermittelt den Wunsch äußerte, zu tanzen, zwängte sich die Gesellschaft in Autos und ließ sich zum »Embassy Club« chauffieren.

Hier wurden an die ohnedies vollbesetzten Tische weitere Stühle gerückt, und Hari Singh von Kaschmir zwängte sich zwischen Prinz Pratap und Lady Modi, indes Maharadscha Victor Cora Hart auf die kleine Tanzfläche geleitete.

Auch der Prinz von Wales führte seine Begleiterin zum Tanz. Hari Singh lachte laut. »In einer Hinsicht sind wir Inder ihm wenigstens voraus. Meine Anwälte bezeichnen mich als Mr. A, aber wenn der Ehemann dieser Dame seine königliche Hoheit so erpreßt, wie es mein französisches Pärchen mit mir macht, dann, nehme ich an, wird der Prinz von Wales nur Mr. B sein.«

Neununddreißigstes Kapitel

Jayas Dienerinnen waren außer sich, als Cora Hart in das Haus am Belgrave Square zog. Jeden Tag drängten sie sich an den Fenstern, um zu beobachten, wie Adjutanten des Maharadschas der Amerikanerin mit Armen voll Hutschachteln und Päckchen folgten, wenn sie von ihren täglichen Einkaufsorgien mit Victor von Sirpur kam.

Der Maharadscha war bei den Pferderennen und Polospielen stets an Cora Harts Seite. Ungeniert ging er während der langen Nächte, die jedesmal in enger Umarmung auf der Tanzfläche eines Nachtclubs endeten, auf ihre Wünsche ein.

Prinz Pratap brachte es fertig, kein einziges Wort an Cora Hart zu richten, und die meisten Freunde des Maharadschas behandelten die Filmdiva wie Luft, bis Jaya sich zögernd mit der Amerikanerin anfreundete.

Als Prinz Pratap erfuhr, daß Maharadscha Victor Cora Hart nach Deauville eingeladen hatte, stürmte er in Jayas Zimmer. »Bist du wahnsinnig, diesem Mädchen Entgegenkommen zu zeigen? Victor hat ihr schon alles gekauft, von dem teuersten Schmuck und Pelzmänteln bis zu einem Rennpferd. Jetzt will er ihr eine Villa in Frankreich schenken. Sie ist zu dämlich, wahrscheinlich glaubt sie, eine Maharani von Sirpur ist so etwas wie die glanzvolle Abart einer Hollywood-Diva.«

»Du bist zu streng, *Hukam*.«

»Ich habe mehr Erfahrung als du mit solchen Weibern, die bloß hinter dem Geld der Männer her sind. Erzähl ihr vom Kamini-Tempel und den Kobras im Bambusdickicht des Stadtpalastes! Erklär ihr das Kastensystem und weshalb sie nie am englischen Hof vorgestellt wird und ihre Halbblut-Kinder keinerlei Rechte auf den Thron von Sirpur haben werden. Sag ihr um Gottes willen die Wahrheit, bevor mein Bruder sich um seinen Thron bringt!«

In Deauville fand Jaya nicht den Mut für die Aufklärungskampagne, die Prinz Pratap von ihr verlangte. Maharadscha Victor, der zum erstenmal glücklich war, seit Jaya ihn kannte, führte die Sirpur-Polomannschaft von einem Sieg zum anderen, und seine Polospieler brachten Trinksprüche auf Cora Hart aus und behaupteten, sie habe Victor von den Toten zurückgeholt.

In den Spielkasinos stand der Maharadscha an den Roulettetischen und schickte seine Adjutanten mit einem Wink neue Jetons holen, sobald Cora Harts Häufchen schrumpften, als freue er sich jedesmal, wenn sie ein Vermögen verlor, über das Privileg, ihr ein neues schenken zu dürfen. Er achtete nicht auf die Blicke, welche die anderen indischen Fürsten angesichts seiner Vernarrtheit tauschten.

Jaya wanderte ruhelos zwischen den Spieltischen umher. Ihr war, als sehe sie im *zenana* von Balmer den *Purdah*-Damen zu, die in den heißen Sommermonaten mit Kartenspielen ihre Langeweile vertrieben. An einem Roulettetisch zog die schöne Maharani von Kutch-Behar die Aufmerksamkeit aller auf sich. Vor ihr kroch die kleine Schildkröte mit den Smaragden im Panzer und kippte die ordentlichen Jetonhäufchen auf das Filztuch. An einem anderen Tisch spielte der Maharadscha von Gondal Chemin de fer, beobachtet von einer kleinen Schar von Eingeweihten, die wußten, daß er in Monte Carlo die Bank gesprengt hatte, und die hofften, es ihn noch einmal tun zu sehen.

Federchen von Dungra tauchte an Jayas Seite auf. »Weißt du, was Gondal mit seinen Gewinnen macht? Jede Rupie gibt er für Krankenhäuser und Schulen aus. Er rührt das Staatsvermögen nicht an, dabei hat seit fünfzehn Jahren niemand in seinem Fürstentum Steuern gezahlt. Gottlob hatte ich in deinen finanziellen Angelegenheiten auch viel Glück. Aber ich brauche noch einige Unterschriften, ehe du Europa wieder verläßt.«

Seine schwere Hand schloß sich um ihren Arm und führte sie zu einem Tisch auf der Terrasse über dem Meer. Weißer Schaum spritzte auf den Sand, und vom Strand klang Gelächter herauf. Ein Kellner erschien mit einer Flasche Champagner und einem Tablett mit Kanapees. Federchen von Dungra verzehrte mehrere davon, wie um sich zu rüsten. »Niemandem, der hier sitzt, ist klar, wie ernst die Lage schon wieder ist. Die Herrscher, die den Weltkrieg geführt haben, sind tot. Führer wie Mussolini und Hitler treten an ihre Stelle. Ihre Anhänger kleiden sich wie Soldaten, und sie bereiten neue Kriege vor. Ich möchte dein

349

Vermögen verteilt anlegen und viel in die Rüstungsindustrie investieren.«

Jaya schüttelte heftig den Kopf, als sie an die öde französische Gegend mit den Gräben und Bombenkratern dachte. Federchen von Dungra fuhr fort: »Victor wirft das Geld für diese kleine Amerikanerin hinaus, dabei ist Sirpur schon tief verschuldet. Dein Privatvermögen könnte bald vonnöten sein, um die Finanzen des Fürstentums deines Mannes zu retten.«

Das düstere Bild, das der Sohn des Maharadschas von Dungra zeichnete, drängte Jaya schließlich zum Handeln. In den folgenden Wochen beschrieb sie das Land Sirpur mit Worten, von denen sie wußte, daß sie die hübsche Amerikanerin erschreckten, die sie auch prompt mit ihren porzellanblauen Augen entsetzt anstarrte. Als Cora Hart erfuhr, daß sie niemals vom King Emperor Georg und Königin Mary empfangen würde, schützte sie nun häufig Kopfschmerzen vor, wenn Maharadscha Victor mit ihr beisammen sein wollte. Bei den Polospielen begann sie mit einem großen Texaner zu flirten, dessen dröhnende Stimme halb über das Spielfeld trug, wenn er seine aus Amerika mitgebrachte Mannschaft anfeuerte.

Noch während sie im Haus am Belgrave Square wohnte, verkündete Cora ihre Absicht, den Texaner zu heiraten. Jaya stand auf der Treppe und sah den Dienern zu, welche die umfangreiche jüngst erworbene Habe der Schauspielerin in der Wagenflotte des Texaners verstauten, und Maharadscha Victor tat ihr von Herzen leid.

Am nächsten Tag gab der Maharadscha unvermittelt bekannt, er habe genug von Deauville und wolle ein paar Wochen in Biarritz verbringen. Prinz Pratap gratulierte Jaya. »Gut gemacht, Prinzessin! Ich habe deine Rückreise nach Bombay in die Wege geleitet. Bleib bei Lady Modi, während ich Victor helfe, sein gebrochenes Herz zu kitten. Und sei wegen Victor unbesorgt. Er wird sich in Biarritz seine Wunden lecken, bis er wieder abgekühlt ist.

Dann kehrt er nach London zurück, und als nächste will er dann bestimmt Tallulah Bankhead heiraten.«

Jaya suchte den Maharadscha, um sich zu verabschieden. Obwohl es regnete, machte er einen Spaziergang am Strand. Jaya zog sich den Sari enger um die Schultern; der Wind peitschte die gestreiften Sonnenschirme, mit denen der verlassene Strand übersät war.
Maharadscha Victor kniete auf der Erde. Er hob ein Stück Treibholz auf, und die Kuhle darunter füllte sich mit Wasser. Böen fegten heulend über den Sand, der zu feucht war, um in die Luft gewirbelt zu werden. Der Maharadscha ging zum Wasser. Jaya folgte ihm stumm.
»Hat das Meer nicht dieselbe Farbe wie Henry Conroys Augen?« fragte der Maharadscha schließlich. »Ich habe mich immer vor ihm und Großmutter gefürchtet. Mein ganzes Leben war von diesen zwei Menschen beherrscht. Ich bin es leid, sie zu belügen. Ich brauche Erholung von all den Lügen, Prinzessin. Kehre du nach Indien zurück, und ich komme nach, wenn ich dazu imstande bin.«

Als Jaya in Bombay eintraf, waren die Gerüchte über Hari Singh von Kaschmirs Erpressungsaffäre schon in die Spalten der indischen Presse gedrungen. Die Einzelheiten waren nicht bekannt, fest stand nur, daß Mr. A den größten Erpressungsfall in der Geschichte des Britischen Empire hinter sich hatte. Täglich wurde in den Leitartikeln die Forderung nach einer unverzüglichen Reform in den indischen Fürstentümern laut.
Die Lage verschlimmerte sich, als eine Tänzerin in den Lustgärten neben Lady Modis Luxusbungalow tot aufgefunden und der Maharadscha von Indore des Verbrechens bezichtigt wurde.
»Aber Darling, das ist lächerlich. Der Mord geschah mitten in der Nacht. Der einzige Zeuge ist ein englischer Offizier, der den Mörder angeblich rufen hörte, er sei von

dem Maharadscha von Indore gedungen. Hast du je von einer dermaßen aus den Fingern gesogenen Anklage gehört? Und es ist erst zwanzig Jahre her, daß des Maharadschas Vater seinen Thron verlor, auch wegen einer britischen Mordanklage. Was ist nur mit Indien los? Anscheinend ist alles verrückt geworden.«

Der Mord ersetzte in der Presse Mr. A's Erpressungszahlung. Jaya wagte morgens kaum in die Zeitungen zu blicken aus Furcht, daß Maharadscha Victors Geschenke, die er Cora Hart gemacht hatte, in den Leitartikeln, die die indischen Herrscher mit jedem Tag schärfer kritisierten, groß herausgestellt würden. Wie um ihre Bedenken zu verschlimmern, lehnte der Vizekönig Maharadscha Indores Bitte ab, vor ein indisches Gericht gestellt zu werden, ja, Maharadscha Indore wurde sogar gezwungen abzudanken.

Zwei Wochen nach seinem Verzicht berichteten die Zeitungen von einer Behauptung der Engländer, daß die Maharadschas von Patiala und Nabha sich um eine Tänzerin stritten und auch diese beiden vom Empire zur Abdankung gezwungen werden könnten.

»Darling, das ist zuviel! Der Maharadscha von Patiala kann so viele Tänzerinnen haben, wie er will.«

Jaya dachte an die imposante Gestalt des *sikh* und dann daran, wie Maharadscha Victor das bleigraue Meer betrachtet hatte. Bei dem Gedanken an das Indien, das Maharadscha Victor bei seiner Rückkehr vorfinden würde, wurde ihr angst und bange. Sie verlängerte ihre *puja* und flehte die Göttin an, ihren Schwager zu beschützen.

Als Lady Modi eines Tages Jaya zum erstenmal bei ihrer Andacht unterbrach und Jaya das Telegramm zwischen den lackierten Nägeln sah, wurden ihre Hände kalt vor Furcht. »Der Vizekönig hat Maharadscha Victor aus Europa zurückgerufen, nicht wahr, Bapsy?«

»O Darling, es tut mir so leid.« Lady Modi nahm Jaya in ihre Arme. »Victor ist tot. Pratap möchte, daß du in Kalkutta wartest, während er versucht, die Einzelheiten des Selbstmords aus der nationalistischen Presse herauszuhalten.«

Jaya sah in Lady Modis Augen und erinnerte sich, wie Hari Singh von Kaschmir die Saxophone im »Embassy Club« übertönte, als er mit lauter Stimme sein Fürstentum in den Bergen pries, wo wilder Safran wachse und es Gletscher und Gebirgsorchideen gebe, und wie Maharadscha Victor herzhaft über Hari Singhs Angebereien gelacht und Cora Hart in seine Arme geschlossen hatte, als er den Sohn des Schöpfers beschrieb, den großen Brahmaputra, der mit seiner Macht sein uraltes Fürstentum Sirpur behüte.

Jaya legte ihren Kopf an Lady Modis Schulter und weinte um den sanften Schwager, der sie immer so liebevoll behandelt hatte, wie um ihr zu zeigen, daß er um ihre mißliche Lage wisse, die der seinen so ähnlich war, und der nun den Freitod gesucht hatte, weil er sich in seiner gespaltenen Welt nicht mehr zurechtfand.

Die Frau des Maharadschas

Vierzigstes Kapitel

»Wir passieren die Grenze von Sirpur, *Hukam.*« Jaya fuhr aus dem Schlaf. Es war Prinz Prataps Stimme gewesen, die ungeduldig durch die Tür drang, aber als er das Schlafabteil betrat und sich ohne Rücksicht auf Jayas Anwesenheit nackt auszog für die Reinigungswaschung, zeigte sein Gesicht keine Spur von der Erschöpfung nach der langen Nacht des Fastens und Betens.

Nachdem Prinz Pratap aus dem Baderaum gekommen war, wand er sich um die noch nassen Lenden das Zeichen des Höchstgeborenen, das lange elfenbeinfarbene nahtlose Seidentuch, das in Falten bis auf seine bloßen Füße fiel. Draußen glitzerten die ersten Sonnenstrahlen auf den Wasserflächen, die glatt wie Glas über den grünen Reisschößlingen lagen. Sarus-Kraniche standen verträumt auf einem Bein in den rosig gefärbten Reisfeldern. Obwohl heute ihr Mann seinen Platz als Herrscher von Sirpur einnehmen sollte, trauerte Jaya angesichts dieser Landschaft um den unglücklichen Schwager.

Das dunkle Klagen der Muschelhörner beherrschte den Bahnhof, als der Zug zum Stehen kam. Drei Reihen fürstliche Leibwächter hielten die gezogenen Schwerter vor ihr Gesicht. Ihre safrangelben Turbane bildeten farbige Bänder vor dem weißgetünchten Stationsgebäude.

Die Abteiltür wurde aufgerissen. Die Leibwächter kreuzten nun die Klingen ihrer Schwerter und bildeten so eine Barriere gegen die hochrufende Menge, die ihren neuen Herrscher mit Girlanden bewarf.

Ein Adjutant kam in Jayas Abteil gerannt. »Schnell, *Hukam!* Du mußt zum Kamini-Tempel, ehe die Straßen völlig unpassierbar sind.« Er bahnte ihr einen Weg durch die Menge, die den Rolls-Royce wie eine gigantische Faust umschloß, und der Chauffeur lenkte den Wagen im Schrittempo durch die Basare, über deren schmale Straßen sich Glitzerbögen und lockere Seidenbanner zogen, in Richtung des Kamini-Tempels.

Von Musselinstellwänden abgeschirmt, wartete die Maharani-Witwe mit ihren Haremsdamen, um der Krönung beizuwohnen. Die alte Frau wies durch den Musselin auf einen viereckigen Gegenstand, der mit roter Seide bedeckt war, und Jaya vernahm die Ehrfurcht in ihrem rauhen Flüstern. »Der *gaddi* von Sirpur.«

Nur ein Fragment des ursprünglichen *gaddi* bildete den gegenwärtigen Thron von Sirpur. Die anderen Teile waren der Schatzkammer im Stadtpalast übergeben worden. Dennoch überlief es Jaya bei den Worten der Maharani-Witwe feuchtkalt. So uralt und heilig war der Sirpur-*gaddi*, daß der Herrscher nur einmal im Leben darauf sitzen konnte, nämlich in dem Augenblick, in dem er seinen Namen den Namen der Vorfahren hinzufügte, die an der Seite des Helden Krischna gekämpft hatten.

Der *raj guru*, der Jaya schon getraut hatte, betrat den Tempel. Die Würde seines gemessenen Schrittes wurde noch betont durch das langsame Dröhnen der *nagara*, die der Menge in den Vorhöfen des Tempels verkündeten, daß die Salbung ihres neuen Herrschers begonnen hatte. Prinz Pratap näherte sich dem *raj guru*. Einen Moment sah Jaya die Narbe von einem früheren Polounfall auf dem nackten Rücken ihres Gemahls, dann war er von Priestern umschlossen.

Der Oberpriester begann mit der Verlesung der Sirpur-Ahnentafel. Namen fielen in den stillen Raum. Den ersten Fürsten von Sirpur waren einfache Beinamen angefügt: der Tugendhafte, der Gerechte, der Mutige, der Wohltätige. Späteren Herrschernamen folgten Bezeichnungen der Macht: Fürst der sieben Flüsse, Beherrscher der Berge. Die letzten Fürsten hatten die längsten Beinamen, deren kunstvolle Fügung jedoch die langsam bröckelnde Macht der Herrscher nicht verbergen konnte, bis schließlich Maharadscha Victors Beinamen nur noch von Ohnmacht kündeten, obgleich er Großkomtur des Sterns von Indien und Komtur des indischen Reiches genannt wurde.

Der *raj guru* hielt die Symbole der Monarchie hoch, um dem neuen Herrscher die Bedeutung eines jeden zu verdeutlichen. Das Sirpur-Schwert in der Hand, deklamierte er: »Dieses Schwert ist die höchste Macht des Monarchen, das Symbol der Gerechtigkeit. Aber es gibt keine Gerechtigkeit ohne *dharma*, und das *dharma* eines Fürsten ist der rechtschaffene Dienst für sein Volk.«

Mit einer Bewegung, die so geschwind geschah, daß Jaya sie nicht wahrnahm, ritzte er die Kuppe seines Daumens und schmierte drei lange Blutstreifen auf Prinz Prataps Stirn. Das Blut tropfte auf die Erde, während der *raj guru* den Segen rezitierte, durch den der Prinz zum Maharadscha von Sirpur wurde. Die uralten Worte hallten durch den überfüllten Raum, und die barbrüstigen Priester senkten die Stirn.

»Sei auf der Hut, o Herrscher. Zuerst kommt das Volk!

Mögest du eifrig in der Erfüllung deiner Pflichten sein!

Mögest du in gerechtem Maße spenden.

Mögest du demütig sein in Gegenwart der Weisen.

Mögest du gelehrt sein.

Mögest du Würde zeigen.

Möge dein Eifer mit Menschlichkeit gepaart sein.

Möge deine Einigkeit mit den Menschen wie die Einigkeit der Göttin mit dem Asketen sein.«

Die Priester hoben ihre Muschelhörner und bliesen einen einzigen Ton, der den Raum überschwemmte, als würde eine Flut durch die Säulen gesogen. In den Tempelvorhöfen und auf dem überfüllten Abhang warf sich das Volk von Sirpur zu Boden, als sein neuer Herrscher den *gaddi* bestieg.

»Maharadschhiradsch Pratap Singhji, Dost Alam, Raj Pahar ...« Das Psalmodieren der Titel ging endlos weiter, übertönt von dem Trommeln der *nagara* und Kanonendonner. Jaya drückte ihre heiße Stirn auf den Steinboden und wünschte, daß ihr Mann die Ehe vollziehe, damit die lange Reihe seiner Ahnen nicht abriß.

In den nächsten Monaten kamen Abordnungen aus allen Teilen des Fürstentums, um dem neuen Maharadscha die Goldmünze der Loyalität darzubringen. Maharadscha Pratap berührte die Münzen mit den Fingerspitzen, und seine zufriedenen Untertanen nahmen sie mit nach Hause, um sie neben den Münzen, die Maharadscha Victor berührt hatte, auf den Altar zu legen.

Jaya war mit ihren eigenen Verpflichtungen beschäftigt und bekam ihren Gemahl kaum zu sehen. Abends strömten die Damen von Sirpur unablässig mit ihren Kindern in den Stadtpalast, um ihre Aufwartung zu machen. Auch die geduldigen Stammesfrauen, die tagelang unterwegs waren, um die neue Maharani aufzusuchen, mußten empfangen werden. Daneben organisierte sie tagsüber den Umzug vom Wales-Palast in die üppigen Räumlichkeiten des Stadtpalastes.

Maharadscha Pratap kam stets sehr zerstreut zu seiner Gemahlin und hätte beinahe vergessen, ihr das Diamanthalsband zu geben, das er ihr als Geschenk mitgebracht hatte. Jaya wußte, was ihren Gemahl beschäftigte. Der Vizekönig von Indien hatte zugesagt, die Zeremonie zu leiten, mit der das Empire Maharadscha Prataps Herrschaft offiziell anerkennen wollte. Jaya wußte, daß der Besuch des Vizekönigs eine einmalige Ehrung war, gedacht als Anerkennung der unerschütterlichen Loyalität der Herrscherfamilie von Sirpur gegenüber dem Britischen Empire. Die Sprecher der Chamber of Princes, die Herrscher von Patiala, Bikaner und Alwar, wollten die Gelegenheit ergreifen, um den Vizekönig zu bedrängen, die Forderungen des in der Chamber of Princes vertretenen Indiens der Fürsten zu akzeptieren.

Nur ein einziger unerfreulicher Vorfall ereignete sich während der monatelangen Feierlichkeiten. »Hebe die Pressezensur auf, *Hukam!*« erhob eine Schar Journalisten ihre zornigen Stimmen in der *Durbar*-Halle, und alle anderen Anwesenden verstummten vor Schreck.

»Laß unter deiner Herrschaft das zwanzigste Jahrhundert in Sirpur Einzug halten! Untersag der Polizei, unsere Verbindungen zu den Nationalisten Britisch-Indiens zu überwachen!«

Der Maharadscha beruhigte die Journalisten mit der Versicherung, daß seine Herrschaft weder durch Heimlichtuerei noch durch Unterdrückung gekennzeichnet sein solle. Tags darauf brach er in Begleitung seiner Maharani zur Nordgrenze des Landes auf, um sich der Loyalität seiner Stammesuntertanen zu versichern.

Vierzehn Tage lang reiste er mit seinem Gefolge nach Norden. Sie wechselten von den Autos auf Boote, um den sumpfigen Oberlauf des Flusses zu überqueren, und stiegen dann auf Elefanten um, auf deren Rücken sie den dichten Dschungel der Gebirgsausläufer besser durchdringen konnten.

Täglich schlossen sich mehr Stämme dem Zug des Maharadschas an. Manchmal gingen die männlichen Stammesangehörigen auf Rotwildjagd. Wenn sie zurückkamen, balgten sie die Beute mit ihren langen Messern ab, und Jaya beobachtete die Frauen, wenn sie die geschlachteten Tiere über nachts zuvor ausgehobenen Gruben an Spießen brieten und dann das gebratene Wild an Stangen aufhängten, um es auf ihren bloßen Schultern zu tragen.

Einmal pumpten die Frauen Milch aus den Zitzen einer soeben getöteten Tigerin. Sie sagten, Tigermilch schenke Jaya einen kräftigen Sohn. Zögernd trank sie die Milch, obwohl sich ihr beim Gedanken an die Tigerjungen, die sich im Bambusdickicht aneinanderschmiegten und nach ihrer toten Mutter riefen, der Magen umdrehte. Lieber hätte sie die Frauen gefragt, was sie tun solle, um von ihrem Mann geliebt zu werden.

Als der Zug sich dem Himalayagebirge näherte, bekam das Laubwerk eine beängstigende Leuchtkraft. Nicht mehr weit entfernt von seinem Ursprung, den Schmelzseen Tibets, stürzte der Brahmaputra in klaren, gewaltigen Wasserfällen hinab. Die Bergstämme trugen mit Federn besetzten Kopfschmuck und Lendenschurze aus Tierfellen und schienen eine mythische Verbindung mit der Natur zu besitzen, welche die verweichlichten Menschen, die auf den fruchtbaren Reisebenen rund um die Hauptstadt lebten, verloren hatten. Abends tanzten die Stammesangehörigen, vom Palmwein betrunken und enthemmt, für den Maharadscha und die Maharani. Ihre Leiber glänzten im Feuerschein, wenn sie die Paarung von Tiger und Elefant darstellten, von Lotosblume und Schlange, ja sogar die von Menschen mit der Göttin, als wären sie den Göttern so nahe, daß nichts gotteslästerlich sein konnte.

In der Dämmerung brachen die Reiseelefanten eines Tages durch den dichten Wald auf eine Lichtung bei einem See, der den Stämmen heilig war. Grashütten auf Pfählen waren im Zwielicht zu sehen. Gewebte Banner stellten die Ahnentafeln der Sippen dar. Das Herrscherpaar wurde auf einem Lehmpfad, neben dem Lotospflanzen ihre langen Stengel aus dem klaren Wasser streckten, zu zwei Tigerfellen geführt, die auf der roten Erde ausgebreitet waren. Im Hintergrund stand eine solide doppelstöckige Holzhütte auf hohen Pfählen. Aus frischen Jasminblüten und Bergorchideen gewundene Vorhänge hingen von den Balken. Die Stammesleute verschwanden in ihren Hütten, und Jaya blieb stumm auf dem Tigerfell neben Maharadscha Pratap sitzen.

Als die Nacht hereinbrach, war es, als hätten die Jahrtausende der Evolution in Sirpur keine Spuren hinterlassen. Glühwürmchen schwebten in riesigen Schwärmen über dem See, ihr pulsierendes Leuchten spiegelte sich im schwarzen Wasser wider. Die Lichtung mit ihren einfachen Grashütten war kein primitives Lager mehr, sondern ein kreisendes Rad aus Licht und Finsternis.

Laternen bewegten sich in der Nacht hin und her. Jaya blickte in den Dschungel. Männer und Frauen tanzten dort auf dem Pfad zu den Schlägen der ovalen Trommeln, die sich die Stammeshäuptlinge über die Schultern gehängt hatten. Die nackten Leiber schienen sich zu verdoppeln, wenn eine Reihe Tänzer nahe ans Ufer kam und sich im Wasser spiegelte.

Palmweinschläuche aus Hirschleder wurden von einem Tänzer zum anderen geworfen. Hände ließen von Taillen ab, um die Flüssigkeit in den Hals zu schütten, wobei die beringten Füße keinen Takt ausließen. Trommelschläge dröhnten in der Dunkelheit und ließen die dünnen Pfähle der Grashütten erbeben. Maharadscha Pratap wurde von dem Tigerfell gehoben, sein roter Turban verschwand in einem Meer von Kopfschmuckfedern.

Jaya wurde ein bemalter Palmweinschlauch in die Hand gedrückt. Der scharfe Saft verursachte ihr Brechreiz. Sie wurde im Tanz davongewirbelt, ihr Körper stieß gegen schwitzende Brüste. Der Palmweinschlauch wurde ihr wieder und wieder in die Hand gedrückt, muskulöse Arme hoben sie in die Luft. Das starke Getränk machte sie sofort betrunken, und sie wußte nicht mehr, ob sie Sterne sah, die am Himmel rotierten, oder Glühwürmchen, die im schwarzen Wasser schwammen.

Die Tänzer zogen sich zurück, und Jaya stand mit wirr an ihrem Körper klebenden Haaren vor Maharadscha Pratap. Sein Turban war fort, sein langer Seiden-*dhoti* mit rotem Lehm bespritzt.

Die Stammesleute brachten Laternen, dann hakten sie sich unter und tanzten um das Herrscherpaar, zuerst langsam, dann immer ungehemmter, bis die stampfenden Füße in der Nacht pulsten wie Blut, das durch eine Arterie gepumpt wird, oder wie das Hämmern des *tandava*, des Herzschlags der Schöpfung, der von solcher Eindringlichkeit gewesen war, daß er den großen Asketen aus seiner Trance erweckt hatte und er durch die Gestirne getanzt war.

Wie von dem unbarmherzigen Rhythmus getrieben, schloß der Maharadscha seine Gemahlin in die Arme. Kräftige Muskeln preßten sich an Jayas nasse Haut, als er sie zu der Bambusleiter führte, die an der mit Jasmin- und Bergorchideenvorhängen geschmückten Hütte hinter ihnen lehnte. Auf dem roten Lehmboden klirrten bronzene Fußreifen zum Takt der Trommeln, während hinter der Blumenwand Maharadscha Pratap mit solcher Wildheit in seine Gemahlin eindrang, als wäre er der große Asket, der den Leib der Göttin mit seiner Wut zerfetzt. Jayas gläserne Armreifen zerbrachen in den Jasmingirlanden, und ihr Blut befleckte die zerdrückten Blütenblätter.

Einundvierzigstes Kapitel

Während Sirpur sich auf die Ankunft des Vizekönigs von Indien vorbereitete, weinte Jaya, weil Maharadscha Pratap es nur ertragen konnte, sie zu berühren, wenn die Trunkenheit aus dem, was die Zärtlichkeit eines Ehemannes hätte sein sollen, eine Vergewaltigung machte.

Sie konnte nicht mehr zählen, wie oft sie auf ihrem Balkon gestanden und zugeschaut hatte, wie das schlammige

Wasser an den Krokodilen vorüberrann, die auf den weißen Sandbänken des sommertrockenen Flußbettes schliefen, oder wie oft sie die schwarzen Monsunwolken beobachtet hatte, die wie eine Horde wütender Elefanten über den anschwellenden Fluß jagten, während sie auf die Schritte ihres Mannes vor der Tür gewartet hatte. Jetzt fürchtete sie das Geräusch dieser Schritte.

Nachdem er die Tage mit Sir Akbar und Sir Henry Conroy mit der Planung der Visite des Vizekönigs und die Abende mit den ausländischen Gästen verbracht hatte, die schon für die Feier der Amtseinsetzung in Sirpur eingetroffen waren, erschien Maharadscha Pratap im Schlafgemach seiner Gemahlin und stieß sich betrunken in ihren Leib, als sei sie eine Konkubine, die man ihm für die Nacht zugeführt hatte. Die Dringlichkeit, mit der er sein Bedürfnis stillte, ließ Jaya diese Intimität bitterlich beklagen, und sie fühlte sich beschmutzt, ein Gefühl, das sie zur Zeit seiner Unnahbarkeit nie gekannt hatte.

Sie wußte kaum, wie ein eheliches Lager sein solle. Doch erinnerte sie sich, daß die beiden Male, als sie ihre Eltern einander berühren sah, jeder Moment voll Zärtlichkeit gewesen war. Während sie auf Laken lag, die vom Schweiß ihres Mannes durchtränkt waren, klammerte sich Jaya an diese Erinnerungen und wunderte sich, daß Maharadscha Pratap ihre stummen Schreie nicht hören konnte. Doch manchmal, wenn ihr Mann auf ihr wütete, schob sich der Schatten eines anderen ungebeten in ihren Sinn. Sie fühlte James Osbornes Arme um ihre Schultern oder Arun Roys Lippen auf ihrer Haut, und für Augenblicke entspannte sich ihr steifer Leib.

Halb war ihr bewußt, daß Maharadscha Pratap seine Gemahlin als Symbol der Macht des Empire über sein Privatleben um so mehr haßte, je mehr er vor diesem Empire zu Kreuze kroch, und sie hielt sich von den hektischen Vorbereitungen für die Visite des Vizekönigs fern. Doch jeden Morgen, wenn sie gewissenhaft für ein langes Leben ihres

Gemahls betete, versuchte sie sich von der verunreinigenden Erinnerung an seine Umarmung zu befreien.

Jayas Isolierung von äußeren Geschehnissen wurde durch die Ankunft der indischen Herrscher beendet. Auf der Veranda des Stadtpalastes verbreiteten sich die mitgekommenen Maharanis erzürnt über die skandalöse Art und Weise, wie das Britische Empire Indiens Fürsten entthronte.

»Die Engländer versuchen, einen Keil zwischen uns und Britisch-Indien zu treiben, damit sie ihr Empire halten können. Wenn das Indien der Fürsten und Britisch-Indien zusammenhielten, könnten wir die Engländer im Nu hinauswerfen.«

»Und woher kommt die schmutzige Propaganda in der nationalistischen Presse, wenn nicht aus den Geheimakten des Britischen Empire?«

»Bald wird jeder mächtige Herrscher unter dem einen oder anderen Vorwand entthront sein.«

Eine ältere Maharani, die gerade Limonenpaste auf ihr Betelpfefferblatt strich, hielt in ihrem Tun inne und sah angewidert auf. »Die Engländer stellen sich unschuldig, aber dieser jüdische Vizekönig, der den Maharadscha von Indore um seinen Thron gebracht hat und jetzt Patiala seinen wegnehmen will, dieser Lord Reading, den man uns geschickt hat, weil er unsere orientalische Art angeblich besser versteht als ein gewöhnlicher Engländer, ist mit allen Wassern gewaschen.«

Eine hellhäutige jüngere Maharani aus einem Rajput-Fürstentum senkte verschwörerisch die Stimme. »Kennt ihr den wahren Grund, weshalb der Maharadscha von Indore seinen Thron verloren hat?«

Die anderen Damen hielten inne, mit ihren silbernen Nußknackern Betelnüsse zu öffnen, und beugten sich über ihre *Paan*-Kästchen.

»Kleinliche Rache. Lord Reading hat Indore seinen Thron genommen, weil Indore, als der Vizekönig und die Vizekönigin sein Land besuchten, zum Vizekönig gesagt hat: ›Mein Vertrag macht mich zum Untertan der britischen Krone. Aber die Gattin des Vizekönigs ist auch nur eine Engländerin. Sie können nicht erwarten, daß meine Gemahlin, eine herrschende Fürstin, einer Engländerin den Wagenschlag aufhält.‹«

Den versammelten Damen blieb vor bewunderndem Staunen der Mund offenstehen. Mit der Wirkung ihrer Gesichter zufrieden, fügte die Maharani eifrig hinzu: »Und was Patiala und Nabha angeht, das ist bislang Englands schmutzigstes Spiel. Die Briten werden im Punjab wegen des Massakers von Amritsar noch immer verachtet. Diese beiden Fürsten waren gebeten worden, zwischen den *sikhs* und den Engländern zu vermitteln. Jetzt fürchten die Engländer, daß ihr Einfluß zu weit reicht.«

Diener erschienen mit Tabletts voller Köstlichkeiten, und die Maharanis verstummten. Über die Oleandersträucher drang das Stampfen von Dampfern vom Wasser her. Jaya nahm sich vor, sich die getippten Instruktionen fest einzuprägen, die Sir Akbar ihr in ihre Gemächer gebracht hatte, um sicherzugehen, daß ihr nicht der kleinste Irrtum unterlief, der von den scharfsichtigen Beamten im Gefolge des Vizekönigs als Kränkung oder, schlimmer noch, als Akt der Aufwiegelung verstanden werden könnte. Als sich die Diener unter Verbeugungen wieder entfernten, setzten die Maharanis ihr Gespräch fort.

»Stellt euch vor, in Britisch-Indien heißt es, Patiala und Nabha sind im Begriff, wegen einer Tänzerin mit blauen Augen und roten Haaren Krieg anzufangen, und ihre Völker würden unsägliche Not leiden, wenn die zwei Maharadschas nicht unverzüglich abdanken.«

»Das ist die rechte Dankbarkeit. Patiala entthronen, nachdem er im Punjab Frieden gestiftet hat.«

Jaya dachte an Lady Modis Geschichten von den fünfhundert Frauen im Harem des riesenhaften *Sikh*-Herrschers und an das Kricketspiel, bei dem er und seine Edelleute

Frauenkleider getragen hatten, um den britischen Gouverneur zu schockieren. Sie konnte sich nicht vorstellen, daß ein Fürst, der es gewagt hatte, die Tochter des Vizekönigs zu entführen, so eingeschüchtert werden konnte, daß er auf seinen Thron verzichtete.

Als könne sie Jayas Gedanken lesen, sagte eine Maharani: »Die Engländer werden Patiala seinen Thron nicht nehmen. Der Maharadscha hat den Vizekönig herausgefordert und gesagt: ›Mal sehen, wer für das Volk von Patiala spricht – sein Fürst oder ein Engländer. Wenn mein Volk leidet, werde ich Patiala freiwillig verlassen und barfuß von meinem Land zur heiligen Stadt Amritsar pilgern, um im goldenen Tempel der *sikhs* Buße zu tun. Und du, Vizekönig-*Sahib*, wirst eine Revolution am Hals haben, ehe ich fünfzig Meilen gegangen bin.‹«

Die Maharani-Witwe wies auf die Blumenbögen, mit denen hölzerne Gebäudeteile des Kamini-Tempels geschmückt waren, und auf die Prachtschilde aus der Waffenkammer des Palastes. »Es heißt, der Vizekönig hat mehr Macht als der König von England. Hoffentlich gefällt ihm dies alles.«

Durch das Fenster des Rolls-Royce sah Jaya die Menschenmasse auf den Straßen der Hauptstadt. Die Menge schien, falls das überhaupt möglich war, noch dichter als an den Tagen, an denen alle zum Kamini-Tempel pilgerten, und die Dekorationen noch erlesener als jene für den Prinzen von Wales. Leuchtendgrüne Bananenblätter und papierene *Union Jacks* säumten die von Balkon zu Balkon gespannten Girlanden, als ob jedes Haus entlang der Route des Vizekönigs mit seinen Nachbarn um das Gefallen des Engländers wetteiferte.

Eine riesige Menge säumte die Eisenbahngeleise, um den weißen Zug des Vizekönigs zum erstenmal in der Geschichte des Fürstentums in die Hauptstadt einfahren zu sehen.

Ein roter Teppich war in der Mitte des Bahnsteigs, wo der Zug halten sollte, ausgerollt. Unter einem Baldachin links von dem Teppich sah Jaya die indischen Fürsten, deren Schmuck in der Morgensonne glitzerte. Ihnen gegenüber saßen die Hofminister von Sirpur, der britische Resident Sir Henry Conroy und seine Beamten.

Der Maharadscha saß am Ende des Teppichs auf einem silbernen Stuhl. Der berühmte Sirpur-Kopfschmuck, der von einer Rubinschlange umschlossene Diamant, schmückte seinen Turban. Perlenreihen lagen um seinen Hals. Das Schwert von Sirpur hing an seinem smaragdgrünen Gürtel.

Ein schrilles Pfeifen verkündete die Ankunft des weißen Zuges. Jaya hielt ihre Protokollnotizen so fest, daß sich auf ihren schwitzenden Fingern schwarze Farbspuren' abdrückten.

Weiße Gesichter sahen aus dem Abteilfenster, indes die Leibwächter des Vizekönigs in scharlachroten Uniformen und goldenen Schärpen auf den Bahnsteig sprangen, um die mit einem roten Teppich belegte Treppe festzumachen, über welche der Vizekönig und Lady Reading den Boden von Sirpur betreten sollten.

Die Maharanis blickten in ihre Programme und bemerkten sarkastisch, daß nicht weniger als achtundsechzig Beamte und Bedienstete den Vizekönig begleiteten, obwohl er nur sieben Stunden in Sirpur blieb, ehe er sich nach Shillong begab, um seinem Lieblingssport auf dem höchsten Golfplatz der Welt nachzugehen.

Eine hochgewachsene Gestalt in einem Baumwollanzug erschien in der Tür des pompösen Salonwagens. Jaya gelang gerade noch ein Blick auf die hohe Stirn und die dunklen Augen über der langen Nase, ehe der Vizekönig seinen Hut aufsetzte.

Er stieg die Treppe hinab, und die Sirpur-Kanonen begannen, die einundzwanzig Salutschüsse zu feuern, welche die Anwesenheit des Statthalters des Britischen Empire verkündeten. Der Maharadscha erhob sich von seinem silbernen Stuhl. Der Kanonendonner erschütterte die Bahnhofsgebäude, als die zwei Männer auf dem roten Teppich protokollgemäß aufeinander zuschritten.

Die Kanonen feuerten ihre letzte Salve, und Schulkinder stimmten die Nationalhymne des Britischen Empire an. Hinter ihnen schimmerten die Posaunen und Trompeten der Palastkapelle, deren Mitglieder grüne Uniformen mit goldenen Epauletten trugen. Die zwei Herrscher standen reglos, bis die Zimbeln mit Gewalt aneinanderschlugen und die Kinder die letzten Takte gesungen hatten: »*Happy and glorious, ever victorious, long to reign over us, God Save the King.*«

Die Sirpur-Lanzenreiter, die in Frankreich und Mesopotamien gekämpft hatten, paradierten vor dem Vizekönig.

Bei der Fahrt zum Palast saß der Premierminister im Wagen neben Jaya. »Denke daran, *Hukam*, Lady Reading kam als einfache Frau nach Indien. Der Maharadscha von Bikaner hat mir gestern abend erzählt, daß sie den Käse wahrhaftig mit dem Messer ißt.« Seine blasse Hand entfernte einen nicht vorhandenen Flusen von seinem schlichten Rock. Jaya kannte diese Geste als Ausdruck von Sir Akbars höchster Mißbilligung. »Leider hat der Glanz Indiens sie königlicher gemacht als Kaiserin Victoria persönlich. Sie ist sehr unglücklich, weil ihr Gatte nächsten Monat nach England zurückkehrt. Sie wäre gerne noch mindestens weitere fünf Jahre Vizekönigin geblieben. Sie wird keine Fehler tolerieren.«

Jaya blickte in die Papiere in ihrer Hand, obwohl sie das Protokoll auswendig kannte. Sir Akbar lächelte über ihre Besorgnis.

»Kanonenschüsse, Nationalhymnen, leichtsinnige Verschwendung für ein wenig wohlwollende Anerkennung. Wo soll das enden, *Hukam*, wenn der Herrscher des ältesten Geschlechtes Indiens nur regieren kann, wenn die Engländer ihn zum Maharadscha ernennen?«

»Soll ich im Bankettsaal nachsehen, ob für das Mittagessen alles richtig vorbereitet ist?« fragte Jaya, als der Wagen durch das Tor rollte, durch das der Elefant des Maharadschas bald den Stadtpalast betreten würde. Eine Reihe sänftentragende Elefanten wartete im Hof. Leute warteten mit Blumengirlanden in den Händen auf den hohen Mauern.

»Der Maharadscha hat den Saal heute morgen selbst inspiziert, *Hukam.* Um die letzten Einzelheiten wird sich Michel kümmern.«

»Warum hat man mich nicht hinzugezogen?«

»Lady Reading ist eine großartige Gastgeberin, *Hukam.* Ihre Kostümbälle in Simla sind legendär. Der Maharadscha wollte sichergehen, daß keine Fehler unterlaufen, über die sie sich bei ihrer Rückkehr nach England verbreiten kann.«

Jaya schwieg. Briefe und Telegramme aus aller Welt hatten die Postämter von Sirpur überschwemmt, um dem neuen Maharadscha zur Thronbesteigung zu gratulieren. Sie hatte nicht eines davon zu sehen bekommen. Jetzt war sein französischer Diener beauftragt worden, das Bankett für den Vizekönig zu organisieren, als sei die Maharani von Sirpur dieser Aufgabe nicht gewachsen.

Jaya stand im Säulengang vor der *Durbar*-Halle und versuchte, sich zu beruhigen, um die Vizekönigin formvollendet zu empfangen. Ein Rolls-Royce, an dem der *Union Jack* flatterte, fuhr in den Hof. Jaya stieg langsam die Treppe hinab, so daß ihr Fuß in dem Moment den Boden berührte, als der Wagen bremste. Eine der Maharanis hatte gesagt: »Sei bei Lady Reading auf der Hut, *Hukam.* Der Sekretär meines Mannes, Mr. Forster, hat, während er bei uns in Dewas arbeitete, ein Buch geschrieben: ›Auf der Suche nach Indien‹. Es wurde im Ausland sehr gut aufgenommen. Aber der Vizekönigin hat es überhaupt nicht gefallen. Sie sagt, es vermittle einen schlechten Eindruck von den Engländern. Und der Vizekönig sagte:

›Das kommt davon, wenn die Herrscher sich mit den falschen Europäern umgeben.‹«

Die Vizekönigin stieg aus. Jaya mochte nicht glauben, daß diese zierliche Frau mittleren Alters von ihrer eigenen Bedeutung so erfüllt war, daß sie die Absetzung des Herrschers von Indore bewirkt hatte, bis die Vizekönigin ihre behandschuhte Hand ausstreckte, deren schlaffe Haltung ihr Überlegenheitsgefühl deutlicher zum Ausdruck brachte als Worte.

Sie stieg bemüht vor Jaya die Marmorstufen hinauf, als erweise sie ihr eine Gunst. In der *Durbar*-Halle schenkte Lady Reading den berühmten Fresken kaum einen Blick, während Jaya sich steif mit ihr über das Wetter unterhielt. Kanonenschüsse verkündeten das Nahen des Elefanten des Maharadschas. Erleichtert, daß sie die Vizekönigin offensichtlich nicht beleidigt hatte, führte Jaya sie in den Hof, wo die anderen Maharanis schon Platz genommen hatten.

Die berittene Palastwache des Maharadschas trabte in den Hof, und die Leute auf den Mauern warfen ihre Blumen auf den festlich geschmückten Elefanten, der durch das goldene Tor schritt. Die Elefanten, die den Hof säumten, hoben die Rüssel, um Rosenblütenblätter herabregnen zu lassen, während der Herrscher und der Vizekönig abstiegen.

Die zwei Männer näherten sich dem roten Kissen neben dem silbernen Stuhl, der mit dem Wappen des Vizekönigs von Indien geschmückt war, und die Vizekönigin und andere Europäerinnen sanken in Knickse, als der Vizekönig an ihnen vorüberging.

»Eure Hoheit, Maharadscha von Sirpur.« Die schneidende Stimme des Vizekönigs brachte das Gemurmel der sich auf den Hofmauern drängenden Menge zum Schweigen. »Der bedeutende Augenblick Ihrer Inthronisation als Oberhaupt von Sirpur ist gekommen. Es ist mein Vorrecht als Repräsentant des King Emperor von Indien und der

Regierung des Britischen Empire, Sie auf den Thron Ihrer Vorfahren zu heben und mit der Macht des Maharadschas eines Landes auszustatten, dem die Ehre von einundzwanzig Schuß Salut zusteht. Sie selbst haben den Verdiensten einer langen Ahnenreihe die Erfahrungen eines großen Empire hinzugefügt, die Sie sich zuerst durch Ihre Ausbildung in Eton und Cambridge und später durch Ihren langen Aufenthalt in Europa sowohl in Friedenszeiten als auch in den finsteren Kriegsjahren erwarben. Es ist bei einem solchen Anlaß üblich, daß der Repräsentant des Britischen Empire dem neuen Herrscher Belehrungen erteilt, aber Sie sind kein Knabe auf der Schwelle zum Mannesalter, und es ist nicht nötig, Sie vor Intriganten und Speichelleckern zu warnen. Widmen Sie stets den verschiedenen Ministerien Ihrer Verwaltung Ihre Sorgfalt, beschäftigen Sie die besten Männer, bezahlen Sie sie anständig, bestehen Sie auf Tüchtigkeit und lassen Sie sich nicht durch falsch verstandene Güte verleiten, einen schlechten Mann zu behalten! Seien Sie freisinnig in der Planung öffentlicher Arbeiten, und haushalten Sie gut mit den Schätzen Ihres alten Reiches.«

Aus Wut über den Ton des Vizekönigs hörte Jaya der Ansprache nicht weiter zu. Sah der Vizekönig denn nicht, wieviel für seinen kurzen Besuch in Sirpur ausgegeben worden war? Wußte er nicht, daß die höchsten Unkosten eines indischen Fürstentums jene Ausgaben waren, mit denen es sich Britisch-Indien gewogen machte? Wußte er nichts von dem Schatten, den England zwischen einen Herrscher und sein Volk warf? Sie war sicher, daß der Vizekönig und seine Gattin die Juwelen und Geschenke nicht zurückweisen würden, die man ihnen aufdrängen mußte, wenn sie in dem weißen Zug mit ihrem achtundsechzigköpfigen Gefolge zu den Golfplätzen von Shillong abfuhren.

Der Vizekönig führte Maharadscha Pratap zu dem roten Kissen und setzte ihn auf den *gaddi*. Die Menge auf den

Mauern spendete Beifall. Die Vizekönigin faßte sich mit ihren behandschuhten Händen an die Ohren, und die Maharanis warfen sich angesichts dieser gereizten Geste wissende Blicke zu, während Sir Henry Conroy dem neuen Maharadscha das Staatssiegel und die Schlüssel zur Schatzkammer von Sirpur übergab, die seit Maharadscha Victors Tod in der britischen Residenz aufbewahrt worden waren.

Maharadscha Pratap erhob sich. Die Vizekönigin rutschte auf ihrem Stuhl hin und her, während Maharadscha Pratap seine Huldigungen an Lord Reading und sie vortrug. Jaya beobachtete sie zornig, bis sie einen erregten Ton in Maharadscha Prataps Stimme vernahm. »Es war England, das meinen Vater überredet hat, die Eisenbahn zu bauen, die uns jetzt mit Britisch-Indien verbindet. Dann kaufte mein verstorbener Bruder eine Flotte von Flugzeugen, welche die Anerkennung des Prinzen von Wales gewannen. Ich werde neue Flugplätze anlegen, die eine rasche Abwicklung von Geschäften ermöglichen und die fernsten Gegenden des Fürstentums auf eine Weise mit der Hauptstadt verbinden werden, von der wir vor zehn Jahren nicht einmal zu träumen wagten.«

Jaya sah die Müdigkeit im Gesicht des Premierministers, und sie wußte, daß er sich schon ausrechnete, was die Begeisterung des Herrschers die Staatskasse kosten würde.

Aber der Vizekönig schien mit der Zeremonie zufrieden, und beim Mittagessen gratulierte er Jaya zu den Arrangements.

Als die letzten Gedecke abgetragen waren, erhoben sich die auswärtigen Maharadschas, um einen Toast auf den neuen Herrscher auszubringen.

Da sie wußte, daß des Maharadschas von Patiala Thron in Gefahr war, wunderte sich Jaya, daß der *Sikh*-Herrscher sein Glas erhob und sich dem Vizekönig zuwandte.

»Exzellenz, wir haben heute einer bewegenden Zeremonie beigewohnt, der Inthronisierung eines indischen Fürsten, der den *gaddi* seiner Vorfahren bestieg. Eines indischen Fürsten, der, was allzuoft vergessen wird, ein unabhängiges Land regiert. In diesem glücklichen Augenblick darf ich Sie erinnern, daß unsere Verträge mit Großbritannien abgeschlossen werden, nicht mit Britisch-Indien. Aber die Beamten von Britisch-Indien befassen sich mit unseren inneren Angelegenheiten und drohen uns mit Bestrafungen, wenn wir protestieren. Die Chamber of Princes, eine Versammlung von unabhängigen Herrschern, die sich in ihrer Art nicht sehr von anderen zwischenstaatlichen Gremien unterscheidet, kann nur einberufen werden, wenn es den britisch-indischen Beamten beliebt, manchmal zweimal in einem Jahr, manchmal überhaupt nicht. Der Inhalt unserer Reden wird von britischen Beamten bestimmt und kontrolliert. In allgemeinen Angelegenheiten wird uns von Britisch-Indien nicht gestattet, uns mit anderen Indern zu beraten. Über die Sitzungen der Chamber of Princes darf in der Presse nicht berichtet werden. So wird unser Ruf leichtsinnig aufs Spiel gesetzt, und Entschädigung wird uns verweigert. Wir, die regierenden Fürsten Indiens, waren im Krieg wie im Frieden Großbritanniens loyalste Stützen. Kein Herrscher sitzt heute an diesem Tisch, der nicht tapfere Untertanen auf den Schlachtfeldern des Empire verloren hat. Wir bitten Sie, uns als Vertrauensbeweis Großbritanniens unsere verfassungsmäßigen Rechte zu garantieren!«

Das Gesicht des Vizekönigs zeigte während des Maharadschas von Patiala Rede keinerlei Überraschung, und das Glas in der Hand des Engländers zitterte nicht, als er es in Erwiderung auf den Trinkspruch des *Sikh*-Herrschers erhob: »Hoheiten, auf einer Versammlung, bei der Indiens ältere Herrscher zugegen sind, ist es angezeigt, daß ich die Ansichten über die Beziehung zwischen den indischen Staaten und der britischen Krone, die ich dem Nizam von Haiderabad bereits vorgetragen habe, noch einmal darlege. Die Souveränität der britischen Krone steht in Indien an höchster Stelle, und daher kann kein Herrscher eines indischen Staates mit Recht behaupten, als Gleichgestellter mit der britischen Regierung zu verhandeln. Unsere Oberhoheit gründet sich nicht nur auf Verträge, sondern ist unabhängig von ihnen.«

Die Herrscher zuckten zusammen angesichts der Unverblümtheit; mit der Readings Worte die fundamentale Übereinkunft zwischen dem Indien der Fürstentümer und Großbritannien zunichte machten.

Nach dem Mittagessen pflanzte die Vizekönigin den ersten Schößling in dem neuen Park, der ihren Namen tragen sollte: Lady-Reading-Park. Jaya sah die Maharanis hinter vorgehaltenen Händen flüstern, und sie war froh, daß Lady Reading nicht verstehen konnte, wie über den Vizekönig geschimpft wurde, weil er das Vertrauen der indischen Fürsten verraten hatte.

»Wenn unsere Verträge bedeutungslos sind, kann der Vizekönig uns unsere Throne jederzeit nehmen und behaupten, er tue es zur Erhaltung des Friedens und zum Wohle Indiens.«

»Die Engländer sind schlimmer als die Geldverleiher. Sie nehmen uns alles, was wir haben, und sagen immer noch, wir stehen in ihrer Schuld.«

Zweiundvierzigstes Kapitel

Nach der Abreise des Vizekönigs war Jaya dem Maharadscha wieder ausgeliefert. Der Akt, der eigentlich ein Liebesbeweis sein sollte, schändete sie. Sie dachte mit zwiespältigen Gefühlen an die langen Jahre, die sie darauf gewartet hatte, daß er die Ehe vollzog. Nun zwang sie die Notwendigkeit, einen Erben zu gebären, dem Herrscher willfährig zu sein.

Als er sie in der Pfahlhütte mit den Blumenvorhängen endlich in seine Arme genommen hatte, schien ihr, als sei die Erinnerung an seine anderen Frauen abgeschält wie das Fell von einem erlegten Tier, das die Stammesleute mit einem langen Messer abzogen, und sie hatte gehofft, ihr leeres Dasein würde nun mit all dem Überfluß überschwemmt, um den alle Ehefrauen beteten. Aber Nacht für Nacht sah sie ihn die Duftkerzen ausblasen, als könne er es nicht ertragen, seine Frau zu berühren, solange er sie sehen konnte, als beschmutze die Vereinigung ihn ebenso wie sie. Und ihre Demütigungen verhärteten sich zu einem Zorn, der den ihres Gemahls widerspiegelte.

Als die Palastärzte endlich feststellten, daß sie schwanger war, zog sie eilig in den *Purdah*-Palast, nur fort aus der Nähe des Herrschers. Die Aufregung der *Purdah*-Damen über ihre bevorstehende Niederkunft ließ sie die Würdelosigkeit der ehelichen Vereinigungen mit Maharadscha Pratap allmählich vergessen. In der Dämmerung saß sie auf dem Balkon und lauschte den Gesängen der Frauen von den heldenhaften Vorfahren ihres ungeborenen Kindes. Die heiteren Stimmen besänftigten sie, bis die Erinnerung an ihren Mann verblich wie ein gräßliches Bild, und als Sir Akbar ihr die Nachricht zukommen ließ, daß Maharadscha Pratap in Begleitung der Tänzerin Esme Moore nach Europa gereist war, war Jaya beinahe erleichtert.

Die Maharani-Witwe öffnete die Schatzkammern, wo die traditionellen Spielsachen für den Thronerben verwahrt wurden. »Suche Spielzeug für deinen Sohn aus! So lebhaftes Treten kann nur bedeuten, daß es ein Knabe wird.« Wiegen, Rahmen für das Horoskop des ungeborenen Kindes, kleine *Puja*-Gegenstände für seine ersten Gebete, Brokatstoffe für seine ersten Röcke und Kopfschmuck für seinen ersten Turban türmten sich zuhauf in den Kammern. Jaya ergriff eine Kugel aus Elfenbein und Gold, die mit Szenen von der Tigerjagd und vom Krieg in leuchtenden Farben verziert war. Die Witwe klapperte mit der Kugel an

Jayas Ohr. »Hörst du? Sie enthält noch Erde. Er muß von der Erde, dem Wasser, dem Licht und der Luft lernen, den vier Elementen, welche die Welt bilden. Was wäre das für ein Herrscher, der nichts von den Grundprinzipien der Natur versteht?« Jaya rollte die Kugel in der Hand; sie war so rund und glatt, daß ein Kind sich nicht daran verletzen konnte.

»Und dies soll ihn über den Himmel belehren.« Die Maharani-Witwe hielt ein Halsband aus Edelsteinen in die Höhe, so daß die Farben das Sonnenlicht einfingen. »Das sind die neun Edelsteine, welche die Planeten verkörpern; sie beherrschen die Stimmungen und Veränderungen unseres Lebens wie die Gezeiten das Meer.«

Während das Kind in ihrem Leib heranwuchs, verbrachte Jaya Stunden in den Schatzkammern. Sie wählte jedoch nicht besonders viel aus, sondern träumte hier in der Nachmittagssonne von dem Baby.

Im April 1926 brachte Maharani Jaya Devi einen Sohn zur Welt. Als sie das schreiende Baby im Arm hielt und die Maharani-Witwe ihr mit steifen Fingern die verschwitzten Haare aus dem Gesicht strich, hatte sie endlich das Gefühl, nach Sirpur zu gehören. Sie hatte das Sirpur-Geschlecht erhalten, und dieses Wissen erfüllte sie mit einer nie gekannten Sicherheit.

Während Maharadscha Pratap auf dem Rückweg von Europa war, feierte die überglückliche Maharani-Witwe die Geburt mit gebührendem Pomp. In der Abend- und Morgendämmerung übertönten Kanonenschüsse den Klang der Tempelglocken, um die Geburt des Erben des Fürstentums zu verkünden. Gefangene wurden freigelassen. Neue Kleider wurden an das Volk verteilt. Zweimal täglich wurden unter riesigen Zelten, die im Haupthof des Stadtpalastes aufgeschlagen waren, die Armen gespeist. Als die Ehefrauen der Edlen von Sirpur den Kopf von Jayas Sohn mit Geldstücken umkreisten, um das Auge des

Bösen zu bannen, spürte sie, daß die Feiern nicht nur für ihr Kind, sondern auch für sie eine Anerkennung bedeuteten.

Nachdem der Maharadscha zurückgekehrt war, fuhr Jaya in den Stadtpalast und sah stolz in die leuchtenden Augen des Babys, das sie an ihrer Brust hielt. Mit ihrer eigenen Welt beschäftigt, hatte sie nur ein Lächeln für Maharadscha Prataps charmante Entschuldigungen dafür, daß er bei der Geburt seines Sohnes nicht zugegen gewesen war.

Als er sich aber über sie beugte, wandte Jaya den Kopf, so daß seine Lippen nur ihre Wange berührten. Sie lächelte das schreiende Baby an, indes sie ihren Sari herunterzog, um es zu stillen.

»Laß das!«

Jaya blickte überrascht von dem Kind an ihrer Brust auf.

»Die Maharanis von Sirpur haben dafür Ammen. Ich dulde nicht, daß meine Gemahlin ein Baby stillt wie eine Bauersfrau.«

»*Hukam!*« Jaya stieg das Blut ins Gesicht. Maharadscha Pratap hatte sie bereits der Würde beraubt, eine Ehefrau zu sein. Wollte er ihr jetzt auch das Recht der Mutterschaft nehmen? Sie schlug die Augen nieder, damit er ihren stummen Zorn nicht sehen konnte, der sich in Wellen Bahn brach. Doch dann siegte die Ehrfurcht vor dem Ehemann, welche ihr durch die Gebete und Zeremonien, die ihr ganzes Leben gekennzeichnet hatten, in Fleisch und Blut übergegangen war.

Mit nie gekannter Eiseskälte saß sie in der *Durbar*-Halle an seiner Seite, während die Amme das Baby in ihren Gemächern stillte, und hörte sich die Gästeliste an, die Sir Akbar für die Zeremonie der Namensgebung zusammengestellt hatte.

Ihre Wut auf die brutale Machtdemonstration ihres Gemahls schwand für kurze Zeit, als Federchen von Dungra in Sirpur eintraf. »Deine Mutter ist entzückt über die

Nachricht von ihrem Enkel.« Der Erbe von Dungra beschrieb mit einer karmesinroten Börse voll Goldmünzen einen Kreis um den Kopf des Babys und reichte dann Chandni das Geld. »Als mein Vater starb, bat er deine Mutter um ihren Segen, und seit ich nun Herrscher von Dungra bin, ist mir ihre Anwesenheit im Lande ein großer Trost.« Er ließ seine Massen in einen Sessel fallen. »Aber ich glaube nicht, daß es den Engländern ein Trost war, Pratap in London beim Glücksspiel zu sehen, während das Volk dort hungert.«

»Herrscht in England Mangel, *Hukam?*«

»Mangel an Arbeitsplätzen, *Bai-sa.* Die Männer, die den Krieg überlebt haben, können ihre Kinder nicht ernähren, weil sie keine Arbeit finden. Vorigen Monat sind sie in ihrer Verzweiflung nach London marschiert und wurden mit einem Kugelhagel begrüßt. Man befürchtet sogar eine Revolution in England, wenn sich die Situation nicht bessert.« Er nahm die kleine Hand des Babys. »Versuche Pratap zu veranlassen, die Nationalisten zu fördern. Wenn England zusammenbricht, liegt unsere Zukunft in ihrer Hand.«

»Im Augenblick scheint sich mein Mann nur für sein Vergnügen zu interessieren, *Hukam.* Sogar sein Sohn kommt erst an zweiter Stelle.«

Zorn bewegte die massige Gestalt. »Pratap ist ein liebenswerter Mann, aber wie alle Herrscher von Sirpur kann er die Wirklichkeit nicht vertragen. So aber sieht die Wirklichkeit aus, *Bai-sa:* Vorigen Monat hat die Volksversammlung in Bombay eine Reformistenorganisation gegründet, um in den indischen Fürstentümern eine Revolution auszulösen.«

Jaya drückte das Baby an sich. Sie wußte, daß die Sirpur-Familie ihre starke Position den engen, seit vier Generationen sorgsam gepflegten Verbindungen zum Britischen Empire verdankte.

Die Rufe eines Palastwächters verkündeten die Ankunft

des Maharadschas. Federchen von Dungra erhob sich, um Pratap zu umarmen. »Wir freuen uns über die Geburt deines Sohnes, Pratap.«

»Und mein Resident sagt mir, er will nächstes Jahr nach Hause, Federchen. Ein Grund mehr zur Freude.«

»Spaß beiseite, Pratap! Die neue Reformistenbewegung ist eine echte Bedrohung für unsere Zukunft. Jetzt schickt das Britische Empire indische Beamte statt Engländer in unsere Länder. Manche von diesen Indern hassen uns mehr, als es die Engländer je getan haben. Sir Henry kennst du wenigstens, sein Nachfolger könnte sich als viel schlimmer erweisen.«

»Reg dich nicht auf! Der ungemein tüchtige Sir Akbar hat eine Nachfolgerliste, die unsere Spione aus der britischen Residenz entwendet haben. Er wird schon einen finden, der Sirpur gewogen ist. Komm mit, ich möchte dir die zwei neuen Flugzeuge zeigen, die soeben aus England gekommen sind! Die Kisten werden gerade in den Hangars ausgepackt.«

Das Zeremoniell der Namensgebung fand in demselben Hof statt, in dem Maharadscha Pratap vom Vizekönig in sein Amt als Herrscher eingesetzt worden war. Wieder drängten sich die Leute auf den hohen Mauern, um den Priestern zuzusehen, welche die *puja* für den Thronerben von Sirpur verrichteten.

Der *raj guru* trug das Kind vor das heilige Feuer. Reiskörner wurden in die kleinen Hände gelegt. Die Menge schrie vor Freude, als die Händchen des Säuglings sich just im richtigen Moment öffneten und die Körner ins Feuer fallen ließen. Der Körper des Babys wurde mit Ganges-Wasser besprengt, seine Stirn mit *sindoor* rot gefärbt. Der *raj guru* hob die Stimme, um zu verkünden, daß der neugeborene Prinz der Sirpur-Familie Arjun heißen werde.

Jaya freute sich, weil das Baby während der langen Gebete nicht ein einziges Mal schrie, sondern mit großen Augen in die Flammen starrte, die jedesmal aufzüngelten, wenn die Priester Butterfett ins Feuer schöpften. Sie fand es passend, daß ihr Sohn nach dem großen König genannt wurde, dessen Wagen vom Helden Krischna gelenkt worden war.

Zwei Tage später traf, fast nicht zu sehen hinter einem in dem unverkennbaren Cartier-Papier verpackten Karton, Lady Modi im Palast ein. Sie beugte sich vor, um Jaya einen Kuß zu geben, und das Paket fiel krachend auf die Erde.

»Nicht zu fassen, da hab' ich das verflixte Ding um die halbe Welt geschleppt, bloß damit es, gerade als ich es überreichen will, in tausend Scherben zerspringt.«

Jaya umarmte sie. »Ich brauche kein Geschenk, Bapsy.«

Mit dem Ausdruck der Empörung in ihrem Puppengesicht fuhr Lady Modi fort: »Das ist doch nicht für dich, Darling! Es ist für deinen Sohn. Ein Picknickkorb: Gläser mit Goldrand und ein todschicker Cocktail-Shaker und Geschirr und Besteck mit Monogramm und...«

»Er ist noch keine sechs Monate alt. Was, um alles in der Welt, soll er mit einem Picknickkorb?«

»Nun, man kann nie wissen. Kinder sind immer hungrig.«

»Soll ich ihn holen lassen, Bapsy?«

Spitzenhandschuhe flatterten wie aufgestörte Schmetterlinge in der Luft. »Um Himmels willen, Darling. Du weißt, ich kann mit kleinen Kindern nichts anfangen.«

Mit einem resignierten Seufzer nahm Jaya Platz, um sich den neuesten Klatsch aus Europa anzuhören. Die zitternden Schatten der Blätter sprenkelten Lady Modis Porzellanhaut, während ihre Hunde durch die Oleandersträucher jagten.

Von der verzweifelten Chantal verfolgt, stürmten die Hunde die Treppe zur Terrasse herauf und sprangen ihrer Herrin auf den Schoß. »Scott-Ward, Ali! Platz!« Lady Modi schlug den Barsoi mit ihrem Glas. Der Stiel knallte an sein Diamanthalsband, und sie ließ sich geschlagen auf das Sofa zurückfallen. »Hoffentlich verbluten sie!« stöhnte sie matt aus den Kissen, während Diener herbeieilten, um die Bescherung aufzuputzen. »Mach mir noch einen Drink, Darling! Mir wird ganz schlecht, wenn ich nur daran denke, wie diese gräßlichen Köter sich bei der Hochzeit des Nawabs von Junagadh benehmen werden.«

Jaya schwenkte Wermut in einem Glas und goß ihn in das Blumenbeet. »Er wird sie zwischen seinen achthundert Hunden gar nicht bemerken. Welches bedauernswerte Mädchen heiratet den Nawab denn diesmal?«

»Das ist der springende Punkt, Darling. Kein Mädchen heiratet, sondern sein Lieblingshund.«

Jaya ließ das Glas fallen. »Der Herrscher von Junagadh heiratet einen Hund?«

»O Darling, sei nicht albern! Die Lieblingshündin des Nawabs wird mit einem Hund vermählt.« Die braunen Augen weiteten sich vor Aufregung. »Hast du deine Einladung nicht gesehen? Es wird das Ereignis der Saison.«

»Ich weiß nicht, wovon du sprichst, Bapsy. Ich bekomme keine Einladungen zu Hundehochzeiten.«

»Ich hab's gewußt!« Lady Modi streckte ihr mürrisch ein neues Glas hin, um es wieder füllen zu lassen. »Ich hab' gewußt, daß Pratap, dieser Feigling, es mir überläßt, dir die Neuigkeit mitzuteilen. Also Darling, steig bitte nicht aufs hohe Roß! Ich kann dir gar nicht sagen, wie ernst wir diesen Sommer in Europa alle sein mußten, mit dem Generalstreik in London und diesen ganzen komischen Leuten, die in Uniform in Baden-Baden und Neapel herumliefen. Und du hast erst kürzlich ein Baby bekommen. Wir brauchen alle ein bißchen Spaß.«

Sie sah Jaya mit ihren großen Augen flehend an. Die Hunde taten es ihrer Herrin gleich und starrten ebenfalls auf Jaya. Von den roten Zungen tropfte Speichel auf den Fußboden. »Es wird eine ganz große Hochzeit, Darling.

Sogar der Vizekönig ist eingeladen. Die Leute schließen Wetten ab, ob er hingeht. Du weißt, die Engländer haben ein Herz für Tiere.«

»Der Vizekönig wird dem Nawab von Junagadh vermutlich seinen Thron nehmen, weil er es gewagt hat, ihm eine Einladung zu schicken. Erst vor sechs Monaten haben die Engländer die Maharadschas von Indore und Nabha entthront.«

»Im Gegensatz zu seinem Vorgänger ist der neue Vizekönig, Lord Irwin, ein geborener Gentleman.« Ein manikürter Fingernagel klopfte Aufmerksamkeit heischend auf Jayas Knie. »Jetzt hör mal gut zu! Die Braut heißt Roshanara – der Augenstern des Nawabs. Dieses verhätschelte Geschöpf, das in Satinlaken schläft, aus edelsteinbesetzten Näpfen frißt und gehalten wird, wie es seinem Stand gebührt, wird den heiligen Bund der Ehe mit einem goldfarbenen Retriever namens Bobby eingehen. Ein durch und durch männlich klingender Name, findest du nicht, Darling?«

Lady Modi klatschte entzückt in die Hände, und die Hunde zu ihren Füßen bellten. Sie sah versonnen zu ihnen hinunter. »Wäre es nicht schön, wenn meine gräßlichen Köter in Junagadh ihr Leben aushauchen würden? Wenn dort ein Hund stirbt, bekommt er ein Staatsbegräbnis, und eine Kapelle spielt den Trauermarsch von Chopin.«

Obwohl Jaya ihren Gemahl beschwor, seine Würde nicht durch die Teilnahme an der Vermählung einer verzogenen Hündin aufs Spiel zu setzen, bestand Maharadscha Pratap darauf, daß Jaya ihn nach Junagadh begleitete.

Der Maharadscha von Dungra und Sir Akbar gingen in ihrem Bestreben, die Reise zu verhindern, sogar soweit, die Maske der Förmlichkeit fallen zu lassen.

»Zwei britische Kommissionen reisen zur Zeit durch Indien. Die Butler-Kommission überprüft unsere Beziehung zur Krone. Und die Simon-Kommission erforscht die Möglichkeit, Indien die Selbstverwaltung anzubieten.« Federchen von Dungra konnte seine Empörung nicht verbergen. »Andere indische Herrscher tun ihr Bestes, um die Butler-Kommission mit ihrer Bescheidenheit zu beeindrucken und so der Bedrohung durch die Reformisten entgegenzuwirken. Und du, Pratap, willst ausgerechnet jetzt an einer verrückten Hundehochzeit teilnehmen!« Maharadscha Pratap wechselte einen Blick mit Lady Modi, die hinter ihren Handschuhen zu kichern begann. Der Premierminister runzelte die Stirn. »Das Indien der Fürsten muß sich in diesen Zeiten sowohl dem Empire als auch den Nationalisten unbedingt im besten Licht zeigen, *Hukam*. Und Sir Henry wird den Briten bestimmt von deiner Anwesenheit in Junagadh berichten.«

Maharadscha Pratap tat die Worte des Premierministers mit einer Handbewegung ab. »Nachdem meine Frau mir pflichtschuldigst einen Erben geschenkt hat, besitze ich die volle Anerkennung des Britischen Empire. Die alte Schlafmütze mag Victors Leben ruiniert haben, meines wird Sir Henry Conroy nicht zerstören. Übrigens, ich hoffe, du sorgst dafür, daß Osborne Sir Henrys Nachfolger wird.« Maharadscha Pratap hob Lady Modis Finger an seine Lippen. »Tikkas Freund James Osborne hat während des Besuchs des Prinzen von Wales offenbar einen guten Eindruck auf Sir Henry gemacht. Deshalb habe ich zu Sir Akbar gesagt, er soll zusehen, daß der verflixte Bursche hierhergeschickt wird. Er spielt wenigstens anständig Polo. Und du überreichst doch gerne Polopokale, nicht wahr, Bapsy?«

Dreiundvierzigstes Kapitel

Die Sirpur-Schäferhunde sprangen an den Fenstergittern
hoch, als der Zug in einen kleinen Bahnhof an der Grenze
des Fürstentums Junagadh einfuhr. Jaya achtete nicht auf
sie. Sie hatte sich an die aufgeregten Hunde gewöhnt,
nachdem sie mit ihnen zweitausend Meilen quer durch Indien bis an die Küste des Arabischen Meeres gereist war.
Maharadscha Pratap betrat den roten Teppich. Eine Kapelle spielte die Sirpur-Hymne. Die Musik ging in dem
Lärm von bellenden Hunden unter. Jaya glaubte, das Ge-
belle komme von ihren Schäferhunden, bis sie auf den
Bahnsteig trat, wo Maharadscha Pratap die Ehrengarde
inspizierte, und Hunderte von Hunden sah, die an den
Bahnschranken festgebunden waren.
»Hoffentlich hast du Ohrenstöpsel mitgenommen«, rief
Maharadscha Pratap, als der Wagen vor dem Bahnhof an-
fuhr. »Diese Hunde sind die Hochzeitsgesellschaft des
Bräutigams. Sie kommen mit uns zur Hauptstadt.«
Vom Meer wehte eine Brise durch die offenen Fenster, als
das Auto sich einem luftigen Palast mit Balustraden nä-
herte, der so grazil war, daß es aussah, als könne er dem
Meer, das sich vor ihnen erstreckte, nicht trotzen. Die
Hunde sprangen aus dem Wagen. Sie umkreisten den
Premierminister von Junagadh und beschnupperten seine
Knie. Er betrachtete die Tiere mit in langer Übung erwor-
bener Gleichgültigkeit.
»Ihr habt Zeit, euch umzukleiden, bevor wir in den Zug
nach der Hauptstadt umsteigen, Hoheiten. Die anderen
Herrscher nehmen bereits Erfrischungen zu sich.«
Einige Fürsten saßen auf der Veranda des Palastes. Jaya
sah sie erstaunt an. Sie, die stets auf der strengen Rang-
ordnung bestanden und zu stolz waren, in einer Zeit, da
die Zukunft ihrer Länder am seidenen Faden hing, der
Chamber of Princes beizuwohnen, aus Sorge, neben einem Herrscher von niedrigerem Rang zu sitzen, hatten

sich herabgelassen, an einer Hundehochzeit teilzunehmen! Ihr Hochmut schien völlig vergessen, als sie gemeinsam in der Nachmittagssonne Whisky-Soda tranken.

Lady Modi führte Jaya die Treppe hinauf. »Deine Dienerinnen müssen mir beim Anziehen helfen. Ich habe Chantal nicht mitgenommen.« Sie fuhr sich mit den lackierten Fingernägeln durch die kurzen Haare. »Ich muß mir wohl die Haare selber eindrehen, aber deine Frauen können mir bestimmt mit meinem Diadem helfen.«

»Bapsy, du bist Inderin. Du kannst in einem konservativen Fürstentum wie Junagadh nicht wie eine *memsahib* herumlaufen.«

»Konservativ?« quiekte Lady Modi fassungslos. »Wovon redest du, Darling? Der Mann richtet eine Prunkhochzeit für einen Hund aus! Und denk dran, du mußt von Schmuck nur so strotzen, Darling – für die Photographen.«

Besorgt, was die neugegründete Reformistenorganisation zur Anwesenheit ihres Gemahls bei dieser Hochzeit sagen würde, zog Jaya zögernd einen reichverzierten Sari an. Ihre Dienerinnen wurden von der hysterisch schreienden Lady Modi mit Beschlag belegt. »Wo ist mein Rouge? Meine Haare sehen einfach furchtbar aus. Ich fahre auf der Stelle zurück nach Bombay.« Endlich war Lady Modi fertig. Ihre mit Perlen besetzte Handtasche, die an ihrem Arm hing, wurde von einer Taschenflasche ausgebeult.

In der Halle stützten sich die versammelten Herrscher auf ihre Schwerter. Ihre Brokatröcke und die mit fürstlichen Agraffen verzierten Turbane glitzerten in der Nachmittagssonne. Die Palasttore wurden aufgerissen, und eine Flotte kostspieliger Automobile schob sich im Schrittempo in die Einfahrt.

Am Bahnhof wurden kläffende und knurrende Hunde in die Waggons getrieben. Die Sirpur-Schäferhunde, gefolgt von dem winselnden Scott-Ward und dem jaulenden Ali, kamen in ein Abteil. Lady Modi empörte sich über ihr Gejammer. »Dämliche Köter! Sie sollten vor Aufregung verrückt sein. So viele Hunde bekommen sie im Leben nicht mehr zu sehen. Darling, schau, der Bräutigam höchstpersönlich!«

Eine rote Sänfte wurde zur Erde gelassen. Kinder rannten zwischen den Beinen der Erwachsenen hindurch und stießen größere Heranwachsende zur Seite, um zu sehen, wie der Bräutigam von livrierten Dienern aus der Sänfte gezogen wurde.

Der Retriever hatte Goldkettchen an allen vier Pfoten. Die Menge drängte nach vorn, um sein Halsband aus Smaragden und Topasen zu bestaunen. Wächter stießen die Leute zurück, damit der wütend knurrende Retriever in den Brautwaggon gezerrt werden konnte, der vor lauter Blumengirlanden fast nicht zu sehen war.

Lady Modi packte Jayas Ellenbogen. »O mein Gott, Darling! Wir sollten uns lieber aus dem Staub machen. Jemand hat versucht, den Bräutigam abzustechen; war vermutlich hinter seinem Schmuck her. Der Nawab ist völlig unberechenbar. Wenn der verdammte Hund vor der Hochzeit stirbt, ist er imstande, uns alle ins Gefängnis zu werfen. Selbst der Vizekönig könnte uns da nicht herausholen.«

Maharadscha Pratap trennte sich von den Herrschern, die den Damen vorausgingen. »Sei nicht so hysterisch, Bapsy! Der Hund hat bloß einen roten Seidenpyjama an.«

Lady Modi langte in ihre ausgebeulte Handtasche und zog ein Lorgnon hervor, um den Retriever genauer in Augenschein zu nehmen. »Aber wozu? Das verdirbt doch den Gesamteindruck.«

Maharadscha Pratap warf Lady Modi einen lüsternen Blick zu. »Um sicherzugehen, daß Bobby nicht vor der Hochzeit Roshanara Gewalt antut.«

Im Salonwagen waren schon Champagnerflaschen in Silberkübeln kalt gestellt. Als die anderen Fürsten an einem

Fenster den Maharadscha von Sirpur und Lady Modi erspähten, die sich zuprosteten, drängten sie sich ins Abteil, bis es so voll war, daß man sich nicht mehr rühren konnte. Als der Zug anfuhr und unter lautem Hundegebell aus dem Bahnhof rollte, ruckte der Waggon, und die Herrscher purzelten übereinander.

Es war Nacht, als der Zug die Hauptstadt von Junagadh erreichte. Am Fenster verkündete ein schwankender Fürst enttäuscht, er sehe ein riesiges Empfangskomitee. Die anderen Herrscher stöhnten und strichen ihre Brokatröcke glatt. Pratap von Sirpur schlug vor, sich nach der Rangfolge aufzustellen, um einigermaßen geordnet aussteigen zu können.

»Hervorragende Idee, *Hukam.*«

»Also, wer weiß, wie viele Salutschüsse ihm zustehen?«

»Holt den Vizekönig! Nur er weiß es genau.«

Das kleine Abteil schaukelte noch vor Gelächter, als der Maharadscha von Sirpur, der älteste der anwesenden Herrscher, ausstieg und vom Nawab von Junagadh begrüßt wurde.

Die Kabinettsmitglieder von Junagadh hatten rechts und links von ihrem Herrscher Aufstellung genommen. Hinter ihnen hielt das Zwingerpersonal Hunde jeder denkbaren Rasse an der Leine. Jedes Tier wurde von Schmuck fast erdrückt. Edelsteine funkelten in der hellen Beleuchtung des Bahnhofs, während die Hunde heulend auf die Kanonensalven antworteten, die entsprechend dem Rang der aussteigenden Herrscher abgefeuert wurden. Lady Modi schrie über die Kanonenschüsse und Nationalhymnen hinweg: »Konservativ oder nicht, Darling, du mußt zugeben, der Nawab hat einfach Stil!«

Der goldfarbene Retriever wurde auf den Bahnsteig geführt. Er winselte unglücklich über das brausende Gebell, das ihn empfing. Würdevoll sahen die indischen Fürsten zu, wie der Nawab Goldmünzen auf den Kopf des Retrievers regnen ließ. Der Hund duckte sich und knurrte, aber der majestätische Nawab zog ihn mit sich, um die Palastwache zu inspizieren. Die Wachen präsentierten die Waffen, ihre Hände schlugen mit ungeheurer Präzision auf die Gewehrkolben. Da hob der verängstigte Bräutigam ein Bein und durchnäßte seinen Seidenpyjama.

Ohne auf das Mißgeschick zu achten, zerrte der Nawab den Hund an den Soldaten vorbei. Die versammelten Herrscher schlossen sich feierlich an. Die Kapelle blies eine Fanfare, und die Zwingerjungen machten kehrt und reihten sich, ihre bellenden Schützlinge mit sich ziehend, in die Prozession ein.

Photographen säumten den Bahnsteig. Phosphorblitze flammten auf. Von dem Leuchten nahezu geblendet, lächelte Lady Modi den Pressephotographen zu. Aber die Journalisten liefen schon zu dem prachtvoll herausgeputzten Elefanten, vor dem der Nawab gerade die Treppe bestieg, die zu dem goldenen *howdah* emporführte.

Der zappelnde Retriever wurde auf ein Kissen neben dem Nawab gezwungen. Das Haupt würdevoll der Menge auf dem Bahnsteig zugeneigt, wartete der Nawab, daß die Herrscher die silbernen Sänften hinter seinem Elefanten bestiegen, während die mit Schmuck überladenen Hunde in einem Wirrwarr von gehobenen Beinen und gefletschten Zähnen recht unfeierlich in Fahrzeuge gedrängt wurden.

Jaya zog Lady Modi in den mit Vorhängen versehenen *howdah* auf dem *Purdah*-Elefanten. Mit einem kleinen Schrei der Erleichterung ließ sich Lady Modi auf die Kissen fallen. »Mein Gott, Darling, stinkt das hier! Werden diese Dinger nie gelüftet?« Sie zog die Taschenflasche aus ihrem Perlentäschchen. Der Elefant erhob sich, und Lady Modi wurde an die *Howdah*-Wand geworfen. Erzürnt wischte sie den Gin ab, der ihr über den bestickten Rock rann. »Dieser blöde Nawab und seine idiotischen Hunde! Warum hat er uns nicht in ein Auto gesetzt? Du hast gut lachen, Darling, aber ist dir klar, daß dieser Kerl drei voll ausgerüstete Krankenhäuser für seine Hunde und kein einziges für sein Volk gebaut hat? Er sollte lieber Fürst eines Hundereiches werden. Seine achthundert Tiere haben Fächer, die sie im Sommer kühlen, und Kamine für den Winter, sie haben ihre eigenen Pfleger, die ihnen das Futter in goldenen und silbernen Näpfen vorsetzen. Aber seine Untertanen – die ja nur Menschen sind – haben nichts. Vielleicht sollten sie üben, auf den Hinterbeinen zu sitzen und betteln, wenn er pfeift. Das könnte ihr Los verbessern.«

Heiserer Gesang unterbrach den Wortschwall. Von den festlichen Klängen aufgeheitert, zog die plötzlich wieder quicklebendige Lady Modi die Vorhänge auf. Rosenblütenblätter fielen auf ihre Hände. »O Darling, Tänzerinnen! Und alle Gebäude sind mit bunten Lichtern geschmückt. Sieh dir die Menschenmassen an! Offenbar lieben sie den Nawab für seine Verrücktheiten.«

Feuerwerkskörper explodierten vor dem Elefanten. Das Tier schwankte zur Seite und brachte die Sänfte zum Schaukeln. Das verstörte Lady Modi dermaßen, daß sie sich in die Seidenkissen zurücklegte und still an ihrer Taschenflasche nuckelte, indes der Elefant durch die engen Straßen trottete.

Ein Lichtstrahl erhellte die Vorhänge der Sänfte, als die lange Reihe der Elefanten in den Palast wankte. Die Herrscher stiegen ab und traten, die Prunkschwerter an die goldenen Brokatröcke gedrückt, in die *Durbar*-Halle.

Eunuchen geleiteten Jaya und Lady Modi in den Harem, wo das Licht, das durch die durchbrochenen Mauern fiel, Prismenmuster auf die Schleier der *Purdah*-Damen warf. Jaya spähte durch die Öffnungen. Unter den Torbögen zogen Zwingerjungen an den Leinen der Gefährten des Bräutigams. Ihr lautes Gebell ließ die Glasprismen der Kronleuchter gegeneinander klirren. Unter dem größten Leuchter bewegte sich eine in einen rotgoldenen Schleier gehüllte Gestalt unruhig auf einem Kissen.

Blitzlichter leuchteten auf. Ihr plötzliches Aufflammen ließ die lebhaft gemusterten Teppiche für Momente schäbig wirken. Die Photographen stießen sich gegenseitig, um den goldfarbenen Retriever besser ablichten zu können, der in die *Durbar*-Halle trat. Ein dünner Minister bemühte sich, des übererregten Tieres Herr zu werden, das nervös an der Leine zerrte.

Die Vermählung der zwei Hunde – Roshanara, verschleiert und mit Edelsteinen bedeckt, und Bobby, der in seinem nassen Seidenpyjama zitterte – wurde mit allem Zeremoniell vorgenommen, das auch die Vermählung einer Prinzessin begleitet hätte. Ein Minister verlas feierlich die Liste der Reichtümer, die Roshanara mit in die Ehe brachte. Als der letzte Gegenstand, eine goldene Sänfte, beschrieben wurde, beugte er sich zu dem Bräutigam hinab mit der Warnung, daß sämtliche Gegenstände an die Braut zurückgegeben werden müßten, wenn er es wagen sollte, die Ehe zu beenden. Der goldfarbene Retriever hörte sich die Ermahnung schwanzwedelnd an.

Als Abschluß der Zeremonie umrundeten die Herrscher die Hunde mit Goldmünzen, und ihre Adjutanten legten Geschenke in einen großen Korb. Der Nawab hob erfreut eine Augenbraue, während sich die Schmuckkästen in dem Korb häuften.

Die Türen zur *Durbar*-Halle flogen auf, und die Untertanen durften hereinströmen. Der Nawab saß unbeteiligt auf seinem *gaddi* und betrachtete die Menschenschlangen, die um die Köpfe der Hunde mit Geld Kreise beschrieben, bevor sie es auf die Teppiche warfen, bis schließlich Papiergeld den Boden bedeckte wie Konfetti.

Die Klänge von Mendelssohn Bartholdys Hochzeitsmarsch waren wegen des Lärms der Hunde, die zur Fütterung gebracht wurden, nur schwach zu hören. Der Nawab erhob sich. Von den zuständigen Ministern geführt, betraten Braut und Bräutigam den Bankettsaal zum Hochzeitsmahl.

Eine riesige rechteckige Tafel für die zweihundert Gäste beherrschte den Saal. In der Mitte des Rechtecks sangen und wiegten sich Tänzerinnen für die Hunde.

Der Nawab nahm auf einem goldenen Stuhl zwischen dem Brautpaar Platz. Auf einem Samtkissen sitzend, blickte die Hündin durch ihren Gazeschleier, der ihr andauernd über das linke Ohr rutschte, bekümmert auf ihren Herrn. Jedesmal, wenn der Schleier unter ihr Maul glitt, rückte der Nawab ihn zurecht, als sei er um den Ruf einer Tochter besorgt. Der goldfarbene Retriever ignorierte die Gäste und die Tänzerinnen und verschlang das Futter auf dem Tablett vor ihm. Nur einmal, als ein Adjutant den Saal betrat und sich über des Maharadschas von Sirpur Stuhl beugte, hob er den Kopf und bellte.

Als die Fürsten den Bankettsaal verließen, drückte Maharadscha Pratap Jaya ein Telegramm in die Hand, und Lady Modi reckte sich neugierig über Jayas Schulter.

»Nationalisten unterstützen Reformisten mit folgender Resolution. ›Dieser Kongreß appelliert an die herrschenden Fürsten Indiens, Gesetze zu erlassen, die die elementaren Bürgerrechte garantieren wie das Recht auf Versammlung, Redefreiheit, Pressefreiheit und Schutz von Person und Eigentum. Dieser Kongreß versichert die Völker der indischen Staaten seiner Unterstützung in ihrem gerechten und friedlichen Kampf zur Erlangung der vollen Regierungsverantwortung.‹ Deine Anwesenheit in Delhi dringend erforderlich, um möglicher Bedrohung unserer Throne zu begegnen. Patiala, Bikaner, Alwar.«

Lady Modi tippte mit ihrer Zigarettenspitze auf das Telegramm. »Gott sei Dank hat der Vizekönig die Einladung zu der Hochzeit ausgeschlagen, Darling! Das wäre einfach zuviel gewesen für die Nationalisten.«

»Die ganze verdammte Stadt sollte in weißem Marmor ge-
halten sein wie das *Tadsch Mahal*, aber dann wurde das
Geld für den Krieg gebraucht«, bemerkte Maharadscha
Pratap, als der Wagen über die breiten Straßen der neuen
Hauptstadt des Britischen Empire fuhr. »Aber wie ich
sehe, bauen die Engländer, indem sie uns immer höher
besteuern, auch ohne Marmor eine recht imposante
Stadt.«

Jaya betrachtete die schwarzen Ziegen, die ihren Hals
nach durch Stacheldraht geschützten Schößlingen reckten, und es war ihr unbegreiflich, was ihr Mann an der
neuen Hauptstadt der britischen Oberhoheit imposant
fand. Neu-Delhi hatte nichts von der dichten Bebauung
und Großartigkeit der alten Hauptstadt Kalkutta.

Ein überladener Lastwagen rumpelte die Straße entlang.
Der Lieferant, ein stämmiger *sikh*, beugte sich aus dem
Fenster und rief den Frauen, die Körbe mit Ziegelsteinen
auf dem Kopf trugen, Befehle zu. Er konnte sich bei dem
Geschrei der halbnackten Kinder, die durch die kreuz und
quer am Straßenrand liegenden Betonröhren krochen,
kaum verständlich machen.

Eine Gruppe Männer mit weißen Gandhi-Mützen und
schwarzen Fahnen tauchte an der Straßenbiegung auf.
Der Lastwagen bremste. Der ungeduldige Lieferant
sprang herunter, und die Demonstranten mußten achtge-
ben, daß ihm ihre Fahnen nicht auf den Kopf fielen. Jaya
las die Parolen auf den Fahnen: GEBT INDIEN JETZT DOMI-
NION-STATUS! SELBSTVERWALTUNG FÜR INDIEN! SIMON-
KOMMISSION RAUS!

»Die Nationalisten haben erwartet, daß man Inder in die
Simon-Kommission berufen würde, die darüber befindet,
ob Britisch-Indien reif für die Selbstverwaltung ist. Aber
das Empire hat sich entschlossen, ausschließlich Engländer zu ernennen«, erklärte Sir Akbar auf dem Vordersitz.

»Und die indischen Herrscher haben Sir Leslie Scott beauftragt, vor der Butler-Kommission für sie zu sprechen, in der Hoffnung, daß die Stimme eines englischen Anwalts das Gewicht hat, über das die Stimme keines indischen Fürsten zu verfügen scheint.«

Der Chauffeur lenkte den Rolls-Royce an den Demonstranten vorbei in eine Allee, welche die Stadtresidenzen der indischen Fürsten säumte. Die schlaff über den Häusern der Maharadschas von Haiderabad, Jaipur, Alwar, Kaschmir, Bikaner und Patiala hängenden Flaggen zeigten die Anwesenheit dieser Herrscher in Delhi an.

Maharadscha Pratap lachte. »Meine fürstlichen Kollegen sind über die nationalistische Resolution sichtlich betroffen. Ich kann mich nicht erinnern, daß je so viele die Chamber of Princes beehrt hätten.«

»Sie sind mit Recht betroffen, *Hukam*«, sagte Sir Akbar. »Bis jetzt waren die Reformisten nur enttäuschte Einzelgänger in einzelnen Fürstentümern, aber mit Unterstützung der Nationalisten werden sie eine landesweite Bewegung, und das Britische Empire wird gezwungen sein, sich ihre Forderungen anzuhören.«

Der Wagen glitt langsam durch das Tor des Hauses Sirpur. Auf der säulenbestandenen Veranda der dreistöckigen Villa drängten sich Untertanen, die darauf warteten, dem Herrscher ihre Bittschriften vorzulegen.

Zwei Zeitungsredakteure aus Sirpur bahnten sich einen Weg durch die Menge. »*Hukam*, hast du schon gehört? Die Simon-Kommission wurde in Bombay mit schwarzen Fahnen und Tumulten empfangen. Britische Häuser wurden in Brand gesteckt. Die Polizei hat auf die Demonstranten geschossen. Es gab Tote und viele Verletzte.«

»Warum schickt man Europäer, um zu entscheiden, ob wir fähig sind, uns selbst zu regieren?« rief ein junger Journalist. »Sind wir Gefangene, die für die Forderung nach Freiheit vor Gericht gestellt werden?«

»Siehst du, wie sich Indien verändert, *Hukam?*« flüsterte

Sir Akbar, während er die Tür auf Jayas Seite öffnete. »Unsere Zeitungsleute empfinden es nicht als Kränkung, daß ihr Herrscher vor der Butler-Kommission erscheinen muß, um die Rechte zu erbitten, die ihm vertraglich garantiert sind. Sie sehen sich nur als von den weißen Mitgliedern der Simon-Kommission gekränkte Inder. Ein Maharadscha sollte der Macht der Reformisten Beachtung schenken, zumal sie nun von den Nationalisten unterstützt werden.«

Die Gärtner umdrängten Jaya mit Blumengirlanden, über die Schultern dieser Männer hinweg sah sie den Privatsekretär des Maharadschas von Bikaner ihrem Mann auf die Veranda folgen. Der Premierminister eilte hinter ihnen drein, besorgt, der Herrscher könnte der Chamber of Princes eine unüberlegte Botschaft zukommen lassen. Jaya beschleunigte ihre Schritte, als sie die Dringlichkeit in der Stimme des Privatsekretärs vernahm.

»Zum erstenmal wünschen die Nationalistenführer einen öffentlichen Dialog mit den indischen Fürsten. Die Sprecher der Chamber of Princes – die Maharadschas von Bikaner, Patiala und Alwar – wollen dich so bald wie möglich sprechen, *Hukam*. Sie finden, wir müssen die Nationalisten besänftigen, bevor die Reformisten noch mehr Unzufriedenheit in den Fürstentümern verbreiten.«

»Je eher wir uns treffen, desto besser, denke ich. Sag den Hoheiten, ich stehe ihnen zur Verfügung!« Mit gelangweilter Miene folgte Maharadscha Pratap Jaya in den Salon.

Polotrophäen glitzerten in den Glasvitrinen unter den lebensgroßen Porträts der Herrscher von Sirpur an den Wänden. Ein Gemälde von Maharadscha Victor auf seinem Lieblingspferd beherrschte die Fläche über dem Kamin. Maharadscha Pratap nahm sich einen Whisky-Soda und prostete dem Porträt zu. »Wir hätten in Junagadh bleiben sollen, Victor. Im Britischen Empire zerfleischen sich die Hunde. In Junagadh heiraten sie nur.«

Durch die offene Tür sah Jaya ihre Dienerin Chandni mit Prinz Arjun die Treppe herunterkommen. Das wortlose Glucksen des Babys hallte durch den Marmorflur, und ein feistes Händchen, um das ein schwarzer Faden zur Abwehr des bösen Blicks gewunden war, fuchtelte in der Luft. Alle Würde vergessend, rannte ihm Jaya entgegen.

Mit dem Kind in den Armen trat sie bald darauf in den *Puja*-Raum, um dem kleinen Abbild der Göttin Goldmünzen und Blumen zu Füßen zu legen. Das Baby fegte die leuchtenden Ringelblumen auf die Erde. An Jayas Halskette geklammert gurgelte es »Amma«, und Jaya wurde schwach vor Zärtlichkeit, als sie ihren Sohn sie zum erstenmal Mutter nennen hörte.

Jaya sammelte die Münzen wieder auf, um sie an die Dienerinnen zu verteilen, die auf der Schwelle zum *Puja*-Raum warteten. Eine schimmernde Münze entwand das Baby ihrer Hand. Als Chandni versuchte, die kleine Faust zu öffnen, und gurrte: »Ganga-Jumna, gib her! Sei ein braves Kind, Ganga-Jumna!«, lachte das Baby und kuschelte sich an Jaya, die strahlende Februarsonne beleuchtete sein Gesicht.

»Wir nennen unseren kleinen Herrscher Ganga-Jumna, *Hukam*«, erklärte Chandni. »Sieh, wie die Farbe seiner Augen sich verändert! Wie die heiligen Flüsse Indiens, Ganges und Jumna.«

Jaya sah, daß Prinz Arjuns Iris im Sonnenlicht tatsächlich hell und dunkel wurde. Einmal zeigten seine Augen ein unruhiges Schwarz wie die Augen seines Vaters, manchmal ein stilles Grün wie die ihren. Sie drückte den Kleinen an sich. In ihren Gemächern spielte sie dann mit ihrem Sohn, den sie wochenlang nicht gesehen hatte, und rollte die Elfenbeinkugel mit den bunten eingelegten Szenen über den Marmorboden. Erst als sie über das Glucksen des Babys hinweg aufgeregte Stimmen die Treppe heraufdringen hörte, übergab sie Prinz Arjun Chandni, lief die Stufen hinunter und schlich in den Salon.

Die erregten Herrscher beachteten sie nicht. Neben des Maharadschas von Patiala hoher Gestalt wirkte ihr Mann relativ klein. »Die Nationalisten sind gewillt, ihre Unterstützung der Reformisten fallenzulassen, wenn wir uns mit bestimmten Reformen einverstanden erklären und eine Föderation mit den Nationalisten bilden. Das Empire hat ihnen Selbstverwaltung zugesagt, wenn es ihnen gelingt, eine Föderation zwischen dem Indien der Fürsten und Britisch-Indien herbeizuführen.«

Der Maharadscha von Bikaner zupfte nachdenklich an seinem Schnurrbart. »Noch nie waren wir in einer so einflußreichen Position. Wir können die Initiative ergreifen, wenn wir nur wollen.«

»Ist dir klar, was eine Föderation bedeuten würde, Pratap?« fragte der Maharadscha von Alwar, den Jaya zuletzt auf dem Podest im Buckinghampalast gesehen hatte, als sie dem King Emperor vorgestellt worden war. »Keine britischen Residenten, die uns in unseren eigenen Fürstentümern bespitzeln. Keine Vertragsbrüche. Keine Vorzugszölle, um britische Waren in unseren Fürstentümern leichter an den Mann zu bringen. Wir, die Herrscher von Indien, wären bereit, eine politische Partei zu gründen und uns mit den gemäßigten nationalistischen Führern zusammenzuschließen.«

Maharadscha Pratap quittierte diesen leidenschaftlichen Ausbruch mit einer angewiderten Grimasse. »Eine politische Partei, Hoheit? Das ist nur eine höfliche Umschreibung für eine Gewerkschaft. Willst du Indiens Fürsten ernsthaft auffordern, sich wie Bergarbeiter zu verhalten?«

»Gewerkschaft, politische Partei, was spielt der Name für eine Rolle, wenn wir unsere Ziele erreichen?« fragte der Maharadscha von Bikaner. »Im Augenblick heißt unser einziges Ziel: die Reformisten ausschalten. Wir haben uns in der Chamber of Princes für eine freie Presse entschieden, für eine unabhängige richterliche Gewalt, für eine klare Trennung zwischen unseren privaten Ausgaben und dem Staatsvermögen. Ohne solche Veränderungen werden die Nationalisten der Exzesse der Reformisten niemals Herr werden.«

Hinter Jaya flüsterte ein Adjutant, daß eine Maharani dem Erben des Thrones von Sirpur ihre Aufwartung machen möchte. Zögernd entfernte sich Jaya, um diesen Gast zu begrüßen. Es war der erste einer ganzen Reihe von Besuchen, welche die Maharanis Jaya nacheinander abstatteten.

Alle Aufwartungen verliefen nach demselben Muster. Prinz Arjun wurde von den Dienerinnen gebracht und der jeweiligen Maharani gezeigt. Zwischen Komplimenten rezitierten die frömmeren unter ihnen Mantras für den Schutz des Kindes, bevor sie sich nach seinem Horoskop erkundigten und wissen wollten, welche Planeten zur Zeit der Geburt im Aszendenten standen. Jaya war sich klar, daß diese Frauen schon Verbindungen zwischen ihren neugeborenen Töchtern und dem künftigen Maharadscha von Sirpur planten. Das Kind wurde bald von den sich verbeugenden Dienerinnen fortgebracht. Die Damen knabberten ein appetitliches Törtchen und erkundigten sich bei Jaya mit offensichtlicher Gleichgültigkeit nach Maharadscha Prataps Meinung zu den von der Chamber of Princes angekündigten Reformen.

Jaya antwortete zögernd. Sie war nicht sicher, ob ihr Mann die sich überstürzenden politischen Ereignisse ernst nahm, da er seine Tage im Fliegerclub verbrachte und in seinem Flugzeug über Delhi kreiste.

Als Prinz Arjuns erster Geburtstag gefeiert wurde, erschien Maharadscha Pratap kurz im *Puja*-Raum. Kaum sah er die Maharanis, gefolgt von fürstlichen Babys auf dem Arm der Dienerinnen, zur Feier des Geburtstags aus ihren Fahrzeugen klettern, machte er sich unvermittelt aus dem Staube.

Während die Bediensteten den Gästen eisgekühlte Fruchtsäfte anboten, hörte Jaya eine Maharani zu einer anderen sagen: »Wir haben immer britische Residenten in unserem Fürstentum gehabt. Dann schickte das Empire letztes Jahr plötzlich einen indischen Beamten. Nun ja, *Hukam*, man weiß ja, ein frisch bekehrter Moslem nimmt den Namen Allahs hundertmal ernster als ein geborener Moslem. Dieser indische Resident prüft jeden Aspekt der Regierung meines Mannes, er verlangt Akten zu sehen, die ihn nichts angehen. Er führt sogar Buch darüber, wieviel mein Mann für seine Frauen ausgibt.«

Eine angstvolle Ahnung durchfuhr Jaya. Ein indischer Resident wäre entsetzt über die Höhe der Staatsgelder, die ihr Mann in eine Fluggesellschaft steckte, die Sirpur zu nichts nutze war, außer daß sie das Britische Empire von der Fortschrittlichkeit des Herrschers überzeugte.

Seit Monaten sprach Sir Akbar von der Notwendigkeit, einen neuen Residenten zu finden, der Sirpur wohlgesonnen sei. Jedesmal jedoch legte Maharadscha Pratap die Akte beiseite, sobald Sir Akbar das Arbeitszimmer verlassen hatte.

Als die Tage vergingen und der Maharadscha sich noch immer nicht mit dem neuen Residenten befaßte, versuchte Sir Akbar eine Entscheidung herbeizuführen, indem er Major Osborne ins Haus Sirpur einlud.

Jaya war nicht überrascht, als sich ein verlegener Adjutant vor ihren Gemächern verbeugte. »Major Osborne ist da, *Hukam*. Ich habe beim Fliegerclub angerufen. Seine Hoheit befindet sich offenbar in einem Flugzeug, und keiner weiß, wann er zurückkommt.«

Major Osborne stand am Kamin und betrachtete das Porträt Maharadscha Victors. Auf das Hüsteln des Adjutanten hin drehte er sich um und schritt mit ausgestreckten Händen auf Jaya zu. »Ich habe Maharadscha Victors Pferd bewundert. Die Sirpur-Brüder besaßen schon immer einen ausgezeichneten Pferdeverstand.«

Jaya wunderte sich über das erregte Zittern, das sie durchlief, als der Engländer ihre Hand nahm. Sie schlug die Augen nieder aus Furcht, er könne ihre Gedanken lesen wie damals, als sie Kinder waren. »Mein Mann wurde unversehens aufgehalten, James-*Sahib*. Er bat mich, ihn zu entschuldigen und zu fragen, ob das Treffen ein andermal stattfinden kann.«

»Das ist leider unmöglich, *Bai-sa*. Ich muß morgen nach Bombay, um die Versammlungen der Butler-Kommission zum Status für das Indien der Fürstentümer vorzubereiten.«

»Seine Hoheit wünscht, daß ich dir sage, wie es ihn freuen würde, wenn du die Nachfolge Sir Henry Conroys als britischer Resident in Sirpur antreten würdest.«

»Das liegt nicht an mir. Das Political Office in Delhi trifft solche Entscheidungen, *Bai-sa*. Und seit Lord Irwin Vizekönig ist, nimmt man die Ernennungen sehr ernst.«

»Aber werden solche wichtigen Entscheidungen denn nicht schon immer ernst genommen?«

Osborne trat ans Fenster. »Das sollten sie. Schließlich vertreten wir die britische Krone in einem fremden Land. Leider sind die Gesandten in den indischen Fürstentümern die einzigen britischen Botschafter, die ihre Posten ewig behalten können, es sei denn, ein Skandal erzwingt ihre Entlassung. Und doch wird die Ignoranz gewisser Herrscher oft von der Ignoranz ihrer Residenten übertroffen. Die Beamten des Indian Civil Service, die Britisch-Indien regieren, sind so erstklassig ausgebildet, daß sie sich als Himmelsgeborene bezeichnen und angeblich die besten Verwaltungsbeamten der Welt sind. Doch die Männer, die das Britische Empire in den indischen Fürstentümern repräsentieren, haben keine diplomatische oder verwaltungstechnische Ausbildung, obwohl sie ebensoviel Macht ausüben wie die Fürsten selbst, vielleicht sogar eine noch größere, da sie die Absetzung eines Herrschers vorschlagen können.«

Jaya vernahm bei den letzten Worten den Schrecken in seiner Stimme, als überrasche es ihn immer noch, diese Wahrheiten zu entdecken, die ihr ganzes Leben bestimmt hatten, und sie hätte dem Engländer gern in die Augen gesehen.

»Die Herrscher, die das Komitee der Chamber of Princes bilden, sind aufgeklärte Männer. Wenn sie in den fünfhundert Fürstentümern, die von weniger aufgeklärten Männern regiert werden, Reformen durchsetzen können, wird es endlich eine indische Föderation geben.«

Jaya war erstaunt. »Das hört sich an, als würdest du eine solche Föderation unterstützen, James-*Sahib*.«

»Selbstverständlich, *Bai-sa*. Viele von uns, die dieses herrliche Land lieben, wünschen diese Föderation, auch der augenblickliche Vizekönig von Indien. Er ist ein aufgeklärter Mann. Leider gibt es im Indien der Fürsten viele nichtaufgeklärte Männer, die wissen, daß die Föderation das Ende ihrer Macht bedeutet. Sie könnten die anderen Herrscher ermutigen, sich jenen Reformen zu widersetzen, ohne die eine Föderation nicht möglich sein wird.«

Plötzlich wünschte sich Jaya sehnsüchtig, daß der Engländer in Sirpur bleiben würde. Seine Klarheit brachte ihr die Unbestimmtheit zu Bewußtsein, die ihr eigenes Leben beherrschte, und sie konnte ihre Einsamkeit in dem Raum förmlich mit den Händen greifen.

Bemüht, die Verzweiflung aus ihrer Stimme herauszuhalten, fragte sie: »Würdest du nach Sirpur kommen, wenn das Political Office dich ernennen würde, James-*Sahib*?«

Osborne legte ihr eine Hand auf die Schulter, und Jaya fühlte sich in seinen festen Blick hineingesogen. »Wie kannst du das fragen, *Bai-sa*? Du weißt, daß ich kommen würde, zumal es jetzt einen Erben für den ältesten Thron Indiens gibt. Darf ich ihm meine Aufwartung machen?«

Er lachte, als Chandni mit Prinz Arjun ins Zimmer trat. »Ich sehe schon, dieses Kind wird genauso aufwachsen wie Tikka. Es wird von den Dienerinnen überallhin getragen, seine Füße dürfen den Boden nicht berühren, bis er auf einem Pferd sitzen kann.«

Jaya setzte den Jungen auf den Teppich. Prinz Arjun wollte zu Osbornes Stuhl krabbeln. Plötzlich stemmte er sich hoch und machte drei unsichere Schritte in Richtung des Engländers, ehe er unbeholfen auf die Erde plumpste. Osborne hob das Kind auf, ehe es zu weinen beginnen konnte, und trug es zum Fenster, um es abzulenken.

Jaya betrachtete die starken Arme des Engländers um die kleinen rundlichen Formen ihres Sohnes. Im Sonnenlicht veränderte sich bei beiden die Farbe der Iris, und Jayas Augen füllten sich mit Tränen. Dies waren die allerersten Schritte ihres Sohnes gewesen, und der Engländer hatte reagiert, wie es ihr Mann niemals getan hätte. In einem verborgenen Winkel ihres Denkens fragte sie sich, wie ihr Leben an der Seite eines Ehemannes wie James Osborne aussehen würde.

Fünfundvierzigstes Kapitel

Während die Herrscher in der Chamber of Princes über die Durchführung der Reformen in ihren Fürstentümern diskutierten, ging Jaya willig in den Freuden der Mutterschaft auf, entschlossen, die Kommissionen zu vergessen, mit deren Hilfe das Britische Empire seine kaiserliche Macht dem Wankelmut der Inder anpaßte.

Maharadscha Pratap bestand darauf, daß sie ihn zu dem Abendessen mit den Nationalistenführern begleitete. »Mach dich auf einen faden Abend gefaßt, Maharani-*Sahib*! Keiner von denen hat Sinn für Humor.«

Jaya erinnerte sich, wie diese Menschen, die ihr Mann als humorlos abtat, sie in Mrs. Roys Haus mit ihrer heiteren Gelassenheit beeindruckt hatten.

Sir Akbar beugte sich vor, seine Hand umklammerte den goldenen Knauf seines Stockes. »Ich glaube nicht, daß Humor an diesem Abend angebracht ist, *Hukam*. Du wirst zwei der gefährlichsten Männer in Britisch-Indien kennenlernen: Sardar Patel und Mohammed Ali Dschinnah.«

Maharadscha Pratap hob träge eine Augenbraue. »Soll ich mich fürchten, Premierminister?«

»Nicht fürchten, *Hukam*. Aber aufpassen! Sardar Patel, der für den Indischen Nationalkongreß spricht, ist als der eiserne Mann Indiens bekannt. Er droht nicht. Er handelt. Und Dschinnah, der Präsident der Moslemliga, steht in dem Ruf, den schärfsten Rechtsverstand auf dem Subkontinent zu haben. Leider hat dieser glänzende Verstand durch Verbitterung einen gefährlichen Schliff erhalten.«

»Warum ist er verbittert?«

Erfreut über ihre Wißbegier, wandte sich Sir Akbar an Jaya. »Ali Dschinnah war früher der Präsident des Indischen Nationalkongresses, *Hukam*. Ein großer Präsident. Unter seiner Führung haben Hindus und Moslems ihre religiöse Feindschaft, die dieses große Land teilt, für kurze Zeit begraben. Als er von ehrgeizigen jüngeren Männern vom ersten Platz verdrängt wurde, zog er sich aus dem öffentlichen Leben zurück und praktizierte im Ausland als Anwalt. Jetzt ist er als Präsident der Moslemliga zurückgekehrt. Mit dem brillanten, verbitterten Dschinnah als Widersacher wird es dem Indischen Nationalkongreß schwerfallen, die Forderungen der Moslems zu übergehen.«

Maharadscha Pratap langweilte sich bereits. »Bringen wir die verdammte Sache hinter uns!« sagte er und stieg vor Jaya ins Auto. Der Wagen fuhr durch die breiten Alleen der neuen Hauptstadt und gelangte in die belebten Straßen von Alt-Delhi. »Sir Akbar macht zuviel Wirbel«, bemerkte der Maharadscha. »Wir brauchen den Nationalisten nur zu zeigen, daß wir nicht rückschrittlich sind, und deine Anwesenheit bei einem so wichtigen Treffen wird beweisen, daß ich nicht zu den Eseln gehöre, die sich an Tänzerinnen und Ballonfahrerinnen hängen.«

Jaya verkroch sich in ihrem Sitz. Die unbekümmerte Überzeugung ihres Mannes, die Nationalisten würden ihren Ruf nach Reformen in Sirpur einstellen, bloß weil der Herrscher sich von einer akzeptablen Gemahlin begleiten ließ, machte ihr angst.

In dem großen Wohnhaus in der Altstadt, in dem das Treffen stattfinden sollte, war Maharadscha Pratap von der fröhlichen geselligen Atmosphäre überrascht. Er flirtete mit den jüngeren Damen des Hauses, als sie ihn durch den Männerhof in einen Salon führten, in dem schon Herrscher und britisch-indische Führer warteten.

Die füllige Frau, der Jaya vor Jahren in Mrs. Roys Haus in Kalkutta begegnet war, löste sich aus der Runde. »Mein liebes Kind, so eine Überraschung! Bist du mit deiner alten Lehrerin hier?«

Jaya errötete, als sich aller Augen auf sie richteten. Die Fürsten brachen in Gelächter aus, weil Sirpurs Gemahlin so gut mit Mrs. Naidu, der Nachtigall von Indien, bekannt war.

Die einzigen, die nicht in das Gelächter einstimmten, waren ein dunkler Mann mit einem wie eine römische Toga über eine Schulter drapierten Schal, der die Unterhaltung aus einer Ecke beobachtete, und ein magerer Mensch, der in einem tadellos geschnittenen englischen Anzug, ein Monokel in ein Auge geklemmt, am Kamin lehnte: Sardar Patel und Ali Dschinnah.

Dschinnah ließ das Monokel sinken, als gebiete er dem Geplänkel Einhalt. »Da wir nun alle versammelt sind, habe ich nur eine Frage. Wann werden die Herrscher ihre angekündigten Reformen verwirklichen?«

»Wir haben eine Erklärung verabschieden können, daß wir Reformen durchführen werden«, erwiderte der Maharadscha von Bikaner.

»Erklärungen sind bloße Lippenbekenntnisse, Hoheit.

Setzt eure Reformen durch, oder die Engländer werden uns die Freiheit verwehren.«

»Gebt uns Zeit«, forderte der Maharadscha von Patiala.

»Ihr habt keine Zeit mehr«, ließ sich Dschinnah kühl vom Kamin her vernehmen. »Die Geschichte hat euch schon überholt. Wir sind alles, was zwischen euch und einer blutigen Revolution steht.«

Der imposante *Sikh*-Fürst und der strenge Moslemanwalt sahen sich einen Moment mit unverhohlenem Haß an.

»Dschinnah, du sprichst von der Geschichte, als hättest du sie soeben erst entdeckt«, sagte Patiala mit zusammengepreßten Kinnbacken. »Wir aber haben Tag für Tag mit ihrer Realität zu tun. In eurem Indien sind sich Moslems und Hindus noch nicht einig geworden. Wir im Indien der Fürsten müssen uns über fünfhundert verschiedene historische Vorbehalte einig werden. Das wird von den Reformisten, die ihr unverantwortlich unterstützt, leicht vergessen.«

»Meine Herren, macht ja keinen Fehler.« Sardar Patel mit dem togaähnlichen Schal griff in die Auseinandersetzung ein. Der unversöhnliche Ton in seiner Stimme machte Jaya klar, warum er der eiserne Mann Indiens genannt wurde. »Die fürstlichen Staaten werden ausgelöscht, wenn ihr die Selbstverwaltung in Indien verzögert.«

Bei Patels Worten ließ sogar Maharadscha Pratap seine höfliche Maske fallen, und die wilde Spannung im Raum wurde offensichtlich. Von den erregten Stimmen angezogen, tauchten neue Gesichter an den Türen auf.

»Herrschaften, Herrschaften!« Sarojini Naidu hob eine dickliche Hand mit erstaunlich zarten Fingern. »Denkt daran, wir sind nur Sprecher derer, die wir vertreten. Dschinnah spricht für Indiens fünfzig Millionen Moslems, die Herrscher sprechen für die hundert Millionen Untertanen des Indiens der Fürsten. Welche Sorgen uns auch trennen, das Streben nach Freiheit ist uns gemeinsam. Kämpfen wir dafür, daß das Britische Empire eine gesamtindische Föderation anerkennt, in der Britisch-Indien und das Indien der Fürsten gemeinsam regieren.«

»Der Nationalkongreß besteht jedoch auf elementaren und fundamentalen Bürgerrechten in den indischen Fürstentümern, bevor er eine Föderation mit den Fürsten eingehen kann«, wiederholte Sardar Patel.

»Auch die Moslemliga fordert diese Rechte«, echote Dschinnah.

Jaya fiel auf, daß die beiden Männer sich nicht ansahen, obwohl sie dieselben Forderungen stellten.

Bei der Rückfahrt zum Haus Sirpur schwieg Maharadscha Pratap, und Jaya war erleichtert, weil sie annahm, daß dieses Treffen ihn aus seiner Gleichgültigkeit gegenüber der Politik aufgerüttelt hatte.

Plötzlich öffnete er seinen Mund zu einem Gähnen. »Stell dir vor, nach alledem muß ich trotzdem in Bombay vor den arroganten Engländern der Butler-Kommission erscheinen. Ich denke, ich werde mich in Kalkutta erst einmal ein bißchen von der anstrengenden Politik erholen.«

Jaya schalt sich, weil sie so schnell geglaubt hatte, was sie sich gewünscht hatte. Sie störte sich nicht an seiner lässigen Anspielung auf seine Verbindung mit Esme Moore, auch nicht daran, daß er nicht mehr in ihre Gemächer kam, um sich ihres Körpers zu bemächtigen, während sie wegen seines schalen Whiskygeruchs den Atem anhielt.

Sie blickte durch die Fenster auf die belebten Basare der Altstadt und fühlte nur die Angst, daß er mit seiner Gleichgültigkeit die strengen *sahib* der Butler-Kommission beleidigen und die Zukunft ihres Sohnes gefährden könne.

Die Freude, die Jaya empfand, als sie Prinz Arjun vom Baby zu einem kleinen Knaben heranwachsen sah, der ständig vor den Dienerinnen ausriß, um durch die Flure des Stadtpalastes zu tappen, genügte nicht mehr, um sie vor den Ereignissen außerhalb des Fürstentums abzuschirmen.

Während ihr Sohn morgens an den Schnüren des Moskitonetzes über dem Bett zerrte, studierte Jaya die grell aufgemachten Zeitungen. Kühne Schlagzeilen verkündeten die Reformen, welche die indischen Herrscher ihrem Volk in der Chamber of Princes versprochen hatten. Auf denselben Titelseiten berichteten andere Schlagzeilen mit einer Deutlichkeit, die keiner redaktionellen Ausschmückung bedurfte, daß in zahlreichen indischen Fürstentümern die Stimmen, die Reformen forderten, durch Inhaftierung oder Verbannung zum Schweigen gebracht wurden.

Der Premierminister kehrte nach Sirpur zurück, aber der Maharadscha war nicht bei ihm. Im *Purdah*-Palast besprach Sir Akbar die neuesten Ereignisse mit der Maharani-Witwe.

»Ein britischer Anwalt, Sir Leslie Scott, wurde beauftragt, in der Butler-Kommission für die Fürsten zu sprechen, *Hukam*. Trotz seiner Ratschläge und des Drängens der älteren Fürsten ist klar, daß viele Herrscher nicht beabsichtigen, die vorgeschlagenen Reformen durchzuführen.«

Die Maharani-Witwe spie in ihren Spucknapf. »Vergib der Umständlichkeit einer alten Frau, Premierminister! Aber ich bin verwirrt. Erst vor achtzig Jahren raubte das Britische Empire unserem Volk seine Macht und nannte es Fortschritt. Jetzt will man dem Volk diese Macht im Namen des Fortschritts zurückgeben?«

Sir Akbar schüttelte den Kopf und vergaß völlig, daß er durch den Brokatvorhang nicht zu sehen war. »Die Situation hat Herrscher und Empire überholt, *Hukam*. Die Reformisten haben beschlossen, ihren Krieg ins Herz des Empire zu tragen. Sie beabsichtigen, in London eine Kampagne einzuleiten.«

Die rauhe Stimme der Maharani-Witwe drang durch den Vorhang. »Wollen die Fürsten Indiens vor den Augen des Britischen Empire mit einer Gruppe verstimmter Untertanen kollaborieren, Premierminister?«

»Sie haben keine Wahl, *Hukam*. Die Reformisten hoffen, daß ihre Kampagne die Butler-Kommission zwingt, Reformen im Indien der Fürsten zu verlangen. Maharadscha Pratap bereitet sich auf eine Reise nach London vor. Die anderen Herrscher meinen, seine Beliebtheit in England wird bei dieser Kampagne nützlich sein.«

Der heiße Wind wirbelte Staub aus dem trockenen Flußbett durch die Fensteröffnungen. Ein strahlender Sonnenuntergang beleuchtete die durch den Vorhang getrennten Gesichter der Maharani-Witwe und Sir Akbars und hob ihre Runzeln hervor, die Narben glichen, welche die beiden von ihren allzu häufigen Niederlagen bei der Verteidigung des Fürstentums davongetragen hatten.

Jaya betrachtete die beiden und mußte dabei an die Munition denken, welche die Reformisten bei ihrem Kampf gegen die indischen Fürsten in London verwenden würden.

Was würde das englische Volk von den Geschichten von ermordeten Kurtisanen halten und von Maharadschas, die sich um die Gunst von Tänzerinnen zankten? Von den Maharadschas, die mit Ballonfliegerinnen und Flamencotänzerinnen verheiratet waren? Diese haltlosen Männer stellten eine Gefahr dar für den Thron ihres Sohnes.

In den folgenden Monaten wurden Jayas Sorgen durch die Zeitungsberichte aus London nur noch vermehrt.

Bei einer überfüllten Pressekonferenz hatte der Maharadscha von Patiala gesagt: »Ich frage, ist innerhalb der weiten Grenzen Indiens nicht Platz für zwei geschwisterliche Staatswesen, in deren einem die Demokratie, im anderen das monarchische Prinzip verkörpert ist? Nach meinem Dafürhalten können sie nebeneinander existieren und zum allgemeinen Wohle Indiens zusammenarbeiten. Den traditionellen Regionalismus unseres Volkes zu vergessen, der seinen Ausdruck in den indischen Staaten findet, hieße einen Fehler begehen, der in der Vergangenheit nur Unheil über Indien gebracht hat.«

Ohne auf solche Aussagen, die im Innenteil der Zeitungen versteckt waren, einzugehen, konzentrierten sich die Titelseiten der britischen Zeitungen jedoch lieber auf die Prunksucht der Maharadschas:

»Bei der Ankunft in England bezog der Maharadscha von Patiala die gesamte fünfte Etage des ›Savoy-Hotels‹, die aus 35 Suiten besteht.

26. Juli. Im Buckinghampalast wurde ein Bankett zu Ehren der indischen Fürsten gegeben. Unter den Anwesenden waren auch der Maharadscha von Kaschmir, der in dem Erpressungsfall Mr. A die zentrale Rolle spielte, und der Maharadscha von Patiala, von dem das Gerücht geht, daß er jedes Jahr £ 35 000 für seine seidene Unterwäsche ausgibt.«

Jedesmal, wenn Jaya die boshaften Schlagzeilen las, in denen die politischen Aussagen der Herrscher übergangen wurden, wurde ihr klar, daß die Reformisten den Krieg gegen das Indien der Fürsten gewinnen würden, und sie fürchtete, daß irgendeine Extravaganz die Aufmerksamkeit der Presse auf Maharadscha Pratap lenken könne, so wie sie früher Angst gehabt hatte, daß die Taten seines Bruders, Maharadscha Victors, die Mißbilligung des Vizekönigs hervorrufen könnten.

An Prinz Arjuns zweitem Geburtstag brachte die Maharani-Witwe ihren Urenkel in den Kamini-Tempel, um ihn zu salben. Der Kleine stand zwischen dem hochmütigen *raj guru* von Sirpur und der verkrüppelten alten Witwe und starrte auf die kahlgeschorenen Tempeldiener, die sich im Allerheiligsten zusammenscharten. Die Farbe seiner Augen wechselte im flackernden Licht der Tonlampen von Grün zu Schwarz, indes die Priester Mantras für sein langes Leben psalmodierten.

Als aber die Maharani-Witwe ihre Hand in das steinerne Abbild der göttlichen Vulva schob, schrie er. Er lief zu Jaya und versteckte sich hinter ihren Beinen vor der alten Frau, die sich ihm näherte, wobei rote Flüssigkeit zwischen ihren Fingern herabtropfte.

Jaya hielt Arjun fest, bis die Witwe ihn mit dem Segen der Göttin gesalbt hatte. Das dickflüssige rote Naß tropfte von seiner Stirn auf seine tränengefleckten Wangen. Jaya erinnerte sich, wie die Flüssigkeit auf die Photographie von Cora Hart getropft war und das blaue Auge blutrot gefärbt hatte, und Angst um ihren Sohn überkam sie, der gefangen war zwischen den Forderungen der Reformisten und den strengen Riten seines alten Fürstentums.

Die zunehmende Sommerhitze schien Jayas Verstand zu benebeln. Sie starrte von ihrem Balkon auf die Sandbänke des Flusses, dessen Wasserspiegel stark gesunken war, und fragte sich, ob die Kampagne der Reformisten die smaragdgrüne Stille der Reisfelder und den träge fließenden Fluß zu einer Illusion machten gleich den ländlich-friedlichen Hintergründen, welche die Hofmaler in Balmer zur Zeit des Weltkrieges gemalt hatten.

Ihre abstrakten Ängste verwandelten sich mit dem Telegramm Federchens von Dungra, der sie bedrängte, augenblicklich nach London zu kommen, in rauhe Wirklichkeit. »Maharadscha Pratap hat ernste Schwierigkeiten mit seiner Reisebegleiterin Esme Moore. Erpressung ist im Spiel. Eine solche Indiskretion hätte zu keinem ungelegeneren Zeitpunkt erfolgen können.«

Jaya zerknüllte das Telegramm. Sie war wütend, daß ihr Mann in London mit seiner Halbblut-Geliebten prunkte, obwohl er wußte, daß die Augen des Britischen Empire kritisch auf Indiens Fürsten gerichtet waren.

Lady Modi meldete sich aus Bombay und erbot sich, mit Jaya nach London zu fahren. Am unteren Rand des parfümierten Briefbogens stand eine Nachschrift. »Empfehle Dir, zuvor einen Besuch bei Madam Enid in der Cryer Street 14, Kalkutta, zu machen. Esme Moore hat in ihrem Haus gearbeitet, ehe sie Tänzerin wurde.«

Lady Modis Brief veränderte Jayas Ansicht über Sirpur. Das Grün der stillen Reisfelder wirkte jetzt unheimlich. Der Dschungel, der den roten Schlamm überwucherte, schien ein Symbol für unersättliche Begierden. Sie sah das schlammige Wasser an den weißen Sandbänken vorbeifließen und dachte, daß es in seiner Trägheit, die nur seine Wildheit verdeckte, die Täuschungen Sirpurs widerspiegelte. In ein paar Wochen würde der Monsunregen dieses Rinnsal anschwellen lassen, bis der Strom die Stadt und die friedlichen Dörfer, welche die Flußufer säumten, verschlang.

Siebenundvierzigstes Kapitel

Die Gärtner warteten unter den Eichen von Haus Sirpur mit den üblichen Girlanden, aber in der schwarzen Marmorhalle spiegelten sich diesmal keine Tuberosen. Dies war das einzige Anzeichen, daß die Maharani überstürzt nach Kalkutta gekommen war.

Die Dienerschaft folgte Jaya die Treppe hinauf. »Wir haben dich in der Cryer Street angemeldet, *Hukam*. Man erwartet dich heute nachmittag.«

Erschöpft von der bedrückenden Feuchtigkeit legte Jaya sich auf ihr Bett. Die in Gold und Weiß gehaltenen Gemächer, die ihr einst Freiheit von den höfischen Zwängen

Sirpurs bedeutet hatten, waren ihr kein Trost mehr. Diffuses Sonnenlicht drang durch die Musselingardinen, und das ferne Rufen eines Gewürzverkäufers durchbrach die friedliche Stille des späten Vormittags. »Kümmel, Senfmehl, Koriander! Samen, Blätter und Pulver!« Die Litanei der Namen hing in der Luft. Jaya schloß die Augen, doch das Sonnenlicht drang durch die Lider, und die hellen Rufe wurden bedrohlich, als ob sie sie ermahnten, daß die Zukunft ihres Sohnes auf ihr ruhte.

Jayas lange Haare lagen wie ein heißes Handtuch auf ihrer nassen Haut, als der Wagen durch die belebte Straße zu Madame Enids Etablissement fuhr, dessen Holzläden die Besucher vom Lärm der Rikschas und der schreienden Fußgänger abschirmten.

Ein Fischhändler verscheuchte mit einem schmutzigen Tuch die Fliegenschwärme, welche die auf Eisblöcken vor ihm ausgestellten Garnelen umkreisten. Er versuchte, seine Ware zu verkaufen, bevor die grelle Sonne sie in übelriechenden Abfall verwandelte. Als er die ungewohnte Gestalt im Sari, den Kopf von einem Spitzenschirm beschützt, auf den Bordelleingang zugehen sah, ließ er erstaunt die Hände sinken.

Der Geruch von abgestandenem Zigarrenrauch erfüllte den verdunkelten Raum. Staubteilchen wirbelten wie aufgestörte Motten durch die Luft, als Madame Enid Jaya zu einem verschnörkelten, mit Spitzenschonern bedeckten Sofa führte.

Ein junges barfüßiges Mädchen, dessen dünne Beine linkisch unter dem Kleid hervorstaken, reichte geeisten Tee. Mit noch schlaftrunkener Stimme sagte Madame Enid: »Du darfst nicht zu böse auf Esme Moore sein, Hoheit. Sie hat ihre Träume; die haben sie alle. Sieh dir dieses Kind an! Ihre Mutter wurde von einem englischen Aufseher vergewaltigt. Die Kleine wurde als Baby von einem afghanischen Kuppler hergebracht und, als sich zeigte, daß sie hübsch werden würde, an mich verkauft.«

Jaya nahm das Teeglas und fragte sich dabei, ob auch dieses Kind für das Gewerbe aufgezogen wurde wie so viele andere Mädchen, deren Eltern unter lärmenden Ventilatoren und zwischen feuchten Bettlaken für einen kurzen Augenblick den Krieg der Rassen angehalten hatten. Sie wandte den Blick von den schwarzen Augen, die gierig auf ihren Sonnenschirm starrten.

»Dein Gatte ist ein so großmütiger Mann, ein Herrscher, der meine Mädchen behandelt wie Prinzessinnen.« Sie flüsterte dem Kind etwas ins Ohr. Die Kleine nickte und lief aus dem Zimmer.

Eine junge Frau im seidenen Negligé erschien unter der Tür. Hohe Backenknochen prägten das Gesicht, eine tiefe Spalte kerbte das zartknochige Kinn. Kleine Zähne bissen gespannt in die volle Unterlippe, und die gestrafften Muskeln des langen Halses konnten über die elegante Haltung des Mädchens nicht hinwegtäuschen. Madame Enid winkte sie zu sich. Das Mädchen ging bis zum Klavier, wo es sich hinter einer Vase mit welkenden Bougainvilleablüten versteckte.

»Velma, erzähl der Maharani, warum du dich nie von Maharadscha Pratap hast anrühren lassen!«

Das Mädchen schüttelte den Kopf, wobei ihre langen kastanienbraunen Haare um ihre Schultern wehten.

»Komm her, Liebes!« drängte Madame Enid.

Das schlanke Mädchen kam zögernd näher. »Ich gebe immer auf ihn acht, Hoheit. Sogar wenn er betrunken ist, sitze ich an seinem Bett und passe auf, daß niemand seinen Schlaf stört.«

Madame Enid war nicht gewillt, das Thema fallenzulassen. »Sag der Maharani, warum du mit Seiner Hoheit nichts zu tun haben willst, Velma.« Das Mädchen sah Jaya mit mandelförmigen Augen furchtsam an, dann drehte es sich um und lief aus dem Zimmer.

Jayas Hände waren naß von Schweiß. Sie wischte sie an ihrem Sari ab.

Als sie aufblickte, stand das Mädchen wieder unter der Tür. Velma ging mit ausdruckslosem Blick auf Jaya zu.

»Als Seine Hoheit zum erstenmal nach mir rief, lag er auf dem Bett. Die hatte er an den Füßen.«

Sie hielt Jaya ein Paar Pantoffeln vor die Nase. Eine Schlange und ein Elefant waren auf den schwarzen Samt gestickt.

»Als ich das Wappen von Sirpur sah, erkannte ich, daß dein Gemahl mein Bruder war.«

Das Mädchen warf die Pantoffeln auf die Erde. Jaya bedeckte mit einem Zipfel ihres Saris den Mund und bemühte sich, sich nicht zu übergeben.

Während Madame Enid schilderte, wie ihre Mädchen die Kunden beobachteten, um Manieren zu lernen, die sie für die Außenwelt rüsteten, wenn sie sich eine neue Identität zulegten, hörte Jaya kaum zu. Ihre Augen waren auf das alte Wappen gerichtet, das der Herrscher von Sirpur in Nachahmung seiner britischen Herren nicht am Turban, sondern an den Füßen zu tragen beliebte. Ihr war übel vor Scham, weil eine Hure das Wappen mehr geachtet hatte als der Herrscher selbst.

»Esme Moore wollte zum Film, aber dein Gatte hat sie überredet, seine Geliebte zu werden, indem er ihr versprach, sie zu heiraten. Weißt du, was so ein Versprechen für diese Kinder bedeutet?«

Jaya schluckte die Galle in ihrem Mund hinunter. Sie konnte den Blick nicht von den Samtpantoffeln wenden, und sie wünschte, sie hätte von ihrem in London wartenden Ehemann nie ein Kind bekommen. Als sie hinausging, schenkte sie dem Mädchen, das sie bedient hatte, ihren grünen Sonnenschirm, und sie war beschämt, als das Kind in einen unbeholfenen Knicks sank.

Salzwasser spritzte gegen die Wellenbrecher, als Jayas
Wagen sich im Schrittempo den Docks näherte. Die Schei-
benwischer waren machtlos gegen den heftigen Monsunregen.

Ein Steward begleitete Jaya zu ihrer Kabine. Unter dem
Holzdach, welches das Oberdeck schützte, drückte sie
sich näher an das Glasfenster des Kartenspielzimmers
und sah eine Gruppe Männer in schmucklosen, hochge-
schlossenen Röcken um einen Tisch sitzen.

Der Steward wich zurück, als etwas in Jayas Einzelkabine
gestürmt kam. Ein Hund mit einem Diamanthalsband
sprang ihn an.

»Scott-Ward! Kommst du wohl her, du blöder Köter!«
Lady Modi erschien in der Tür. »Darling, hoffentlich hast
du ein paar anständige Trauerkleider dabei. Das gesamte
Reformistenkomitee reist mit uns nach London, aber das
ist nicht zu ändern. Die ›Haiderabad‹ ist für Wochen das
letzte Schiff, das von Bombay abgeht.« Sie legte Jaya ihren
Arm um die Schulter. »Es tut mir so leid, das mit Pratap,
Darling. Aber keine Bange! Wir biegen das schon hin.«

»Das müssen wir, Bapsy. Mein Mann denkt, seine Verbindungen zur englischen Krone werden ihn retten, ganz
gleich, wie verantwortungslos er sich benimmt.«

»Das ist das Dumme mit schrecklich gut aussehenden
Männern, Darling. Sie werden verantwortungslos, weil
alle sie so verwöhnen.«

Der Wind rüttelte an den Glasscheiben des Bullauges.
Jaya betrachtete die schmutziggrünen Wellen, die an den
Schiffsrumpf schlugen. Ihr war, als sei sie wie dieses
Schiff unerschütterlich geworden gegen die Wellen der
Tradition, die von einer Ehefrau nichts als Gehorsam ver-
langten. »Wie mein Mann aussieht, kümmert mich nicht.
Ich sorge mich nur, daß seine Verantwortungslosigkeit
zur Enterbung meines Sohnes führen könnte.«

Lady Modi schreckte vor der Wut in Jayas Gesicht zurück. »Aber Darling, Pratap ist der Maharadscha. Du hast keine Macht.«

»Noch nicht, Bapsy.«

»Wie meinst du das, Darling?« Lady Modis Stimme quiekte vor Argwohn und Nervosität.

Der Zorn auf Generationen stummer Komplizenschaft, die wahre Festungen der Achtung um Männer wie Pratap errichtet hatte, löste Jayas Hemmungen. »Er kann seine eigene Frau nicht anrühren, bis sie zu einem Spielzeug geworden ist, das keine Frau mehr darstellt. Oder bis er so betrunken ist, daß er nicht mehr als Mensch gelten kann. Er schreckt vor dem Anblick seiner Frau zurück, die seinem Sohn die Brust gibt, aber nicht davor, mit seinem uralten Familienwappen an den Füßen ein Bordell zu besuchen. Benimmt sich so ein Ehemann? Oder ein Fürst?«

»Darling, ich hab' mein Bestes getan, um dich für Pratap akzeptabel zu machen. Ich sehe nicht, was ich noch tun kann. Du hast schließlich keine Rechte außer denen, die er dir einräumt.«

Die unverblümte Bemerkung ließ Jayas Wut vergehen. Sie setzte sich aufs Bett und sah den Dienerinnen ergeben zu, die in einem Winkel der Kabine den kleinen Altar aufbauten und das Porträt des Maharadschas neben das Abbild der Göttin stellten.

Die Monsunsee hielt die Passagiere in ihren Kabinen fest. Lady Modi war übel von dem Schwanken des Schiffes, und sie sah Jaya nicht, die sich eingeschlossen hatte und das Bildnis ihres Mannes betrachtete, während sie sich die Begegnung mit ihm ausmalte. Lady Modi merkte auch nicht, daß Jaya im schmerzlichen Gefühl, allein zu sein, erkannt hatte, daß die auf gesellschaftliche Unternehmungen beschränkten Ratschläge der Freundin ihr im Kampf gegen Maharadscha Pratap nicht mehr weiterhelfen konnten.

Erst als das Schiff die ruhigeren Gewässer des Roten Meeres erreichte, war Lady Modi wieder so weit hergestellt, daß sie mit Jaya im Speisesaal essen konnte. Im Hintergrund des Raumes saßen jene Männer, die Jaya gesehen hatte, als sie an Bord gegangen war. Sie schieden sich streng von den anderen ab und trugen Baumwoll-*dhotis* und hochgeschlossene Jacken, wobei sich merkwürdig ausnahm, daß ihre Socken über den Lederschuhen zum Vorschein kamen. Mehrere *memsahibs* an der Tafel des Kapitäns beobachteten sie mißbilligend.

Lady Modi seufzte. »Ich weiß gar nicht, was mit allen los ist. Kein Mensch lacht mehr. Diese schlecht angezogenen Leute da drüben haben bestimmt in ihrem ganzen Leben noch keinen Spaß gehabt.«

Jaya betrachtete die unscheinbaren Männer, welche die Fürsten Indiens bedrohten. Eine bekannte Gestalt, den weißen Schal über die Schultern drapiert, hatte sich zu ihnen gesellt.

Lady Modi quietschte entzückt. »Darling! Das ist ja Arun Roy. Hast du das in Kalkutta arrangiert?« Sie winkte mit ihrer Zigarettenspitze, um den Anwalt auf sich aufmerksam zu machen, und Jaya senkte verlegen den Kopf, als er sich dem Tisch näherte.

»Arun, Darling, was hast du mit diesen gräßlichen Leuten zu schaffen?«

»Das sind die besten Juristen Indiens, Bapsy, die für die Reformisten die Kampagne in London betreiben.«

Lady Modi schürzte mißbilligend die Lippen. »Sofern man Gossengeschwätz eine Kampagne nennen kann.«

»Ist dieses verderbte Interesse für das Privatleben der Herrscher der Männer würdig, die Indiens Führer sein wollen?« fragte Jaya.

Arun Roys Mund verzog sich wie immer zu einem Lächeln, wenn er das Wort an sie richtete. »Die Skandale werden benutzt, um zu veranschaulichen, wie Indiens Herrscher ihre Macht mißbrauchen, während ihre Untertanen stumm leiden. Das solltest du wissen, *Bai-sa*. Du hast schließlich an einer Hundehochzeit in Junagadh teilgenommen. Weißt du, was der Vizekönig gesagt hat, als er Junagadh vor ein paar Wochen besuchte? ›Alle Macht sollte von Rechts wegen mit Verantwortungsgefühl gepaart sein.‹«

»Es gibt eine Menge indische Herrscher, die ihre Macht nicht mißbrauchen und Verantwortungsgefühl haben«, erklärte Lady Modi. »Die Maharadschas von Jodhpur und Jaipur zum Beispiel.«

»Weißt du, wie viele Sklaven es in Jodhpur gibt, Bapsy?«

»Sklaven?« kreischte Lady Modi. »Die gibt es nicht mal mehr in Amerika.«

»Dort vielleicht nicht, aber in den Bastionen der Rajput-Ritterlichkeit, wo unsere schöne *bai-sa* geboren wurde, werden ganze Sippen wie Tiere gekauft und verkauft. Die Darogas, die Charkas, die Huzuris, die Chelas, die Golas.« Jaya mußte an Mrs. Roys unerbittliche Augen hinter ihrer randlosen Brille denken. Lady Modi, eingeschüchtert von Arun Roys Leidenschaftlichkeit, spielte mit ihrem Champagnerglas. »Die Männer dort drüben am Tisch haben versucht, im Indien der Fürsten eine Bewegung gegen die Sklaverei zu organisieren. Sie wurden von den indischen Herrschern wie Verbrecher behandelt. Und das große Britische Empire nannte sie aufrührerisch. Aber offen gesagt, die Sklaven sind nur ein extremes Beispiel für die Bedingungen, unter denen die Menschen in den indischen Fürstentümern leben – ungeschützt durch Gesetze, den Launen ihrer Herrscher ausgeliefert.«

»Das ist nicht wahr«, widersprach Jaya.

»Du weißt, daß es wahr ist, *Bai-sa*. Glauben Männer wie dein Gatte wirklich, daß das Britische Empire ewig währt und sie vor dem Zorn ihres Volkes schützt?«

Als er zu seinen Bekannten zurückging, flüsterte Lady Modi betrübt: »Die Politik verdirbt einfach alles. Noch eine ganze Woche, bis wir nach London kommen! Dabei könnten wir uns so köstlich amüsieren.«

Jaya konnte Lady Modis Oberflächlichkeit nicht mehr ertragen. Sie entschuldigte sich und ging an Deck.

Der Gedanke, daß die besten Juristen Indiens zum Kampf gegen ihren Mann antraten, machte sie schwach vor Angst, und der Anblick der grünen Wellen, die gegen das Schiff spülten, verursachte ihr Übelkeit im Magen. Sie griff haltsuchend nach der Reling.

Eine Hand schloß sich um ihren Ellbogen. »Alles in Ordnung, *Bai-sa?*«

Sie nickte matt.

»Sieh nicht aufs Wasser, *Bai-sa!* Bei dieser Hitze wird einem davon schwummerig im Kopf.«

Aber Jaya fürchtete sich, sich umzudrehen und dem Anwalt in die forschenden Augen zu sehen wie damals auf Mrs. Roys dunklem Rasen, als der Nebel über den Köpfen der Steinstatuen schwebte und die *raga* aus dem Musikzimmer tönten.

Arun Roy legte seinen Arm um sie. »Ich weiß, was dir in London bevorsteht, *Bai-sa*.« Er umfaßte sie fester, und sie konnte nicht verhindern, daß sie in seinem Griff zitterte.

»Das Verhalten deines Mannes ist für alle, die solche Sachen in Britisch-Indien verfolgen, ein öffentlicher Skandal.«

Diesmal konnte Jaya ihre Tränen nicht zurückhalten. Arun Roy fuhr sanft über ihre langen Haare, während ihre Tränen von der hölzernen Reling in das wirbelnde Wasser fielen. »Du warst so furchtlos im Dschungel, *Bai-sa*. Bist mit einem Speer, der für deine Hand fast zu groß war, auf einen verwundeten Keiler zugaloppiert. Verliere nicht die Nerven! Du bist jetzt nur in einem anderen, weniger angenehmen Dschungel.«

Sie trat beschämt beiseite, und er entfernte sich und rief über die Schulter: »Ich hoffe, wir finden uns eines Tages im richtigen Dschungel wieder, *Bai-sa*. Der ist besser als dieser hier.«

Neunundvierzigstes Kapitel

Die Adjutanten führten Jaya unter Verbeugungen durch die Suite im Hotel »Ritz«. Maharadscha Pratap lehnte, ein Glas in der Hand, an der Fenstertür, die auf den Green Park hinausging. Als Jaya seine Miene sah, mischte sich Bedauern in ihren Zorn. Besorgnis stand dem hübschen Gesicht ihres Mannes nicht gut.

Sie trat zu ihm und blickte stumm auf die Damen hinunter, die im Park spazierengingen und mit Schirmen ihre Haut vor dem grellen Julisonnenlicht schützten.

Der Maharadscha klopfte mit seinem Glas an die Fensterscheibe, als setze er ein Gespräch fort. »Fünfzigtausend Pfund auszuschlagen ist ganz schön gewagt für jemanden wie Esme Moore, aber der Vizekönig hat keine Gewalt über sie, und das weiß sie. Sie ist keine Ausländerin. Sie könnte eine vollwertige Maharani sein. Ich kann schließlich so viele Ehefrauen haben, wie ich will, und da sie Inderin ist, hätten ihre Kinder Anspruch auf den Thron von Sirpur. Sie ist auf Heirat aus.«

Jaya dachte an das Kind im Bordell, das ihren Sonnenschirm angestarrt hatte, und sie empfand schlechten Gewissens Bewunderung für die Tänzerin. »Welchen Druck könnte sie ausüben, damit du sie heiratest, *Hukam?*«

Der Maharadscha stürzte seinen Drink hinunter und ließ sich hustend, aber immer noch elegant, in einen schimmernden Chintzsessel fallen. »Bruch eines Eheversprechens, meine Liebe. Photographien, Briefe, die beweisen, daß sie ihre Verlobung mit einem reichen irakischen Juden gelöst hat, weil ich ihr die Ehe versprochen habe. Sie hat mich in der Hand. Und sie hätte sich keinen besseren Zeitpunkt für einen Skandal aussuchen können. Der Vizekönig von Indien ist auf dem Weg hierher, um den neunzigsten Geburtstag seines Vaters zu feiern. Du weißt, was für ein christlicher Lord dieser verdammte Irwin ist. Ich werde wahrscheinlich zur Abdankung gezwungen.

Wenn nur die alte Königin Victoria noch lebte! Bei ihr wußte man wenigstens, woran man war.«

Der Stöpsel der Karaffe fiel ihm aus der Hand, als er sein Glas erneut füllte. Whisky verschüttend, ging er schwankend auf seine Frau zu. »Was soll ich tun? Bikaner und Patiala wollen mich an keinen Versammlungen teilnehmen lassen, solange diese Angelegenheit nicht entschieden ist. Ich wünschte, die verdammte Hure würde tot umfallen.«

Jaya wich vor den schrägen Augen zurück, die gerötet waren von Alkohol und Selbstmitleid, und sie staunte darüber, daß sie das Raubtier in ihrem Mann jemals gefürchtet hatte. Dies war ein verwöhntes Kind, angewiesen auf ein Empire, das sich geschworen hatte, ihm seine Infantilität zu lassen. »Möchtest du, daß ich die Sache in die Hand nehme, *Hukam?*«

»Was könntest du tun?«

»Als Frau könnte ich vielleicht eine Verhandlungsposition finden.«

Hoffnung schimmerte in den blutunterlaufenen Augen auf, und er nestelte ungeschickt an ihrem Sari. Whisky durchtränkte die dünne Seide, als seine Lippen von ihrem Hals zu ihren Brüsten hinabglitten. Sie stieß ihn weg und bekämpfte den aufsteigenden Ekel, der ihre Selbstbeherrschung zu vernichten drohte. »Meine Dienste haben ihren Preis, *Hukam.*«

Sonnenlicht verfing sich in seinen zerzausten Haaren, während er zum Barschrank ging. Als er sich umdrehte, hatte er seine Fassung wiedergewonnen. »Ich sehe, der Wurm hat sich gekrümmt. Du warst immer so eine folgsame kleine indische Ehefrau, die fortwährend *puja* für mein langes Leben verrichtete.« Er hob sein Glas zum Mund. »Und was ist der Preis für die Ehre deines Mannes, meine Liebe?«

»Ich wünsche zur regierenden Maharani von Sirpur ernannt zu werden, bis Arjun alt genug ist, um den Thron zu besteigen – für den Fall, daß dir etwas zustößt.«

»Macht! Natürlich!« Echtes Vergnügen sprach aus Maharadscha Prataps Gelächter. »Dein Preis mußte selbstverständlich Macht sein.«

Die Richtigkeit seiner Bemerkung brachte Jaya aus dem Gleichgewicht. Nach einem Leben als Opfer der Macht wollte sie diese nun selbst ausüben, und sie konnte das Verlangen förmlich schmecken, selbst als sie sich besann, daß ihr Mann ein gesunder, aktiver Mensch war, der noch lange, nachdem ihr Sohn längst erwachsen war, regieren würde. »Gebe die Göttin, daß nichts passiert, *Hukam*.« Es war ihr unmöglich, die Bitterkeit aus ihrer Stimme herauszuhalten. »Aber wenn, dann glaube ich nicht, daß selbst der wohlwollendste Resident es sich angelegen lassen sein wird, ein Kind vor den Reformisten oder den Interessen des Empire in Schutz zu nehmen.«

Maharadscha Pratap machte ein gelangweiltes Gesicht. »Wir wissen schon, wie wohlwollend der nächste Resident sein wird. Sir Akbar hat mir vorige Woche ein Telegramm geschickt. Major James Osborne ist zum britischen Residenten von Sirpur ernannt worden.« Er lächelte sie verschwörerisch an. »Du scheinst dein Leben besser im Griff zu haben als ich, meine Liebe.«

Jaya verbarg ihren Triumph. Nach all den Jahren würde sie einen Freund im Fürstentum haben, der sie im Kampf für die Zukunft ihres Sohnes unterstützte. Und wenn es ihr gelang, die Tänzerin aus Kalkutta zur Räson zu bringen, würde sie die Beschützerin von Arjuns Thron sein.

Während Jaya ungeduldig darauf wartete, daß Esme Moore in dem langsam mit Indern aller politischen Überzeugungen überlaufenen London eintraf, verfolgte sie den Propagandakrieg zwischen den indischen Fürsten und den Reformisten.

Der Maharadscha von Patiala war der Hauptsprecher für die indischen Fürstentümer. Legenden von seiner Potenz und verschwenderischen Großzügigkeit, seinem Können

als Polo- und Kricketspieler und als Schütze kursierten in
der Hauptstadt. Immer wieder erklärte Bhupinder der
Prächtige im Rathaus, in Salons und Sitzungssälen, daß
die Reformisten und die englische Presse Geschichten er-
fänden, die zu phantastisch seien, um ein Dementi zu verdienen.

Jaya konnte sich vorstellen, wie der Maharadscha von Patiala, die hochgewachsene Gestalt vom Turban gekrönt,
die überfüllten Versammlungshallen betrat, von seinen
ebenso eindrucksvollen *Sikh*-Edelleuten flankiert, um sich
an die vornehmen englischen Herren und Damen zu wenden, die einflußreich genug waren, um sich bei ihrer Regierung für seine Zukunft zu verwenden.

Trotz der Appelle des Herrschers von Patiala nahm die
Gerüchteflut über die Exzesse der Fürsten gefährliche
Ausmaße an, und Jaya hatte große Angst, Esme Moore
könne ihre Geschichte an die sensationshungrigen Reporter verkaufen, welche die Aufmerksamkeit ihrer Leser
von Englands düsterer wirtschaftlicher Lage ablenken
wollten.

Als Maharadscha Pratap ihr eröffnete, daß Esme Moore
beschlossen hatte, direkt nach New York zu fahren,
schiffte sich Jaya nach Übersee ein, um ihre Verhandlungen abzuschließen und nach London zurückzukehren,
wo der Kampf um die Zukunft der indischen Fürstentümer mit tödlichem Ernst geführt wurde.

Die glitzernde Stadt mit ihren Wolkenkratzern vermehrte
ihre Rastlosigkeit. Während Jaya wartete, daß Esme
Moore sich bei ihr meldete, war Federchen von Dungra oft
ihr Begleiter, wenn übereifrige Freunde darauf bestanden, ihr das Nachtleben und die Flüsterkneipen im New
York der Prohibitionszeit zu zeigen.

Der Maharadscha von Dungra rief geziemende Aufregung hervor, wenn sie vor nichtssagend aussehenden Türen warteten und von unsichtbaren Gestalten beglotzt
wurden, bevor man sie in Räume einließ, in denen man

ausgelassen tanzte und Whisky aus Kaffeetassen trank. Manchmal flüsterte Federchen von Dungra Jaya ins Ohr, daß sie ihre Rolle nicht richtig spiele. Dann tanzte sie, ohne auf die Blicke zu achten, die ihrem Sari folgten, steif und gehemmt zwischen den wirbelnden Blondinen in ihren perlenbesetzten Fransenkleidern.

In der Suite des »Waldorf-Astoria« hatte sich Chandni mit den Zimmermädchen angefreundet. Eines Nachmittags, während der Lärm der schachbrettartig lackierten Taxis und der Autohupen von der zwanzig Stockwerke tiefer gelegenen Straße heraufdrang, fragte Chandni schüchtern, ob Jaya einverstanden sei, ein schwarzes Zimmermädchen zu empfangen, das unbedingt mit einer echten Maharani sprechen wolle.

Das schwarze Mädchen knickste. »Ich hab' Ihnen ein Geschenk mitgebracht, Ma'am. Ein Andenken an Amerika. Ein Buch, das ein Schriftsteller aus Harlem gerade geschrieben hat. Es heißt ›Die dunkle Prinzessin‹. Es zeigt uns, wie alle Farbigen, hier in Amerika und bei Ihnen in Indien, kämpfen müssen, damit die Weißen uns unsere Rechte geben.«

Jaya lag abends auf dem Bett und las ernst in »Die dunkle Prinzessin«. Eine indische Prinzessin hatte ein uneheliches Kind von einem Neger. Als das Kind alt genug war, seine Herrschaft als Maharadscha anzutreten, heiratete die indische Prinzessin ihren schwarzen Geliebten, und die beiden Rebellen gründeten eine weltweite Organisation zur Zerstörung des Imperialismus. Jaya lachte laut über den Namen der ominösen Organisation – Hoher Rat der Dunkelhäutigen –, aber es sprach Bitterkeit aus ihrem Lachen. Daß Britisch-Indien die ausschließlich weißen Mitglieder der Simon-Kommission mit schwarzen Fahnen empfangen hatte, daß der Maharadscha von Patiala den englischen Männern und Frauen schöntat, welche die Butler-Kommission dahingehend beeinflussen konnten, ihm zu gestatten, über ein Fürstentum zu herrschen, das ihm von

Rechts wegen gehörte, und auch ihr, Jayas, Treffen mit der Geliebten ihres Mannes – das alles hatte imperialistischer Ehrgeiz erzwungen.

Das Telefon läutete. Jaya nahm den Hörer ab, und sie wußte, daß es Esme Moore war, noch bevor die Stimme zögernd sagte: »Ich wollte Sie nicht da hineinziehen, Hoheit.«

Jaya vermochte die Pein nicht aus ihrer Stimme herauszuhalten. »Ich fühle mich aber mit hineingezogen. Wann können wir uns sehen, Miss Moore?«

»Ich könnte sofort kommen, Hoheit.«

Jaya legte den Hörer auf. Ihr Herz klopfte gegen ihren Brustkorb. Die zwei Mädchen erschienen kichernd wie Schulkinder in der Tür. Chandni sank in einen linkischen Knicks, während ihre schwarze Freundin ein *salaam* versuchte. »Der Maharadscha von Dungra bittet, gemeldet zu werden.«

Erleichterung überströmte Jaya. Federchen von Dungra würde dabeisein, wenn sie mit Esme Moore sprach. Sie konnte sich auf seine Weltklugheit und sein leidenschaftliches Pflichtbewußtsein verlassen, das ihn Prataps Kapricen verachten ließ.

Dungra nahm sich von den Hors d'œuvres, die auf einem Silbertablett angerichtet waren, während Jaya ihn über ihre Abmachung mit ihrem Mann informierte. »Er hat versprochen, mich zur regierenden Maharani von Sirpur zu machen, wenn ich Esme Moore davon abbringen kann, ihn zur Heirat zu erpressen.«

Die großen Augen glitzerten amüsiert. »Gratuliere, du hast ein gutes Geschäft gemacht, Hoheit! Es läutet an deiner Tür. Ich warte, bis du dich mit Miss Moore bekannt gemacht hast.«

Jayas Hände waren schweißnaß, als sie dem eleganten, aber unverkennbar halbindischen Mädchen öffnete, das, unter seinem ausladenden Hut lächelnd, im Flur stand. Von dem Selbstbewußtsein der Tänzerin beeindruckt, führte Jaya sie zu einer Couch. Das Mädchen plauderte vergnügt über das Wetter, dann sagte sie plötzlich, ohne jeden Versuch, den Verlust ihrer Würde zu kaschieren: »Er bietet mir Geld, Hoheit. Was soll ich mit Geld anfangen? Ein Bordell eröffnen?«

»Aber Geld macht Sie unabhängig.«

»Wenn ich seine Frau würde, hätte ich mehr als Geld. Ich hätte Rechte.«

»Sie irren sich, Miss Moore. Wenn ich Rechte hätte, würde ich jetzt nicht mit Ihnen reden.«

»Ich will Ihrem Mann nicht schaden. Aber ich will meine Vergangenheit auslöschen. Und er hat versprochen, mich zu heiraten.«

»Möchten Sie eine Familie haben?«

»Nein, nein!« Das Mädchen war über Jayas Unverständnis empört. »Ich will eigentlich gar keine Ehefrau sein. Ich möchte zum Film. Ich weiß, daß ich eine große Diva werden kann.«

Jaya erhob sich. »Ich habe einen Freund, der Ihnen vielleicht helfen kann. Als Entgelt für seinen Beistand müssen Sie alles zurückgeben, was Sie von meinem Mann bekommen haben.«

»Meine Kleider und meinen Schmuck?«

»Natürlich nicht, Miss Moore. Das sind Geschenke meines Mannes an Sie. Ich meine seine Briefe und Photographien.«

Federchen Dungra trat ins Zimmer. Er manövrierte seine massige Gestalt auf das Sofa und klopfte Esme Moore onkelhaft aufs Knie. »Ruhm, Miss Moore. Manchmal ein Segen, manchmal ein Fluch, aber da Sie ihn begehren, welche Bedingungen betrachten Sie als angemessen? Probeaufnahmen, eine kleine Rolle in einem Film?«

Die Gier entstellte die hübschen Gesichtszüge des Mädchens. »Ich brauche auch etwas zum Leben. Ich bin nur ein armes Mädchen, das versucht, mit seinem Verstand zu überleben.«

»Und das machen Sie sehr gut, meine Liebe«, sagte der Maharadscha begütigend. »Sagen wir, ein Zuschuß, während Sie in Hollywood Ihren Weg machen?«

»Ich will nicht, daß irgend jemand etwas von Kalkutta und Madame Enid erfährt. Mindestens drei Mädchen aus der Cryer Street sind heute in Hollywood beim Film. Ich will sein wie die.«

Die Tänzerin entfernte sich mit der Zusicherung, daß man sich am nächsten Tag mit ihr in Verbindung setzen werde. Dungra zog einen Packen Papiere aus seiner Mappe. »Das wird ein kostspieliges Geschäft, *Hukam*. Aber ich schlage vor, daß du selbst für die Kosten aufkommst, um sicherzugehen, daß Pratap bezüglich deiner Regentschaft Wort hält. Jetzt ist ein ziemlich günstiger Zeitpunkt dafür. Ich wollte sowieso einige deiner amerikanischen Beteiligungen abstoßen.«

Er reichte Jaya ein Formular zur Unterschrift. »Hier ist der helle Wahnsinn ausgebrochen. Die Börse ist wie ein Basar ohne Waren, nur voller Träume. Der Verkauf deines Landes in Florida dürfte die Kosten für Miss Moores Ehrgeiz decken.«

Jaya gab das unterschriebene Dokument zurück.

»Und jetzt die hier, *Hukam*. Ich denke, wir werden deine Anteile an der Filmindustrie erhöhen.« Jaya sah überrascht auf. »Aber ja, du hast Beteiligungen in Hollywood. Wie hätte ich sonst Miss Moore Probeaufnahmen anbieten können?«

Vor ihrer Abreise nach Hollywood händigte die triumphierende Tänzerin Jaya Maharadscha Prataps sämtliche Briefe und Photographien aus, als könne sie es nicht erwarten, ihre Vergangenheit loszuwerden.

Chandni war fast hysterisch vor Erleichterung, daß sie nach London zurückfuhren. »Einen Monat sind wir hiergewesen, *Hukam*. Ist meine Haut vom Umgang mit meinen Freundinnen dunkler geworden? Es heißt, das viele Schwarz färbt ab.«

Im Salon von Maharadscha Prataps Hotelsuite drängten sich die Herrscher. Der Maharadscha von Patiala erhob sich, um den Herrscher von Dungra zu begrüßen. »Der Butler-Report ist soeben herausgekommen. Die Engländer haben uns nichts zugestanden, Federchen.«

Jaya faltete vor einem südindischen Fürsten die Hände zum Gruß, als sie in ihre Zimmer ging. Er nahm keine Notiz von ihr. Sein Adlergesicht war wutverzerrt. »Das Britische Empire hat die Reformisten indirekt dazu aufgefordert, in unseren Ländern zu agitieren.«

Zornige Stimmen drangen durch Jayas geschlossene Schlafzimmertür. »England wird uns von innen zerstören. Wieviel kann es das größte Empire auf Erden schon kosten, Reformistenaufstände in unseren Fürstentümern zu finanzieren?«

»Jetzt wird sich England über unsere Verträge hinwegsetzen und dann behaupten, es sei der erklärte Wille unseres Volkes.«

Jaya schrak zurück, als die Tür aufgestoßen wurde. Maharadscha Pratap trat ins Zimmer. »Hast du, was ich wünsche?«

Jaya übergab ihrem Mann ihre Schatulle. Er hob in gespielter Qual eine Augenbraue, als er die Papiere in der Schatulle durchforschte. »Hoffentlich hast du dir die Photographien nicht angesehen! Aber eigentlich sieht ein Mann aus wie der andere.«

Er zog etwas aus seiner Tasche und wedelte damit in der Luft. Jaya erkannte das Siegel des Vizekönigs auf dem dicken Umschlag. Lachend warf ihr Mann das Kuvert aufs Bett und ging hinaus.

Jaya mußte sich aufs Bett setzen. Sie hielt die Ernennungsurkunde zur regierenden Maharani von Sirpur in der Hand. Sie hatte erwartet, über ihren Sieg vor Freude außer sich zu sein, aber die aufgebrachten Stimmen vor ihrem Zimmer erinnerten sie an ihre Unerfahrenheit. Wenn die stärksten Fürsten Indiens gegen das Britische Empire und die Bestrebungen der Reformisten machtlos waren, wie sollte sie da ein Fürstentum für ihren Sohn bewahren, falls ihrem Mann etwas zustieß?

Während der Heimreise betete Jaya inbrünstiger für ein langes Leben von Maharadscha Pratap, als sie es einst getan hatte, da sie als seine Braut nach Sirpur gekommen war, und sie wünschte, sie könnte die letzten Monate auslöschen und wieder eine unauffällige Ehefrau sein.

Jedesmal, wenn sie aufs Oberdeck ging, bekam sie Angst, wenn sie die Inder sah, die über den Butler-Report diskutierten. Wann immer ein Nationalistenführer erschien, stand er sogleich im Brennpunkt der Aufmerksamkeit, als sei bereits klar, wo Indiens Zukunft liege, und Jaya erschauderte in ihrem Deckstuhl bei dem Gedanken, daß es durch eine Schicksalsfügung ihr überlassen sein könne, den Thron ihres Sohnes gegen die schwankenden Realitäten zu behaupten.

»Sind deine Reformistenfreunde mit dem Report des Butler-Komitees zufrieden?« fragte Jaya, als Arun Roy neben ihrem Deckstuhl stehenblieb.

Er lächelte auf sie herab. »Keineswegs, *Bai-sa*. Glaubst du, daß das Britische Empire etwas verschenkt? Wir kehren alle mit leeren Händen zurück. Die Reformisten werden das Instrument sein, mit dem das Empire die Unzufriedenheit schürt, aber wenn die Reformbewegung Erfolg hat, werden die Fürstentümer bestimmt nicht dem Volk zurückgegeben.«

»Was wird dann aus den Fürstentümern?«

»Sie werden vom Empire annektiert, *Bai-sa*. Kein Balmer mehr, kein Sirpur. Dafür noch mehr rosa Flecken auf der Karte von Britisch-Indien. Ich habe dich gewarnt, dies ist ein unangenehmer, ein häßlicher Dschungel.«

Fünfzigstes Kapitel

In Sirpur senkte die Mythologie wie gewohnt ihren Vorhang über die Geschichte. Während der Festlichkeiten, die dem *Diwali*-Fest vorausgingen, lasen die Priester täglich im Kamini-Tempel aus dem »*mahabharata*«, und die Namen der Fürsten von Sirpur wurden zur Erbauung aller anwesenden Bürger aufgezählt.

Die diskrete Lösung seines Dilemmas mit Esme Moore hatte die Stimmung des Maharadschas dermaßen gebessert, daß er nicht wiederzuerkennen war. Morgens beobachtete Jaya von ihrem *Puja*-Raum aus, wie der zweieinhalbjährige Prinz Arjun, dessen Haarschopf kaum bis an die Schäfte der blanken Reitstiefel des Maharadschas reichte, neben seinem Vater ging. Während der Maharadscha über das Polofeld galoppierte, wurde Prinz Arjun auf einem Pony von dem alten Stallknecht, der schon dem Herrscher das Reiten beigebracht hatte, auf dem Feld herumgeführt. Eine Stunde später kehrte das Kind in den Palast zurück, und Jaya wußte, daß ihr Mann sich zum Flugplatz begeben hatte, um seine neuen Flugzeuge auszuprobieren.

Der Umstand, daß sich Sir Henry Conroy nach England einschiffte, steigerte die gute Laune des Maharadschas noch mehr. Jetzt traf ihn Jaya oft in seinem Arbeitszimmer mit Prinz Arjun auf den Knien, und er erzählte dem Kind Geschichten von Kavallerieangriffen und der Panzerschlacht bei Cambrai. Die Erleichterung des Premierministers über James Osbornes bevorstehende Ankunft war freilich mit Besorgnis vermischt, und er erkundigte sich bei Jaya nach den Ansichten des Engländers über Indien.

»Ich kenne Major Osborne, seit ich ein Kind war, Sir Akbar«, versicherte ihm Jaya. »Ich habe ihn nie anders als wohlwollend gegenüber Indien gesehen.«

»Das war auf dem Höhepunkt der Macht des Empire, *Hukam*. Als du ein Kind warst, wagte kein Inder dagegen zu protestieren, daß Weiße über sein Schicksal bestimmen. Heute ist Britisch-Indien noch erschüttert von den Demonstrationen gegen die Simon-Kommission. Und wenn Major Osborne zu Ohren käme, daß einige Herrscher davon sprechen, Armeen gegen die britische Oberhoheit aufzustellen ...«

»Rebellion?« Jaya schlug die Hände vor den Mund, sie wagte das Wort kaum auszusprechen.

»Ja, Maharani-*Sahib*. Der Report der Butler-Kommission war eine kaum verhüllte Drohung gegen die indischen Fürstentümer, und manche Herrscher möchten jetzt, da es schwach ist, gegen das Empire losschlagen. Sie glauben, ein Krieg würde uns sowohl die britische Oberhoheit als auch die Reformisten vom Hals schaffen.«

»Hat mein Mann an diesen Besprechungen teilgenommen?« Sir Akbar nickte, und Jaya erkannte, daß Pratap während der ganzen Zeit, als sie um ihre Position als regierende Maharani gekämpft und für ihren Mann nichts als Verachtung empfunden hatte, an Komplotten beteiligt war, die so gefährlich schienen, daß ihre Pläne für die Zukunft ihres Sohnes bedeutungslos wurden.

»Sie korrespondieren sogar miteinander. Der Maharadscha liebt die Gefahr, aber er würde nie gegen das Empire die Waffen erheben – dafür ist er zu anglophil. Dennoch, die Aufdeckung unserer Geheimakten würde dem Maharadscha ganz sicher eine Anklage wegen Aufruhr einbringen.« Auf Jayas ängstliches Stöhnen hin wurde seine Miene sanfter. »Diese Komplotte werden zu nichts führen, *Hukam*. Wenn die indischen Fürsten zusammenhalten könnten, befänden sie sich nicht in der gegenwärtigen Zwangslage. Statt nach dem Ruhm auf dem Schlachtfeld zu streben, sollten sie lieber Reformen einführen und eine Föderation gründen.«

»Wenn aber die britische Oberhoheit von der Beteiligung meines Mannes erfährt? Wenn sie Abschriften seiner Korrespondenz erhält?«

»Das kann nicht geschehen, *Hukam*.« Der Premierminister gestattete sich ein kleines Lächeln. »Es sei denn, England erklärt Sirpur den Krieg. Unsere Geheimakten werden im *Purdah*-Palast aufbewahrt. Nicht einmal das Britische Empire kann sich erlauben, den Harem eines indischen Fürsten zu betreten.«

Im Januar überreichte James Osborne dem Maharadscha von Sirpur sein Beglaubigungsschreiben als Botschafter und Generalbevollmächtigter des Britischen Empire. Während der diplomatische Austausch mit allem Zeremoniell vonstatten ging, bemerkte Jaya mit Schrecken, daß die Beamten des Residenten, die in ihren Cuts steif vor den Fresken in der *Durbar*-Halle standen, so zahlreich waren wie die Angehörigen des Kabinetts von Sirpur in ihren Brokatröcken und Turbanen. Die Herren musterten einander über den Teppich hinweg, auf dem James Osborne auf den Herrscher zuschritt.

Die bei diesem Anlaß gebotene Förmlichkeit mißachtend, erhob sich Maharadscha Pratap von seinem *gaddi* und schüttelte Osborne die Hand. Die zwei Männer mit ihren markanten Profilen und athletischen Figuren verbeugten sich voreinander, und Jaya gab sich einen Moment der Hoffnung hin, daß James Osborne ihrem Mann ein ebenso vertrauter Freund werden könne, wie er es einst ihrem Bruder war. Aber das Schwert am Gürtel des Herrschers und die glänzenden Orden am Rock des Residenten erinnerten sie daran, daß beide Männer im Krieg ihre wahre Berufung sahen.

Am Ende der Zeremonie zogen sich der Maharadscha und Osborne in das Arbeitszimmer des Herrschers zurück und vertieften sich in ein Gespräch über Polopferde. Die Beamten der britischen Krone und die Kabinettsmitglieder von Sirpur machten keinen Schritt aufeinander zu. Als Jaya die Feindseligkeit hinter den strengen Mienen bemerkte, rief sie sich ins Gedächtnis, daß James Osborne nicht mehr der Knabe war, der einst im Schatten des runden Turms mit Tikka Kricket gespielt hatte, sondern der Repräsentant einer Macht, die Sirpur vernichten konnte.

Eine Woche später wurde der Herrscher in der britischen Residenz empfangen. Jaya saß neben ihrem Mann, als der Wagen außerhalb der Stadt in eine Allee einbog, die einen Hang hinaufführte. Zur einen Seite des Hügels konnte man den Brahmaputra bis zum Himalayagebirge verfolgen, auf der anderen wogten grüne Reisfelder bis hin zu den Ebenen von Bengalen.

Der Wagen fuhr durch ein wappengeschmücktes schmiedeeisernes Tor in einen Park, dem bereits drei Residenten zu einer lässigen Zwanglosigkeit verholfen hatten und der daher für jeden Besucher unverkennbar englisch gewesen wäre, selbst wenn der *Union Jack* nicht an der Fahnenstange vor dem säulenbestandenen Bungalow gehangen hätte.

James Osborne begrüßte den Maharadscha. Er führte das Herrscherpaar in einen Salon, der mit Blumenstichen geschmückt war, die mit den Blumenbeeten draußen korrespondierten.

»Besichtigen wir Ihren Stall, Osborne!« forderte Maharadscha Pratap den Residenten auf. Jaya trat zu Sir Akbar ans Fenster, um die beiden über den Rasen zu den Stallungen gehen zu sehen.

»Bewahrt der britische Resident seine Geheimakten hier auf?« flüsterte sie plötzlich nach einer belanglosen Konversation mit Sir Akbar.

Der Premierminister hob triumphierend die Hand. »Ja, *Hukam*. Aber alle Akten und Geheimnisse werden bald der Vergangenheit angehören. Heute morgen hat die Chamber of Princes Reformen in den indischen Fürstentümern garantiert, und die Reformisten haben auf ihre Agitationen verzichtet. Aus Delhi meldet man mir, daß alle von der Aussicht auf Freiheit förmlich berauscht sind.«

Als er Jayas Verwirrung bemerkte, erklärte er: »Das Britische Empire erklärte immer, das einzige Hindernis für die Selbstverwaltung sei die Feindschaft zwischen den Fürstentümern und Britisch-Indien. Jetzt wurde dieser Stolperstein mit Hilfe eines wohlwollenden Vizekönigs endlich beseitigt. Wenn die Simon-Kommission ihren Report herausgibt, muß das Parlament Indien die Selbstverwaltung gewähren. Stell dir vor, *Hukam*, wir werden in Delhi dabeisein, wenn das Britische Empire seine Macht übergibt.«

Maharadscha Pratap und James Osborne kamen überraschend bald wieder in den Salon. Der Premierminister wandte sich, die Hand noch in der Luft, nach ihnen um.

»Was bedeutet dieser ungewohnte Enthusiasmus, Sir Akbar?« fragte Maharadscha Pratap.

»Ich sagte soeben zu Ihrer Hoheit, wenn die Simon-Kommission Wort hält und eine Föderation gegründet wird, wird Indien ein selbstverwaltetes Dominion wie Kanada oder Australien.« Er lächelte beinahe. »Und dann werden uns die Engländer Vettern nennen müssen.«

»Heißt das, daß wir wieder zu so einer langweiligen Sitzung der Chamber of Princes nach Delhi müssen?«

»Ja, *Hukam*. Das ist die wichtigste Sitzung, die die Chamber je veranstaltet hat.«

Jaya wurde verlegen, als sogar James Osborne seine amtliche Rolle vergaß, um den Herrscher aus seiner Gleichgültigkeit wachzurütteln. »Der Premierminister hat recht, Hoheit. Lord Irwin hat den Schaden bedauert, der durch die ausschließlich weißen Kommissionen angerichtet wurde, die das Parlament hierhergeschickt hat. Zum erstenmal hat Indien einen Vizekönig, der die Föderation voll unterstützt. Viele von uns, die dieses herrliche Land lieben, sähen es gerne, wenn Indien die Selbstverwaltung erhielte. Es wäre das größte Vermächtnis Englands an den Subkontinent, ein Indien, das regiert wird, wie England regiert wird, von Gesetzen, die freie Menschen erlassen haben.«

Osborne lächelte Jaya an, und sie fühlte sich von den blaugrünen Augen aufgesogen wie einst, als er ein Junge war. »Die Maharani weiß, daß ich schon immer an diesem Glauben festhalte.«

Zur Vorbereitung der Sitzung der Chamber of Princes in Delhi sprach James Osborne oft bei Maharadscha Pratap vor.

Wenn sie seine aufrechte Gestalt durch die hohen Korridore des Stadtpalastes gehen sah, wobei sein Schritt mit militärischer Präzision auf dem Marmorboden hallte, erinnerte sich Jaya, wie sie einst verzweifelt seine Photographie betrachtete, nachdem die *baran* ihr Zimmer mit den Miniaturen jener Männer verlassen hatte, von denen einer ihre Zukunft bestimmte, und wie sie sich nach der von keiner Niederlage gezeichneten Unschuld gesehnt hatte, die noch immer das Gesicht des Engländers prägte.

Manchmal nahm er sich Zeit, mit Jaya oberflächliche Artigkeiten über Prinz Arjun auszutauschen. Obwohl nichts von Bedeutung zwischen ihnen gesprochen wurde, fühlte sich Jaya von seiner Anwesenheit in Sirpur erquickt. Der Engländer hatte etwas so Klares, Direktes, er war so unbelastet von den vielfältigen Unzulänglichkeiten, die ihren Mann in zunehmend gedankenlosere Abenteuer trieben und sein Fürstentum gefährdeten.

Einmal riet er ihr, dem Maharadscha davon abzuraten, so viel Zeit auf dem Flugplatz zu verbringen. »Er könnte beim Fliegen verunglücken, *Bai-sa*. Ein Vogel könnte in die Propeller gesogen werden.«

Die Andeutung, daß ihr Mann sich mehr für sein neuestes Flugzeug interessierte als für die so wichtige Versammlung der Chamber of Princes, ließ Jaya erröten. »Ich kann ihn nicht daran hindern, James-*Sahib*. Gefahr ist für meinen Mann wie ein Rausch.«

James Osborne lächelte über ihre Bestürzung. »Und für

dich nicht, *Bai-sa?* Vergiß nicht, ich habe dich einen Tiger schießen sehen.«

Plötzlich mußte Jaya an den Geruch des Schießpulvers auf seiner Haut denken, an das Zittern in ihren Knien, als sie in seine Augen mit der wechselnden Farbe sah, und sie wandte sich ab, weil er nicht sehen sollte, wie gut sie sich an seine Nähe erinnerte, oder daß ihre Liebe zu den vertrauten Gefahren des Dschungels sich in Angst vor den fremden Gefahren der Macht verwandelt hatte.

Einundfünfzigstes Kapitel

Nur zwei Jahre waren vergangen, seit Jaya zuletzt in Delhi gewesen war. Damals waren die halbfertigen Gebäude der neuen kolonialen Hauptstadt in Staub und Baulärm versunken. Jetzt umschlossen rote Sandsteinzinnen die Kuppelbauten mit den britischen Büros auf dem Hügel, deren massive Formen von säulenbestandenen Lauben aufgelockert wurden. Der eine Meile lange King's Way, der den Hügel schnurgerade durchschnitt, führte von den großen Toren der *Durbar*-Halle des Vizekönigs zu dem mächtigen steinernen Bogen des Indientores mit den eingemeißelten Namen der indischen Truppen, die im Krieg gefallen waren. Blumen blühten am Rand des boulevardmäßigen King's Way, und Wassergräben lenkten das Auge auf zwei riesige Brunnen, hinter denen man den Obelisken von Jaipur über die Eisentore der Vizekönigsresidenz ragen sah. Als seien die roten Zinnen der Residenz zu streng, erhob sich daneben das gewölbte Gebäude, das die Gesetzgebende Versammlung und die Chamber of Princes beherbergte, umgeben von der Großen Galerie, welche die vielen Völker Indiens in ihre Säulenarme zu nehmen schien wie eine Mutter ihre Kinder.

Zum erstenmal spürte Jaya die Heiterkeit einer Welt, in der es möglich war, daß Inder sich selbst verwalteten; die ganze Stadt schien diese Stimmung widerzuspiegeln. Fürsten in prächtigen Turbanen und Nationalisten mit weißen Ghandi-Mützen spazierten auf den Rasenflächen der Stadthäuser indischer Herrscher und diskutierten aufgeregt über ein neues Indien, eine Föderation zwischen Demokraten und Monarchen.

Maharadscha Pratap war bei diesen Versammlungen sehr beliebt. Seine nonchalante Art lockerte die ernsthafte Atmosphäre wohltuend auf. Wann immer die Nationalisten es leid waren, mit jenen Herrschern zu streiten, die nach wie vor gegen Reformen waren, wandten sie sich an Maharadscha Pratap im Vertrauen auf seine gutmütige Gleichgültigkeit.

Jaya sah das Lachen in den sanften Augen der indischen Nachtigall, wenn Maharadscha Pratap Annie Besant zuzwinkerte oder den jungen Nehru, der jetzt den Nationalkongreß anführte, mit Anekdoten aus der Schulzeit in England bezauberte. Sogar die kühle Zurückhaltung von Ali Dschinnah, der die Moslemliga anführte, konnte er mit Erörterungen der Vorzüge Londoner Schneider zum Schmelzen bringen. Da wußte Jaya, daß ihm alle jene Stunden verziehen, die er in seinem neuen Flugzeug über Delhi kreiste, statt sich bei politischen Verhandlungen zu engagieren.

Während Indien auf den Report der Simon-Kommission über die Selbstverwaltung wartete, begleitete Sir Akbar Jaya zu einer Sitzung der Chamber of Princes. Doch zuvor zeigte er ihr die Gesetzgebende Versammlung, jenen Ort, von wo aus der Rat des Vizekönigs Britisch Indien regierte.

Jaya erklomm die steilen Stufen der Besuchergalerie und blickte auf den in Scharlachrot und Gold gehaltenen Thron des Vizekönigs hinab, der auf einem Podest stand. Auf der einen Seite saßen auf Holzbänken die Engländer in ihren dreiteiligen Anzügen, ihnen gegenüber ihre indischen Kollegen in selbstgewebtem Zeug.

»Die Anwesenheit der Inder in der Gesetzgebenden Versammlung ist natürlich reine Dekoration, *Hukam*, da ihre Anregungen von England ständig ignoriert werden. Aber wenn erst der Report der Simon-Kommission erschienen ist, wird sich das ein für allemal ändern«, bemerkte Sir Akbar, als er Jaya in die Chamber of Princes führte. Jaya beugte sich über das Teakholzgeländer. Statt in Anzüge oder mit Ghandi-Mützen waren die unter ihr sitzenden indischen Fürsten so prunkvoll gekleidet, wie ihre Kammer ausstaffiert war. Die farbenprächtigen Turbane paßten zum Glanz der mit Einlegearbeiten verzierten Kuppel über ihnen, Edelsteine blitzten auf ihren Röcken auf, wenn sie sich einander zuwandten.

Lord Irwin betrat den Saal, um seinen Platz auf dem auch hier rotgoldenen Thron einzunehmen, der wie in der Gesetzgebenden Versammlung den Raum beherrschte. Der Vizekönig von Indien deutete mit einer Geste auf den Maharadscha von Bikaner, und sofort trat Stille ein, als der Herrscher, der Indien am Ende des Weltkrieges und bei der Geburt des Völkerbundes vertreten hatte, sich erhob.

Der Fürst strich sich den weißen Schnurrbart von den Lippen und erklärte mit klangvoller Stimme: »Wir, die Herrscher der indischen Staaten, sind Inder und wünschen unserem Vaterland und unseren Landsleuten aufrichtig alles Gute. Wir sehen dem Tag, an dem unsere vereinigten Länder ihren vollen politischen Status erlangen und so sehr geachtet sein werden wie irgendein anderes selbstverwaltetes britisches Dominion, ebenso stolz entgegen wie die Bewohner von Britisch-Indien.«

Die Herrscher erhoben sich einer nach dem anderen, um des Maharadschas von Bikaner Worten Beifall zu spenden. Als Jaya aufstand, sah sie den Vizekönig lächeln, und ihr war, als sehe sie die Ohnmacht eines Volkes sich in Würde verwandeln.

Als der Winter zu Ende ging und die Bougainvillea-Sträucher die zerfallenen Monumente früherer Reiche mit üppigen Farben überzogen, wurde es heiß in der Stadt, und Staubstürme wirbelten Erde und Sand durch den Garten des Hauses Sirpur.

Endlich wurde der Report der Simon-Kommission veröffentlicht, aber die Inder stellten zu ihrem Entsetzen fest, daß das Britische Empire seine Macht zu behalten gedachte: Selbstverwaltung und Dominion-Status wurden auf unbestimmte Zeit verschoben.

Wie das Wetter wechselte auch die Stimmung in Delhi. Demonstrationen gegen die britische Oberhoheit wurden in der Stadt abgehalten. Jedesmal, wenn Jaya das Haus Sirpur verließ, ihren vierjährigen Sohn auf dem Schoß, konnte sie überall die Wut der Inder darüber sehen, daß England wieder einmal sein Freiheitsversprechen gebrochen hatte.

Die zunehmende Hitze glich einem Spiegelbild der Empörung in Indien. Der Boykott britischer Waren nahm für England bedenkliche Ausmaße an, da man wegen des Generalstreiks und der Arbeitslosigkeit auf die indischen Märkte angewiesen war.

Im April äußerte sich Indiens Wut auf erschreckende Weise. Während der Vizekönig in der Gesetzgebenden Versammlung auf seinem rotgoldenen Thron saß, wurde von der Besuchergalerie eine Bombe auf die mit Engländern besetzten Regierungsbänke geworfen. Die Bombe richtete zwar keinen Schaden an, aber dieses Zeichen weitverbreiteter Rebellion erschütterte das Empire.

Der Mann, der die Bombe geworfen hatte, Bhagat Singh, verteidigte sein Handeln in einem überfüllten Gerichtssaal in Delhi. »Der Angriff war nicht gegen einzelne Personen gerichtet, sondern gegen eine Institution. Unsere Menschenliebe ist über jeden Verdacht erhaben. Das Leben eines Menschen ist uns unaussprechlich heilig. Aber Freiheit ist das unvergängliche Geburtsrecht der ganzen Menschheit. Für diesen Glauben werden wir alles Leid überwinden, zu dem man uns verurteilen mag.«

Der Vizekönig verhängte über Bhagat Singhs Worte unverzüglich die Zensur, aber diese gewährleistete nur, daß sich Bhagat Singhs Verteidigungsrede mündlich auf dem ganzen Subkontinent verbreitete, und als er zum Tod durch den Strang verurteilt wurde, intonierte man seinen Namen als Mantra der Freiheit.

Ein neuer Sprechchor wurde zur Parole der Inder. Jeder, von dem angenommen wurde, daß er die Engländer nachahmte, wurde von Leuten umringt, die riefen: »Englischer Kriecher! *Hai! Hai!* Englischer Kriecher! Schimpf und Schande!«

Indische Fürsten verließen die Chamber of Princes in der Überzeugung, daß die Zukunft dem nicht zu erweichenden Empire gehörte. In einem Versuch, die Abwanderung der Herrscher aus der Chamber aufzuhalten, mißachtete der Maharadscha von Alwar die vom Vizekönig bestimmte zeitliche Begrenzung und sprach sieben Stunden lang leidenschaftlich von den vielen Ungerechtigkeiten, die das Britische Empire den indischen Fürstentümern angetan hatte. Seine Appelle fanden kein Gehör, und auf Geheiß des Vizekönigs steckten viele indische Herrscher jeden, der auch nur im entferntesten nach einem Revolutionär aussah, ins Gefängnis.

Als die Nachricht von den Verhaftungen nach Delhi drang, richtete sich der Zorn der Bewohner gegen die indischen Fürsten. Ihre Stadthäuser wurden zum Mittelpunkt heftiger Demonstrationen. Maharadscha Pratap beklagte sich, weil er eine Stunde brauchte, um auf dem Weg zum Flieger-Club durch die Menge zu gelangen, die seinen englischen Wagen bespuckte und mit den Fäusten auf den glänzenden schwarzen Lack des Rolls-Royce einhieb, wobei sie »Englischer Kriecher! Schimpf und Schande!« schrie.

Aus Sorge, daß Maharadscha Prataps Gereiztheit ihn zur Leichtfertigkeit beim Umgang mit seinem Flugzeug veranlassen könne, flehte Jaya ihn an, nach Sirpur zurückzukehren, fort aus der grimmigen Sommerhitze Delhis. Doch der Fürst riet ihr schroff, ihr Dach mit Grasplatten zu decken und das ganze Haus mit Wasser zu durchtränken, wenn die Hitze ihr zu schaffen mache.

Tag für Tag erschütterte der Lärm der Parolen die Fenster des Hauses Sirpur, und Jaya mußte den verängstigten Arjun in die Arme nehmen, um ihn zu beruhigen. Im Mai konnte Jaya die Hitze und den Haß nicht mehr ertragen, und sie beauftragte die Adjutanten, Vorkehrungen für ihre Abreise zu treffen.

Der Pöbel vor dem Haus Sirpur wollte den Wagen des Adjutanten nicht durch das Tor lassen. Die Polizei, angeführt von einem hitzigen Schotten, schlug mit Stöcken auf die Demonstranten ein, bis leuchtendes Blut die baumwollenen Ghandi-Mützen befleckte.

Als der Rolls-Royce des Maharadschas die Einfahrt hinunterfuhr, blickte Jaya aus dem Fenster. Sie erkannte Zeitungsleute aus Sirpur, die vor dem Haus standen, und war sicher, daß ihr Mann den Demonstranten zu Hilfe kommen würde. Fassungslos sah sie jedoch, wie der Wagen sein Tempo beschleunigte, und sie sah die Polizisten mit ihren Bambusstöcken auf alle einschlagen, die ihm im Weg waren.

Sie lief hinunter, um sich mit der Polizei anzulegen, da sie fürchtete, die Fühllosigkeit ihres Mannes würde sich in Sirpur herumsprechen. Die Polizisten stießen sie unsanft zur Seite. Die Nationalisten, die zu den wartenden Polizeiautos gezerrt wurden, wischten sich das Blut von den Gesichtern und riefen ihren Schlachtruf: »Englischer Kriecher! *Hai! Hai!*«

Den ganzen Nachmittag wartete Jaya auf die Rückkehr ihres Mannes. Sie betete, daß er das Haus Sirpur sicher erreichen möge, bevor der Pöbel an den Toren bei Einbruch der Dunkelheit womöglich gewalttätig wurde und das Einschreiten der Polizei zu Schießereien und Toten führte.

Chandni hämmerte an ihre Schlafzimmertür. »Maharani-*Sahib*, komm schnell! Der Herr ist im Krankenhaus!«

Ein Ausbilder vom Flieger-Club schob Jaya in den Rolls-Royce, und da wußte sie, daß es nicht der Zorn der Menge war, den sie zu fürchten hatte. Das Flugzeug des Maharadschas war abgestürzt.

Adjutanten quetschten sich neben sie, jedes Protokoll war vergessen. Andere Autos mit Wächtern und Dienstboten schoben sich die Einfahrt entlang. Die Wagenkolonne brauste durch die breite Allee, vorbei an der Residenz des Vizekönigs und dem grünen Stern, der auf dem Obelisken von Jaipur im matten Nachmittagslicht blinkte.

Dann liefen sie an den Patienten auf der breiten Veranda der Armenstation des Krankenhauses vorbei. Ein Chirurg kam aus dem Operationssaal, gefolgt von Sanitätern, die eine fahrbare Bahre schoben. Jaya stand reglos inmitten der drängelnden Menschen, als ein Adjutant das blutbefleckte Tuch von dem Leichnam hob.

Die Prellungen waren schon schwarz geworden, und Maharadscha Prataps Körperformen waren unter dem ballonförmig aufgequollenen Fleisch kaum zu erkennen. Ein Adjutant nahm Jayas Arm. »Komm, Maharani-*Sahib*! Wir kümmern uns um alles. Du mußt ins Haus Sirpur zurückkehren.«

Jaya ließ sich von dem jungen Mann über die Armen-Veranda führen. Ihr Verstand war wie benommen von dem Anblick ihres eleganten Gemahls, der in der Hitze zu einer verwesenden Fleischmasse anschwoll.

Eine Menschenmenge umringte den wartenden Wagen und schmetterte die Fäuste auf den schwarzen Lack des Rolls-Royce. »Englischer Kriecher! Schimpf und Schande!« Der Adjutant bahnte Jaya eine Gasse durch den Pöbel. Sie stolperte, und ihre gläsernen Armreifen krachten an die Autotür. Betäubt von dem Lärm, sah sie die bunten Scherben auf den schmelzenden Teer fallen. Da traf sie die Wirklichkeit mit unerträglicher Gewalt: Sie war Witwe. Ihr vier Jahre alter Sohn war der Maharadscha von Sirpur, und sie sollte vierzehn gefährliche Jahre lang die Hüterin seines Thrones sein.

Die Regentin

Zweiundfünfzigstes Kapitel

»Die Umarmung des Britischen Empire ist eine gefährliche Sache. Sie ist nicht die lebenspendende Umarmung einer freiwillig gegebenen und erwiderten Zuneigung und kann es nicht sein. Wenn sie aber das nicht ist, so bleibt sie, was sie in der Vergangenheit immer gewesen ist: die Umarmung des Todes.«

Indischer Nationalkongreß, 1929

Ein aufgeregter Stationsvorsteher hielt den Zug mit Flaggenzeichen außerhalb eines ländlichen Bahnhofs an. Auf dem Nebengleis durchsuchten britische Polizeibeamte einen weißen Zug. Die Sirpur-Adjutanten sprangen aus ihrem Abteil. Polizisten in Khaki-Uniformen rannten mit gezogenen Revolvern an ihnen vorbei.

»Was gibt's, Sergeant?« rief Osborne aus dem Sirpur-Salonwagen dem englischen Soldaten zu, der die Menge auf dem Bahnsteig zu beruhigen suchte.

Als der Soldat das weiße Gesicht unter dem Tropenhelm sah, hielt er die Hände wie einen Trichter vor den Mund: »Die verdammten Feiglinge haben den Zug des Vizekönigs bombardiert, Sir.«

»Sind die Exzellenzen verletzt?«

»Gott sei gedankt für den Dilettantismus dieses Terroristenschweins! Die Bombe ist unter dem falschen Abteil explodiert.«

Major Osborne sprang auf den Bahnsteig und schob sich durch die Menschen, die den Soldaten umdrängten.

»*Hato! Hato!*« Das Offiziersstöckchen des Soldaten fuhr

auf drängelnde Arme herab. Ein schmerzliches Gebrüll ertönte, und die Inder wichen zurück. »Diese Eingeborenen haben einen Vizekönig wie Lord Irwin nicht verdient. Verdammt, der Mann ist ein Heiliger. Er versucht immer noch, das Parlament zu einer Round-Table-Konferenz zu überreden, damit die Inder vom King Emperor in London persönlich gehört werden können.«

Osborne deutete unauffällig zu dem Fenster, an dem Jaya und Sir Akbar standen und zuhörten. Der Soldat senkte die Stimme nur widerwillig, als seien die anderen sich in Hörweite befindenden Inder unbedeutend. »Ist doch wahr, Sir. Der Vizekönig meint es viel zu gut mit ihnen.«

Eine Schar Kulis mußte vorbei und drängte die Menge zu dem Soldaten ab, worauf das Offiziersstöckchen wieder herabsauste. »Können Sie sich vorstellen, daß dieser Sauhaufen im Buckinghampalast empfangen wird? Als ebenbürtig mit den Australiern und Kanadiern? Eine gehörige Tracht Prügel, das ist die einzige Sprache, die diese Bettler verstehen.«

Arjun stand zitternd neben Jaya. Sie fragte sich, ob der Prinz sich wohl daran erinnerte, als sie das letzte Mal in Delhi waren, an die Bombe, die auf den rotgoldenen Thron des Vizekönigs geworfen wurde und an die Menge, die den Wagen aus Sirpur bespuckt und mit wutverzerrten Gesichtern gerufen hatte: »Englischer Kriecher! *Hai! Hai!*« Oder an die *Durbar*-Halle, aus der das europäische Mobiliar entfernt worden war, um Maharadscha Prataps Leichnam aufzubahren. Unter einer Decke aus Blumen lag er dort, und nur das zerschundene Gesicht war zu sehen auf dem Baumwollkissen, das sein gebrochenes Genick stützte.

Acht Monate waren seither vergangen, Monate, während der sie wieder in einer Welt der Rituale und Priester versunken war. Das Kind sah, verwirrt über den Tumult auf dem Bahnsteig, auf. Angst verdunkelte die großen Augen, wegen der ihn die Dienerinnen Ganga-Jumna nannten, weil sie die Farbe wechselten wie die heiligen Flüsse Indiens. Manchmal waren sie von einem stillen Grün wie die Augen seiner Mutter, manchmal zeigten sie ein unruhiges Schwarz wie die seines Vaters.

Jaya erinnerte sich an die Angst in diesen Augen, als die Dienerinnen ihr die dichten Haare abschnitten, während Lastkarren in die Einfahrt rumpelten und Eisblöcke brachten, um Maharadscha Prataps Leichnam vor der Verwesung zu bewahren, und die alten Klageweiber ihre düsteren Lieder kreischten. Die schrillen Stimmen verhöhnten die gerahmten Photographien von Maharadscha Victor und Maharadscha Pratap; sie waren eine grimmige Mahnung, daß die Weltgewandtheit der Sirpur-Brüder nur eine oberflächliche Verwandlung ihres Fürstentums war wie die dünne Patinaschicht auf einer alten Bronzestatue.

Unrein, weil sie ihren Mann überlebt hatte, war Jaya auf den stickigen *Puja*-Raum angewiesen. Der *raj guru* verneigte sich draußen, das Gesicht von ihrem verderblichen Schatten abgewandt. »Komm, Prinz-*Sahib*! Du kannst jetzt nicht bei deiner Mutter bleiben. Sie ist unrein.« Als das benommene Kind dem Oberpriester folgte, wußte Jaya, daß der *raj guru* ihre Regentschaft bereits in Frage stellte.

Dreizehn Tage saß sie im *Puja*-Raum, während die Witwen in den Korridoren ihre obszönen Todeslitaneien kreischten und die unbarmherzig auf die Fenster knallende Sonne die kleine Kammer mit drückender Hitze erfüllte. Am vierzehnten Tag durfte sie, nachdem Maharadscha Prataps Asche bei Benares in den Fluß gestreut worden war, in ihre Gemächer zurückkehren.

»Die Macht der Priester ist zu groß, *Hukam*. Während du in Trauer bist, werden sie mit Hilfe des Kindes das Fürstentum in ihre Hände bekommen«, zischte Chandni, während sie das Wasser über den Marmorhocker goß, auf dem Jaya seit ihrer Kindheit gewaschen wurde. »Sie sagen, du seist eine Außenstehende. Der *raj guru* brüstet sich schon öffentlich, daß er die Regentschaft übernehmen wird.«

Jaya legte den weißen Baumwoll-Sari hastig in unelegante Falten. Ihre Toilette nahm nur kurze Zeit in Anspruch. Keine Glasreifen mußten über die Handgelenke gestreift, keine Minuten mit dem Kämmen der dichten Haare verschwendet werden, die ihr einst bis zu den Knien gereicht hatten, und das kreisrunde Mal des Ehestandes mußte ihr nicht mit *sindoor* auf die Stirn gemalt werden. Sie brauchte nicht einmal ihren kahlrasierten Kopf zu bedecken. Eine Witwe hatte nicht reizvoll zu sein, nur unglücklich.

Die *Durbar*-Halle erschien ihr kalt nach dem stickigen *Puja*-Raum. Sie stand an der Stelle, an der ihr Mann aufgebahrt gewesen war, und versuchte, sich an die befremdliche Leere der Halle zu gewöhnen.

Ein Mann im Leinenanzug beobachtete sie aus einer Ecke. Die Rundungen, die ihrem schlanken Körper weibliche Konturen verliehen hatten, waren verschwunden. Der kettenlose Hals, der wegen der geschorenen Haare noch länger wirkte, schien zu zerbrechlich, um den Kopf mit dem abgespannten Gesicht zu tragen.

»Was haben sie mit dir gemacht, *Bai-sa?*« Der sanfte Druck seiner Finger fuhr wie ein Strom durch Jayas Körper und brach den giftigen Panzer auf, der sie umschloß. In ihrer Verlassenheit, die sich in keiner Weise von der ihres Sohnes unterschied, weinte sie in den Armen des Engländers.

Osborne ließ sie los, und der Premierminister, der sich in der Nähe herumdrückte, als ringe er mit sich, ob er die Protokollregeln verletzen und Jaya in dieser Situation ansprechen solle, hüstelte erleichtert. »Wir müssen unverzüglich nach Sirpur zurückkehren, *Hukam*. Wenn der Maharadscha nicht gekrönt ist, werden die Priester eine Regierungskrise herbeiführen.«

Gegen den Willen der Priester erlaubten der Resident und der Premierminister Arjun, bei Jaya zu bleiben, während der Zug quer durch Indien zur Stätte der Krönung des jungen Prinzen fuhr. Seine kleinen Hände umklammerten aufgeregt die eisernen Griffe, als der Zug die Sirpur-Brücke überquerte und Arjun am Bahnsteigrand die wartenden Elefanten erblickte. Jaya aber befiel Furcht, weil sie sah, wie die dunklen Wolken, welche gewöhnlich die plötzlichen Sommergewitter ankündigten, die safrangelben Turbane der Sirpur-Lanzenreiter in einen schwarzen Nebel hüllten.

In dem Augenblick, in dem Arjuns kleiner Fuß den Boden von Sirpur berührte, trompeteten die Elefanten alle zugleich, und ihre grauen Rüssel wanden sich wie Schlangen vor dem finsteren Himmel.

Jaya wurde von den Adjutanten hastig durch die Menschenmenge geschoben; die unreine Witwe mußte dem Ereignis fernbleiben. Allein auf dem Balkon des *Purdah*-Palastes, beobachtete sie, wie die Sandbänke des Flusses unter dem drückenden Himmel sich grau färbten, und sie fragte sich dabei, ob Arjun wohl Angst empfand, wenn die Namen und Titel dreier Jahrtausende bei der Zeremonie über ihn hereinstürzten. Die dahinjagenden Wolken hatten sich zu einer schwarzen Wand geschlossen, und das Unwetter entlud sich in einem Schwall peitschenden Wassers.

Stimmengebrüll erhob sich über das Dröhnen der einhunderteins Salutschüsse, welche die Krönung des Maharadschas Arjun von Sirpur verkündeten. Grollender Donner übertönte den Lärm, indes Jaya sich das Kind vorstellte, wie es allein in einem Meer am Boden liegender Leiber den uralten *gaddi* von Sirpur bestieg.

Am Flußufer sah Jaya den Staatselefanten, der aus dem Tempel geschwankt kam. Oben auf der Sänfte mühte sich der *Shattri*-Träger zu verhindern, daß der Staatsbaldachin nach vorn auf den neuen Herrscher geweht wurde, der verloren im Rhythmus der Bewegungen des Elefanten auf und nieder schwankte.

Dann erschütterte die zurückkehrende Prozession die Stille des verlassenen *Purdah*-Palastes. Der Maharadscha trat ins *zenana*, die Goldkette des Herrschers am Fußgelenk, und Jaya kamen die Tränen, als sie eine neue Feierlichkeit in seiner Haltung gewahrte. Das Ritual der Krönung schien ihm das Wissen aufgebürdet zu haben, sich nun nicht mehr ins Kindsein zurückziehen zu können.

Die hellen Stimmen der Eunuchen hallten durch die Korridore: »Habt acht! Es nahen der Premierminister und der Rat!«

Zum erstenmal gesellte sich Jaya zu der Maharani-Witwe hinter den Brokatvorhang. Sie betrachtete die auf die blaue Seide gestickten Chinesinnen, welche über Brücken zu fernen Pagoden trippelten, während die alte Frau mit strenger Stimme erklärte: »Minister des Hofes von Maharadscha Arjun! Ihr alle kennt die tragischen Umstände, unter denen mein Enkel in Delhi starb. In die Gesetzgebende Versammlung werden Bomben geworfen, Herrscher werden in ihren Häusern belagert, der Pöbel demonstriert, englische Waren werden verbrannt. Dieses Chaos hat das Empire herbeigeführt, weil es uns nicht vertrauen will. Bis Maharani Jaya Devis Trauerzeit zu Ende ist, sollen jedoch die Amtssiegel und die Schlüssel zur Schatzkammer ausgerechnet in den Händen des britischen Residenten verbleiben.« Eine goldene Schnur klirrte gegen den Glasfuß ihrer Wasserpfeife. »Ich bin der Meinung, daß es gefährlich ist, in einer so kritischen Zeit Sirpurs Regierung für ein ganzes Jahr den Händen eines Engländers anzuvertrauen.«

Jaya verfluchte sich bereits, weil sie die Regentschaft gefordert hatte. Wie hätte ihr Mann ihre gegenwärtige mißliche Lage genossen: verborgen hinter einem blauen Brokatvorhang und nicht zu Rate gezogen, wenn Staatsangelegenheiten entschieden wurden.

»Der *raj guru* sagt, ein Gewitter sei zur Zeit einer Krönung ein böses Vorzeichen, *Hukam*, und die Priester müssen die Vormundschaft über das Kind erhalten, bis das Trauerjahr vorüber ist«, gab ein Minister, zweifelsohne ein Parteigänger des Obersten Priesters, zu bedenken.

Da ließ eine dünne Stimme, deren leichtes Stottern den Minister für Landwirtschaft erkennen ließ, Jayas Hoffnung aufleben: »Wenn aber Maharani-*Sahib* bei Benares in das Wasser des heiligen Flusses tauchen würde, wäre sie gereinigt und die Trauerzeit zu Ende.«

»Stimmt der *raj guru* einer solchen Pilgerfahrt zu?« Die Schroffheit der Maharani-Witwe erinnerte die Versammelten an den Machtkampf, der im Fürstentum schon begonnen hatte.

Jaya hielt den Atem an, aber die Geräusche der Minister, die an ihren Wasserpfeifen zogen, ließen nicht erkennen, wer sich dem Kreis um den *raj guru* angeschlossen hatte, und wer weiterhin zu ihr hielt.

Als der Rat sich entfernte, hörte man das Klicken, mit dem Sir Akbar sein *Paan*-Kästchen öffnete, um seine langen Finger hineinzustecken. »Maharani-*Sahib* hat noch einen Trumpf. Osborne bewahrt das Amtssiegel und die Schlüssel zur Schatzkammer. Er könnte verhindern, daß ...«

»Dem Schurken die Macht eines Fürsten verleihen?« unterbrach ihn zornig die Maharani-Witwe. »Bedient euch Osbornes, und ihr fordert das Britische Empire auf, sich in unsere inneren Angelegenheiten einzumischen. Wir müssen uns schon selbst etwas einfallen lassen, um die Macht der Priester zu brechen.«

In den folgenden Wochen wurde Jaya das Gemach mit den Chinesinnen, die unter ihren Sonnenschirmen endlos die blauseidenen Wände hinaufkletterten, immer verhaßter, da die Priester die Vormundschaft über ihren Sohn zunehmend eindringlicher verlangten. Die Priester wußten, wie hilflos Jaya war, wenn sie hinter den Vorhängen des *Purdah*-Palastes abgesondert verhandelte, während der junge Maharadscha in der *Durbar*-Halle saß und mit seinen kleinen Fingern die zur Huldigung dargebotenen Goldmünzen berührte. Ihn kümmerte es wenig, daß der *raj guru* sich angeregt mit den Reformisten unterhielt, die von der Polizei der britischen Oberhoheit niedergeknüppelt worden waren.

Sir Akbar dagegen beobachtete das wachsende Einvernehmen zwischen den Priestern und den Reformisten äußerst skeptisch, und eines Tages postierte er sich vor Jayas Vorhang: »Du mußt das Kind aus Sirpur fortbringen, *Hukam!* In nur sechs Monaten haben die Priester eine denkbar schlechte Stimmung gegen deine Regentschaft verbreitet. Der Resident und ich werden während deiner Abwesenheit in deinem Namen regieren, aber wir können die Priester nicht kontrollieren, solange der Herrscher hier ist.« Der blaue Seidenbrokat blähte sich von seinem Atem, als er näherrückte. »Der Maharadscha von Dungra ist auf dem Rückweg nach Indien und möchte, daß du ihn besuchst. Deine Mutter hat den Wunsch geäußert, ihren Enkel zu sehen.« Eine bleiche Hand war an der Ecke der Trennwand erschienen. »Der Maharadscha von Dungra schickt dir dies als Zeichen seiner Anerkennung.«

Jaya hatte das dargereichte Päckchen rasch geöffnet. Der Premierminister war noch hinter dem Vorhang geblieben, um ihr etwas zuzuflüstern, aber Jaya hatte vor lauter Tränen nicht antworten können, weil goldene Armreifen, das Symbol brüderlichen Schutzes, in ihren Schoß fielen.

Der Stationsvorsteher blies schrill auf seiner Pfeife. Arjun hüpfte ungeduldig am Fenster auf und ab und rief Major Osborne zu, er möge sich sputen. Der Soldat auf dem Bahnsteig schwang sein Offiziersstöckchen wie eine Lanze und bahnte dem Residenten einen Weg.

Der Zug ruckte an, als Osborne wieder ins Abteil trat. »Der Vizekönig hat ein Wunder vollbracht. Er hat es geschafft, daß der King Emperor im Buckingham-Palast Inder empfängt. Aber diese Terroristenbomben! Diese unvernünftigen Forderungen nach einer unverzüglichen Verleihung des Dominion-Status! Verstehen die Inder denn nicht, wie kritisch die politische und wirtschaftliche Situation des Empire seit dem Wallstreet-Krach ist?«

Jayas Hochstimmung, die sie nach monatelanger Gängelung durch die Priester endlich empfand, wurde getrübt, als Sir Akbar antwortete: »Indien ist an dem Krach unschuldig, Major Osborne, aber England bestraft uns, indem es die Steuern für indische Stoffe und viele weitere indische Waren verdoppelt.«

Osborne wurde zornesrot. »Ohne das Britische Empire würde dieses neuentdeckte Vaterland, für das Verbrecher unschuldige Männer und Frauen ermorden, binnen weniger Minuten zerfallen.«

Sir Akbar hob angesichts dieses Ausbruchs des Engländers nur eine Augenbraue; diese träge Geste brachte die Arroganz seiner vornehmen Abkunft stärker zum Ausdruck als Worte. »Aber das Empire ändert seinen Sinn so oft wie eine kapriziöse Kurtisane. Deshalb die Bomben. Voriges Jahr wurde uns der Dominion-Status versprochen. Dieses Jahr sagt England, wir seien noch nicht reif für die Selbstverwaltung.«

Er schenkte Osborne ein müdes Lächeln, als der Zug in den Bahnhof von Delhi einfuhr. »Sicher, würden wir uns selbst verwalten, müßten die Engländer den Luxus, den ihnen Indien ermöglicht, aufgeben. Vielleicht hat Indien Sie korrumpiert, Major, und nun fürchten Sie – wie wir selbst – die Einigkeit mehr als die Spaltung.«

Die Hauptstadt der britischen Oberhoheit wirkte festlich, als merke sie nichts von der latenten Gewalt. Winterblumen blühten in gepflegten Rabatten, und hinter den Fenstern der weißen, mit Stuck verzierten Bungalows sah man geschmückte Christbäume glitzern. Unter den Kolonnaden des Connaught-Platzes eilten *memsahibs* von einem Geschäft zum anderen, gefolgt von Trägern, die mit den Einkäufen des Vormittags gefüllte Körbe auf den Köpfen balancierten, und von Kindern, die Weihnachtslieder sangen.

Frisches Gras säumte wie ein flacher grüner Teppich beidseitig den King's Way. Als der Wagen den Hügel hinauffuhr, wies Sir Akbar auf die Sandsteinsäulen vor den Gebäuden mit den hohen Kuppeln, welche die Regierung der britischen Oberhoheit beherbergten. »Lesen Sie die Inschriften, Major Osborne! Für Indien von Neuseeland. Für Indien von Südafrika. Für Indien von Australien. Für Indien von Kanada. Indien wird das Juwel der britischen Krone genannt. Aber diese Kolonien verwalten sich alle selbst. Nur Indien nicht.«

Von steinernen Elefanten flankierte hohe Eisentore sicherten den Eingang zur Residenz des Vizekönigs. Rikschas, Pferdekutschen und Fahrräder verwandelten die elegante Auffahrt in ein Chaos, und der Stern von Jaipur blinkte grün, als mißbillige er die Massen von erzürnten Nationalisten, die darauf warteten, um das Recht auf Selbstverwaltung zu verhandeln.

In ängstlicher Spannung nahm Jaya Arjuns Hand, als der Wagen sich dem Haus Sirpur näherte. Doch statt feindlich gesinnter Demonstranten wartete eine Reihe Gärtner mit den üblichen Girlanden am Tor.

In der *Durbar*-Halle waren die europäischen Möbel wieder an Ort und Stelle. Ein Feuer, das im Kamin unter dem Gemälde von Maharadscha Victor auf seinem Lieblingspolopferd brannte, verlieh dem Raum die Atmosphäre eines englischen Landhauses. Es war, als habe es die Sommerhitze und den in Eis gepackten Leichnam nie gegeben.

Jaya war erleichtert, daß das Haus nicht mehr so bedrückend wirkte, und sie verbrachte den kurzen Aufenthalt in Delhi damit, sich Belustigungen für ihren Sohn auszudenken. Als sich infolge der Picknicks und Marionettentheaterbesuche die Starre in Arjuns Augen allmählich löste, gewann auch sie ihre Zuversicht zurück. Die düsteren Erinnerungen an die Vermählung mit einem Schwert und an eine durch öffentliche Demütigungen und privates Feilschen zerrüttete Ehe verschmolzen mit der Vorfreude auf das Wiedersehen mit ihrer Mutter.

Am Neujahrstag stand sie am Fenster des *Puja*-Raumes, wo sie nach dem Tod ihres Mannes eingekerkert gewesen war, und sah, wie der Staub den Himmel lila färbte. Noch vier Monate, und die offizielle Trauerzeit war zu Ende. Sie fühlte sich stark genug, ja sie konnte es kaum erwarten, ihre Pflichten als Regentin zu übernehmen.

Da kratzten Krallen auf dem Boden vor der geschlossenen Tür. Als sie öffnete, sprang Scott-Ward in ihre Arme.

»Darling!« Lady Modis Perlen flogen ihr um die Ohren. »Endlich hast du's getan! Und ohne mir was zu sagen!«

»Wovon redest du?« Jaya versuchte, Scott-Wards Gunstbezeugungen abzuwehren.

»Deine Haare! Du hast sie kurzgeschnitten. Meine Liebe, das ist atemberaubend. Du siehst aus wie die Harlow.«

»Ich bin Witwe, Bapsy. Ich mußte mir den Kopf kahlrasieren, als mein Mann starb.«

Lady Modi war durchaus nicht verlegen. »Unsinn. Pratap, dieser Schuft, setzt seinen Willen durch – sogar noch aus dem Grab. Außerdem, ist dieser ganze traditionelle Hokuspokus nicht sinnlos, wenn die Welt ohnedies untergeht?«

»So schlimm kann deine Reise von London hierher doch nicht gewesen sein!«

»Ich meine nicht den Flug, Darling. Ich rede von dem Börsenkrach. Alle meine Freunde springen aus Wolkenkratzern oder werfen sich vor Züge.« Die großen Augen sahen Jaya betrübt an. »Und obendrein noch die Nachricht von heute nachmittag.«

»Noch ein Börsenkrach?«

»O Darling, wenn du doch bloß ein bißchen mehr Zeit mit Radiohören verbringen würdest statt bei deinen Gebeten!

Hast du es nicht gehört? Der Nationalkongreß will den King Emperor brüskieren. Er weigert sich, an der Round-Table-Konferenz in London teilzunehmen.«

»Aber warum?«

Lady Modi leerte ihr erstes Glas und reichte es Jaya mit bekümmerter Miene. »Sie haben beschlossen, alle Engländer aus Indien hinauszuwerfen. Sie wollen keinen Dominion-Status mehr, sie wollen eine Republik. Der 26. Januar soll der Tag der Republik werden. Wir sollen den *Union Jack* einholen, dafür die indische Flagge aufziehen und alles daransetzen, das Empire abzuschütteln. Jetzt ist wirklich die Hölle los, Darling. Die Terroristen werden ihre Bomben hochgehen lassen, wir werden alle unsere Kleider verbrennen müssen und dieses gräßliche, kratzige, selbstgewebte Baumwollzeug tragen müssen.« Sie schürzte die geschminkten Lippen zu einem Küßchen. »Aber wir dürfen nicht verzagen. Schließlich ist ein neues Jahr angebrochen. Hoffen wir, daß deine fabelhafte Frisur im Jahr 1930 tonangebend sein wird!«

Dreiundfünfzigstes Kapitel

»Wir stehen ... heute für die uneingeschränkte Freiheit Indiens ein. Indien unterwirft sich keiner fremden Herrschaft mehr.«
Indischer Nationalkongreß, 1930

Tausende von kleinen Spiegeln blinkten in den Korridoren des *Shish Mahal*, des Spiegelpalastes der Residenz des Maharadschas von Dungra. Jaya folgte Federchen von Dungra, dessen plumpe Gestalt unzählige Male in den Spiegelchen der von Lampen erhellten Galerien vervielfältigt wurde, zum äußeren Hof, wo ein Wagen wartete, um sie zu ihrer Mutter zu bringen.

Der Chauffeur lenkte das Fahrzeug durch eine breite, von weißgekalkten Bungalows gesäumte Straße. Ihre Eintönigkeit durchbrachen Jakarandabäume, von denen gelbe und lila Blüten in den Staub fielen. »Du bist eine gesegnete Tochter, *Hukam*«, sagte der Fahrer. »Ich habe die *sati mata* nur einmal gesehen, aber mir war, als wäre ich in Gegenwart einer Heiligen. Wie sie sich bewegt! Sie trägt den Kopf so hoch, als sehe sie das Antlitz Gottes vor sich.«

Jaya erinnerte sich an ihre Ehrfurcht vor dieser königlichen Haltung und vergaß dabei beinahe, daß sie die Maharani zuletzt gesehen hatte, als man sie im *zenana* von Balmer wie eine unerwünschte Last behandelte und so demütigte, daß sie beim Maharadscha von Dungra Zuflucht suchte. Der Wagen passierte einen mit Wickenhecken eingefaßten Garten und gelangte zu einem säulenbestandenen Bungalow.

Auf der geräumigen Veranda waren Teppiche ausgebreitet, damit sich die vielen wartenden Menschen niederlassen konnten. Sie verbreiteten Heiterkeit. Die Kinder, die bei ihren Eltern saßen, waren nicht unartig, und die Säuglinge auf den Armen der jungen Mütter schrien nicht. Sogar die Kinder schienen jemand Bestimmten zu erwarten.

Ein älterer Herr führte Jaya über die überfüllte Veranda in einen großen Raum. Dort saßen noch mehr Leute auf dem Fußboden. In ihren Reihen herrschte jedoch im Gegensatz zu dem Gedränge auf der Veranda Ordnung. Mit der rechten Hand drehten alle Spinnräder, die zwischen gekreuzten Füßen ausbalanciert wurden. Ihre linke Hand streckten sie aus wie bei einer Tanzbewegung; mit ihr zogen sie stetig den rohen Flachs lang, bis er zu Garn wurde, aus dem der Stoff gewebt wurde, den die Inder »die Tracht unserer Freiheit« nannten.

»Die *sati mata* sagt, wir müssen die Hände unserer Arbeiter kräftigen, indem wir englische Waren meiden«, flüsterte der Mann, der Jaya führte.

Jaya wandte sich ab, um ihr Erschrecken zu verbergen. Hinter den Reihen der schweigend Spinnenden erhob sich auf einer leeren rückwärtigen Veranda eine in einen groben Baumwoll-Sari gehüllte Frau vom Boden.

Ohne ihr Gesicht zu sehen, erkannte Jaya die Gestalt an ihrer würdevollen Haltung, und sie lief zu ihrer Mutter, um deren Füße zu berühren. Eine blasse Hand schob den Sari von Jayas kurzgeschnittenen Haaren. Jaya ergriff die Hand und drückte sie an ihre Wange. Zehn Jahre waren vergangen, seit sie die Maharani gesehen hatte, aber die Haut ihrer Mutter war noch immer so glatt wie früher.

»Ich wußte, daß ich meine Tochter in meine Arme schließen werde, bevor ich sterbe, aber ich hoffte, eine Ehefrau zu umarmen, nicht eine Witwe.«

Tränen stiegen Jaya in die Augen. Die Maharani ermahnte sie nicht, daß Rajput-Mädchen ihren Kummer niemals zeigen, vielmehr strich sie mit blassen Händen über Jayas gestutzte Haare wie bei einem fiebernden Kind. »Es ist nicht leicht, Tochter. Das ist es nie gewesen. Erinnere dich an die Worte der *sati mata*, *Bai-sa!* Die wahre *sati* lebt weiter, wenn ihre Welt um sie herum eingestürzt ist.«

»Ich habe deinen Enkel mit nach Dungra gebracht, damit du ihm deinen Segen gibst, *Hukam*.«

Freudenfältchen durchfurchten die helle Haut der Maharani. »Ich komme heute nachmittag ins *Shish Mahal*. Er darf nicht hierherkommen, bevor ich ihm erklärt habe, daß die Leute mich aus Zuneigung *sati mata* nennen und nicht, weil ich irgendwelche Kräfte habe. Aber jetzt muß ich gehen. Die Ärzte werden schon warten.« Sie lachte, als sie Jayas erschrockenes Gesicht sah. »Wir haben hier ein Krankenhaus und ein Pflegeheim. In dem Aschram gibt es auch eine Schule und eine Verpflegungsküche. Federchen verwaltet unsere Gelder. Der Junge ist ein Genie. Wieviel wir auch ausgeben, das Geld wird nie weniger.«

Schmale Finger hoben Jayas Kinn. »Ich lebe jetzt nach der Mantra der *sati mata*, Kind. Erinnerst du dich?«

»Natürlich, *Hukam: Ram nam sat Hai*. Der Name Gottes ist Wahrheit.«

»Weißt du, daß dies auch Gandhis Mantra ist? Er nennt sich *satjagrahi*, Wahrheitssucher.« Die Maharani ergriff einen Stapel Papiere, die auf einem Hocker lagen. Mit ungewohntem Ungestüm umarmte sie Jaya ein letztes Mal, ehe sie sich den zahlreichen Bittstellern widmete.

Als Jaya der schlanken Gestalt nachsah, die in dem Spinnraum verschwand, fühlte sie, wie sich die Bänder, die ihre Vergangenheit mit der Zukunft Arjuns verbanden, auflösten. Die Maharani hatte sie über die Beständigkeit innerhalb der hohen Mauern eines Harems belehrt und ihr beigebracht, daß ein Schleier die Welt der Traditionen besser vor allem Fremden bewahren kann als ein Schwert. Aber jetzt, da sie die Beständigkeit ihrer Mutter am meisten brauchte, hatte die Maharani den Schleier mit der »Tracht der indischen Freiheit« vertauscht und sich der Welt der Traditionen entledigt wie eines abgetragenen Kleidungsstückes.

Arjun faßte augenblicklich Zuneigung zu seiner Großmutter, und schon nach wenigen Tagen waren die beiden unzertrennlich. Er trottete hinter ihr her durch den Aschram, wenn sie die verschiedenen Einrichtungen besuchte, oder spielte im umfriedeten Gelände, wo Ziegen, Kühe und ein einzelner Büffel gehalten wurden, um die Aschraminsassen mit Milch zu versorgen. Er liebte das Aschramleben, dessen überschaubare Maßstäbe so perfekt auf kindliche Selbstgenügsamkeit zugeschnitten waren.

Jaya war erleichtert, daß die allgemeinen Unruhen die Grenzen nach Dungra nicht überschritten hatten, und sie nahm Federchens Vorschlag, sich mit Verwaltungsangelegenheiten vertraut zu machen, gern an.

»Hast du das ›Rajniti‹ studiert, *Hukam?*« fragte sie, als sie ihm durch die verspiegelten Korridore des *Shish Mahal* in sein privates Arbeitszimmer folgte.

Der Maharadscha lächelte, und Jaya war gerührt von der Klugheit, welche aus den sanften Augen in seinem sonst wenig schönen Gesicht sprach. »Das ›Rajniti‹ ist eine Anleitung zum gerechten Regieren, Bai-sa. Aber um in der heutigen Welt bestehen zu können, wurde ich von meinem Vater zum Erlernen der Regierungskunst an den Hof des Maharadschas von Baroda und im Hinblick auf die auswärtigen Angelegenheiten zum Maharadscha von Bikaner geschickt.«

Er öffnete die Tür zu einem Raum, in dem Regale mit den ledergebundenen Exemplaren der Amtsblätter von Dungra vom Boden bis zur Decke reichten. Ein großer, mit Akten bedeckter Schreibtisch nahm die Mitte des Raumes ein. An den Wänden hingen keine Photographien von Rennpferden, nur die goldgeprägten Rückenschilder der Amtsblätter glitzerten in der Nachmittagssonne: BEWÄLTIGUNG DER HUNGERSNOT 1897–1903. VERTRAGSVERHANDLUNGEN. BESUCHE DES VIZEKÖNIGS. BEWÄSSERUNGSPROJEKTE 1900–1930.

Federchen von Dungra zog einen roten Lederband heraus. »Nimm zum Beispiel dies! Hast du gewußt, daß Bikaner erst zwanzig Jahre alt war, als er das größte Bewässerungssystem Indiens entwarf? Die Engländer haben verhindert, daß er genügend Darlehen aufnehmen konnte, um seinen Traum zu realisieren. Aber wenn er Erfolg gehabt hätte, Bai-sa, dann hätte eure Wüste, eure Wohnstatt des Todes, die Kornkammer Indiens werden können.«

Er stellte den Band zurück und ließ sich auf einem Stuhl hinter dem Schreibtisch nieder. »Die nächsten Jahre werden hart werden für uns Herrscher, Bai-sa. Wir stecken zwischen dem Empire und den Reformisten in der Zwickmühle. Schon zieht die Krone jährlich mehr als zehn Millionen Pfund von unseren Fürstentümern ab, um sie für Britisch-Indien auszugeben. Da die Forderungen der Nationalisten wachsen und die Situation in England immer düsterer wird, woher sonst will das Empire die Gelder nehmen, wenn nicht von uns? Und jedesmal, wenn wir die Steuern erhöhen, läuft ein Teil unseres Volkes zu den Reformisten.«

Jaya war es, als sei die Luft voller unausgesprochener Prophezeiungen. Entschlossen, den Thron ihres Sohnes nicht durch Unerfahrenheit aufs Spiel zu setzen, verbrachte sie die Vormittage mit den Ingenieuren und Verwaltungsleuten von Dungra und lernte, wie sie Arjuns Fürstentum verwalten mußte.

Bewässerungsprojekte zur Zügelung der Unberechenbarkeit des Brahmaputra wurden diskutiert. Man besichtigte die Baustelle eines neuen Dammes, der nach dem verstorbenen Herrscher benannt werden sollte. Die lange vernachlässigten Stammesbezirke brauchten Schulen und Krankenhäuser, und die Finanzexperten von Dungra zeigten Jaya Wege zur Aufbringung von Geldern. Wenn alle fort waren, saß sie allein in Federchen von Dungras Arbeitszimmer, ließ sich aber nicht einlullen von den Bienen, die vor den Fenstern summten, und den langen Reihen von Statistiken und Daten, die vor ihren Augen verschwammen.

An den Abenden konnte sie dann fast glauben, sie sei wieder im *zenana* von Balmer, wenn sie bei ihrer Mutter saß und Sittiche am Himmel flattern sah, so wie die Sperlinge einst unter dem Balkon der Maharani zu den Bougainvilleasträuchern geflogen waren.

»Sind deine Tage in Dungra nutzreich, *Bai-sa?*«

»Ja, *Hukam*. Der Maharadscha unterweist mich in Verwaltungsangelegenheiten.«

»Erinnerst du dich, daß ich dir beigebracht habe, wie man eine Festung versorgt? Eine Festung versorgen und ein Fürstentum versorgen, das ist gar nicht so verschieden.« Die Worte der Maharani beschworen in Jaya Bilder von kleinen Mädchen herauf, die in die Hände klatschten, um die Affen zu verscheuchen, welche die Treppen hinabpolterten, von blanken roten Fußböden und dem kräftigen

Duft nach Getreide und Gemüse, wenn der Palastaufseher die Vorratsräume der unteren Festung aufschloß. Plötzlich wurde ihr aber auch klar, daß die drei Personen, die sich am meisten um Arjuns Wohlergehen kümmerten, hinter *Purdah*-Mauern aufgewachsen waren. Aber ihre Mutter und die Maharani-Witwe gehörten noch einer Welt an, in der man genaue Informationen durch menschliche Kontakte gewann. Heute dagegen brachten Apparate die Informationen, sie lieferten die Fakten, verrieten aber nichts von der Zweideutigkeit im Blick eines Menschen oder den Feinheiten einer unausgesprochenen Bitte.

Arjun lief übers Gras und hielt ein grünes Heubündel in die Höhe. Ziegen stießen gegen seine Beine. »Der Mahatma wohnt auch in einem Aschram«, rief er. »Er hat Hunderte von Ziegen.« Jemand rief seinen Namen, und er flitzte zum Tiergehege. Jaya beobachtete ihn und war froh, daß ihr Sohn zu jung war, um ihre Unerfahrenheit zu bemerken oder um zu verstehen, daß Gandhi in seinem idyllischen Aschram nach Mitteln suchte, einen ungebärdigen Subkontinent ohne Blutvergießen zu einigen.

Als der Frühling nahte, herrschte in Dungra Feststimmung. Die politischen Aufstände außerhalb des Fürstentums verloren an Bedeutung angesichts der guten Getreideernte, die in Jutesäcke verstaut wurde. Mädchen drehten sich auf den Dorfplätzen im Kreis und schlugen die Lackstöckchen in ihren Händen zum Rhythmus des Erntetanzes aneinander.

Dann kam *holi*, das Fest der Farben. Der Staatselefant wankte aus dem *Shish Mahal*, gefolgt von einem Lastwagen, von dem zwei Gummischläuche sich an den Bannerträgern vorbei bis zu der Sänfte auf dem Elefanten schlängelten. Die massige Gestalt des Maharadschas von Dungra ließ die kleine Gestalt des jüngeren Maharadschas von Sirpur noch winziger erscheinen, während der Elefant und der Lastwagen sich langsam durch die Straßen der Hauptstadt bewegten. Arjun richtete seinen Schlauch mit gefärbtem Wasser auf die Menge, welche die Straßen säumte, und kicherte entzückt, wenn die weiße Kleidung der Zuschauer sich magentarot, orangegelb oder leuchtend rosa färbte.

Die Menschenmenge besprühte die Herrscher aus Bambusspritzen mit gefärbtem Wasser, und Arjun quietschte jedesmal vor Vergnügen, wenn ein Wasserstrahl seine Brust traf. Von den Balkonen wurden mit grünem, blauem, gelbem Pulver gefüllte Lackkugeln auf die Prozession des Maharadschas hinabgeworfen, bis Lastwagen, Elefant und beide Herrscher in bunte Farbwolken gehüllt waren.

Am Spätnachmittag war *holi* vorüber. Jaya, die an dem Fest nicht teilnehmen konnte, hatte mit der Fahrt zum Aschram ihrer Mutter gewartet, um sicherzugehen, daß ihr weißer Witwen-Sari nicht mit Farbe bespritzt wurde. Aber die Straßen der Stadt, die sonst um diese Zeit verlassen dalagen, waren voll Menschen, die Zeitungen kauften.

Eine mit leuchtendroten Handabdrücken bedeckte Kuh spazierte vor dem Wagen einher. Der Chauffeur bremste neben einer Gruppe Studenten mit bunt bemalten Gesichtern, die eifrig in einer Zeitung lasen.

»Was ist passiert?« rief Jaya.

»Der Mahatma hat endlich sein Schweigen gebrochen, *Hukam*.«

Die Studenten schoben die Zeitung durchs Fenster und warteten, bis Jaya Mahatma Gandhis Brief an den Vizekönig von Indien gelesen hatte.

»Lieber Freund,

bevor ich mich des bürgerlichen Ungehorsams bediene, würde ich gern mit Ihnen zusammenkommen und einen Ausweg suchen.

Warum betrachte ich die britische Herrschaft als Fluch?

Sie hat Millionen Menschen durch systematische, fortschreitende Ausbeutung und eine ruinöse, kostspielige Militär- und Zivilverwaltung armgemacht. Sie hat uns politisch zu Leibeigenschaft reduziert. Sie hat die Grundfesten unserer Kultur untergraben.

Es scheint sonnenklar, daß verantwortungsbewußte britische Staatsmänner keine Änderung der Politik erwägen, die Englands Handel mit Indien nachteilig berühren könnte. Wenn nichts geschieht, um der Ausbeutung ein Ende zu machen, muß Indien mit stetig zunehmender Geschwindigkeit ausbluten.

Ich bitte Sie mit allem Respekt, den Weg zur Beseitigung dieser Mißstände zu ebnen und eine Konferenz zwischen wirklich Ebenbürtigen einzuberufen. Wenn Sie das nicht können ... werde ich mich mit so vielen Mitarbeitern meines Aschrams, wie ich aufbringen kann, auf den Weg machen, um das Salzmonopol zu brechen.

Nichts außer organisierter Gewaltlosigkeit kann der organisierten Gewalt der britischen Regierung Schach bieten.

Dieser Brief ist keineswegs als Drohung gemeint. Deshalb lasse ich ihn eigens durch einen jungen englischen Freund überbringen, der an die indische Sache glaubt.

Ihr aufrichtiger Freund
M. K. Gandhi«

Jaya gab den Studenten die Zeitung zurück, und sie fielen sich aufgeregt gegenseitig ins Wort.

»Der Vizekönig hat auf Gandhis Brief nicht einmal geantwortet, *Hukam*.«

»Sein Sekretär hat den Brief entgegengenommen und Gandhi gewarnt, sich gegen das Britische Empire aufzulehnen.«

Einer deutete ganz unten auf die Zeitung, dann steckte er den Kopf durchs Wagenfenster. »Aber du hast diese letzte Meldung nicht gelesen, *Hukam*. Morgen beginnt Gandhi mit seiner Bewegung ›Bürgerlicher Ungehorsam‹ gegen das Britische Empire.«

Vierundfünfzigstes Kapitel

»Auf den Knien bat ich um Brot und erhielt statt dessen Steine.«
Mahatma Gandhi

Eine Karte von Sirpur war auf dem Tisch unter dem Fenster ausgebreitet, durch das die Märzhitze in den Arbeitsraum drang. Ein Ingenieur beugte sich vor, um Jaya Markierungen zu erklären, als die Tür des Zimmers aufflog.
»Darling, was tust du hier, wenn ganz Indien auf dem Weg ans Meer ist?«
Der Ingenieur drückte sich ängstlich an dem kläffenden Pekinesen vorbei, der Lady Modis seidenbestrumpftes Bein umkreiste, während sie ihren Rock von Scott-Wards Diamanthalsband befreite. »Und was sind das für langweilige Papiere?«
Des Maharadschas von Dungra massige Gestalt füllte den Türrahmen und vervielfältigte sich in dem verspiegelten Korridor. »Ich sehe, du konntest dich nicht vom Trubel fernhalten, Bapsy.«
»Natürlich nicht, Schatz. So etwas hat es nicht mehr gegeben, seit der Prinz von Wales Indien besucht hat.«
»Sag nur nicht, du beabsichtigst, das Salzmonopol zu brechen.«
Die Zigarettenspitze klopfte tadelnd auf seinen Arm. »Es gibt viele Arten, Patriot zu sein, Federchen. Ich werde zuschauen. Aber was sollen wir anziehen? Perlen scheinen mir nicht ganz passend, um dem Britischen Empire zu trotzen.«
»Ich glaube, ich habe noch eine Gandhi-Mütze übrig«, erwiderte der Maharadscha. »Ich lasse sie dir von meinem Kammerdiener in deine Gemächer bringen.«
Jaya wandte sich angewidert ab. In drei Wochen hatte der Asket schon mehr als zweihundert Meilen von seinem Aschram zur Küste zurückgelegt, wo er das Salzmonopol des Britischen Empire zu brechen gedachte. Die Inder hat-

ten sich Gandhis Marsch in Scharen angeschlossen, so daß seine kleine Gruppe von Anhängern längst zu Tausenden und Zehntausenden angewachsen war. Als Gandhi sich der Grenze Dungras näherte, war Jayas Wagen oft von Familien aufgehalten worden, die einander mit kleinen Spinnrädern zuwinkten. Sie waren zu Fuß oder in Rikschas unterwegs zu dem Dorf, wo sie einen Blick auf die Große Seele von Indien zu erhaschen hofften. Lady Modi sah Jayas empörte Miene. »O Darling, sei doch nicht so ernst! Gandhi lacht, mußt du wissen. Er tanzt auch. In London war er ganz versessen auf Foxtrott. Ich glaube, er hat sogar den Tango gelernt. Und jetzt müssen wir uns sputen, sonst verpassen wir den ganzen Spaß.«

Beim Anblick der weißen Gandhi-Mütze, die keck auf Lady Modis Locken saß, mußte Jaya dennoch laut auflachen. Bald darauf brauste ihr Wagen über die Straßen zur Grenze von Dungra. Kurz vor der Grenze konnte der Wagen in dem Menschengewimmel nicht weiter. Als sie ausstiegen, sah Jaya über jeden Dornbusch safrangelbe, grüne und weiße Banner gespannt. Am Straßenrand saßen Frauen an Spinnrädern und hielten den Kopf ganz ruhig, während sie Flachs zu Garn drehten. Hinter ihnen kniete, so weit das Auge reichte, eine Menschenmenge im Staub.

Einige Straßenkehrer drängten nach vorn, um den Weg mit Wasser aus Ziegenlederbeuteln zu besprenkeln, die sie über die nackte Schulter geschwungen hatten.

»Der Mahatma kommt!«

Ferner Gesang ging im aufgeregten Geschrei der Kinder unter, die hoch auf den Ästen der Mangobäume hockten.

»Gandhi-ji ist da!«

»Wir können ihn sehen!«

Die Leute kletterten übereinander hinweg, um Blumen auf den feuchten Lehm zu werfen, damit Gandhis derbe

Sandalen nur auf Blütenblättern schritten. Der Weg verwandelte sich in eine Chaussee aus Rosen- und Ringelblumenblüten. Eine abgezehrte Gestalt bog um die Kurve, den Bambusstock in einer Hand. Unter dem kurzen *dhoti* schauten knochige Knie hervor, ein dünner Baumwollschal hing um die hageren Schultern. An Gandhis Seite hielt eine füllige Frau in leuchtender Seide mühsam Schritt mit ihm.

»Mein Gott, Darling! Sieh nur, mit was für einem Tempo der Mahatma läuft! Unsere arme Nachtigall muß ja fast rennen, um mitzukommen.«

In offenen Jeeps standen Filmleute und richteten die Kameras wie Geschütztürme auf die Babys, die hochgehoben wurden, damit der Mahatma sie segne. Männer und Frauen eilten hinter dem Asketen auf die Straße, um mit ihrer Stirn die Blumen zu berühren, über die er geschritten war. Gandhis Hilfskräfte aus dem Aschram drückten die Menge sachte zurück. »Brüder, Schwestern, macht Gandhi-ji ein bißchen Platz! Ihr dürft ihn nicht aufhalten.«

Die drängelnden Bittsteller zogen sich an den Straßenrand zurück, als eine Kiste auf die zertretenen Blütenblätter gestellt wurde. Gandhi reichte Mrs. Naidu seinen Bambusstock, kletterte auf die Kiste und legte vor seinem zaghaft lächelnden Mund grüßend die Hände aneinander.

»Brüder und Schwestern, im Namen Gottes grüße ich euch.« Die helle, nervöse Stimme brachte den Lärm ringsum augenblicklich zum Verstummen. »Wir fürchten, das Britische Empire hat nicht die Absicht, uns die Selbstverwaltung zu gewähren, da das Salz, das ein Bauer nötig braucht, um seine Felder unter der sengenden Sonne zu bestellen, besteuert wird, und jeder Inder, der es wagt, sein Salz selbst zu gewinnen, vom Empire ein Verbrecher genannt wird.«

Zornige Stimmen erhoben sich beifällig. Gandhi streckte die dünne Hand aus, um sie zum Schweigen zu bringen.

»Aber wir hassen die Engländer nicht, Brüder und Schwestern. Wir versuchen, ihnen die Verderbtheit ihres Systems durch gewaltlosen Protest klarzumachen. Wie ein Soldat lernen muß zu töten, so muß ein *satjagrahi* lernen zu leiden, ja, zu sterben, wenn es sein muß, um die Gerechtigkeit seiner Sache zu beweisen.«

Die zornigen Rufe verwandelten sich in leidenschaftliche Gelöbnisse der Selbstaufopferung, und die helle Stimme Gandhis fuhr fort, sie anzuspornen.

»Wir sprechen von den Fehlern des Britischen Empire, aber laßt uns die noch schlimmeren Fehler nicht vergessen, die wir begangen haben. Wir nennen unsere eigenen Brüder unberührbar. Wir schicken Kinder in die Ehebetten von Fremden. Wir kaufen englische Stoffe, weil sie billig sind, und zwingen unsere eigenen Arbeiter zu hungern. Wir suchen Vergessen von unserem Elend in Alkohol und Rauschgift und vermehren damit die Schätze des Britischen Empire. Diese üblen Machenschaften müssen ein Ende haben. Ich bitte euch, Brüder und Schwestern, übt Hygiene des Körpers und des Geistes! Und wenn die Zeit kommt, bitte ich euch, vereinigt euch mit mir, um das Salzmonopol der britischen Oberhoheit zu brechen!«

»*Jai Hind! Jai* Gandhi-ji!« Die Rufe überschütteten die gebeugte Gestalt, die von der Kiste stieg. Mrs. Naidu reichte ihm den Bambusstock. Autoräder schleuderten feuchten Lehm und Blumen fort, als Journalisten aus aller Welt dem gebrechlichen alten Mann und der fülligen Dame folgten, die nun wieder die Straße entlangschritten. Vor ihnen lag noch ein viertägiger Marsch bis zur Küste, wo Gandhi in Dandi die Macht des Britischen Empire herausfordern wollte.

Jüngere Marschierer, die nicht imstande waren, das mörderische Tempo des alten Asketen durchzuhalten, benützten Ochsenkarren. Schwarze Schirme schützten sie vor der grimmigen Sonne, denn die Temperatur betrug fast vierzig Grad. Als die Leute zusammenströmten, um sich dem Marsch anzuschließen, suchte Lady Modi

Schutz in den Armen des Maharadschas. »Alle haben Gandhi gesagt, Salz sei ein zu unbedeutendes Thema, um Aufmerksamkeit zu verdienen«, rief sie. »Und stellt euch vor, jetzt vergleicht man Gandhis Marsch zum Meer mit Napoleons Rückkehr von Elba!« Sie balancierte behutsam über einen Kuhfladen, der von trampelnden Füßen auf dem Weg breitgetreten worden war. Der silberne Lack auf ihren Fußnägeln schimmerte durch ihre offenen Sandalen. »Glaubst du, die Leute haben recht, Federchen? Kann Dandi zum Waterloo des Britischen Empire werden?«

Es war kurz vor Mitternacht, als Jaya am Vorabend des Tages, an dem Gandhi das Salzmonopol brechen wollte, von Chandni geweckt wurde. »Die *sati mata* ist nach Dandi aufgebrochen, *Hukam*. Sie möchte die ganze Nacht mit dem Mahatma beten, bevor er die Engländer herausfordert.«
Als Jaya einfiel, daß sie den Indischen Ozean das letzte Mal gesehen hatte, als sie ihren Mann zu jener pompösen Hundehochzeit begleitete, sprachen ihre Lippen automatisch die *Sati*-Gebete. Nur drei Jahre später war die Frau, von der sie diese Gebete einst gelernt hatte, eine Anhängerin Gandhis geworden und wollte nun die Gesetze des Britischen Empire brechen.
Der Wagen fuhr aus dem hohen Tor des *Shish Mahal*. Trotz der frühen Stunde klebten Jayas Kleider der Hitze wegen an den Ledersitzen, und Lady Modis Haare wurden feucht von Schweiß, während sie an Jayas Schulter döste.
Der schiefergraue Himmel verblaßte zu Silber, als sie sich dem Ozean näherten. Ein kleines rohgezimmertes Holzpodest wackelte jedesmal, wenn die Brandung auf den Sand klatschte. Lady Modi fuhr aus dem Schlaf und sah enttäuscht aus dem Fenster. »O Darling, das sieht aber nicht wie Napoleons Rückkehr von Elba aus!«
Freiwillige Mitstreiter traten reihenweise aus den Gras-

hütten, die Gandhis Anhänger beherbergten, und sangen
»Ram, Christus, Allah! Dieses sind deine Namen, o Gott!
Wie immer dein Name lautet, schenke uns Erleuchtung!«
Am Strand entstand plötzlich Bewegung. Verschlafene
Journalisten sprangen, als sie den Gesang hörten, in ihre
Fahrzeuge und brausten über den elfenbeinfarbenen
Sand, der sich beim Sonnenaufgang rosenrot färbte. Jaya
hielt nach der Maharani Ausschau, aber es waren zu viele
Frauen in selbstgewebten Saris, die vor der entferntesten
Hütte ein Spalier bildeten.
Eine gebeugte Gestalt mit einem Bambusstock in der
Hand erschien in der Tür, und die Versammlung verfiel in
Schweigen.
Das Rauschen der Brandung schien stärker zu werden, als
Gandhi und Mrs. Naidu durch das stumme Spalier in den
Indischen Ozean hineinschritten.
Ein einsamer alter Mann, so stand er im Wasser; die Bran-
dung wogte um seine dürren Beine und spritzte an den
abgewetzten Schal, der an dem abgemagerten Körper
klebte. Die gebeugte Gestalt verhielt reglos in dem gisch-
tenden Schaum, bis die Wellen zurückwichen. Dann
kniete Gandhi nieder und hob eine Handvoll mit Meersalz
überkrusteten Sand auf.
Mrs. Naidu hob die dicken Arme. »Heil dir, Befreier!« rief
sie, und Gandhi öffnete den Mund zu einem Lächeln.
Die zwei gingen um das Holzpodest herum. Als er keine
Stufen fand, kletterte Gandhi hinauf und beugte sich vor,
um Mrs. Naidus Hände zu fassen. Ihr Gewicht zog ihn
nach vorn. Er plumpste auf das wackelige Podest, und
Mrs. Naidu sank schwerfällig unter ihm in den Sand; vor
Lachen liefen ihr Tränen über die Wangen. Der Übermut
der beiden steckte an, und die Menge jubelte jedesmal,
wenn Mrs. Naidus Gewicht den Mahatma hinunterzog,
bis es dem alten Mann gelang, die füllige Gestalt neben
sich auf das Podest zu hieven.
Mikrophone wurden nach vorne gehalten. Gandhi nahm

eine Handvoll Sand, und die helle Stimme, die sich unheimlich verstärkt über die klatschenden Wellen erhob, erklärte: »Dies ist ein schändliches Monopol, welches das Britische Empire in Indien innehat.«

Scharen von Möwen gleich, stiegen Menschen in selbstgesponnener Baumwollkleidung ins Wasser. Braune Hände gruben sich in den Sand, so daß er für einen Augenblick eine Landschaft aus tausend kleinen Kratern wurde, bis die weiße Brandung gegen die weiße Baumwolle schlug, sich zurückzog, und auf dem nassen Sand kleine Kämme aus weißem Salz zurückließ.

Die Maharani kam aus dem Wasser, ihr nasser Sari klebte an ihren Waden. Jaya rannte zu ihr.

»*Hukam*, was tust du? Komm jetzt mit mir zurück nach Dungra!«

Die Maharani blieb stehen. »Als die Hungersnot Balmer vernichtete, bat dein Vater Kaiserin Victoria um Hilfe. Er kehrte mit leeren Händen zurück. Sogar Lord Curzon, den unser Elend zu Mitleid rührte, drängte das britische Parlament, diese verfluchte Steuer aufzuheben, aber die hartherzigen Engländer schlugen ihrem eigenen Vizekönig die Bitte ab.« Sie hob ihre blasse Faust, und Sand und Salz rieselten auf Jayas Hand. »Der Mahatma wird diese Körner in eine Waffe verwandeln, die das Empire vernichten wird.«

»Aber die Engländer werden ihn einsperren, *Hukam*! Willst du ihm ins Gefängnis folgen?«

»Es steht mir frei, dem Weg der Wahrheit zu folgen, auch wenn er ins Gefängnis führt. Dir freilich nicht, *Bai-sa*. Kehre nach Sirpur zurück und beschütze den Thron deines Sohnes!«

Fünfundfünfzigstes Kapitel

»Dies ist eine Oligarchie von unzufriedenen, aufrührerischen Beamten.«

Winston Churchill

Jaya beschloß mit zwiespältigen Gefühlen, nach Sirpur zurückzukehren, um die Zeremonien zu begehen, die das Ende ihrer Trauerzeit bezeichneten. In einem Monat wollte sie ihre Pflichten als Regentin übernehmen. Aber in Gedanken war sie bei ihrer Mutter, die in Gandhis provisorischem Aschram am Strand von Dandi saß.

Jeden Nachmittag rechnete sie in Dungra damit, daß der Maharadscha mit der Nachricht aus seinem Sekretariat zurückkehrte, Gandhi und alle, die sich gegen das Empire aufgelehnt hatten, seien verhaftet worden. Jeden Tag versicherte ihr Federchen von Dungra jedoch, daß Gandhi noch in seinem Aschram sei, und dann schilderte er ihr den Aufruhr, den Gandhis Prise Salz entfesselt hatte.

Verbotenes Salz wurde nun in den großen Städten Britisch-Indiens öffentlich verkauft. Überall an der indischen Küste wateten die Dorfbewohner mit Pfannen ins Meer, um illegal Salz zu gewinnen. In Kalkutta forderte der Bürgermeister die Leute in einer öffentlichen Rede auf, keine in England hergestellten Textilien mehr zu tragen. Er wurde ins Gefängnis gesteckt. In Delhi beobachteten fünfzehntausend Männer und Frauen, wie die Polizei den *pandit* Malviya beim Kauf einer Handvoll Salz verhaftete. In Patna warteten Tausende auf Dr. Rajenda Prasad, um unter seiner Anleitung Salz herzustellen. Berittene Polizei riegelte die Hauptstraße ab und drohte mit einem Kavallerieangriff, und die Männer und Frauen, die sich vor den herangaloppierenden Pferden auf die Erde warfen, wurden fortgeschleppt, aber sogleich von neuen Reihen Freiwilliger ersetzt.

Der Vizekönig erließ Verfügungen, die der Polizei uneingeschränkte Rechte zur Verhaftung verliehen, doch auf dem ganzen Subkontinent forderten Lehrer, Hausfrauen und Bauern den Vizekönig heraus, indem sie seinen Notstandsverfügungen trotzten.

Eine strenge Pressezensur wurde eingeführt. Die indischen Zeitungen stellten in stummem Widerstand freiwillig ihr Erscheinen ein, als das Britische Empire kraft eines kaiserlichen Erlasses allen Indern das Recht auf Freiheit und Besitz entzog.

»Gott weiß, was sich der Vizekönig dabei denkt«, bemerkte der Maharadscha von Dungra, als er Jaya die neuesten Nachrichten mitteilte. »Die Zensur der einheimischen Presse hat nur bewirkt, daß jedes Vorkommnis in ganz Indien schnellstens mündlich verbreitet wird.« Er schüttelte verzweifelt den schweren Kopf. »Und trotzdem wird von uns erwartet, daß wir Ende des Jahres in London wie Gentlemen an der Round-Table-Konferenz teilnehmen, als sei alles, was in Indien vorgeht, nichts weiter als ein Kricketspiel.«

Des Maharadschas weitere Berichte zeigten, daß das Spiel eine böse Wendung nahm. An der nordwestlichen Grenze schlossen sich die Stammesleute zu einer Rothemdenbewegung zusammen, die von Garibaldis republikanischer Bewegung in Italien inspiriert war. Obwohl sie sich der Gewaltlosigkeit verschrieben, befahl das Britische Empire seinem elitärsten Regiment, den 37. Garwhal-Schützen, auf sie zu schießen. Zum erstenmal seit achtzig Jahren legten die Kolonialsoldaten die Waffen nieder und verweigerten den britischen Offizieren den Gehorsam, woraufhin ein aufgebrachter britischer Polizeiinspektor die Demonstranten mit seinem gepanzerten Wagen rammte und mit einem Maschinengewehr das Feuer eröffnete. Siebzig Menschen wurden getötet und noch viel mehr verletzt.

Innerhalb von vierzehn Tagen hatte die britische Oberhoheit sechzigtausend Menschen ins Gefängnis geworfen, und Gandhi wurde, gerade als er im Begriff war, zum Salzdepot von Dharsana zu marschieren, verhaftet.

Jaya rannte durch die verspiegelten Korridore ins Arbeitszimmer des Maharadschas. Federchen von Dungra beugte sich vor, sein Stuhl knarrte unter seinem Gewicht. »Sei unbesorgt, *Bai-sa!* Deine Mutter ist noch auf freiem Fuß.«

»Ist sie in den Aschram zurückgekehrt?«

»Nein. Mrs. Naidu führt an Gandhis Stelle den Marsch zum Salzdepot an. Deine Mutter hat sich ihr angeschlossen, um die Verletzten zu pflegen.«

»Aber meine Mutter und diese wohlgemute Nationalistin aus Kalkutta haben überhaupt keine Erfahrung darin, Menschen zu pflegen, die mit Schlagstöcken niedergeprügelt oder mit Maschinengewehren verletzt wurden. Ich muß sofort nach Dharsana.«

»Das geht auf gar keinen Fall! Wenn man dich im Salzdepot sieht, wird man dir die Regentschaft entziehen. Arjun könnte sogar den Thron von Sirpur verlieren. Ich habe schon meine Leute hingeschickt, die dafür sorgen, daß der *sati mata* kein Leid geschieht.«

»Angenommen, es kommt zu Gewalttätigkeiten? Angenommen, die Polizei greift an?«

»Meine Leute halten uns auf dem laufenden. Da keine Zeitungen erscheinen, wer weiß, wie viele von diesen Gewalttaten der Polizei bloß ein Gerücht sind?«

Während sie auf Nachrichten aus Dharsana warteten, vertiefte sich der Maharadscha in seine Verwaltungsarbeit. Die Papiere raschelten in der von den Holzflügeln der Ventilatoren bewegten Sommerluft. Jedesmal, wenn ein Sekretär eintrat, blickte Jaya auf, aber sie sah nur, daß dem Maharadscha noch mehr braune Aktendeckel gebracht wurden.

Bei Sonnenuntergang stürzte ein Adjutant mit einem Telegramm aus Dharsana zur Tür herein. Der Maharadscha knipste die Metallampe an. Ein Lichtstrahl fiel auf die Akten, die den Schreibtisch bedeckten. Federchen von Dungra riß den Umschlag auf. Mit tonloser Stimme las er die Nachricht vor: »*Hukam*, die riesigen Verdunstungsbassins in den Salzwerken der britischen Oberhoheit sind von mit Stacheldraht gesicherten Gräben umringt. Vierhundert Polizisten unter dem Kommando von sechs englischen Offizieren halten vor dem Stacheldraht Wache. Den ganzen Vormittag drängten die Freiwilligen reihenweise zu den Toren, den ganzen Vormittag wurden sie von Polizisten brutal geschlagen, obwohl sie keinen Widerstand leisteten. Die *sati mata* wartete mit Mrs. Naidu und den anderen Frauen, um sich um die Verletzten zu kümmern. Wir begleiteten eine Gruppe ausländische Journalisten in das provisorische Lazarett, das die Damen eingerichtet haben. Die *sati mata* bat uns, Dir mitzuteilen, daß der Rechtsanwalt Arun Roy brutal zusammengeschlagen wurde. Beide Schlüsselbeine sind gebrochen, aber er scheint keinen dauernden Schaden davongetragen zu haben.«

Nachtfalter flatterten gegen das Telegramm. Eine große Hand scheuchte sie fort. Jaya sah die schwirrenden Flügel in der Dunkelheit verschwinden und erinnerte sich an den Himmel, der schwarz war von den sich zum Schlafen niederlassenden Vögeln, als der Erbe von Dungra und Arun Roy sich im Dschungel von Balmer mit Rufen verständigt hatten.

»Webb Miller, der Korrespondent von United Press, hat dreihundertzwanzig Verletzte und zwei Tote gezählt. Wir haben viele Freiwillige gesehen, die noch bewußtlos waren. Morgen wollen sie wieder gegen das Salzdepot vorrücken.«

Tag für Tag saß Jaya nun im Arbeitszimmer des Maharadschas und wartete ängstlich auf Nachricht von ihrer Mutter, und sie dachte an den Anwalt, der mit gebrochenen Knochen in Mrs. Naidus Lazarett lag. Sie erinnerte sich an seine Finger, die ihre langen Haare gestreichelt hatten, als sie weinte, und daran, wie er leise gesagt hatte: »Du bist jetzt nur in einem anderen, weniger angenehmen Dschungel.« Und sie fragte sich, ob ihm wohl dieser Gedanke durch den Kopf geschossen war, als die Schlagstöcke der britischen Polizisten auf seine Glieder niedergesaust waren.

Manchmal wurde ihr Kopf schwer von der Hitze, und sie schloß die Augen, aber die goldenen Rückenschilder blieben in ihre Netzhaut eingeprägt: BEWÄLTIGUNG DER HUNGERSNOT. BRITISCHE STEUERN. VERTRAGSVERHANDLUNGEN. BESUCHE DES VIZEKÖNIGS. Alle Nachrichten, die vom Salzdepot eintrafen und die der Maharadscha mit tonloser Stimme vorlas, enthielten mit bedrückender Regelmäßigkeit dieselbe Geschichte: stumm vorrückende Marschierer und Bahrenträger, welche die Verletzten in Mrs. Naidus Lazarett trugen.

So verging fast eine Woche, bis der Maharadscha frohlockend verkündete, daß die Maharani auf dem Rückweg nach Dungra sei. »Die Engländer haben Mrs. Naidu eingesperrt, aber meine Adjutanten haben deine Mutter in Sicherheit gebracht, *Bai-sa*.«

Obwohl es fast Mitternacht war, hatte sich der Aschram schon mit Menschen gefüllt, die darauf warteten, die Maharani zu begrüßen. Der Maharadscha von Dungra führte Jaya über die Veranden zu einem Rasenstück, wo hinter einem Eisblock ein Ventilator surrte. Sie setzten sich auf Rohrstühle, und die eisgekühlte Brise erfrischte ihre heiße Haut. Still betrachteten sie die Moti-Blüten, die sich blaß von den schwarzen Blättern abhoben.

Als die *sati mata* im Aschram eintraf, segnete sie zuerst die Menschen auf den Veranden und in den überfüllten Räumen. Schließlich kam sie zu Federchen und Jaya auf den Rasen hinaus. Eine lange Weile saß sie schweigend und lauschte den Grillen und dem Tropfen schmelzenden Eises. Dann sagte sie wie zu sich selbst: »Mein ganzes Leben habe ich mich bemüht, das *dharma* des Kriegers zu erfüllen. Das Trommeln der *nagara* war immer in meinem Ohr; die Gebete der *sati* waren immer auf meinen Lippen. Aber ich wurde Witwe, bevor ich die wahre Bedeutung des Wortes *sati* begriff. Und ich mußte nach Dharsana gehen, um zu lernen, was Krieg ist.«

Sie nahm Jayas Hand zwischen ihre blassen Finger. »Ich sah die Engländer wehrlose Menschen mit Schlagstöcken und Gewehrkolben niederprügeln. Diese Menschen sind nicht zusammengezuckt. Sie haben nicht geklagt. Aber was das Wichtigste ist, sie sind nicht gewichen. Ihr stummer Mut hat sie unbesiegbar gemacht. Die britische Oberhoheit ist erledigt, *Bai-sa*. Ich wünschte, dein Vater hätte diesen Tag noch erleben können!«

Sechsundfünfzigstes Kapitel

»Wir kennen keine organisierte Gewalt, und individuelle oder sporadische Gewalt ist ein Eingeständnis der Verzweiflung. Aber wenn dieser Kongreß oder die Nation irgendwann in der Zukunft zu dem Schluß kommt, daß Methoden der Gewalt uns von der Knechtschaft befreien, dann bezweifle ich nicht, daß wir uns ihrer bedienen werden.
Gewalt ist schlimm, aber Knechtschaft ist noch viel schlimmer.«
Dschawaharlal Nehru

Es war Jayas letzter Abend in Dungra, aber die Maharani sprach nur von der Bewegung »Bürgerlicher Ungehorsam«, als sei die Abreise ihrer Tochter, die aufbrach, um ein Fürstentum zu regieren, nicht wichtig. Jaya sah die Heiterkeit des Aschrams durch die Fixierung seiner Gründerin auf die Außenwelt bedroht.

Sittiche zogen grüne Streifen über den Himmel, ehe sie sich auf den Bäumen niederließen, welche den Rasen des

Aschrams säumten. Arjuns Lachen erklang hell, doch diese Laute waren Jaya kein Trost mehr. Als sie und ihr Sohn die Füße der Maharani berührten, um ihren Abschiedssegen zu empfangen, fühlte Jaya die Aufgabe, Arjuns Zukunft zu behüten, wie Blei auf sich lasten.

In der Nacht klopfte es heftig an Jayas Tür. Chandni kam ans Bett gelaufen, eine verschwommene Gestalt vor dem Moskitonetz. »Maharadscha-*Sahib* schickt nach dir, *Hukam*.«

»Um diese Zeit?«

»Es ist dringend, *Hukam*! Du mußt dich beeilen!«

Als Jaya ins Arbeitszimmer trat, brüllte Federchen von Dungra ins Telefon. Er knallte den Hörer auf die Gabel. »Verschiebe deine Reise, *Bai-sa*! Es könnte auf dem Weg nach Kalkutta zu Zwischenfällen auf den Bahnhöfen kommen. In der Versammlungshalle von Delhi sind heute zwei Bomben auf den Vizekönig geworfen worden. Ein Terrorist hat sogar versucht, auf die Engländer auf den Regierungsbänken zu schießen. Zum Glück hatte sein Revolver Ladehemmung.«

»Wer hat das getan, *Hukam*?«

»Die Indisch-Republikanische Armee.«

»Hat die indische Armee gemeutert?«

»Nein, *Bai-sa*. Es handelt sich um Studenten, Dichter und romantische junge Mädchen, die eine Indisch-Republikanische Armee nach dem Vorbild der Irisch-Republikanischen Armee in Dublin gegründet haben. Sie haben ihre Zentrale in Kalkutta, und die Engländer werden gegen sie einschreiten. Es wird noch mehr Gewalttätigkeiten geben.« Besorgnis zeichnete das dickliche Gesicht. »Bleib hier, bis die Lage ruhiger ist!«

Jaya ließ ihren Blick ein letztes Mal über die in rotes Leder gebundenen Amtsblätter mit den goldgeprägten Rückenschildern gleiten. Erst vor fünf Monaten war sie vor den Machenschaften der Priester aus Sirpur geflohen und hatte gehofft, in Dungra Zuflucht vor der Politik zu finden. Nun schien Sirpur Schutz vor den Unruhen ringsum zu bieten.

»Ich kann nicht länger warten, *Hukam*. Der Maharadscha muß in sein Land zurückkehren.«

Dungras Befürchtungen bestätigten sich auf der langen Eisenbahnfahrt nach Kalkutta. An jedem Bahnhof warteten Scharen von Nationalisten. Wenn die bremsenden Räder des einfahrenden Zuges auf den Schienen Funken schlugen, stürmten die Nationalisten vor, drückten kleine Säcke an die Fenstergitter und riefen: »Kauft Salz für Indiens Freiheit!«

Chandni und die anderen Dienerinnen drängten sich an den Fenstern. Mancher ihrer gläsernen Armreifen zerbrach an den Gittern, wenn sie Salzsäcke ins Abteil zogen, ehe die Polizisten durch die Menge rannten und Bambusprügel auf wehrlose Leiber niedersausten.

Durch die eisernen Gitterstangen beschimpften die Dienerinnen mit schrillen Stimmen die Polizisten. »Schämt ihr euch nicht, Kinder und alte Frauen und junge Mädchen zu schlagen?«

»Warum bringt ihr die Männer ins Gefängnis? Wer soll ihre Familien ernähren?«

An Jayas Seite zitterte Arjun, wie er gezittert hatte, als er den bombardierten weißen Zug des Vizekönigs sah. Sie hielt ihn vom Fenster fern, damit er die Wut in den Gesichtern der britischen Offiziere nicht sehen konnte, aber auch nicht die Verwirrung in den Gesichtern der indischen Untertanen, wenn Schlagstöcke mit Stahlspitzen auf ihre bloßen Schädel niederprasselten und Blut sich über die weiße Kleidung ergoß.

Auf jedem Bahnhof wurden Säcke an die Gitter gedrückt, bis Warnschüsse die Nationalisten von dem Zug vertrieben. Dann hockten sie sich auf die schmutzigen Bahnsteige und sahen zu, wie sich die Polizisten zwischen den Schlafsäcken und Blechkoffern einen Weg bahnten. Die

Khaki-Uniformen symbolisierten die Macht der britischen Oberhoheit, die Salzsäcke jedoch den Widerstand Indiens gegen diese Macht.

»Wie sollen die Armen ohne Salz leben?« riefen die Dienerinnen durch die Fenster.

»Wegen einer Prise Salz haben die Engländer den Mahatma ins Gefängnis geworfen, und ihr gehorcht ihren Befehlen, ihr schamlose Schakalsbrut!«

Jaya versuchte, die Mädchen zum Schweigen zu bringen, aus Furcht, die Polizisten könnten das Abteil stürmen und ihre Schlagstöcke gegen die fluchenden Frauen erheben. Doch diese verweigerten ihr den Gehorsam und schrien die Polizisten an, während die Demonstranten fortgezerrt wurden. Ihre zerrissenen Säcke hinterließen dünne weiße Spuren von illegal gewonnenem Salz auf den Bahnsteigen.

Jaya war erleichtert, als der Zug endlich in den Howrah-Bahnhof von Kalkutta einfuhr und sie die Adjutanten von Sirpur an dem langsam zum Stehen kommenden Zug entlanglaufen sah. »Wo ist Sir Akbar?« rief sie durchs Fenster.

»Im Osten hat es einen bewaffneten Aufstand gegeben, *Hukam*. Die Indisch-Republikanische Armee hat Chittagong erobert.«

»Chittagong erobert?« wiederholte Jaya wie ein Papagei. Wie konnte eine Handvoll Dichter und junger Mädchen eine der wichtigsten Städte Britisch-Indiens mit Gewalt nehmen?

»Die Engländer rücken keinerlei Informationen heraus, aber Mrs. Roy hat die Nachricht telefonisch erhalten. Sir Akbar ist mit ihr hingefahren, um herauszufinden, was passiert ist.«

Träger wollten in das Abteil steigen. Die Adjutanten schoben sie zur Seite. »Komm schnell, *Hukam!* Im Bahnhof könnte es Ärger geben.« Auf der Betonbrücke über den Bahnsteigen drängten sich die Menschen so dicht, daß sie nicht mehr vorwärtskamen. Die Adjutanten schoben Jaya und den jungen Maharadscha am Geländer entlang, um zu verhindern, daß sie mit Füßen getreten wurden. Auf einem Gleis unter der Brücke wurde ein Güterzug entladen. Arbeiter warfen Jutesäcke auf den Bahnsteig, die mit lila Schablonenschriftzügen versehen waren: MADE IN MANCHESTER. MADE IN LANCASTER.

Vier junge Männer schleppten Benzinkanister auf die Rampe. Sich gegenseitig zur Eile antreibend, schraubten sie die Kanister auf und gossen den Inhalt über die gestapelten Säcke. Benzingeruch stieg zur Brücke auf. Die Leute drückten sich an Jaya, um zu sehen, was vorging. Ein Mann zündete ein Streichholz an und warf es auf die durchtränkten Jutesäcke, die sofort Feuer fingen. Flammen züngelten in die Luft. Die jungen Männer umringten das Feuer und riefen: »Bande mataram! Triumph für das Vaterland!« Die Leute auf der Brücke kreischten begeistert. Arjun zeigte entzückt auf die Flammen. Er streckte seine kleine Hand durch das Geländer und deutete auf die unten auf dem Bahnsteig laufenden Gestalten. »Ist das ein Spiel, Hukam?«

Jaya zerrte das von dem Tumult begeisterte Kind weiter, weil die Polizei durch die Menge stürmte und die Stahlspitzen auf die erschrockenen Zuschauer niedersausten. Die jungen Männer aber waren längst entkommen.

Die Adjutanten bahnten durch die von Panik erfaßten Menschen mühsam einen Weg zu dem wartenden Wagen. Der süßliche Benzingeruch war noch in Jayas Nase, als sie den Bahnhof verließen und in die Gassen eines Basars einbogen. Jaya betrachtete die pyramidenförmig aufgeschichteten Früchte und die feilschenden Hausfrauen und mußte dabei über die Frage ihres Sohnes nachdenken. Waren Gewalt und Gewaltlosigkeit, wie sie sich auf dem Bahnsteig dargeboten hatten, ein verzweifeltes Spiel, eine Leidenschaft, die gegenüber der Macht des größten Empire der Welt unvermeidlich den kürzeren ziehen würde? Oder waren sie die Zeichen eines neuen Indien? Sollten die indischen Herrscher sich den Nationalisten anschließen, oder sollten sie sich auf ihre Verträge mit einem Empire verlassen, das in tausend Stücke zerspringen konnte, wenn es ihm jetzt nicht gelang, seine Stellung zu behaupten?

Hinter dem »Bengal Club« mit seinem Schild: FÜR HUNDE UND INDER VERBOTEN waren die Terrassen des Forts William als dunkle Schatten zu erkennen, und Jaya fiel auf, wie täuschend ruhig die Stadt schien, als könnten diese Gebäude mit ihren *Union Jacks* und ihren Wächtern in Uniform niemals von der Leidenschaft der Inder erschüttert werden.

Eine Reihe Gärtner wartete vor dem Haus Sirpur mit Girlanden aus Jasminblüten. Bedienstete eilten herbei, um die Wagenschläge zu öffnen.

»Mrs. Roy hat dir einen Boten geschickt, *Hukam*. Er wartet schon über eine Stunde auf deine Ankunft.«

In der *Durbar*-Halle saß ein weißgekleideter Mann über ein Buch gebeugt. Licht fiel auf seine schimmernde Glatze und blinkte auf der Brille, die ihm nach vorn auf die Nase gerutscht war und Jaya an Gandhi erinnerte. Als er das Klimpern ihrer Fußkettchen vernahm, erhob er sich.

Ein Lächeln erschien unter Arun Roys dünnem Schnurrbart, dann erklang sein ansteckendes Lachen. »Ach, *Bai-sa*, was für eine rückständige Zivilisation! Was für ein rückständiges Empire. Die eine hat dich deiner Haare beraubt, das andere hat mir die meinen genommen.« Sein gestärkter *dhoti* raschelte, als er zu ihr trat und ihr mit den Fingern über die kurzen Haare strich. »Du siehst aus wie ein Kind, aber ich fürchte, als deine Mutter mir beim Salzdepot den Kopf rasierte, um meine Wunden zu behandeln, hat sie mich um Jahre älter gemacht. Meine Wunden sind inzwischen geheilt, aber meine Haare sind nicht nachgewachsen.«

»Ist es wahr, daß die Indisch- Republikanische Armee einen Sieg über das Empire errungen hat?« fragte Jaya verlegen, indem sie von ihm abrückte. Sie hoffte, ihre forschen Schritte durch den Raum in Richtung der Veranda würden dem Anwalt, der ihr nicht von der Seite weichen wollte, nicht als Flucht erscheinen.

»Einen kurzlebigen Sieg, *Bai-sa*. Die Engländer haben das Polizeirevier schon zurückerobert. Jetzt beschießen sie das Waffenlager, das ein paar Jugendliche verteidigen. Bevor die Nacht um ist, werden alle tot oder in Ketten auf dem Weg zu den Andaman-Inseln sein.«

»Ist es dir egal, ob sie leben oder sterben? Oder bist du wütend, weil sie gewalttätig sind?«

Er zuckte mit den Achseln. Die Dunkelheit schien dem kahlgeschorenen Kopf Haare zu verleihen. »Gewalt, Gewaltlosigkeit, was ist das schon für ein Unterschied, solange wir auf dem Weg in unsere Freiheit sind?«

Der samtene Flügel einer Fledermaus streifte Jayas Wange. Erschreckt warf sie sich nach vorn, und schon umschlossen sie die Arme des Anwalts, indes die Fledermaus blind auf der Veranda kreiste. Ihre flatternden Flügel rauschten im Dunkeln. Dann war sie fort, und Arun Roy streichelte Jayas Haare.

Jaya drückte sich rückwärts gegen die Hände, die ihre Taille umfaßten, aber er lockerte seinen Griff nicht. »Arme *Bai-sa*! So viele Rollen mußt du spielen, aber keine erlaubt dir, eine Frau zu sein. Vielleicht weißt du noch gar nicht, was es heißt, eine Frau zu sein.« Er lächelte; die weißen Zähne schimmerten unter seinem Schnurrbart. »Du bist noch so jung, *Bai-sa*. Ist denn Pflichterfüllung alles? Wirst du im Zölibat leben wie unser alter Mahatma?«

Jayas Glasreifen klimperten, als sie mit den Fäusten auf seine Schultern hieb, aber sie konnte nicht verhindern, daß ihr Körper sich gegen den seinen preßte und die Falten seines gestärkten *dhoti* zerdrückte.

Die Tür zur *Durbar*-Halle ging auf, und der Anwalt schob Jaya sachte von sich. Er lachte über ihre Verwirrung.

»War ich nun gewalttätig oder gewaltlos, *Bai-sa?*«
Jaya bemühte sich, ihre Fassung wiederzuerlangen. Sie
wich dem spöttischen Blick des Anwalts aus, als Mrs. Roy
und der Premierminister sich ihnen näherten.
»Die armen Kinder sind alle tot, *Bai-sa*«, sagte Mrs. Roy.
Sir Akbar schlug erregt mit seinem Stock auf den Boden.
»Die Engländer haben Chittagong zurückerobert, *Hukam*.
Die Revolution der Indisch-Republikanischen Armee ist
gescheitert.«

Siebenundfünfzigstes Kapitel

»Ein widerwärtiges und demütigendes Spektakel, dieser ehema-
lige Tempelanwalt, nun ein aufwieglerischer Fakir, der halbnackt
die Treppe zum Palast des Vizekönigs hinaufmarschiert, um dort
als Gleichgestellter mit dem Repräsentanten des King Emperor
zu verhandeln und zu parlieren.«
Winston Churchill, 1931

Jeder neue Vorfall in Indien verwirrte Jaya. Auf jede Op-
fertat folgte eine Gewalttat, und sie fürchtete beides.
Von ihrem Mann hatte sie gelernt, daß Gefahr zu einer
Sucht werden konnte, die so stark war, daß man die Wag-
halsigkeit auch ohne Motivation sucht, die Zurschaustellung von Männlichkeit, wenn einem jede andere Repräsen-
tationsform der Männlichkeit versagt war. Wie Arun
Roy angedeutet hatte, fürchtete sie nun, daß das lange
Leugnen ihrer Weiblichkeit bei ihr zu ähnlichen Übertrei-
bungen führen könne.
In ihrer Angst konzentrierte sich Jaya auf Sirpur. Aber die
Geschehnisse außerhalb der Grenzen hatten die zufrie-
dene Selbstachtung des alten Fürstentums erschüttert
und warfen einen Schatten auf Jayas Regentschaft.

Jeden Tag informierte Sir Akbar die Maharani-Witwe über die neuesten Entwicklungen bei der Round-Table-Konferenz in London, wo die Inder dem King Emperor ihre Argumente für eine Föderation darlegten.

»Die Engländer haben eigens einen ovalen Tisch bestellt, damit sich keine indische Gruppierung, die eine eigene Meinung vertritt, benachteiligt fühlt, *Hukam*.«

»So! Wenn ein indischer Herrscher so etwas getan hätte, wäre er orientalischer Verschwendungssucht bezichtigt worden!«

»Aber ausnahmsweise werden die Inder einmal gelobt statt kritisiert. Beobachter sagten: ›Als es am schlimmsten zu stehen schien, geschah das Wunder, und die Fürsten zeigten sich der Situation durchaus gewachsen‹, und Sir Samuel Hoare, der Kolonialminister für Indien, meinte: ›Den Grundton der Konferenz bestimmten von vornherein die Fürsten, die einer nach dem anderen ihr Bekenntnis zur gesamtindischen Föderation ablegten. Unter ihnen waren einige herausragende Persönlichkeiten. Die bemerkenswerteste war der Maharadscha von Bikaner. Als er in beinahe zu fließendem Englisch sprach, beherrschten seine vornehme Gestalt und seine klangvolle Stimme das Komitee.‹«

»Aber du scheinst nicht glücklich über das Lob, mit dem man die indischen Herrscher überschüttet, Premierminister.«

»Gandhi ist noch im Gefängnis, *Hukam*. Ohne ihn ist die Round-Table-Konferenz sinnlos, und die Reformisten nutzen das aus, um die Regentin anzugreifen.«

Sir Akbar sagte nichts von seiner Besorgnis wegen der Spione des *raj guru*, die dazu geführt hatte, daß Jaya den britischen Residenten im Wales-Palast empfing, um sicherzugehen, daß ihre Gespräche nicht den Priestern des Kamini-Tempels hinterbracht wurden.

Dort, in ihrem ersten Heim in diesem Lande, das sie nun regierte, wo der Flötenklang der Flußschiffer über das

Wasser herüberdrang und die Oleanderblüten sich nachts dunkel färbten, beriet sich Jaya mit Osborne über Sirpurs Zukunft und die Fortschritte der Round-Table-Konferenz.

Seine ruhigen, nahezu trockenen Versicherungen strahlten eine tröstliche Zuversicht aus. »Wir Engländer sind nicht alle Ungeheuer, *Bai-sa*. Trotz der Anschläge auf sein Leben und allen Unmuts in England will Lord Irwin Gandhi freilassen und ihn in seine Residenz zu Gesprächen einladen. Noch nie wurde ein Inder als Gleichgestellter vom Vizekönig empfangen. Halb England wird Irwin einen Verräter nennen. Wenn Gandhi auch noch an der nächsten Round-Table-Konferenz teilnimmt und das Parlament die Föderation genehmigt, kann das Empire bald die Koffer packen.«

Jaya schlug die Augen nieder, damit Osborne ihre Angst, Sirpur ohne seine Hilfe zu regieren, nicht sehen konnte. Die Unsicherheit ihrer Empfindungen schien die wechselhafte Politik Indiens widerzuspiegeln, als wisse das Land genau wie sie selbst nicht, wie man auf die Aussicht auf Freiheit reagieren sollte.

Als der Vizekönig Gandhi freiließ, vermochte nicht einmal mehr der *Purdah*-Palast Zuflucht vor den sich überstürzenden Ereignissen außerhalb der Haremsmauern zu bieten. Wann immer Jaya die Maharani-Witwe aufsuchte, sah sie die Damen zu Füßen der alten Frau sitzen und über die Berichte im »Sirpur Herald« diskutieren.

»Mrs. Naidu sagt, Indien ist mit zwei Mahatmas gesegnet, *Hukam*. Lord Irwin und Gandhi.«

»Hast du heute die Zeitung gelesen, *Hukam?* Der Vizekönig hat den Mahatma gefragt, ob er seinen Tee mit Zucker möchte, aber der Mahatma hat statt dessen eine Prise verbotenes Salz in seine Tasse getan.«

»Vor den Augen sämtlicher Beamten des Vizekönigs!«

»Und hast du gestern gelesen, *Hukam*, wie Churchill dem britischen Parlament den Mahatma beschrieben hat?«

Sie drückten Jaya die Zeitung in die Hand. »Dieser fette Engländer beleidigt den Mahatma, aber was wird er erst sagen, wenn unser halbnackter Fakir ihm sein Empire wegnimmt.«

Die Damen lachten schallend und fielen sich in die Arme, während Jaya versuchte, sich das Lachen zu verbeißen. Sie war froh, als Gandhi zustimmte, an der zweiten Round-Table-Konferenz teilzunehmen. Die *Purdah*-Damen verloren darauf das Interesse an den Vorgängen in Britisch-Indien und wandten sich wieder dem unveränderlichen Einerlei ihres zurückgezogenen Daseins zu.

Die Regenzeit setzte ein, und die heftigen Niederschläge machten die Straßen unpassierbar. Die Stromversorgung brach zusammen, so daß die Stadt oft in Dunkelheit getaucht war. James Osborne kam nicht mehr in den Wales-Palast. Jaya beobachtete ungeduldig, wie das schlammige Wasser des Flusses gegen Maharadscha Victors Bootswerften schlug, denn sie sehnte sich nach der zuversichtlichen Ausstrahlung des Engländers.

Erst als die Regenfälle nachließen, erhielt sie eine förmliche Einladung zu einem Essen in der britischen Residenz. Als der Wagen an dem sinkenden Wasserspiegel des Flusses entlangfuhr, fragte sich Jaya, ob der Engländer in seinem einsamen Botschaftsgebäude bereits wußte, wie groß ihre Abhängigkeit von seiner stillschweigenden Zustimmung geworden war.

Major Osborne empfing sie mit einer zurückhaltenden Herzlichkeit, die Jaya keinen Rückschluß auf seine Gefühle erlaubte, und führte sie in den Salon. Dort schritt bereits der Premierminister auf und ab. Sorgenfalten durchzogen seine hohe Stirn. »Trotz Gandhis Teilnahme war die zweite Round-Table-Konferenz ein Fehlschlag. Zwischen dem Nationalkongreß und der Moslemliga kam es zu einem häßlichen Streit, und es wird Blutvergießen zwischen Hindus und Moslems geben.«

»Ach was, Sir Akbar«, erwiderte der Resident. »Wenn fünfhundert indische Herrscher mit einer Stimme sprechen konnten, wird es bestimmt auch zwischen Gandhi und Dschinnah zu einer Einigung kommen.«

Sir Akbar und James Osborne setzten ihre Diskussion am Eßtisch fort. Beim Licht der Kerzen, die in den silbernen Leuchtern flackerten, betrachtete Jaya still die Porträts an den Wänden. Sie erinnerte sich an den ersten Besuch des englischen Knaben im *zenana* von Balmer und an seine Verlegenheit, als sie ihm von den Liebesdarstellungen erzählte, die einst die Wände des *Chand Mahal* geschmückt hatten. Die gleiche Ruhe, die von den Porträts ausging, schien in seiner Stimme zu liegen und jetzt Sir Akbar zu besänftigen: »Gandhi und Dschinnah sind beide Patrioten. Sie werden eine Spaltung Indiens nicht zulassen.«

»Hoffentlich haben Sie recht, aber ich glaube, wir haben erst den Anfang der Feindschaft von Hindus und Moslems gesehen.« Sir Akbar wandte sich an Jaya: »Unterdessen müssen wir der Spaltung Sirpurs entgegenwirken. Der Herrscher muß sich der Ergebenheit seiner Stammesuntertanen versichern, *Hukam*.«

Neugierde leuchtete in Osbornes Augen auf. »Ich würde die Zeremonie sehr gerne sehen.«

»Das würde dir kaum gefallen, James-*Sahib*.« Jaya dachte an ihren Schrecken, als sie zum erstenmal die Stammestänze gesehen hatte, die in ihrer elementaren Natürlichkeit zu aufwühlend waren, um einen gleichgültig zu lassen. Die Hemmungslosigkeit der Stammesleute würde Osbornes Glauben an seine Mission erschüttern und ihn an seiner Fähigkeit als britischer Verwalter, die Untertanen des großen Empire zu zivilisieren, zweifeln lassen.

»Bitte, *Bai-sa!*« beharrte Osborne. »Wenn meine Gegenwart nicht lästig ist, wäre ich gerne dabei.«

Als Maharadscha Arjuns Hofstaat flußaufwärts reiste, kam zu Jayas Erleichterung dem Gesicht des britischen

Residenten die Maske distanzierter Rechtschaffenheit nicht oft abhanden.

Er saß auf einem Klappstuhl und las seine Zeitungen, während das Personal sein Frühstück zubereitete, achtete aber nicht besonders auf die halbnackten Männer und Frauen, die rings um ihn im Gras lagen und Palmweinschläuche herumreichten oder dicke Zigarren aus ihrem Haar zogen und die Luft mit übelriechendem Qualm verpesteten.

Die blanken Schuhe, die beim Umblättern einer Seite gelegentlich sichtbar werdenden Hosenträger, jede Einzelheit war so geordnet, jede Geste so präzise, als solle damit bestätigt werden, daß die Fremdartigkeit der Stammesleute, die ihn beim Verzehren seiner Eier und Würstchen beobachteten, den Residenten nicht berühren konnte.

Abends trug er einen Smoking. Das Gesicht verbarg er meist hinter einem Cognacschwenker, indes die Stammesleute den jungen Maharadscha in ihre Tänze einbezogen. Wenn sie den Knaben losließen, dem sie einen gefiederten Kopfputz über den Turban gebunden hatten, brachte Osborne ihn zu Bett. Wenn Jaya an Arjuns Fenster vorüberging, sah sie den Engländer mit einem Buch vor dem Moskitonetz ihres Sohnes sitzen.

Einmal stand sie lange im Dunkeln und hörte zu, wie Osborne mit klarer Stimme die hübschen Geschichten vorlas, mit denen englische Kinder zum Schlafen gebracht wurden, und dem aufgeregten Arjun von als Gentlemen verkleideten Fröschen und Haselmäusen erzählte, die im Wald in heimelig eingerichteten Salons Tee tranken.

Je archaischer die Reise wurde, um so strenger achtete Osborne auf seine Gewohnheiten, und Jaya stellte fest, daß sie immer abhängiger von den Ritualen des Engländers wurde, als könnten diese schlichten Einzelheiten ihren Sohn vor den Kräften beschützen, die sich unter der patinagleichen Oberfläche seines Fürstentums verbargen.

Selbst als sie zu jener Lichtung an dem See gelangten und auf dem Tierfell Platz nahmen, das auf der roten Erde ausgebreitet war, verscheuchte das Wissen, daß Osborne hinter ihnen saß, Jayas lebhafte Erinnerung an die Vereinigung mit ihrem Mann auf dem mit Blüten bedeckten Bett.

Mit Fußketten geschmückte Füße trampelten auf der roten Erde und scheuchten Schwärme von Glühwürmchen übers Wasser, als die Stammesleute den Maharadscha umtanzten. Aber die Anwesenheit des aufmerksam, aber unbeteiligt zuschauenden Engländers machte sogar die Stammesleute etwas befangen. In ihrem Gesang war etwas Zurückhaltendes, und sie zauderten, bevor sie Arjun von dem Tigerfell zogen, als habe jene reglose Gestalt den Rhythmus ihres Tanzes gestört.

Die Tänzer brachten Arjun wirbelnd zu der Pfahlhütte mit den Blumenvorhängen, und Osborne erhob sich von seinem Klappstuhl. Seine wohlgesetzten Worte kaschierten kaum seine Ablehnung all dessen, was er gesehen hatte. »Eine faszinierende Zeremonie, *Bai-sa*. Aber nach der ganzen Aufregung wird es höchste Zeit, daß der Maharadscha Schulunterricht erhält. Wir werden einen Hauslehrer für ihn engagieren müssen, sobald wir wieder in der Hauptstadt sind.«

Achtundfünfzigstes Kapitel

Vier moslemische Studenten der Universität von Oxford denken sich 1932 den Namen Pakistan für eine neue Heimat der indischen Moslems aus.

Der Name sowie die Idee einer Moslemheimat werden von Dschinnah, dem Präsidenten der Moslemliga, als törichte Studententräume abgetan.

Auf Anraten des britischen Residenten wurde ein junger englischer Hauslehrer, Mr. Stevens, für Arjun engagiert. Aus Ärger darüber, daß der Kamini-Tempel zum drittenmal nacheinander in seiner traditionellen Rolle als Erziehungsstätte des Maharadschas von Sirpur übergangen worden war, verbreitete der *raj guru* das Gerücht, der britische Resident habe den neuen Herrscher dank dessen Mutter in der Gewalt. Daraufhin beschleunigte Jaya ihr Landerschließungsprogramm in der Hoffnung, eine zügige Bautätigkeit würde die Vorbehalte gegenüber ihrer Regentschaft zerstreuen.

Nachts wurde der Stadtpalast von Detonationen erschüttert, wenn für die Fundamente des Maharadscha-Pratap-Staudammes, der einige Meilen flußaufwärts vor der Hauptstadt langsam Gestalt annahm, die Felsen mit Dynamit gesprengt wurden. Am Fuße der Gebirgsausläufer wurden Flugplätze angelegt, damit die Stammesgebiete, die so lange abgeschnitten waren, bald eine Verbindung zu ihrer Hauptstadt bekamen. Arjun und seine Freunde begleiteten den Premierminister oft auf seinen Flügen in die Dschungelgebiete. Sie hofften, daß die Piloten sie in die Kanzel lassen würden, wenn die kleinen Flugzeuge sich vor dem niedrigen Vorgebirge beängstigend in die Kurve legten, bevor sie auf den jüngst geebneten provisorischen Pisten landeten.

Die Fortschritte des Erschließungsprogramms beseitigten tatsächlich das Mißtrauen, das der *raj guru* gesät hatte. Die Dorfältesten betraten befangen die *Durbar*-Halle, aber bald vergaßen sie die ungewohnten Kronleuchter und Fresken, so aufgeregt waren sie über die Auswirkungen, welche die neuen Projekte auf ihr Leben haben würden, und am Ende der Audienz umringten sie Sir Akbar mit einer Flut von Vorschlägen für die Regentin.

Unter einem Bambusgerüst nahm die Dammbaustelle allmählich das Aussehen eines riesigen Korbes an. Auf den Verbindungsstegen wimmelte es von Stammesfrauen, die

Steine auf dem Kopf trugen. Frühmorgens galoppierten Jaya und James Osborne oft den Fluß entlang zur Baustelle und kontrollierten die Arbeiten, während halbnackte Männer Bambuspflöcke in das entstehende Bauwerk trieben. Unterwegs sprach der Resident zuweilen über Arjuns Fortschritte.

»Anfangs fand Mr. Stevens den Herrscher unaufmerksam und ziemlich verwöhnt. Ich nehme an, das ist nur natürlich bei all den Aufmerksamkeiten, die er im Palast erfährt, und bei der Katzbuckelei der Priester. Dann entdeckte Stevens Arjuns Begabung für Technik, und jetzt unterrichtet er ihn auf dem Flugplatz oder in den Werkstätten und Bootswerften des Palastes. Stevens sagt, der Knabe kann die nächste Lektion kaum erwarten und merkt gar nicht, daß er Mathematik und Physik lernt, wenn er ihm den theoretischen Unterricht anhand der funkelnden Maschinen illustriert.«

Jaya lachte, und ihr fiel ein, wie Tikka und seine Freunde im *Chand Mahal* mit neidischen Gesichtern bei Captain Osborne saßen, wenn der englische Hauslehrer ihnen die Flugzeuge und Automobile beschrieb, die sie nur auf die Außenmauern des *zenana* gemalt gesehen hatten.

»Vielleicht sollte mein Sohn auch in den Kasernen der Sirpur-Lanzenreiter ausgebildet werden. Er liebt alles, was mit Soldaten zu tun hat.«

»Er weiß durch die Erzählungen seines Vaters schon sehr gut über Cambrai und Ypern Bescheid«, erklärte der Resident. »Aber über militärische Dinge spricht der Herrscher lieber mit mir als mit Mr. Stevens, weil ich in Frankreich an der Seite seines Onkels gekämpft habe. Im Augenblick unterrichte ich ihn übrigens über die russische Expansionspolitik, indem wir über meine Erlebnisse im letzten afghanischen Krieg sprechen.«

Auf Osbornes Vorschlag erhielt der Kricketplatz einen neuen Rasen, und für die jungen Leute, die kamen, um mit Arjun und Mr. Stevens Kricket zu spielen, wurde ein kleiner Pavillon errichtet. Oft gesellte sich James Osborne auf ein Spiel zu ihnen.

Jaya stellte fest, daß sie es der Jugend verübelte, wenn sie den Engländer mit Beschlag belegte, und daran merkte sie, daß ihre Abhängigkeit von ihm gefährlich wurde. Noch lange, nachdem es nicht mehr nötig war, die Zustimmung des britischen Residenten für ihr Erschließungsprogramm einzuholen, bat Jaya James Osborne zu sich in den Wales-Palast. Wenn sie neben ihm auf dem Korbsofa saß und ihm ihre Pläne für neue Schulen und Straßen zeigte, fragte sie sich, ob auch er sich ihrer Nähe so intensiv bewußt sei wie sie sich der seinen.

Sie mußte daran denken, wie der junge Engländer auf Maharadscha Victors Einladung zum erstenmal nach Sirpur kam und wie sie im Bankettsaal zurückgeschreckt war, weil sie fürchtete, die Edelleute von Sirpur könnten bemerken, wie seine Hand die Jasminknospen an ihrem Handgelenk zerdrückte; sie erinnerte sich an den Ball für den Prinzen von Wales und an das Knacken, als ihre Glasreifen unter Osbornes weißem Handschuh zerbrachen. Und sie sehnte sich nach einer ähnlichen vertraulichen Geste von seiner Seite. Auch wenn sie sich wegen ihrer Schwäche schalt, konnte sie ihre Sehnsucht nicht abschütteln. Von allen Menschen, die ihre Vergangenheit und ihre Gegenwart verbanden, war nur Osborne übriggeblieben. Aber wenn sie auf dem Flußpfad gemeinsam zum entstehenden Staudamm galoppierten und die Pferdehufe die vom Tau versilberten Spinnweben zertraten, konnte sie im Verhalten des Engländers kein Anzeichen unbeholfener Zärtlichkeit entdecken und keinen Beweis für die Vertrautheit, die bei ihren Begegnungen stets unterschwellig vorhanden gewesen war.

Je mehr sie sich von den wachsamen Augen des Stadtpalastes loslöste, um so distanzierter und förmlicher wurde der Engländer, als habe sich die Verantwortung für alles von ihr auf ihn übertragen.

Sogar Chandni machte Bemerkungen über die Bereitwilligkeit, mit der Jaya auf jeden Vorschlag des Engländers einging. »Ich weiß, daß man dem *raj guru* nicht trauen kann, *Hukam*. Aber der Engländer macht einen Ausländer aus dem Maharadscha. Das wird ihn irritieren, wie der Vater des Engländers deinen Bruder in Konflikte gestürzt hat.«

»Die Welt hat sich seit den Tagen meines Bruders verändert, Chandni. Diese Dinge verstehst du nicht.«

Die Dienerin steckte ihren Schleier in den Rockbund und murmelte aufmüpfig: »Diese Dinge verstehe ich nur zu gut, *Hukam*.«

Jaya errötete eingedenk ihrer Geringschätzung der verzweifelten Bemühungen der Sirpur-Brüder, die Anerkennung des Empire zu gewinnen. Sie hatte deren Schwäche verachtet und nicht erkannt, daß diese Liebedienerei ihnen Zuflucht vor der ständigen Erinnerung an ihre Hilflosigkeit bot. Nachdem sie nun mit ihren eigenen Ängsten konfrontiert war, übersah sie absichtlich Osbornes Macht und verwandelte ihre Furcht in eine Faszination, die zerstörerischer war als jede Flucht.

Lady Modis überraschende Ankunft in Sirpur brachte noch mehr Unruhe in Jayas Leben. An dem verspiegelten Eßtisch überschwemmte Lady Modi die vornehmen Sirpurs und ihre Ehefrauen mit einer wahren Flut von Klatsch. »Wißt ihr noch, wie ich gelacht habe bei der Vorstellung, daß König Georg und Königin Mary jemanden empfangen könnten, der ein Lendentuch trägt? Und jetzt ist es passiert! Gandhi ist tatsächlich im *dhoti* in den Buckingham-Palast gegangen. Ich glaube, die Majestäten konnten ihre Blicke nicht von Gandhis bloßen Knien wenden.«

Sie schob den winzigen Flußfisch, der an der Spitze ihrer Gabel baumelte, in den Mund. »Die Pracht der Fürsten hat bei der ersten Konferenz alle geblendet, und Gandhis

Knie haben sie bei der zweiten bestimmt überwältigt. Aber diese Hindu-Moslem-Geschichte hat die dritte Round-Table-Konferenz ruiniert. Seit die Maharadschas oder Gandhi die Aufmerksamkeit nicht mehr auf sich ziehen, interessiert sich in England kein Mensch mehr für Indien.«

Jaya unterdrückte ein Lächeln, als Major Osborne und Sir Akbar sich wie Schwimmer, die sich an Treibholz klammern, mühten, bei Lady Modis Monolog mitzukommen.

»Die Leute reden nur noch über den Prinzen von Wales und seine Leidenschaft für Mrs. Simpson. Ist das taktlos von mir, Major Osborne? Aber das ist jetzt in London ein öffentlicher Skandal. Und der alten Mauvey ist es so peinlich.«

James Osborne betrachtete sein Spiegelbild im Eßtisch, indes sich die Damen von Sirpur über ihre Weingläser beugten. »Lady Modi, Lady Modi ...«

»Das weiß doch jeder, daß der zukünftige König von England nicht die Frau eines anderen heiraten kann.«

»Aber wer ist die alte Mauvey?«

Lady Modi machte ein empörtes Gesicht. »Ihr Lieben könnt doch nicht so unwissend sein! Die neue Vizekönigin natürlich, Lady Willingdon.«

»Warum wird sie die alte Mauvey genannt?«

»Weil sie die Residenz des Vizekönigs innen mauvefarben ausmalen ließ. Und sie besteht auf mauvefarbenen Blumensträußen, wo immer sie hinkommt. Seit Lady Reading hat es keine Vizekönigin so genossen, in Indien zu herrschen.«

Ein Ausdruck des Widerwillens erschien in James Osbornes Gesicht, und Jaya fragte sich verdrossen, wie lange Lady Modi wohl in Sirpur bleiben und auf diese Weise ihr Dasein mit der Außenwelt konfrontieren würde.

Sie suchte zu vermeiden, in Lady Modis Gegenwart mit James Osborne zusammenzutreffen, doch zuweilen, wenn sie mit Lady Modi in Maharadscha Victors Arbeitszimmer saß, die Fenster zu den Bootswerften offen, wo Maharadscha Victors hölzerne Flotte noch auf den Stahlgestellen stand, die bemalten Masten und eingerollten Segel mit Spinnweben überzogen, sprach der britische Resident vor, um Verwaltungsangelegenheiten zu erledigen. Dann merkte Jaya jedesmal, daß Lady Modis große Augen ihr allzu auffälliges Verlangen nach dem Engländer sahen.

Oft liefen Arjun und seine Freunde dem Engländer nach und baten ihn, mit den Flugzeugen aufsteigen zu dürfen.

»Du mußt das Kind bremsen, Darling. Der Junge zeigt jetzt schon Prataps Vorliebe für Nervenkitzel.«

James Osborne pflichtete ihr bei. »Und angesichts der Krawalle zwischen Hindus und Moslems würde ich es lieber sehen, wenn der Herrscher Indien für eine Weile verläßt. Vielleicht kann er die alte Schule seines Vaters in England besuchen.«

Lady Modi klatschte in die Hände. »Eton! Darling, das wird lustig. Wir können Picknicks machen und ...«

Zum erstenmal schlug Jaya den Rat des Engländers aus. »Niemals! Ich lasse nicht zu, daß mein Sohn ein Fremder wird in seinem eigenen Land.«

Osborne machte ein erstauntes Gesicht; ihr emotionsgeladener Ausbruch überraschte ihn. »Aber bei der ganzen Unsicherheit ist es besser für den Jungen, wenn er sich außerhalb des Landes aufhält.«

»Um so unglücklich zu werden, wie Tikka in England war?« fragte Jaya verbittert.

»Die Welt hat sich verändert, seit Tikka ein Junge war, *Bai-sa*. Und wir auch.« Er schenkte ihr ein mattes Lächeln und ging.

»Komisch, daß Major Osborne über dein Benehmen so beleidigt ist«, bemerkte Lady Modi leise.

»Ich habe alle seine anderen Vorschläge angenommen, Bapsy.«

»Nur, um ihm zu gefallen, Darling. Nicht weil du glaubst,

daß er recht hat. Es ist ihm nicht gelungen, dich zu bekehren. Bekehrung aber, nicht Verführung ist der Grund, weswegen Major Osborne in Indien ist.«

»Aber wir kennen uns seit unserer Kindheit. Er ist für mich mehr als der Resident. Er ist mein Freund.«

Lady Modi steckte bedächtig eine Zigarette in ihre Spitze, den Blick von Jayas verzweifelter Miene abgewandt. »Auch wenn du einsam bist, wäre es dumm von dir, Osbornes Amt zu vergessen, Darling. Major Osborne hat dich immer anziehend gefunden. Ich habe es beim Besuch des Prinzen von Wales in Sirpur gesehen, als der Ärmste die Augen nicht von dir lassen konnte, und ich sehe es jetzt an der Art, wie er sich zusammennimmt. Aber vor die Wahl zwischen dir und seinem Empire gestellt, wird er sich immer für das Empire entscheiden, ohne Rücksicht auf seine Gefühle für dich. Wenn du ein Geschöpf des Empire wirst wie Victor und Pratap, ist dir seine Freundschaft sicher, wenn nicht, Darling, kannst du deine Kindheitsbeziehung aus dem Gedächtnis streichen.«

Lady Modi hatte recht, das wußte Jaya, auch wenn sie es nicht wahrhaben wollte. »Du irrst dich, Bapsy. Der Resident ist nicht wichtig. Alles, was ich getan habe, war für meinen Sohn.«

»Dann vergiß die Eindrücke deines Bruders und schicke deinen Sohn nach England zur Schule. Osborne hat dir einen guten Rat gegeben. Arjun könnte bei den Auseinandersetzungen zwischen Hindus und Moslems sehr leicht zu einem Pfand werden.«

Lady Modis Bemerkung weckte Jaya unsanft aus der Verträumtheit der letzten Jahre, während der sie das Eindringen der Realität nicht zulassen hatte wollen. In die Bauprojekte vertieft, hatte sie gehofft, Osbornes Anerkennung zu gewinnen, dieweil die Religionsstreitigkeiten, an denen die drei Round-Table-Konferenzen gescheitert waren, auch die Atmosphäre in Sirpur vergiftet hatten.

Die Welt, die Jaya so sorgsam aufgebaut hatte, um Sirpur vor den Ereignissen außerhalb seiner Grenzen zu bewahren, brach zusammen, als das Britische Empire die Differenzen zwischen dem Indischen Nationalkongreß und der Moslemliga vorschob, um die Föderation abermals zu verzögern, denn nun brachen überall in Britisch-Indien Hindu-Moslem-Tumulte aus.

Moslemische Bauern, die unter ihren hinduistischen Grundbesitzern litten, drangen langsam in Sirpur ein und suchten Aufnahme bei ihren dortigen Verwandten. Und hinduistische Ladenbesitzer, die wegen des Terrors moslemischer Studenten aus Kalkutta geflohen waren, verbreiteten in den Basaren von Sirpur ihre Verfolgungsgeschichten.

Die Viertel der Altstadt, die im Lauf der Jahrhunderte nach den Überflutungen aus allen möglichen Ruinen immer wieder neu erstanden waren, und in denen Menschen aller Religionen in dem Vertrauen, daß ihr Glaube irgendwo vertreten sei, in jedem Tempel beteten, wurden nun zu religiösen Festungen. Die Nachbarn wechselten in den engen Basarstraßen auf die gegenüberliegende Seite, um sich aus dem Weg zu gehen. Diese neue religiöse Intoleranz, die Sirpur so fremd war, wollte Jaya entschärfen, und sie berief Versammlungen mit den Gemeindevorstehern ein. Der junge Maharadscha wurde deshalb oft vom Unterricht bei Mr. Stevens zu seinem *gaddi* in der *Durbar*-Halle abberufen. Wenn er hier seine Untertanen sich gegenseitig Beschuldigungen an den Kopf werfen hörte, trübte Verwirrung die sich verfärbenden Augen.

Zuweilen forderte ein unbeherrschter Flüchtling aus Britisch-Indien Sir Akbar heraus, indem er behauptete, ein moslemischer Premierminister könne hinsichtlich der Beleidigungen, die den Hindus von den Moslems zugefügt werden, nicht objektiv sein. Dann verteidigte Arjun mit der zornigen Aufrichtigkeit eines Kindes die Würde seines Premierministers, und seine Verständnislosigkeit für religiösen Haß brachte den Saal zum Schweigen. Jaya tat es in der Seele weh, wenn sie den Sohn mit heller Stimme fragen hörte, warum der eine Gott größer sei als der andere; sie dachte an sein unbeschwertes Lachen, als er nur drei Jahre zuvor die Ziegen im Aschram seiner Großmutter gejagt hatte, und sie fragte sich, ob sie wirklich James Osbornes Rat befolgen und Arjun nach England zur Schule schicken solle, obwohl der religiöse Haß, den ihr Sohn täglich mitbekam, vom Britischen Empire angefacht wurde.

Als Osborne sie davon in Kenntnis setzte, daß das britische Parlament, über das Ausmaß der religiösen Unruhen besorgt, endlich einer gesamtindischen Föderation zugestimmt habe, in welcher die Inder die Macht mit dem Vizekönig teilen würden, glaubte Jaya in seiner Stimme schuldbewußte Erleichterung zu entdecken.

»Den Fürsten wird eine sehr mächtige Position in der Föderation angeboten, *Bai-sa*. Der Government-of-India-Act des Parlaments schlägt ein Oberhaus vor, in dem die Fürsten die Hälfte der Sitze, und ein Unterhaus, in dem sie ein Drittel der Sitze erhalten. Diese zwei Häuser werden zusammen ganz Indien regieren, aber die Fürstentümer bleiben unversehrt.«

Er lächelte, und Jaya fühlte ihren Entschluß, von dem Engländer unabhängig zu sein, dahinschmelzen.

»Jetzt müssen die Herrscher nur noch die Reformen durchführen, die sie vor zehn Jahren in der Chamber of Princes versprochen haben. Das ist die einzige Bedingung, die das Parlament für die Einführung der Föderation gestellt hat.«

In den folgenden Monaten merkte Jaya, daß James Osborne die Bedingungen des Parlaments zu simpel dargestellt hatte. Aus Rücksicht auf die Verträge, die vor einem Jahrhundert zwischen den einzelnen Fürstentümern und der britischen Krone geschlossen worden waren, hatte das Parlament es jedem Fürsten freigestellt, sich der indischen Föderation anzuschließen. Bevor jedoch die Mehrheit der Fürsten dies getan hatte, weigerte sich das Parlament, der Föderation zuzustimmen. Es war sogar noch schlimmer: Kleinere Fürstentümer wurden aufgefordert, sich mit größeren zusammenzuschließen, ein Vorschlag, der für die Herrscher mit all ihren historisch gewachsenen Feindschaften unerträglich war. Zu diesen Demütigungen kam noch das wachsende Mißtrauen der Fürsten gegenüber den flammenden Reden der Reformisten hinzu, die jetzt demokratische Wahlen in allen indischen Fürstentümern forderten.

Das fortschreitende Chaos auf dem Subkontinent nahm den indischen Herrschern die Courage, als Staatsmänner aufzutreten. Anstatt die Reformen voranzutreiben, denen sie vor zehn Jahren in der Chamber of Princes zugestimmt hatten, folgten jetzt viele konservative Fürsten den Empfehlungen ihrer ebenso konservativen britischen Ratgeber, die fürchteten, eine Föderation könne das Ende des Empire bedeuten.

Jegliche Diskussion wurde unterdrückt. Die Reformisten sahen sich entweder verbannt oder ins Gefängnis geworfen, und die Forderung nach Wahlen in den indischen Fürstentümern wurde von Tag zu Tag lauter.

Obwohl die Bürger von Sirpur die von den Untertanen der anderen Fürstentümer geforderten Rechte längst besaßen, berichtete der »Sirpur Herald« genüßlich über die Reden der Reformisten: »Eine Föderation kann es nicht geben, solange die Völker der indischen Fürstentümer nicht selbst bestimmen, ob sie Untertanen autokratischer Monarchen bleiben wollen, die zögern, die einfachsten Reformen einzuführen, oder ob sie sich der Föderation anschließen, die ein Indien aus freien demokratischen Staaten darstellen wird.«

Im Lauf der Monate sah Jaya die reformistische Bewegung an Boden gewinnen, und sie sah ein, wie töricht ihre Abhängigkeit von James Osborne gewesen war. Als die Zwiste zwischen dem Indischen Nationalkongreß und der Moslemliga in Sirpur ein Klima religiösen Hasses heraufbeschworen, hatte er bei der Wiederherstellung des Friedens in der Hauptstadt nicht helfen können. Jetzt stand er der neuentflammten Leidenschaft der Reformisten ebenso hilflos gegenüber.

Nachdem ihr Osbornes mäßigende Ratschläge fehlten, orientierte sich Jaya an den Aktionen anderer indischer Herrscher. Aber die erbittert unabhängigen Monarchen, die ihre Throne gegen das Empire aufs Spiel gesetzt hatten, gab es nicht mehr. Maharadscha Alwar, der Handschuhe angezogen hatte, um einer Vergiftung zu entgehen, wenn er dem King Emperor die Hand gab, war zur Abdankung gezwungen worden. Patiala dem Prächtigen, der mit Revolution gedroht hatte, falls das Britische Empire ihm seinen Thron zu nehmen versuche, hatte dieses Empire nun verboten, sein Fürstentum zu verlassen. Der Maharadscha von Bikaner, der in der Chamber of Princes so energisch die Rechte der indischen Fürstentümer verteidigt hatte, war in sein verlassenes Reich zurückgekehrt, angewidert von der Ängstlichkeit der anderen Herrscher und ihrer Abhängigkeit von den englischen Ratgebern.

Es gab in der Chamber of Princes keine Persönlichkeiten mehr, die imstande waren, ihre Kollegen zu überreden, nach der Macht zu greifen, die ihnen nun angeboten wurde, und Jaya war beinahe erleichtert, als ein Brief des Maharadschas von Dungra ihr im Laufe des Jahres 1935 die Gelegenheit bot, Zuflucht vor den Spannungen in Sirpur zu suchen.

Neunundfünfzigstes Kapitel

»*Wenn nur die Hälfte der indischen Fürsten Reformen einführt,*
wird die gesamtindische Föderation verwirklicht.«

Anhang zum Government-of-India-Act

Federchen von Dungra wartete am Bahnhof, um den jungen Maharadscha von Sirpur persönlich zu begrüßen. Der
neunjährige Arjun bemühte sich, ein gleichgültiges Gesicht zu machen, als vom Fort Dungra die einundzwanzig
Salutschüsse ertönten. Als aber die Dungra-Lanzenreiter
bei seinem Näherkommen ihre Banner senkten, lächelten
alle Anwesenden über das unverhohlene Entzücken des
Knaben.
Auf der Fahrt zum Aschram der Maharani amüsierte Arjun den Maharadscha von Dungra mit seinem begeisterten Geplapper. »Arjun ist ganz der Sohn seines Vaters,
Bai-sa: Kricket, Flugzeuge, englische Lebensart.«
»Und der britische Resident wünscht zu allem Überfluß,
daß ich ihn auf die Schule seines Vaters nach England
schicke.«
Federchen blickte Jaya mit seinen großen Augen mitfühlend an. »Der Resident hat recht, *Bai-sa*. Die Zeiten erfordern unsere gesamte Aufmerksamkeit. Wenn Arjun fort
ist, kannst du die Nationalisten ungehinderter unterstützen. Laß Arun Roy nach Sirpur kommen! Du könntest eines Tages seinen Beistand brauchen.«
Jaya wandte sich vom Maharadscha ab, damit er nicht sehen konnte, wie ihr bei der Erwähnung des Anwalts die
Röte ins Gesicht stieg.
»Wenn Arjuns Großmutter nicht mehr bei uns ist, muß er
nicht in ...«
»Wohin will sie gehen, *Hukam?*«
Als der Maharadscha schwieg, krampfte sich Jaya vor
Angst der Magen zusammen. Durch den Raum, in dem
die Frauen reihenweise hinter ihren Spinnrädern saßen

und mit sicherer Hand den Flachs zu Garn spannen, folgte sie Federchen auf die Veranda.

Zwei Frauen in selbstgewebten Saris knieten dort auf der Erde. Sie entfernten sich von der auf dem Boden liegenden Maharani, als Jaya die Veranda betrat. Erschrocken erkannte sie, daß sich die Maharani mit der von den alten Hindu-Schriften vorgeschriebenen Demut auf den Tod vorbereitete. Ihre Mutter hob den Kopf und rief mit matter Stimme nach dem Maharadscha von Dungra, dann sank sie, von der Anstrengung erschöpft, zurück.

Der Maharadscha kniete nieder und beugte sich vor, wobei er seine Perlenketten festhielt, damit sie nicht an den Körper der Sterbenden schlugen. Jayas und sein Kopf berührten sich fast über der hingestreckten Gestalt, als die Maharani sich mühte, sich verständlich zu machen.

»Vor vielen Jahren hat man mir prophezeit, daß man mich *sati mata* nennen würde. *Bai-sa* war dabei. Sie weiß, wie ich mich gegen die Prophezeiung gewehrt und daß ich behauptet habe, lieber würde ich *sati* begehen, als so einen Titel annehmen. Aber als ich die wahre Bedeutung des Wortes *sati* verstand, habe ich diesen Namen mit Stolz angenommen. Jetzt wünsche ich mir die Ehrung, die einer *sati* zusteht: Betrauert mein Hinscheiden nicht!«

Arjun lief auf die Veranda und verweilte bei seiner Großmutter mit der Ungeduld eines Kindes, das von einem Geheimnis ausgeschlossen ist. Sie legte ihm beide Hände auf den Kopf, ihre langen Finger lagen bleich auf seinem dichten Haar, und Jaya kämpfte mit den Tränen, als sie sich an die Hände der Maharani auf Tikkas Kopf erinnerte, an jenem Abend, bevor er in den Krieg gezogen war.

Als ihre Mutter verschied, fühlte Jaya, daß die letzte Verbindung ihres Sohnes zu seiner ruhmreichen Vergangenheit für immer durchtrennt war. Es schien, als treffe der Abschied der Maharani mit dem Ende des fürstlichen Indiens zusammen.

Jaya hatte nach ihrer Rückkehr die *puja* anläßlich des Todes der Maharani noch nicht beendet, als das Erdbeben, das im Osten schon andere Gebiete verwüstet hatte, plötzlich auch Sirpur erreichte. Jenseits der friedlichen grünen Reisfelder tat sich hinter den Gebirgsausläufern eine Landschaft aus zerklüftetem Dschungelgebiet und jähen Wasserfällen auf. Wilde Elefanten liefen zwischen den entwurzelten Bäumen umher und blieben in panischem Schrecken stehen, wenn sie an nackte Klippen kamen, von denen noch rote Erde rieselte.

Alle sieben Flugzeuge der staatlichen SirAir warfen Vorräte für die Stämme ab, die durch riesige Erdrutsche von der Außenwelt abgeschnitten waren. Jaya blieb die halbe Nacht auf, um ihre *puja* abzuschließen, damit sie beim ersten Tageslicht die Notmaßnahmen beaufsichtigen konnte. Sie flog in einer Maschine mit, die noch Platz bot, und winkte den kleinen Gestalten ermutigend zu, die verloren neben ihren eingestürzten Bambushütten standen und beobachteten, wie die Piloten Jutesäcke aus der schmalen Flugzeugluke warfen. Sobald die Säcke beim Aufprall auf die Erde aufrissen, eilten die Stammesleute herbei, um die zerstreuten Waren aufzulesen. Sie erinnerten, von oben gesehen, an Tiere, wenn sie Getreide, Gemüse und Streichhölzer aufsammelten, die ihnen helfen sollten zu überleben, bis die Straßen repariert und Behelfsbrücken über neuentstandene Flußläufe geschlagen waren.

Bei der Rückkehr von einem solchen Flug wartete James Osborne in Maharadscha Victors Arbeitszimmer auf Jaya, um sie über die neueste Entwicklung in Sachen Föderation zu unterrichten. Als sie seinen Bericht vom Wankelmut der indischen Fürsten hörte, bekam sie Angst. Das Schicksal von Arjuns Fürstentum lag offensichtlich in den Händen von Männern, die sich vor der Zukunft fürchteten, und zögernd bat sie Osborne, Vorkehrungen zu treffen, damit Arjun in England zur Schule gehen konnte.

Die Kosten der Hilfsmaßnahmen gaben dem Rat von Sirpur Anlaß zu Besorgnis, und der Premierminister warnte Jaya, daß es womöglich Ärger geben könne. »Die Steuererhöhungen veranlassen immer mehr Leute, sich den Reformisten anzuschließen, *Hukam*.«

»Ist unserem Volk die Not der Stammesangehörigen so gleichgültig?«

»Nicht gleichgültig, *Hukam*. Die Leute sind ängstlich. Deine Vorgänger haben Staatsgelder verschwendet, um das Britische Empire zu beeindrucken. Jetzt klammern sich die Menschen aus Angst vor der Zukunft an das, was sie haben.«

Jaya schwieg. Der ständige Widerstand vieler indischer Herrscher gegen Reformen hatte diese Angst geschürt, und inzwischen wurden die indischen Fürsten täglich beschuldigt, Indien die Freiheit vorzuenthalten.

»Der *raj guru* hat diejenigen, die dumm genug sind, ihm zu glauben, davon überzeugt, daß das Erdbeben die Folge deines Entschlusses ist, Maharadscha Arjun nach England zu schicken. Er sagt, du hättest die Göttin zur Gewalttätigkeit provoziert, und es werde noch mehr Gewalt über das Fürstentum kommen, wenn ein weiterer Herrscher durch Berührung mit den Engländern unrein wird.«

Jaya nickte bedrückt. Sie hatte den Klatsch der Dienerinnen in den Korridoren des Stadtpalastes gehört, die einander an den gewaltsamen Tod von Maharadscha Victor und Maharadscha Pratap erinnerten. Unter dem forschenden Blick des Premierministers trank sie von ihrem Tee und dachte dabei an den Schaden, den das Erdbeben auf Sirpurs berühmten Teeplantagen angerichtet hatte.

Hinter einem Bücherregal war ein großer Stahltresor verborgen. Das Kombinationsschloß quietschte, als Jaya es bediente, ein Zeichen dafür, wie selten es benutzt wurde. Die schwere Tür ging langsam auf. Dahinter lag ein Stapel in grünen Samt gebundener Ordner, in die das Wappen von Balmer eingeprägt war. Jaya reichte die Ordner dem Premierminister. »Das habe ich bei meiner Eheschließung bekommen. Bitte sag mir, welche Verkäufe ratsam erscheinen, um das Geld für unsere Hilfsmaßnahmen aufzubringen.«

Sir Akbar prüfte die Dokumente. »Aber das ist mehr wert als ein Vermögen, *Hukam;* viel mehr, als wir benötigen. Wie ich sehe, wurde der Erlös aus dem Landverkauf in Florida schon an Esme Moore über ...« Es klopfte an der Tür. »Sirpur hat dir viel Kummer bereitet, *Hukam*«, bemerkte er sanft, während er einem Ratsschreiber öffnete, der draußen hinter den Lanzenreitern wartete.

Jaya starrte auf die Kuverts in der Hand des Schreibers. Von Kindheit an war sie darin geübt, das Wappen zu erkennen, hinter dem sich vizekönigliche Forderungen verbargen. Die Anstrengung der Hilfsmaßnahmen und die Notwendigkeit, Arjun von den Intrigen des Fürstentums fernzuhalten, das alles schien sich auf die Kuverts zu konzentrieren. Das Empire hatte erst kurz zuvor den Maharadscha von Rewa abgesetzt. War es dem *raj guru* gelungen, ihre Regentschaft zu annullieren und zu verhindern, daß Arjun Sirpur verließ?

Sir Akbar schloß die Tür. »Soll ich die Nachrichten vorlesen, *Hukam?*« Die kaum merkliche Besorgnis, die aus seiner Stimme sprach, als wolle er ihren Augenblick der Schwäche nicht wahrhaben, ließ Jaya aus ihrer Panik aufwachen. Sir Akbar strich eine Falte seines Rockes glatt, bevor er das Telegramm aufriß. Das flatternde rosa Papier in seiner Hand bildete einen seltsamen Kontrast zur Beherrschtheit seiner Stimme:

»Darling, die alte Mauvey hatte soeben eine himmlische Idee. Sie hat sich zu einer letzten Saison in Kalkutta aufgerafft, deren Krönung ein Maskenball sein soll. Motto: Louis XVI. Die Vizekönigin faßt es als persönliche Beleidigung auf, wenn sich jemand nicht ausreichend Mühe mit seiner Kostümierung geben sollte. Bapsy.«

Der Premierminister reichte Jaya feierlich das dicke Kuvert mit dem geprägten Wappen. »Und dies, *Hukam*, dürfte die ehrenvolle Einladung sein.«

Als die zuversichtlichen Nachrichten in den Stadtpalast gelangten, daß mit den neuen Geldern der Wiederaufbau der zerstörten Straßen und Stammesdörfer gesichert sei, war Jaya erleichtert. Sir Akbar würde nicht zu viele Krisen bewältigen müssen, während sie nach Europa reiste, um Arjun dorthin zu begleiten. Eine Flut von Telegrammen Lady Modis schien freilich eine viel größere Dringlichkeit auszudrücken als die Nachrichten aus den Erdbebengebieten.

»Fürsten schrecklich unbeliebt. Bitte Ball ernst nehmen und guten Eindruck auf Vizekönig machen!«

»Nur noch vier Wochen. Was willst du auf dem Ball anziehen?«

Jaya schob die Telegramme zur Seite und bereitete Arjuns Abreise vor. Zwei Kinder aus Sirpur sollten mit dem Maharadscha nach England zur Schule geschickt werden, und das Gelächter der drei Jungen hallte durch die Korridore des Palastes, während sie sich auf ihre erste Auslandsreise freuten.

Doch jedesmal, wenn Jaya am Kricketfeld vorbeifuhr, war sie von der bösen Ahnung erfüllt, daß ihr Sohn für sie verloren sei wie einst Tikka, als er nach England gegangen war.

Sechzigstes Kapitel

1936: In Britisch-Indien werden Wahlen angeordnet, um die widerstreitenden Forderungen des Nationalkongresses und der Moslemliga zu ermitteln.

Kalkutta wirkte genauso hektisch und oberflächlich wie Lady Modis Telegramme. Die Mittagsmahlzeiten bei »Firpo«, denen angeregte Gespräche in der venezianischen Bar vorausgingen, die Polospiele, die Bootsregatten, alles spiegelte den Prunk des Vizekönigs in Kalkutta wider, als könne beharrliche Frivolität die schrillen Freiheitsforderungen der auf den Straßen demonstrierenden Männer und Frauen auslöschen. Niemand diskutierte über die Schmiergelder des britischen Parlaments an die indischen Nationalisten, alles sprach nur darüber, ob die Schwärmerei des Prinzen von Wales für Mrs. Simpson anhalten würde.

Arjun und die beiden anderen Jungen waren außer Rand und Band. Wenn Jaya sie zum Kricketfeld mitnahm, bemerkten sie nicht, wie oft der Wagen von schweigenden Nationalisten angehalten wurde, die Transparente mit der Forderung nach der sofortigen Selbstbestimmung Indiens trugen, und wenn Mrs. Roy den Zorn der Nationalisten über den undurchführbaren Entwurf des Empire für eine Föderation schilderte, liefen sie aus dem Zimmer.

Am Abend, an dem der Ball stattfinden sollte, erschienen Lady Modi und Jaya in Ballroben und gepuderten Perükken; vors Gesicht hielten sie sich Masken. Pferdehufe klapperten in der Einfahrt. Die Jungen duckten sich, um ihr Lachen zu verbergen, als Federchen von Dungra den Damen in die Kutsche half. Seine dicken Waden steckten in Seidenstrümpfen, ein Spitzenjabot lenkte die Blicke erst recht auf seinen dicken Hals und den vorstehenden Bauch.

Jaya kämpfte mit dem raschelnden Rock des Ballkleides, als die Kutsche vor dem Regierungsgebäude vorfuhr. Bronzefackeln beleuchteten die Gäste in höfischer Kleidung, die sich der Treppe näherten und geflissentlich übersahen, daß die Turbane des Personals nicht zu ihrer Aufmachung paßten, indes Herolde ihre Titel aufriefen. Die Lanzenreiter des Vizekönigs saßen unbeweglich auf ihren Pferden, schwarze Silhouetten vor dem mit blassen Blüten übersäten Rasen. Die Dunkelheit verschluckte die leuchtenden Farben ihrer Uniform.

»Darling«, flüsterte Lady Modi hinter ihrem Fächer, »macht das nur die Beleuchtung, oder sind die roten Livreen des vizeköniglichen Personals jetzt wirklich eine Art Mauve?« Sie hob aufgeregt die Stimme: »Und sieh nur! Die alte Mauvey als Marie Antoinette!«

Jaya folgte der Richtung des deutenden Fächers. Eine grobknochige Frau mittleren Alters war tatsächlich als Königin von Frankreich kostümiert, und die indischen Fürsten, als französische Adlige verkleidet, verbeugten sich einer nach dem anderen vor ihr, ohne zu merken, daß sie als Maskerade genossen, was die Realität ihres Daseins war.

Die Gespräche der Herrscher im Ballsaal verrieten dieselbe Selbstzufriedenheit. »*Hukam*, werden wir dich bei den Olympischen Spielen in Berlin sehen?«

Der Maharadscha von Kapurthala berichtete begeistert von dem Orden, den Mussolini ihm verliehen hatte, als er letzten Sommer in Rom gewesen war. »Vielleicht verleiht mir der deutsche Führer und Reichskanzler auch einen.«

»Ich war letzten Sommer mit meinen Eltern in Österreich«, bemerkte die Maharani von Kutch Behar, als ihre älteste Tochter von einem britischen Offizier zum Tanz geführt wurde. »Wir haben unerfreuliche Geschichten von diesen Braunhemden gehört, die jüdische Ladenbesitzer, Zigeuner, ja jeden, der einer anderen Partei oder Religion angehört, zusammenschlagen. Machen es Mussolinis Schwarzhemden in Italien nicht genauso?«

»Nein, nein, *Hukam*«, erwiderte der Maharadscha. »Die Faschisten in Italien bewahren ihr Land vor dem Kommunismus. Vergiß nicht, die Kommunisten haben den Zaren niedergemetzelt, und wenn Mussolini nicht wäre, hätten sie wohl längst auch Viktor Emanuel ermordet. Ich habe mit eigenen Augen gesehen, wie sie den König von Spa-

nien getötet haben, als sie eine Bombe in den Hochzeits-
zug des Ärmsten warfen.« Er wandte sich der Vizekönigin
zu, und die Selbstverständlichkeit, mit der er sich in seinem Kostüm bewegte, zeichnete ihn als den einzigen
Frankophilen unter den indischen Fürsten aus.

Jaya war froh über die Maske, hinter der sie ihren Gesichtsausdruck verbergen konnte, während sie durch den
Ballsaal schritt. Inderinnen in Tournüren drehten sich in
den Armen britischer Offiziere mit gepuderten Perücken
zu den Klängen des befrackten Orchesters. Juwelen glitzerten unter den Kronleuchtern. Schönheitspflästerchen
fielen auf den Marmorboden. Die Leute tippten sich gegenseitig mit ihren Fächern auf die Schulter, und gedämpfte Ausrufe des Erkennens waren zu hören.

Jaya beobachtete die Vizekönigin, die sich mit dem Maharadscha von Kapurthala auf der Tanzfläche unterhielt,
und sie fragte sich, ob das Kostüm der Vizekönigin nicht
prophetisch für die britische Oberhoheit war. Würde, bis
Arjun alt genug war, um auf einem solchen Ball zu tanzen,
die grimmige Realität des Subkontinents, die jetzt noch
von Bronzefackeln und vizeköniglichen Lanzenreitern in
Schach gehalten wurde, das Regierungsgebäude wegge-
spült haben?

Während der Weihnachtsfeiern und Polowettspiele, die
dem Ball folgten, wollte Jaya das Bild von der Gattin des
Vizekönigs, die sich als jene französische Königin verkleidet hatte, die von einem verzweifelten Volk enthauptet
worden war, nicht aus dem Kopf gehen.

Aber Pracht und Frivolität schienen die Uhren aufzuhalten. Auf der Rennbahn klatschten die Jungen aufgeregt in
die Hände, als sie die Lanzenreiter in ihren rotgoldenen
Uniformen vor der vergoldeten Kutsche des Vizekönigs
am Lattenzaun vorübertraben sahen. Für Jaya hatte die
perfekte Formation der Lanzenreiter etwas von der Symmetrie eines mechanischen Spielzeugs, und die applau-
dierende Menge erinnerte sie an Kinder, deren zerstöreri-

sche Instinkte vorübergehend von Neugierde gezügelt werden.

Sie dachte an die indischen Herrscher, die des Maharadschas von Jungadh goldgelben Retriever zur Hochzeit begleitet hatten, und an deren hochmütige Verachtung der politischen Realität, als die Reformisten eine Revolution in den indischen Fürstentümern forderten.

Selbst als Lady Modi mit der Nachricht vom Tode des King Emperor in Jayas Gemächer platzte, hatte diese nicht das Gefühl, daß ein verheißendes neues Zeitalter anbreche.

Lady Modi drückte ihr ein Glas Champagner in die Hand. »Denk an den Spaß, Darling! Der flotte Prinz von Wales ist König von England geworden. Indien wird einen Lebemann als Kaiser bekommen. Und man schickt uns einen Gentleman als neuen Vizekönig. Darling, mach doch ein fröhliches Gesicht! Die Willingdons verlassen Indien. Wir brauchen endlich nicht mehr diese gräßlichen mauvefarbenen Sträuße zu bestellen.«

Ehe sie die Jungen nach London brachte, machte Jaya in Frankreich Station, um ihnen zu zeigen, wo die Sirpur-Lanzenreiter im Weltkrieg gekämpft hatten. Die drei konnten ihre Enttäuschung nicht verbergen, als sie das Gelände sahen. Gras war über die Schützengräben gewachsen, in denen die Männer erfroren waren, und Wildblumen hatten das kraterübersäte Schlachtfeld unter der Septembersonne in eine pastorale Idylle verwandelt und alle Hinweise auf ein Blutbad zugedeckt. Jaya verrichtete an dem säulenbestandenen Denkmal für die gefallenen Lanzenreiter eine *puja*, indes die Jungen in den überwucherten Gräben verschwanden und Schlachtrufe ausstießen. Im Gedenken an Tikkas Schlachtrufe auf den Wällen des Forts Balmer bat Jaya die Göttin, ihren Sohn von Krieg zu verschonen.

Bei der Ankunft in London wurde der Maharani klar, daß Lady Modis Optimismus unangebracht war. Die Hauptstadt des Britischen Empire feierte keineswegs die Regentschaft eines Lebemann-Königs. Freunde äußerten kurz ihre Freude, Jaya nach so langer Abwesenheit in London wiederzusehen, und nahmen dann gleich das Hauptthema auf, das England beschäftigte: Würde König Edward VIII. mit seinem Entschluß, Mrs. Simpson zu heiraten, eine Verfassungskrise heraufbeschwören, die das Ende des Empire einleiten könnte?

Jaya sagte nichts. Als sie das letzte Mal in England war, hatte man den indischen Herrschern vorgeworfen, das Vermögen ihrer Fürstentümer für Frauen zu verschwenden. Die Kampagne war so wirksam gewesen, daß sie dank ihrer Verteidigung des Rufes ihres Mannes als Regentin auf seinem Thron gelandet war. Aber als sie die besorgten Mutmaßungen ihrer englischen Freunde vernahm, erinnerte sich Jaya, wie wütend die Maharanis, die der Amtseinsetzung ihres Mannes beigewohnt hatten, über die skandalöse Art und Weise gewesen waren, wie das Britische Empire Frauengeschichten als Vorwand benutzte, um unbequeme indische Herrscher abzusetzen. Man hatte diesen Fürsten keine Gelegenheit gegeben, sich zu rechtfertigen, König Edward konnte sich jedoch vor den Mitgliedern seines Parlaments rechtfertigen.

Die Wende der Ereignisse, die nun kein harmloser Skandal mehr waren, erschreckte sogar Lady Modi, die mit nach London gekommen war. »Aber Darling, ich begreife nicht, warum der König Mrs. Simpson unbedingt heiraten will. Auf dem Valentinsball in Delhi hat er deinem Schwager die Leviten gelesen, weil Victor Cora Hart heiraten wollte. Und die hatte nicht schon zwei Ehemänner hinter sich. Ich weiß nicht, wo das noch hinführen soll, wenn wir uns nicht darauf verlassen können, daß der König von England sich anständig benimmt.«

Auch Inder kamen in das Sirpur-Haus in Mayfair. Sie sprachen kaum von Mrs. Simpson, sondern interessierten sich für die Wahlkämpfe in Indien. »Diese Wahl hat die

Positionen zwischen Hindus und Moslems noch verhärtet.«

»Hat es wieder Religionsaufstände gegeben?«

»Ja, *Hukam*. Die Lage könnte leicht außer Kontrolle geraten.«

»Dschinnah wird *Quaid-i-Azam* genannt, Großer Führer. Der Große Führer bekämpft nun den Mahatma, die Große Seele.«

Froh, daß ihr Sohn von den gefährlichen Entwicklungen auf dem Subkontinent unberührt war, besichtigte Jaya mit den Jungen die Stadt. Ihre ungestüme Freude über jedes neue Erlebnis, über die Fahrt mit der Untergrundbahn, die Besichtigung des Towers und das Sichverlaufen im Irrgarten von Hampton Court, überzeugte Jaya, daß ihr Entschluß, Arjun nach England zu schicken, richtig gewesen war.

Lady Modi verfolgte indes gebannt das Zaudern Edwards VIII. »Es ist lächerlich, Darling! Der Mann ist jetzt seit sechs Monaten König. Wann wird er sich entscheiden?«

»Bleib ruhig, Bapsy! Wenn er geht, wird der Herzog von York König, und wir werden wieder von einem König Georg und einer Königin Mary regiert.«

»Aber der Herzog von York ist so ein mickriges Männchen«, wandte Lady Modi mürrisch ein. »Er stottert, Darling. Du wirst sehen, wenn der regiert, gibt es keinen Pomp und keine Pracht mehr.«

Während sich Jaya mit Schuluniformen befaßte, stellte Lady Modi weiterhin Mutmaßungen an, ob Edward VIII. wegen Mrs. Simpson abdanken würde. Jaya war froh, daß dies einseitige Interesse ihrer Freundin andere beängstigendere Nachrichten von ihr fernhielt. Das Wort »Diktator« tauchte immer häufiger in den Zeitungen auf. Italien bombardierte Äthiopien, Hitlers Truppen marschierten in die entmilitarisierten Rheinlande ein, und in Spanien brach der Bürgerkrieg aus.

Als Jaya Arjun in der Schule ablieferte, versuchte sie, nicht zu weinen. Während der unvermeidlichen Schülerverhandlungen wegen der Eßpakete, die regelmäßig von »Fortnum« geschickt werden sollten, schien Arjun nichts von ihrer Rührung zu merken, und er geriet nur ganz kurz in Panik, als der Chauffeur den Rolls-Royce über das Kopfsteinpflaster der Eton High Street lenkte.

»Ich komm' bald wieder nach Hause, *Hukam*«, rief er und lief hinter dem Wagen her. »Achte darauf, daß der Krikketplatz in einem guten Zustand erhalten wird!«

Auf der Rückreise versuchte Lady Modi, Jaya von ihrem Abschiedsschmerz abzulenken. »Wir müssen eine himmlische Wintersaison inszenieren, um dich aufzuheitern, wie in alten Zeiten mit Pratap und Victor: Poloturniere, Bälle, eine gute Kapelle aus Kalkutta.«

Jeden Abend verschwand Lady Modi im überfüllten Gesellschaftsraum und wartete auf das nächste Bulletin in Sachen König Edward VIII. und Mrs. Simpson.

Zwei Tage, bevor das Schiff in Bombay einlief, wurden Plakate an die Holzwände der Decks genagelt, auf denen den Passagieren bekanntgegeben wurde, daß der König am Nachmittag eine Rede an das Empire richten werde.

Ein größerer Radioapparat wurde in den Gesellschaftsraum gebracht, und schon lange vor der Sendung war jeder Stuhl besetzt. Zuspätgekommene drängten sich vor den Fenstern um die Lautsprecher, welche die Radiobotschaft auf das Außendeck übertrugen.

Die Stimme, an die sich Jaya vage erinnerte, weil Edward als Prinz von Wales vor fünfzehn Jahren Sirpur besucht hatte, begann über den Äther zu sprechen. Lady Modi weinte in ihr Spitzentaschentuch. Jaya sah sich um. Ergriffenheit zeichnete die Gesichter der Herren, alle Frauen in dem überfüllten Raum weinten. Nur Jaya blieb ungerührt, als der Mann, der Kaiser von Indien hätte sein können, sagte: »Ich kann die schwere Last des Staates nicht tragen ohne die Hilfe und Unterstützung der Frau, die ich liebe.«

1937: Die Herrscher verzögern weiterhin die Föderation, und in zahlreichen indischen Fürstentümern kommt es zu politischen Agitationen.

Ohne Arjun kam Jaya den Pflichten des Regierens wie eine Betende nach, die ihre Andacht in einem Tempel verrichtet, aus dem das Idol schon lange entfernt worden ist. Die heranhuschenden Dienerinnen und die in den Marmorkorridoren wachhabenden Lanzenreiter schienen Geister zu sein, die eine unwirkliche Welt bevölkerten, und Jayas Sehnsucht nach Arjuns unvermutetem Lachen, das die Versammlungshalle plötzlich in ein Kinderzimmer verwandelte, vermischte sich mit dem Bewußtsein, wie wesenlos doch ein Fürstentum ohne einen Fürsten war.

Die Häufigkeit, mit der Sir Akbar mit spitzen Fingern nicht vorhandene Flusen von dem elegant geschnittenen Rock zupfte, wies schon auf die Probleme hin, noch ehe er die Nachrichten von den Agitationen überbrachte, die in Mysore, Jaipur, Radschkot und Kaschmir außer Kontrolle zu geraten drohten: Die Revolution rüttelte an den mächtigsten Thronen Indiens.

Bei den seltenen Gelegenheiten, zu denen James Osborne sie aufsuchte, sah Jaya in seinen Augen eine Konfusion, als habe der öffentliche Verrat, den sein König an seinem Amt begangen hatte, James Osborne seiner gewohnten Zuversicht beraubt. Jaya fragte sich, wie ihm all die Monate zumute gewesen sein mochte, als das Oberhaupt seines Empire zwischen Pflichterfüllung und Wunsch geschwankt hatte, geschwankt, wie sie es einst selbst getan hatte, bis Lady Modi sie warnte, daß Osbornes Glauben an sein Empire ihm nie erlauben würde, Pflicht und Neigung zu vermischen.

Jetzt hatte sich der König von England vor den Augen seiner Untertanen so benommen, wie es das Britische Empire den indischen Herrschern immer vorgeworfen hatte; er hatte die persönliche Erfüllung dem öffentlichen Amt vorgezogen.

Osborne wirkte verlegen, als er die nachdrückliche Mahnung des Vizekönigs übermittelte, daß jedes weitere Zögern der indischen Herrscher, der Föderation beizutreten, für das Indien der Fürstentümer ernste Konsequenzen haben werde. »Der Vizekönig entsendet sogar persönliche Abgesandte aus Delhi, um die Herrscher zur Entscheidung zu drängen.«

Aber kaum hatten einige Herrscher den Reformen zugestimmt, prangerten andere die Reformen als Eingriff in ihre Souveränität an, und in Sirpur forderten die Zeitungen mit immer schärferen Worten Wahlen in den indischen Fürstentümern.

»Aber Sirpur hat doch Reformen durchgeführt! Das Land befürwortet die Föderation, Sir Akbar. Unsere Bürger genießen dieselben Freiheiten wie die Bevölkerung Britisch-Indiens. Warum stören dann die Reformisten unseren Frieden?« fragte Jaya.

»Es spielt keine Rolle mehr, ob einzelne Herrscher Reformen eingeführt haben oder nicht, *Hukam*. Die Reformisten haben die Macht gerochen. Maharadscha Arjun sollte fortbleiben, solange dieser Wahnsinn anhält.«

Jaya verspürte einen Stich im Herzen bei dem Gedanken, daß noch ein Jahr vergehen sollte, bis sie die Augenfarbe ihres Sohnes sich wieder mit dem Licht verändern sah, wenn er bat, mit zu den Stammesgebieten fliegen zu dürfen. Sie stand auf dem Balkon, als die Sonne, einer karmesinroten Kugel gleich, hinter dem Fluß unterging. Langsam ließen die Laternen die Umrisse der Flußkähne erkennen, und sie dachte an die indischen Fürsten, denen sie in Europa begegnet war – ihre gemessene Eleganz in den Spielkasinos, ihr Desinteresse an den Kriegen, die Europa erschütterten, indes sie in ihren Kurorten saßen und ihren Whisky tranken; der Rhythmus ihrer oberflächlichen Gespräche glich dem Schnalzen sich sonnender Eidechsen. Und sie erinnerte sich wehmütig an Lady Modis Pläne an Bord des Schiffes, die Welt, in der Maharadscha Victor und Maharadscha Pratap geherrscht hatten, mit ihren Poloturnieren und nächtlichen Versteckspielen wiederaufleben zu lassen.

Doch alles, was noch an jene Welt erinnerte, war die Maharani-Witwe, aber der Geist der alten Frau war jetzt oft verwirrt. Sie konnte nicht mehr aus ihrem Bett aufstehen, um an den Abend-*Pujas* teilzunehmen. Als sie erfuhr, daß Arjun erst ein Jahr später aus England zurückkehren würde, wurde sie irre vor Zorn. Es dauerte mehrere Minuten, bis Jaya erkannte, daß die alte Frau in Alpträumen der Vergangenheit gefangen war und von neuem fürchtete, ihren Sohn an das Empire zu verlieren.

Mit dem Einsetzen der Regenzeit wurde die Arthritis der Maharani-Witwe so schlimm, daß Jaya in den *Purdah*-Palast zog. Sie saß an dem riesigen Mahagonibett, dessen Klauenfüße zum Schutz vor Schlangen, die plötzlich aus dem Garten hereinschleichen konnten, in Wasserbehältern aus Messing standen, und lauschte den unzusammenhängenden Geschichten der alten Frau, während Weihrauchduft von der Abend-*Puja* durch die Marmorkorridore strömte.

Jaya war beinahe erleichtert, als die abessinischen Eunuchen mitten in der Nacht in ihre Gemächer kamen, um ihr zu melden, daß die alte Frau im Sterben liege.

Die Zeremonien, die dem Tod der Maharani-Witwe folgten, hielten Jaya im Harem fest, bis die dreizehn *Puja*-Tage vorüber waren und die Asche in der schlichten Tonurne von den Priestern fortgebracht wurde, um bei Benares in den Fluß gestreut zu werden.

Als Jaya zum Wales-Palast kam, erwarteten sie Sir Akbar und James Osborne auf der Veranda. »Der Vizekönig hat einen Abgesandten nach Sirpur geschickt, während du im *zenana* warst, *Hukam*.«

Jaya erschrak über Sir Akbars Aussehen. Sein Körper schien in seinem Rock geschrumpft zu sein, und seine Worte kamen zögernd, als habe der Tod der Maharani-Witwe ihn plötzlich in einer fremden Zeit stranden lassen.

»Ich habe ihm versichert, daß Sirpur mit allen Mitteln versuchen wird, die anderen Fürsten zum Eintritt in die Föderation zu bewegen. Aber die Engländer scheinen nicht zu verstehen, daß regierende Herrscher kaum auf eine schlichte Maharaniregentin hören werden.«

Er stand unsicher vor Jaya, als überlege er, ob er etwas vergessen habe, dann stützte er sich auf seinen Stock mit dem goldenen Knauf und ging auf dem Weg zwischen den Oleandersträuchern davon. Eine Blüte fiel auf seine Schulter. Er blieb stehen, als wisse er nicht, wo er war. Jaya tat das Herz weh, als sie die Blüte an seinem Rock haften sah und die Hand sich nicht erhob, um sie mit spitzen Fingern zu entfernen.

Osborne räusperte sich. »Sir Akbar hat nicht erwähnt, daß der Vizekönig den indischen Fürsten ein Ultimatum gestellt hat, *Bai-sa*. Entweder schließt sich die Hälfte der Herrscher bis September 1939 der Föderation an, oder das Indien der Fürstentümer verliert die Chance, sich an der Regierung Indiens zu beteiligen.«

Jaya betrachtete das strenge Profil. In den Wochen, während sie im *Purdah*-Palast gewesen war, hatte es seine Zuversicht zurückgewonnen. »Ist es nicht seltsam, James-*Sahib*? Ich hatte mir geschworen, meinen Sohn niemals den Demütigungen auszusetzen, die meinen Bruder, meinen Mann und meinen Schwager so verändert haben. Und nun ist die Lage hier so ernst, daß ich ihn fast zwei Jahre nicht mehr gesehen habe.«

Osborne sagte nichts, aber sein Schweigen erinnerte sie an die langen Jahre ihrer Freundschaft. Schon als sie Kinder waren, hatte ihr gemeinsames Schweigen stets mehr ausgedrückt als Worte. Sie wußte, der Engländer verstand ihre Sorge, daß die von der britischen Oberhoheit ausgehenden Einflüsse ihren Sohn korrumpieren könnten, bis auch er ein Geschöpf der Weißen wurde – entweder in seinen Ausschweifungen oder in seiner Selbstzerstörung. James Osborne drehte sich zu ihr um. Zorn verdunkelte seine blaugrünen Augen, bis sie fast die Farbe von Stahl hatten. »Wirst du des Selbstmitleids nicht müde, *Bai-sa*? Niemand kann den Herrschern jetzt helfen. Der Vizekönig hat alle Mittel ausgeschöpft, um euch zu zwingen, daß ihr euch davor bewahrt, in der Vergangenheit unterzugehen, die ihr alle so liebt. Aber frag dich doch selbst, *Bai-sa*, wie lange glaubst du, daß deine Regentschaft dauern wird, wenn Gandhis oder Dschinnahs Anhänger nach Sirpur kommen?« Er knallte sein Glas auf den Tisch. Jaya erkannte, daß hinter seinem untypischen Zornausbruch Angst steckte. Sie hatte ihren Vater und ihren Mann ähnlich reagieren sehen, wenn sie die Kontrolle über bestimmte Ereignisse verloren hatten, mit ebendieser Wut, die ihre Verzweiflung verbergen sollte. Aufgrund ihrer Erfahrung witterte sie in Osbornes Verhalten sofort das Schwinden der Macht, und als der Engländer den Oleanderweg entlangschritt, an der einst die Kapelle für den Prinzen von Wales musiziert hatte, wußte sie, daß sie keine andere Wahl hatte, als Arun Roy nach Sirpur zu holen.

Zweiundsechzigstes Kapitel

»Die indischen Fürsten müssen jetzt die Macht ergreifen – da sie ihnen freiwillig angeboten wird –, sonst finden sie sich bald auf die Gnade von ›Diktatoren‹ angewiesen.«
Sir Manubhai Mehta vor der Chamber of Princes, 1938

Erst dreizehn Jahre waren vergangen, seit der Vizekönig von Indien Sirpur besucht hatte, aber als diesmal wieder grüne, safrangelbe und weiße Flaggen über den Balkonen der Hauptstadt flatterten, drängten sich die Leute nicht aneinander, um einen Blick auf den weißen Zug des Vizekönigs zu erhaschen, sondern auf Arun Roys weiße Gandhi-Mütze.

Jaya las das umfangreiche Programm des Rechtsanwalts durch, und ihr wurde bewußt, wie rasch sich alles verändert hatte. Tosender Beifall, so laut wie einst der Kanonensalut für den Vizekönig, begrüßte Arun Roy, als er in der Abteiltür des Zuges auftauchte.

Zuerst erkannte Jaya ihn nicht mit dem Silberhaar, das den Kopf bedeckte, den sie zuletzt kahlrasiert gesehen hatte, und dem silberweißen, hängenden Schnurrbart, der Arun Roys Gesicht einen beinahe verdrießlichen Ausdruck verlieh. Als aber der Wagen durch die mit jubelnden Zuschauern überfüllten Straßen fuhr, kräuselten sich seine Lippen zu einem vergnügten Lächeln.

Während seiner einwöchigen Fahrt durch Sirpur sah sich der Anwalt überall von Menschenmengen umgeben. Sie warteten, wenn er den fertiggestellten Maharadscha-Pratap-Damm inspizierte, und sie überhäuften ihn jedesmal, wenn er ein weiteres Gebäude in dem ausgedehnten Netz neuer Schulen und Krankenhäuser besichtigte, mit Geschenken.

Jaya nahm erleichtert die Gratulation des Anwalts zu der im Fürstentum geleisteten Arbeit entgegen. Er drückte sein Lob mit einer distanzierten Förmlichkeit aus, ohne jeden Hinweis, daß sie sich schon länger kannten. Als sie regierende Maharani geworden war, hätte sie es nie für möglich gehalten, daß es eines Tages nötig sein könne, einen Nationalisten zu beeindrucken, so wie es vordem geboten war, beim Vizekönig von Indien einen guten Eindruck zu hinterlassen.

Auf einem Flug zur Besichtigung der Bewässerungsprojekte, die das Land nun wie ein Spinnennetz überzogen, wies Jaya mit besonderem Stolz auf die Behelfsflughäfen hin, welche die entlegensten Gebiete des Fürstentums mit der Hauptstadt verbanden.

»Ich bin sehr beeindruckt, *Bai-sa*«, rief der Anwalt über den Propellerlärm hinweg. »Aber ich reise nun seit anderthalb Jahren durch Indien, halte Reden und organisiere die Arbeiter. Deine Untertanen wünschen, daß ich in Sirpur eine programmatische Rede halte. Können wir nicht vorher für kurze Zeit irgendwo der Menschenmenge entkommen?«

In ihrem Eifer, die Nationalisten im Lande zu beeindrukken, hatte Jaya die Anzeichen von Erschöpfung vergessen, die sie zunächst bei Arun Roy bemerkt hatte. »Morgen besichtigen wir die Stammesgebiete. Ich werde dafür sorgen, daß du nicht gestört wirst.«

Arun Roy war nun schon eine Woche ihr Gast, ließ aber erst jetzt zum erstenmal einen vertrauten Ton in seiner Stimme anklingen. »Vergiß nicht, für einen Besuch im Dschungel Vorsorge zu treffen, *Bai-sa*. Man kann nie wissen, vielleicht finden wir zwei wieder eine Schweinsperle.«

Im Stadtpalast wurden eiligst Vorkehrungen getroffen, um dem Wunsch des Anwalts nachzukommen. Die Stammeshäuptlinge wurden verständigt, und Sir Akbar bestand darauf, daß der Besuch des Anwalts so geheimgehalten wurde wie möglich.

Der Jeep fuhr durch dichtes Gras und rumpelte über den holprigen Weg, der zu den Gebirgsausläufern an der Grenze der Stammesgebiete führte. Rote Staubwolken hüllten die auf Pfählen errichteten Hütten ein, und der Anwalt preßte sich ein Taschentuch vor den Mund. Das Fahrzeug hielt in der Nähe bequemer Rohrmatten, die unter einem im Licht der untergehenden Sonne rot schimmernden Banyanbaum ausgebreitet waren. Sir Akbars strenger Tadel über diese Vorkehrungen versetzte die Stammesleute in Erstaunen: »Das kann doch nicht für den Gast bestimmt sein!«

»Wir wollten eine Versammlung mit unserer Maharani abhalten«, erwiderten die Eingeborenen.

Jaya nahm ihren Platz auf der Matte ein. Petroleumlampen wurden auf die Lichtung gebracht, gegen deren leckende Flammen Insekten flatterten, bis der Petroleumgeruch sich mit dem Geruch nach verbrannten Flügeln vermischte. Der Anwalt lehnte sich an den Stamm des Banyanbaumes und hörte zu, während die halbnackten Männer sich gegenseitig ins Wort fielen.

»Was sagen sie, *Bai-sa?*«

»Sie wollen wissen, was eine Wahl bedeutet. Sie fragen nach den Studenten, die sie besuchen kommen und Veränderungen in der Regierung fordern.«

»Und was sagen sie zu den Chancen, heute nacht einen Tiger zu erwischen?«

Wild mit ihren Zigarren gestikulierend, beschrieben die Stammesleute aufgeregt die frischen Spuren, die sie am Tag gesichtet hatten. Arun Roy freute sich, als Jaya ihm diese Nachricht übersetzte. »Der erste Schuß soll dir gehören, *Bai-sa.*«

»Aber ich komme nicht mit.«

Der Anwalt runzelte die Stirn. »Es ist nicht sehr gastfreundlich, mich mitten in der Nacht im Dschungel allein zu lassen, ohne einen Menschen, der meine Sprache versteht.«

Jaya warf Sir Akbar einen verzweifelten Blick zu. Sein Alter verbot es dem Premierminister, die ganze Nacht auf einem Hochsitz zu verbringen und zu warten, bis sich ein Tiger im Unterholz zeigte. Warum hatte er dieses Problem nicht vorausgesehen, als er darauf bestand, daß keine Adjutanten sie begleiteten?

Die Stammesleute wollten immer noch mehr über die Wahlen in Sirpur wissen. Der süßliche Petroleumgeruch erinnerte Jaya an die Benzindüfte damals im Bahnhof von Kalkutta, und sie mußte an James Osbornes Frage denken: »Wie lange glaubst du, daß deine Regentschaft dauern wird, wenn Gandhis Anhänger nach Sirpur kommen?«

Nachdem Sir Akbar kaum merklich genickt hatte, wandte sich Jaya wieder an Arun Roy. Das Lampenlicht warf Schatten auf die Augen des Anwalts, und Glühwürmchen schienen sein Silberhaar mit silbernem Staub zu überziehen. Als sie sein Lächeln sah, fühlte sie einen Klumpen im Hals.

Schweigend kletterte Jaya in die Sänfte auf dem Rücken des knienden Elefanten, und die *shikari* hinter Arun Roy luden, während das Tier sich erhob, die Gewehre.

»Schreite leicht, mein Kleiner! Gehe sanft wie ein Tänzer!« sang der *mahout* dem durch die Dunkelheit stapfenden Elefanten ins Ohr. Jaya schwankte im Rhythmus der Bewegungen des Tieres, und der Gesang des *mahout* ließ ihre Kindheit die Gegenwart, ließ Balmer das Land Sirpur verdrängen, und ihre Wut auf Sir Akbar, auf Arun Roy und James Osborne zerschmolz im Angesicht der Nacht.

»Sachte, mein Geliebter! Schreite leicht, mein Tänzer!« flüsterte der *mahout*, während der Elefant durch das schwarze Dickicht des Dschungels stapfte, das erfüllt war von den seufzenden Geräuschen der fliehenden Nachttiere.

Jaya kletterte aus dem *howdah* und bestieg einen Hochsitz, von dem aus sie und der Anwalt den Tiger beobachten wollten. Der *mahout* befreite ihren Sari, der an einem Dornenzweig hängengeblieben war, und wartete, bis sie sich neben Arun Roy niedergelassen hatte. Dann sagte er flüsternd, er werde eine Meile entfernt bei einem kleinen Teich warten.

Der Anwalt löschte die Flamme der spuckenden Lampe. Schwarz umschloß sie der Dschungel, während der leise Gesang des *mahout* und das klatschende Geräusch der Elefantenohren sich langsam entfernten.

Jaya sah zu dem Nachthimmel hinauf, der so niedrig

schien, als würden die Sterne auf den Zweigen der Bäume sitzen, und sie wagte nicht zu atmen, als Arun Roys Lippen ihren Hals streiften. Seine Finger strichen sanft über ihre Haare. Hoch über den Nachttieren am Boden, von Blättern eingeschlossen, die sich im dichten Gezweig des Baumes wie schwarze Flecken ausnahmen, ließ die Zärtlichkeit des Anwalts Jaya alle gewaltsamen Demütigungen der Vergangenheit vergessen, und sie war jedesmal eins mit ihrer Seele, wenn ihr Name in der Dunkelheit geflüstert wurde. Behutsame Hände lösten die Wickelungen ihres Seiden-Saris. Jaya spürte den Luftzug auf der nackten Haut, als Roy Aruns Mund so sachte über ihren Körper glitt, wie die Blätter bei einem Windstoß herabfielen, und sie fühlte, wie sie sich öffnete, um nicht nur Arun Roys Begierde, sondern den Dschungel selbst mit seinem Gewimmel von Raub- und Beutetieren in sich aufzunehmen. Sachte wie das Rascheln der fallenden Kleider Aruns, hüllte das Rauschen des hohen Elefantengrases den Hochsitz ein. Dann lag sie in seinen Armen, und nur noch ihr dichtes Haar war zwischen seinen Händen und ihrer nackten Haut.

Als sich die *shikari* am Morgen entschuldigten, weil kein Tiger gekommen war, erhoben sich Scharen von Vögeln und flogen in das matte Licht hinein, das den Himmel mit Streifen überzog. »Wenn der verehrte Gast es heute nacht noch einmal versuchen möchte, können wir tagsüber Treiber ausschicken, um sicherzugehen, daß der Tiger in diesem Gebiet bleibt.«

Den ganzen Tag war Sir Akbar mit Arun Roy unterwegs. Er zeigte ihm die Brücken, die über die beim Erdbeben entstandenen tiefen Schluchten gebaut worden waren, und die Steinmauern, die jetzt die Hänge stützten, bis die neugesetzten Schößlinge ihre Wurzeln weit genug ausgebreitet hatten, um die Erde festzuhalten, wenn der Monsunregen wütete.

Bei Sonnenuntergang half der Anwalt Jaya stumm auf den

Elefanten, sichtlich erfreut über ihre wortlose Komplizenschaft, und wieder begleitete sie nur die Stimme des *mahout*, der leise seinem Tier etwas in die Ohren sang, bis sie den Dschungel erreichten.

In Aruns Umarmung fühlte Jaya sich sicher. Sie wußte, sobald der Elefant sich durch das Gras näherte, kaum sichtbar in der Morgendämmerung, würden sie angekleidet sein, und es würde aussehen, als hätten sie die Nacht damit verbracht, auf den Tiger zu warten. Sie wußte auch, daß es Roy in der letzten Nacht gelingen würde, den Tiger zu erlegen, über dessen Ausbleiben die Stammesleute nicht mehr bestürzt, sondern schon fast verzweifelt waren.

Als sie in die Hauptstadt zurückkehrten, gratulierte Sir Akbar Jaya zum Erfolg der Reise. »Wir können damit rechnen, daß Mr. Roy die Reformistenbewegung mit seiner Rede dämpfen wird.«

Immer noch strebten Menschenmassen zum Lady-Reading-Park, obwohl sich die Versammelten schon auf den umliegenden Straßen drängten. Sir Akbar vermochte seine Bestürzung nicht zu verbergen, als der Wagen hinter dem Musikpodium hielt, wo eine Reihe Redner bereits unruhig auf Metallstühlen saßen. »Ich hatte keine Ahnung, daß die Reformisten einen solchen Einfluß auf die Volksmeinung ausüben, *Hukam*. Gottlob ist Osborne in Delhi. Es hätte ihm nicht gutgetan, das Ausmaß dieser Versammlung zu sehen.«

Studenten hantierten mit einem Mikrophon, und bald hallte der Park von verstärkten Stimmen, als ein Redner nach dem anderen die Menge von der Erschießung des Bruders von Arun Roy durch die britische Polizei unterrichtete, von den Jahren, die Arun Roy in Japan verbracht hatte, um den Nachstellungen des Empire zu entgehen, und von den Verletzungen, die er erlitten hatte, als er versuchte, das Salzdepot von Dharsana zu stürmen.

Endlich begleitete der Herausgeber des »Sirpur Herald«
Arun Roy die Holzstufen zu dem Musikpodium hinauf.
Jubelndes Gebrüll erhob sich aus Tausenden Kehlen,
doch die Stimme des Anwalts schnitt die Hochrufe ab:
»Brüder und Schwestern, *Jai Hind!* Sieg für Indien! Jahrelang haben wir die Herrscher von Indien gebeten, ihren
Untertanen die schlichte Würde zu gewähren, die Menschen von Sklaven unterscheidet. Da uns diese Würde in
Britisch-Indien versagt war, blickten wir auf die Fürsten
von Indien in der Hoffnung, daß sie der britischen Oberhoheit Gerechtigkeit vorführten. Aber die Fürsten Indiens
haben unsere Bitten nicht beachtet. Jetzt hat der Vizekönig den Herrschern bis September 1939 Zeit gegeben, der
Föderation zuzustimmen, andernfalls gefährden sie Indiens Recht auf Selbstbestimmung. Ist das Gerechtigkeit,
Brüder und Schwestern? Müssen wir zur Knechtschaft
verdammt sein, weil fünfhundert törichte Männer und
Frauen, die sich traumverloren an Harems, Jagdgewehren
und ausländischen Städten erfreuen, nicht einsehen wollen, daß Menschen das Recht haben, bei der Handhabung
ihrer eigenen Angelegenheiten zu Rate gezogen zu werden? Die wahre Gerechtigkeit liegt in den Forderungen
der Mehrheit. Ich sage euch, die Fürsten Indiens haben
ihre Chance, sich an der Regierung dieses Landes zu beteiligen, vertan. Durch ihre Weigerung, einfache Reformen einzuführen, halten sie weiterhin Millionen Inder in
Ketten. Sorgt dafür, daß die Geschichte beweist, daß es
die Untertanen, nicht die Fürsten Indiens waren, die alle
Inder von den Fesseln der Knechtschaft befreit haben!«
Hochrufe überschwemmten den Park, als der Anwalt rief:
»Brüder und Schwestern, schließt euch unserem Frei-
heitsmarsch an! Verlangt Wahlen in allen indischen Fürstentümern. *Jai Hind!* Sieg dem Vaterland!«
Einsamer, als ihr je zumute war, stand Jaya in dem Arbeitsraum, in dem Maharadscha Victor einst Pläne für
eine alte Flotte ausgeheckt hatte, um den Prinzen von

Wales zu beeindrucken; in dem ihr Mann eine Fluggesellschaft geplant hatte, um den Beifall des Vizekönigs zu gewinnen; in dem sie nächtelang Haushalts- und Entwicklungspläne studiert hatte, um James Osborne zu beeindrucken.

Hinter ihr ging die Tür auf. »Deine Untertanen waren sehr großzügig mit ihrem Applaus, *Bai-sa*. Sie wollten mich nicht fortlassen und haben mich mit Fragen nach der Zukunft überhäuft.«

»Hoffentlich konntest du ihnen zufriedenstellend antworten. Immerhin bist du Rechtsanwalt, und wir sind nur törichte Männer und Frauen, die sich traumverloren an Harems und Jagdgewehren erfreuen.«

Arun Roy teilte das dichte Haar, das Jaya längst wieder bis zur Taille reichte, und drückte seine Lippen auf ihren Nacken. Sie fuhr herum. Er lächelte.

»Warum bist du wütend, *Bai-sa?*«

»Hast du vergessen, daß du Gast in meinem Land bist? Oder war es von vornherein deine Absicht, das Salz schlechtzumachen, das du verzehrt hast? Mich in deine Arme zu nehmen, obwohl du wußtest, daß du deine Macht benutzen würdest, um den Thron meines Sohnes in Verruf zu bringen und meine ganze Arbeit zu vernichten!«

Jaya schlug mit der ganzen Kraft der Enttäuschung, die in ihr schäumte, in das lächelnde Gesicht.

Arun Roy schnappte ihre Hand. Das Lächeln war aus seinen Augen gewichen. »Wir hatten keinen Handel abgeschlossen. Du bist aus freien Stücken zu mir gekommen, *Bai-sa*. Hast du geglaubt, deine Schönheit würde mich daran hindern, deinen Untertanen die Wahrheit zu sagen?«

Dreiundsechzigstes Kapitel

*»Zwischen Seiner Majestät und Deutschland ist Krieg ausgebro-
chen. Die gegenwärtige internationale Zwangslage erfordert die
einstweilige Einstellung sämtlicher Vorbereitungen für die Föderation.«*
Lord Linlithgow, Vizekönig von Indien, September 1939

Die schreienden Schlagzeilen im »Sirpur Herald« machten
es Jaya schwer, den Anwalt zu vergessen. Als sei Arun
Roy die Verkörperung ihrer eigenen Bestrebungen geworden, berichteten die Zeitungen Sirpurs über alle Reden,
die Roy überall in Indien hielt, um dem Zorn des Indischen Nationalkongresses Ausdruck zu verleihen.
»Wenn es in diesem Krieg darum geht, imperialistische
Besitztümer zu verteidigen, dann kann Indien nichts damit zu tun haben. Ein geknechtetes Indien kann England
nicht helfen... Indem er Indien in diesen Krieg hineinzog,
hat der Vizekönig von Indien endgültig bewiesen, daß
England seine Vorherrschaft in Indien aufrechterhalten
möchte... Wie lange noch müssen die mit Armut geschla-
genen Millionen Inder für die Kosten von Englands Kriegen aufkommen?«
Die Dringlichkeitssitzungen des Rates, bei denen es um
die Höhe der Kriegskosten für Sirpur ging, zwangen Jaya,
ihren Zorn zurückzuhalten und den Wahrheitsgehalt von
Roys Reden anzuerkennen. In den vergangenen fünfzig
Jahren hatten Englands imperialistische Abenteuer in
China, Südafrika, Frankreich, Mesopotamien und Afghanistan die Staatskasse Sirpurs geschröpft, während in
Friedenszeiten die Besuche des Prinzen von Wales und
des Vizekönigs das ohnehin durch die extrem hohen englischen Steuern belastete Staatssäckel noch mehr
schrumpfen ließen.
Jaya konnte zwischen diesem neuen Krieg und jenem, der
ihren Bruder das Leben gekostet hatte, keine Parallele er-

kennen. Sie erinnerte sich an das Tickern des Telegraphen auf der Königsterrasse, als die Nachricht von der Mobilisierung der britischen Truppen eintraf. Doch dieser Zweite Weltkrieg, so plötzlich und so fern, konnte nur dazu dienen, die bitteren Fehden der Inder beizulegen. Auch Arjun ging in seinen Briefen nicht auf den Krieg ein, sondern erwähnte lediglich, daß Bradman auf der Sommertournee durch England die australische Kricketmannschaft anführen werde und daß er den neuen Film »Vom Winde verweht« gesehen habe, mit einer schönen neuen Hauptdarstellerin, die in Indien geboren sei.

»Was meinen Sie, Sir Akbar? Soll ich meinen Sohn zurückholen?«

»Das hat keine Eile, *Hukam*. Die Engländer sagen, dieser Krieg sei faul. Der Maharadscha von Dungra und Lady Modi reisen im Winter nach Europa. Sie können den jungen Maharadscha und seine Freunde mit zurücknehmen. So wird der Herrscher wenigstens eine angenehme Heimreise haben.«

Als Hitlers Soldaten in Polen einmarschierten, traten sämtliche Mitglieder des Indischen Nationalkongresses aus Protest, daß Indien wieder einmal gezwungen wurde, an einem Weltkrieg teilzunehmen, von ihren Ämtern zurück, und der triumphierende Dschinnah erklärte den Rücktritt seiner Gegner zum »Tag der Befreiung der indischen Moslems«. Erzürnt über seine wachsende Popularität, beklagten die Redakteure des »Sirpur Herald«, daß die Moslems von Sirpur den Großen Führer der Moslemliga der Großen Seele des Nationalkongresses, Gandhi, vorzogen.

Jayas Zusammenkünfte mit dem Premierminister im Stadtpalast wurden oft von Moslemdelegationen aus der Altstadt gestört. »Die Zeitungen bringen uns in Verruf, *Hukam*.« Die Worte galten Jaya, doch die alten Männer mit ihren hennaroten Bärten sprachen zu Sir Akbar in der Hoffnung, bei ihrem Glaubensbruder ein geneigteres Ohr zu finden. »Ist es unsere Schuld, daß Dschinnah als Retter der indischen Moslems bejubelt wird?«

»Der Kampf zwischen der Moslemliga und dem National-kongreß ist ein Kampf um die Herrschaft in Britisch-Indien. Wir leben in Sirpur. Was haben wir damit zu tun?«

Trotz der Unwirklichkeit des Krieges pochte James Osborne auf den Vertrag, der vor einem Jahrhundert zwischen einer Handelsgesellschaft, die zu einem Empire wurde, und dem dreitausend Jahre alten Fürstentum geschlossen worden war. Bestrebt, dem Vertrag in allem bis auf Menschenleben Genüge zu tun, bot Jaya dem Empire die sieben Flugzeuge der SirAir an.

James Osborne unterbrach sie brüsk. »Dieser Krieg findet fünftausend Meilen entfernt in Europa statt. Was können da sieben Leichtflugzeuge ausrichten?«

Eingedenk der vielen Jahre, die er auf dem Schlachtfeld verbracht hatte, als er noch fast ein Junge gewesen war, verzieh Jaya ihm diese für ihn untypische Schroffheit. Noch in seinem Unmut verkörperte der Engländer nach Arun Roys Verrat Ordnung und Standhaftigkeit im Mahlstrom der indischen Politik. »Sirpur ist wenigstens willens, als Partner die Kriegsanstrengungen Englands zu unterstützen, Major Osborne. Im Gegensatz zum Nationalkongreß.«

Osborne hob verärgert die Schultern und verließ das Arbeitszimmer. Sir Akbar stand mühsam auf, um sich zu verabschieden, und Jaya dachte bei sich, daß er seit dem Tod der Maharani-Witwe immer sehr erschöpft wirkte. An der Tür zögerte er.

Sie betrachtete ihn besorgt und fragte sich, ob die täglichen Auseinandersetzungen mit den Moslems im Stadtpalast nicht einen zu hohen Tribut von seinen Kräften forderten.

Er kehrte um und händigte Jaya eine Akte aus. »Ich denke, du solltest das lesen, *Hukam*.«

»Was ist das?«

»Der Geheimbericht des britischen Residenten an das Political Office in Delhi.« Er verbeugte sich und schloß die Tür leise hinter sich, während Jaya sich schon die erste Seite vornahm.

»Die regierende Maharani scheint dem Führer des Nationalkongresses, Arun Roy, sehr nahe zu stehen, und das zu einer Zeit, da dies die Interessen des Empire gefährdet. Ohne Rücksicht auf die Konvention hat die Regentin den Nationalistenführer eingeladen, drei Tage mit ihr abseits vom Hof zu verbringen. Sie riskierte auch einen öffentlichen Skandal, indem sie ihn nachts alleine in den Dschungel begleitete. Ihr intimer Umgang mit einem Mann wie Arun Roy gefährdet Englands Interessen in Sirpur.«

Jaya klappte den Ordner zu, von Wut und Scham übermannt. Sie zwang sich, den Deckel wieder aufzuschlagen, aber die Buchstaben verschwammen vor ihren Augen, und sie mußte sich unwillkürlich vorstellen, mit welchem Vergnügen die Schreibkräfte der Residenz Major Osbornes Ausführungen in ihre Schreibmaschinen tippten, oder wie der heikle Sir Akbar den Bericht las.

Sie dachte an die Einzelheiten, welche nur Spione geliefert haben konnten, und die zwischen den Zeilen des Berichtes so stark zum Ausdruck kamen. Wer hatte unter dem Hochsitz im Dschungel gesessen? Wer hatte dem Empire ihr Tun verraten?

»Die regierende Maharani«, las sie weiter, »war bekanntlich auch bei einer großen Versammlung in der Hauptstadt zugegen, auf der Arun Roy das Britische Empire und seine verfassungsmäßigen Garantien angriff. Der Unterzeichnende möchte gern von seinem Posten entlassen werden und wieder in sein Regiment eintreten, aber er muß dem Political Office einschärfen, daß die Regentin, eine Frau von großem Charme und scheinbarer Unterwürfigkeit, im Besitz dieser eigentümlichen Fähigkeit der Einheimischen ist, zu täuschen, auch wenn sie vorgeben, einen Rat zu befolgen. Sein Nachfolger sollte ihre Verbindung streng überwachen und möglicherweise ihre Absetzung von der Regentschaft ins Auge fassen, wenn sie bei ihren engen Verbindungen zu den Nationalisten bleibt ...«

Jaya warf den Ordner an die Wand. Eine gerahmte Photographie von ihr, auf der sie ein Pferd führte, ging dabei zu Bruch. Glasscherben fielen auf den Fußboden wie einst, als die Maharani-Witwe Cora Harts Bild im Kamini-Tempel zerschlagen hatte. Während sie auf die Splitter starrte, fragte sich Jaya, ob die Niederlagen, die sie bei der Verteidigung der Herrschaft ihres Sohnes erlitt, sie soweit bringen würden, nur noch einem steinernen Abbild in einer Höhle zu trauen.

Vierundsechzigstes Kapitel

»Pakistan, eine Heimat für die Moslems, ist das erklärte Ziel der Moslemliga.«

Mohammed Ali Dschinnah, 1940

»Hitler ist bis nach Frankreich vorgedrungen, *Hukam*. Bei Dünkirchen findet eine Massenevakuierung der alliierten Truppen statt. Jedes Schiff, jedes Fischerboot dient dazu, die Soldaten von den deutschen Panzern fortzubringen.«

Jayas Herz setzte aus. »Aber mein Sohn will sich nächste Woche in London einschiffen.«

»Der Maharadscha von Dungra wird irgendwie eine Passage nach Hause ergattern. Solange die Jungen bei ihm sind, sind sie in Sicherheit.«

Die nun einbrechende Realität des Krieges machte alle persönlichen Erwägungen lächerlich. Die Wochen vergingen, und immer noch kam keine Nachricht vom Maharadscha von Dungra. Dafür meldeten die Radionachrichten, daß Churchill Premierminister eines Kriegskabinetts in einem Land geworden war, das sich auf eine deutsche Invasion vorbereitete.

Als habe seine Verwundbarkeit das Empire in den Augen Indiens wieder großgemacht, erhob sich nunmehr der ganze Subkontinent, um ihm zu Hilfe zu kommen. Trotz des bekannten Widerstands Churchills gegen Indiens Selbstbestimmung sprang die Zahl der indischen Freiwilligen von zweihunderttausend Mann auf zwei Millionen, doppelt so viele, wie im Ersten Weltkrieg gekämpft hatten. Der deutsche Luftangriff auf England veranlaßte sogar den Nationalkongreß, sich an den Kriegsanstrengungen zu beteiligen, und der Nizam von Haiderabad stellte der englischen Luftwaffe ein ganzes Jagdgeschwader zur Verfügung.

Als endlich die Nachricht eintraf, daß der Maharadscha von Dungra und die Jungen an Bord eines Schiffes nach Indien seien, steigerte sich auch Jaya in eine Kriegseuphorie, wie sie den ganzen Subkontinent erfaßt hatte.

»Mein Sohn muß die Parade seiner Truppen abnehmen, bevor sie in die Schlacht ziehen.«

Ohne auf James Osbornes wiederholten Hinweis zu achten, daß Rommel Panzerkommandeur sei und es bei einem Wüstenfeldzug keine Kavallerie geben werde, entsandte Jaya Minister nach Delhi, um Stallungen für die Pferde von Sirpur zu organisieren. Die Sirpur-Lanzenreiter holten ihre Kriegsausrüstung hervor und freuten sich darauf, in einem Gelände zu kämpfen, das ihnen schon vom letzten Mal her bekannt war, als sie unter des damaligen Prinzen Pratap Kommando in Mesopotamien gekämpft hatten.

Da sein Schiff das Kap der guten Hoffnung umfahren mußte, um deutschen Unterseebooten auszuweichen, kam Arjun erst im November in Delhi an, nur wenige Tage, ehe die Truppen in den Krieg zogen. Nach dem bewegenden Wiedersehen nahm Lady Modi Jaya beiseite. »Die Jungen haben sich schrecklich gefürchtet, Darling. Die Deutschen greifen alle Juden auf, die sie finden können. Die Tochter des Maharadschas von Kapurthala hat in Paris ihren gesamten Schmuck verkauft, um ihre jüdischen Freunde freizukaufen, und sie hat einige auf unser Schiff schmuggeln können, aber nun haben wir die Nachricht erhalten, daß man dafür sie in ein Konzentrationslager gebracht hat.«

Federchen von Dungra schüttelte verzweifelt den mächtigen Kopf. »Unsere Lanzenreiter müssen darüber aufgeklärt werden, daß der Feind in diesem Krieg nicht ein Empire ist, sondern ein Regime, das Frauen, Kinder und Priester hinrichtet.«

»Dasselbe könnte hier auch geschehen, *Hukam*«, sagte Sir Akbar mit leiser Stimme, als könne er das Chaos rings um ihn nicht mehr erfassen. »Vor der Festung in Lahore, dem Ort, wo Nehru verkündet hat, daß Indien eine Republik werden wird, hat Dschinnah vor hunderttausend Anhängern einen separaten Moslemstaat ausgerufen.«

Ein leichter Wind strich als Vorbote des Winters über die Festungsanlagen der Hauptstadt der britischen Oberhoheit, als achtzehn Kavallerieregimenter auf die Inspektion durch den Oberbefehlshaber der indischen Armee warteten.

Die Novemberluft war genauso kalt gewesen, als die Balmer-Lanzenreiter ihre Abschiedsmanöver vor Jai Singh absolviert hatten, bevor sie nach Europa aufgebrochen waren. Jaya mußte daran denken, als sie den britischen Oberbefehlshaber an den reglosen Reitern vorüberreiten sah, die vor dem Rundbau der Gesetzgebenden Versammlung Aufstellung genommen hatten.

Arjun salutierte vor den Sirpur-Lanzenreitern, wobei er sich mit der Hand so fest an die Stirn schlug, daß er für einen Augenblick das Gleichgewicht zu verlieren drohte.

Jaya stellte fest, daß Lanze und Krummschwert für ihn schon so bedeutungslos waren wie die Waffen, welche die Wände des Stadtpalastes schmückten.

Die Lanzenreiter gingen in Formation. Ihre blanken Gürtel und leuchtenden Turbane, das glänzende Fell ihrer Pferde, alles schimmerte im Licht der Morgensonne, als sie sich dem massigen Bogen des Indien-Tores näherten, wo die Namen jener Landsleute eingemeißelt waren, die in früheren Kriegen für England gefallen waren. Hufeklappern hallte über den King's Way, als die Kavallerietruppen sich in Angriffsformation gruppierten. Eine einzelne Trompete erschallte vom Indien-Tor, und dreitausend Reiter mit aufwärts gerichteten Lanzen, gezogenen Schwertern und wehenden Bannern galoppierten über das leuchtendgrüne Gras. Sie kamen vor der Tribüne zum Stehen, die Lanzen unbeweglich in der Luft. In der Stille, die der Aufstellung folgte, wirkte die Stimme des Oberbefehlshabers unnatürlich laut:

»Männer der indischen Kavallerie! Ihr habt das Privileg, einer ganz besonderen Familie, eben dieser indischen Kavallerie, anzugehören. Neben euch stehen drei Regimenter des fürstlichen Indiens. Von ihnen habt ihr die große Tradition der indischen Lanzenreiter übernommen – Tapferkeit, Ritterlichkeit und vor allem die Bereitschaft, den Feind anzugreifen, koste es, was es wolle. Achtzehn Regimenter der indischen Kavallerie müssen sich heute von ihren Pferden trennen. Ihr werdet auf Panzerbrigaden beschränkt sein, aber ich weiß, daß der Geist der indischen Kavallerie niemals sterben kann. Ich bedaure jedoch, daß ich es bin, der euch diesen Befehl geben muß. Männer der indischen Kavallerie, kümmert euch zum letztenmal um eure Pferde!«

Die Reiter saßen ab, wobei sie wie ein Mann gleichzeitig die Beine rückwärts über die Sättel schwangen. Von einer eindrucksvollen militärischen Formation konnte nun nicht mehr die Rede sein; eine Menge einzelner Männer streichelte die Stirn ihrer Tiere mit jener achtungsvollen Geste, die den Lanzenreiter vom Fußsoldaten unterschied.

Jaya spürte Tränen auf ihren Wangen, als sie sich an Tikkas Brief von den Schlachtfeldern des Ersten Weltkriegs erinnerte und an seine Fassungslosigkeit, als aus einem Kavallerieangriff eine Panzerschlacht wurde, bei der die Geschütztürme, die allzu hell in der eisigen Wintersonne glänzten, die Lanzenreiter verspotteten.

Da die Sirpur-Lanzenreiter weit weg im Krieg waren, wartete alles begierig auf neue Bulletins. Hatte einst auf der Königsterrasse der Telegraph eine beherrschende Rolle gespielt, so wurde nun der Rundfunkempfänger in Maharadscha Victors Arbeitszimmer zum Mittelpunkt des Stadtpalastes.

Arjun interessierte sich nur für die Luftkämpfe, und er erkundigte sich bei Major Osborne nach den Spitfires und Messerschmitt-Flugzeugen. »Ich muß fliegen lernen!« Die wechselnde Farbe seiner Augen verlieh Arjuns Erregung etwas Drängendes. »Kannst du dir einen indischen Fürsten vorstellen, der seine Soldaten selbst befehligt?« fragte er seine Mutter.

Während sie über die Aufbringung der Gelder grübelte, die Sirpurs Verträge mit der britischen Krone erforderten, erlaubte Jaya Arjun, Flugstunden zu nehmen. Gern hätte sie ein ähnliches Mittel gefunden, um den britischen Residenten von seiner Verzweiflung über den unglücklichen Krieg seines Landes abzulenken.

Bei den Abendnachrichten achtete sie kaum auf die Aufzählungen von zerstörten Panzern, Flugzeugen und Schiffen. Dies war kein Krieg, wie sie ihn auf Grund ihrer Erziehung verstand. Die Stärke, mit der ein Männerarm ein Schwert führte, die Rituale, die einen Krieger reinigten, ehe er fortritt, um den Feind anzugreifen, das alles war bedeutungslos geworden. Selbst das Trommeln der *nagara* bei Sonnenauf- und Sonnenuntergang, welches das Volk von Sirpur daran erinnerte, daß seine Lanzenreiter auf dem Schlachtfeld waren, klang matt und setzte sich kaum gegenüber der Musik, die im Basar aus den Grammophonen kam, und gegenüber dem Lärm der Fahrradklingeln durch.

Zuweilen zog sich Jaya in den *Purdah*-Palast zurück, wo das Leben der Haremsdamen unberührt geblieben war von Unterseebooten und Panzerspähwagen. Wenn die Abenddämmerung den Balkon in Dunkelheit hüllte und die wehmütigen Flötenklänge der Flußschiffer über das Wasser wehten, sah Jaya, wie die Damen frische Jasmingirlanden um ihre Handgelenke wanden. Sie dachte dabei an Major Vir Singhs Erzählungen von den Wochen, welche die Balmer-Lanzenreiter bis zu ihrer Ankunft in China gebraucht hatten – war das erst vierzig Jahre her? Arun Roys Bewunderung der japanischen Bomben, welche die Armee des Zaren besiegt hatten – war das erst dreißig Jahre her? Und Tikkas Briefe aus Frankreich, in denen er die kleinen Flugzeuge der englischen Streitkräfte beschrieb – war das erst zwanzig Jahre her?

Die Erfindungen, die im Ersten Weltkrieg noch Experimente gewesen waren, hatten diesem neuen Krieg geläufige Waffen zur Verfügung gestellt, welche in aller Welt die Zerstörung mit erschreckender Geschwindigkeit vorantrieben. Auf dem ganzen Subkontinent kämpften Kriegsbegeisterung und Mißtrauen gegen den Krieg um die Oberhand, und mit wachsender Besorgnis diskutierten Sir Akbar und der britische Resident über den Krieg, der für die alliierten Truppen und somit auch für das Empire keinen guten Verlauf nahm.

Indien hatte England früher jede Eisenbahnlinie und jeden Telegraphenmasten bezahlt, dazu jeden britischen Schreiber und Soldaten, der auf indischem Boden diente. Nun, da eine halbe Million indische Soldaten in Übersee kämpften und indische Fabriken rund um die Uhr arbeiteten, um den Bedarf an Waffen zu befriedigen, stand England bei seiner größten Kolonie erstmals in der Schuld. Um sich der weiteren Kooperation der Inder zu versichern, entsandte Churchill Sir Stafford Crips, den Führer des Unterhauses und Mitglied des englischen Kriegskabinetts, um den Indern anzubieten, eine Verfassung für Indien auszuarbeiten. Überzeugt, daß Churchill nur Zeit gewinnen wollte, um Präsident Roosevelts Sympathie für die Unabhängigkeit Indiens zu dämpfen, rief der Indische Nationalkongreß eine neue Bewegung des bürgerlichen Ungehorsams ins Leben und forderte die volle Regierungsgewalt, andernfalls würde die Rüstungsindustrie zum Stillstand gebracht. Der Vizekönig ließ daraufhin prominente Nationalistenführer verhaften. Als Japan angriff, erreichte die antibritische Gesinnung schließlich ihren Höhepunkt, und endlich erhielt Osborne die Erlaubnis, wieder in die Armee einzutreten.

»Major Osborne!« Arjuns Stimme zitterte vor Neid. »Werden Sie gegen den Wüstenfuchs kämpfen?«

»Nein, ich bin in Kalkutta stationiert. Versorgungs- und Nachrichtendienst.«

Arjuns Aufregung wich gelinder Enttäuschung. »Aber in Kalkutta wird es keine Kampfhandlungen geben!«

»Hoffentlich haben Sie recht, Hoheit.«

Jaya konnte von Osbornes Gesicht die gleiche Ermattung ablesen, die sie verspürte. Es war, als habe die Geschwindigkeit, mit der Maschinen das Ende vertrauter Welten herbeiführten, sie beide untauglich gemacht, und sie verzieh dem Engländer beinahe seinen Geheimbericht.

Fünfundsechzigstes Kapitel

»Aufgrund der Krise, die sich aus dem Vormarsch Japans für die indische Sache ergibt, möchten wir alle Streitkräfte Indiens versammeln, damit sie ihr Land vor der Bedrohung durch die Invasoren beschützen.«

Premierminister Churchill vor dem Unterhaus, 1942

Indien hatte die Nachricht vom Kriegseintritt der Vereinigten Staaten von Amerika kaum verdaut, als japanische Flugzeuge mit der Bombardierung indischer Häfen begannen.

»Bedeutet das, daß die Sirpur-Lanzenreiter aus dem Vorderen Orient abgezogen werden, Sir Akbar?« fragte Arjun gespannt.

»Davon bin ich überzeugt, Hoheit. Das Empire wird seine östlichen Kolonien, in die die Japaner einzufallen versuchen, schützen müssen.«

Binnen Wochen eroberten die Japaner Malaya und Singapur auf dem Landwege und riegelten das Reisbecken von Burma von Indien ab, das so dringend Nahrung für die Armeen benötigte, die eingezogen wurden, um den Osten zu verteidigen. Um Burma einzunehmen, verstärkten die Japaner die Luftangriffe auf die wichtigen indischen Häfen Chittagong und Kalkutta, worauf amerikanische Truppen nach Indien kamen, um England bei der Verteidigung des östlichen Empire zu unterstützen. Die Flugplätze, die Jaya in Sirpur angelegt hatte, um die Stammesgebiete besser mit der Hauptstadt zu verbinden, ermöglichten den Zugang zur Ostfront, und alle verfügbaren Flugzeuge wurden abkommandiert, um gestrandete englische Zivilisten aus Burma zu holen.

Jaya hatte wenig Verständnis für Arjuns ständige Bitten, mit den Piloten nach Burma fliegen zu dürfen, um bei der Evakuierung zu helfen. Indes kamen in Scharen Mittelsmänner, um Sirpurs Getreide für den zu erwartenden

Massenzustrom von Streitkräften, die erforderlich waren, um Japan Widerstand zu leisten, aufzukaufen. Tag um Tag wurden die Reisfelder geplündert; die Bauern verkauften ihre Ernte zu überhöhten Preisen und sahen fröhlich zu, wenn der Reis auf die Flußdampfer verladen wurde.

Um Arjun zu überzeugen, daß er anwesend sein müsse, wenn sie und Sir Akbar mit den Dorfältesten über die Torheit diskutierten, nichts von der Ernte für die nächste Aussaat einzubehalten, zeigte Jaya ihm einen Bericht aus Kalkutta. »Die Verpflegungssituation wird von Tag zu Tag besorgniserregender. Zehntausende sind gestorben, und Millionen sind heimatlos geworden. Es ist eine furchtbare Katastrophe.«

Er aber verbrachte seine Zeit auf dem Flughafen, wo er den amerikanischen Piloten mit ihren glänzenden Helmen, ihrem wiegenden Gang und ihrem ansteckenden Lachen nachlief und begierig auf ihre Berichte vom japanischen Vormarsch lauschte. An den Versammlungen dagegen nahm er selten teil und rutschte unruhig hin und her, wenn die Bauern mit Jaya und dem Premierminister diskutierten.

»Die Händler aus Kalkutta haben noch nie so hohe Preise geboten. Wir sind über Nacht reich geworden.«

»Was wollt ihr essen, wenn die nächste Ernte schlecht ist?«

Sir Akbars Besorgnis ließ seinen Ton mit jeder Versammlung schroffer werden, als sei dem Wahnsinn mit Anstand nicht beizukommen. Doch die Gelegenheit, schnell ein Vermögen zu verdienen, hatte Sirpurs Bauern blind gemacht für die Knappheit und für die politischen Unruhen, die den Subkontinent bewegten. Arjun blieb freilich weiterhin von dem schneidigen Draufgängertum der amerikanischen Piloten gefesselt, die in den Wellblechhangars mit Würfeln spielten und Coca-Cola tranken, bevor sie mit den unzulänglichen SirAir-Flugzeugen in Richtung der tückischen Berge aufstiegen, die Sirpur von Burma trennten.

Als das Schreckgespenst der Hungersnot Ostindien heimsuchte, verschlimmert durch die Angst vor der japanischen Besetzung in einem Krieg, den Indien nicht gewollt hatte, rief der Nationalkongreß eine »Raus-aus-Indien-Bewegung« ins Leben und legte allen Indern nahe, eine Unterstützung des britischen Krieges sofort einzustellen.

In einem knappen Brief schilderte Mrs. Roy, wie sich die Ereignisse in Britisch-Indien überstürzten, wo überall Gewalt ausbrach und Sabotage begangen wurde: »Kalkutta ist ein Irrenhaus geworden. Junge Männer stehen vor englischen Rekrutierstellen Schlange, während hungernde Bauern in die Stadt strömen. Der Vizekönig hat Befehl gegeben, aus der Luft mit Maschinengewehren auf die Studenten in Bihar und Bengalen zu schießen, um die ›Raus-aus-Indien-Bewegung‹ aufzuhalten. Und das, während die Japaner tagtäglich Chittagong bombardieren und letzte Woche wenigstens viermal Kalkutta angegriffen haben. Die einzigen, die wissen, was sie tun, sind die Händler.«

Als die Nachricht eintraf, daß die Sirpur-Lanzenreiter aus dem Vorderen Orient zurückkehrten, um an dem Feldzug gegen Japan teilzunehmen, verlor Arjun endlich sein Interesse für die Flugzeuge. Jetzt verbrachte der Sechzehnjährige die ganze Zeit damit, die Schatzkammern des *Purdah*-Palastes nach Orden und anderen Auszeichnungen zu durchstöbern, um sie seinen Soldaten an die Brust zu heften.

Als Arjun mit Jaya nach Kalkutta fuhr, schritt er, wann immer der Zug angehalten wurde, um Munitions- und Verpflegungszüge vorbeizulassen, ungeduldig auf dem Bahnsteig einher und rief den Männern in Khaki-Uniformen, die aus den Truppentransportzügen hingen, Fragen zu. Kaum einer beachtete die ausgehungerten Bauern, die neben den Schienen lagen, zu schwach, um sich zu rühren, während die mit Getreide für die Armeen der Alliierten beladenen Waggons an ihnen vorbeirollten.

Aber Arjuns Miene erstarrte vor Entsetzen, als der Wagen durch die Stadt fuhr, die er zuletzt bei dem phantastischen Fest der Vizekönigin gesehen hatte. Bemalte Baumstämme, die auf hölzerne Ochsenkarren montiert waren, wiesen lächerlich-drohend zum Himmel, um die japanischen Piloten glauben zu machen, daß die Stadt von Luftabwehrgeschützen strotzte.

Diese Geschützattrappen machten den Tod allzu theatralisch. Sein wahres, schmutziges Gesicht offenbarte er jedoch an den Kindern mit aufgeblähten Bäuchen, die zwischen den auf den Straßen liegenden Leichen umherwanderten, während Soldaten mit vor den Mund gebundenen Taschentüchern Tote auflasen wie Abfall. Daneben streckten Frauen, die sterbende Babys an die ausgezehrten Leiber drückten, ihre Hände mit der uralten Geste der Hoffnungslosigkeit den schmuck uniformierten Truppen in den Lastwagen entgegen, die nach dem Fort William unterwegs waren.

James Osborne wartete am Steuer, um die Militärwachen vor dem Fort zu passieren. Auf den Terrassen tranken britische Offiziere unter Sonnenschirmen eisgekühlte Getränke. Ihr Gelächter ließ kaum erkennen, daß sie sich des Entsetzens außerhalb der Festungsmauern bewußt waren.

Arjun betrachtete neidisch die Orden, die James Osborne an seiner Uniform trug. »Viel schöner als die, die ich für meine Lanzenreiter habe. Wissen Sie, wohin die Sirpur-Lanzenreiter von Kalkutta aus gehen, Major Osborne? Oder ist das ein Militärgeheimnis?«

»Die Lanzenreiter kommen nicht zurück. General Slim hat in Südostasien eine neue Front aufgebaut. Von dort, nicht von Indien aus, werden die Alliierten einen Gegenangriff auf Japan starten.«

»Aber was ist mit den Lebensmitteln, die zur Verpflegung

der Streitkräfte der Alliierten angefordert wurden?« fragte Sir Akbar.

»Die Regierung hat sie an die Händler zurückverkauft.«

Jaya starrte Osborne ungläubig an. Sie hatte Jutesäcke mit Getreide auf dem Gras des Botanischen Gartens gestapelt gesehen; der süßliche Geruch nach gärendem Korn war in der feuchten Luft stärker als der Blumenduft gewesen –, während draußen auf den Straßen sterbende Landbewohner Wasser aus dem Rinnstein tranken und Abfallhaufen durchwühlten. Die Händler würden auch noch jenes Getreide, das die Alliierten nicht mehr benötigten, auf dem schwarzen Markt verkaufen, indes die Menschen zu Hunderttausenden starben.

Als Arjun den Gesichtsausdruck seiner Mutter sah, sagte er zornig: »England kann nicht für alles verantwortlich gemacht werden. Es führt Krieg.«

Jaya war plötzlich bange um ihren Sohn. Wie sollte er regieren, wenn er die Furcht nicht kannte? Arjun war nicht gedemütigt aus England zurückgekehrt wie Tikka. Er war mit der Selbstsicherheit eines Engländers zurückgekehrt, mit derselben Zuversicht, die sie einst so abhängig von Osborne gemacht hatte.

Auf dem Rückweg zum Bahnhof wimmelte es auf der Straße von Menschen, und der Chauffeur war gezwungen, vor einem Kino zu bremsen, das mit Plakaten für Walt Disneys neuen Zeichentrickfilm »Bambi« warb. Jaya hatte Mühe, die Aufmerksamkeit des jugendlichen Maharadschas von dem großäugigen Rehkitz auf die Menschen zu lenken, die von schreienden Straßenhändlern in drei Gruppen aufgeteilt wurden wie Merzvieh, das aus einer Herde ausgesondert wird. »Sieh mal dort, bei dem Café neben dem Kino! Diesen Leuten wird Geld abverlangt, wenn sie die Lebensmittel sehen wollen. Mehr kostet es, an ihnen riechen zu dürfen. Und falls sie genug Geld haben, können sie einen noch höheren Preis zahlen, um sie zu essen. So weit wird es auch in Sirpur kommen, wenn unsere Bauern nicht endlich vom Verkauf ihres Getreides abgehalten werden.«

Der heftige Monsunregen bewahrte Sirpur vor der Hungersnot, welche die Gebiete ringsum mit Tod überschwemmte. Doch Arjun kümmerte es wenig, daß der angeschwollene Fluß zu reißend war, um einen Schiffsverkehr mit Kalkutta zu ermöglichen, und daß der neue Vizekönig, General Wavell, endlich den Lebensmittelschwarzmarkt mit dem unbarmherzigen Zugriff eines Militärbefehlshabers kontrollierte.

Auf seinen rastlosen Reisen durch das Land hielt Arun Roy flammende Reden zur Unterstützung des Krieges. Da er wußte, daß die Sirpur-Lanzenreiter jetzt nahe ihrer Heimat im Dschungel von Burma kämpften, war der inzwischen siebzehnjährige Maharadscha ganz versessen darauf, sich ihnen anzuschließen. Als ein Brief vom Fort William Arjun informierte, daß James Osborne zu den Sirpur-Lanzenreitern stoßen würde, um mit dem Siebten Armeekorps in den Dschungeln und Sümpfen des Arakan-Gebirges zu kämpfen, sah Jaya in seinen Augen denselben Wahnsinn aufblitzen, den sie einst bei Tikka gesehen hatte. Zu viele Erzählungen von der Tapferkeit seines Vaters und zu viele Geschichten vom Heldentod seines Onkels hatten ihn glauben gemacht, daß er kein Mann werden könne, ohne in der Schlacht seine Feuertaufe zu erleben.

Manchmal stieg er in einem Flugzeug der SirAir auf, ohne jemandem Bescheid zu sagen. Wenn er abends in den Stadtpalast kam, sah Jaya an seinem geröteten Gesicht, daß er über den Bergen gekreist war, wo er die Sirpur-Lanzenreiter im Kampf vermutete, um ballenweise Propagandaflugblätter abzuwerfen, die aus Kalkutta geschickt worden waren. Jaya sagte nichts, aber es gab ihr jedesmal einen Stich ins Herz, wenn er den Palast verließ. Sie betete, daß die japanischen Kämpfer mit der roten Sonne auf den

Tragflächen ihrer Maschinen sich in Kämpfe mit der Royal Indian Air Force verstrickten und nicht Arjuns unbewaffnetes Zivilflugzeug mit seinem nutzlosen Propagandaarsenal an Wörtern angriffen.

Weil sie sich an alles klammerte, was ihren Sohn ablenken konnte, gestattete Jaya dem *raj guru*, den achtzehnten Geburtstag des Maharadschas zu einem öffentlichen Ereignis zu machen. Wieder erlebte die Göttin die mysteriöse Bestätigung ihrer Fruchtbarkeit, aber der Krieg hatte auswärtige Pilger daran gehindert, nach Sirpur zu kommen, und zum erstenmal, seit Jaya sich erinnern konnte, galten die Feiern im Kamini-Tempel ausschließlich dem Herrscher und seinen Untertanen, als wolle das Fürstentum seinen Glauben an die eigene Beständigkeit bekräftigen, welche dreitausend Jahre Menschheitsgeschichte überdauert hatte.

Auf den Steinstufen, die zu der Höhle hinabführten, rempelten Bauern und städtische Kaufleute gegen halbnackte Stammesleute, denn alle wollten sich mit der roten Flüssigkeit beschmieren, die zwischen den Lippen des steinernen Idols hervorquoll. Das Wehklagen der Muschelhörner verkündete das Nahen des Herrschers. Kanonen schossen Salut, als der *raj guru* Arjuns Stirn mit dem Mal der Monarchie zeichnete und ihm das Zeremonienschwert reichte.

Auf den Außentreppen des Kamini-Tempels drängten sich die Menschen, um sich dem Elefanten des Herrschers auf dem Weg zum Stadtpalast anzuschließen; der Kanonendonner heizte die fiebrige Stimmung noch mehr an. Sir Akbar händigte Arjun ein Papier aus. Arjun bestieg die Stufen zur Sänfte. Vorsichtig auf dem Rücken des bemalten Staatselefanten balancierend, zog er das Sirpur-Schwert aus der mit Smaragden besetzten Scheide und hob den Arm, so daß die hochrufende, mit Blut gezeichnete Menschenmenge die Klinge sehen konnte. »Volk von Sirpur!« rief Arjun. »Der Premierminister hat mich soeben davon unterrichtet, daß die japanische Armee in Indien eingefallen ist. In diesem Augenblick sind die feindlichen Streitkräfte nur zweihundert Meilen von unserer Grenze entfernt. Die Waffenkammer im Stadtpalast wird geöffnet. Macht euch bis heute abend bereit, euch den Sirpur-Lanzenreitern zur Verteidigung unseres Landes anzuschließen.«

Nichts, was Jaya oder Sir Akbar sagte, konnte die wilde Begeisterung der Menschenmassen dämpfen, die zur Waffenkammer des Palastes hinein- und hinausliefen. Es war, als würde die Mythologie, die stets ihren Schatten auf die Geschichte Sirpurs geworfen hatte, abermals eine verwirrende Scharade aufführen.

Um Mitternacht verließ Maharadscha Arjun den Stadtpalast, um in den Krieg zu ziehen. Auf einem Elefanten schwankte er unter dem *shattri*, dem roten Schirm des Herrschers, den ein Palastdiener über seinen Kopf hielt. Benzinknappheit hatte seine Truppen gezwungen, ihre Wagen zurückzulassen und auf Pferde umzusteigen. Petroleumlampen beleuchteten den Weg für seine Infanterie, die spuckenden Flammen schienen matt auf die Speere, Lanzen und altertümlichen Gewehre aus der Waffenkammer des Palastes, die nun stolz von halbbekleideten Stammesleuten getragen wurden. Das Trommeln der Sirpur-*nagara* erschütterte die weißgekalkten Mauern des Palastes, als der Staatselefant durch das Tor schwankte, und Jaya wäre in Lachen ausgebrochen, wenn sie nicht über die Schäbigkeit des Kriegszugs ihres Sohnes hätte weinen müssen.

Sechsundsechzigstes Kapitel

»Die öffentliche Meinung in Amerika kann nicht verstehen, warum die britische Regierung, wenn sie gewillt ist, den Ländern Indiens nach dem Krieg die Loslösung vom Britischen Empire zu gestatten, diesen nicht gestatten will, sich während des Krieges eine Art Selbstverwaltung zuzulegen.«

Präsident Roosevelt, 1944

Nach vierzehn Tagen waren die Sirpur-Piloten nicht mehr imstande, die Truppenbewegungen des Maharadschas im dichten Dschungel zu verfolgen. Ungewiß, ob ihr Sohn lebte oder tot war, hatte Jaya nachts seltsame Träume, in denen Arjun mit seiner Kavalkade aus Pferden, Elefanten und Stammesleuten erschöpft hinter den Linien des Siebten Armeekorps eintraf. Als der Rundfunk meldete, daß die Siebte Armee vom Nachschub abgeschnitten sei und in Kohima isoliert Hirohitos Streitkräfte abwehre, verbot Jaya den Sirpur-Piloten, Maharadscha Arjuns selbstmörderischem Zug in die Schlacht zu folgen. Sie fragte sich, wie die Sirpur-Lanzenreiter ohne Nachschub überleben sollten. Fertigten sie wieder Wurfgeschosse aus Marmeladendosen, um sie gegen die diszipliniertste Armee der Welt zu schleudern? Aber diesmal war der junge Held, der es nicht ertrug, vom Krieg ferngehalten zu werden, nicht ihr Bruder, sondern ihr Sohn. Arjun war auf der Suche nach Truppen, die von jeglicher Hilfe abgeschnitten waren, damit er an einem Kampf teilnehmen konnte, zu dem er nicht aufgefordert worden war. Die halbverstandenen Kriegerrituale seiner Kindheit, die Geschichten von der Tapferkeit seines Vaters und seines Onkels hatten zu dem heftigen Drang geführt, sein Leben auf dem Schlachtfeld aufs Spiel zu setzen, und Jaya fürchtete, er würde nicht zurückkehren.

»Dieser Krieg ist für Indien eine komplette Katastrophe, *Hukam*«, bemerkte Sir Akbar bitter. »Zwei bis drei Millionen Menschen verhungert. Die Selbstverwaltung auf unbestimmte Zeit verschoben, was den Haß zwischen Hindus und Moslems mehr schürt denn je. Und jetzt das noch! Neunzigtausend indische Soldaten sind an dieser Front gefangengenommen worden, *Hukam*. Sie werden gezwungen, wie die Tiere zu schuften, um Eisenbahnverbindungen quer durch Burma zu bauen, damit Hirohito Indien besetzen kann, so daß wir unsere Knechtschaft unter den Engländern mit der Knechtschaft unter den Japanern vertauschen können.«

Flüchtlinge strömten nach Sirpur. Jaya konnte nicht unterscheiden, ob es nationalistische Soldaten waren, die sich geweigert hatten, für das Empire zu kämpfen, oder einfach von Gewalttouren durch unwegsame Dschungelgebiete erschöpfte Menschen. Einige sagten, sie glaubten gesehen zu haben, wie sich Maharadscha Arjuns bizarrer Zug dem Siebten Armeekorps anschloß, andere sahen Jaya verständnislos an, als könnten sie nicht glauben, daß ein Zivilist zum Mitläufer in diesem Krieg werden konnte.

Endlich brachte Sir Akbar die Nachricht, daß das Siebte Armeekorps den japanischen Angriff abgewehrt habe und in offenen Feldschlachten kämpfe, um Rangun zurückzuerobern. Erst als dies geglückt war, erfuhr Jaya, daß es Arjuns Armee tatsächlich vor Monaten gelungen war, zum Siebten Armeekorps zu stoßen.

Einen Monat später landete eine Dakota-Maschine auf dem Flugplatz der Hauptstadt. Die Türe wurde aufgeschoben, und eine Menschenmenge umdrängte das Flugzeug, um die Rückkehr des Maharadschas zu bejubeln. Unbehagliche Stille breitete sich auf dem Flugplatz aus, als eine zugedeckte Gestalt durch die Luke geschoben wurde. Jaya starrte auf den Körper, der auf der Tragbahre leicht schaukelte, als zwei Stammesleute mit ihr die steile Treppe vom Flugzeug zur Erde überwanden. James Osborne tauchte in der Luke auf. »Alles in Ordnung, *Bai-sa!*

Nur ein Bein, das wieder eingerenkt werden muß, und eine schwere Malaria.«

Tagelang saß Jaya am Bett ihres Sohnes, besorgt wegen der Wunde, die an dem schlecht eingerichteten Bein nicht heilen wollte. Sie konnte Arjun hinter dem dichten Moskitonetz kaum sehen, als sie sein unzusammenhängendes Gerede vom Aschram seiner Großmutter, von Eton oder den Blutegeln im Bergdschungel bei Kohima anhörte. Das Fieber des jungen Maharadschas schien schon unter Kontrolle, brach dann jedoch unversehens wieder aus, und wenn James Osborne zu ihr ans Krankenlager kam, um ihr vom Fortgang des Krieges zu berichten, gab Jaya tonlos die entsprechenden Antworten, ohne die Augen von ihrem hinter dem Moskitonetz kaum auszumachenden Sohn zu lassen. Die Anwesenheit des Engländers erfüllte das Zimmer mit einer störenden Lebhaftigkeit, und sie wünschte, er würde gehen. Selbst als Osborne ihr die Nachricht von der deutschen Kapitulation zuflüsterte, war sie nur besorgt, daß seine Stimme den schlummernden jungen Mann aufwecken könne.

Allmählich heilte das Bein. Arjun war matt, aber unruhig. Jaya brachte Stapel von Miniaturen und hielt sie ihm vor die trüben Augen. Er reagierte darauf und verlangte quengelig, Bilder von gezückten Lanzen zu sehen, die das Herz eines Tigers durchbohrten, als könne künstlerisches Geschick ihm seine Alpträume austreiben.

Als das Fieber endgültig gefallen war, zog Arjun, um seine Amtseinsetzung vorzubereiten, in das Zimmer seines Vaters, durch dessen Fenster die warmen Brisen drangen, die über die Sandbänke des Flußbettes wehten. Die Mitglieder des Rates bedrängten den Herrscher, James Osborne ein Datum für die Zeremonie zu nennen. »Der Krieg in Europa ist zu Ende, *Hukam*. Du solltest deine Herrschaft antreten.«

»Ich will nicht auf Krücken zu meiner Amtseinsetzung gehen. Vorher lasse ich mich in London operieren. Außerdem hat Kaiser Hirohito noch nicht kapituliert. Der Vizekönig wird nicht nach Sirpur kommen können.«

»Lord Wavell bemüht sich, eine Übereinkunft zwischen dem Nationalkongreß und der Moslemliga zustande zu bringen, damit Indien sich selbst regieren kann«, unterrichtete Sir Akbar ihn streng. »Ich versichere dir, daß der Vizekönig zur Zeit nicht in irgendeinem indischen Fürstentum auf Entenjagd geht.«

Der Gedanke, den Vizekönig zu empfangen, beschäftigte Arjun von nun an wie vordem der Krieg, und er bekundete wenig Interesse für die politischen Kämpfe, die zwischen der Moslemliga und dem Nationalkongreß um die Kontrolle über Britisch-Indien ausgefochten wurden. Er verbrachte die Regenzeit damit, Pläne für Lord Wavells Besuch zu schmieden und wieder zu verwerfen, und abends, wenn schwarze Wolken tief über dem Fluß hingen, bis gezackte Blitze ihnen die schweren Bäuche aufschlitzten, worauf sich sintflutartige Regenfälle in das tosende Wasser ergossen, saß er am Radio und wartete auf die Nachricht, daß Japan kapituliert habe. Seine Augen wechselten vor Aufregung die Farbe, als im Rundfunk die Nachricht von einer amerikanischen Waffe kam, die zwei japanische Städte zerstört und Häuser und Menschen in einer Feuersäule verschluckt hatte, die so glühend war, daß im Umkreis von mehreren Meilen alles geschmolzen war. »Eine Atombombe!« wiederholte Arjun, als finde er Geschmack an dem Wort. Hatte er noch vor wenigen Monaten verlangt, die Waffen für den Einzelkampf zu sehen, diskutierte er jetzt aufgeregt mit Sir Akbar über die Statistiken einer schrecklichen neuartigen Vernichtungsart. Jaya fühlte sich alt und müde, und sie dachte an den Bart ihres Vaters, der wie die gebrochenen Flügel eines Vogels auf seinen weißen Rock gefallen war, als er dem *raj guru* von Balmer erklärte, daß Maschinen das *dharma* des Kriegers und damit das *dharma* des Fürsten beendet hätten.

»Je mehr ich von diesen indischen Politikern sehe, desto mehr verzweifle ich an Indien.«

Lord Wavell, Vizekönig von Indien, 1945

Das Büro des Vizekönigs bedauerte, daß Lord Wavell wegen der schwierigen Aufgabe, die Regierungsgewalt an die Inder zu übertragen, unabkömmlich sei, um dem Maharadscha die Herrschermacht zu verleihen, und die sich überstürzenden Ereignisse machten es James Osborne unmöglich, Arjun nach London zu begleiten. An dem Tag, nachdem der Maharadscha und seine Adjutanten abgereist waren, wurde Osborne nach Delhi gerufen. »Das Empire hat es offenbar irrsinnig eilig, Indien zu verlassen«, sagte er. »Es faßt jetzt Beschlüsse über die indischen Fürstentümer.«

»Aber wir haben keine Beziehungen mit dem Empire, sondern mit der englischen Krone.«

Die blaugrünen Augen hielten Jayas Blick mit einer Strenge stand, die sie erschreckte. »Das Parlament ist zu Hause mit der Rationierung und ausgebombten Städten beschäftigt. Es will nicht in Indien mit fünfhundert unabhängigen Fürstentümern in Rechtsstreitigkeiten verwickelt werden.«

»Den ganzen Krieg hindurch habt ihr von uns die Einhaltung der Verträge verlangt, die ihr jetzt so ohne weiteres ignoriert. Wie kann die englische Krone uns ausgerechnet jetzt übergehen?«

»Ich habe dich gewarnt, *Bai-sa*. Die Fürsten haben zu lange gezögert.«

Ohne zu wissen, ob die Ereignisse Arjuns Amtseinsetzung bedeutungslos machen würden, studierte Jaya verzweifelt aufmerksam die Verhandlungen des Empire mit Indiens zwei großen politischen Parteien, und sie fragte sich, ob sie imstande sein würde, Arjuns Thron auch nur die wenigen Monate zu halten, bis er sich von seiner Operation erholt hatte.

Nachdem das Angebot zu lange hinausgeschoben worden war, bestand die Tragödie im Fehlen einer Autorität, in deren Hände man die Macht des Britischen Empire bedenkenlos hätte legen können. Dschinnah blieb in seiner Pakistan-Forderung unnachgiebig, während Nehru behauptete, daß nur der Nationalkongreß Indien repräsentiere.

Jaya konnte James Osbornes düstere Bemerkung nicht vergessen. Jeden Tag wurden die Reden der Nationalistenführer in voller Länge gedruckt, und die Fürsten Indiens, deren Gleichgültigkeit gegenüber der veränderten Realität sie im Kampf um Indien zu bloßen Dekorationen machte, wurden nicht einmal erwähnt.

Um den Nationalkongreß und die Moslemliga aus ihren festgefahrenen Verhandlungen zu befreien, schlug das britische Parlament eine Interimsregierung vor, in der die zwei Parteien turnusmäßig die Macht übernahmen. Der Nationalkongreß weigerte sich, die Macht mit der Moslemliga zu teilen, und der verzweifelte Vizekönig vereidigte eine Interimsregierung ohne Dschinnah.

»England lehnt jede weitere Verantwortung für uns ab, *Hukam*.« Sir Akbar drehte mit ungewohntem Ungestüm den Radioapparat an. »Wenn das englische Parlament in seiner Hast, Indien zu verlassen, bereit ist, das Blutvergießen der letzten Monate zwischen Hindus und Moslems zu übergehen und Dschinnah von der Regierung auszuschließen, dann versichere ich dir, daß es nicht zögern wird, das Indien der Fürstentümer den Wölfen zum Fraß vorzuwerfen.«

Auf dem Fluß kämpften Fischerboote gegen die schlammigen Wellen. Jaya sah die dunklen Gestalten der Fischer sich mit den verhedderten Netzen abmühen, und sie fühlte sich so hilflos wie diese Männer, als sie Dschinnahs Stimme aus dem Lautsprecher hörte. »Die beiden Parteien, mit denen wir verhandelt haben, wollten uns eine Pistole auf die Brust setzen. Die eine Partei hatte Macht und Maschinengewehre hinter sich, die andere drohte mit Boykott und damit, eine Massenbewegung des bürgerlichen Ungehorsams ins Leben zu rufen. Dieser Situation werden wir uns zu wehren wissen. Auch wir haben eine Waffe: Heute haben wir einen historischen Entschluß gefaßt ... Wir haben einer Verfassung und verfassungsmäßigen Methoden Lebewohl gesagt.«

»Was bedeutet das, Sir Akbar?«

»Ich weiß es nicht, *Hukam*.« Sir Akbar betrachtete seine Hände, als staune er über ihre runzlige Haut. »Als ich als junger Mann nach Sirpur kam, war die Welt einfach. Wir wollten alle dasselbe, Hindus und Moslems, Nationalisten und Herrscher: in Würde leben, ohne Einmischung Englands. Aber ich bin zu alt, um dieses neue Indien zu verstehen. Ich sehe nur die Habgier der Führer, die über dem Leichnam einer Nation knurren, die noch nicht geboren ist.«

Jaya ließ den verzweifelten Sir Akbar allein. Die Anarchie schien vor der Tür zu stehen, um den Subkontinent zu verschlingen. Dabei hatten Briefe aus London von der erfolgreichen Operation Arjuns berichtet, und es waren nur noch wenige Wochen bis zur Amtseinsetzung des jungen Maharadschas. Dann würde sie endlich diese Last abwerfen können, die sie so hartnäckig von ihrem Mann gefordert hatte.

»*Für die Moslemnation ist die Zeit gekommen, als Lösung Pakistan zu gründen* ...«

Mohammed Ali Dschinnah, 1946

Die mächtigen Bauten am Dalhousie Square schienen in der feuchten Augustluft zu schwitzen, und die Straßen von Kalkutta waren ungewöhnlich leer, als Jaya zum Flughafen fuhr, um ihren Sohn abzuholen. Arjun lief die Gangway herunter, um den Erfolg seiner Operation zu demonstrieren. Sonnenlicht fiel auf die hohen Backenknochen unter den schrägen Augen, und einen Moment dachte Jaya, er sei sein Vater, so groß war die Ähnlichkeit der hochgewachsenen Gestalt im Blazer mit Pratap.

James Osborne bemühte sich, Interesse für Arjuns Schilderungen von evakuierten Kindern zu zeigen, die zu ihren Familien zurückgebracht wurden, und von Trümmern, die man von bombardierten Grundstücken wegräumen mußte. Aber wie Sir Akbar blickte auch er besorgt aus dem Autofenster auf die Barrikaden, die man auf den Straßen errichtet hatte, während sie auf dem Flughafen gewartet hatten. Der Wagen mußte anhalten, als ein leeres Faß über den Teerbelag gerollt wurde und ein Ladenbesitzer Kinder in zerrissenen kurzen Baumwollhosen anwies, Stahlrohre und splitternde Holzplanken auf der Straße aufzuschichten. Dies erregte schließlich Arjuns Aufmerksamkeit.

»Was geht hier vor?«

»Morgen findet eine riesige Kundgebung statt, auf der die Moslems einen separaten Staat fordern werden. Moslems aus dem ganzen Land werden teilnehmen, und die Hindus errichten Barrikaden, um zu verhindern, daß in der Nacht noch mehr Moslems in die Stadt kommen.« Sir Akbar preßte die Worte zwischen zusammengebissenen Zähnen hervor, und Jaya schämte sich, daß der moslemische Aristokrat genötigt war, ihrem Sohn die Schäbigkeit der religiösen Gefühle des Pöbels zu erläutern.

Im Haus Sirpur salbten die Priester Arjuns Stirn. Sobald den Förmlichkeiten der Rückkehr des Herrschers Genüge getan war, scharte sich die Dienerschaft um Jaya.
»Nirgends in der Stadt sind Polizisten oder Sicherheitskräfte, *Hukam*. Die Händler aus Sirpur verbarrikadieren sich in ihren Geschäften.«
James Osborne eilte ins Arbeitszimmer, um im Regierungsgebäude anzurufen.
Jaya wandte sich an Sir Akbar: »Ich fahre zu Mrs. Roy. Dort weiß man bestimmt Bescheid, ob mit Unruhen zu rechnen ist.«
Besorgnis klang aus Osbornes Stimme, als er zurückkehrte. »Ich finde, du solltest nicht fahren, *Bai-sa*. Die Armee wird in den Kasernen zurückgehalten. Die Regierung des Nationalkongresses besteht darauf, daß eine imperialistische Armee in Indien keine Streitmacht mehr sein darf.«
»Außerhalb der Stadt bin ich in Sicherheit.«
Osborne begab sich zum Fort William, um Näheres darüber zu erfahren, wo mit Unruhen zu rechnen war. Sir Akbar schlug vor, daß er und Maharadscha Arjun die in Kalkutta ansässigen Kaufleute und Händler aus Sirpur aufsuchten, um sie vor plötzlichen Übergriffen des Pöbels zu warnen. Arjun legte Jaya einen Arm um die Schulter und führte sie zum Wagen. Sie streichelte seine Wange.
»Was für eine Heimkehr ist das für dich, Kind!«
»Ich bin kein Kind mehr. Du kannst mich nicht vor der Realität Indiens beschützen.« Er sprach mit ihr, als sei nun sie das Kind. Die Barrieren, die sie zu seinem Schutz errichtet hatte, waren auch schuld, daß sie ihn nicht kennengelernt hatte, und sie beschloß, das Versäumte nachzuholen, bevor die Regierungsgeschäfte ihn so beanspruchten, daß dazu keine Zeit mehr war.

Der große Obelisk schien die abendliche Hitze im Park, in dem die Kundgebung stattfinden sollte, zu durchbohren. Die gewöhnlich verstopften Durchgangsstraßen, die an dem Park vorbeiführten, lagen in der dunstig feuchten Augustdämmerung eigenartigerweise verlassen vor Jaya. Eine Handvoll Arbeiter baute das hölzerne Podest für die Redner auf, die gegen den Ausschluß der Moslemliga aus der neuen Regierung Indiens protestieren wollten.

Die unheimliche Stille in den Gassen des städtischen Basars, die so verlassen waren wie die breiten Boulevards, kündete Gewalt an, und erst als der Wagen die Stadt verließ und auf eine mit Kokospalmen gesäumte Landstraße gelangte, lehnte sich Jaya entspannt zurück.

Der Chauffeur wollte plötzlich das Tempo beschleunigen. Menschen liefen auf die Straße und stellten sich dem Wagen mit flehend gefalteten Händen in den Weg. Das rauchig graue Licht der in Finsternis übergehenden Abenddämmerung konnte die Flecken auf ihren zerrissenen Kleidern nicht verbergen.

»Anhalten!«

»Ich kann dich nicht beschützen, *Hukam*. Zwischen den Bäumen rennt überall Gesindel herum.«

Staubwolken stiegen unter den quietschenden Reifen auf, als der Chauffeur den Wagen herumriß und Gas gab. Von Baumstämmen gesäumt, raste der Wagen durch die dunkle Landschaft. Jaya sah nach hinten. In der Ferne waren Flammen zu sehen, und grelle Schreie durchdrangen die Nacht.

Mrs. Roy kam die Treppe heruntergelaufen, als der Wagen vor dem säulenbestandenen Haus hielt. Ihre schmale Gestalt war von einer Last gebeugt, die schwerer wog als das Alter.

»Gottlob bist du heil angekommen! In der ganzen Stadt gibt es Zusammenstöße zwischen Hindus und Moslems. Du kannst auf keinen Fall ins Haus Sirpur zurück, solange die Lage nicht unter Kontrolle ist.«

Sie führte Jaya an den Schränken mit den europäischen Anzügen und Hüten vorbei hinaus auf den Rasen. Vom Fluß zogen Nebelstreifen herauf. Hinter den Steinsäulen standen die Türen des Musikzimmers offen, um den kühlenden Wind hineinzulassen. Diesmal stimmten keine Musiker ihre Instrumente, um die Ängste der Männer und Frauen zu lindern, die im Gras saßen und besorgt über die Zukunft diskutierten, für die sie ein halbes Jahrhundert gekämpft hatten, und die, als sie Gegenwart wurde, schon Blutgeruch trug.

»Als Dschinnah Präsident des Nationalkongresses war, rief er die Hindu-Moslem-Einheit ins Leben.«

»Zweimal haben fanatische Moslems ihn wegen seiner religiösen Toleranz zu töten versucht. Und ausgerechnet er ist nun bereit, diese große Kultur um der Religion willen auseinanderzureißen.«

»Mrs. Naidu sagt, Dschinnah sei wie ein gefallener Engel, und der junge Nehru habe gefährlich extreme Ansichten.«

Mrs. Roy zog sich ihren Schal fester um die Schultern; sie schauderte ebensosehr von ihren Gedanken wie von der Feuchtigkeit, die der Nebel mitbrachte. »Weißt du, was Mrs. Naidu sonst noch sagt, *Bai-sa?* ›Unser Verlangen, vom Empire unabhängig zu sein, hat uns vergessen lassen, die Dämonen in unserer eigenen Seele zu prüfen.‹ Sie hat recht. Die Dämonen in unserer Seele werden uns zerstören. Komm, ich zeige dir, wo du wohnst, während wir darauf warten zu erfahren, ob es uns gelungen ist, Indien niederzumetzeln.«

Jaya wußte, daß sich unter der Wut ihrer Lehrerin ein gebrochenes Herz verbarg. Mrs. Roy war immer so ungeduldig angesichts von Unklarheiten, so überzeugt von der Gerechtigkeit gewesen. Jetzt verwandelte sich ihr Traum von der Gerechtigkeit in einen Alptraum.

Mrs. Roy trat in ein Zimmer mit karmesinrotem Fußboden, das wegen eines mitten im Raum stehenden schweren Mahagonibettes doppelt düster wirkte, und knipste die Lampe an. Das Licht blinkte auf den schmalen Stahlbügeln ihrer Brille, als sie sich schwerfällig aufs Bett sinken ließ. »Es gibt zuviel Politik auf der Welt. Erzähl mir von etwas anderem, *Bai-sa!*«

Um ein Uhr morgens rief Major Osborne an. »Jetzt werden überall Barrikaden errichtet, ganze Stadtviertel stehen in Flammen.«

Die Nacht zog sich mit Warten lange hin. Die Moslem- und die Hindudienstboten saßen stumm im Gras, zu verängstigt, um Mutmaßungen über das Schicksal ihrer Familien anzustellen, indes immer mehr Nachrichten von der Panik und Gewalt, die sich in der größten Stadt Indiens breitmachten, hereinsickerten. Jedesmal, wenn Osborne anrief, drängten sich die Leute um Jaya und baten sie, ihn zu fragen, ob er dieses oder jenes Viertel besucht habe, weil sie wissen wollten, ob es von Brandstiftung und Mord verschont geblieben war. Mit jedem Anruf wirkte Osborne erschöpfter. »Diese Grausamkeit, *Bai-sa!* Alle haben Waffen: Gewehre, Messer, Benzinkanister. Der Maharadscha und Sir Akbar bringen alle hier lebenden Untertanen ins Haus Sirpur. Da keine besondere antibritische Stimmung zu herrschen scheint, werde ich morgen zu der Kundgebung gehen, um herauszubringen, wie es weitergehen soll.«

Immer mehr Menschen, denen es gelungen war, aus Kalkutta zu fliehen, kamen auf der Suche nach Schutz vor dem Mob in das Haus am Fluß. Bis zum Morgengrauen war ein richtiges Zeltlager auf dem Rasen entstanden. Die Männer saßen im Gras und schwitzten in der lastenden Stille, denn selbst der Flußwind schien in dem Wahnsinn, der die Stadt überschwemmte, erstorben zu sein.

»Unser ganzes Viertel ist abgebrannt. Wir konnten nichts tun als rennen«, erzählte einer.

Mr. Roy schaute auf den Saum seines *dhoti* hinab. »Begehen die Hindus oder die Moslems die Morde?«

Die Männer zu seinen Füßen lachten verbittert. »Kann man einem Mörder seine Religion an den Augen ablesen, *Baba?* Es sind alles blutrünstige Mörder.«

Das Musikzimmer war in eine provisorische Krankenstation verwandelt worden. Verletzte Kinder lagen auf dem Marmorboden, sie starrten zu den hoch über ihren Köpfen hängenden, in Schonbezüge aus Musselin gehüllten Kronleuchtern hinauf und zuckten zusammen, wenn mit scharfem Geräusch Bettlaken für Verbände in Streifen gerissen wurden.

Am Abend nach der Demonstration rief James Osborne an. »Auf der Kundgebung wimmelte es von bewaffneten Schlägern, die nur darauf warteten, Unruhe zu stiften. Fast hätte ich es nicht mehr geschafft fortzukommen, bevor der Pöbel sich zu den Straßen hinter dem New Market in Bewegung setzte, um Geschäfte und Wohnhäuser in Brand zu stecken. Die Armee ist am Ende doch zu Hilfe gerufen worden.« Es knackte in der Telefonleitung, und er schrie, um sich verständlich zu machen. »Die Leute aus Sirpur waren an dem Wahnsinn nicht beteiligt. Der Anblick ihres Hindufürsten und ihres Moslempremierministers, die sich gemeinsam bemühten, Menschenleben zu retten, hat die Leute zur Vernunft ermahnt.«

Zwei Tage vergingen, bis James Osborne wieder anrief. »Ich habe den Militärs geholfen, die Toten aus der Stadt zu schaffen. Trotz der Ausgangssperre liegen überall neue Leichen. Der Gestank nach verwesendem Fleisch ist so stark, daß die Soldaten von der ›Stadt des Todes‹ sprechen. Sechzigtausend Tote, und die Mörder haben noch nicht aufgehört, obwohl die Moslemliga jetzt an der Regierung beteiligt ist. Ich komme dich in einem Armee-Jeep abholen, *Bai-sa.* Der Maharadscha möchte dich hier haben, unter seinem Schutz.«

»Wo ist er jetzt?«

»Er hilft den Händlern, ihre Habe zusammenzusuchen. Alle werden fest im Haus Sirpur einquartiert für den Fall, daß es zu neuen Gewalttaten kommt. Du wirst alle Hände voll zu tun haben, wenn du zurückkommst – hier geht es zu wie in einem Flüchtlingslager.«

Der Kalender über dem Telefon zeigte, daß es August war. Jaya beschattete die Augen wie ein ungläubiges Kind. Vor zwei Jahren hatte ihr Sohn in diesem Monat gegen japanische Truppen gekämpft, und sie hatte nicht gewußt, ob er lebendig oder tot war. Letztes Jahr im August hatten die Amerikaner mit ihren Atombomben japanische Städte zerstört, die so groß waren wie San Francisco, wo die wichtigsten Staatsmänner der Welt jetzt ihre neue Friedenswaffe entwickelten, die Vereinten Nationen. Welch neuer Wahnsinn würde im nächsten August auf die Welt losgelassen werden, die so auf Neuigkeiten erpicht war?

Jaya kehrte ins Musikzimmer zurück und fütterte einen kleinen Jungen mit Haferschleim. Er machte gehorsam den Mund auf, seine großen Augen sahen sie arglos an, als hätten seine Erlebnisse ihm die Fähigkeit geraubt, mißtrauisch zu sein. Aber er wollte nicht schlucken, und der Schleim lief ihm übers Kinn.

Mrs. Roy setzte sich zu den beiden. »Laß mich das machen, *Bai-sa!* Major Osborne ist da.« Jaya verließ das dunkle Musikzimmer.

Draußen in der plötzlichen Helligkeit mußte sie blinzeln; die weißen Steinfiguren, die sich von dem grünen Laub abhoben, blendeten sie. James Osborne kam auf sie zugerannt, und einen Moment lang hielt sie ihn für eine laufende Statue.

Er führte sie zu einem Armee-Jeep, der in Tarnfarbe gestrichen war. Die Kokospalmen standen in der schweren, feuchten Luft still da wie Laternenpfähle, und Jaya war dankbar, daß der Jeep offen war und der Wind ihr die dichten Haare von der heißen Haut blies.

»Sind unsere Leute alle im Haus Sirpur in Sicherheit?« fragte sie.

Osborne nickte. »Arjun und Sir Akbar sind noch einmal fortgegangen, um sich zu vergewissern, daß sie keinen übersehen haben.«

Seine Knöchel am Lenkrad waren ganz weiß. Jaya legte ihre Hand kurz auf die seine, und diese Geste schien ihm Zuversicht zu geben.

»Als Arjun zum Haus Sirpur zurückfahren wollte, umringte Hindugesindel den Wagen und wollte wissen, warum ein Hindufürst mit einem Moslem unterwegs war. Sie müssen es an Sir Akbars Rock erkannt haben. Arjun rief ihnen zu, das sei der Premierminister von Sirpur, aber sie zerrten den alten Herrn aus dem Wagen und rissen ihm die Kleider herunter, um zu sehen, ob er beschnitten war. Der Pöbel schaukelte den Wagen, um Arjun am Aussteigen zu hindern. Es gelang ihm dennoch, die Tür zu öffnen. Aber es war zu spät. Sie hatten Sir Akbar schon das Geschlecht abgeschnitten.« Osborne hielt inne. Jaya staunte, daß sie nichts fühlte, obwohl sie wußte, was der Engländer jetzt sagen würde. Sie sah ihm in die Augen, deren Iris sich dunkel färbte. »Dein Sohn ist wie ein echter Krieger gestorben, *Bai-sa*.«

»Von einem blutrünstigen Pöbel zerfleischt, als er die Würde seines Premierministers zu schützen versuchte? Da sprichst du von Krieg?« Sie schlug ihm mit der geballten Faust auf den Mund. Blut tropfte von James Osbornes Lippen. Mit seltsam kühlem Interesse verfolgte sie, wie es sein Hemd befleckte.

Neunundsechzigstes Kapitel

»Soweit ist das Spiel gut gelaufen ... Das indische Problem wurde auf die Ebene innerer Angelegenheiten geschoben ... ein natürlicher, wenn auch grauenhafter Prozeß, der auf seine Weise

das indische Problem lösen wird. Schwere innere Unruhen dür-
fen uns nicht zu einem Handeln verleiten, das wieder zu antibri-
tischen Agitationen führen würde...«

Geheimdienstliche Mitteilung an den
Vizekönig von Indien, 1947

Sir Akbars verstümmelter Leichnam wurde zwischen jungen Bäumen auf dem Moslemfriedhof der Hauptstadt be-
erdigt. Auf Jayas Bitten hin streute man die Asche von Maharadscha Arjun nicht bei Benares in den heiligen Fluß.
Bei Sonnenuntergang leerte vielmehr der *raj guru* die
schmucklose Tonurne mit der Asche des Herrschers in
den Fluß, der an der Hauptstadt vorbeifloß, und an den
Ufern ließen die schweigenden Untertanen Tausende von
Tonlampen auf dem Brahmaputra schwimmen, um der
Seele des Maharadschas in der Nacht zu leuchten. Als
Jaya die Flämmchen auf dem schwarzen Wasser flackern
sah, ließ sie ihrem Schmerz endlich freien Lauf.
Wie ein Kind, das Trost in einer unveränderten Welt
sucht, zog sie sich in den *Purdah*-Palast zurück. Hier
schirmten die Frauen ihre Einsamkeit ab. Jedesmal, wenn
die hellen Stimmen der Eunuchen einen Besucher meldeten, schickten die *Purdah*-Damen die Abessinier mit der
Botschaft zurück, der Maharani sei unwohl.
Jaya versuchte, in den Berichten, die ihr tagtäglich geschickt wurden, einen Sinn zu erkennen, aber diese Botschaften waren so bedeutungslos geworden wie die Ge-
sprächsfetzen, die sie von den Frauen aufschnappte,
wenn sie unter ihrem Fenster Tierfiguren aus Gemüse
schnitzten. Als könne der friedlich geregelte Verlauf ihres
Daseins die trauernde Mutter von ihrem Kummer heilen,
vollzogen die *Purdah*-Damen die täglichen Rituale mit mi-
nuziöser Sorgfalt und hofften, daß Jaya von ihrem Gram
genesen und eines Tages unversehens an ihrem Tun teilnehmen werde. Bei Einbruch der Dunkelheit, wenn die
Brise vom Fluß die melancholischen Flötenmelodien

durch die geöffneten Fenster hereintrug, schien es manchmal einen Ausweg aus der Trostlosigkeit, die Jaya mit eisernem Griff gefangenhielt, zu geben, und wenn die *Purdah*-Damen mit Tonlampen und Weihrauch die Abend-*Puja* verrichteten und Jaya den Singsang der Gebete für ihre Genesung hörte, dann glaubte sie zuweilen, daß eine solche möglich sei.

Trotz der Fürsorge der Haremsdamen dauerte es ein ganzes Jahr, bis Jaya das Audienzgemach der Maharani-Witwe betreten konnte, um die Minister des Fürstentums zu empfangen.

»Du hast keinen Nachfolger bestimmt, *Hukam*.«

»Es gibt keinen Erben des Throns von Sirpur.«

Jayas Blick schweifte verwirrt über die Chinesinnen, die auf dem Seidenbrokat herumtrippelten. »Der Resident muß in der Angelegenheit zu Rate gezogen werden.«

»Aber der Resident ist in Delhi, *Hukam*. Indien und Pakistan sind jetzt unabhängige Staaten. Die Teilungsanerkennung soll heute bekanntgegeben werden.«

Jaya wischte sich die schweißnassen Hände an ihrem Sari ab. Ihr war eingefallen, daß es abermals August war. Vor einem Jahr hatte die Raserei ihren Sohn und Sir Akbar das Leben gekostet. Was würde geschehen, wenn die vom Empire festgelegten Grenzlinien für die beiden neuen Staaten öffentlich bekannt wurden?

Die Teilungsanerkennung des Britischen Empire wurde veröffentlicht, und Jayas Befürchtungen wurden grausame Wirklichkeit, als die Inder und Pakistani, die in einem Freudentaumel ihre Flaggen an den Fahnenstangen des Empire gehißt hatten, sich nicht an der Freiheit berauschten, sondern an hemmungsloser Barbarei. Flüchtlingszüge kamen auf den Bahnhöfen an, von besorgten Verwandten erwartet, die wahnsinnig wurden und nicht glauben konnten, daß es Blut war, was sie durch die geschlossenen Türen sickern sahen, oder daß es die abgetrennten Köpfe von Kindern waren, was da gegen die Eisengitter der Fenster schlug, oder daß alle Menschen in den überfüllten Abteilen im Namen Gottes abgeschlachtet worden waren.

Die Obdachlosigkeit schlich wie ein Gespenst durch den Subkontinent. Millionen überquerten die Grenzen, wo immer sie konnten. Sie waren über Nacht des Landes zwangsenteignet worden, das ihre Familie jahrhundertelang bestellt hatte und das sie nun nicht mehr verteidigen konnten. Hindus, Moslems und *sikhs* suchten mit ihren Kindern und den wenigen Habseligkeiten, die sie tragen konnten, in fremden Ländern Zuflucht.

Angesichts des neuen Blutbads erschienen die Morde und Brandstiftungen von Kalkutta unbedeutend. Vergewaltigung, Plünderung und Feuersbrunst wurden solch gewöhnliche Vorgänge, daß die Zeitungen nicht mehr darüber berichteten.

Die indischen Fürstentümer erwiesen sich als Zufluchtsstätten vor den Morden, die in den neuen, aus Britisch-Indien entstandenen Staaten wüteten. Halbwahnsinnige Frauen kamen in Scharen in den *Purdah*-Palast und zählten ohne Unterlaß die Greueltaten auf. Ihre Zahl war unendlich, Nacht für Nacht, bis Jaya zuweilen dachte, sie würde selbst verrückt, wenn sie den tonlosen Stimmen zuhörte, die von jungen Mädchen berichteten, die so oft vergewaltigt worden waren, bis sie an ihren Verletzungen starben, und von Müttern, die man gezwungen hatte zuzusehen, wie ihre Babys in die Luft geworfen und mit Schwertern aufgespießt wurden, während die Mörder sich an diesem »Sport« ergötzten.

Die Sirpur-Lanzenreiter versahen unablässig Patrouillendienst, um zu verhindern, daß einzelne Bevölkerungsgruppen sich aneinander wegen der Schreckensberichte rächten, die Tag für Tag von den Flüchtlingen, die nach Sirpur strömten, verbreitet wurden. Wenn die Situation besonders kritisch war, baten die Lanzenreiter Jaya, sich persönlich auf den Straßen zu zeigen, als sichtbare Erinnerung an die Umstände von Maharadscha Arjuns und Sir Akbars Tod.

Als Blut in das Rosa sickerte, das einst die indischen Besitzungen des Empire auf der Landkarte markiert hatte, kehrte James Osborne aus Delhi zurück. Dort hatte inzwischen Gandhi in der Hoffnung, dem Gemetzel Einhalt zu gebieten, ein Fasten bis zum Tode begonnen.

»Euer Empire hat diesen Wahnsinn erzeugt«, warf Jaya dem Engländer vor. »Warum gibt eure Armee den Flüchtlingen kein sicheres Geleit?«

»Welche Armee, *Bai-sa?* Es gibt nur noch Grenztruppen. Die Marine, das Heer und die Luftwaffe werden aufgeteilt. Ihre Offiziere feilschen wie die Marktfrauen darum, wie viele Gewehre, Schiffe, Flugzeuge und Panzer Pakistan und wie viele Indien gehören.«

»Warum können dann die Grenztruppen nichts tun?«

»Niemand will sie in Anspruch nehmen. Es wäre ein Eingeständnis der Niederlage für alle Beteiligten: für England, Pakistan und Indien. Niemand benimmt sich anständig, außer Gandhi, *Bai-sa.* Weißt du, was ich in Delhi getan habe, während die Hindus und die Moslems sich gegenseitig umbrachten? Vizekönig Mountbatten möchte Nehru unsere Geheimakten über die Schwächen und Laster der indischen Fürsten überlassen, damit er Druck auf sie ausüben kann und sie sich der Indischen Union anschließen. Wochenlang habe ich mit Sir Conrad Corfield, dem Leiter unseres Political Office, ohne Mountbattens Wissen diese Geheimberichte verbrannt. Vier Tonnen Papier, *Bai-sa!* Niemand hat unser kleines Freudenfeuer zwischen den vielen anderen Feuern bemerkt.«

Jaya dankte ihm matt, und er errötete. »Aber daß Mountbatten sich so unehrenhaft benimmt, *Bai-sa.* Bietet Indien die Akten für eine Erpressung an!«

»Warum will Indien uns erpressen?«

»Aus Angst. Fast eine Million Menschen wurden getötet, sieben Millionen sind obdachlos. Die Fürsten könnten

Hunderte neuer Bürgerkriege anfangen. Sie haben ihre eigenen Armeen. Sie könnten Indiens Eisenbahnnetz sowie das Telegraphen- und Nachrichtensystem lahmlegen. Deswegen werden die Herrscher aufgefordert, offiziell eine Beitrittsurkunde zu unterzeichnen und sich mit Indien zu vereinigen.«

Durch das offene Fenster konnte Jaya den Dreizack des Kamini-Tempels sich im Fluß spiegeln sehen, der silbern im Morgenlicht schimmerte. »Vereinigen? Heißt das, sie sollen ihre Fürstentümer aufgeben?«

»Die Herrscher sind wehrlos, *Bai-sa*. Die meisten Fürstentümer sind Binnenländer, und die Inder in den sie umgebenden Ländern sympathisieren jetzt mit den Reformisten.« Osborne wandte den Blick ab, er konnte die Verzweiflung in ihren Augen nicht mehr ansehen. »Wir leben in einer äußerst gefährlichen Zeit. Unterzeichne die Beitrittsurkunde, bevor das Gemetzel auch in Sirpur beginnt!«

Die drei eisernen Zacken des Kamini-Tempels erhoben sich wie anklagende Finger in den wolkenlosen Himmel, und Jaya dachte an die verstaubten Folianten, die ungeöffnet in den Tempelgewölben ruhten und vom dreitausendjährigen Bestehen des Fürstentums kündeten. Das Gewicht dieser Folianten schien sie niederzudrücken, und sie wurde sich bewußt, daß sie die einzige Bewahrerin von Sirpurs uraltem Geschlecht war.

Die Eunuchen schlugen vor Jayas Zimmer mit ihren Lanzen auf den Marmorboden, um ihre Aufmerksamkeit zu erregen. »Gandhi ist ermordet worden, *Hukam!* Ein fanatischer Hindu hat ihn auf dem Weg zur Gebetsversammlung getötet.« *Purdah*-Damen, Flüchtlinge und Dienerinnen drängten in die Flure, als die Eunuchen die Einzelheiten berichteten. »Er sank zu Boden. Mit dem letzten Atemzug nannte er den Namen Gottes. Jedesmal, wenn ihn eine Kugel traf, sagte er *ram, ram, ram.*«

Jaya erinnerte sich daran, wie ihre Mutter mit leiser

Stimme diese Worte gesprochen hatte, als der *raj guru* die straffen Felle der Balmer-*nagara* aufschlitzte: »*Ram nam sat Hai.* Der Name Gottes ist Wahrheit.« Gandhi hatte dasselbe Mantra zitiert wie die Maharani.

Jaya drehte den Radioapparat an. Sie konnte nicht glauben, daß der alte Mann, der so entschlossen durch Indien gewandert war, um das Salzmonopol des Empire zu brechen, vom eigenen Volk ermordet worden war, noch ehe die neue Nation ein Jahr alt war. Sie hörte die Frauen in den Fluren schluchzen, als die körperlose Stimme des Radiosprechers Indien davon unterrichtete, daß sein Mahatma, seine Große Seele, tot sei, und sie fühlte sich außerstande, die Last, welche die Ängste der Frauen ihr aufbürdeten, noch länger zu tragen. Osbornes Prophezeiung konnte in dem Wahnsinn, der den Subkontinent in Blut ertränkte, allzu schnell Wirklichkeit werden.

Sie wollte nach Balmer. Vielleicht saß die *sati mata* mit ihrem Wissen von der Zukunft noch in dem zerfallenen Gebäude an der Grenze. Vielleicht schrieb der alte *raj guru* dank seiner Kenntnis der Regierungskunst noch im Festungstempel an seiner Abhandlung über das »*Rajniti*«. Sie wollte beide fragen, was sie tun solle.

Siebzigstes Kapitel

»Die richtige Arbeit hat erst begonnen ... Wir müssen neue Fäden in alte Stoffe weben, wir müssen sichergehen, daß sich das Alte und das Neue zu einem gefälligen Ganzen vereinen – zu einem Bild, das dem Muster Indiens entspricht.«

Sardar Patel 1949

Staubstürme wehten den Sand durch die Eisengitter, als der Zug durch die Fürstentümer der Rajput zu der großen

Wüste fuhr, der Wohnstatt des Todes. Die aus Balmer stammenden Dienerinnen standen an den Fenstern, den Mund mit den Schleiern bedeckend, und blickten auf die Tempel und Festungen, die sich mit steinerner Ruhe vor dem metallischblauen Horizont erhoben. Zerfallene Wälle zogen sich schwarze Hügel hinab zu öden Wasserläufen, wo Krokodile sich im flachen Schlamm sonnten. Safrangelbe Flaggen von fernen Tempeln verschwanden wie die Funken, die die Lokomotive hinter sich ließ, und das kurze Aufblitzen der leuchtenden Farbe rief in den Frauen die Erinnerungen ganzer Armeen wach, die von ihren Festungen ritten, um ihre Götter gegen das Schwert der Invasoren zu verteidigen.

Ein Wagen wartete, um Jaya in die Berge zu fahren, die Balmers natürliche Grenze gegen Eindringlinge aus der Wüste bildeten. Bei einem Haufen schwarzer Steine stieg Jaya aus. Adler kreisten über ihrem Kopf am Himmel, der in der Sommerhitze fast weiß war, und wieder verfing sich ihr Schleier in Dornensträuchern, als sie zu dem zerfallenen Marmorgrabmal hinaufstieg, das in der Sonne schimmerte.

Affen turnten über die kleinen, in die Mauern gemeißelten Hände. Ihr aufgebrachtes Geschnatter scheuchte ganze Scharen von grünen Tauben von ihren Rastplätzen, als Jaya das Grabmal betrat. Aufgestörte Fledermäuse schwirrten blindlings um sie herum. Die zerlumpten Überreste eines Antilopenfells hingen noch vor der Türöffnung. Jaya schob sie beiseite und hoffte, eine lachende Frau auf einem Tigerfell sitzen zu sehen, während neben ihr eine Kobra Milch aus einer Kokosnußschale leckte. Aber im Schmutz vor ihr lag nur ein umgestürzter rostender Dreizack. Jaya kehrte um, sie wußte, daß diese Stätte keine Antwort für sie barg.

Die Dämmerung verhüllte die Zinnen des Forts Balmer, als der Wagen die Festungswälle hinauffuhr. Im Dunkeln konnte Jaya den runden Turm und die Stallungen kaum erkennen, in deren Mauern die Namen der Streitrösser eingemeißelt waren, welche die Fürsten von Balmer in die Schlacht getragen hatten.

Der *raj guru* und Major Vir Singh erwarteten sie vor dem Festungstempel. Das weiße Gewand des *raj guru* war faltenlos wie stets, sein rauhes Flüstern, als er sie segnete, klang nicht anders als in den Tagen, da sie ihm in der Bibliothek von Balmer gegenübergesessen hatte. Major Vir Singh hielt sich neben ihm so stolz wie einst als junger Kavallerieoffizier, der die Balmer-Lanzenreiter in drei Kriege geführt hatte. Aber die quälende Langsamkeit ihrer Schritte brachte Jaya, als sie ihr in den Tempel vorausgingen, zu Bewußtsein, daß ihre Lehrer jetzt alte, gebrechliche Männer waren. Sie ließen sich vorsichtig auf den Kissen nieder, die einen mit Manuskripten bedeckten niederen Tisch umgaben.

»Warum bist du gekommen, *Bai-sa?*« Der *raj guru* beugte sich vor. »Was gedenkst du in dieser veränderten Welt zu tun?«

Jaya senkte den Kopf und sagte nichts. Wieder spürte sie die Ehrfurcht, die der *raj guru* ihr eingeflößt hatte, als sie ein Kind war. Rauh geflüstert hörte sie die Frage: »Wie wirst du das Wissen anwenden, das wir dir vermittelt haben?«

Sie sah auf. Ein Schatten veränderte die Augenfarbe des alten Priesters, und Jaya brach es beinahe das Herz. Die Augen ihres Sohnes hatten bei Lampenlicht von Grün zu Schwarz gewechselt.

»Welches ist die erste Stütze der Fürstenwürde, *Bai-sa?*«

»Zuerst muß ein Fürst seinem Volk dienen«, flüsterte sie.

Der *raj guru* nickte zufrieden. »Einst habe ich deinem Vater gesagt, was ich dir jetzt sage. Dieses uralte Land hat ehrwürdige Regierungsformen. Es hat die Versammlungen von Edelleuten erlebt, die Verfügungen von Kaisern, die Launen von Fürsten, die Herrschaft von Priestern und die Toleranz von großen Republikanern. Fehlschläge gibt es nur, wenn die Menschen den ersten Grundsatz der Regierungskunst vergessen: das Volk.«

Jaya wandte beschämt ihr Gesicht ab. »Mein Vater, mein Bruder, mein Mann und mein Sohn sind tot. Mir sagt man, wenn ich das älteste Fürstentum Indiens nicht mit dieser Nation vereinige, die erst vor zwei Jahren geboren wurde, wird es noch mehr Blutvergießen geben. Ihr seid meine Lehrer. Sagt mir, was ich tun soll!«

Der *raj guru* erhob sich und führte sie hinaus. Ein rotes Kissen lag auf den Steinplatten, wo einst die Balmer-Lanzenreiter hinter ihren Waffen gesessen hatten. Auf dem Kissen lag ein blankes Schwert. Sie sahen in der hereinbrechenden Dunkelheit einander an, zwei verschwommene Gestalten in den weißen Gewändern der Witwe und des Priesters.

»Dein *dharma* heißt: beschützen, *Bai-sa*. Du kannst deiner Bestimmung nicht entkommen.« In der Stille hatte das heisere Flüstern das Gewicht eines zeitlosen Gebotes. Der *raj guru* hob das Schwert und ritzte sich den Daumen. Blut tropfte auf sein weißes Gewand, als er Jayas Stirn zeichnete.

Die gefächerte Feder auf Major Vir Singhs Turban streifte Jayas Haare. »Ich sehe, der Mann, der einst deinen Vater zum Herrscher salbte, hat dich nun zur Demokratin gesalbt, *Bai-sa*.«

Laternenschein durchbrach das Dunkel. Fledermäuse flatterten über den Zinnen der Festung. Ihre schwarzen Schwingen schienen durch die leuchtenden Sterne zu stoßen. Männer mit Bambusstäben erschienen im Vorhof des Tempels. Trommeln hallten durch den Hof, als die Sänger ein zwanzig Fuß langes Gemälde von einer brennenden Stadt entrollten. Ein großer Mann stellte sich vor den bemalten Stoff, und die Trommeln verstummten.

»Ich war ein Knabe von vier Jahren, als ich erstmals in dieses Fürstentum kam. Überall im Land der Rajput herrschte Hungersnot, aber mein Vater hatte Kunde erhalten, daß die Maharani von Balmer gesegneten Leibes war. Ich war noch nie in einer großen Festung gewesen. Ich hatte nie die Außenmauern eines herrschaftlichen *zenana* gesehen. Und als die Kanonen von diesen mächtigen Wällen herab feuerten, weinte ich vor Angst und barg den Kopf in meiner Mutter Schoß. Ich gehe auf mein sechstes Jahrzehnt zu und vermag nicht mehr zu zählen, wie oft ich fürstlichen Geburten beigewohnt oder die Geschichte der Rajput-Fürsten deklamiert habe. Nun sagt man uns, daß wir alle Fürsten sind, daß unsere Stimme dasselbe Gewicht haben wird wie die Stimme eines gesalbten Herrschers. Solche Kunde macht uns glücklich. Aber wisset dies: Keines Herrschers Stimme hat je dasselbe Gewicht gehabt wie unsere. Unsere Stimmen berichten von Generationen, die aufgestiegen und gefallen sind wie die wandernden Sanddünen in diesem rauhen Land. Ohne uns wären Heldentaten und Heldenleben schon lange verweht wie Staub in einem Wüstensturm, und stolze Männer wären nicht von der Größe derer, die ihnen vorausgingen, gedemütigt worden.«

Er trat beiseite, um einer Schar Sänger Platz zu machen, und Jaya entwarf im Geiste einen Brief, in dem sie der Vereinigung Sirpurs mit der Indischen Union zustimmte. Die gemalten Flammen auf dem Rollbild zuckten im flackernden Licht der Petroleumlampen. Ein Elefant trompetete im fernen Gehege, indes die Stimmen der Sänger durch die Nacht klangen.

»Vor zweitausend Jahren war die große Königin Puschpawati alles, was von den Söhnen der Sonne geblieben war. Ihr Vater, ihre Brüder, ihr Gemahl, ihr ganzes großes Geschlecht lag hingemetzelt in der Stadt der hundert Tempel ...«

»Königin Puschpawati.
Die größte Königin Indiens.
Berühmt für ihre Tapferkeit mit dem Schwert.

Die den Bogen fast so gut spannen konnte
wie ein Mann.
Die an der Seite ihres Gemahls ritt
und den Gepard jagte.
Königin Puschpawati war nun Witwe ...«

Einundsiebzigstes Kapitel

*»Auf seiten der Herrscher gibt es mehr Unheil und Unruhe ...
als man sich vorstellen kann. Versetzen wir uns ... an ihre
Stelle, um den Wert ihres Verzichts bemessen zu können.«*
Sardar Patel, der eiserne Mann Indiens, 1950

Osborne wartete am Bahnhof von Delhi. Er war kaum aus-
zumachen zwischen all den Flüchtlingen, die auf den
Bahnsteigen hausten. Er führte Jaya durch die Menge.
»Dschinnah ist gestern an Krebs gestorben, *Bai-sa*. Er wog
am Schluß nur noch siebzig Pfund.« Jaya nickte. Das überall sichtbare Elend auf den Straßen machte sie krank.
Delhi war eine Flüchtlingsstadt, die breiten Prachtstraßen
und Bürgersteige waren verstopft von nahezu drei Millionen Obdachlosen, die das Gemetzel im Norden überlebt
und in der Hauptstadt ihres neuen Staates Zuflucht gesucht hatten.
James Osborne sah auf seine Uhr. »Nicht schlecht, *Bai-sa*.
Wir kommen nur eine halbe Stunde zu spät zu Menon.«
»Schade, daß Mountbatten nicht ein Jahr später die Macht
übergeben hat, James-*Sahib*. Wenn Dschinnah zuvor gestorben wäre, hätte es Pakistan vielleicht nie gegeben.
Hätten in einem so alten Land wie Indien ein, zwei Jahre
so viel ausgemacht?«
Osborne sah sie fragend an. »Hast du es dir mit dem An-
schluß Sirpurs an Indien anders überlegt, *Bai-sa?*«

Jaya betrachtete die Fahnen, die vor den Stadthäusern der indischen Herrscher wehten und anzeigten, wie viele von ihnen gekommen waren, um ihre Fürstentümer mit dem neuen Staat zu vereinigen. »Nein, James-*Sahib*. Ich wollte nur sagen, Gandhi und Dschinnah sind nun beide tot. Dazu zwei Millionen Menschen, deren sich niemand erinnern wird, bis man wieder einmal einen Vorwand zum Töten braucht. Nur Mountbatten und Nehru sind geblieben. Zwei unwillige Männer bestimmen jetzt Indiens Geschichte.«

V. P. Menon, der Secretary of India, wartete vor dem Bürogebäude mit der hohen Kuppel, wo noch vor wenigen Monaten die Geheimakten der britischen Oberhoheit gelagert gewesen waren. Er beglückwünschte Jaya, weil es ihr gelungen war, Ruhe in Sirpur zu bewahren. »Krawalle zwischen Hindus und Moslems in Sirpur zu verhindern, als der Wahnsinn an Ihren Grenzen so grauenhaft war, muß eine übermenschliche Aufgabe gewesen sein. Ich bin durch Bikaner gekommen, während Tausende von Flüchtlingen eintrafen. An einem einzigen Tag traf der Maharadscha alle notwendigen Vorkehrungen einschließlich der Beschlagnahme von Gebäuden, der Versorgung mit Lebensmitteln und der Zuteilung von Geldern für weitere Maßnahmen.«

Jaya wandte den Blick von seinem erstaunten Gesicht. »In unseren Fürstentümern müssen wir die Bedürfnisse aller Untertanen berücksichtigen, Mr. Menon, nicht nur die jener, die die Mehrheit stellen.«

Er lächelte und führte sie ins Gebäude. »Sardar Patel hat die Beitrittserklärung von Sirpur zur Unterschrift vorbereitet, Hoheit. Bitte folgen Sie mir!«

Jaya hatte den Führer, den sie den eisernen Mann Indiens nannten, nur einmal gesehen, als sie ihren Mann zu einer Versammlung begleitet hatte. Aber sie erkannte den Mann sofort wieder, der mit solcher Entschiedenheit gesagt hatte: »Macht ja keinen Fehler, meine Herren! Die fürstlichen Staaten werden ausgelöscht, wenn ihr die Selbstverwaltung in Indien verzögert.« Jetzt war er der stellvertretende Premierminister eines unabhängigen Indien, und seine Schroffheit war von dem Inferno des Hasses fortgebrannt worden, der seine Nation fast vernichtet hatte. Er lächelte sogar, als er Jaya die Papiere reichte, welche die Existenz eines dreitausend Jahre alten Fürstentums beenden sollten. »Dies ist ein historischer Augenblick, Hoheit.«

»Sirpur glaubt, seinen Ursprung vor dem Einsetzen der Geschichte zu haben«, gab Jaya zurück, als sie sich an den Schreibtisch setzte. »Für die Untertanen von Sirpur werden solche Dokumente nur bedeuten, daß Indien sich mit uns vereinigt hat.«

Sardar Patel warf lachend den Kopf zurück. »Sind die Bürger von Sirpur so selbstbewußt? Werden sie wirklich glauben, daß Indien sich ihnen angeschlossen hat?«

»Die Namen ihrer Familien sind im ›Mahabharata‹ aufgeführt. Indiens gegenwärtige Führer werden in Zeitungen erwähnt, in die die Marktfrauen das Gemüse einwikkeln.«

Sardar Patel hörte abrupt auf zu lachen. »Was würde einen Bürger Sirpurs davon überzeugen, daß es die Geschichte gibt?«

Sie reichte ihm das unterzeichnete Dokument. »Die Verbannung.«

Er sah Jaya lange forschend an, ehe er sich an James Osborne wandte. »Wie denken Sie darüber, Major?«

Jaya sah schon jetzt das Heimweh sich tief in die blaugrünen Augen des Engländers eingraben. »Seit vier Generationen hat meine Familie in diesem Land gelebt und gearbeitet, Sir. Die Verbannung wäre bestimmt eine höchst wirksame Strafe.«

Bei der Rückkehr nach Sirpur empfing Jaya in der Durbar-Halle alle die Bürger, die aus dem ganzen Fürstentum anreisten, um sich nach der Vereinigung zu erkundigen.

Händler, Abkömmlinge von Sirpurs aristokratischen Familien, Bauern aus den fruchtbaren Ebenen, Fischer und Schiffseigner saßen in Reih und Glied unter den Kronleuchtern und diskutierten über den Beschluß. Nur die Stammeshäuptlinge waren unbeteiligt, und in ihrer Gleichgültigkeit sah Jaya die uralte Stärke von Sirpur.

Woche für Woche erklärte Jaya: »Der letzte Vizekönig, Lord Mountbatten, sagte, Sirpur könne eigene Beziehungen mit den neuen Staaten Pakistan und Indien knüpfen. Er hat uns betrogen. Die indischen Führer sagten, wir könnten frei bleiben, wenn wir einer gemeinsamen Politik zustimmten. Sie haben uns betrogen. Wenn ich nun die Beitrittsurkunde nicht unterschrieben hätte, hätte es noch mehr Blutvergießen gegeben.«

Die Priester des Kamini-Tempels griffen ihr Vorgehen an, und zum erstenmal war Jaya imstande, den Vorwürfen ohne Angst, den Thron zu gefährden, zu begegnen. »Ihr sagt, ihr sprecht für das Volk. Dann kandidiert für die kommenden Wahlen. Wenn ihr siegt, könnt ihr alles ändern, was ich getan habe.«

Abends arbeitete Jaya bis spät in die Nacht mit James Osborne an der Neuordnung der fürstlichen Besitztümer. Die Haupträume des Stadtpalastes sollten eine Bibliothek werden, um die Manuskripte aufzunehmen, die in dem verlassenen Keller des Kamini-Tempels langsam verrotteten. Die kleineren Palastgebäude innerhalb der weitläufigen Anlage sollten Bildungsstätten werden. Der *Purdah*-Palast würde eine Herberge für die Haremsdamen und Flüchtlingsfrauen bleiben. Die Bootswerften sollten den Fischern übereignet werden, weil die Nähe zum Fluß es ermöglichte, daß die Netze in der Hauptstadt geflickt wurden, statt jedesmal in weit von den Fischmärkten entfernte Dörfer geschleppt werden zu müssen.

Jaya beschloß, die britische Residenz auf dem Hügel über dem Fluß zu kaufen. Die Ironie, daß sie bald in dem Haus wohnen würde, von dem aus das Britische Empire die

Herrscher Sirpurs ein Jahrhundert lang kontrolliert hatte, entging Jaya nicht, doch es war ihr ein Bedürfnis, sehen zu können, wie sich das Wasser bei Sonnenuntergang rot und bei Sonnenaufgang grün färbte. Der Fluß mit seinen schäumenden Fluten während der Monsunzeit und seinen weißen Sandbänken im Sommer war ein Teil von ihr geworden. Sie hätte es nicht ertragen, in Sirpur zu leben, ohne die Segel der schmalen Boote sich im Frühlingswind blähen zu sehen, indes die Fischernetze in dem Wasser ausgeworfen wurden, auf das die Asche ihres Sohnes verstreut worden war. Sie wollte die Flöten der Flußschiffer hören, die ihre mit Laternen geschmückten Kähne flußabwärts nach Kalkutta steuerten, und die Vogelscharen über den Strudeln des Flusses kreisen sehen, während die Glocken des Kamini-Tempels zur Abend-*Puja* riefen.

James Osborne gab seine Absicht bekannt, Indien zu verlassen. »Alles, was ich hier tun konnte, ist erledigt, *Bai-sa*. Es ist Zeit für mich, heimzukehren.« Es war lange her, seit Jaya den Mund des Engländers sich zu diesem schüchternen, halben Lächeln hatte verziehen sehen. »Aber ich warte mit dem Lebewohlsagen, bis du von deiner Rundreise zurück bist.«

Einen Monat lang reiste Jaya durch das Fürstentum und erklärte, daß die Vereinigung mit Indien ein freiwilliger Entschluß war, um sicherzugehen, daß keine Gewaltausbrüche die Regierung von Indien zu ebenso gewaltsamen Reaktionen provozierten. Wo sie auch hinkam, wurde ihre Anwesenheit zum Anlaß für bewegende Abschiedsfeiern, als ob das Fehlen eines Symbols den Glauben der Menschen an ihre eigene Identität erschüttert habe.

Bei ihrer Rückkehr kam Chandni die Treppe heruntergelaufen und schob die Morgenausgabe des »Sirpur Herald« zornig durchs Wagenfenster. »Dieser Betrüger von einem Anwalt ist nach Sirpur gekommen, *Hukam*, und er will unser nächster Maharadscha werden. Gestern hat er im Lady-Reading-Park eine große Rede gehalten.«

Jaya betrachete die Photographie von Arun Roy, der ihr von der Titelseite entgegenlächelte, und sie las die Schlagzeile, in der die Leute aufgefordert wurden, dabeizusein, wenn er seine Wahlkandidatur unterschrieb. Sie sank in die Lederpolster zurück und dachte an Arun Roys letzte Rede im Lady-Reading-Park, und wie er mit absoluter Überzeugung behauptet hatte, die wahre Gerechtigkeit liege in den Forderungen der Mehrheit. Aber bei den Morden der vergangenen zwei Jahre hatten sich bis dahin ganz normale Menschen an dem Abschlachten der zahlenmäßig unterlegenen Opfer geweidet. Wenn Arun Roy in Sirpur die Wahl gewann, was würde dann mit den verschiedenen Stämmen und Religionen des Fürstentums geschehen? Wer würde für sie alle sprechen? Würde er Minderheiten vor der Habgier der Mehrheit schützen und ein mitfühlendes Ohr für ihre Sorgen haben?

James Osborne öffnete den Wagenschlag und reichte ihr die Hand, um ihr herauszuhelfen. Jaya dachte an die Worte des alten *raj guru* in der hereinbrechenden Dunkelheit vor dem Festungstempel: »Dein *dharma* heißt: beschützen, *Bai-sa*. Du kannst deiner Bestimmung nicht entkommen.« Seine unnachgiebige Beharrlichkeit erdrückte sie mit einer Last von Pflichten, die zu tragen sie nicht mehr genug Kraft besaß.

»Weißt du, wo die Wahlkandidaturen abgegeben werden, James-*Sahib*?«

»Im Gerichtshof, *Bai-sa*.«

»Ich wäre dir dankbar, wenn du mich dorthin begleiten würdest.«

Osborne machte ein erstauntes Gesicht, sagte aber nichts.

Vor dem hohen Tor des Gerichtshofs bedeutete Jaya dem Engländer zu warten. Eine Gruppe überraschter Gerichtsdiener trat beiseite, um Jaya in das Büro eintreten zu lassen, wo die Wahlkandidaturen entgegengenommen wurden. Sie schloß die Tür hinter sich und bemerkte die Ge-

sichter, die sich an die Fenster drückten und sie beobachteten, als sie auf einen Mann in einem abgetragenen braunen Anzug und mit einer Brille zuging, der hinter dem
Schreibtisch saß. Der Mann sah von den Formularen auf,
die seinen Tisch bedeckten. »Was kann ich für Sie tun,
Madam?«

Der Mann war aus Kalkutta. Der Umstand, daß er sich in
Sirpur nicht auskannte, verlieh ihr das Selbstvertrauen,
die Gesichter an den Fenstern zu ignorieren. »Ich möchte
für die Wahlen kandidieren.«

Er bat sie mit einer Geste, auf dem Stuhl ihm gegenüber
Platz zu nehmen. »Ihre Partei?«

»Ich habe keine Partei.«

»Unabhängig.« Mit gestochen scharfer Handschrift
schrieb er das Wort auf ein Formular. »Ihr Name, Madam?«

»Jaya Devi.«

Plötzlich erhellte ein Lächeln das ernste Gesicht. »Der
Name bedeutet Sieg, Madam. Darf ich Ihnen viel Glück
für Ihr Vorhaben wünschen?« Er beugte sich wieder über
sein Formular. Sorgfältig löschte er die Tinte, dann reichte
er Jaya das Papier zur Unterschrift. Da wurde die Tür aufgerissen. Der Mann sah auf und runzelte die Stirn über
den Lärm, als Arun Roy mit einer Gruppe von Anhängern
in das Büro trat.

Osborne schob sich durch das Gedränge, aber Arun Roy
stand schon vor dem Schreibtisch. Osborne ergriff Jayas
Arm. Roy legte seine Hand auf ihren anderen Arm.
»*Bai-sa*, was tust du hier?«

»Ich melde meine Kandidatur für die Wahlen an.« Als sie
den Schrecken in den Gesichtern beider Männer sah,
hätte Jaya am liebsten gelacht.

Osborne faßte sich als erster. »Gratuliere, *Bai-sa!* Es war
der Traum des Britischen Empire, den Fürsten von Indien
Demokratie nahezubringen.«

Arun Roy fuhr ihn an: »Was wußte das Britische Empire

von Demokratie? Diese Lektion haben wir den indischen Herrschern erteilt.«

Während die zwei Männer sich über ihren Kopf hinweg stritten, erinnerte sich Jaya nochmals an das rauhe Flüstern des *raj guru* in der Festungsbibliothek: »Welches ist die erste Stütze der Fürstenwürde, *Bai-sa?*« und an ihre gestammelte Antwort: »Das Volk.« Das Lachen, das sie jetzt nicht mehr zurückhalten konnte, bahnte sich seinen Weg. Der Wahlbeamte hinter dem Schreibtisch machte wegen dieses unziemlichen Benehmens ein entsetztes Gesicht, aber sie konnte nicht mehr aufhören. Das Lachen, das in Wellen irgendwo tief aus ihrem Innern aufstieg, überflutete den Gerichtshof von Sirpur und die schmalen Gassen des Basars, bis es sich mit dem silbernen Wasser des Flusses vereinigte.

1947 verlor Indien durch die Teilungserklärung des Britischen Empire ein Gebiet von 364737 Quadratmeilen und eine Bevölkerung von nahezu 82 Millionen.

Nach der Auflösung ihrer Streitkräfte vereinigten sich die indischen Fürsten bereitwillig mit einem Staat, der noch nicht einmal eine Verfassung hatte. Dafür erklärte sich die Indische Union bereit, den Herrschern ihre Privatschatullen zu finanzieren, um sie von ihren finanziellen Verpflichtungen zu entlasten.

Die Eingliederung der indischen Fürstentümer brachte Indien einen Zuwachs von 500000 Quadratmeilen und 87 Millionen neue Bürger.

Am 26. Januar 1950 trat die Verfassung von Indien in Kraft. Als Bestätigung der Vereinbarungen, die zwischen der Indischen Union und den einzelnen indischen Fürstentümern getroffen worden waren, erklärte Sardar Patel, der stellvertretende Premierminister von Indien, vor dem indischen Parlament:

»Die Abmachungen über die Privatschatullen gelten selbstverständlich nur, wenn die Fürsten völlig auf jegliche Macht verzichten und ihre Staaten auflösen. Sollen wir an dem niedrigen – und ich betone das Wort niedrig – Preis herumkritteln, den wir für eine unblutige Revolution gezahlt haben, die sich auf das Dasein von Millionen Angehöriger unseres Volkes auswirkt? Auf seiten der Herrscher gibt es mehr Unheil und Unruhe, als man sich vorstellen kann ... Es ist unsere Pflicht, dafür zu sorgen, daß die von uns gegebenen Garantien voll erfüllt werden. Nichteinhaltung wäre ein Vertrauensbruch ...«

1970 brachte die indische Premierministerin Indira Gandhi im Parlament einen Gesetzesentwurf ein, der lautete:

»Es ist die Absicht der Regierung, die Privatschatullen aufzulösen und den Begriff Fürstentum abzuschaffen.«

1971 wurde die Verfassung von Indien geändert, um die Verabschiedung des Gesetzes zu ermöglichen.

Worterklärung

Aashirvad	Segen am Ende eines *durbar*
aja	Kindermädchen
»Arthaschastra«	hinduistisches Buch der Welt- und Staatslehre
asha	anregender Trank der Krieger
ayurveda	traditionelle hinduistische Heil kunst
Baba	liebevolle Anrede für einen Mann
babu	Inder mit oberflächlicher englischer Bildung
bai-sa	Tochter eines Maharadschas
bappa	Vater
baran	rangälteste Hausbedienstete
Begum	Titel regierender indischer Fürstinnen
chukker	Spielgang beim Polo
dasra	religiöses Hindufest
dharma	sittliches Gebot, Kastenpflicht
dhoti	Lendentuch; auch langes Wickelgewand der Männer, das von der Taille in Falten bis auf den Boden fällt
diwali	Fest der Lichter
durbar	prunkvoller Festempfang

gaddi	Thron, bestehend aus Polsterkissen
»*Gita*«	heiliger Gesang der Hindus
hato!	Schimpfwort
holi	Fest der Farben
howdah	Art Jägerstand auf Elefantenrücken
Howrah	Stadtteil von Kalkutta
hukam	Herr, Herrin als Anrede; auch: zu Befehl
jai Hind!	indischer Siegesruf
-ji	diese Nachsilbe ist ein Ausdruck respektvoller Zuneigung
jodhpurs	Gamaschen; auch: enge Beinkleider der Inder
Khan	mongolischer Fürstentitel
King Emporer	Titel des englischen Herrschers über das Vereinigte Königreich und Indien
kshatriya	Krieger
Ma-sahib	respektvolle weibliche Anredeform
»*Mahabharata*«	großes Sanskrit-Epos der Inder
Maharadsch	der Sohn des Maharadschas
Maharadscha	wörtlich: großer König
Maharana	Herrscher, in der Rangfolge nach dem Radscha
Maharani	Gemahlin des Maharadschas
mahout	Elefantentreiber
mala	Gebetskette
Mantra	magische Formel
manwar	Opferfeier, um Erfolg zu erbitten
memsahib	Dame; Bezeichnung für Europäerin
mudra	Identifikationsgeste

nagara	sehr große Trommel
Nawab	mohammedanischer Fürstentitel
Nizam	Titel der Herrscher von Hyderabad
paan	Betelbissen; in ein Betelpfefferblatt gewickelter Betelnußsplitter mit Gewürzmischung
pandit	Gelehrter, Philosoph
puja	täglich zu verrichtende hinduistische Opferandacht
purdah	Schleier; auch: das Absondern der Frauen in eigenen Frauengemächern
Radscha	indischer Fürst; in der Rangfolge nach dem Maharadscha und vor dem Maharana
raga	melodischer Gesang
raj	Reich, Herrschaft, Hoheit, Autorität; auch: Ober...
Rajkumari	Tochter eines Maharadschas
»*Rajniti*«	der klassische Text der Kunst des Regierens
Kajput	westindischer Volksstamm
Ram	Gott
Rana	König, Rajput-Titel
rangoli	traditionelle Malerei; bei bestimmten Anlässen werden mit Puderfarben vorgeschriebene Muster gestreut
Rani	Ehefrau eines Radschas
Resident	Vertreter einer Kolonialmacht bei einem einheimischen Fürsten
rita	minzenähnliche Pflanze

sadhu	hinduistischer Wanderasket
Sahib	Herr, Bezeichnung für Europäer
sati	wörtlich: brave Frau; die treue Frau, die ihrem verstorbenen Mann auf den Scheiterhaufen folgt; Witwe
satjagrahi	Wahrheitssucher
senapati	militärischer Befehlshaber
shanti	Frieden
shattri	Baldachin; auch: Schirm
shikari	fürstlicher Jäger
sikhs	Sekte, an Bart, ungeschnittenem Haar und Turban zu erkennen
sindoor	rotes Farbpulver
sitar	lautenähnliches Zupfinstrument mit langem Hals
sowar	Stallknecht
tandaras	Herzschlag der Schöpfung
tanpura	Saiteninstrument
tent-pegging	Sportübung der indischen Kavallerie, bei der im Galopp Pflöcke mit der Lanze aus dem Boden geholt werden müssen
thugs	geheime Mordbanden
tilak	roter Punkt auf der Stirn
tola	indische Gewichtseinheit, ca. 11,6 Gramm
ustad	Musik-Guru
zenana	Frauengemach der Maharani und ihrer Hofdamen

Aus fernen Ländern

(653)

(1517)

(2035)

(2067)

(2071)

(3008)

Knaur

Romane von Victoria Holt

Foto: Godfrey Argent

Victoria Holt
Unter dem Herbstmond
Roman

(1510)

Victoria Holt
Das Vermächtnis der Landowers
Roman

(1583)

Victoria Holt
Die Insel Eden Roman

(2084)

VICTORIA HOLT
Geheimnis einer Nachtigall
ROMAN

(3006)

Weitere Romane von Victoria Holt bei Knaur:

Der Teufel zu Pferde (679)
Der Schloßherr (776)
Meine Feindin, die Königin (790)
Die Ashington-Perlen (1087)
Tanz der Masken (1328)
Verlorene Spur (1403)
Die Lady und der Dämon (1455)
Fluch der Seide (3116)